Forecasting Urban Travel
Past, Present and Future

城市出行预测学
历史现状与未来

[美]大卫·博伊斯（David Boyce）
[英]胡·威廉姆斯（Huw Williams） 著

宇恒可持续交通研究中心 译
聂 宇 首席译审

人民交通出版社股份有限公司
北京

内 容 提 要

本书以学术视角,回顾了城市出行预测学从20世纪50年代诞生以来60年的发展历史,追踪了数学模型和分析计算方法的演进,梳理了理论和出行预测实践之间错综复杂的关系。

本书不仅适用于学习出行理论和实践的土木工程、交通工程、城市规划以及城市经济学专业高年级本科生和研究生,而且适用于希望了解第二次世界大战后西方城市规划发展历史的读者。

Copyright © 2015 by David Boyce and Huw Williams
Translation Copyright © 2020 by China Sustainable Transportation Center
著作权合同登记号 图字:01-2021-2411

图书在版编目(CIP)数据

城市出行预测学历史现状与未来/(美)大卫·博伊斯,(英)胡·威廉姆斯著;宇恒可持续交通研究中心译. —北京:人民交通出版社股份有限公司,2021.9
 ISBN 978-7-114-17335-6

Ⅰ.①城… Ⅱ.①大… ②胡… ③宇… Ⅲ.①城市交通系统—研究 Ⅳ.①U491.2

中国版本图书馆 CIP 数据核字(2021)第 093350 号

Chengshi Chuxing Yucexue Lishi Xianzhuang yu Weilai

书　　名:	城市出行预测学历史现状与未来
著 作 者:	[美]大卫·博伊斯(David Boyce)
	[英]胡·威廉姆斯(Huw Williams)
译　　者:	宇恒可持续交通研究中心
责任编辑:	董　倩　杨丽改
责任校对:	赵媛媛
责任印制:	张　凯
出版发行:	人民交通出版社股份有限公司
地　　址:	(100011)北京市朝阳区安定门外外馆斜街3号
网　　址:	http://www.ccpcl.com.cn
销售电话:	(010)59757973
总 经 销:	人民交通出版社股份有限公司发行部
经　　销:	各地新华书店
印　　刷:	北京交通印务有限公司
开　　本:	787×1092　1/16
印　　张:	27.25
字　　数:	638 千
版　　次:	2021年9月　第1版
印　　次:	2021年11月　第2次印刷
书　　号:	ISBN 978-7-114-17335-6
定　　价:	98.00 元

(有印刷、装订质量问题的图书由本公司负责调换)

PREFACE 序1

很高兴见到 David Boyce 和 Huw Williams 专著的中文版问世。两位先生在交通运输领域开创性的工作对我的学术生涯发展有深远的影响。我很荣幸为此专著作序。

交通出行预测是城市交通规划的核心内容和交通设施投资决策的基础,该问题的研究起源于20世纪50年代。60多年来,该研究领域的发展历程如何?现状如何?过去有过怎样的经验和教训?未来又会怎样发展?针对上述系列问题,本专著对城市交通出行预测理论和实践的演化历史做出了全面系统的回顾,对相关理论方法和公共政策的发展关键节点做出了建设性的描述。

两位作者以其丰富的教学和研究经验,将艰深的相关研究理论与方法,以非数学化的语言,为读者进行了深入浅出的阐述。本专著引经据典、图文并茂,将一些必要的数学内容精心收录在每个章节的尾注中。本专著的内容大致按照理论发展的时间顺序排列,主要包括早期的交通预测模型(第2、第3章),离散选择模型(第4、第5章),基于出行活动和网络均衡的方法(第6、第7章),交通预测的实践应用(第8、第9章),计算理论与方法(第10章)以及城市交通预测的未来发展(第11章)。值得一提的是,各章节的许多内容是作者通过与多位同行的广泛交流、考证大量原始文献资料完成的。

本专著的另一特点是把不同历史时期本学科的发展与当时的技术水平和实践需求相结合,指出了本学科在不同历史时期发展的驱动力和限制条件。当前,我们正面临大数据、人工智能、无人驾驶等多项技术的重大变革,本专著的出版对当前交通学科的进一步发展有重大的启示意义。

最后,我认为这是一部综合阐述交通需求预测的权威性学术专著。两位作者出色地完成了一项异常艰巨的工作。本专著的中文版问世是我国交通规划领域的一大喜讯,我特此向交通领域的广大同行们推荐此书。

杨海
香港科技大学土木环境工程系讲座教授
2021年8月于香港

PREFACE 序2

  1993年8月,经当年硕士论文导师陈惠国教授的推荐,我负笈美国伊利诺伊大学芝加哥校区,得幸师从Boyce教授(同时也是陈惠国教授当年在伊利诺伊大学厄巴纳香槟校区的博士论文导师)攻读博士学位。尽管当时课题组的主要工作内容是在智慧交通学界占有重要历史地位的ADVANCE项目,然而在交通规划以及出行预测方面,无论是四阶段法(Four-step Methods),联合模型(Combined Models),均衡模型(Equilibrium Models),还是本人博士论文中的动态路径选择模型(Dynamic Route Choice Models),Boyce教授均处于权威地位。

  2003年非典疫情爆发前,Boyce教授应我邀请,在我当时所服务的新加坡国立大学进行了三个月的学术休假。那段时间我有幸能够延续过去学生时代与他的频密互动,Boyce教授当年自伊利诺伊大学芝加哥校区荣退时,我代表他的门生与故旧知交,编辑了一本论文集向他致敬。在他访问新加坡期间,我曾多次向他提议,交通学术界十分需要像他这样的名家,将交通需求预测学科的历史发展脉络,其中所涉及的不同学术理论模型及其缘由,乃至于不同方法发展之间的相互关联加以记录并梳理。当时Boyce教授非常认同,并提到他就此与Huw Williams教授有共同的计划,这可说是今天这本重要著作起源的一段轶事。每年在华盛顿哥伦比亚特区的TRB年会期间的周二晚间,我均负责组织称之为Boyce Friends and Family的年度聚会,席间这本书的进度往往是Boyce教授门生故旧关注的焦点。尽管当时Boyce教授已自伊利诺伊大学退休,作为他的学生,我们经常自嘲导师退休后的生产力比我们这些现役的高校教师还强。Boyce教授曾多次向我提到,他希望这本书可以成为交通学术界有用的参考文献。这本书早期的一些素材,他也不吝提供给我作为课件讲义,对学生和授课教师都提供了巨大帮助。本书英文版的封面,Boyce教授向我提到他特意选了两个城市,一个是他所在的芝加哥,另外一个是他最喜爱的新加坡,原因是他认为新加坡在交通规划方面所取得的成绩,是新加坡成为一个宜居城市的重要关键。

  Boyce教授文笔流畅,思虑清晰,逻辑严密,在当今交通学术界是无人出其右的活字典。因此,本书不仅是极具价值的学术参考文献,更是交通需求预测学科重要的历史记录。在当今浮躁的学术环境中,Boyce教授对于学术的专注与执着,不仅为学术工作者,同时也为从事实务工作的人士提供了良好的典范:在科学研究上,不一味的追求或摆弄华而不实、缺乏甚至无法具体应用的数学模型;在实务工作上,仍然关注学术理论对实务操作的合理性与严谨性的支撑作用。我受 Boyce 教授学风的熏陶,加上自身过去二十余年在新加坡具体教授、研究并实践交通规划与交通需求预测的经验,对于理论与实务两者彼此绝对无法偏废深有所感,这也是 Boyce 教授鲜明的治学风格。谨借作此序的机会,一并向广大的交通学术界同行分享,是为记。

李德纮
新加坡工程院院士
浙江大学求是讲席教授
2021 年 8 月 15 日于新加坡

A WORD FROM THE TRANSLATOR | 翻译由起

从 2006 年在西北大学执教伊始,我就听本书作者之一 David Boyce 提起,他和英国的著名学者 Huw Williams 在撰写我们行业的历史。Boyce 老先生和我渊源颇深。他当时在西北大学任客座教授,算是我的同事,但是他也是我的硕士导师、新加坡国立大学李德纮教授的博士导师,所以也算是我的师爷。我在新加坡的时候就受李教授熏陶,耳濡目染,虽然对老先生的研究仅一知半解,但是其大名如雷贯耳,能以 Boyce 之门下自居,颇以为荣。

而产生翻译老先生这本里程碑式著作的念头,则要追溯到 2014 年 TRB 年会邂逅当年在新加坡国立大学的同窗、当时供职能源基金会的刘岱宗。岱宗提及能源基金会时有翻译介绍国外交通运输规划领域最新学术研究著作的项目,我就郑重推荐了这本书。岱宗很感兴趣,回国后旋即立项,找好出版社和相关人员,展开了翻译工作。我当时以为最多一到两年整个工作就可以完成,可是后来发现自己盲目乐观,完全陷入了经济学家 Daniel Kahneman 所谓之计划悖论(planning fallacy)。翻译工作开始后不到一年,岱宗转投世界资源研究所就职,而项目由能源基金会王江燕女士接手负责。由于本书专业性较强的缘故,至 2018 年初始得第一份完整译稿。我随后邀海内外八位同仁帮忙校对文字,大概于 2018 年底有了第二稿。2019 年 5 月我回北京参加清华大学毕业 20 周年校庆,得与江燕女士面晤,再次商谈本书出版细节,最后确定与人民交通出版社股份有限公司合作出版。从那时起至今大约 10 月有余,我通读了全部译稿,对译文中有明显的歧义、与中文阅读习惯偏差过大的文字以及不同译者使用术语不一致之处尽量做了修正。然而当年作文本非所长,更兼旅居海外多年,不动笔久矣,因此想必译文词不达意,生硬拗口之处在所难免,无法让读者体味两位老先生用笔精妙入微之处,深感遗憾。

本书翻译历时 5 年有余,其间锱铢积累,多赖众多同仁共同努力。感谢岱宗、江燕的全力支持,以及人民交通出版社股份有限公司杨丽改和董倩两位编辑的协助。参与第一稿翻译工作的人员除岱宗和江燕之外,还有来自能源基金会的王志高、解建华、陈素平和刘洋,以及蒋冰蕾女士。参与第二稿校订工作的包括美国马萨诸塞州立大学高嵩教授,北京交通大学徐猛教授和宋丽英教授,北京航空航天大学刘天亮教授,上海理工大学干宏程教授,清华大学姜海教授,新加坡国立大学刘杨教授,以及西南交通大学谢军教授等诸位同仁。他们能够抽出宝贵的业余时间为翻译工作义务把关,在此深表感谢。最后要感谢二位作者对我的信任,将主持中文翻译的工作托付与我。虽然从一开始就掉进计划悖论的陷阱致使翻译工作迁延日久,但总算得其始终。

今年以来乱象丛生,种种忧世伤生,不一而足,而困在家中终于将这项工作完成,也算是振作开心的由头。希望这本书能给国内交通运输行业的同行和青年学人开一扇新窗口,换个视角去看看过去60年这个行业的起承转合、沧桑变迁,或能启发思路,寻得通向未来世界交通发展之门径,亦未可知。

聂宇
2020年3月于美国西北大学

CONTENTS 目录

1 概述 /001

1.1 背景与目的 …………………………………………………………… 001
1.2 模型和预测的本质 …………………………………………………… 002
1.3 模型开发和应用中的主题 …………………………………………… 003
1.4 本书的覆盖范围 ……………………………………………………… 005
1.5 本书方法的局限 ……………………………………………………… 006
1.6 术语和缩写导航 ……………………………………………………… 007
1.7 本书的内容 …………………………………………………………… 008

2 传统方法的诞生 /012

2.1 概述 …………………………………………………………………… 012
2.2 城市交通研究的动力 ………………………………………………… 013
2.3 底特律大都市区交通研究 …………………………………………… 013
2.4 芝加哥地区交通研究 ………………………………………………… 020
2.5 公共道路局 …………………………………………………………… 028
2.6 城市公共交通规划项目 ……………………………………………… 036
2.7 关于土地利用的交通研究 …………………………………………… 037
2.8 结论 …………………………………………………………………… 043

3 英国的早期发展 /047

3.1 概述 …………………………………………………………………… 047
3.2 借鉴自美国和早期研究的方法 ……………………………………… 049
3.3 在出行生成阶段从小区向家庭转变 ………………………………… 053
3.4 借鉴微观研究：交通"广义成本" …………………………………… 055
3.5 交通建模的最大熵法 ………………………………………………… 059
3.6 网络分析与分配 ……………………………………………………… 064
3.7 20世纪70年代左右实践情况 ………………………………………… 066

3.8　出行预测和评估框架 …………………………………………………… 073
3.9　结论 ……………………………………………………………………… 076

4　基于离散选择模型的出行预测（一）　/083

4.1　概述 ……………………………………………………………………… 083
4.2　离散出行选择模型：早期的理论观点 ………………………………… 086
4.3　出行需求预测的新技术在美国的应用 ………………………………… 091
4.4　构建交通需求模型的离散选择理论 …………………………………… 096
4.5　欧洲的早期研究 ………………………………………………………… 103
4.6　多出行方式和多维度选择建模中的挑战 ……………………………… 108
4.7　结论 ……………………………………………………………………… 111

5　基于离散选择模型的出行预测（二）　/116

5.1　概述 ……………………………………………………………………… 116
5.2　相似备选方案之间的选择：嵌套 Logit(NL)模型 …………………… 118
5.3　拓宽架构：丹尼尔·麦克法登的进一步研究 ………………………… 126
5.4　使用数值求解方法：微观仿真 ………………………………………… 130
5.5　采用非集计模型与方法的城市出行预测 ……………………………… 134
5.6　偏好和选择分析的发展情况 …………………………………………… 137
5.7　离散选择分析的进一步发展：该领域的简介 ………………………… 143
5.8　结论 ……………………………………………………………………… 149

6　基于活动的出行分析与预测　/154

6.1　概述 ……………………………………………………………………… 154
6.2　对 20 世纪 80 年代初期出行预测模型的批判 ………………………… 157
6.3　可实行的基于出行环的出行需求预测模型 …………………………… 161
6.4　活动日程安排模型：探讨缩拼词 ……………………………………… 165
6.5　基于活动的出行需求预测：向实用的模型迈进 ……………………… 168
6.6　活动出行需求预测的近期发展 ………………………………………… 174
6.7　结论 ……………………………………………………………………… 177

7　交通网络均衡　/179

7.1　概述 ……………………………………………………………………… 179
7.2　基本假设和数学方法 …………………………………………………… 180

7.3	一类新的网络均衡模型	187
7.4	贝克曼模型构造的扩展	195
7.5	静态网络均衡问题的扩展	213
7.6	国际研讨会和期刊的贡献	218
7.7	结论	218

8 美国实践中的传统与创新 /225

8.1	概述	225
8.2	城市出行预测要求的演变	226
8.3	对不断变化的要求所做出的回应	229
8.4	开发新出行预测方法的倡议	233
8.5	用地—交通模型	241
8.6	城市货物流动	245
8.7	结论	249

9 英国实践中的传统与创新 /253

9.1	概述	253
9.2	不断演变的对城市出行预测和评估的要求	255
9.3	网络建模的发展	259
9.4	重量级的 SACTRA 报告：《主干道路和交通流量的生成》	261
9.5	多阶段需求模型：结构，参数和政策分析	264
9.6	土地利用—交通模型的应用	272
9.7	城市货物运输预测	275
9.8	结论	277

10 计算环境和出行预测软件 /281

10.1	概述	281
10.2	计算环境概览	281
10.3	使用大型机进行出行预测	285
10.4	使用小型机和微机进行出行预测	289
10.5	出行预测软件开发商和产品	290
10.6	结论	299

11 成就、当前挑战及未来展望 /303

| 11.1 | 概述 | 303 |

11.2 城市出行预测模型的演化与发展 ⋯⋯⋯⋯⋯⋯⋯⋯⋯⋯⋯⋯⋯⋯⋯⋯ 304
11.3 出行行为建模的挑战 ⋯⋯⋯⋯⋯⋯⋯⋯⋯⋯⋯⋯⋯⋯⋯⋯⋯⋯⋯⋯⋯ 307
11.4 寻求内在一致性：均衡模型及其他 ⋯⋯⋯⋯⋯⋯⋯⋯⋯⋯⋯⋯⋯⋯⋯ 313
11.5 模型性能及支撑预测的假设 ⋯⋯⋯⋯⋯⋯⋯⋯⋯⋯⋯⋯⋯⋯⋯⋯⋯⋯ 315
11.6 实践和研究的妥协：有哪些备选项？ ⋯⋯⋯⋯⋯⋯⋯⋯⋯⋯⋯⋯⋯⋯ 319
11.7 结论 ⋯⋯⋯⋯⋯⋯⋯⋯⋯⋯⋯⋯⋯⋯⋯⋯⋯⋯⋯⋯⋯⋯⋯⋯⋯⋯⋯ 323

12 总结 /326

12.1 概述 ⋯⋯⋯⋯⋯⋯⋯⋯⋯⋯⋯⋯⋯⋯⋯⋯⋯⋯⋯⋯⋯⋯⋯⋯⋯⋯⋯ 326
12.2 之前的进步是如何取得的 ⋯⋯⋯⋯⋯⋯⋯⋯⋯⋯⋯⋯⋯⋯⋯⋯⋯⋯⋯ 326
12.3 以经验为基础并在过程中学习 ⋯⋯⋯⋯⋯⋯⋯⋯⋯⋯⋯⋯⋯⋯⋯⋯⋯ 332
12.4 结束语 ⋯⋯⋯⋯⋯⋯⋯⋯⋯⋯⋯⋯⋯⋯⋯⋯⋯⋯⋯⋯⋯⋯⋯⋯⋯⋯ 333

参考文献 /335

附录 中英文姓名对照表 /410

1 概述

1.1 背景与目的

第一次系统性的城市交通探究,起源于60多年前的底特律,其后来成为全球大部分大城市及其他城镇区域交通规划研究的先驱。交通规划过程的核心在于通过预测个人出行和物流来评估备选方案和政策。过去60年中在这一领域出现的方法、技术和思想深刻地影响了交通基础设施投资、出行需求管理政策以及土地使用的重大规划决策制定。

本书旨在描述城市出行预测模型和分析方法的进程,它们最早起源于20世纪50~60年代的美国和加拿大,随后传播到英国和其他国家,并通过研究和实践获得了长足的进步和发展。我们追踪主要技术和理论的发展脉络、周期性的变革以及规划实践对其选择性的吸纳。我们关注推动发展进程的"创新驱动力":①交通政策影响范围的扩大;②不断丰富的评价体系;③数据分析方式;④蓬勃发展的计算能力;⑤单纯的求知欲。

从出行预测与运筹学、交通工程和城市规划的渊源出发,我们探索各种不断扩展的学术传统。其中经济学、心理学、地理学和区域科学的影响尤其深远,它们提供的视角和对个人、家庭及公司的出行和选址行为的更好表达方式,形成了城市出行预测的基础。我们还讨论了可能对这些行为造成影响的各种政策和项目,以及影响分析方法。

作为出行领域的研究者,我们非常幸运。我们每个人都有自己的观点和愿景,都是自己研究项目的参与者,并往往对很多问题持有很强的个人观点,例如如何看待我们自己和他人的出行行为、交通系统应如何运转或者应如何克服其弱点等问题。如何搭建用来识别和解决城市交通问题的框架与民众的生活息息相关,不论他们居住的城市是在高度工业化的国家,还是正在快速发展的亚洲、拉丁美洲和非洲等区域。

本领域的研究和应用从无到有,几经发展,在过去60年里积累了大量的出版和非出版文献。如何整合筛选这些海量的资料以突出重点是一个巨大挑战。我们的方法是在城市出行预测模型和分析方法的发展中甄别出重要的"主题",并以此为纲来描述和解读史料。本书的读者将会从阅读中发现,我们偏爱创新,并尽量以它们诞生的大环境为背景去做评价,而不是拿最新的成果去衡量它们是否成功。实际上,今天的最新成果在几十年以后看起来大概也不再新颖别致、完善精美。

1.2 模型和预测的本质

在介绍各主题及其提出的问题之前，简单描述一下出行预测模型的特征。本领域的先驱们面临的问题可以总结如下：

（1）在未来 20~30 年里，经过人口、汽车保有量和土地使用去中心化的变化后，交通运输网络中会有怎样的流量模式？

（2）对交通网作某种改变会对未来产生何种影响？

面对匮乏的城市交通历史数据以及快速提升的汽车保有量，早期的城市交通研究对下列指标进行了"基年"调查：一是个体和家庭的个人出行；二是公司和其他组织的物流。通过使用这些"断面"数据，分析人员确立了在调查年度里，出行需求与他们识别出的决定因素之间的经验关系。[1]

他们的目标是利用这些关系来预测未来出行或评估所倡议的政策或项目带来的出行变化。用这种方法预测出行涉及：①尝试理解不同人群（包括由地理空间带来的不同）出行行为变化的本质、程度和成因，并以此为基础评估政策和项目引起的变化；②依据交通设施和服务改进的假设，对未来交通系统状况进行描述。

出行需求可以通过人口统计、社会、经济和活动区位（土地使用）等变量，再加上所谓的"广义出行成本"来表达。后者包含货币成本（票价、停车费、加油费等）以及服务水平变量（例如在某一条道路或公交线上的出行、候车和换乘时间）。我们通常把它们简称为"成本"，认为其包含了若干元素，每个都有不同的单位：时间、货币等。

一般而言，出行量随着广义成本的增加而减少，而出行成本则随着出行量的增加而增长，并且取决于路网容量和管理规则。因此，出行及其成本，还有把它们关联起来的函数，都代表了对实际情况的简化，而这种简化蕴涵了我们对出行功能的理解。

我们认同顶级学者们对出行预测的共同观点，即它并不直接关系到对交通供应量的确定，例如某一道路系统的配置和容量，公交车服务的网络设计或某一收费道路的定价安排，因为这样的考量意味着要通过系统管理者来设置服务容量和网络规则。[2]因此，在讨论出行需求与交通网络中的各种费用及服务水平之间的相互依赖性时，我们避免提及有时被称为"供给函数"的概念。出行预测经常间接地同某一评估框架一起被用作设计交通系统及其服务的基础。本书只会偶尔涉及这样的设计过程。

我们把这两组关系总结如下：

（1）需求函数，出行需求取决于一组外部因子和广义费用。

外部因子，有时被称为外生因子，诸如人口统计和土地使用的特点。它们不受规划者的直接影响，但以后可能会发生变化。

（2）成本函数，在容量和规则已给定的情况下，网络路段上的广义费用取决于路段流量。

以数学形式表达这些貌似简单的关系，掩盖了真实世界的复杂性，因此在很多方面需要拓展。其中最有趣、最复杂的地方之一在于，土地使用系统本身依赖于交通系统，并大体上受出行成本变动的影响。为了加入土地使用和交通系统之间的相互依赖性,我们开发了所谓的土地使用—交通一体化模型。本书将会在不同阶段对此进行讨论。

在给定的条件和假设下得出这些相互依赖的出行需求与成本函数的数值解,通常要经过一些迭代步骤来确定上百万个变量的值。这个解给出了交通系统(包含路网及其上不同地点间采用不同交通运输方式的个人出行和物流需求)达到均衡时的流量和成本。这个问题既很有挑战性又让人着迷,并对实践有极高的价值。

预测的通俗含义就是对未来的估计,这很像天气预报显示未来某个时间的降雨概率。本书无疑会涉及预测未来某一(某些)时间点(也许几年,甚至几十年后)的出行状况,但预判计划和政策的影响也是其核心内容之一。这类预测的可行性取决于各种政策和项目如何改变影响行为的变量(例如出行时间和成本)。这些模型经过了重大的演化,以反映下列不同空间细节水平下的规划背景:

(1) 活动位置(土地使用)的备选安排;
(2) 对修建新道路和现有道路扩容的投资;
(3) 对公共交通系统的投资,以及服务和车费的变化;
(4) 交通管理,如单向街道系统及车道分配;
(5) 需求管理,如停车限制和道路收费;
(6) 运用电脑和信息系统来更加智能地运行和控制交通系统。

本书主要关注的是前五类规划和政策对交通系统的影响。运营问题,例如信号的设置或自适应控制,则不是我们关注的焦点。

从技术上说,政策的预测和分析需要:

(1) "基年分析",即从当年或更早年份的数据中,建立起出行需求和成本函数之间的解析关系,以及它们各自的变量组;
(2) "参照状态"分析,即确定某些变量在未来的值,诸如土地使用、人口、人均车辆拥有率和就业情况;
(3) 政策或规划的影响分析,即将它们表达为可量化的价格和服务水平变化;
(4) 评估由政策或规划导致的参照状态变化。

1.3 模型开发和应用中的主题

我们从今天的视角回溯,探究模型的发展,理解它们之间的差异,追踪它们演变至今的理论和实践形态的历程,并从中提炼出相关的主题。我们关注的主题涉及:①变化中的模型开发背景;②确定需求和成本函数、估计它们的参数、求解数学关系以及获取出行预测的方法;③我们对于出行预测有效性的看法。下列主题中的很多都彼此高度相关,它们在不同时代中也都是以这种相互交织的状态呈现的。我们在此简单描述这些主题以作强调和澄清。

(1) 各机构在开发、资助或推广模型中的角色。尽管学者和实践者经常独立或共同地扮演"创新驱动者"的角色,各类机构对模型的资助、开发、推广或认证都有过重大影响。我们对"机构"一词取其最广泛的含义,包括:国家和地方政府;负责交通系统的公共部门;研究机构、专家委员会和出资机构。第三类机构发表的意见在推广关键理念时尤其重要,有时甚至能直接影响模型的改进。立法机构有时也会就合适的模型形式或建模实践发表意见。我们描述了各类机构影响建模过程或尝试对它进行标准化管理、推广创新和传播模型相关材料的方式。

(2)模型开发和应用的规划背景。60年来,预测模型在交通规划中发挥的重要作用在于支持备选方案和政策的评估和选择。本书并不涉及城市交通规划过程或它的历史沿革。然而,我们有时却有必要搞清模型和技术方法在这一过程中发挥的作用,以及规划目标和评估框架在确立模型的性质、要寻找的信息和要求的求解精度时的重要性。

在20世纪50年代城市交通规划领域刚开始起步的时期,出行和交通预测通常由一个正式的交通研究来提供,其研究的范围和持续时间都有明确规定。此类交通研究的形式多年来有了巨大的变化,这对模型开发和应用有着重大影响。有三个方面尤为重要:①建立模型的特定目的或作用;②应用模型的政策、项目或计划的范围;③评估框架所需的,用来识别问题、评价备选政策或方案之相对优势、提出解决问题方案的信息。本书将描述出行预测领域多年来在改进模型设计方面的诸多创新。简单地说,这些创新让模型变得"有的放矢"。

(3)理论的作用和意义。土地使用—交通系统的行为是由政府和构成相关城市或地区系统的数百万行为主体(个人、家庭和公司)的诸多决策形成的。对于预测和评估来说,有必要去收集个人或公司群体通过分区和/或社会经济特征来划分在变化条件下的行为信息。

我们展示的模型旨在描述、解释和预测系统行为,它们是简化的理论表述,始终通过数学工具来表达许多关键变量间的关系。当我们审视60年来的模型应用时,所关心的是一脉相承的概念框架和专门理论如何对当前和未来个人出行与货物运输行为进行假设。抛弃旧的理论或假设,或者共同使用新旧理论或假设,对于判断本领域的理论成熟度和实践要求有很重要的意义。

许多著作讨论了社会科学尤其是经济学中用到的数学模型的本质,也提及它们与自然科学中模型开发的异同。本书不探讨这些一般性问题,而会涉及一些关键的特征。模型开发的核心是简化的过程,正如保罗·萨缪尔森(1915—2009)很久以前就告诉我们的那样:[3]

即便我们有更多更好的数据,仍有必要按照科学的方法去简化,去从无限的细节里抽象……所有的分析都涉及抽象。始终都有必要进行理想化,忽略细节,建立简单的假设和样式来关联各种事实,在出去认识世界前准备好正确的问题。每个理论(物理学里的也好,生物学或社会科学中的也罢)都会因为过度简化而扭曲现实。但如果是一个好的理论,那么从形形色色的经验数据中取得的知识之光会盖过被忽略掉的东西……但再回想以下这个重要的观点……我们如何感知观察到的事实取决于我们佩戴的理论眼镜(萨缪尔森,1970,8-9,斜体文字来自原始文本)。

我们遇到了若干概念框架,它们提出的对出行行为的解释在本质上有所不同,有一些对预测、评估项目和政策制定有着不同的影响。用理查德利普西的话说,一些城市出行理论将会"让我们能以新的和不同的方式理解现实"(利普西,1989)。[4]

(4) 数据要求。城市出行预测模型传统上对数据的需求巨大,尤其是土地使用和交通运输网络及服务、个人出行和货物运输的数据。早期的交通研究的一大特征是利用特大规模的家庭调查数据。时过境迁,获取数据、使用数据来建立和测试假设以及在预测出行行为中使用数据的方式都出现了重要创新。随着城市出行预测的展开,我们会描述模型与数据关系中的种种问题。

(5) 模型的解。预测模型的输出结果常由交通研究中采用的评估框架来定义。这些输出结果一般包括出行需求、网络路段的车流量以及对应一个给定均衡状态的用户成本。一般来说,对应不同的方案或项目,模型生成的均衡状态应该在上述这些输出上产生差异。由于这种差异往往很小,预测模型相关的均衡状态解需要达到一定的精度。因此,模型也许有优劣,但任何模型的解都需要保证足够精度。在本领域历史发展中的多个时间节点上,理论家和从业者们都曾面对解决均衡模型时涉及的效率、精度和计算成本的问题。有三个问题尤为重要:①对于特定的需求和成本函数,模型是否有解?②确定这些解的数学方法是什么?③这些解能否达到对方案进行比较的精度要求?

(6) 模型的验证与性能。我们讨论的一个重要主题是,理论家和从业者们如何定出标准来判定特定模型是否达成既定目的? 相应的这些标准会影响到预测准确度的设定。预测未来 1 年、5 年、10 年或 20 年的出行会带来各种专门问题,也可能涉及多种潜在误差。这些误差可能有多种来源,例如:①我们对需求和成本关系的理解;②对代表城市或地区未来状态的变量(例如土地使用和人口)进行预测的假设;③数据的误差;④人为误差。在讨论发展和创新时,我们将关注用于评价模型有效性的框架以及模型在输出结果上表现出来的优劣。

(7) 模型开发中的实用折中。不论在行为的描述上还是在相应的方程系统上,我们描述的一些模型和方法比其他的更复杂。在过去 60 年里,通常认为越复杂的模型越正确,因此相对于简单模型更受欢迎。但是,除了我们会提到的一些例子外,规划者并没有热烈追捧和使用这些复杂的模型。造成这样结果的原因我们能想到一些,所以想要提醒本领域的新人,不要仅凭技术或行为描述的复杂性来评判模型或方法的价值。规划者们经常处于尴尬的境地,不得不基于有限的数据、不确定的信息和有限的资源(尤其是金钱、人力和时间)来做出并解释决策(谢泼德等,2006a)。我们只有认清了这一点,才有希望理解在尖端理论和规划实践之间出现的鸿沟。

如前所述,以预测为目的的出行建模有一个重要特征,即简化。在代表土地使用和交通系统中的个人和货物车流行为的复杂等式系统中,怎样的简化是恰当的呢? 替换预测和决策所依赖的假设会有什么影响? 这些就是应用出行预测模型的核心问题。

1.4 本书的覆盖范围

当前城市出行预测的背景是非常广泛的,包括:①私营公司经手的项目,以及由公共机构提出和资助的项目;②各种空间环境,从人口密集的城市区域或拥有丰富出行选择的大都市,到辽阔乡村内地中的较小市镇;③从战略性考量到基于特定方案的影响分析;④从备选方案的初级筛选到最终的详细设计;⑤从全地区的应用到基于走廊的应用;⑥从探究大型且昂贵项目的长期影响,到小规模地方性方案的中短期评估;⑦从对出行者行为有足够了解或至少大体上没有争议的项目,到那些几乎没有可用数据的项目。在本书中,我们探索了许多与交叉断面方法结合使用的出行预测模型的共同特征,而不是分别探讨单个案例。当然,我们也在模型类型、政策和空间场景上为讨论设立了一些限制。

(1) 世界各城市的应用。尽管我们描述的方法源于北美和西欧的城市,这些年来它们经过较小的改动后也被用于世界上绝大多数主要城市和都市圈。在某些情形下,尤其是发展中国家的一些城市边缘,数据收集和建模都面临众多问题。讨论这些应用案例不在本书的范围之内。

(2) 运营上的应用。一般而言本书不考虑运营问题(比如与交通控制有关的问题)。但是,偶尔我们也会提到一些用于此类目的的模型。

(3) 政策和项目评估与设计。我们几乎只关心所谓的"实证性"(描述性)问题,如探究"世界如何运转"以及人们如何在给定条件下的行为,而不是"规范"(指导性)问题,即规定人们的行为以及如何引导他们。我们假定政策和方案是已给定的,而不是去探讨它们是如何形成的,或去解决与形成交通设施和服务优化方案相关的"规范"问题。正如在1.2节提到的,在与评估框架共同使用时,这些预测模型可以广泛用于政策和项目的设计。

1.5 本书方法的局限

本书讲述60多年来城市出行预测的演化、影响和理念的应用。尽管我们热诚地希望本书能增进读者对这个学科的认识,但我们并不认为它记录的是权威历史。任何历史都受限于作者的个人经历、知识、解读及社会背景,而我们现在比刚开始写作本书的时候更清楚这点。正如我们并不总是全盘接受某些早期记载一样,其他人可能会判定我们的作品不完整或持保留意见。以后会需要他们来查漏补缺,修正某些观点,也许还要更正一些偏见。我们深知本书在一些特定领域的广度和深度因为受到若干因素影响,给我们的方法带来了局限。这些因素简述如下:

(1) 通过评价和综合本领域中发表的数以千计的文章以及这一时期进行的大量交通研究中得来的材料,我们尝试识别模型发展中的主要形式,彰显关键理念,并突出初创者的贡献。在综合如此大量的材料时,疏漏或不准确的可能性始终存在。我们自己研究的只是出行预测的一小部分,而这个学科现在已经变得极度广博深奥,覆盖了若干传统学科,包括数学、工程学、运筹学、心理学、经济学、地理学、区域科学和城市规划。我们并不曾涉猎所有的分支学科,更遑论具备每一个学科的专业知识。拥有不同背景或研究经历的人无疑会发掘他们要讨论和强调的不同主题。为了部分弥补我们专业知识的不足,我们征询了很多专家的观点,在书中的若干地方向读者推荐了包含更多细节的专业文章和手册。在这个广阔并在快速发展的领域中,我们希望已具备足够的视角来辨别主要问题、主题和进展;然而,疏漏在所难免,而我们欢迎读者对重大的疏漏进行批评指正。

(2)大部分情况下,识别创新和初创者并不困难。为了评价创新的重要性,我们有时会查询现有的论文或文本、评论,征询专家的意见,并借助我们自己的经验。当对创新的归属存疑时,我们会重新审视历史记录,重读相关文章,咨询同事以及本领域有关专家,然后再得出个人的观点。有些情况下,当专家告知我们被广泛接受的记录并不准确时,我们会对其进行修改。然而,这类问题难免百密一疏。

(3)当需要评价学者和咨询人员贡献的时候,查阅国际文献和会议报告相对容易,而要查阅交通研究报告,尤其是涉及商业机密的报告,则麻烦得多。各种新模型定期出现,常常有着吸引眼球的缩写,但真正有创新的其实不多。虽然我们确信我们的观念在实践中有广泛的代表性,但我们并未能审视所有的应用。实践研究中出现的重要创新往往被迅速地收录进国际文献中,进而融入未来的实践。在各种讨论和交流中,有人向我们推荐了未曾正式发表的但往往有趣且很有意义的作品。我们时常被告知,有时候这样的作品其实曾出版在知名度不高的期刊上,但是当它们的内容后来出现在更广为人知的文献中时,作品本身却未被提及。此类阴差阳错,在所难免,当事人未必有意为之。

(4)即便在一个纯技术性的课题中,从北美视角来看的历史与从欧洲视角来看的历史依然大相径庭。我们尝试混合我们的两种视角。此外,我们很清楚本领域中对创新的记录绝大多数使用英语,而且由于历史原因和多年来巨大的研究实力,这个领域也是由美国占主导地位。不论今昔,了解法国、德国、俄国、西班牙、日本或中国的经验更难。我们无法评判许多通过其他语言或论文发布、且未曾在国际会议中发表或在国际学界中出版的文章。我们在用其他语言(主要是德语、法语和西班牙语)发表的重要作品上得到了一些帮助,但这种困局在当下仍然是我们领域的一个主要挑战,因为亚洲国家的研究成果在快速扩展。

(5)最后,因为我们的目标是把理念陈现给广泛的受众,讲述出行预测这一公共政策中最需要用到分析的领域带来了特别的挑战,即模型分析所应用的数学知识。往往语言和技术(如微积分和统计分析)二者都是表达和解决理论与技术问题的核心。因为两位作者都有数学背景,我们很清楚在一个高度技术性的领域里使用数学语言对于建立逻辑缜密的论据和推动知识发展的重要性,即便有时它未能达到宣扬的那种创造知识和精准表达的程度。但是,在讨论原理和想法时,严格的数学模型带来的好处经常被夸大,尤其是在我们面对种种实际问题之时。

我们因此采用了折中的方法:正文没有数学分析。然而,当我们觉得数学语言能对讨论大有裨益之时,即以脚注的形式加入。对一些专门讨论的文献也加了进来。旁人将会来评判我们的方法是否成功。即便把数学符号替换成文字,读懂讨论中的许多部分对刚入行的新人仍非易事。正如在序言中提到的,我们认为本书适宜和一本关于出行预测的技术性教科书一同阅读,外加一门正式的课程,以便于补充讨论并填补遗漏。

1.6 术语和缩写导航

熟悉美英交通著作的读者们很清楚这两大英语语言分支中的术语差异。一点简单的解释也许会有所帮助。我们始终采用英式拼写,除了在引用中会保留原来的拼写。名词"交通/transportation"主要用于美式英语,而"交通/transport"多用于英式英语。我们一致同意,除在恰当的题目和引用中以外,使用"交通/transportation"。在英式英语中,"公共交通/public transport"是用来指代公共交通系统和服务的名词。在美式英语中,"公交/transit""大众公交/mass transit"和"公共交通/public transit"都有使用。我们决定使用"公共交通/public transport"来指代所有国家中的此类系统。

在英国和某些其他地方,术语"交通模型"是一种方便的简略表达,用于指代出行预测方法。除了偶尔讨论英国场景的例外,我们在此不使用这一术语,以免对不熟悉它的读者造成困惑。

为了保持简洁,并提高行文的流畅度,我们引入了一些普遍使用的缩写。尽管在用到它们时我们会给出定义,但先给出一个概述以及必要的解释还是有必要的。

在全书中,我们都使用了美利坚合众国(US)和联合王国(UK)的缩写。国家级的政府机构名称前面都有这些缩写。美国交通部(USDOT)创立于1967年。在那之前,公共道路局(BPR)作为联邦高速公路管理机构隶属于美国商务部(USDOC)。在美国交通部成立后不久,公共道路局转型并更名为联邦公路管理局(FHWA),因为缩写FHA已被用于指代联邦住房局。自1964年起,发展公共交通的职责划归新成立的美国住房和城市发展部(USHUD)。随后,这一职责被移交给美国交通部,而负责公共交通的机构被命名为城市大众交通管理局(UMTA)。最后,在1970年美国环保局(USEPA)成立。有些情形下,DOT也被用来指代某一州的交通部。

英国交通部(UKMOT)成立于1919年,并以某种形式存续到1970年。[5]彼时,交通事务被移交给新成立的英国环境部(UKDOE)。从1976年到1995年,英国交通部(UKDOT)大体上负责交通问题。经过1997—2001年间的数次更名后,创立了新的英国交通部(UKDfT)。

在许多地方都插入了交叉引用,以便将一个话题连接到另一部分中的相关讨论上。这些交叉引用往往只有"节"这一个词,并伴随该节的编号。出于简约的目的,省略了转折和连接的词汇。

最后,出于对历史的兴趣,书中给出了我们领域和相关领域中已经辞世的贡献者的生卒年份。在世的贡献者没有这样的标注。在尾注里,我们也引用了许多人的维基百科页面。我们不可避免地遗漏了一些人,而其他人可能会在以后加入,所以请读者们参阅维基百科来获取本领域中在世和辞世贡献者的更多信息。

1.7 本书的内容

假如出行预测是从单一出发点,沿着一个普遍认同的方向,发展为一种清晰可见、不受挑战并将实践与理论简洁地结合起来的"最先进的状态",那撰写我们这一领域的历史就会容易得多。但事与愿违。本领域的发展方式非常复杂,理论进展和实践发展交织在一起,后者某一时刻开始领先,但发展一段时间之后却落后于前者。"主流"的实践也随着时间的推移,在不同的国家及不同的规划场景中有显著变化。这一情形对特定时间点产生的不同出行预测方法及它们在不同应用场景下的相对优劣提出了很多疑问。

我们通过把相互重叠的时期(它们之间的断点可由方法和/或政策发展上的创新来辨别)按照年代编纂,来思考这种相当无规律且有时不连贯的理论和实践演变。有人认为这些不规律性对应于领域范式的变化:在通过诠释或关联规划问题的办法来解决问题时,用来解读这些问题的某组理念和世界观被另一组所替代(我们将在后面提出,这代表了一种对多年来规划实践现实一种过度简化的看法)。我们有时会追随特定的理念直至今日。也会折回去探讨各种主题,并偶尔提及我们所认为的失去的机遇,即出现了"主流"之外的备选方法,但直到很久之后它们才会被视为在预测实践中具有很高的价值。

在第 2 章,我们勾画了出行预测的兴起,以及通常所说的"传统/常规/经典/四步或顺序"方法的建立。这些记述局限于在美国和加拿大的发展情况,在这些地方汽车时代的挑战首次与"系统方法"正面交锋。本章里的回顾将一直讲到 20 世纪 70 年代早期,当时政治和经济要务(例如美国带有草根性质的对高速公路的反抗以及第一次石油危机)带来了人们对交通系统管理和公共交通的更多重视。

这一时期内,交通规划的"系统方法"传入了其他国家,比如英国,它自己也在 20 世纪 60 年代早期开始针对私人汽车的大规模普及进行规划的尝试。第 3 章涉及了技术的移植和应用,以及直到 20 世纪 70 年代早期以前出现的适应本地化要求的出行预测创新。与美国的普适方法不同,这里我们描述了预测模型方面的重要创新,它们带来了预测方式上的重大变革。

之后我们转而讨论出现于 20 世纪 70 年代早期、通常所谓的"非集计行为"革命。这一革命起源于 20 世纪 60 年代对方式选择的统计学研究,这是一种用于解释个体如何从离散选择集中进行理性选择——例如在若干交通方式中进行的选择——的理论。在这一理论框架内,我们展示了在各类城市出行情形下如何基于经济理性假设去描述、解释和预测决策者(个体和家庭)的动机和行为。这个微观行为方法建立在日后被称为离散选择的随机效用最大化理论之上,为出行预测提供了一种充满吸引力且能持续发展的途径。渐渐地它成为一种实用的备选办法,并且是对城市交通中传统预测方法的补充。它还让传统的四步法步骤得以在理论上重新解释和建模。

考虑到微观行为方法的广度和重要性,我们将用两章内容介绍它。第 4 章涉及了那些在 20 世纪 70 年代初一段短暂但富有成果的时期中出现的理论和实践创新。它们大体上涉及一个特定数学模型的理论和应用,即多项 Logit 模型,但也包含了针对模型基本结构和出行相关决策假设间相互关系的重要早期研究。第 5 章介绍了大量创新,涉及模型设定、参数估计和应用,特别描述了理论思辨如何带来出行行为分析与预测的新模型与新方法,并由此解决传统模型中的许多问题。

在 20 世纪 70 年代末和 80 年代,通过审视更宽泛场景下的个体与家庭决策以及交通政策在微观层面上的影响,微观行为方法得到了极大的丰富。这一发展起始于一个"行为现实主义"时期,其间许多过去的假设都被重新审视和改进。活动出行模型通过把出行理解为在不同时空点上完成活动的衍生需要,实现了创新。由于它们本身就强调了出行和家庭成员之间的约束和相互依赖,活动出行模型一开始被视为一种独特的备选方法,可与传统方法和微观经济方法分庭抗礼。现在,它们可能被视为一个庞大的行为分析综合体系的一部分,它们的实践性贡献首见于 20 世纪 80 年代早期"基于出行环"的预测模型的发展,然后是"基于时间表"的时空出行行为的分析。这种框架,及其衍生出的模型,构成了第6章的主题。

第7章回顾了我们认为失去的一次机遇。在20世纪50年代中期,一部深奥的著作(贝克曼,温斯顿和麦圭尔,1956)差不多与传统方法同时出现,其中提出的概念框架本可用来解读和解决出行预测所面临的一些技术和理论问题。我们对比了传统方法中对顺序步骤的定义和求解算法,以及后来所谓的组合模型方法。我们探究了后者为什么在20年里都没有得到重视的原因,并讨论了这一滞后的重要性。

在第8和第9章,我们更详细地审视出行预测的实践。我们将美国和英国作为重要的案例,来研究基于单次出行的传统预测模型及更先进方法的发展。此外,我们描述了考虑土地使用、交通系统与货物运输间的相互依赖性的出行预测模型的创新和实践应用。我们会用到一些早期留下的成果,但聚焦在过去20年这个时间段上。在20世纪90年代初的美国,新的立法对出行预测模型的设定和求解都有着深远的影响,并开启了对出行预测方式进行重大改革的尝试。同一时期的英国也有了重要的创新;然而,其重点是调整传统方法以便应对更宽泛的政策。

从20世纪50年代起源以来,城市交通规划大体上和计算机的发展与使用紧密相关,出行预测尤为如此。第10章追溯了从早期的大型机应用,到当前使用的个人电脑,以及相关的出行预测软件的发展历史。我们特别指出计算能力的改变如何深刻地影响到这些模型的设定和求解。我们还追溯了用于城市出行预测的主要软件系统的演化。

第11章和第12章对本书进行总结。在第11章中,我们总结了取得的成就和当前的挑战,并就本领域的未来前景提出了一些看法。用我们提出的主题,我们总结了60多年来城市出行预测理论、方法和实践上的主要发展,并回顾了各种创新如何更好地完成现有任务、解决关键问题并回应新需求。我们反思为何传统方法经久不衰而各种备选方法却无人问津,以及当代实践中多种"先进方法"并存的现象。我们梳理了关于当前挑战的观点,并泛泛地探讨了可能引领本领域未来发展的问题。在第12章里,回到了城市出行预测的背景,并探索创新想法是如何出现的。最后,我们为那些首次接触城市出行预测这个学科的读者提供了一些评论。

我们将把读者带回到一个与当今时代非常不同的年代,这种不同不仅在于所面临问题的性质和规模以及它们的解决办法,还在于分析技术和我们领域中有时被称为"研究文化"的方面。在1950年,许多国家仍在从第二次世界大战(后简称二战)中恢复元气。晶体管才刚刚发明(1947),而激光的问世还在近10年之后(1958)。那时的电脑以今天的标准来看极为原始,而且事实上还无法用于民用领域。今天无所不在的互联网和万维网[6]还要几十年后才会发明。处理城市交通调查所获得的大量数据是个极大的问题。实际上,当下被认为是理所当然的许多数学、统计学和数据分析工具当时还正在开发当中。

在那些早期的日子里,我们的领域没有所谓的"研究文化"。交通学当时并非一门学科。既没有致力于发展交通学的研究机构,也鲜有为它而召开的会议;出版资料极少,没有为本学科进步服务的专业期刊,更没有能用于搜索仅有的文字资料的自动化手段。对于20世纪50年代的人们而言,当今的时代是如此不同甚至在某些方面都难以想象,正如大概30年后的世界之于今天的人们那样。

现在,我们准备讲述我们的故事了。

尾注

[1] 对于交叉断面数据的定义,参阅 en. wikipedia. org/wiki/Cross-sectional_data(访问于 2014 年 5 月 9 日)。

[2] 贝克曼等,1956,xiii-xiv,59;曼海姆,1979,29-30;弗洛里安和高缀,1980,1-5;谢菲,1985,6-8。

[3] en. wikipedia. org/wiki/Paul_Samuelson(访问于 2013 年 12 月 25 日)。

[4] en. wikipedia. org/wiki/Richard_Lipsey(访问于 2013 年 12 月 25 日)。

[5] en. wikipedia. org/wiki/Ministry_of_Transport_%28United_Kingdom%29(访问于 2013 年 12 月 25 日)。

[6] en. wikipedia. org/wiki/World_Wide_Web(访问于 2014 年 1 月 10 日)。

2 传统方法的诞生

2.1 概述

为了更好地理解美国城市交通规划的诞生,需要追溯到 20 世纪 50 年代。当时正是二战之后的繁荣时期,像芝加哥这样的大城市正经历着人口的骤增,新移民来自农村(特别是美国南方农村地区)以及国外。与此同时,大都市区内的居民外迁郊区的现象也在悄然增加。

为了应对小汽车和货运汽车使用量的日益增加,20 世纪 30 年代为芝加哥地区制定的高速公路规划陆续实施。例如,连接芝加哥西北部和北部郊区的一条 13 英里长、双向 6 车道的高速公路于 1951 年投入运营使用。四条由芝加哥中心区域向外辐射的高速公路已经列入规划,但建设经费没有到位。一条辐射到远郊区的绕城收费高速公路也正在规划之中。与之相反,公交车、有轨电车和高架地铁的客流量在 1946 年达到顶峰之后就开始逐步下降。[1]类似情况也出现在底特律、洛杉矶和费城。

与社会经济和城市高速公路设计的发展趋势相适应,美国城市交通系统规划领域正在发生深刻的发展变革。本章将从底特律、芝加哥以及费城的先驱性交通研究,以及联邦政府公路和公交相关部门的工作中剖析探索这种发展变革的脉络。这些努力有着令人折服的原创性和宏伟目标。它们当中,有些成功地创建和应用了新的出行预测方法,还有一些虽然有宏伟的愿景但却没能实现。与此同时,第一代大型计算机以其前所未有的存储和计算速度为这些工作提供了至关重要的计算能力。以我们现在的眼光来看,这些为了应用出行预测方法而创造的设备和程序也许微不足道,但在当时却是一个巨大的进步。

2.2 节是一个简短的背景介绍;2.3 节和 2.4 节审视了底特律和芝加哥地区的交通发展创新和贡献;2.5 节和 2.6 节分别介绍美国商务部公共道路局以及美国住房和城市发展部的举措;最后,2.7 节记录了早期城市交通规划研究对于土地使用的考虑;以上章节总结了 20 世纪 50 年代早期至 60 年代晚期交通预测方法的发展,也使用了这一时期的一些概念,如当时用的是"出行表"而不是现在常用的"出行矩阵";2.8 节是对这一章的简要总结。

2.2　城市交通研究的动力

20世纪早期，伴随着小汽车技术的变革，城乡公路研究也在不断发展。同样，对私人拥有和经营的城市和城市间电力铁路的研究为其监管提供了基础。对这些早期研究进行综述超出了本书的范围，但有两点值得一提。

第一点是区域间公路系统的早期规划，后来被称为国家州际及国防公路系统。这项工作始自20世纪30年代末，于二战末进行修改，并于1944年通过《联邦资助公路法案》确定该系统的建立。1956年通过的《联邦资助公路法案》确立由使用者缴纳的税金作为建设经费（魏纳，1997，第3章）。

第二点是关于城市出行起讫点的启蒙研究，也被称为家访交通调查研究。20世纪30年代，这些研究断断续续地发展（海特楚，1979）。[2]随着二战结束后起讫点调查研究的恢复，底特律和芝加哥又先后组织了被称之为"城市交通研究"的庞大项目。

2.3　底特律大都市区交通研究

2.3.1　概述和目标

1953年密歇根地区底特律的公路部门开展了一项交通起讫点调查，同时着手准备道路交通的远期规划。J. 道格拉斯·卡罗尔（1917—1986）被任命为该项调查负责人。卡罗尔自达特茅斯学院毕业后，在二战期间为美国海军服役，之后于1950年在哈佛大学取得了他的第三个博士学位——城市与区域规划博士。1948—1953年间，他担任了位于弗林特的密歇根大学社会科学研究项目的常驻主任。卡罗尔基于对城市出行和交通的分析，研究了职住分离以及城市空间模式等相关假设（卡罗尔，1949，1952）。

与早期的起讫点研究相比，底特律都市区域交通研究（DMATS）开展了城市公路远期规划的准备工作。从调查、分析和对未来交通状况的预测出发，这项规划的目的是通过对车辆与行人交通行为特性的准确理解以及最优的城市公路规划设计来确保运输功能的有效实现（DMATS，1955，13）。研究表明，合理的路网规划必须满足如下原则：

（1）基于对当下交通出行的全面了解，包括它的组成部分、有利因素、限制因素和可修正因素。

（2）契合和促进本地区土地开发规划。

（3）服务于未来的交通需求。

（4）在确保遵循上述原则并考虑出行趋势实际情况的同时，实现经济可行性（DMATS，1955，13）。

DMATS发布了两份报告（DMATS，1955，1956），描述了其多阶段交通预测规程。与后续研究相比，DMATS 的一个不同之处是几乎摈除了公共交通，而完全侧重于高速公路路网规划。

2.3.2 交通模式预测与规划验证

DMATS 收集了如下数据：

(1) 1953 年，针对研究区域实施了家访研究，这项研究包括对出入研究区域的外部站点的家访。家访研究过程中获取了居住类型、居住人数、年龄、5 岁和 5 岁以上居民的职业以及汽车拥有量。对于每位被访居民，工作人员进行了单位周期超过 24 小时的出行情况记录。对于每一次出行，记录数据包括：出行的起始时间、地点；到达目的地的时间、地点；出行方式以及出行目的。对于建成的居住区，4% 的家庭接受了家访；对于还在快速发展的郊区，家访率提升到 10%（DMATS，1955，19，21）。共计完成了超过 39000 份家访，以及对 7200 辆货车和出租汽车的调查。

(2) 出行率与用地类型（一共划分为五类）相关，并受离中心区的距离和密度影响。

(3) 编制了与出行距离相关的成对的交通小区之间的出行量。结果表明，在成对小区间的出行量与两个小区总出行量（进或出）的乘积成正比，与它们之间的出行阻抗成反比（DMATS，1956，29）。

(4) 用来表示出行密度的车辆出行期望线图，如图 2-1 所示。

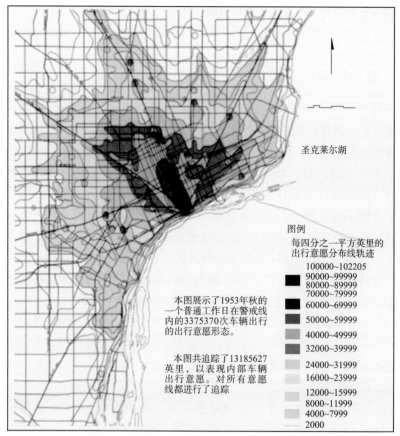

图 2-1　底特律地区内部车辆出行密度的期望线图

来源：DMATS(1955,51)。

两卷报告详细描述了分析过程。尽管遵循的实际步骤并不完全清晰,但要点大体明确:

(1)所有的分析和预测是针对一个典型的24小时工作日;高峰期的交通状况几乎没有被提及。

(2)尽管公交的使用被列入统计之中,并且分担率不低(占所有出行的15%),但并未准备针对公交使用情况的预测。

(3)根据9种出行目的对出行进行了分类。这些目的是基于活动性质和出行终点的土地利用情况进行定义的。

(4)通过按出行目的来划分的各目的地抵达人数来计算出行率(单位土地面积或中心区域单位房屋面积的个人出行)。

(5)居住用地的出发率是基于四个变量在16个相对同质的居住区域的均值计算得到的,这些变量包括相对收入水平、车辆拥有量、距市中心的距离以及居住密度。

(6)拟合了一个描述区域间出行交换,总出发和总到达量,以及一个小区函数之间关系的预测公式(DMATS,1955,92-93)。但是,这个关系并未用于调整从调查中得出的出行表。实际用到的方法是一个基于增长因子的步骤,可以视为对法塔(1954)方法的延伸。[3]

(7)期望线的密度分析颇受重视。麦克拉克兰(1949)的方法可以对那些横贯1/4平方英里区域的航线做出行密度的叠加。可以将这些出行密度的等高线画到地图上,以对出行形态做可视化分析。

这些研究的结果被用于1980年的高速公路规划。对1980年研究区域中的人口与就业水平进行了预测。底特律市区与郊区的土地储备以及现行土地利用规划被用于预测1980年交通小区的发展程度。这项对用地区域(或中心区域建筑面积情况)的预测即是未来开展每日个人出行预测准备工作的基础。

基于交通量调查的分析,提出了一个改进的增长因子法,其中包括出行起点和终点两个方面因素(DMATS,1956,28-30)。郊区区域在1953年基本是空白的,因此它们的交换量必须从无到有,以为1980年交通预测提供基础。从外部到区域内的出行以及过境出行的预测是独立进行的。预测结果通过与1953年的调查进行全面对比分析进行了验证。

在DMATS之前,起讫点研究通常在形成未来出行形态期望线图之后就结束了。对于交通量从区域干线转移到假定的高速公路的交通预测始于20世纪40年代后期,当加利福尼亚、得克萨斯以及底特律这些地区开始设计最初的城市高速公路时。M.易尔·坎贝尔(1902—1979)写到:

估算一条规划中的高速公路的交通量通常被称为"交通分配"。估算出的交通量反映出年平均日交通量情况,具有周期性和方向性的变化,且随着交通量类型变化……对规划道路交通设施的交通分配包括对如下交通量的预测:①从备选道路上转移的交通;②新设施催生的交通量;③强化土地利用导致的交通量;④由车辆使用增长导致的交通量增长(坎贝尔,1952,iii)。

坎贝尔所描述的交通分配方法仅限用于评估新建设施对现存主干路的影响,且假设向新建设施转移交通量的比例与两种设施在出行时间/距离上的比例相关。DMATS通过考虑新建高速公路所节约的出行时间以及增加的出行距离来改进这些方法。这些新方法明显是第一次应用于整个研究区域(而非限于两种设施的)。对于交通分配步骤的讨论体现出底特律研究的作者们理解他们的任务的复杂性。作者们知道高速公路的"理论服务总需求"和

"建成高速公路吸引的实际交通量"之间存在差异(DMATS,1956,86)。他们也认识到,高速公路的出行速度将随着交通量逼近最大通行能力(容量)而下降,而且:

每一点额外的交通量都会造成拥堵的恶化。在实际条件下,随着一条路线拥堵情况的发生,驾驶员们会寻找替代路线。因此,实际交通流可能是所有可能路线的道路容量和"阻抗"相互作用形成的。对它进行估计需要知道所有城市和高速道路的数量和容量(DMATS,1956,86)。[4]

DMATS 成功地把 1953 年起讫点交通量分配到现有路网,并把 1980 年的预测交通量分配到一个包含 46 英里现存高速公路和 164 英里规划建设的高速公路的路网。这份交通分配的结果并没有包括城市干线的交通量。相反,起讫点交通量直接按比例分配到高速路上,并根据线路名进行列表。这份计划接下来被修订调整了两次,然后形成了一份最终计划。为高速公路网的每个区段计算了成本收益率。

最终,DMATS 发表了第一个将起讫点研究与全区域交通分配相结合的研究成果,对在规划建设的高速路网上城市起讫点交通形态进行了预测。上述两种方法的结合催生了"城市交通研究"的新概念。魏纳(1997,29)指出:"是 DMATS 第一次将城市交通研究的所有要素有效地结合起来。"

2.3.3 计算方面

DMATS 在方法论上有诸多卓越贡献,包括在 20 世纪 50 年代初期对于数值计算方法的应用。1949 年的 IBM407 精算机是那时电子计算机中最新最好的。该计算机在一个集成的读卡器上一次性读取一副 80 列的打孔卡片,使用齿轮计算器完成累计合计、分类汇总或其他简单的数据统计工作,并在一个集成 132 列行打印机上打印出结果。[5]计算机的运算速度是每分钟 100~150 张卡片。如同 IBM 所有的打孔设备,除了关键的打孔和分类操作,机器会采用一个控制面板连接到需要读取卡片上的列,定位相应列上所做的事项以及对报告进行整理。尽管 IBM407 不过是一个巨大的加法器,通过控制程序还是能够做一些创造性的工作。从图 2-2a)可以看到,这些机器相当笨重。[6]

a)IBM407计数器　　　　　　　　　　b)IBM704计算机

图 2-2　IBM 计数器和计算机

来源:达·科鲁兹,哥伦比亚大学计算史,www.columbia.edu/cu/computinghistory/。

对 1953 年小区出行交换的迭代计算一共考虑了 254 个小区和沿着研究区域边界额外

增加的 10 个站点。在大约 70000 个交换量中,有 34574 个在 1953 年的调查数据中观测到了。此外还包含 6 个调查中出行记录不完整的郊区,这些交换量需要用起点和终点的区域因子来做调整。

该过程首先利用每个小区或者外部点预测的出发总量来对现状出行进行调整,从而得出新的区域出行交换。然而新的结果未必满足各小区或外部点的预测总到达出行量,因此,结果又需根据总到达出行量进行调整。这个完整的过程成为一次"迭代"。在实践中,得出一个跟各小区总出发和总到达量大致吻合的小区出行交换大约需要五次迭代(DMATS,1956,31)。

这样的一个过程在后来被称为"平衡出行表"。通过五次迭代来平衡一个有 35000 个交换量的出行表需要相当的创造力。

相应的,DMATS 开发了使用打孔卡片和精算机的详细步骤以准备期望线密度表(DMATS,1953,105-107)和进行交通分配(DMATS,1956,129-131)。这个分配过程包括三步:

(1)测量两小区间利用城市道路出行的最短出行距离。

(2)测量两小区间利用高速公路出行的出行距离,包括从小区中心到高速公路匝道的距离以及沿着高速公路行驶的距离,以便于区分每一段的速度。

(3)计算速度和距离比,确定小区交换量如何有效地分配到高速公路上。通常手工进行测量,但是记录中间过程时常使用打孔机,以使部分步骤自动进行。

2.3.4 底特律区域研究的经验

DMATS 的最终报告在步骤和经验分析方面提供了大量细节,但是没有对出行预测步骤进行整体描述。幸运的是,道格拉斯·卡罗尔给出了顺序出行预测步骤的第一个图解说明,如图 2-3 所示。

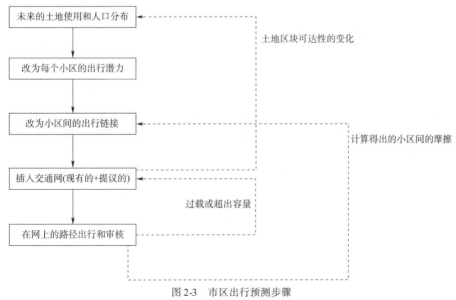

图 2-3　市区出行预测步骤

来源:卡罗尔和贝维斯(1957,187)。

图 2-3 反映出的 DMATS 的创新与进步总结如下：

（1）出行预测是以人与车辆的每日出行清单、不同地点的活动记录以及详细的交通网络列表为基础的。

（2）各种调查的关系都是经过检查和量化的。在特定土地利用设定下的人有着特定的出行需求。出行者必须在效用网络上移动。有需求的人们代表正的势能；人们前往的土地利用点代表负的势能；穿过网络以平衡势能的人和车作用于网络阻抗并形成流量。

（3）检视社区经济活动，根据经济活动增长来估算人口变化潜力，从而对人口、经济活动和土地利用的情况作出预测，然后这些总量估计再转化为对各小区情况的预测。

（4）基于未来土地利用和人口分布，对新的出行需求做估计。

（5）将估算出来的出行需求分配到新设计的交通网络上，并逐渐验证和改善适应未来增长的规划。

（6）然后，这些结果再与最初关于增长的假设做比较。根据预期的新交通网络，重新审视土地利用以及人口分布的情况。如果需要对这些输入作出修正，则再重复整个上述的过程。逻辑上来说，这个过程顺理成章，但实施起来，由于整个模型的每一步都需要实现平衡，所以并不容易。对城市区域任何部分的任何改变都将对这个平衡造成扰动，从而产生连锁反应，趋于新的平衡（卡罗尔和贝维斯，1957，185-186；摘录部分为引述）。

图 2-3 反映出出行是由土地利用推测出来的，并被强制分配到一个给定的路网上。反向箭头和线圈显示了在连续步骤下的结果提供了反馈，这些信息将会被用于修改和重复之间的计算并最终达成一个满意的解。当前，反馈不是自动的……然而可以确定的是在将来预测和规划验证都将会越来越自动化（卡罗尔和贝维斯，1957，186-187）。

图 2-3 以及上面的叙述清晰展示了道格拉斯·卡罗尔及其同事对于城市出行预测的愿景。他们深知出行与土地利用紧密相关，也深知地区间的相互作用与出行时间和距离相关。而且，他们知道小区间出行须在具体路网上来完成，而这些道路网具有影响出行时间和成本的通行能力限制。他们用术语"平衡和均衡"描述现实中土地利用和交通网络之间的相互作用以及不同系统间的过渡，将信息反馈的过程描述为获得一个"满意的解"。在更早的一些研究中，卡罗尔（1955）描述了空间相互作用的模型，并通过电话访问调查收集数据的方式进行了验证。

也许由于当时机构设置的限制，道格拉斯·卡罗尔没有在底特律研究中考虑公交的贡献。他也没有在出行预测方法考虑不同时段的影响，取而代之的是基于 24 小时的预测。但是研究中根据出行目的和起讫点详细分析了出行频率。最后，通过打孔技术处理大量数据并对其进行分析以获得可信的结果，是一个非常了不起的成就。

在发表上述论文一个月之内，道格拉斯·卡罗尔和罗德·克雷顿（1957）为芝加哥研究提出了他们分析方法的改进版。这一工作中涉及小区交换量估算的要点可以总结如下：

（1）小区交换量可能是关于两个小区间交换机会的函数。

（2）小区交换量可能是关于竞争机会的函数。

（3）小区交换量可能是关于距离、时间、成本和/或便利性的组合效用的函数，姑且称此组合效用为出行抵抗（路抗）。

（4）小区交换量可能是一个关于需求的函数，表示出行的意愿或需要（卡罗尔和克雷顿,1957,4)。

他们对于这些观点详尽说明如下：

预测小区交换量必须知道出行阻抗。后者与出行方式(汽车、公共汽车、轨道交通或者快速公交)有关。既然出行阻抗随方式变化,那么小区交换量也必定受区域间存在的出行方式的影响。最适合研究方式分配的环节是在对出行量做分配的时候,因为在此时,线路上的交通流量会立即产生相互影响并且出行者必须在起点和终点间选择合理的方式和线路。通过交通分配产生的信息随后会被反馈到小区转换问题中,以便对假设的方式阻抗函数进行必要的调整。

上述反馈对得出合理的解非常关键。其中最重要的是路网上的交通流对小区转换量的影响。如果估算方法预测的两个小区间的出行量很多,那么出行速率就会下降,从而造成出行量下降,此时其他小区之间,因为其位置的相对优势,可能增加出行联系,直到达到与新的线路和交通需求相一致的平衡状态(卡罗尔和克雷顿,1957,5)。

文中流程图清晰地展示出了作者关于反馈的概念。这个简要的论文显示芝加哥研究的领导者对他们的任务有一个清晰的愿景。[7]

在转向芝加哥研究之前,我们先将注意力集中在卡罗尔对术语"路抗函数"和那一时期其他相关术语的运用上。也许是受到卡罗尔和克雷顿(1957)的影响,布兰·马丁,弗雷德里克·梅摩特和 A. J. 波隆在他们对于出行预测方法的综述里同样运用了"路抗函数"这一术语。卡罗尔和克雷顿(1957)在马丁等(1961,B-2)的著作中被列为第40号参考文献。

然而,那个时期的其他论文使用了一个不同的术语,即出行阻抗。已知最早的关于出行阻抗应用的记载来自 W. 李·梅兹：

出行阻抗也许反映出行时间的平均值。如果出行人对最短距离感兴趣,那么阻抗也许是距离,或者是时间和距离的某种组合。一般认为,只用出行时间不能做出合理的交通分配,因为路线选择受诸多其他因素的影响。但是,出行时间很可能是影响最大的一个因素,可以为界定路段上的出行阻抗提供一个好的出发点(梅兹,1961,96)。

在稍早些的一篇使用类似术语的论文中,梅兹(1960b,29)只考虑了出行时间和距离。在洛杉矶的加利福尼亚大学交通运输与交通工程研究所供职的小沃尔特·W. 摩舍发表了一篇基于容量限制的交通分配算法的学术论文。在一个详细的术语表中,他写道：

路段阻抗,即分配给路网中每个路段的一个数值。这个出行阻抗也许是出行时间的某种平均,如果目标是最短距离,那么也可以是距离,它也许是这条路段的使用成本,或者是任何其他参数或根据需要对各种参数的加权合并(摩舍,1963,70)。

在公共道路局早期一个关于出行分布问题的报告中已经用到了"阻抗"的概念,虽然没有对它做正式定义。在定义出行时间因素中,作者指出：这些因素度量了地区间由于空间分割形成的出行阻碍(美国商务部,1963a,Ⅲ-4)。在关于出行分布的报告中,皮特、马维克、利温斯顿及其他人(1967,30)指出："用户提供的概要树的内容能反映除时间之外的其他阻抗的度量。"在这个报告(美国交通部,1969)的第30页直接引用了这一论述。

同年,阿兰·威尔森(1967,254)在他有关空间相互作用模型的经典论文中(3.5.1节)写到："i 与 j 之间的阻抗可以用实际距离、出行时间、成本或者用这些因素通过某些加权形成的广义成本来度量。"i 与 j 是指起点小区与终点小区。后期的出版物渐渐改称阻抗为"广义成本"。

2.4 芝加哥地区交通研究

2.4.1 概况和目标

道格拉斯·卡罗尔于 1955 年接受了领导芝加哥地区交通研究的挑战。他招募了哈佛大学设计学院城市规划专业的毕业生罗德·克雷顿作为研究和规划的主任助理。跟卡罗尔一起来到芝加哥的还有交通工程师威尔森·坎贝尔(1925—2007)和城市社会学者约翰·汉堡(1928—2000)。[8]这项研究计划最早预计持续 3 年时间,预算是 235 万美元。于 1956 年陆续开展了家庭访问调查、货车、出租汽车调查以及对其他土地使用和交通设施的统计,一共完成了近 50000 份家庭访问调查、7000 份货车调查和 73000 份路侧车辆调查。

尽管 DMATS 已经建立了城市交通研究通用的概念和方法,芝加哥区域交通研究(CATS)仍提出并测试了几种全新的交通出行预测模型。其中一些比较成功,为未来数年的研究打好了基础,而另一些则不尽人意,很快就湮灭在历史长河之中。与 DMATS 一样,数据处理是这项研究中的核心环节,这也正是出行预测从电子机械精算机向第一代大型计算机过渡的时期。

芝加哥交通研究的宗旨和目标简述如下:

本研究的任务是分析现状出行行为,以预测未来都市区的交通需求,并基于这些信息制定满足未来需求的公路和公共交通设施的长远规划。概括地说,本研究有两项目标,一是制定交通规划,二是为接下来审阅和评价这些规划的政府官员提供决策支持。为了保证目的性且代表人们的需求,这一规划必须制定一个目标。正式来说,这一目标是最大限度地提升城市区域内的出行便捷性,但同时考虑到有限收入的限制,土地使用和发展模式带来的相关影响,以及对未来城市规模和区域特征做出的最合理的预判(CATS,1959,1-2)。

芝加哥研究因其详尽的记录和广泛的宣传,成为如何开展城市交通研究的范例。它的三卷研究报告,即调研方法、数据分析、交通规划,被编成了非正式的教科书(CATS,1959,1961,1962)。为了满足那些需要了解更多细节的专业人士的需求,团队还编纂了一系列工作论文、手册以及《CATS 研究新闻》。罗德·克雷顿(1970)在他出版的《城市交通规划》上介绍了芝加哥地区研究中用到的理念、概念和技术方法。

研究的设计受 DMATS 方法影响明显,包括:土地使用和交通出行的关系(出行的产生),预测未来各交通小区之间的交换量(出行分布),在拥挤的路网上的路径选择(交通分配)。尽管芝加哥研究提到了公共交通系统,它还是以公路规划为主。研究对电子精算机和"中速、磁带式电子计算机"的描述说明它对数据处理和计算的重视。它还介绍了后来被称为制图仪的一种阴极射线管装置的建造计划,主要用于对出行期望线和相关数据进行可视化处理。

上面说到的芝加哥研究三卷报告里没有提到下述几项技术创新。除这几项以外,它还开创性地提出了区域经济和人口预测方法(霍克,1959)。三卷研究报告相对来说并不侧重技术分析。要想表述关键的技术创新,例如机会模型和交通分配,还需要更详尽和偏重分析的叙述。CATS 延续了 DMATS 的基本大纲,但是进行了几项主要的创新。涉及出行预测的几项创新有:

(1)在没有土地使用规划的前提下,对土地使用和与之相匹配的出行起点、终点及小汽车拥有模式进行预测;所有预测都是以 1980 年的典型 24 小时工作日为标准。
(2)把出行起点和终点按出行方式来分配。
(3)对小汽车出行分布的介入机会模型的建模和应用。
(4)对小汽车交通分配的逐树分配模型的建模。
(5)把出行分布和交通分配模型整合为一个求解流程。

2.4.2 土地使用,出行产生和方式划分

和 DMATS 不同,芝加哥地区没有土地使用规划作为基础来预测未来的交通出行。因此,项目对 1980 年的未来土地使用状况做了详细预测,并把结果作为预测个人出行起终点的基础。它首先对截至 1956 年已完成开发的土地编制清单,然后根据地区预测确定了 1980 年总体发展对不同类型土地的需求,并将之按照从区域中心向外围密度逐渐减少的原则分配给未开发的土地。不适合城市发展用途的土地以及公共空间不计入内。土地使用分配过程详细且经验化,由土地开发密度和土地使用竞争的概念来控制。整个研究区域 1237 平方英里的面积包括 582 个面积为 1 平方英里的分析小区。每个小区分配六个土地开发类型中的一种。

首先基于对 1980 年土地使用的预测以及 1956 年按用地类型编制的人均出行率,初步预测 1980 年典型工作日的个人出行量。其次,根据区域居住密度(区域内居住单位和用地面积比)和每个家庭的小汽车保有量(这些量的平均值在不同小区的差异很大)对工作日每个家庭的出行量做独立预测。第二种预测以家庭出行为研究单位,导致预测出行量水平显著高于基于土地使用的第一种预测方法,因此被用来控制研究区域内部的日出行量。这些出行量随后被分配到 6 种用地类型,然后到各个小区。总之,总的工作日出行是基于各小区的小汽车拥有水平和居住密度水平,而出行分布则是基于用地预测。进出研究区域的外部出行也从预测而来,大约是内部出行总量的 1/4。卡车出行预测基于土地使用类型。

形成按用地类型分类的各小区出行的总进出量之后,将一部分出行量分配给两类公交:在整个区域中心产生或终止的出行以及小区内出行。对前者,出行的非中心端位置通过从 1956 年出行和用地预测中观测到的距离关系来确定。这里假定 1980 年城市中心区日均公共交通出行到达量与 1956 年的水平相当。

小区内部的公共交通出行是依据 1956 年观测到的公交使用数据从全部个人出行中分配一定的比例。在离家或回家的出行里,小汽车拥有率在这一分配里是重要的考虑因素。芝加哥研究预计 1980 年的小区内公共交通出行总量比 1956 年高出 2%,考虑到 1945 年以来公交出行比例持续下降,这个预计在当时被认为过于乐观。方式划分的方法在 CATS 内部也经历了相当多的讨论。这种方法被诟病,主要是因为对于小汽车,公交出行的时间和货

币成本都考虑不足(斯托弗和梅堡,1975,188,2.5.4节)。

2.4.3 出行分布

CATS 与 DMATS 的迥异之处表现在小区间的出行预测上。DMATS 采用了增长系数法并尝试了重力模型,而 CATS 采用的则是摩顿·施耐德(1928—1993)提出的新方法。摩顿·施耐德曾在芝加哥大学攻读物理学(布莱克,1990,35),对出行预测领域做出过几项重要贡献。他的论文(1959,1960)提供了理解他神秘个性的一扇窗户;他无疑极具天赋并对早期大型计算机的应用颇有造诣。

摩顿·施耐德对出行分布领域的贡献是"干预机会模型"(CATS,1960,81-86,111)。[9]这一模型的优势在于它的简洁和巧妙。模型有两个基本假设:出行选择总是倾向于越短越好;一个目的地被选中的概率是固定的。第一个假设是根据出行时间或广义成本来对终点进行排序的基础。因为每个选择被接受的概率都不高,同一个起点的出行将分布在所有目的地范围内,而这种分布的离散程度由一个固定概率来确定。干预机会模型提出的背景是彼时重力模型被认为缺乏理论基础而遭到广泛质疑。在接下来的10年里,这种怀疑态度逐渐消散(3.5节)。

施耐德(1960,136)探讨了他的模型的两个缺点:一是出行的分布完全由起点独立确定,造成到达某个终点的总出行数不一定等于该点吸引的全部出行总量;二是获取代表未来状况的参数具有难度。第一个缺点同样存在于早期的重力模型里(2.5.3节)。这个问题到20世纪60年代后期得到了满意的解决,即对出行矩阵中的吸引总量和出行总量经过迭代计算以达到"平衡"(威尔森,1967,3.5节)。这个问题在20世纪50年代晚期没被解决的部分原因也许是那时候的计算能力无法支撑对大矩阵做平衡运算。毋庸置疑,施耐德提到的第二个缺点,即对未来参数值的估计,是所有模型的共同缺点。

干预机会模型独立应用于从方式划分得出的小汽车和公交出行。在这些应用中,出行被分为三类:短途居住出行、长途居住出行及非居住出行(派尔斯,1966,74;瑞特,1967,3)。两类居住出行的起点都是住址,出行终点是工作或其他非居住类目的地。短途居住出行实际上是指出行终点与起点在同一个小区里的出行。非居住出行在工作或其他活动地点产生,以住址为出行终点,并根据起讫点是否在中心区域进行区分。芝加哥研究没有详细描述如何划分短途居住出行和长途居住出行。每类出行假设有一个不同的出行选择概率,并通过观测到的出行长度频率分布进行标定。

作为模型标定的基础,芝加哥研究仔细地分析了小汽车出行长度的经验频率分布。因此,它的分布模型被认为是根据给定的车辆行驶里程对出行分布进行预测,而非预测总车辆行驶里程。旅行时间是对终点进行的排序的主要依据,虽然出行距离和出行成本也在考虑之列(CATS,1960,83)。研究没有采用诸如出行阻力、阻抗或广义成本之类的术语。

干预机会模型在20世纪60年代获得了相当大的支持。它的理论基础对学者们颇有吸引力,而其可操作性又得到了从业人员的认可。马丁等(1961,150)描述了该模型的诸多优势:模型的基础假设可信;计算方便,不受区域边界的影响,不需要对模型进行特殊调整以匹配观测数据。彼时做过的对比研究发现这个模型比重力模型更准确可靠。它的缺点包括:要求模型使用者富有经验;收集必要的数据成本高昂,且确定模型参数的难度大。

凯文·希纽和克莱德·派尔斯(1966,36)在对机会模型和重力模型的校验研究基础上得出的结论是二者"在对华盛顿特区1948年和1955年出行分布的模拟上展示了相同的可靠性和实用性"。该模型被纳入公共道路局的计算机程序包(2.5.3节)。但是,除了CATS一直到2000年还在使用,介入机会模型的应用在20世纪60年代后就销声匿迹了。

2.4.4 交通分配

CATS在交通分配上相较于DMATS的主要进步可以归功于3个重要因素:①解决了最短路径问题(摩尔,1957);②第一代大型计算机的发明;③摩顿·施耐德的洞见和计算技能。20世纪50年代在贝尔实验室工作的[10]数学家爱德华·摩尔(1925—2003)设计了标签纠正算法来解决最短路径问题。每个节点被赋予一个初始的标签,然后反复对标签的值进行纠正,最终使得每个标签的值代表起点到该节点的最短距离。怀庭和希利尔(1960)提出了标签设置算法,即按照一定顺序对标签值进行更新,从而使得每个标签的值只需设置一次而不需重复。[11]芝加哥研究报告描述了这种可以用于道路和公交分配的新颖算法(CATS,1960,104-110)。

道格拉斯·卡罗尔和他的团队与他们在公共道路局的同行一样采取了一个比较机械的流程来把起讫点之间的流量放到道路网络的路段上,即交通分配。显然,他们不知道沃德普(1952)用户均衡概念,也不知道贝克曼等(1956)已经针对弹性需求下计算路网中用户均衡流量的问题提出了数学模型(7.3.2节)。[12]亚伯拉罕·查尼斯独立完成了一个固定需求的用户均衡模型,并与CATS合作对一个算例进行了求解(查尼斯和库珀,1961)。[13]然而,和同期的其他人一样,他并没有设计出一个实用的求解算法(关于查尼斯的传记细节参阅7.3.4节)。

克雷顿(1970,248-254)将上述这些进展描述为"一个关于突破的故事",此外卡罗尔(1959)也补充了一些细节。因为意识到在网络中寻找最短路的能力对于将交通分配问题由烦琐的手算流程改进为基于计算机的方法至关重要,这一任务通过正式合约交给了芝加哥一所独立的研究机构阿莫尔研究基金会。研究人员发现了摩尔(1957)的算法,并开始将其应用到小算例上。根据阿莫尔的研究,施耐德写了一个计算机程序,来解决在CATS拥有582个交通小区、2500个路段的路网上做最短路计算的问题。

此后,施耐德和卡罗尔意识到在计算最短路径时需要考虑路段本身的通行能力,这促使他们发明了一个所谓的容量限制算法以在计算结果中考虑拥堵效应。求解最短路径问题只是找到沃德普表述的用户均衡解需要的三个工具之一。此外还需要将起讫(O-D)之间的流量加载到路网上(施耐德设计了一个解决方案),以及如何对多次分配进行平均以尽可能地得到理想的均衡。

从CATS关于交通分配流程的描述(1960,104-110),我们可以看到出行分布和分配问题是如何通过一个集成的方法解决的:

(1)对于每一个起点小区,先假定路段流量为零,找到从该小区到每一个终点小区的最短路径出行时间。

(2) 使用这些最短路径的出行时间按照从最近到最远的顺序来排列终点机会。

(3) 应用介入机会模型计算该起点到每一个终点之间的流量。

(4) 将这些流量加载到由最短路径组成的子路网上。

完成所有起点小区的计算过程后，将计算过程产生的 O-D 出行表存储下来，用容量限制算法做第二次分配：

(1) 随机选择一个起点小区。

(2) 根据当前分配的路径和路段流量更新路段出行时间。

(3) 解这个起点小区的最短路径问题。

(4) 对以该起点小区为起点的每一组 O-D 对的最短路径进行流量分配，然后重新返回步骤(1)，继续分配直到所有起点小区都完成计算。

CATS 的最终报告中没有给出在上述步骤(2)中用于更新路段出行时间的出行时间函数。该过程是用自由流出行时间乘以一个流量容量比幂函数的二倍。[14] 这个函数的来源不详，但是估计出自施耐德的手笔。这个函数与 BPR 函数具有显著区别（2.5.5 节）。以路段流量等于通行能力时为例，该函数给出的出行时间为自由流出行时间的 2 倍，而在 BPR 函数中它仅仅增加了 15%。

因为每次路段出行时间更新后，最短路径树都会被加载到路网上，这个分配过程后来被称作"逐树增量分配"。在计算出行矩阵时，每个起点小区需计算两次，第一次是在出行表上计算，第二次是在拥挤道路上进行分配演算。相反，在迭代分配和另一种增量分配法中，最短路径树是要被计算多次的（2.5.5 节和 2.5.6 节）。因此，逐树增量分配流程被认为是考虑拥堵的分配问题的一个合理的近似解。通常的算法中每一个 O-D 对间都有多条线路以达到平衡，但在这个算法中，每一个 O-D 对之间只有一条路径。因为流量没有被过度加载到路段上，它们可以在可选路段上分散分布，从而近似用户均衡解。由于当时人们还不知道如何对此进行评估，这种算法离真正的用户均衡差距有多大无从得知（7.4.2.4 节）。

CATS 设计的出行预测程序将 24 小时的工作日作为单一周期，即将这 24 小时内所有目的的出行都分配到路网上。这些道路的日通行能力计算依据，是道路全日流量最高的一小时占全日平均流量的比例，大约 11%。考虑到道路流量通常有 60% 集中在高峰方向，这个系数可以调整为 13.2%。因此，日均通行能力即最大小时通行能力除以系数 0.132（海卡利斯和约瑟夫，1961，45）。

当然在现实中交通量不是在一天中 24 个小时均匀分布的。因此，用上面方法估算的每日由于拥堵造成的总延误要根据实测的小时交通流量排序进行调整。据我们所知，这个调整程序是芝加哥研究独有的，并没有在后续的研究中得到应用。利用位序—百分比的关系，综合每个小时的预期延误与该小时占全日流量比例，可以得到一个加权平均的全日延误（海卡利斯和约瑟夫，1961，48）。

在它投入应用的 20 世纪 50 年代晚期，施耐德发明的将出行分布和交通量分配结合起来的方法堪称巨大的进步。通过计算两倍于小区数的最短路径树，它计算 O-D 出行表并将之分配以代表拥挤路网。比起早几年 DMATS 使用的相当繁琐的程序，此程序已经可以实现对几种不同道路方案的评估。

2.4.5 计算方面

芝加哥研究正值第一代大型计算机诞生之际,特别是IBM704,它是第一代量产的带有磁芯存储器和浮点算法的计算机,如图2-2b)所示。[15] CATS研究项目使用的IBM704型计算机安装在俄亥俄州的辛辛那提市。为了求解介入机会和交通分配模型,施耐德常常需要周末去辛辛那提,加班调试程序、计算结果。在经过数月努力之后模型终于可以顺利运行时,他回忆说IBM704的内存只剩下一个字节没用。[16]

卡莱尔(1959)在CATS报告中提到,对主干路和高速公路网的流量分配,该计算机需要运行11个小时,包括4个小时自由流路网分配和7个小时容量限制分配(CATS,1960,108)。数据输入包含用以描述现状路网的5225个数据卡以及用以描述出行起讫小区的630个数据卡。一次完整的计算过程,包括一个起点的最短路径、出行的计算和分配、路段流量加载,需要大概1分钟,计算成本是10美元。按卡莱尔的估算,如果要通过人力实现上述计算,需要5个人用一周时间计算,其成本约为450美元。

CATS的第二项技术创新是发明并应用了制图仪。它的诞生也标志着将O-D调查描绘为期望线的方法向道路或公交网络上的出行预测的过渡达到尾声。通过使用机械式电力计算机往路网上分配O-D流量,DMATS开启了这个过渡。CATS使用上述的启发式出行分布和分配算法,为这一过渡画上了句号。制图仪的发展是同步的努力。

道格拉斯·卡罗尔是一位有远见卓识的规划师,"他坚信理性的规划过程,并且认为规划应尽可能具有科学性"(布莱克,1990,28)。卡罗尔明白人类的眼睛和大脑在处理和分析信息方面的潜力。也许受当时的新技术(黑白电视机)的启发,他想象代表出行的数据可以通过阴极射线管显示,并拍摄成像,用以表达和分析观测和期望的出行模式。制图仪的核心正是这样的可视化技术,它通过射线管上的胶片来捕获代表出行信息的光束并记录在磁带上,然后被制图仪显示出来。卡罗尔和琼斯(1960)描述了这个装置,并用它制作的图片装饰了CATS三卷报告的封面。图2-4展现了一副利用制图仪绘制的地图。

据卡罗尔所述,制图仪以较低成本完成了既定的任务。CATS报告大量使用制图仪生成的结果做展示,也许一定程度上增加了它的可信度。最后需要指出,在展示新的交通分配算法计算的不同路网规划方案下的行驶时间和行驶里程时,这些图片的表达缺乏足够的区分度。罗德·克雷顿后来评价道:

制图仪是一项伟大的成就,我们不再受制于所有出行都往中央商务区聚集的思维定式……出行实际上比想象的分布更均匀,方向更分散……出行模式异常复杂;而我们一直以来对其无知的程度令人惊讶(克雷顿,1970,36)。

也许我们应该对这些开拓者的观点照单全收。但实际情况是CATS是唯一使用这个装置的交通研究项目。[17]也许这些经验的意义本身就在于避免其他人再重蹈覆辙。制图仪也没有用来分析1980年的出行预测,而仅仅用于1956年的O-D调查数据分析。这个装置在当时那个时代是个了不起的成就,但其实用性是有限的,尤其是在分析和预测出行对道网拥堵情况的影响这一能力迅速提高的大背景之下。人们也许会好奇卡罗尔是否曾对这个设备寄予更高的期望。据艾玟·霍克回忆,这个制图仪最初被寄予的希望是推荐高速公路建设位置以及对道路使用情况进行评估。[18]

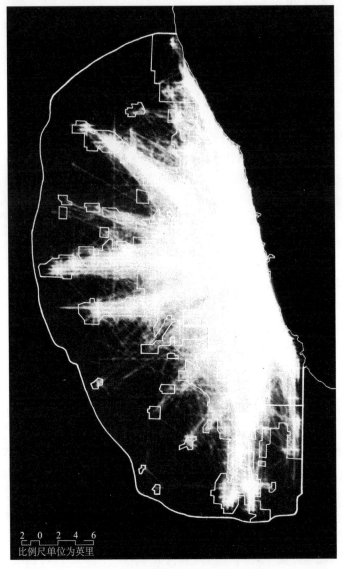

图2-4 芝加哥地区内部人员出行期望线图
来源：CATS(1959,46)。

2.4.6 芝加哥区域研究的经验教训

我们没有找到同时期对芝加哥研究的贡献进行总结性回顾——类似卡罗尔和贝维斯(1957)的文献。克雷顿(1970)仅仅对研究的得失做了一般性的评价，没有涉及技术细节。马丁等(1961)记录了整个实践的状况，但没有臧否得失。芝加哥研究的进步可以总结如下：

(1)基于详尽的现状统计和过去的发展趋势对土地利用进行预测。

(2)根据居住密度和小汽车保有水平不同,详尽制定了按用地性质和交通小区划分的出行率,并用以预测总的交通出行。

(3)考虑到地区中心区域在出行方式选择上的重要作用,设计了一套用以配置公交分担率的算法。

(4)根据简单的理论提出了按方式对 O-D 间的三类出行进行分布预测的新方法,并对其做了实施和测试。

(5)设计了一个新的基于最短路径的交通量分配方法,并得到了成功的应用。

(6)出行分布和交通量分配算法都成功地用大型计算机实现了,且实现了将这两个步骤合二为一的程序。

20 世纪 60 年代初期的研究者对芝加哥研究的缺点大致总结如下:

(1)规划者指出该项目没有以实际土地使用规划为基础。但是,20 世纪 60 年代中期曾尝试把土地利用和交通规划结合起来(博伊斯等,1970,2.8.3 节)。

(2)尽管芝加哥研究改进了 O-D 出行建模的理论基础,它并没有真正建立交通分配理论。当时先进的、与其内容高度相关的交通分配数学模型并没有得到应有的重视(查尼斯和库珀,1961;贝克曼等,1956,7.3 节)。

(3)与其他研究一样,芝加哥研究也沿用了工作日 24 小时的交通出行预测法,而不是针对拥堵时段;就笔者所知,这种预测方法在应用中的误差从没有被充分理解。

阿兰·布莱克(1990)从规划理论的角度描述了芝加哥研究的理念,并回顾了项目工作人员的态度和工作条件等很多有意思的细节。芝加哥研究期间发表了很多技术论文。约翰·麦克唐纳德(1988)对这些工作,尤其是对 1980 年的出行预测的回顾很值得一读。

芝加哥研究对城市交通出行预测实践和理论的贡献巨大而空前。它留下了大量关于出行预测步骤的文件供人查阅参考。第一代大型电子计算机的价值在本项目中得到了验证。借助底特律和芝加哥地区的交通研究经验以及公共道路局的努力,联邦资助公路法案于 1962 年正式通过,将城市交通规划流程在全国更大范围内进行推广(魏纳,1997,37-38)。

在讨论交通预测方法其他方面的发展之前,我们简单回顾 1980 年芝加哥地区规划的命运。芝加哥规划设计了一个高速公路间距公式和一个经济评估方法去指导道路网设计。[19] 间距公式为逐渐加密的道路设施如何选择可行方案提供了系统框架,出行预测模型可以依据出行的车行里程和车行小时,以及系统的出行时间、运行成本和事故成本等参数来评价这些备选方案的效果。芝加哥研究共对 6 个公路网方案进行了搭建、测试、评估和展示。这些工作的结论是密集高速路网高效便利,值得推荐(海卡利斯和约瑟夫,1961)。可能是受到其复杂性的影响,其后的交通研究并没有对这种方法作进一步的探讨(克雷顿,1970,283,脚注 3)。[20]

在最后的分析中,上述方案并没有得到地方和州内官员的支持。1962 年芝加哥研究的第三卷的发布后,芝加哥太阳时报报道了道格拉斯·卡罗尔和当时非常强势的芝加哥市长理查德·J. 戴利(1902—1976,自 1955 年起任芝加哥市长直至去世)的讨论。在提出 1980 年规划方案的时候,卡罗尔对新闻媒体指出:

……地面街道上的交通量太大。我们的建议是……精心设计合理间隔的高速路系统,通过隧道或者高架来空出地面。借助这种系统,我们可以有效运作,留出类似孤岛的住宅区域,并将大量的交通引入大载客量的地面和地下系统。这样我们可以形成一个有效的道路街道网络。

太阳时报的记者唐纳德·施瓦茨对其评论是:

卡罗尔的提案重要前提是城市随着时间推移会逐渐向类似郊区的低密度方向发展。卡罗尔强调这是人们选择的结果——人们更期望居住在低密度区域。其他人则认为通过修建高速公路,全方位的服务小汽车出行实际上是这种选择的动因。但是无论事实如何,卡罗尔预言了城市未来的发展是稳定地散开(施瓦茨,1962,1)。

在芝加哥研究涉及的区域,除去那些在1955年已经建成或待建的高速公路,1980年方案中建议的高速公路最终只建成了一条(355号州际公路)。[21]就连得到戴利市长支持的,包括在规划路网中的穿越市中心的高速公路都没能建成。1962年规划方案公布时,芝加哥市的西北和西部成为一个巨大的高速路施工区已经6年之久,居民对施工尘土、噪声和其他高速公路施工带来的干扰已经不胜其烦。

以现在的眼光来回顾卡罗尔及其团队的规划,会觉得它提出建设间距3英里的高速公路网格,并在芝加哥市区形成封闭的"居住区孤岛"简直不可思议。但是,他们也算是第一个吃螃蟹的人,因为当时还没有哪个城市建设过如此大规模的城市高速公路网系统。

2.5 公共道路局

2.5.1 概要

基于芝加哥和底特律的研究经验,以及在波多黎各和华盛顿特区的早期探索,长期隶属于美国商务部的公共道路局开始引领出行预测方法以及相关计算机程序的发展。[22]随着电子计算机进入民用领域,公共道路局开发了用于校正现状调查出行矩阵,以及解决出行重力分布模型与交通分配模型问题的计算程序(布洛克,1969,32)。

格兰·布洛克(1912—1992)和W. 李·梅兹(1920—1993)[23]对法塔方法和底特律地区方法进行了测试,用一台IBM705计算机对未来某预测年的调查出行表进行因式分解(布洛克和梅兹,1958)。之后,用于标定和测试重力模型的程序在IBM704上开发成功,随后又被移植到IBM7090/94型电脑上(美国商务部,1963a,ii)。1958年,位于亚利桑那州凤凰城的通用电气公司计算机事务部承担开发了适用于IBM704的交通分配程序包(梅兹,1960b,1961)。这个项目开发了一个高速电脑程序包做小区间非定向交通分配,选项包括转移曲线及利用摩尔(1957)(美国商务部,1964,I-3)的最短路径算法做全有全无分配。这些程序还被进一步扩展以实现定向分配,以及设置转弯惩罚或是禁行。随着向第二代计算机的过渡,公共道路局将一系列主要计算程序融合成了一个程序库。

上面提到的美国商务部出版的两本手册的目标是为综合交通规划研究中的计算分析阶段提供计算程序(美国商务部,1963,ii)。[24]这些手册并没有描述公共道路局交通预测步骤的目标。下面的章节将回顾四步法(或顺序交通预测法)的主要模型和方法。从报告和手册的发表日期可以看出各个不同方法的发展时序,跟下面描述的顺序不尽相同。

2.5.8节回顾了三个城市交通研究中关于城市货运交通的早期研究,后期的研究在8.6节重点说明。

2.5.2 出行生成

在美国早期的交通研究中,预测离开和进入一个交通小区的出行量的流程根据以下定义来设计:

(1)一个小区出行产生的数量,或者"出行生成",定义为起点为该小区和返回该小区的出行总量。

(2)一个小区吸引产生的数量,或者"出行吸引",定义为到达该小区和离开该小区的出行总量。

出行生成和吸引均都通过统计方法与所选小区特性的总值或均值发生关联。对出行生成,典型的影响因素是小区人口或家庭数量、家庭拥有小汽车数量以及区域内就业者数量。小区特征也用均值来表达,诸如家庭人均就业者数量、家庭平均收入或者户均小汽车拥有量。在出行中非居住地的一端(美国商务部,1963a,Ⅲ-2,8.4.2节),出行吸引与建筑面积、用地面积或小区内不同行业(例如零售业、制造业)的工作岗位有关。[25] 在后续研究中,出行按照居住地出行和非居住地出行进行分类。居住地出行又进一步按照出行目的被分为:工作、购物、上学和其他。因 1967 年以前还没有公共道路局出行生成手册,有关这些步骤的介绍只能在更早的交通研究报告中找到。

到 20 世纪 60 年代早期,学者和早期交通规划从业者发现个体家庭的出行率存在较大的差异,但这种差异并没有在上述以小区性质作为主要预测变量的方法中体现出来。基于两份家庭访问调查数据研究,保罗·舒帝纳发现影响个体家庭出行最重要的因素是家庭成员数、收入及汽车保有量(舒帝纳,1962;奥利和舒帝纳,1962)。此外,他的研究还探索了哪些统计方法更适合用来分析这些数据,他的结论是基于家庭类型的交叉分类法优于线性回归法,因为后者不仅需要对变量做线性和连续假设,还需要在假设检验中假定误差成正态分布。但是,线性回归和交叉分类也可以通过在回归中引入代表分类的虚拟变量来进行结合。

将出行产生率与家庭性质变量关联意味着需要预测这些变量在研究目标年的值,这是一个新的挑战。预测家庭规模和汽车拥有量相当困难。在借鉴舒帝纳研究成果的基础上,英国在实施基于家庭的分类分析上取得了进展(伍顿和皮克,1967,3.3.1节)。

出行生成分析指导手册(美国交通部,1967)及福利特和罗伯森(1968)都基于并融合了早期交通研究的经验。出行生成分析(美国交通部,1975)提供了更具体的指导。关于在早期交通研究里对出行分类的定义以及出行生成的建模步骤,斯托弗和梅堡写道:

交通的生成和吸引与起点和终点并非一一对应。简言之,出行生成可概括如下:对于一个居住地出行,交通生成小区是出行的居住地端,而交通吸引小区则是出行的非居住地端。因此,一个从居住地到工作地的出行以及一个从工作地回到居住地的出行的生成端都是居住地,而吸引端都是工作地。对于非居住地出行,生成端是起点而吸引端是终点(斯托弗和梅堡,1975,64)。

2.5.3 出行分布

按照最早城市交通研究的传统,一个研究小区的未来出行表的估计可通过调整调查年的出行表使之与未来起点和终点小区的总量一致来实现。法塔(1954)提出了进行这种调整的早期方法。之后，电子计算机被用于做额外调整。公共道路局设计的出行调查表计算机调整程序并没有包含在它的第一个出行分布手册(美国商务部,1963a)里，但是后来出现在皮特、马维克、利温斯顿及其他人(1967,3-14)和美国交通部(1969,3-14)文献中。与法塔差不多同时，阿兰·伍尔西斯(1955)和道格拉斯·卡罗尔(1949,1952,1955)也在探索如何用重力模型来预测城市小区间的出行。这些早期研究形成了一系列应用，包括伍尔西斯(1958)、伍尔西斯和莫里斯(1959)、汉森(1962)。

美国商务部(1963a,Ⅰ,Ⅱ节)回顾了重力模型的理论及历史，简要介绍了施耐德(施耐德,1959)提出的"介入机会模型"和托马兹尼斯(托马兹尼斯,1962)提出的"竞争机会模型"，并对公共道路局用于开发计算机程序的模型进行了说明。该程序的开发高度经验化，融合了出行时间因素，基于最短路径的出行时间，以及被称作"K因子"的对不同小区对的出行进行调整的因子。据公共道路局重力模型，在起点小区和终点小区间形成的双向出行量，也称为"出行转换量"，与如下因素成比例关系：

(1)起点区域出行生成数量或者双向出行生成的出行量。

(2)终点区域的出行吸引数量。

(3)由经验得出的出行时间因素，它表达地区内空间分离对小区间出行交换的平均效果，也被称为"摩擦因子"。

(4)针对小区对的调整因子，它用于代表那些没有包含在重力模型中的社会经济要素对出行形态的影响，也被称为"K因素"。

(5)对所有终点小区参数求和的分母项，该参数等于该终点小区的出行吸引量、出行时间因子和调整因子的乘积。[26]

这个分母项确保从一个起点小区到所有终点小区的出行总和等于该小区的交通生成量。但是反过来，对于对应某一终点小区的所有起点小区出行量求和与该小区的总交通吸引量并不一定相等。报告的后面对这个不一致问题提出了解决方案，简述如下(美国商务部,1963a,Ⅳ-37-39)。

这个自动调整程序流程如下：它通过(某终点小区的)出行吸引因子与重力模型结果(即与该终点小区连接的所有起点小区的出行总和)的比例来调整每个区域的吸引因子。这个调整过程需要迭代三次。报告没有解释这种调整的物理意义，但既然该步骤是参数标定(即通过数据来做函数拟合)的一部分，它也应该被视为是对吸引因子的一种标定。这些调整因素等同于一个强制性的终点约束，即要求从所有起点小区到终点小区的交通量总和等于终点小区的总交通吸引量(3.5.1节)。与"(起点终点)双约束"的方法不同，通过调整交通吸引来满足吸引约束的效果是隐性的。对出行时间或阻碍因素的标定基于出行长度分布频率。首先给定一个初始函数，然后通过比较各个距离出行频率的观测值和模型值，来对其进行调整，最终对每个O-D对每种出行目的得到一个单独的经验性递减函数。有了这个函数之后，对吸引因子进行调整，再比较出行距离的频率分布。最后引入一个专门针对O-D对的调整因子(K-因子)。它随出行目的和方式变化，主要用来解决实际应用中拟合结果不理想的情况。这个报告对这些K-因子如何设置有详细的描述。

尽管卡罗尔和伍尔西斯考虑了负指数出行时间函数的应用，但是在报告中关于标定的部分并没有提及这些工作。总体来说，报告清晰准确，尤其是有关IBM7090型计算机计算程序的描述相当翔实。报告还记录了对南达科塔州苏瀑布城进行的统计分析,并描述了如何在交通分配过程中将双向路改为单向路(美国商务部,1963a,Ⅵ-1 到 5)。最后一部分描述了运用模型和相关程序进行预测的前提假设,作者写道:

"出行时间因子来自现有数据,但(在模型里)用于未来年。有少量证据可以说明这一假设的合理性。但是,想毫无保留地接受这一假设仍需大量研究工作(美国商务部,1963a,Ⅵ-4)。"

2.5.4 方式划分

报告《交通方式划分》记载了 1955—1966 年间,在 9 个城市交通研究中使用过的预测未来城市出行公交分担率的方法(美国商务部,1966)。早期交通研究,例如芝加哥和匹兹堡,使用"出行终端"交通方式划分法(2.4.2 节),把小汽车保有量、居住密度以及距中心区域的距离作为主要解释变量。随后,在伊利市、普吉湾和威斯康星州东南部的交通研究中引入了每个起始小区的服务水平变量以代表小汽车和公交车到各终点在可达性上的差异。转移曲线将起始小区的方式划分与小汽车和公交车的可达性之比进行关联(和记,1974,第 3 章;斯托弗和梅堡,1975,3.7 节和 9.5 节)。

由于两个原因,20 世纪 60 年代早期开始出现了其他方式划分法。首先,出行终端法对公交服务水平的变化不敏感,这可以归因于它所用的"总量可达性指标"(斯托弗和梅堡,1975,188)。其次,当时为改善公交设立的联邦基金要求评估特定地间公交服务水平的变化。其他方式划分法因此应运而生,被用来加强模型对公交系统改进的响应。

在出行分布之后做方式划分,即通常所谓的的出行交换方式划分,方式选择可以直接与小区对之间的出行时间和成本直接相关。与"出行终端法"强调完全依赖公交出行的人群不同,交换量方式划分强调小区对之间出行者的方式选择。

希尔和冯·库贝(1963)在对华盛顿、多伦多和费城的方式划分研究中第一次尝试对方式划分现象背后的个体决策过程做假设,并将之纳入预测模型(斯托弗和梅堡,1975,189)。他们的方法认为小区对之间的出行在小汽车和公交车之间的划分与如下因素有关:

(1)方式的相对总出行时间,用二者出行时间比来表达。
(2)方式的相对总出行成本,把二者出行成本比分为四级来表达。
(3)方式的相对车外行程时间,把二者车外行程时间比分为四级来表达。
(4)收入水平分为五级来表达。
(5)出行分为工作出行或非工作出行。

基于这些变量确定了 80 条适用于工作出行的转移曲线。通过对华盛顿、多伦多和费城地区数据样本进行单独和综合分析,他们评估了出行方式的可转移性,并对变量范围做了扩展。

尽管在这一时期的出行预测方法中,对于方式划分到底是在出行分布之前还是之后并没有严格的行为学基础,但是各种结构的依据似乎来自(个体的)出行决策。各种讨论中开始逐渐使用"选择"和"决策制约性"这类说法。那些研究单个模型特别是方式划分模型的人们常常意识到他们的研究对象只是冰山一角,而他们的模型的结构在(出行决策)行为的逻辑上含混不清。爱德华·魏纳在一篇总结商务部 1966 年报告的论文中写到:交通方式划分中争论的焦点是"出行终端"还是"行程 O-D 交换量"模型更适合城市交通预测(魏纳,

1969,25)。

2.5.5 交通分配

早在公共道路局发表它的手册之前,交通规划人员已经认同在路网交通分配时应考虑路段通行能力。早期对无约束分配(即全有全无分配)的依赖是不符合实际的。交通分配手册(美国商务部,1964,i)详细地记载了在那个时期公认的"完整的交通分配过程"。和重力模型手册一样,它详细准确,还包括有用的历史背景:交通分配是把一组给定的出行交换量加载到一个特定交通运输系统中的过程(美国商务部,1964,Ⅰ-1)。手册里几乎没有提及"路径选择",相反,分配被视为一个将出行交换置于路网上的机械规程。然而,第5章(理论)的确指出:假设机动车驾驶员希望采用所有连接起讫点之间路线中"最容易"的那一条(美国商务部,1964,Ⅴ-1)。

在1964年的手册中,基于路段通行能力的分配方法被称作"迭代容量约束"。这个方法需要反复做全有全无分配,并在每次分配完成后更新路段出行速度。迭代容量约束分配法在第5章中有更详细的描述。第5章还将讲解所谓的BPR容量—延迟或者路阻函数,它把给定路段分配量的路段行驶时间与"基础行驶时间"联系起来,后者定义为当流量达到路段实际最大通行能力时的行驶时间的0.87(1/1.15)倍。报告里没有解释0.87这个值是怎么得来的。因此,在初期的时候,BPR函数是与实际最大通行能力下的行驶时间——而非零流量(自由流条件下)时的行驶时间——相关。实际最大通行能力是指给定服务水平下的最大交通流。[27]如图2-5所示,BPR函数表示为分配交通量下的出行速度与实际最大通行能力下的出行速度的比值。报告中没有提到该函数估算的行驶时间会随交通量无限增长的特性。

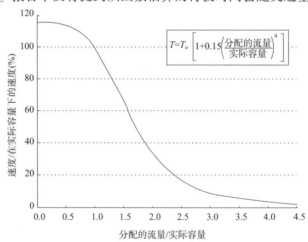

图2-5 相对路段速度和分配路段流量与实际容量之比
速度 = 路段长度/时间(英里/小时)
来源:美国商务部(1964,Ⅴ-20)。

把整个出行表的全有全无分配完成之后,对路段"参数"进行调整,然后再做一次全有全无分配。调整的参数是路段速度而非路段行驶时间。而且,为缓和参数调整带来的整体影响,下一次迭代使用的速度取新速度和原速度的平均值,由此避免从一次迭代过程向下一次迭代过程转换时加载到路段荷载产生大的波动……这一过程根据需要可以重复多次。但是,经验表明,四次迭代之后,交通分配的精度就不再有明显提高了(美国商务部,1964,V-21)。"路段荷载"有时被用来指路段交通量。后来发布的手册指出应通过对四次路段荷载取平均来得到合理的交通分配结果。

这些早期的出行分布和交通分配方法中常被忽略的一个方面是大多数计算是基于整数而非浮点数运算。出行量、路段交通量、通行能力和出行速度都是整数值。如果进行算术平均,则需要对结果四舍五入或者直接去掉小数点后的数字,这限制了应用程序收敛到稳定解的能力。

2.5.6 备选交通分配方法

公共道路局实现的迭代容量限制法只是20世纪60年代用于解决分配问题的诸多方法中的一种。罗伯特·斯莫克(1962,1963)在底特律地区的后续交通研究中提出了一种不同的方法来对从全有全无分配得出的路段流量做平均。他首先基于自由流条件下路段出行时间进行全有全无分配,接着更新路段行驶时间做第二次全有全无分配,然后将两次分配中得到的路段交通量取相同的权重计算平均。依据平均交通量更新完出行时间后,实施第三次全有全无分配,并将第三次分配的结果与前次平均值再做平均。这一次平均的具体做法不详(斯莫克1963,15)。[28] 如果每次全有全无分配在最终的平均结果中都有相同的权重,那么斯莫克的步骤就和连续平均法(MSA)一样。帕萃克森(1994,23)指出斯莫克可能在不知情的情况下第一次提出了一个实际上可以保证收敛的交通分配算法。斯莫克的确用了"收敛"这一现在常用的术语来描述该方法的特性(7.4.2.4节和7.4.3.2节)。[29]

交通研究公司通过一个复杂的循环程序把出行分布和分配模型整合在一起(艾玟和冯·库贝,1962)。这个分配方法把(从出行分布中)更新的出行表用全有全无法分配到最短路上。他们发表的论文中没有提到在不同循环中对路段交通量做平均的概念。

摩顿·施耐德在芝加哥研究中实现并应用了增量分配法,后来称为"量子加载法"(帕萃克森,1994,21,2.4.4节)。布兰·马丁提出另一种增量分配法(马丁和曼海姆,1965)。马丁也许是首次使用"增量分配"这个词的人,然而他的方法跟后来的增量分配法其实仅是形似而已。

控制数据公司(CDC)在它发布的"控制数据3600型计算机上运行的交通规划系统"(简称TRANPLAN)软件系统中提出了一个不同的增量分配法(10.3.2节)。在这个方法中,出行列表按出行量尽量分为大小相似的几份。第一份分配到按自由流出行时间上定义的最短路径上。然后每条路段上分配的交通量用第一份出行量占总量的比例放大代表整个出行表的交通量,就像整个出行表都被分配一样。依据这些交通量计算出新的最短路径,并把第二份出行量加载其上。接下来,把两次增量分配后得到路段交通量进行合并,并根据合并后的交通量的比例进行放大以获得新的路段流量,然后重新计算最短路径。整个步骤一直重复直到每一份出行量都分配完毕并进行平均。尽管美国交通部(1973a,38)和CDC(1965,147)都介绍了这个步骤,但是它其实与文献里对"增量加载"的典型描述颇有不同(范弗里特,1976,146;奥图查和维朗森,2011,369)。在这些描述里,每一次把出行列表的增量加载后都会直接更新路段交通量,以及相应的出行时间和最短路径。

CDC按照出行量比例对路段交通量做平均,并按照比例放大交通量以匹配整个出行表的做法与前面所述的连续平均法也有异曲同工之处,因此它的分配法也可能是收敛的。是谁发明了这个等比放大法如今已无据可考。直觉上,把从增量加载中获得的路段流量等比放大后再用在流量延误函数中比直接用增量本身更合理。我们没有发现对这种增量分配法做验证的研究成果,由于当时缺乏对分配结果的质量进行评估的手段,这种验证很可能从未有人做过(7.2.4.2 节)。

前面提到交通分配采用整数运算。因此,在设计增量时,每个增量的值需要保证它们的总和等于原始出行表中的总量(整数值)。在 20 世纪 60 年代,即使是一个大规模的出行表,它每一格的出行量(对应一个 O-D 对)很可能是个位数,甚至可能就是每天一辆车。在这种情况下,数值为 1 的格通常放在靠中间的增量中做分配。[30]

罗伯特·戴尔以在 20 世纪 60 年代晚期开发公交网络问题的运算程序为人所知,详见 2.6 节和 10.3 节。在这些工作的基础上,罗伯特·戴尔(1971)提出通过固定路径时间的指数函数来将 O-D 流量分配到更多的路径上。[31]戴尔的初衷是开发一个基于固定行驶时间(即不考虑拥堵)但优于全有全无分配法的分配方法,而不是解决容量限制分配法中存在的问题。但是他的 STOCH 分配法常常被当时的规划从业人员作为容量限制分配法的替代品来使用。后来,这种分配法被视作固定路段出行成本下的随机"路网加载法"。在这个意义上它与全有全无方法相似,不过后者的加载局限于最短路(帕萃克森,1994,148)。戴尔的方法依赖于"有效"线路,其特性是不走回头路:每条路径上的下一个点总是离起点更远,而离终点更近(戴尔,1971,89)。

2.5.7 应用和经验

公共道路局在 1963—1967 年发行的四本手册描述了一系列模型,但没有解释如何求解。在《城市交通规划手册》中"一般信息"这一章(美国交通部,1972a,I-5)里第一次对这些模型进行了集中描述,并且在图 I-2 中用流程图展示了它们之间的关系(图 2-6)。

该图没有包括交通方式划分。报告中也未涉及求解带反馈的交通分布和交通分配的方法。"反馈"出现在该图中,但用来表示土地利用与交通路网的相互作用,而不是交通预测中的反馈。

作为路网规划、设计标准和道路融资的监管机构,公共道路局在城市出行预测方法的开发和大型计算机的使用方面走在了前列。负责这些任务的人员都是从工作中获取这一快速发展的领域需要的技能。模型开发和编写最新大型计算机程序的工作由公路工程师和数学专业人士承担。尽管没有接受过从 20 世纪 40 年代后期开始快速发展的优化论(7.2.2 节)的正规教育,他们充满热情地应用这一领域的研究成果,例如摩尔最短路算法。他们竭尽所能地把从工作中获得的经验和常识进行应用。

这个时期出行预测方面的主要成就概括如下:

(1)利用从华盛顿特区家庭访问调查中获得的数据,在 IBM 大型计算机上成功实现了 1948—1955 年间的交通分布模型。

(2)在大型计算机上实现了基于最短路径法的道路交通分配法,并试验了容量限制法。经验出行时间—交通量函数(后来称为"交通延误函数")的设计虽基于很少的数据,但沿用至今。

(3)经过多年努力,开发了计算机程序(后来称为"软件包")来解决出行分布和交通分配模型,系统地记录了这些工作,并分发给城市交通研究和计算机服务机构。这些程序成为20世纪60年代实施城市出行预测方法的主力。

(4)回顾并记录了出行生成和交通方式划分的步骤以支持城市交通研究。

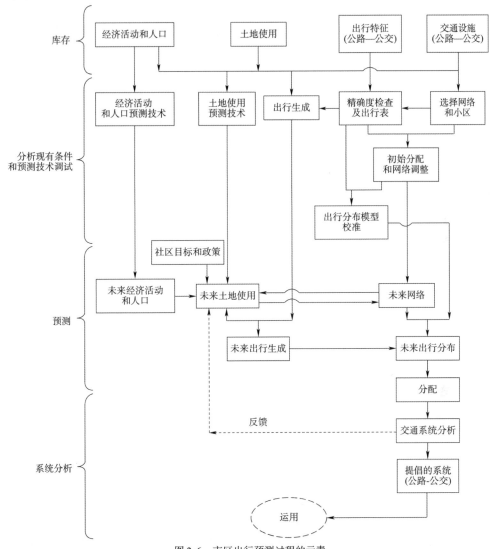

图 2-6　市区出行预测过程的元素
来源:重绘自美国交通部(1972a,I-5)。

2.5.8　城市货物运输

这个时期的公共道路局报告并没有考虑货运。早期的城市交通研究倒是对货车的使用进行了调查,并用这些数据做了分析。我们在这里对这些早期研究做一个简述。从1970年起的研究过程详见8.6节。

底特律和芝加哥研究对货运状况做了详细统计。底特律研究的最终报告并未描述未来货车流如何分配。芝加哥研究探索了货车的起讫点和土地使用的关系,并在1980年的规划评估中对货车 O-D 交通流做了预测和分配(CATS,1960,48)。

当时就读芝加哥大学研究生院的麦格尼·赫尔维格(1964)利用芝加哥研究的数据分析了芝加哥外部区域货运交通流。赫尔维格分析了进入芝加哥研究区域的货车数量与其起点大小(人口和雇员数量)和距离的关系,并提出了一个基于幂函数的简单重力模型。该函数用距离做基本变量,并用三个地理尺度对其进行衡量:州;围绕芝加哥研究区的四个州里的县;大芝加哥地区里的行政区划单位。这份研究可能是重力模型第一次用作预测大都市区域内的货车交通流。赫尔维格的研究在芝加哥区域1980年城市交通规划完成之后。[32]

唐纳德·希尔(1965b)为加拿大多伦多地区的实际应用提出了一个基于重力假设的"货车作用"模型。希尔假设小区间货车流量与起点小区的总出行量和终点小区的总到达量成比例,并且与小区间出行时间或距离成负指数函数关系。他没有解释选择负指数函数的原因,而且除了赫尔维格(1964)之外,也没有提到其他文献。虽然在这样的模型里使用负指数函数并不常见,但希尔并未解释为何选用它。[33]希尔用多伦多的数据对他的模型做了标定,针对三种类型的货车确定了指数函数的参数值。他的研究可能是货物交通流空间相互作用模型的第一次实际应用。

第一个对货流运转做综合统计的运输研究是纽约地区的三州运输协会(伍德,1967;伍德和雷顿,1969)。对货车运输的详细统计做了不少,但直到1970年仍没有进行过预测。

2.6 城市公共交通规划项目

在20世纪50年代发起的城市交通研究相当侧重城市公路系统规划。底特律地区出行预测完全没考虑公交。后来的芝加哥研究补充了对公交的出行预测。需要指出,城市交通规划的初衷是服务于美国州际和国防公路系统中跟城市相关的部分。即使如此,1962年的联邦助建高速公路法案仍要求规划过程需综合考量各种因素(而非完全局限于公路规划)。公共道路局对于1962年法案中第134节的定义和解释如下:

规划过程的"综合性"要求规划须考虑经济、人口以及土地利用因素;对未来需求的预测要包括公私所有出行方式并兼顾人流与物流;详细统计并分析提供终端和换乘功能的交通设施以及交通控制系统;以及把所有可能受规划发展影响和可能在预测时段内城市化的地区包括在规划区域内(美国商务部,1963b)。

1964年通过并在1966年修订的城市公交法案将城市公交系统规划的职责赋予美国住房和城市发展部(USHUD)(魏纳,1997,第4章和第5章)。1966年的修订版设立了技术研究处,其功能之一是为规划、设计和建设城市公交项目提供联邦协助。

查尔斯·格雷斯其时是住房和城市发展部的土地利用规划员,从事西雅图普吉湾地区的交通研究。他建议开发一套与公共道路局的高速公路程序包相似但用于公交系统规划的程序包。由于住房和城市发展部缺乏具有开发能力的技术人员,这个"城市公交规划项目"被外包给阿兰·M.伍尔西斯及合伙人咨询公司,目标是开发一套程序完成方式划分、公交分配和其他相关功能。

沃尔特·汉森牵头负责住房和城市发展部项目;理查德·本延和罗伯特·戴尔[34]是最初

的软件开发人员。本延模仿公共道路局的高速公路软件包准备了一个流程图,该软件包由七个模块组成(戴尔和本延,1968):路网描述、公交路径生成、O-D出行时间、交通方式划分模型标定、交通方式划分模型应用、加载出行列表以及报告生成器。其中的一部分程序,尤其是公交路径生成和交通方式划分模型在当时是具有高度创新性的(美国住房和城市发展部,1966,1967,1968)。差不多同时,约翰·伍顿也在英国独立开发了一个相似的分析公共交通网络的方法,详见3.6.1节和10.3.1节。[35]

住房和城市发展部公交软件包提供了与公共道路局公路软件包兼容的用于交通方式划分预测和公交路网规划的计算程序。这些后来在20世纪70年代间成为"城市交通规划系统"(UTPS)的基础(10.3.3节)。

美国交通部(USDOT)于1966年成立。1968年,交通部和住房和城市发展部就成立城市公交管理局达成协议,将开发众多公交软件的职能移交给交通部。自此,开发出行预测的计算机程序成为城市公交管理局和联邦高速公路管理局的共同责任。

2.7 关于土地利用的交通研究

2.7.1 概要

底特律和芝加哥地区研究,以及公共道路局和住房和城市发展部,通过成功地创建出行预测模型和计算机程序推动其他大城市开始出行研究。一些大城市地区更进一步,建立区域规划委员会把规划实践推广到交通之外,包括土地利用、市政排水设施、开放空间、住房和就业等。

城市规划师认为交通规划不应该孤立地进行,而应该与使用新的公路和公交系统的城市活动(土地使用)一起协调规划。随着联邦政府、州政府和地方政府开始为土地使用规划活动提供资金,土地利用—交通运输一体化研究开始涌现。

这类研究中最早也最为雄心勃勃的是以费城为中心的宾州东南—新泽西西南地区。该研究的提案由罗伯特·米歇尔(1906—1993)撰写,他曾任费城城市规划局局长,也是宾夕法尼亚大学城市和区域规划系第一任系主任。米歇尔与切斯特·拉普金(1918—2001)(米歇尔和拉普金,1954)合作完成了一个早期的土地利用和交通一体化研究。米歇尔提议的宾州新泽西交通运输研究(PJTS)将在本书2.7.2节做详细回顾。

受PJTS提案的影响,其他大型城市区域也开始基于如下预设提出城市土地利用和交通运输一体化规划项目:

(1)包含新建高速路和公交的更加平衡的交通系统可以更好地服务不同于当前发展趋势的土地利用计划。

(2)交通系统是形成更理想的都市发展模式的重要杠杆,而这个杠杆的作用是通过交通设施、服务水平与城市活动的类型和密度的对应关系来实现的。

公共道路局聘用了两个宾夕法尼亚大学的年轻教授大卫·博伊斯和诺曼·戴(1933—2002)回顾分析了这些新的一体化研究。他们1969年的报告初名《都市规划评价方法》,后来发表时名为《都市规划制订》(博伊斯,戴和麦克唐纳德,1970),对七个一体化区域研究做了详细描述。[36]

一位来自匹兹堡地区研究的年轻城市经济学家艾拉·罗伊,提出了一个对美国与英国的土地利用模型研究颇有影响的城市活动定位模型。罗伊的"大都市模型"催生了不少城市土地利用模型方面的新研究(2.7.4节)。道格拉斯·李的"大模型的安魂曲"让学界对土地使用模型的兴趣平息了数年(2.7.5节及8.5节)。

2.7.2 宾州—新泽西交通研究

底特律研究基于一个给定的土地使用计划,而芝加哥地区研究则基于目标年用地活动的预测。宾州—新泽西的交通研究在这一点上相当不同,在当时是革命性的。该研究的大纲写到:

(规划的)目标是交通运输系统不仅应提供便捷而经济的出行,还应对整个区域发展的理想模式产生积极影响。应该把重点放在对可行的交通系统方案以及与之相应的区域发展的不同模式的分析和设计上。可行的方案应该予以充分的评估,以便从中做出合理的选择(PJTS,大纲,1959,2)。

罗伯特·米歇尔(1959,19-20)所描述的方法解释如下:

(1)基于交通设施服务的数量、性质和位置,构造动态的区域增长模型以表示研究地区的未来人口、就业机会以及用地构成和影响之间的关系。利用这个区域增长模型,假设交通服务水平按照之前的速度改善,首先对人口和主导产业就业的分布情况进行预测。

(2)基于这个预测,准备备选交通方案,并对每个方案中的公路和公交赋予不同的权重。

(3)保持其他因素不变,根据每一种备选交通方案对就业和人口分布做预测。用这种方式,形成几套协调一致的土地利用和交通备选方案。

(4)对每一个备选方案应用交通需求模型以确定关键性交通设施的容量是否可行。例如,一个把公路供给最大化、把公交供给最小化的备选方案也许无法承载预期的交通流。应反复调整备选方案和重新分配交通量以达成平衡。

宾州—新泽西交通研究大纲对米歇尔方法的应用描述如下:

(1)首先根据当前实践,提出一个基于出行生成、出行分布和分配的并包括土地利用变量的交通模型。

(2)其次提出区域增长模型以识别和分析该地区的物理、社会和经济结构的因素和关系,从而确定土地开发的增长和变化。给出一组数学关系通过简化的形式来反映土地开发和影响增长变化的关键因素之间的关系。在确立土地开发模式这一点上,交通对其他因素的影响尤为重要。

(3)用区域增长模型生成一系列针对未来区域交通和土地开发的备选方案。每个备选方案均应切实可行,但应在某些重要的方面与其他方案显著不同。备选的交通系统强调不同的交通方式、选址方式和建设优先级,并作为研究该地区可能增长模式的起点。

(4)每个区域备选方案以及与之相关的交通系统,将通过一系列实施效果进行评估。其中一个备选方案将被选中,通过改进继续细化,成为该区域的交通规划和规程。

1959年12月通过了一个为期三年的研究大纲和预算,最终报告计划于1962年9月提

交。研究成本是 290 万美元,其中 180 万美元用于数据收集、编程和处理。宾州—新泽西交通研究在 1964 年转变成特拉华谷地区规划委员会(DVRPC)。有关土地开发模型的主要发展过程如下:

1961 年 4 月发表了第一个区域增长模型(RGM)。弗拉德米尔·阿蒙丁格,宾州—新泽西交通研究的成员同时也是一位富有创新精神的系统分析师,提出了模型的主要框架。布雷顿·哈里斯(1915—2005)当时从宾夕法尼亚大学暂时离职参与该研究,被称为"该模型的智力先驱和移动的灵魂"。

RGM 尝试对决策单位内的人口在一段时间内集计的选址和出行行为进行仿真。其地区内部的设置由 3 部分组成:土地利用和活动的空间分布;交通系统;土地和空间的市场。模型的核心是用于形成大城市居住活动分布的分配步骤(阿蒙丁格,1961,8)。

阿蒙丁格提出一个详细的随机仿真方法以描述居民、有固定服务位置的行业以及无固定位置的行业,以及他们对土地的需求,并把这个方法应用到一个分为 162 个小区的地区。他最后给出了一个如何求解的流程图。

1960 年夏天,宾夕法尼亚大学一个名叫约翰·赫伯特的城市规划专业的博士研究生和区域科学的一名助理教授本杰明·斯蒂文斯(1929—1997)提出了一个居住区选址的线性规划模型(7.2.2 节)。他们的模型不是为了优化家庭选址,而是为了利用家庭对居住位置竞争投标的概念来模拟房地产行业的空间市场出清过程(赫伯特和斯蒂文斯,1961)。[37]

赫伯特和斯蒂文斯的建议使得布雷顿·哈里斯开始探索快速求解大规模线性规划问题的方法,这项工作始终伴随他在宾夕法尼亚大学的学术生涯。哈里斯也尝试对零售业和服务业的选址问题做了数学模型的概念设计。总体而言,哈里斯对于发表他的研究成果不太热衷。但是,他于 1961 年较为详细地描述了他提出的区域增长模型。在下面的描述中,哈里斯使用"迭代"一词来指代一个五年的时间段,其他人有时称之为递归。

这个模型通过仿真来细化研究地区每五年的增长。通过这个方法,我们预期可以处理非线性和时间滞后问题。与此同时,鉴于在每次迭代中"选址人"并无相互作用,而仅与现状人口和活动的分布有关,变量的数量大大减少。

模型包括家庭和公司组群的行为参数和函数关系。人群类别用显著变量诸如年龄和收入来定义,而仿真中的个体是否属于某一个类别则通过概率的方法确定。从一个家庭或商业状态到另一种状态随着时间的过渡也用类似的方法定义,包括迭代中对改变的倾向。

我们希望通过线性规划技术来将土地分配给"选址人"。这大概包含四个市场:土地供给市场,工商业、租户和购房者的土地和住房消费市场。这四个市场通过线性规划产生的租金在每个迭代内部和迭代之间相互作用。这些相互作用导致状态的改变包括:为"选址人"分配位置,并把各种固定的改善、改变或再开发分配给土地。

交通系统是一个模型的有机组成部分。它给出的可达性指标一定程度上确定了"选址人"的行为。模型的输出是交通流量、支出和设施负荷。

模型的输入包括每次迭代期间人口和经济活动的增量,以及政策变量和技术关系。技术关系中最重要的是交通系统中的改变,它对"选址人"行为、未来发展模式以及交通系统自身使用方面都有显著影响(哈里斯,1961,715-716)。

在"线性规划和土地使用规划"一文中,哈里斯(1963)详细阐述了赫伯特—斯蒂文斯模型的扩展，并且展示了一个算例。但是他没有更深入地描述其方法的实施步骤。此后不久，区域增长模型的工作就结束了。1964年底，活动分配模型（AAM）取代了区域增长模型。这个活动分配模型由七个子模型组成：居住选址、制造业选址、非制造业选址；以及四个空间消费模型，其中三个分别对应居住、制造业和非制造业，再加上一个对应街区。大卫·赛德曼解释如下：

我们那时的想法是开发一种不同的模型，它不去从经济学角度，也不在家庭或公司的层面来解释选址和土地使用行为，而只对其做简单集计地描述，只要这种描述可以精确到让我们对未来活动地选址趋势做预测即可。这些描述仍是数学模型，但类似多次回归；换句话说，把活动的位置作为反映每个子区域多个变量的函数（赛德曼，1964，2）。

活动分配模型的开发持续到20世纪60年代中期。一个关于交通政策的初始假设集包含六个交通规划输入的备选集合。对1985年交通规划的验证用了六个组合政策：包括两个高速公路规划和两个公交规划的组合，同时兼顾对票价及停车费用的不同假设。在结果中，六种政策造成的用地规模最大差异为5%，由两个备选方案中30%的可达性差异造成。最偏重高速公路和最偏重公交的备选方案产生的可达性差异仅为10%（博伊斯等，1970，69，420-424；DVRPC，1967，26-30）。

特拉华谷地区规划委员会的1985年地区交通规划对这十年的努力总结如下：

对区域交通系统和备选用地规划之间关系的早期探索给了DVRPC一些重要的启示。本质上讲，唯一最优的区域规划并不存在。观察发现大多数用地活动的选址是为了满足人们的需求而非契合某种特定的空间模式。过去那些试图通过改变交通系统、交通基建投资和交通政策来刺激用地和交通之间相互作用的试验对刺激用地模式的显著变化并无明显作用。相反，我们发现用不同的高速公路和公交备选组合方案作为交通仿真模型的输入时，出行方式中会发生显著变化（DVRPC，1969，43）。

赛德曼（1969）完成的报告详细记述了他通过实施宾州—新泽西交通研究的用地和交通一体化规划的原创概念形成预测模型的过程。为特拉华谷地区域开发用地交通一体化备选方案的进一步研究就此画上句号。

2.7.3　土地利用的考量：交通备选方案

费城地区的土地利用和交通一体化规划的新颖尝试是对道格拉斯·卡罗尔和他的合作者们提出并在底特律、芝加哥和匹兹堡应用方法的一个突破。在20世纪60年代早期，美国几个主要大都市区域分别成立了都市规划机构。底特律和芝加哥交通研究由于过分强调公路网络而受人诟病，从而刺激了对一系列方式组合及未来目标年土地利用分配的探索。到20世纪60年代中期，考虑综合土地利用和交通一体化备选方案变成了大城市交通问题分析和评估的常用方法。无论是否应用土地利用的数学模型，一些交通规划研究（有时通过和区域土地利用规划机构协同）开始探索交通和土地利用系统之间的相互依存关系。从艾玫（1965）对土地利用模型的综述论文中可以看出已实施模型的广度和多样性。

交通研究公司为马萨诸塞东部的波士顿区域性规划项目开发了EMPIRIC模型（博伊斯等，1970，197-221），其中探究了交通系统效应和城市发展的关系。该模型把人口和就业机会的变化通过一个用小汽车和公交的可达性建立的回归方程组分配给各种土地用途。其他的独立变量包括现存用地活动的分布和城市给排水服务的质量(希尔,1965a;希尔等,1965)。对1990年的四个备选交通预测中的人口差异与1963—1990年的人口变化做了比较(博伊斯等,1970,69-72)。在截至1963年已经开发的区域以外的地方,备选方案间的相对差异是非常小的。因此,跟宾州—新泽西交通研究的案例一样,波士顿模型无法预测不同交通系统对土地利用模式造成的差异。

在同一时期,马里兰州巴尔的摩地区的区域规划委员会利用零售市场潜力模型来进行土地利用规划活动(博伊斯等,1970,147-195)。跟上述的研究不同,这一研究不是城市交通研究的一部分。利用市场潜力模型,它成功地探索了巴尔的摩地区未来零售增长的不同模式(拉克什马南和汉森,1965;汉森,1959)。通过这个模型形成的用地方案有很大不同,但与20年规划预测的人口变化相比仍然比较相似(博伊斯等,1970,72-73)。

其他的美国大都市区域(芝加哥,明尼亚波利斯-圣保罗,明尼苏达,密尔沃基,威斯康星)利用传统(非模型)分配技术编制土地利用和交通备选方案。这些研究成功地制定和评估了可用于选择或推荐土地利用和交通规划的方案(博伊斯等,1970,74-78)。所采用的方法是基于对土地利用的安排,这种土地利用在区域物理结构上表现出了一种独特的组织原则,称为"规划范式"理念。这些安排不但与备选方案的设计相关,也与期望的开发密度、现有和期望的用地法规、空置规定或农业用地的保留规模以及开发的时间表有关。这些应用的方法需要大量烦琐工作,并且非常耗时,但一般而言结果是有意义和价值的。

博伊斯,戴和麦克唐纳德为这个对城市规划新时代充满激情和憧憬的时期做了一个清醒的总结。

(1)为这些一体化研究准备备选方案的方法中很多都比预想的更难实施。这个结论既适用于城市规划的计算机软件模型,也适用于用于准备备选方案的规划模式概念。

(2)由于考虑的政策数量和范围以及假设的变化,准备的土地利用和交通一体化备选方案之间的差异远比预期的更小。该结论既适用于对备选交通政策的土地利用模式预测上的差异,也适用对不同土地利用模式的交通系统需求预测上的差异。

(3)从为决策提供充分依据的角度来看,对备选方案的后续评估远不如预期的成功。一部分原因是准备备选方案过程中的困难与延误造成评估时间不足,另一部分原因则是对用备选方案间的微小差异来做决策缺乏信心(博伊斯等,1970,4,7)。

在更普遍的层面上,这些研究的经验并不支持"存在一个在某种意义上最优的用地和交通规划系统"这一基本前提。

2.7.4 罗伊的都市模型

20世纪60年代开发的城市土地利用模型中迄今为止最著名的是由艾拉(杰克)·罗伊(1964)提出的。罗伊于1959年在加利福尼亚大学伯克利分校取得经济学博士学位后,加入了匹兹堡地区经济研究。该研究为期三年,由匹兹堡地区规划协会发起。他的研究偏重区域经济,而非土地利用与交通运输研究的部分。罗伊于1963年加入兰德公司,在那里他于1964年完成了模型开发报告。接下来他对土地利用模型的探讨做出了贡献(罗伊,1965,1968)。

罗伊模型通过把就业分为基础和零售两部分来代表:基础就业是外生的,直接分配到小区内;零售就业不仅包括零售贸易和服务,还包括地方政府和学校。居民人口的位置根据重力模型或空间相互作用模型与总就业位置关联。零售活动通过另一个重力模型与人口和总就业分布关联。通过一系列经济因子，并适当考虑到发展的物理约束，外部区域就业和区域人口总数之间的相互依赖关系以及它们在离散小区间的空间分布可以通过迭代方法求解，形成所谓的"都市快照"。

罗伊模型简单的核心机制和其容易实施的特性吸引了不少后续研究和应用，尤其是在旧金山湾区。这些扩展包括以时间为导向的大都市模型和投影土地利用模型（古特纳，1971；古特纳等，1972）。普特曼（1975）回顾了这项研究，而且还记录了他自己从中发展而来的模型实施情况。

罗伊模型的推广有很多形式，主要包括：
(1) 增加人口分类的离散度（分层）。
(2) 明确考虑供应方和影响库存分配的决定。
(3) 放松模型的相对静态假设以考虑随时间变化的增量（准动态）。
(4) 表达更复杂的空间交互行为。

关于竞争性住房和用地市场分配和定位方面更为深入的学术研究参阅了赫伯特和斯蒂文斯（1960）的"租金-投标"的理念。例子包括因格兰等（1972）、阿纳斯（1973）和威尔森（1974，第10章）。

2.7.5 李的"大模型的安魂曲"

1973年，小道格拉斯·李在加利福尼亚大学伯克利分校城市和区域规划系担任助理教授。于1968年在康奈尔大学完成关于土地利用模型的博士论文后，他延续了在城市土地利用模型方面的兴趣，而且还进行了大型轨道交通投资影响的实证研究。他发表在"美国规划师协会杂志"上的文章"大模型的安魂曲"攻击了过去15年的土地利用模型和它们的开发者。

到这篇文章发表之时，美国几乎所有城市活动模型的实施工作都中止了。在这种意义上，李使用"安魂曲"一词是恰如其分的。然而，他的文章激怒了城市活动模型的支持者们。文章被认为是对另一个流派的观点和原则做激烈批判的檄文。

李的结论主要有三点：
(1) 总体上，为大模型设定的目标都没有实现，并且没有理由期望这一点在未来会得到改进。
(2) 对于作为建立模型的理由而提出的每个目标，要么是有一个达成该目标更好的方式（在更低的成本下获得更多的信息），要么是有一个更好的目标（可以提出对社会更有用的问题）。
(3) 如果规划者希望长期规划的方法（无论它们被称为综合规划、大规模系统仿真或别的东西）取得任何真正长期的效果，需要对其做彻底的变革（李，1973，163）。

从本书的角度来看，随着后来可供城市建模者使用的计算、数据处理和地理数据分析能力的巨大发展，当时李的一些顾虑已经不复存在。然而，他的观点仍然值得思考。1994年出版了对李的安魂曲的回顾；该书中理查德·克洛斯特曼（1994）的介绍，以及麦克·贝蒂（1994）、麦克·魏格纳（1994）、布雷顿·哈里斯（1994）和道格拉斯·李（1994）的论文都与李最初的论文相关。

2.8 结论

城市交通规划,特别是交通出行预测,在20世纪60年代毫无疑问是年轻交通工程师和规划师们入行后可以大展宏图的领域。无论是从研究还是政策角度来看,这个领域的问题都很具挑战性。那个时代,创新机会丰富,机构领导者对新生事物喜闻乐见。新的计算机技术以及数学创新的应用为新发现奠定基础。

考虑到研究的时间进度安排,工作人员显然面临完成任务的巨大压力。因此,抄近路是必要的;判断有时必须基于不完整的分析来做出;而有些努力很可能从一开始就注定要失败。即使如此,这一时期的研究仍获得了大量的知识和经验,为未来的从业者和学术研究者的进一步研究工作奠定了基础。20世纪70年代,随着美国交通部发布新一代的计算机程序,这方面的实践工作更加成熟(10.3节)。在被从业人员和学者们忽略了近15年后,20世纪50年代中期做出的重要贡献在70年代被重新发掘,并带来学术研究的新进展(7.3节)。

尾注

[1] 在芝加哥市,工作日平均日乘客上座率为45%,大约为高峰期乘客上座率的一半(CATS,1960,124)。

[2] 开展这类研究的程序手册最先发布在1944年,后来修改为美国商务部(1954),再后来更新改版的美国交通部(1973b)。

[3] 法塔的增长因子方法将从家访调查中构建的已知出行表调整为出行预测表,该表对应于单独的起点和终点(行和列)预测总量。相反,在重力型模型预测中,从起点到终点的出行数量是和行/列总量成正比的,并和出行时间函数成反比。2.5.3节里写到了重力模型的更多细节。也可参阅布洛克和梅兹(1958,78)及梅兹(1960a,24-25)。

[4] 该讨论反映的认知水平和沃德普类似。沃德普简洁地描述道:"交通将会稳定在一种均衡情况下,此时没有哪个驾驶员能通过选择新路径的方式来减少旅程时间。"(沃德普,1952,345)与此同时,对该问题的基础研究在位于芝加哥大学的考尔斯经济学研究委员会进行,其后来催生了贝克曼等(1956)的文献,如7.2节所述。

[5] 赫尔曼·霍勒里斯(1860—1929)发明了标准的打孔卡,该卡最早被纽约市卫生委员会和几个州用于重要数据的制表。在这次试用后,打孔卡被用于1890年人口普查。在霍勒里斯将他最初系列的电动打孔机完善后(包括打孔器、用于累积打在卡上的信息的数据制表机及一个分类机),他成立了制表机公司。和最近的一些"高科技新生代公司"类似,该公司初创时多少有些该公司初创时并不顺利,直到一位有经验的经理人托马斯·沃森接手。沃森采取的行动之一是将该公司重新命名为国际商务机(IBM)。en.wikipedia.org/wiki/Herman_Hollerith(访问于2014年2月18日)。

[6] www.columbia.edu/cu/computinghistory/(访问于2013年1月26日)。

[7] W. L. 梅兹(1961,100)描述了在用重力模型作出行分布和交通研究公司的分配之间使

用反馈的情况;如想了解对他经历的记述,参阅 www. fhwa. dot. gov/infrastructure/memories. cfm(访问于 2014 年 2 月 17 日)。马丁·沃尔(1930—2009)出版了一篇见解深刻的论文,其内容涉及带反馈的出行预测步骤原理,及其同出行需求、路段容量和一个路段上的出行时间的关系(沃尔,1963)。

[8] 约翰·R. 汉堡交通论文指南,1956—1992,sca. gmu. edu/finding_aids/hamburg. html(访问于 2014 年 2 月 17 日)。

[9] 据布鲁斯·和记(1974)所言,施耐德的干预机会模型修改自萨缪尔·斯陶弗(1900—1960)1940 年做的假设,尽管施耐德显然从未这么说过。

[10] en. wikipedia. org/wiki/Edward_F._Moore(访问于 2014 年 3 月 28 日)。

[11] 对最短路径算法特性的研究是网络优化中的一个子学科。加洛和帕罗提诺(1984)对这些算法做了细致的研究。

[12] 罗杰·克雷顿,2005 年和大卫·博伊斯的私人通信。

[13] 罗伯特·戴尔,和大卫·博伊斯的私人通信。

[14] 穆兰易(1963,20)描述了 CATS 拥堵出行时间函数:

$$t_l(V_l) = t_l^o \cdot 2^{(V_l/C_l)}$$

式中:$t_l(V_l)$——在路段 l 和流量 V_l 条件下的拥堵出行时间;

t_l^o——在路段 l 和零流量条件下的出行时间;

V_l——路段 l 上的流量;

C_l——路段 l 的设计容量。

[15] 从 1955 年到 1960 年共售出了 140 台 IBM704。IBM700 系列都是二进制计算机,而非十进制、真空管的逻辑计算机,后者配有每词 36 比特长度的 32000 词内存。IBM709 承袭了 704,加入了重叠式输入/输出、间接寻址和十进制指令。IBM7090 是带有晶体管逻辑而非真空管逻辑的 709 计算机。7040 和 7094 则是 7090 的缩小和放大版。www. columbia. edu/cu/computinghistory/701. html(访问于 2014 年 3 月 25 日)。36 比特的 700 和 7000 系列是 IBM 从 1952 年起推出的科学计算机,直到 1964 年推出 32 比特的"360 系统"机为止。en. wikipedia. org/wiki/IBM_704(访问于 2014 年 2 月 18 日)。

[16] 大卫·博伊斯对和摩顿·施耐德在 1962 年前后进行的一场讨论的回忆内容。

[17] CATS 的员工使用了和芝加哥同种的方法为匹兹堡地区作了交通研究。在为匹兹堡地区准备图像时还用到了名为"Cartographatron"的机器。

[18] 2006 年艾玫·霍克对大卫·博伊斯作的评论。

[19] 克雷顿等(1959,1960)描述了高速公路间距公式的衍生。CATS(1962,39-42)描述了该方法的应用;也可参阅 CATS(1962,121-123)的附录。博伊斯(2007a)审视了高速公路间距公式和高速公路方案的经济分析。

[20] 列文森和罗伯茨(1965)的假设研究比较了网格和辐射的高速路系统,并展示了网格布局的轻微优势。皮特·斯丁宾克(1974a,1974b)为荷兰应用了一种启发式网络设计步骤。

[21] 谢夫(1977)描述了额外细节。加里森和列文森(2006,第 14 章)讨论了给州际公路系统中的市区节段摆位所面临的问题。

[22] 公共道路局和联邦公路管理局的详尽历史见 www. fhwa. dot. gov/highwayhistory/history_

fhwa.cfm(访问于 2014 年 2 月 19 日)。

²³李·梅兹写了一本备忘录来记述他早期和出行预测模型相关的经历,以及他学习为新的 IBM 大型机编写计算机程序的经历;www.fhwa.dot.gov/infrastructure/memories.cfm。W. L. 梅兹的生平见于 www.fhwa.dot.gov/infrastructure/mertz.cfm。威廉·L. 梅兹交通文集指南,1955—1990,sca.gmu.edu/finding_aids/mertz.html(访问于 2014 年 2 月 17 日)。

²⁴20 世纪 70 年代发布了几本额外的手册;其中从历史的角度讲最有用的是《城市交通规划,通用信息》(美国交通部,1972a)。

²⁵出行生成和吸引的概念源于公共道路局早期将重力模型当作出行分布模型运用的工作,并关系到在一个起点和一个终点间的双向出行。

²⁶美国商务部(1963a)中描述的重力模型可以略加简化地表述如下:

$$T_{ij} = \frac{P_i \cdot A_j \cdot F_{ij} \cdot K_{ij}}{\sum_{k=1}^{n} A_k \cdot F_{ik} \cdot K_{ik}}$$

式中:T_{ij}——i 小区和 j 小区间的出行置换;

P_i——i 小区的出行生成;

A_j——j 小区的出行吸引;

F_{ij}——ij 小区对出行时间因子;

K_{ij}——ij 小区对的小区到小区调整因子;

n——小区的数量。

分母项确保每个起点小区都满足 $\sum_{j=1}^{n} T_{ij} = P_i$。

A_j 值的调整步骤确保了每个终点小区都大体满足 $\sum_{i=1}^{n} T_{ij} = A_j$。如果这两个方程被视作对矩阵($T_{ij}$)的约束,其即可被称为"双约束"。3.5 节提供了进一步的细节。

²⁷BPR 交通量延误函数的最初表述形式如下:

$$T = T_0 \left[1 + 0.15 \left(\frac{V}{C} \right)^4 \right]$$

式中:T——分配的交通量可在路段上行驶的出行时间;

T_0——在零交通量时的基础行驶时间,等于实际容量下的行驶时间与 0.87 的乘积;

V——分配的交通量;

C——实际容量。

在 1950 年《公路容量手册》中对实际容量的定义是"在车流密度没有高到造成不合理的延误、危险或在当下主导的道路和交通条件下对驾驶员的驾车自由构成限制的情况下,在一小时中在一条公路或指定车道上可以通过一个给定点的最大车辆数"(美国商务部,1950,7)。此外,手册里还说:"位于城区的多车道高速路的最大实际容量,在出入设施不构成额外变数时,是流量更大的方向上每小时每车道 1500 辆轿车。在这个交通量下……所有车辆的平均速度将是 30~35 英里/小时"(美国商务部,1950,47)。在交通研究委员会后续发布的公路容量手册中,实际容量的概念被"服务水平"所替代,后者和最大流量及密度有关。

²⁸斯莫克写道:"第三次分配也遵循同样的步骤,而此类分配可以重复,把跨小区的交通量分到越来越多的路径上,直到按容量调整过的平均速度接近典型速度。"

²⁹斯莫克在"数学逻辑和试行-纠错实验"的基础上构建了他的交通量延误函数。

$$T_i = T_0 \exp\left(\frac{V_i}{C} - 1\right)$$

式中：T_i——在i迭代n的路段上的行驶时间；

T_0——路段上的初始（典型）行驶时间，即当交通量等于容量的时候；

V_i——从所有迭代得来的平均分配交通量；

C——路段容量；

$\exp(x)$——指数函数2.71828的x次方。

斯莫克的函数在路段流量为零时计算得出了$0.37T_0$的值，这要比BPR函数得出的$0.87T_0$的值要小得多。

³⁰詹姆斯·芬尼西在2013年对大卫·博伊斯所作的评论；芬尼西是一位CDCTRANPLAN的早期用户，也是该软件后续版本中的一名开发者（10.5.1.1节）。

³¹罗伯特·戴尔的生平细节请参阅10.3.1节和10.3.3节。

³²关于重力模型、潜在模型和空间互动模型的文献日益增多，沃尔特·伊萨德（1960）将其合编在《区域分析方法》的第11章里，共51个索引文献。尽管伊萨德的大部分工作是关于人口和货物的跨区域流动，但用到的概念是相通的。赫尔维格引用了伊萨德的若干论文和书籍，但他却没有把伊萨德的《区域分析方法》纳入索引。

³³把负指数函数引入针对人员出行的出行分配模型一般归功于威尔森（1967）。

³⁴基于2003年11月同罗伯特·戴尔的采访及他在2007年8月起提供的大量笔记。

³⁵胡·威廉姆斯对约翰·伍顿的采访。

³⁶《都市规划制订》的出版要归功于克里斯·麦克唐纳德的专注工作。

³⁷威廉·韦顿（1974）重新思考了赫伯特-斯蒂文斯模型，探讨了它的一些缺陷，并提出了一个替代的方程和求解方法。

3 英国的早期发展

3.1 概述

20世纪50年代末,经过战后的经济繁荣,伦敦和其他西欧国家也开始面临美国与加拿大城市在十年前所面临的问题,受到汽车时代越来越大的影响。如首个伦敦交通研究的主任加洛德·德雷克所述,这些问题以各种形式表现出来:

……日益严重的交通拥堵;市中心地区停车位短缺;公路交通事故频发;公交车与有轨电车服务用户日益减少;尽管市郊通勤服务拥挤不堪,铁路依旧面临财务困境;为公众利益着想,需要通过限制私人小汽车使用,改善交通,促进安全;最后,新公路建设和现有主干道公路现代化需要的资本支出大幅度增加,带来了日益沉重的压力(德雷克,1963,81)。

为了应对日益严峻的问题,此前一直支持城际高速公路项目的英国运输大臣厄尼斯特·马布斯(1907—1978),同时开展了三项活动:成立伦敦交通管理处;开始针对伦敦和格拉斯哥的大规模交通研究;要求高级公务人员柯林·布坎南(1907—2001)[1]研究因汽车所产生的问题(伍顿,2004)。

50年后,我们很难想象20世纪60年代初的英国规划者,在解决这些问题和思考大规模机动化的前景时那种焦虑感和紧迫感。通过重新解读《城镇交通》(布坎南,1963)这份报告,我们可以了解那个时代的情况,以及发展中国家的许多城市在个人收入迅速增长和汽车保有量大幅度提高的同时,所面临的两难境地。布坎南组建的交通工程师与城镇规划师团队,根据当时显而易见的趋势,对汽车保有量与使用对城市交通和环境可能带来的长期后果进行了研究。

在提交给运输大臣的报告中,指导小组用丘吉尔式的严肃态度来形容"即将到来的汽车时代"的挑战和潜在后果。

正是因为对未来交通问题的紧迫程度感到震惊,并且被未来挑战所激励,我们才会拿出时间来对未来城镇交通进行研究。还有另外一个吸引我们的地方。我们正在投入海量的资源,培养一头潜在破坏力巨大的怪兽,但我们却深爱着它。从"交通问题"这个整体的角度来看,汽车显然是可能毁掉人类文明的威胁。但单独来看,我们却把停放在车库里(现在更常见的是,停在自家门外或其他人门外)的汽车视为我们最宝贵的财产或最渴望的目标之一,因为它可以带来巨大的便利,扩大我们的生活半径,是解放自我的工具,是现代生活的象征(英国运输大臣指导小组报告,布坎南文章序言,1963,第55段)。

为了寻找灵感,英国已经开始向西方的美国和加拿大学习,并迅速接受了开发中的新交通规划系统方法和出行预测方法。到美国考察的人员肩负的使命是,亲眼见证交通研究中使用的新方法,显然他们对所见所闻印象深刻,并在回国之后打消了许多人的质疑:

在机动车交通管理方面,过去关于汽车保有量增加及其对交通流量影响的预测,一直不准确,这导致许多人质疑,是否真有可能预测复杂城市社区内出行方式与规模的变化。而对出行生成机理以及交通方式选择的决定因素普遍缺乏了解,则加剧了这种质疑。如果出行是完全随机和不规则的,那么任何研究都毫无用处,但过去十年,美国的研究无疑证明了城市交通是有序的,从根本上来说,产生出行的动机因素是理性的和可以预测的,而且在土地利用类型与产生出行的特点与数量之间,有着明显的相互关系(布坎南和克罗,1963,37)。

作者认为,对交通及其与城市发展的关系进行科学研究,不仅是可取的,而且必将带来"基于美国模式开展交通研究,但根据我国更小、更紧凑的城市现状进行完善和修改"的结果(布坎南和克罗,1963,37)。

布坎南的报告发表之后不久,英国开始出现更多对交通的研究。这些研究成为英国交通部(以及1970年之后的环境部)进行政策制定,以及地方确定基础设施投资和保证公交与小汽车平衡的重要依据。本章以图表方式,概述了在20世纪70年代初以前,英国交通研究中城市出行预测的转变、调整和主要理论与实践创新。

3.2节介绍了英国此类交通研究的确立与发展(主要通过美国顾问的传承,因此美国和英国的城市交通方法有许多相似之处)。其中,我们提到20世纪60年代初到中期采用的传统的基于交通小区的多阶段[2]出行预测模型衍生出了许多新的模型。

3.3节介绍了通过在出行生成阶段将家庭类别作为分析单位,计算"小区内"而不只是"小区之间"更大的交通行为变异性的一次成功尝试。由伍顿和皮克(1967)创造的基于家庭的分类分析法,对英国研究中的出行生成模型和汽车保有量预测,均具有重要的意义。

最初,斯坦利·华纳(1928—1992)在其开创性研究(华纳,1962)中提出的基于对个体出行者的交通方式选择观察结果的多元统计模型,仿佛在一条平行轨道上为美国和英国提供了在主流研究方式之外的一种选择。然而,这一方法对人们在交通方式选择时权衡出行时间与金钱成本所考虑的信息的推导过程,其实对交通分析与预测以及交通方案的评估有着重要意义。20世纪60年代中后期出现了从交通方式选择研究中产生的"负效用"或"广义成本"等理念,并应用于常规预测实践。在3.4节中,我们将介绍这些发展变化,以及20世纪60年代末广义成本在英国出行预测模型中的应用。

对于20世纪60年代初的模型与方法,最尖锐的批评之一是缺乏统一的理论方法,无法为交通关系的构成提供指导和在预测过程中确定它们的有效性。这种缺失最为明显的是实证导出函数的广泛使用:分布、交通方式划分和交通分配模型中的"摩擦因子""转移曲线"和"查找"表等。3.5节介绍了关于交通需求与其决定因素之间关系的解析形式的逐步诞生,特别是多项Logit(MNL)模型的广泛采用。我们将讨论阿兰·威尔森提出的一种新方法——"最大熵法"。这种方法被用于解释交通模式的统计变异性或离散程度。我们还会探讨这种方法带来的理论与实践的结合,特别是在交通方式划分和出行分布预测等方面。威尔森为交通分析师和城市区域研究人员所面临的许多问题提供了重要的新视角,因此我们将详细讨论他的贡献。

与美国一样,20世纪60年代是高速公路和公交网络流量分析、分配与预测相当细化的阶段。其中前者有两个方面尤其受到关注:

(1)使用容量限制法,实现路径选择与公路系统提供的服务水平之间的一致。

(2)结合所谓的路径选择概率模型或随机模型。

此外,对公交网络中乘客行为的反映更加真实,部分原因是英国交通规划的编制中,更加强调公交。这些进步将在3.6节进行阐述。

我们在3.7节讨论了20世纪60年代末和70年代初英国研究的三个方面,并谈论了所用模型在结构与形式方面的重要区别。首先,我们概述了兰开夏东南—柴郡东北(SELNEC)交通研究中采用的出行预测模型,该模型开启了重要的后续发展,因此应当将其视为当时技术上最先进的模型之一。其次,我们讨论了模型总体形式的变型及其合理性,特别是交通方式划分在整个结构中的位置以及将不同阶段联系在一起的方法。最后,我们将讨论在这一时期,在交通出行预测模型构建与测试过程中伴随而生的有效性概念,以及一项关于模型预测准确度的主要研究结果。

我们在3.8节中将探讨不断扩大的经济评估范围,以及出行预测模型与项目评估采用的绩效指标之间的关系。特别是在进行项目评估时,在构建衡量用户效益的经济指标方面,出现了一些有趣的且对之后的研究具有重要意义的理论发展。

在最后一节,我们将探讨已经解决的问题,依旧存在的挑战和对传统出行预测程序的态度的转变。我们对英美两国研究方法异同的讨论将贯穿全文。

3.2 借鉴自美国和早期研究的方法

3.2.1 英国土地利用—交通研究的建立

在英国采用综合美式系统方法之前,已经出现了代表未来发展方向的迹象。在20世纪50年代后期,英国交通运输部开始鼓励集合都市的地方当局合作制定其所在区域的长期公路规划,为此目的,建议地方政府采用美国的交通模式调查方法,特别是起讫点交通,并使用计算机进行分析(斯塔基,1973;布鲁顿,1975)。虽然有关首项"大型单独城市区域客货交通综合分析"存在争议,但"兰彻斯特与伦敦郡均声称各自是第一个重视量化方法的地区"(斯塔基,1973,328)。然而第一次主要的集合都市交通研究是在伦敦和格拉斯哥进行的。从1961—1962年开始,伦敦交通调查主要关注的是:以1961年为基准年,统计土地利用与交通数据,预测1971年和1981年的公路网络流量(施伟拔咨询公司,FFWS,1966)。[3]

在这个十年交替期间,这些研究仍处于萌芽阶段,但对于在美国早期研究中(斯塔基,1973)出现的城市发展与交通规划之间的关系的理解已变得日益深刻。如3.1节所述,这种情形使柯林·布坎南获得任命,领导一支团队调查交通发展与潜在道路建设对城市环境的长期影响。布坎南的报告《城镇交通》(布坎南,1963)的目的是为英国的城市交通规划提供指导。在报告发表之后,英国运输大臣和住房与地方政府事务大臣在1964年1月联合发布通告,支持该项报告的调查结果,并强调地方当局需要进行土地利用—交通研究,"以实现土地利用与交通规划的协调"(布鲁顿,1975,20)。

第一项研究是西米德兰兹郡交通研究,开始于1964年;随后其他集合都市和大型城市区也开始了研究:大格拉斯哥(1964),提赛德(1965),贝尔法斯特(1965),兰开夏东南—柴郡东北(1965),默西赛德郡(1966),西约克郡(1967),泰恩赛德(1967)(关于英国第一代集合都市与大型独立城镇交通研究的时间、持续期限和组织方式,请参阅斯宾塞,1968和斯塔基,1973,332)。英国交通部积极鼓励这些研究,不仅提供了技术指导,并与开展研究的地方当局分摊了部分成本。

这些"综合性"研究的目的是为未来的区域公路和公交网络决策提供指导。与美国类似,这些研究执行的关键在于:

(1) 调查区域内的土地利用情况以及人员货物流动情况。
(2) 预测汽车保有量、人口、就业和其他土地利用活动。
(3) 在计算机模型基础上,预测未来年份网络的出行和交通流量。

3.2.2　20世纪60年代早期的专业知识与技术转移

英国最早的集合都市研究,如伦敦与格拉斯哥的研究,主要有英国和美国的顾问团队联合参与。"这些团队的形成确保从20世纪50年代美国的城市土地利用—交通研究中获取的经验可以应用到英国的研究当中"(伍顿,2004,274)。正如一本早期的教科书中所说:

出行预测模型的知识,是开发更有针对性的新方法,回答如何从有限的城市和农村交通基础设施投资资金中获得最大回报的关键第一步(莱恩等,1971,205)。

约翰·伍顿(工程学硕士,加州大学伯克利分校,1963)是少数几位在美国攻读研究生后返回英国从事交通顾问、高级交通规划与管理以及学术工作的英国交通工程师之一(其他人包括布莱恩·马丁,理科硕士,麻省理工学院;托尼·瑞德利,博士,加州大学伯克利分校)。伍顿在1962年加入伦敦韦伯·史密斯及合伙人咨询公司,从事伦敦交通研究。作为当时少数几位具备分析经验的专家,他回忆称当时被交通出行建模深深吸引。[4]与前文第2章中的内容相呼应,伍顿回忆了交通调查数据分析与计算机分析共同发展的过程:

1962年开始对伦敦和格拉斯哥的调查数据进行分析时,计算机仍属于新生事物,当时英国只有两台计算机(IBM7090)的功能足以承担这项任务……在午夜看着磁带旋转和指示灯闪烁,直到计算机程序打印出分析结果,真是令人快乐的时光(伍顿,2004,276)。

这些最初的研究范围有限,并且研究方法也借鉴了底特律和芝加哥的早期经验(莱恩等,1971;斯塔基,1973;布鲁顿,1975)。尽管如此,它们在数据收集与分析方面还是遭遇了巨大的挑战。调查结果使用特别编写的计算机程序进行处理和分析,但用于执行出行模型的程序来自美国。在施伟拔公司的研究中,伍顿回忆称:"最初,我们使用的是BPR程序套装,但韦伯购买了一台CDC3300,因此我们不得不为其编写新的程序。"[5]伍顿和他的同事为此撰写的交通分析程序(TAP),使英国开发出的创新方法与模型在20世纪60年代后期逐渐得到采用。

当然,早期能否使用计算机服务,对于研究结果有着重要的影响。如从伦敦大学学院取得土木工程学位后直接加入伦敦交通管理处的马丁·理查德斯后来回忆道:

> 机构或者行政单位可用的计算能力和软件,影响了大部分工作。我记得在20世纪60年代中期,开展伍斯特交通研究时,我们要通过英国铁路的红星货运公司,将运行参数发送给英国电气计算机公司(后成为BARIC),在许多天之后才能收到经红星发来的结果。我们能够开展的工作,受软件和完成一次运行所需时间的限制,包括检查输入/键入错误和重新运行的时间等。[6]

关于数据,他补充道:

> 建模很大程度上取决于专门为研究采集的数据,而随着调查设计与执行能力以及调查处理与分析软件的发展,掌握这些技能的学习曲线变得陡峭。抽样、采访过程、遗漏数据处理、地理编码等均取得了切实的进步。

3.2.3　早期交通研究中的交通出行预测方法

3.2.3.1　可用方法

我们在第2章详细介绍了美国早期研究中常用的交通规划与出行预测方法。戴文罗伊等(1963)针对英国受众对这些研究进行了评论,后来和记(1974)以及斯托弗和梅堡(1975)等又针对实际应用作了评论。我们将简要回顾20世纪60年代早期的情况,作为探讨未来创新的基础。

20世纪60年代早期,在各种常用多阶段方法标准化之前,几乎每一项研究用于预测的方法都各不相同。其中一个例子是基于小区生成的出行与土地利用特点之间的关系,各项研究应用扩展因子和回归模型的方法均各有不同(戴文罗伊等,1963)。在分布阶段采用了由法塔与福尼斯设计的增长因子法,以及干预机会和重力模型,用于确定出行时间变化对分布模式的影响。在分配阶段,转移曲线法被基于计算机的"全有全无"分配方法取代。这种分配方法将O-D交通流量分配到最短的线路。容量限制法将交通出行时间与个别节点的交通拥堵相关联,这种方法尚处在开发初期。

分析公交系统的方法,不论在确定交通方式选择,或在路网描述与分配方面,均处在起步阶段。在20世纪60年代初,交通方式划分模型尚处在萌芽阶段。有一种普遍的观点是"目前这一步可能是交通分析包含的所有步骤中最不充分的一个"(戴文罗伊等,1963,371)。最早的交通出行预测模型,被描述为三阶段模型;交通方式划分研究基于出行端点小区的社会经济变量平均值,如汽车保有量和收入等,斯塔基(1973)认为这是将美国方法移植到英国最不恰当的环节之一。由于这种模型没有将服务水平(各种交通方式的出行时间与成本)视为交通方式选择的决定性因素,因此随着收入水平和汽车保有量的增加,即便执行改善公交系统的政策,这些模型也必定会低估公交占比。正如大卫·斯塔基所说:

> 这种情况在北美城市交通研究的理念刚刚引入英国时非常普遍,这些模型不符合英国的情况,因为在英国,大城市的绝大多数出行均通过公交;它们也背离了交通政策制定者们正在形成的观点和态度(斯塔基,1973,371)。

20世纪60年代初,美国(例如在普吉湾、伊利和威斯康星州东南的研究中)[7]和英国(如在格拉斯哥、莱斯特和伦敦的研究中)的研究均曾尝试推出小区可达性变量。但这些方法也被认为过于粗糙,缺乏对服务水平变量的敏感性,不足为政策制定提供恰当的指导。我们将在本章后续内容中进一步讨论这个问题。

60年代初,交通方式划分模型中的"出行交换"模型,在当时才刚刚成型。该模型将选择出行方式的机会视为一个出行市场。交通研究所(TRC)在"出行分布后"交通方式划分模型方面的创举(希尔与冯·库贝,1963),通过该研究所负责(1969a,1969b)的默西赛德郡地区(MALTS)和西约克郡交通研究引入了英国,并在伦敦交通研究中采用(LTSIII)(崔西德等,1968)。在这些研究中,出行分布和交通方式划分模型被表示为基于方式出行时间的实证函数。

有趣的是,戴文罗伊等(1963)强调了整个过程中各模型的相互依赖性以及反馈机制对于确保出行时间自始至终一致的必要性。他们表示:

今天的趋势是向系统方法转变。这意味着把每一个步骤视为一个整体过程的一部分来考虑,而不是三个单独的步骤。而目前开发出的技术尚无法考虑整个过程。因此,本文中仍然对每种方法做单独介绍。但需要重点强调的是各个阶段之间的相互依赖性。这种相互依赖性并非单向的。不仅分配取决于交通生成与分布,而且分配阶段还必须为之前的阶段提供数据"反馈"……到目前为止,数据反馈方面并没有取得较大的进展。曾经进行过一些初步尝试,但由于复杂性等原因,这些尝试不够全面。为了实现分布与分配阶段的收敛,曾使用过迭代技术(戴文罗伊等,1963,371)。

英国最早的研究中,鲜有证据证明它们以系统性的方式执行了这种反馈,但到20世纪60年代末,研究人员已经开始认识到了反馈的重要性,并通过一些初步的尝试,来找出一致的解。关于反馈执行的例子见3.7节。

3.2.3.2 对土地利用的处理

虽然名为土地利用—交通研究,但英国的研究除了笼统的描述外,很少思考交通对土地利用的影响(斯塔基,1973;布鲁顿,1975)。此外,在美国的土地利用—交通研究中,会利用土地利用模型分配人口与就业,相比之下,布鲁顿说道:

在英国……相对严格的土地控制有较长的历史,因此,预测未来土地利用分布与特点的方法有所不同。事实上,除了最近一些明显的例外,如提赛德研究,可以说英国从未真正尝试以系统和综合的方式预测未来的土地利用特点和分布。相反,英国的研究只是根据泛化的、非常简单的人口和就业预测,得出临时的土地利用分布估算结果(布鲁顿,1975,35)。

据我们所知,在20世纪60年代,没有任何英国交通研究使用从城市模型中推导出的土地利用预测结果。但在60年代,英国出现了大量基于罗伊模型的对区域增长的研究、开发和应用,尤其在结构性规划场景中(贝蒂,1972;威尔森,1971,1973a)。我们将在3.5节和第9章更详细地探讨英国土地利用模型的发展,尤其是综合土地利用—交通模型的演变。

此外,很少有交通研究对备选土地利用方案进行系统性测试(戴尔维与马丁,1973)。美国的一些研究会对土地利用—交通备选方案进行分析(博伊斯等,1970),而在英国,限于在拟定交通替代方案中投入的时间和资源,单一土地利用方案几乎不可避免,并且对该方案可能只会进行较少的敏感性分析。

3.3 在出行生成阶段从小区向家庭转变

3.3.1 基于家庭的出行生成类别分析

早期的出行生成方法基于小区的回归方程,有时候迫切需要确认关键决定性变量和提供吸引眼球的拟合优度统计量。多重共线性问题和生态学谬论的危险一直存在(斯托弗和梅堡,1975;奥图查和维朗森,2011)。参数应用到不同区域和分区体系中时缺乏因果性和稳定性,使它们无法成为预测的可靠依据。

奥利和舒帝纳(1962)在美国的早期研究(2.5.2 节)使人们注意到以家庭作为分析单位的出行生成方法的潜力。这种新方法直接针对和解释不同家庭类别之间的交通出行差异,而非小区间的差异,可以增加预测的行为内容,提高预测稳定性。在设定模型前将交通和解释变量集计到小区层面造成的信息损失,通过这种方法可以避免。实际上,后来的事实证明,基于小区的模型采集到的城市家庭间出行差异偏小(福利特与罗伯森,1968)。在这种认识的推动下,英国出现了"基于家庭的类型分析"模型(伍顿与皮克,1967),后来在美国出现了"交叉分类家庭模型"(美国交通部,1972a,1975)。我们将在下文中使用在 20 世纪 60 年代中期由费尔文霍士—施伟拔公司的约翰·伍顿与杰拉德·皮克所使用的术语。

在这个非集计模型中,一个小区生成的交通量,可以表示为不同家庭类别的家庭数量,乘以该类别的平均出行率。不同类别的交通量总和,即该小区生成的交通量总和。其中假设不同家庭类别的出行率和其他外部因素将保持稳定,因此预测的负担转移到了确定未来年份各小区内不同类别的家庭数量。

在采用这种方法时,伍顿和皮克主要考虑四个问题:
(1)在定义家庭类别时,应该采用哪些家庭特征组合?
(2)这些组合能否确定统计上可靠的出行率?
(3)如何预测家庭类别中不同家庭的分布情况?
(4)这种方法能否用于其他研究区域?

这些选择意味着,一方面,家庭类别的数量必须足以体现家庭之间的显著差异,另一方面,又需要得出可靠的平均出行率估算结果(尤其对观察数据相对较少的家庭类别),必须在两者之间进行权衡。这种方法促使研究人员找出类别内出行率差异较低、类别间出行率差异较高的相对同质的家庭类别。他们首先在伦敦交通调查中成功解决了这些问题,并在西米德兰兹郡研究中进一步完善了这种方法(伍顿和皮克,1967)。

约翰·伍顿回忆起早期的工作时称:

事实证明,利用多元线性回归分析预测出行端点的尝试效果不佳,并且需要额外预测区域未来汽车保有量水平。我将 1962—1963 年在伯克利看到一份论文中的插图,与概率理论关联在一起之后,从中找到了灵感。这份论文的作者保罗·舒帝纳用图例说明了无汽车家庭与有汽车家庭的出行次数。我突然意识到,利用概率理论中的概率分布和一些独立变量,应该可以确定没有汽车、有一辆汽车、有两辆汽车等家庭的出行次数。然后用相对应的结构,将这些家庭采访数据制成表格,估算出出行次数。[8]

伍顿和皮克将收入、汽车保有量和家庭结构变量相结合,对不同家庭类别进行了测试,并设计出不同的概率分布,估算各类别家庭的数量:

如果我们可以按照汽车保有量来划分家庭类别,估算出行生成量的过程就变得非常简单。事实证明,收入不仅对确定拥有一辆汽车的概率非常重要,对于确定出行强度也同样重要。另外一个重要的变量是家庭成员人数。我们花了一些时间来研究家庭结构的不同表现方式(人数、年龄和儿童非常重要),最终采用泊松分布来确定一个家庭的人数,利用二项分布来确定儿童的人数。对于类别选择有重要影响的一个因素是需要保持合理的样本量。家庭居住地的重要性相对较弱。很显然,住在郊区的家庭比住在市中心的家庭拥有汽车的可能性更高,但我们无法确定准确的因子。我们决定用居住密度来代替地理位置效应。[9]

西米德兰兹郡交通研究中确定了108个家庭类别的平均出行率,其中综合了与3个变量相关的不同级别:①汽车保有量(0,1,2+);②家庭收入(6个级别);③家庭结构(根据家庭人口数量和工人数量分为6个级别)(伍顿和皮克,1967)。这种分类为英国其他许多交通研究提供了一个模板。[10]为了测试这种方法的稳定性和可转移性,伍顿和皮克研究了伦敦和西米德兰兹郡家庭出行率的变化,以及不同级别公交可达性的重要性程度。

他们对伦敦和伯明翰的研究,包括一项反推研究,显示汽车和公交的出行生成率在空间和时间上可以合理转移。他们指出"令人鼓舞的是,我们发现两个地区相同类别的家庭,有类似的行为方式",并且出行率对可达性指标相对不敏感。"这些指标显示,公交服务水平变化所产生的影响,其重要性低于家庭特征"(伍顿和皮克,1967,141,150)。

出行吸引模型可在相同基础上开发。该类模型根据标准产业分类定义土地利用类别,并确定各类别的出行率。在西米德兰兹郡研究和之后的典型应用中,共采用了8个类别。[11]从20世纪60年代末开始,英国基于家庭的类别或交叉分类分析,在研究中对出行生成程序产生了巨大的影响。至少在规模较大的研究中,基于小区的出行产生回归模型很快失宠,虽然它还会常用于预测出行吸引。

20世纪60年代末和70年代初出现了类别分析技术的各种实践和理论发展(皮克与吉尔,1970)。从方法论的角度,它很快作为一种包含虚拟变量的回归分析得到了认可,其中因变量为家庭出行数量,而自变量为家庭的类别变量(例如,道格拉斯与刘易斯,1970,1971;道格拉斯,1973)。此外,方差分析技术也被用于确定单个变量的显著性以及定义类别的变量之间的依存结构(特尔,1973,1977)。

西米德兰兹郡模型按照目的(工作、商业、教育、购物、社交和非家庭出行)和方式(汽车或摩托车驾驶员、公交乘客和其他,主要是小汽车乘客),对各个家庭类别每天生成的出行数量进一步分解,这种出行预测方法被广泛地采用于在出行分布之前进行交通方式划分的研究。

3.3.2 汽车保有量预测的发展

英国早期对汽车保有量的预测,主要依据历史趋势和与美国情况的对比。

因此,在伦敦交通研究(1966)中,假设到1981年,伦敦的汽车保有量将与波士顿、费城和纽约等大都市的当前水平相当(莱恩等,1971,162)。[12]

约翰·谭纳在英国公路实验室进行的有较大影响力的研究,也是类似的做法,采用了时间序列法(谭纳,1965),包括估算一条逻辑函数曲线的参数,用一个时间函数来表示人均汽车拥有数量。该曲线假设开始时汽车的市场普及率会缓慢上升,之后以相对恒定的速度增长,最终达到"饱和率"S。最开始的模型包括3个参数,即α、β和饱和率S。[13]预测结果对饱和率数值尤其敏感。饱和率最先是谭纳通过线性回归法以汽车保有量增长率为基础来估算的。为此他使用了英国和美国的数据;关于这种方法的详细阐述,请参阅奥图查和维朗森,2011,15.3节。谭纳分别于1965年、1974年和1977年修改了预测结果,并纳入了更多解释变量:人均收入、居住密度和机动车出行成本。

到20世纪60年代末,有些汽车保有量预测者不愿意使用趋势外推法,他们认为这种方法包含了太多假设,而且在地方层面的实际用途有限(巴顿等,1982;韦兰,2007)。如上文所述,在60年代初,与总时间序列法不同,伍顿和皮克正在探索利用多时间截面数据将汽车保有量与家庭收入相关联,作为预测汽车保有量和出行生成量依据的可能性。通过把汽车保有量基于收入的条件概率表达为函数,以及对人口家庭收入分配的了解,确定了拥有0辆、1辆和2辆以上汽车的家庭数量。之后,估算未来期限内各收入群体的家庭数量,进行预测。

使用西米德兰兹郡的数据,伍顿和皮克得出了基于相对于汽车价格的家庭收入的汽车保有量的条件概率。他们指出"已获得的证据证明,各个区域之间甚至各国之间的这种关系保持明显稳定"(伍顿和皮克,1967,144),并假设随着时间推移,尽管收入分布会发生变化,但这种形式将保持稳定。为了验证这种技术的有效性,他们利用汽车价格的历史变化,估算出1953—1965年期间西米德兰兹郡的汽车保有量,得出的结果与实际汽车保有量有"良好的一致性"(伍顿和皮克,1967,148)。

到20世纪70年代初,英国出现了上述方法的多个变种,主要在函数形式以及解释变量的数量与类型方面有所区别。巴顿等(1982)对各种汽车保有量预测方法及其在英国的应用进行了详细的讨论和批判;关于较新的观点,请参阅韦兰(2007,2节)。

3.4 借鉴微观研究:交通"广义成本"

3.4.1 概述

人们通常的印象是,基于"微观"或"非集计"模型的出行预测方法(在个体级别进行构造和估算)对20世纪60年代的常规交通出行预测方法的影响不大。这种观点有一定的道理,但更符合美国的情况。当然在这一时期,确实没有系统的、通过集计在个体级别获取的模型结果来预测路网交通流量或交通需求的尝试。但我们在这里将对斯坦利·华纳在芝加哥通勤者研究(华纳,1962)中率先提出的微观层面或非集计交通方式选择法进行初步讨论。原因如下:

(1)微观层面的研究确立了"广义成本"的概念,这一概念被20世纪60年代末英国的常规集计多阶段需求模型直接采用。

(2)在这一期间,广义成本概念在交通出行预测程序与交通项目经济评估之间建立起了一座桥梁,并形成了标准格式。

(3)早在20世纪60年代中期,在对常规分析方法的强力批判中已经提到了微观法。

我们将在第4章对这类模型进行详细阐述,特别是结合微观经济学的理论视角与处理个人数据更大的统计复杂性。我们在本章中简要介绍了20世纪60年相关交通方式选择研究的背景,以及英国出现的"广义成本"或"负效用"如何在后续的交通出行预测模型中得到广泛应用。

3.4.2　非集计交通方式选择模型:华纳与夸比的研究

早期关于交通方式选择的非集计研究,主要不是为了直接用于预测,而是旨在理解(在个别情况下用于衡量)个人在出行时间和金钱成本(解释为"时间价值")之间的权衡,更广泛地说,是用于确定影响交通方式选择的可测量因素的范围。华纳(1962)、摩西与威廉森(1963)、里斯科(1967)和拉维(1969)在美国的研究,以及比斯利(1965)、夸比(1967)和斯托弗(1969)在英国的研究,在这方面尤其显著。里克曼与斯托弗(1971)与斯托弗和梅堡(1975)详细评论了这些研究。20世纪60年代末和70年代初,英国地方政府运作研究局(LGORU)借鉴华纳、比斯利和夸比等人的研究仿真通勤方式选择的工作,同样值得关注(加普和罗菲,1968;罗杰斯等,1970;戴维斯与罗杰斯,1973)。[14]关于早期英国需求分析与时间价值研究的详细讨论,请参阅戴利(2013)。

重新解读斯坦利·华纳在美国西北大学的博士论文"城市交通出行模式的随机选择:二元选择研究"(华纳,1962),我们禁不住会对这篇论文中与当时实际采用的交通研究程序截然不同的观点感到吃惊。它是基于出行特点和相关个体的社会经济属性,针对在相互竞争的不同出行方式之间做选择的研究。华纳的交通方式选择模型,以概率进行表述,有经济学的特色,关注弹性,并详细阐述了多元统计框架内的参数估计。

华纳的主要目标是确定不同交通方式的出行时间与成本,以及出行者的收入、年龄和性别等人口统计和社会经济学变量会如何影响交通方式的选择。他在多元回归和判别分析中,使用从芝加哥郊区到芝加哥中心商业区的出行数据,预测在二元选择情境(小汽车和城市轨道交通;小汽车与市郊火车、市郊火车与城市轨道交通)下,个人选择某种交通方式用于通勤或非通勤出行的概率。通过参数估计,确定不同因素在个人选择中的显著性,并得出相关需求弹性。华纳推导出的概率模型用于预测火车与小汽车之间的交通方式选择。在这个模型中,将两种模式的成本比率对数和时间比率对数作为判别函数,用于把个人分配到不同的交通方式。

正如斯托弗和梅堡后来所说的那样:

这篇论文的重要性在当时并未得到认可。在此之后非集计交通方式选择研究似乎出现停滞,直到在1967—1969年期间,才出现了大量开拓性的研究(斯托弗和梅堡,1975,300)。

里克曼与斯托弗(1971)及斯托弗和梅堡(1975,第16章)的评论中包括20世纪60年代中期大卫·夸比的研究,该项研究对于英国集计交通出行预测模型中采用成本与服务水平变量的方式至关重要。此外,它对于英国交通项目经济评估中所采用的方法论也至关重要(3.8节)。

大卫·夸比于1962年毕业于剑桥大学,取得了工程与经济学学位,这是在那个时代不太常见的专业组合。之后他在利兹大学继续深造,在攻读管理专业研究生课程一年之后,成为一名运筹学讲师,后来教授交通经济学。与斯坦利·华纳不同,夸比(1967)的博士论文"影响工作通勤交通方式选择的因素"是在集计"出行交换模型"取得巨大发展的背景下进行研究的。在 20 世纪 60 年代中期美国较大规模的交通研究中,"出行端点"交通方式划分模型逐渐被出行交换模型取代,并在四阶段序列中交通分布之后应用。据夸比(1967,277)所说,由多伦多交通研究所(TRC)的希尔和冯·库贝(1963)开发的创新交通方式划分模型,"毫无疑问是预测城市区域内集计区域组合交通出行的最佳可用模型,并且该模型基于对行为的合理假设"。但夸比批评了 TRC 方法基于小区的做法,他认为,交通方式选择对服务水平比率非常敏感,而且:

一个小区内的个体观察结果之间可能出现较大的出行时间比率、服务比率和成本比率变化,并且两个不同小区之间这些变量的平均值也会出现变化。这一点得到了 TRC 的认可,也是反对使用转移曲线和小区分析来预测特定路线或通道的公交使用,或支持在"微观"基础上研究政策变化的最强有力的论证(夸比,1967,276)。

他对采用基于小区的集计方法的各种问题做出了警告,包括出现生态学谬论以及缺乏行为相关性和时间有效性的关系等风险。

在夸比研究的理论依据中,个人的经济动机假设与多元统计分析之间有密切的关系。夸比在其中借鉴了华纳(1962)所采用的判别分析法,以及从比斯利(1965)使用的更简单的图表法中得出的见解,用于确定个人在时间差异与成本差异之间的权衡。他将效用与选择的基本概念和统计技术之间的关系总结如下:

因此,我们根据第一性原理,得出判定分析解决方案:从负效用与选择的基本概念,发展到比斯利所使用的简单的误分类标准,后来形成了行为和直觉上有效的利用总人口特征的形式。相对负效用函数变成了判别器或判别函数(夸比,1967,304)。

在决定检测哪些独立变量时,他借鉴了华纳和 TRC 的结果。

夸比对利兹中心商业区工作通勤交通方式选择的研究数据,来自一项基于公司的调查,共获得了 542 份可在小汽车与公交车之间选择的通勤者调查结果以及 97 份可在小汽车与火车之间选择的通勤者调查结果。下列七个因素构成了初步数据分析的基础:相对总体出行时间,相对额外(步行、等待和转乘)出行时间,相对成本,收入,汽车需求比率(驾照数量与家庭汽车数量的比率),工作通勤中对汽车的使用,公司汽车保有量。作为体现在统计拟合优度指标中的交通方式选择决定因素,夸比发现,相对时间与成本差异,始终比比率或对数更为有效。他得出了下列结论:

出行时间差异、额外出行时间差异、成本差异和通勤时使用汽车的概率,均是影响交通方式选择的重要因素;由于不同交通方式之间的成本差异较小,收入成为不重要因素的可能性最高,另外不同交通方式使用者的平均收入差异较小也证明了这一点。调查还发现步行与等待时间的价值是车内时间的 2~3 倍;两种交通方式的平均时间价值占小时工资的 21% ~ 25%(或不考虑两个重要因素的情况下,占小时工资的三分之一,基本与比斯利的结果一致)(夸比,1967,297)。

虽然夸比最初进行研究的动机是了解哪些因素会影响人们的选择,但他也提到:"发现从这项研究中推导出时间价值是令人惊喜的副产品!"[15] 夸比在 1966 年从利兹大学毕业之后,加入了英国交通部经济规划理事会的数学顾问组(MAU),该机构的负责人为阿兰·威尔森。在该部门,他在土地利用与交通计划评估方法的开发过程中发挥了关键作用。

虽然华纳、夸比等人的多元统计研究中的交通方式选择,有时候会采取不同的函数形式,或采用不同的参数估计技术,但最终都得出了非常类似的拱形曲线(图3-1)。这些曲线用一种交通方式相对其他方式的优势来表达个人选择或被分配到一种可选交通方式的概率。这种相对优势通常会变成一种线性函数,代表交通方式属性或某些转换属性之间的差异。我们将在4.2节进一步讨论生成这种曲线的理论和其函数形式之间的微妙差异。

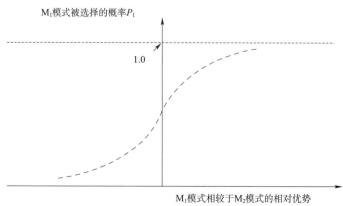

图3-1 相对优势函数表示的方式选择概率

3.4.3 交通"广义成本"概念的出现

在常规出行预测模型中,"阻抗"通常用于形容出行时间受空间分隔抑制的特性;如2.3.4节所述,这个术语主要在20世纪60年代初期的国际文献中使用。两个小区形心之间小汽车出行时间,通常被作为一个单独的阻抗指标,特别是在空间交互模型(出行分布)当中。但上述关于交通方式选择的研究,将负效用假设为影响个人交通方式选择的不同属性的函数(通常为线性函数)。在英国,从20世纪60年代末开始,"负效用"和"广义成本"被越来越多地用来描述这种线性表达式,两者几乎可以互换。这两个术语开始在网络与空间交互模型中取代"阻抗"。

在夸比的研究之后,用金钱表示的交通负效用或广义成本,在英国被理解为代表交通属性的线性组合,如下所示:

$$广义成本 = \alpha_1 \times 出行时间 + \alpha_2 \times 额外时间 + 金钱成本$$

式中,参数α_1和α_2分别代表出行时间与额外(步行、等待和任何转乘)时间的行为价值。这些价值随收入、出行目的和额外时间变化,源自夸比最初的研究。

作为"经验法则",额外时间被认为约是乘车时间的两倍。这一因素通常意味着,人们每减少一个单位的额外时间,需要准备付出的代价,是减少单位乘车时间的两倍。在这方面,"通过胡萝卜"即改善公交系统的出行时间(平均行驶速度、频率和空间覆盖)或降低票价,而不是众所周知的"大棒"即停车和其他限制措施来提高公交相对小汽车的地位,进而带来显著的出行方式改变,所面临的量化挑战也更加明显。

将小区间(形心到形心)出行属性数值代入广义成本公式,并采用夸比的相对权重,可以得出各小区的"平均"小区间广义成本。由于广义成本具有表达交通政策的灵活性,英国为广义成本进入常规交通预测研究的主流奠定了基础。大卫·夸比早在1967年的研究中便提到了"负效用",他认为,"广义成本"这一概念是由数学分析组的阿兰·威尔森创造的。[16]接下来我们将讨论他的贡献。

3.5 交通建模的最大熵法

3.5.1 威尔森的早期研究及其影响

1967年,一份新期刊《交通研究》的第一期上发表了一篇非同寻常的论文,这篇论文后来成为城市交通与区域科学历史上被引用最多的论文之一。这篇论文的作者是一位毕业于剑桥大学的数学家,他在卢瑟福核实验室的理论物理学部门工作过一段时间之后,转到了社会学领域,在1966年加入牛津大学经济与统计学研究所。在该学院,阿兰·威尔森[17]加入了由克里斯托弗·福斯特[18]领导的团队,当时,福斯特刚刚与麦克·比斯利合作发表了一篇有关伦敦地铁系统增建维多利亚线计划的成本—效益分析的开创性论文(福斯特和比斯利,1963)。

福斯特和他的同事对于这种大型交通投资对土地利用的影响非常感兴趣。在这种新的环境中,威尔森开始研究交通行为以及交通与土地利用之间的相互关系。威尔森在研究当时美国的交通和城市发展模式时,对他后来称之为"容差系数"的发现感到震惊。"容差系数"用于保证空间交互模型与出行生成阶段结果的一致性。熟悉统计物理学原则的威尔森,很快发现了气体统计力学中的配分函数与当时标准模型中出行分布所用的"平衡因子"有对应的关系。[19]

威尔森的观点是将迄今仍被视为一种重力类推法的空间交互模式,解释为出发地与目的小区间最有可能的出行安排,这种出行安排与各小区生成和吸引的总出行量一致,也与调查数据中观察到的出行分布模式总广义出行成本一致。虽然"双约束"工作通勤空间交互模型的初期推导过程借鉴了统计物理学中的类推法,但威尔森证明了这种模型如何与基于信息理论和贝叶斯统计学的解释兼容(威尔森,1970),后来又将该过程描述为"个人出行行为的统计平均值"(威尔森,1973a,288)。

在威尔森的方法中,通过确定将熵函数最大化的最有可能出行模式(或出行比例)得出出行与选址模型。熵函数表示可能出现的微出行模式的数量,被一组独立的约束条件约束,这些约束条件反映了分析师掌握的信息。[20]在这种约束下的最大化问题中,很自然地通过各约束条件附带的拉格朗日乘数,引入标准重力出行分布模型中的"平衡因子",确保分布模式与出行生成模型中确定的"出行端点约束条件"一致。这些平衡因子与可达性指标具有强烈的(交互)相似性,通常可以彼此解释。[21]实证导出的常规分布模型"阻抗函数",在这种方法中以一种专门形式出现,作为广义成本的负指数函数,包含一个相关参数 λ_D。[22]

在现有空间交互模型的综合体中,根据出行模式满足不同约束条件,通过最大化得出与出行分布有关的熵,可以生成威尔森所说的"模型家族"。因此,"双约束"(又称"产生量—

吸引量约束")工作通勤分布模型的特点是,独立估算从生成模型中获取的不同小区内工作生成的出行量以及就业机会吸引的出行量。[23] "单约束"(又称"产生量约束"或"吸引量约束")与购物和居民选择情境等有关,要求分布模式只与一端的信息一致,那就是出行起点或者出行终点。非常有趣且有重要意义的是,这种选址模型被表示为多项Logit(MNL)形式,在通勤模型中增加了基于小区的乘数或平衡因子。稍后,我们将详细讨论这些特殊形式,以及出行需求因备选出行选择的广义成本不同而产生的变化。

虽然威尔森1967年的论文主要因其从最大熵原则出发推出重力模型的新方法而知名,但这篇论文也有其他常被忽视的重要贡献,例如:

(1)在概率(最大熵)框架内重新解释空间交互/选址模型。
(2)推导出多项Logit形式的空间交互/选址模型家族,包括所有现有类型。
(3)推出了具有重要实践意义的新型多交通方式、多个体类型模型;特别是多项Logit形式的"交通分布—方式划分"模型,我们将其称为D-M。
(4)提出了基于小区的空间交互(分布)与交通方式划分模型中的广义成本概念。
(5)按照交通方式的成本,确定了出行分布的"综合阻抗"指标。
(6)综合了重力与介入机会模型。
(7)引入了与出行分布使用的模型一致的可达性指标。

威尔森在多方式分布模型中提出广义成本概念时,提到了同在数学顾问组的夸比在这些方面的工作:

需要注意的是,交通方式划分公式在形式上,与使用判别分析从交通方式划分统计法中推导出的公式是相同的(夸比,1967)。如果统计学家使用的判别函数可以确定广义函数 c,广义函数便可以得到完全确认。如果能够得到确认,则判别分析可以提供一种确定广义成本的方法(威尔森,1967)。

因此,威尔森提出了负效用/广义成本概念,在夸比的公式中,这一概念被用于表示与个人行为相关的假设,并将其直接嵌入到小区间出行群体的预测步骤。在3.7节中,我们将讨论SELNEC交通研究中采用的预测模型如何引入这一理念。在该研究中,作为一级近似值,从夸比微观方法中得出的交通属性相对权重在模型校准规程中得以保留。

3.5.2 威尔森的综合法,多项Logit份额模型

对于如何对待与不同小区间的出行分布、交通方式划分和路径分配模式对应的个人选址与出行选择中"观察到"的统计离散程度,威尔森(1969,1970)提供了统一的方法。他发现,通过对市场的恰当分层,各个模型均可以表示为与不同地理位置、交通方式与路线有关的交通市场的比例或份额,并具有多项Logit形式。根据相关约束条件,通过将恰当定义的熵函数最大化,可以得到这些模型。这一公式得出了与分析师可用信息一致的最可能的概率分布。

按照这种方式,可以通过多项Logit表达式描述、分析和预测不同地理位置的出行分布(D)、它们在不同交通方式中的份额(M)和在不同路线中的比例(R),[24] 使用对应的参数 λ_D、λ_M 和 λ_R,以及合理设计的广义参数作为调节交通政策效果的解释变量。[25] 在这个框架中,出行方式的离散程度或分散度可从最大熵的角度进行解释。

3.5.3 连接各阶段,向多层 Logit 模型转变

在最大熵框架中推导出采用类似分析形式的分布/寻址 D、交通方式划分 M 和路径分配 R 模型之后,威尔森(1967,1969,1970)开始考虑如何将它们连接在一起。其中路线划分 R 模型隐含在分配模型 A 当中。由于他非常关注常规多阶段出行预测模型,因此探索了将分布与交通方式划分模型连接在一起的不同方法,用于代表对目的地和交通方式组合的需求。他设计出不同的出行预测模型,我们将它们分为组合形式模型 D-M 和序列形式模型 D/M。后者与常规的 G/D/M/A 阶段安排相对应,包括将不同分布模型 D 的小区间成本解释为小区间交通方式成本的"平均值"或总和。其中 G 指出行生成,A 指出行分配,见 3.7.1 节。如威尔森所说:

确定综合阻抗或成本形式的问题,是交通需求模型构建过程中长期存在的一个问题,对于备选交通方式划分模型的分析至关重要(威尔森,1970,27)。

而将交通方式与路径相结合的模型,对应的是顺序安排 M/A,在这种模型中,综合交通方式成本需定义为出行者在任何出发点—目的地组合中,在对应交通方式网络使用的路线或服务的成本的"平均值"。他认为,这些在顺序模型中将不同阶段连接在一起的"综合阻抗"或"综合成本"并不是随意的。他提出了各个阶段的多个候选项,其中合适的选项原则上由出行者理解机会的方式决定,实际上由实证调查决定(威尔森,1970,29-33)。

我们可以看到,威尔森对采用特定形式(多项 Logit 模型)的一类分析模型的应用做了相当详细的讨论。这些模型通过直接合并或分层结构连接,用于代表对目的地、交通方式和路线组合的需求,并通过综合成本联系在一起。具体的模型将由参数 λ_D、λ_M 和 λ_R 的数值以及所选综合成本的形式来决定。此外,威尔森充分意识到,在特殊情况下,当参数 λ_D 和 λ_M 相等时,并且综合成本为一种特殊的形式,即我们后来所说的"对数和"时,则模型 D/M 的顺序安排将在数学上转变为一个多项 Logit 模型的组合模型 D-M,在这一模型中,不同目的地和交通方式组合将在相同基础上进行处理。

据作者所知,威尔森的公式以及 3.7 节中所述的应用,以多项 Logit 模型的"层级"表示出行预测,并通过表示各阶段间的相互依赖性和传达政策效果的综合成本函数连接在一起,这在历史上尚属首次。由于后来出现的一些原因,这些有关备选交通模型结构的理论想法,具有特殊的意义。我们将在下文 3.7 节及第 4 章与第 5 章中进行详细讨论。

3.5.4 参数解释,属性,计算和预测

在基于最大熵原则的模型公式中,参数 λ 有一个特殊的但毫无启发性的解释,将熵函数在最优值时的边际变化与总出行成本的边际变化相关联。在由此得出的多项模型中,参数 λ 也有一个功能上的解释和属性,用于确定模型预测的出行模式的离散程度或分散度,尤其是在分布模型中,确定出行长度分布形式。此外,该参数还会决定交通需求对广义成本变化的"敏感性""响应性"或"弹性"。因此,在这些出行预测模型中,参数 λ 在某一时间断面上的集计行为的变异性或分散度和通过广义成本确定的系统对交通政策的响应之间建立起联系。我们在相关模型中将 λ 作为成本敏感性或响应性参数(威尔森,1970,第 2 章)。在任何实际应用中,参数 λ 将按照本节下文内容和 3.7 节中所述的方式,

根据出行数据确定。

概括地说,最大熵模型中与 $\lambda \to \infty$ 相对应的极限属性,促使威尔森将他的建模方法解释为在"最优"或"最低成本状态"的出行或选址行为中,加入一定的"次优属性"。具体地说,如果将这一极值($\lambda \to \infty$)应用于"单约束"空间交互(选址)模型,则从特定区域出发的所有行程将分布(或分配)到最近(最低成本)的目的地。同样,在交通方式(M)或路径(R)选择场景中,如果相应 MNL 模型的参数 λ_M 和 λ_R 无限增加,则相关类别的所有人都会选择广义成本最低的交通方式或路线选项。在用于分析通勤的"双约束"出行分布模型中,$\lambda_D \to \infty$ 的出行模式,会趋近"线性规划的交通问题"的一个解。伊万斯(1973a)对这方面进行了研究。对于这种线性规划模型的相关应用,已经进行了下列方面的研究:

(1)单个企业的物流模型。
(2)建模分析相对同质的物品空间流动模式。
(3)个人出行预测的分布模型。
(4)对赫伯特—斯蒂文斯竞争性房地产市场模型的推广(赫伯特和斯蒂文斯,1960;西尼尔和威尔森,1974)。

因此,威尔森认为最大熵模型是对上面这些极端形式的推广,因此它对于相关数据集的拟合,必然要优于对应的极端形式。

在对通勤出行分布与选址模型的实际应用中,模型参数的数值,特别是参数 λ_D 的数值,在模型标定过程中确定。该过程包括使用不同约束条件调整预测得出的出行模式,其中要求预测的出行平均广义成本与在调查数据中观察到的平均广义成本相等。为了设计出有效的标定方法,在20世纪60年代末和70年代初进行了大量研究(海曼,1969;A. 伊万斯,1971;贝蒂和马基,1972)。

在预测性场景中,参数 λ_D 被隐含假定为不随时间变化,而分布模式(或交通方式/路径份额)会根据外生变量的未来变化进行调整,如土地利用安排、因交通政策或项目产生的用户成本等。威尔森认为将 λ_D 假定为常量只是一种假设,并探索了其他假设,例如总出行成本保持不变,或在预测中 λ_D 与总出行成本的乘积保持不变。海曼和威尔森(1969)证明,事实上,分布模式对所选择的假设非常敏感。

威尔森(1973b)更进一步发展了该项分析,他认为,如果总出行成本可以独立估算,则确定参数 λ 的方法直接可用,使 λ 成为模型的内生(或内部)变量。在概括这一论证时,威尔森(1973b;1974,162)假设出行关系通过一个基于斯托兹(1957)效用树理念的多级结构中确定,该结构在不同分解或聚合级别下,描述和模拟个体出行,这种做法被称为"品类层级"。更具体地说,层级被表示为:消费的出行数量;出行在不同目的之间的分布;对于各出行目的,出行在目的地之间的分布;以及出行在方式之间的分布。威尔森认为,这种方法能够通过恰当层数的"品类"层级,有效地将经济模型与最大熵过程相结合。正如他所说:

这意味着,在某一个聚合级别,经济理论与效用最大化应该有所帮助(并且是最佳的),而在另一个粒度更小的层面,最大熵依旧是最有用的方法(威尔森,1973a,295)。

3.5.5 最大熵法更广泛的贡献

在1967年的论文发表后五年内,威尔森提出了在多个研究领域的创新模型应用,包括:

出行预测、商品流动、选址与土地利用、信息缺失问题和广义城市系统理论。这些成果被收录在一部研究专著《熵在城市与区域建模中的应用》（威尔森，1970）当中，这本专著成为理论地理学和区域科学方面的经典著作。其他更进一步的研究成果，特别是与广义城市模型的基础有关的，收录在后续的一篇论文当中（威尔森，1974）。

传统上，重力模拟被用于描述空间活动的交互，如"质量效应"的吸引力以及交通距离、时间或成本增加的阻抗效应。最大熵法为这种交互提供了概率基础。模型开发的核心是，确定相关人员出行或商品流动的矩阵元素（例如小区间交通流）最有可能的安排，这种安排需符合对相关问题的一系列约束条件。这些条件可能包括下列部分或全部：

(1) 矩阵元素之间的逻辑依赖性。
(2) 与分析师可用的独立信息保持一致。
(3) 要求预测得出的出行成本与观察得出的出行成本相等。
(4) 出行或流量的非负性条件。

他对土地利用、商品流动和广义城市模型的研究，后来都证明具有重要意义。威尔森和其他研究人员从相对简单但不兼容的城市发展和多阶段出行预测模型出发，不仅让它们的基本假设更加接近现实，并且将它们综合统一，从城市与区域选址的决策出发来导出交通需求（威尔森，1974，第 11 章）。这种方式对综合土地利用与交通模型的概念框架的进展意义重大。实现这种一般性不可避免地要以增加复杂性为代价；事实证明，这类模型的开发与实施是一个漫长的过程。在第 8 章和第 9 章中，我们会更详细地讨论在这一时期末成型的综合模型。

3.5.6 对这种方法的一些反应

作为一种建模方法，最大熵法在城市和区域研究以及交通规划实践中，尤其在英国，发挥了广泛持久的作用（最新的发展、解释与研究日程，威尔森，2010）。但这种方法并非没有争议。它引发了不同的反应，包括从最初曾经受到的热烈追捧到直截了当的敌意。这种方法的名称便引发了人们的质疑，许多人对于和自然科学进行类比的做法感到不舒服，认为"人并不是粒子"。如威尔森所述，这种方法"在 20 世纪 70 年代末在马克思主义者那里遇到了麻烦"。[26]

有人认为从行为原则建设性地推导出出行需求函数对于获得一个令社会系统信服的预测方法是必不可少的，他们很少接受基于熵的方法，甚至对其嗤之以鼻。很显然，从 20 世纪 60 年代末开始出现的效用最大化经济原则给出了一个具有竞争力的建模范式，可以推导出空间交互、交通方式划分和相关模型（如耐德康和贝克多，1969；匡特，1970；戈罗布与贝克曼，1971；贝克曼与戈罗布，1972）。威尔森同样对标准的效用最大化模型中采用的严格的、限制性的优化假设持怀疑态度，尤其对选址问题，历史、经济和社会环境中的许多因素都可能造成交通出行（例如从某一特定的小区）的统计离散或分布。如上文所述，他也不认为最大熵法一定与微观经济基础不能并存，他认为在所研究系统的不同粒度层级下，两者可以和平共存。在后来的回顾中，威尔森将最大熵法视为一种具有各种解释的通用建模方法，他认为：

最大熵法可以用于推导庞大人口系统概率最高的可靠状态模型……需要强调的是，虽然对这一理念的解读借鉴了物理学的理念,但并不依赖这种类比(威尔森,2000,63)。

我们注意到,在本章研究的时期末,斯托弗和梅堡(1975,251)曾经写道:

有人可能会质疑效用最大化与最大熵法的争论对于重力模型的重要性。事实上,从文献中可以看出,每一种方法的支持者和反对者都有同样多的理由。

未来,我们会看到最大熵法的发展和其他解释,如斯尼卡斯与韦伯的"最少信息添加"法(1977)。在后续的深入研究中,厄兰德(1977)直接将熵函数解释为衡量出行模式离散程度或分布的标准。之后他指出,通过确定最小总体出行成本并符合给定约束条件的出行模式,可以推导出同等出行分布模型,其中约束条件包括预测得出的和观察到的出行量分布,经过熵函数推导,应该是相等的。厄兰德的方法将用于推导分布模型的优化问题中的熵目标函数与成本约束互换(7.4.4.3节)。

我们在下文还会遇到这些问题,并将探讨有关构建土地利用与交通系统模型的更多理论与方法。关于英国交通研究中对分布与交通方式划分最大熵模型的应用情况,将在3.7节中进行进一步讨论。

3.6 网络分析与分配

3.6.1 公交网络描述与分配的发展

在20世纪60年代早期,即使在规划模型里面考虑了公交线网,它们的构造理念也与公路网络大同小异。这种理念代表的网络连通性与以固定路线、换乘和时刻表为主要特点的真实公交系统有很大的差异。到20世纪60年代中期,英国和美国的独立研究在公交系统的构造上取得了长足的进步。在英国,施伟拔咨询公司率先采用了基于现代线路的路网表述(1967)。约翰·伍顿回忆当时"查阅了大量铁路路线图和公交路线图以及时刻表,因为我们都想搞清楚如何真实地代表这些服务"。[27] 他的努力创造了TRANSITNET系列程序(伍顿,1967;崔西德等,1968)。

新方法恰当地考虑了如下因素:不同服务的详细结构;服务的上下车地点;平均等待时间与服务间隔时间之间的关系;不同服务之间的换乘。新构造给出了支持路线(服务)选择的信息,因为出发地与目的地之间的公交出行时间被恰当地表示为到站及等待时间、乘车、换乘和下车时间的总和。[28] 通过加入换乘服务时间的惩罚,可以反映乘客对换乘服务的规避。反过来,这些信息可以用于确定各种出行方式的占比(崔西德等,1968)。根据与住房和城市发展部的合同,美国也独立出现了类似的发展(戴尔和本延,1968;戴尔,1967)(2.6节与10.3.1节)。

通常情况下,分配的依据是最短时间或最低广义成本,使用简单的基于距离的费用函数。在分配阶段,乘客或被分配到出发点与目的地之间的一条路径,或在相同时间或广义成本的道路(服务)之间平均分配。后来,多路径算法被用于在不同公交服务之间分配小区之间的出行需求(3.6.3节)。在这一时期,正式将车辆荷载对等待、上车和乘车时间的影响纳入模型中的尝试非常少,虽然人工调整往往产生与现实不符的服务水平和负载因子。

3.6.2 改进的公路容量限制分配方法

在试验容量限制法的最初几年,研究人员提出了几种有关时间—流量或速度—流量曲线的备选公式,这些公式或多或少受到了交通流量理论的影响。在英国比较典型的一种曲线对不同公路类型采用分段线性形式,并在超出最大容量的部分引入了非线性形式。马科斯·维根(1977,136)在评论这一时期采用的服务水平函数时表示:"速度流量函数之间的基本选项是一系列三段式的直线和曲线,以及一个指数或幂律函数。"后者包括美国交通部(1972)推荐使用的四阶幂函数,如前文 2.5.5 节与 2.5.6 节所述。在英国,环境部《通知书1A》中建议的曲线较为常用(1977)。这些曲线的基本形式如图 3-2 所示。不同公路类型有特定的自由流速度、自由流限制和临界车速。

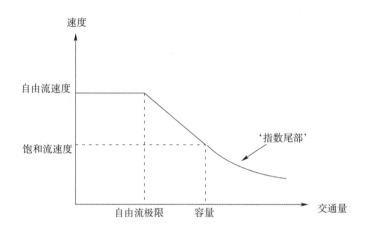

图 3-2　1970 年后英国交通研究中广泛运用的速度—流量曲线

来源:英国能源部(1971),通知书 1A。

与美国一样,在 20 世纪 60 年代和 70 年代初出现了大量容量限制法的试验(例如,阿蒙,1965;斯蒂尔,1965;维根,1977;范弗里特,1973,1976,1977)。在增量法中,增量数是变化的,在出行矩阵连续分配中采用的比例也是变化的。在迭代法中,采用了不同比例,对逐次解进行加权。以一项早期的研究为例,SELNEC 交通研究(1971,31)中采用的交通分配程序使用了三个"顺序加载技术"迭代,相当于逐次平均法,其中每一次迭代的路段交通量权重相同;7.4.3.2 节提供了这种方法的定义。请参阅 2.5.6 节。

考虑到有限的计算资源,分配问题的解通常限于 3~4 个增量或迭代。研究团队需要在增量/迭代数量与决定平衡状态的精确度之间进行取舍。20 世纪 70 年代中期以前,收敛性质与解的质量,以及其对应用迭代或增量的方式的依赖,并没有得到充分的认识。因此,当时的惯例是采用相同的程序,在不同路网中寻求收敛,以方便在评估时进行统一对比。到 20 世纪 70 年代初,可以更加明显地看出其中某些启发式方法并没有收敛到均衡解(范弗里特,1977),如 7.3.1.3 节、7.3.1.6 节和 2.5.6 节所述。

许多交通研究团队发现,在高峰时段,尤其在"不作为"场景下,将未来小汽车出行矩阵分配到路网,通常会导致很多路段严重超负荷。这种结果导致分配本身遭到质疑,使整个路网和模型中假定的平衡路段流量与服务水平之间缺乏一致。虽然这一时期的交通研究中不时会提到对这种一致性的追求，但大多数时候只是说说了事。在后来的研究中虽然有把用容量限制分配修正的出行时间"反馈"到交通方式选择与分布阶段的例子，它们通常是随意为之，并没有使用正式的收敛指标。

3.6.3 多路径选择方法

对于任意给定的交通流模式，上述分配方法均基于路网各路段的出行时间（或成本）的单一数值。假设每一位出行者沿各路段出行的时间（或成本）相同。在容量限制分配中，因交通拥堵导致的服务水平下降（出行时间增加），会使任意两小区之间存在旅行时间相等的多条路径，正如沃德普第一原理（沃德普，1952）描述的那样。即使在相对不拥堵的路网中，多路径选择依旧可能广泛存在，这从实际观察中不难确认（莱恩等，1971）。

如第2章所述，在20世纪60年代末，研究人员进行过各种尝试，试图在研究中引入不完善信息，小区面积以及无法观测的因素对路线选择的影响。特别是在英国和美国分别有布雷尔（1969）和戴尔（1971）开发出的两种方法，形成了实用且经久不衰的路径选择和出行分配模型。他们的方法在生成每个小区对（或节点对）备选路径程序方面，以及按比例将两个小区间交通量分配到每条路径的原则上，存在差异。我们将在本节中介绍布雷尔的方法。从20世纪60年代末开始，该方法被应用到英国多项交通研究，是一种将概率元素引入路段服务水平和路径选择的方法。

这一方法为了体现面临路径选择的相关群体的行为变化，放宽了所有出行者对于路段时间感知相同的假设。分配的详细性质由不同路段旅行时间的概率分布以及这些旅行时间在从各出行起点建立路径时抽样的次数决定。在布雷尔最早提出的方法中，路段时间的分布表达为矩阵，每个路段上的时间从八个数中随机抽样。标准方差通常设定为实际路段时间的20%。为了节约计算时间，对于每个出行起点，对各路网路段上的时间取样一次，并相应地建设最短路径。然后，用全有全无法分配从各起点出发的行程。在计算从各起点小区形心出发的最短路径树之前对路段时间多次取样并将出行矩阵分步分配到网络上，被公认为路线选择随机模型的基础（莱恩等，1971），但其额外的计算时间无益这种方法的广泛采用。

布雷尔的程序可以非常有效地在高速公路与公交网络内不同路径/服务之间分配出行，可单独使用，或在公路路网中配合容量限制法使用。将在7.4.3.1节详细讨论布雷尔与戴尔的方法。

3.7 20世纪70年代左右实践情况

3.7.1 概述

20世纪60年代末和70年代初的英国在多种不同场景下应用了出行预测模型，包括制定结构性规划和新城发展规划，以及在集合都市、普通城市和大城镇进行的传统土地利用—

交通研究。出于种种原因（包括学术综述回顾、一般性审计以及从过去吸取经验的考量），这一时期使用的出行预测方法后来受到特别的关注和比较分析（如英国下议院，1972；斯塔基，1973；西尼尔和威廉斯，1977；麦金德和伊万斯，1981）。

麦金德和伊万斯对1971年前完成的45项英国研究中所用的预测模型和方法进行了总结，见表3-1。

1971年前在英国出行预测模型中运用的技术 表3-1

模型阶段	建模技术	运用技术的研究(%)
出行生成模型	小区增长系数	29
	小区回归分析	17
	分类分析	54
出行分布模型	重力模型*	63
	介入机会	2
	佛尼斯迭代	35
交通方式划分模型	仅限高速公路	40
	出行端点交通方式划分	30
	分布后交通方式划分	30
分配模型	全有全无	59
	多路径	8
	容量限制	33

注：* 包含最大熵法模型。
来源：麦金德和伊万斯（1981年，图1）。

尽管表3-1并未按时序给出建模实践的进展，我们仍可假设20世纪60年代后期进行的主要研究中，基于家庭的分类分析是出行生成阶段的主要方法，重力模型和基于熵的模型应用于出行分布阶段，而高峰时段的道路交通分配则使用容量限制法。开始的时候，交通方式划分放在分布步骤前（用符号表示为G/M/D/A）和分布步骤后（用符号表示为G/D/M/A）被认为差别不大（上述符号中，G代表生成、D代表分布、M代表方式划分、A代表分配），而建模中一个重要的发展就是慢慢地过渡到后面一种形式，即G/D/M/A。

本节对该时期英国出行预测实践情况进行总结，突出以曼彻斯特市为中心的SEL-NEC研究中运用的创新方法（威尔森等，1969）。而后讨论了英国模型整体结构中的一些重要且更具一般性的内容；我们特别关注了在G/M/D/A和G/D/M/A形式中各阶段之间建立更为紧密联系的工作。在结论部分，我们讨论了模型的验证，并通过对设计年或目标预测年的实际结果与预测进行对比，讨论其预测准确度。后者有时被称为"产出"数据。

3.7.2 SELNEC交通研究中运用的出行预测模型

在预测方法方面，区别于其他研究，该研究涉及20世纪60年代后期在英国提出并使用的出行预测方法所取得的大多数重要进展（威尔森等，1969年；SELNEC交通研究，1971、

1972)。概括地讲,预测方法有传统四阶段的 G/D/M/A 结构,该结构在其出行末端是缺少弹性的。该类项目的计算组织原理"大致基于施伟拔咨询公司(1967)等开发的 TAP 软件包,主要在出行分布和方式划分方面进行了创新,并用广义成本概念代替出行时间"(威尔森等,1969,337-338)。整体模型包括以下几个方面:

(1)针对出行生成阶段的基于家庭的分类分析,其形式与伍顿和皮克介绍的非常类似(1967)。

(2)引入伦敦交通研究第三期的基于现代线路的公交规划(TRANSITNET,伍顿,1967;崔西德等,1968)。

(3)容量限制下的交通分配以及对分布和方式划分阶段服务水平变量的反馈,寻求需求变量和成本变量的一致性。

(4)通过应用增长因子,货运车辆预测在整体模型中承担它通常的"低关联作用"。

英国环境部的数学顾问组直接参与了该研究,阿兰·威尔森为该小组负责人。他因此基于广义成本对方式划分和分布阶段进行了理论研究,并迅速顺畅地把这些成果应用于实践。通过统一的方法,广义成本将分布、方式划分和分配阶段用到的时间和金钱元素的相对重要性进行量化,并将车内和车外(步行和等待)时间进行了区分。因此,该研究代表了两种预测方法,即对方式划分使用实证的转移曲线和对出行分布使用阻抗函数的方法,与基于有层次次序的 D 阶段和 M 阶段多项 Logit 模型的解析法。表 3-2 表示 SELNEC 研究中使用的出行预测程序。

针对旅客出行的 SELNEC 交通模型特点 表 3-2

SELNEC 交通模型	过程/分类	注　释
调查	WS 阿特金斯进行的 2500 万人口 3% 的标准家庭调查	基准年至 1966 年;预测年至 1984 年
空间精度	362 个区域,高速路网的 6000 + 个连接	—
出行目的	基于家工作出行(HBW)、上学出行、基于家其他出行(HBO),非基于家出行(NHB)	—
时间精度	高峰期、24 小时	—
交通变量	分配、交通方式划分和分布模型中运用的广义成本	交通方式划分和分布模型中按不同方式定义的成本(见下文)
乘客出行预测的模型结构	G/D/M/A	用于商用车辆和外部出行的成长因子
生成模型	基于6个家庭结构级别6个收入级别3个汽车保有量级别的分类分析	108 个用于出行生成的家庭分类;8 个用于出行吸引量的活动分类;对交通服务水平变量不敏感
分布模型	双重限制的最大熵法/多项 Logit	有车出行者和无车出行者分层法
D 和 M 的综合成本的耦合	针对车主的"对数和"(详见文字表述)	"对数和"方程中所用的分布参数 λ_D;从广义成本中去除停车收费和交通方式惩罚

续上表

SELNEC 交通模型	过程/分类	注　释
交通方式划分模型	基于小区间广义成本的二元 Logit 模型。从交通方式选择分解研究中获得的时间价值； 分配阶段确定的公共汽电车和铁路划分	通过两种人员类型（有车出行者和无车出行者）进行分层；包含停车收费和交通方式惩罚的广义成本
分配（公路）模型 分配（公交）模型	基于最小广义成本路径的沃德普平衡； 基于线路的公交系统的最低成本路径	容量限制方法中运用平均的迭代载荷； 用于公交的 TRANSITNET 模型
寻求模式内部一致性的"反馈"	是，对于分布和交通方式划分模型	未使用正式的收敛性条件

来源：SELNEC（1971；1972），威尔森等（1969）。

SELNEC 交通研究并不只是一项面向大型集合城市的研究。通过实施创新的交通分布和方式划分模型，它也将研发中的工作成果向实践转化。英国好多个后续的研究采用了类似的交通方式划分模型（二项 Logit）和分布模型（单一或双重限制最大熵法），它们在用户市场划分、综合成本结构和参数估计方面或许有所不同。一些研究保留了分布阶段的实证阻抗函数，但用二项 Logit 模型确定小区间汽车和公交方式划分的做法已被广泛接受。

在美国，最大熵法对出行预测实践影响甚微，人们多采用通过美国联邦公路局的计算机软件、出版物及其他程序获得的备选方法，以及后来的"城市交通规划系统"（UTPS）。而在英国，最大熵法的使用愈加广泛，成为出行预测专业词汇，代表了在集计（小区间）层面预测可能性最大的出行方式的一类模型。分布和交通方式划分模型是多项 Logit 形式的解析函数，而交通政策则通过广义和综合成本进行调解。

最大熵法模型在英国占据一席之地，并具有如同公路局重力模型和交通方式划分转移曲线在美国的地位，其原因并非为了改善"拟合优度"。相反，相较于出行分布的重力模拟，该方法概念性基础更强。在交通方式划分的背景下，微观层面并行研究中的解析形式可支持本方法。如上述 3.4 节所述，它与广义成本概念基础上对方案进行的经济评价相一致。

3.7.3　模型结构中的变化

3.7.3.1　备选结构的基本原理

我们希望对整体出行预测模型结构做一些评价，并陈述英国和美国所用方法的相似之处及明显差别。这类问题无论在理论还是实践上均有重要意义。正如第 2 章所述，截至 20 世纪 60 年代后期，如何看待交通方式划分模型在各阶段排序中的地位以及选择哪种连续四阶段排序（G/M/D/A 及 G/D/M/A），这一主题既重要，也具有争议（华纳，1969；斯塔基，1973）。后面我们会看到，该问题至今仍无定论。

20 世纪 60 年代中期后的主要研究中开始越来越多地选择 G/D/M/A 形式，这是模型设定方面的重要发展（斯塔基，1973）。从理论文献中（如威尔森，1967 与 1969），我们也可以看到"同步"结构的发展（G/D-M/A），其中同时详述了分布和交通方式划分模型。但是，这种结构直到20世纪70年代初才出现在英国交通研究中,被考文垂和大伦敦交通研究采用(考文垂市议会,1973;哈维斯和范弗里特,1974;西尼尔和威廉姆斯,1977)。

自20世纪60年代中期以来,建模"各阶段"的顺序排列通常被假定为能够反映出行者根据选择的各种"维度"做出决策的过程(夸比,1967;斯塔基,1973)。因而,常用的G/D/M/A结构与决策排序有关,其中假定个人在决定出行后(体现在频率选择 f)选择目的地 d;而后以目的地为条件选择出行方式 m;最后,以选择的方式为条件,选择路径或者公交服务 r。用符号表示,我们以 $f \Rightarrow d \Rightarrow m \Rightarrow r$ 表示此顺序决策过程。每一项决策均是以前一项决定作为条件。然而,仍然缺乏清晰的基本原理或实证证据,证实选择其中一种顺序($f \Rightarrow d \Rightarrow m \Rightarrow r$),而非另一种顺序($f \Rightarrow m \Rightarrow d \Rightarrow r$)。

在通勤的例子中,有时认为居住地及/或工作场所的选择先于出行方式的选择,从而佐证了G/D/M/A结构;然而,对于自主(非通勤)出行,有时认为相反顺序,即G/M/D/A结构,更能反映现实。通常而言,在一个研究中所有出行目的都使用同一个结构。本章中所考虑的这一时期末开始出现了在主流研究中鲜见的"同时选择"目的地和方式的G/D-M/A结构,它的出发点是目的地和方式选择之间具有较大相关性(用符号表示为 $f \Rightarrow d \Leftrightarrow m \Rightarrow r$)。该结论可能受到了20世纪70年代早期在美国进行的研究启发,详见4.4节。其结构和假定的决策顺序如图3-3所示。

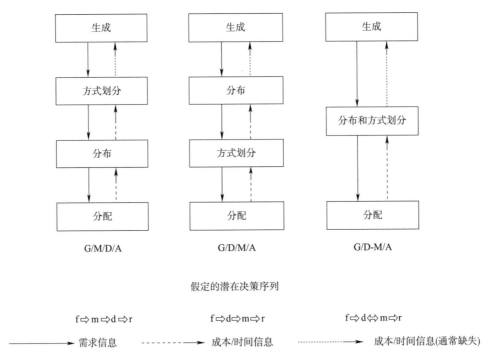

图3-3 出行预测的备选模型结构和信息流,以及假定的对潜在的出行决策过程的条件依赖
注:具体符号见正文。

选择合适的模型结构还需要考虑其他因素,特别是以下几类:①便于操作;②代表对某种方式的完全依赖;③交通需求对提出的公交方案有假定的响应(和记,1974;斯托弗和梅堡,1975)。关于本时期国际上广泛应用的不同模型结构,布鲁斯·和记提出:

目前针对中小型城市的交通研究通常采用出行端点方式划分模型……出行端点类模型的基本假设是出行占比对交通方式服务特性相对不敏感。方式的份额主要由出行者的社会经济特性决定。大城区中要么有完善的公交系统，要么正在考虑对公交系统做重大改进，其交通研究则通常利用出行交换方式划分模型（和记，1974，55-56）。

总体而言，在美国、加拿大和英国，预测方法的结构，特别是其中方式划分阶段的位置，随时代变迁，主要由如下因素决定：①现实考量；②影响交通方式需求的变量；③方式划分对服务水平和社会经济决定因素的敏感度；④公交方案在备选交通系统和政策中的重要程度；⑤对出行选择过程的（行为）假设。事实上，最后一点并未得到数据、调查或分析的支撑。

3.7.3.2 各阶段结合

结构性模糊及选择模型设定中的问题并不仅是在 G/M/D/A 或 G/D/M/A 之间的选择。针对一种排序，如 M/D 或 D/M，如何在方式划分和分配模型间建立更加清晰的联系，才能反映不同阶段服务水平变量的影响？M/D 结构在小区层面上确立了通过两种主要方式（汽车和公交）去不同目的地的可达性对方式划分的不同影响。而 D/M 结构，与 SELNEC 研究类似，反映了小区间交通方式机会和服务水平对分布模式带来的不同效应。

如前所述，运用 G/M/D/A 结构的美国早期研究中，从重力出行分布模型的分母导出的一般可达性变量可用于代表这种联系，虽然这并不常见；小汽车和公交可达性比率是一种常用变量（美国商务部，1966；和记，1974；斯托弗和梅堡，1975）。英国研究中也有类似例子，如格拉斯哥的研究（斯科特，威尔森，柯克，派翠克及合伙人，1969）。

更受欢迎的 G/D/M/A 结构，也有相应的问题。20 世纪 60 年代中期，确定重力模型中每对小区间综合时间的一个普遍方法，是简单采取不同方式中的最短时间，一般情况下都是采用高速公路出行的时间。此过程的优点是，无须获取预测交通方式份额的详细信息，并很容易从网络分析程序中生成。

回顾这一时期美国的实践可以发现，出行阻抗因素通常仅基于汽车出行……针对其他交通方式的出行时间和成本因素鲜少包含在阻抗因子内（杜门齐克和麦克法登，1975，19）。

然而，这些作者指出，该方法有明显的问题。若一个人选择改善过的公交方式，相应的出行时间或成本也发生变化，而这种变化可能无法反映在交通分布模式的变化上。

相比而言，英国在这方面进行了更多的试验，将交通方式服务水平变量的不同组合引入分布模型中。在 1962—1973 年期间进行的 25 项英国交通研究调查中，西尼尔和威廉姆斯（1977）发现了 8 种方法，可在 G/D/M/A 结构中将交通方式信息与出行分布进行结合。在美国，广泛运用了最低成本（出行时间或广义成本），但也对交通方式出行时间或广义成本进行了不同组合，其中包括：①按照交通方式比例加权；②几何加权；③SELNEC 研究中采用的"对数和"量值。

在出行生成阶段中代表服务水平变量对出行需求的影响方面，G/M 和 G/D 结构都存在问题。到目前为止，最常见的方法是，假设从一个给定小区出发的出行需求对交通变量并不敏感。有少数工作试图使小区间出行需求对时间和出行成本具有弹性，它们用的是从分布模型中得出的定义各异的可达性变量（或表示到城市中心距离的代理变量）。一般而言，这些尝试并未成功地赋予模型额外的解释力。然而，需要强调的是，整个这一时期中，小区出行在标准预测方法中几乎完全不受可达性变量影响,而这正是它受到强烈批评的一个源头。正如斯塔基(1973,367)评论那样:"在捕捉总出行需求对于出行条件的敏感性这一方面,取得的进步是最小的。"

除威尔森的公式外(3.5.3 节),关于出行预测模型各阶段之间联系的问题没有被严格地提出来,实际操作中用到的方法也缺乏理论支撑。然而,由于后来出现的一些原因,很多研究尝试将各阶段进行关联,将服务水平变量从一个阶段传向另一阶段,从而反映阶段之间的相互依赖性。然而,这些模型通常是通过"自上而下的方式"(例如,G→D→M→A)进行校准和应用,该方式导致模型设定和执行过程中发生一些具体问题。因此,建模者往往采取简化的结构关系。

从这一时期的几份交通研究报告中可以看到,这些结构问题,即个别步骤或阶段的顺序和连接,被认为是技术问题,靠研究团队自由发挥进行解决。看上去它们并没有被赋予显著的概念或数值意义。理论框架的缺失强化了出行预测程序并非一个整体,而是包含一套通过特设的方式连接在一起的四个独立阶段或"子模型"(若省去交通方式划分,则为三个阶段)这一观点。这里需要解决的不仅是概念问题;这些设定的选择对整个模型的组织、校准和均衡具有重大的实际意义。[29]此外,它们也是将政策影响传至整个模型求解过程,从而影响广泛的出行格局的重要手段。第 4 章和第 5 章将进一步讨论这些问题,探讨其完整意义。

3.7.4　模型的验证和预测效果

除了用时间序列数据或前后对照研究来评估如出行率等参数的稳定性(伍顿和皮克,1967;陶斯和盖尼斯,1976),这一时期对模型有效性的评估,主要依据在基准年(用模型)预测的和观测到的出行模式之间的相似度。通过"拟合优度"统计,在模型的各个阶段评估这一相似度,同时检查某些依赖于整体预测模型的输出,例如通过某些"查核线"的交通量。在得到一个满意的模型前,通常需要进行大量的"微调",涉及网络属性及模型设定的小变化。分析师们常常面临两难抉择,要么采用简化的模型设定并接受相对不高的"统计拟合度"(小区间流动、交通方式比例和网络流模式),要么增加模型参数(即复杂度)从而提高拟合优度。后者有时被看作是为了提高基准年拟合准确度而带来了未来年参数的预测问题;默认的解决方案通常是假设此类参数是不随时间变化的。

一个大型城市出行预测模型(由几百个小区和几千个路段连接而成)的校准是一个繁重且计算成本高昂的任务。校准模型、调整其设定、检查和更改网络以及重新校准,都需要考虑多种出行目的、多用户在路网中竞争以及(可能的)多个时间段的预测,这使得为基准年确立拟合良好的模型的任务非常艰巨。很少有研究为取得与出行广义成本的一致性而尝试增加需求和分配之间模型序列的迭代次数。试图进一步提高一致性的代价太高,以至于它只能被粗略处理或者完全忽略。

这一时期采用的对模型有效性最严格的评估是利用预测年收集的数据进行的事后模型预测比较,有时也被称为"产出数据"。地方政府运作研究局的麦金德和伊万斯(1981),在对美国五项交通研究进行小范围调查后,评估了各类英国土地利用—交通模型的预测精度(交通工程师研究所,1980)。1962—1971 年进行的 44 项英国交通研究中,可将数据分为三类:①城市研究;②组合都市研究和土地利用—交通研究,包括县结构规划;③新城总体规划。

上述英国研究旨在评估与预测相关的错误和不确定性的程度与影响,包括:①数据错误;②模型设定错误;③外生变量预测误差,如土地利用、社会经济和交通系统变量;④人为错误。这些因素都与实际预测年相关,与基准年相距15~20年。因此,它们受模型设定和外生变量(如人口、就业和汽车保有量等因素)的影响尤甚。对麦金德和伊万斯的研究结果涉及针对12种变量样本结果的预测效果,包括人口、经济社会因素、交通方式需求和查核线通过变量。作者得出以下结论:

几乎所有纳入考虑的预测项都被高估了。平均而言,人口被高估了10%,汽车保有量和家庭收入高估了20%,公路和公交出行量高估了30%~35%。公路查核线通过交通量平均被高估了13%。假设输入参数完全不变,所有项目的预测误差均未显著增加,并且对于许多项目,平均误差将大大减少。目前尚没有证据表明,最新交通研究或使用更复杂的建模技术(直至1971年)优于其他研究或技术。虽然公路出行预测主要受规划变量中的误差影响,有证据表明公交出行预测包含模型设定误差(麦金德和伊万斯,1981,1)。

他们还指出,公交出行预测的误差高估达42%,主要来自外生因素误差和模型设定错误。尤为重要的是,他们补充到:

根据项目可行性研究阶段获得的轶事证据及本报告中所描述的某些分析,过于乐观的规划预测和不充分的检查程序是降低总体预测准确度最重要的因素(麦金德和伊万斯,1981,26)。

关于许多城市出行预测模型中采用的拟合优度和有效性概念的诸多方面,我们将在5.2节及后续的9.5节和第11章中继续讨论,特别是有关对模型的设定及它们生成逻辑一致的预测,以测试政策的能力。

3.8 出行预测和评估框架

3.8.1 拓展评估框架

在20世纪60年代初,出行预测程序和评价框架之间的关系还很初级。它主要考量运营以及为满足未来出行需求而改进公路网络的成本收益指标。随着城市交通问题日益受到重视,60年代末涌现了更多的(规划)目标,开始关注如下方面:①经济效率;②对收益在空间上和社会群体间的分配;③规划对环境的影响(莱恩等,1971;戴维和马丁,1973;普莱斯伍德—史密斯,1977)。这些目标促进了对公路和公交网络流量之间的关系、服务水平以及各方案更广泛影响的研究;能源和环境影响的研究也发展迅速。[30]然而,在实践中,涉及交通量和交通设施的增加对噪声、污染、行人延误、社区割裂和视觉入侵的影响,采用的评估方法非常粗略,并取决于预测程序提供的信息质量。

20世纪60年代末以来,经济效率评价在评价过程中的角色越来越重要。特别是在"量化"评价交通规划和项目带来的效益时,节约出行时间带来的货币价值占据统治地位,并发挥了可观的影响。在下文中,我们点评出行行为和用户收益指标的关系(这种关系注定对用户收益概念的建立举足轻重)的某些方面以及出行需求模型自身的结构问题。

3.8.2 经济措施:平衡状态和用户效益评估

一个项目是否值得实施,几乎总是通过社会成本效益分析(SCBA)框架进行评估而确定的,该框架复杂程度各不相同。为了确定经济效益,把假定的出行需求和用户(广义)成本的平衡估算,从多级出行预测过程的"底部""转移"至评价阶段,至此,交通规划师和交通工程师所用的术语突然转变为应用交通经济学家的术语。出行预测被用来比较"做某事"即实施某种交通方案的结果与"什么也不做"或"基准情形"的结果。有时备选方案按"有"或"无"进行分类。后者往往指真的"什么也不做",或者包括规划之前已经待建的设施,以及(在极少情形下)某些管理或约束措施(戴维和马丁,1973;斯塔基,1973)。20世纪60年代中后期,英国交通研究通过负效用或广义成本纳入用户效益,把出行时间节约货币化的做法,正是此类效益分析的核心(夸比,1967;麦克因托什和夸比,1970;哈里森和夸比,1969)。

20世纪60年代,在英国城市和区域土地利用—交通研究中,确定项目的总用户效益的方法中出现了细微的差异,即在什么程度上考虑出行者对用户成本变化的反应。在一些早期的研究假设中,除了路径切换,归因于交通方案的需求变化非常小,完全可以忽略,因而,评价可以用"固定需求"或"固定出行矩阵",基于从分配阶段得出的路径时间和成本的变化来进行(纽伯格,1971)。将小区对之间出行的次数乘以用户成本的变化,并将节约的出行时间的价值纳入其他与成本相关的指标,然后对所有的小区对加和。

后来的英国研究,特别是那些遵循伦敦交通研究Ⅲ期(LTSⅢ)使用的成本效益评价方法的研究(崔西德等,1968),试图将"消费者盈余"的变化作为效益的度量指标来分析用户成本变化对小区间需求的影响。LTSⅢ的"消费者盈余指标"可以看作"马歇尔消费者盈余"的一种特别延伸,后来被称为二分之一规则(RoH)(崔西德等,1968;莱恩等,1971)。[31]这种由蒂姆·鲍威尔和他在施伟拔咨询公司的同事首创(伍顿,2004,278)的方法后来成为行业标准。它将每对起讫点(O-D)和每种方式的广义成本在"有"方案和"无"方案下的变化,乘以该方式下完成O-D组合出行的次数在两种方案下的平均。而后,总结所有的小区对和交通方式的贡献,从而得到总体的感知用户效益。这类分析假定用户成本的变化非常微小,需求函数的任何曲率均可以完全忽略。此外,收入的影响也可以忽略不计(纽伯格,1971;威廉姆斯,1976;加拉·迪亚兹,2007)。RoH指标[32]作为预测过程和经济评价之间的一个关键环节,经常被用于分析不同的出行目的和交通方式,有时会针对时间价值参数的潜在变化做敏感性测试(戴维和马丁,1973)。时至今日,它仍然是应用最广的交通方案用户收益的评价方法。加拉·迪亚兹(2007)对该方法及其理论基础进行了深入探讨。

3.8.3 纽伯格的用户效益分析

亨利·纽伯格(1943—1998)给出的一些饶有意味的结果后来被证明对于需求分析和土地利用—交通方案评价具有重要的理论和现实意义。纽伯格(1971)提出了3种更精细的方法来计算土地利用和交通项目带来的用户效益(威尔森和克万,1969)。这些方法需要不同的假设和近似处理来预测出行者对于此类项目的反应,前两个上文已经提及,可以总结如下。

方法Ⅰ:简单地忽略了需求响应,除了路径切换,用户效益是从每个小区对感知的用户成本减少来获得的。

方法Ⅱ:是基于"二分之一规则",作为马歇尔消费者盈余指标变化的边际近似。

方法Ⅲ:是基于霍泰令的工作(1938)得出的马歇尔指标的推广;它等于对初始和最终广义成本状态间的用户成本相关需求的(路径)积分。[33]

方法Ⅲ是纽伯格的兴趣所在。该方法考虑了交通网络变动引起的出行需求及所有小区间的用户成本的相互变化,以及初始和最终平衡成本状态的需求函数的曲线形态。虽然该方法的技术细节我们无须过多关注,读者应该了解,只有在需求函数满足某些"可积分条件"的情况下,霍泰令的广义消费者盈余才能明确定义(霍泰令,1938;纽伯格,1971)。这些条件要求两组出行者中任意一组对另外一组广义成本改变的反应呈现"交叉对称"的形式。[34]

幸运的是(或许是个巧合),在以多项Logit(MNL)表达的需求模型中这些条件是可以满足的,而MNL在20世纪60年代末的英国被越来越多地用于出行分布与交通方式划分。此外,对于MNL函数,能够准确计算出所需的消费者盈余。因此,原则上,无须为计算RoH而对需求曲线进行线性化近似。从MNL分布模型得出与每个小区相关的用户效益,可以用该小区产生的出行次数乘以在"后"和"前"状态评估的MNL模型分母的自然对数的变化来表示。这相当深奥的计算步骤中特别有趣的一点是,分母通常被解释为从该小区到所有(出行)机会的可达性指标。[35]

这一结果表明,对于MNL形式模型的用户经济效益的度量,可以来自以下任一方式:

(1)采用RoH近似有改善和无改善情况下出行方式和广义成本,然后对研究区域所有起讫点(OD)小区对(方法Ⅱ)求和。

(2)每个小区产生的出行和有改善和无改善情况下计算的可达性指标(的对数)变化,并对研究区域内所有出行起点小区求和(方法Ⅲ)。

纽伯格将方法Ⅲ拓展应用于土地利用和交通成本均可发生变化的情况下。消费者盈余的变化再次导出包含之前被解读为可达性度量的表达式(纽伯格,1971,68)。

因此,在MNL形式中空间交互作用模型的背景下,方法Ⅲ可以用来产生更精确的用户效益量,考虑需求函数的曲率。对于一般的项目,方法Ⅱ和Ⅲ估算的用户效益差异在2%~5%以内(纽伯格,1971;威廉姆斯和西尼尔,1977)。对于导致用户成本变化不大的交通项目,RoH指标可以得到令人满意的近似解。而对于用户成本发生较大变化的项目,如跨河口大桥和全新开发的土地利用和交通项目,方法Ⅱ可能偏差较大,甚至无效。这类情况下以及用多项Logit表达的需求模型,可求助于方法Ⅲ。

然而,正如纽伯格所言,一个重要得多的概念问题随之出现:

它显示了经济评价和可达性、舒适度以及便利性之间的关系;迄今这些通常被视为互不相干。经济分析和可达性的量度之间有着密切的联系,并且两者不需要单独进行评估(纽伯格,1971,64,66)。

可达性和收益因此可与标准用户收益分析紧密结合起来。

20世纪70年代初,这些结果的意义并未完全显现。此外,还不清楚它们是否可以扩展到如G/D/M/A形式等更复杂并被实际应用的出行预测模型。事实上,这看上去可能性不大，因为除了在非常特殊的情况下，传统的需求函数无法满足上述保证消费者盈余指标唯一的技术对称条件。但它提出了以下问题：如何制定应用于实际交通研究中的出行需求关系（涉及生成、分布、方式划分和分配模型），从而推广纽伯格的研究成果？若此目标能够得以实现，则能够在相关模型间建立密切联系，使之在一方面预测出行者对交通网络和土地利用安排变化的反应，在另一方面预测与这些反应相关并以可达性度量的收益变化。该问题将在后面进行重点讨论。

3.9 结论

在20世纪60年代中期，城市交通和出行预测方法的系统研究已成功地从美国和加拿大移植入英国交通规划规程。短短几年内，便收获了显著的应用经验，并进行了本地创新。虽然被认为是从底特律、芝加哥、多伦多及其他大城市早期研究的结果发展而来，在英国的主要实践发展促成了模型和方法的扩散，反映了目标、信息需求和出行预测领域先进水平的演变。由此产生的方法变化至关重要。它不仅挑战了一些广泛应用的形式，同时也挑战了前沿的实践工作，这种进展可以被评估，并为后续研究者做比较提供了基准。然而，从后续章节中我们会看到，此类评估并不多见。

20世纪60年代早期城市出行预测的一些方面取得了重要进展。由于后来的发展，这些成就的重要性往往容易被忽略。这些进展的很多方面都是英国和美国共有的。

(1) 改进对公交系统中乘客行为的描述，并用于把需求分配给公交服务。

(2) 对出行时间和成本变量更敏感的交通方式划分模型。

(3) 道路网络拥堵建模的改进。

(4) 实践中有限地纳入了"反馈"，从而寻找不同预测过程阶段出行需求和服务水平变量的一致性。

其他创新研究在英国似乎取得了更充分的发展。到20世纪60年代末，先进的城市出行预测模型包含下述部分或所有内容：

(1) 考虑小区内更大程度的出行行为变异的模型设定，特别是在生成阶段通过基于家庭的分类分析得以解决。

(2) 通过广义成本建立出行需求模型，开始反映行为差异和选择，并提供代表交通政策的简洁方法。

(3) 一种关于出行模式统计离散程度的新理论——最大熵法，能够根据多项Logit形式的份额模型，整合分布和分配阶段。

(4) 形成不同复杂程度的综合成本，允许在模型的不同阶段之间建立依存关系，并允许通过出行预测过程中分配、方式划分和分布阶段，传递广义成本变化的政策效果。

(5) 根据广义的经济成本和"二分之一规则"消费者盈余指标，将需求分析和计算用户经济效益方法紧密结合。

20世纪70年代初的先进实践，更应称之为"混合"方法，它参考了"离散"的概念和方法，用于基于家庭的出行生成分类分析以及从个人出行者交通方式选择衍生而成广义成本，并嫁接到传统的基于小区的方法。很多人认为,这些成果通过在预测程序各阶段引入新的概念和过程加强了交通预测学科。

此时需要提及1966—1970时期在出行预测和经济评估几项进展的合作和学院派特点;特别是,1965—1968年由阿兰·威尔森带头的交通部的数学顾问组(MAU)起到了举足轻重的作用。大卫·夸比于1966年加入MAU,他提到:

这是一个令人难以置信的多产期。学术出版物往往只出现一两个人的名字。虽然阿兰·威尔森个人的巨大贡献毋庸置疑,但从MAU发表的包含大量原创成果的报告可以看出,这里有一个团队在从多方面(例如与经济规划理事会的经济学家如亨利·纽伯格保持合作)共同推动发展。我认为在英国政府之中,这一现象与这一时期是非常独特的;它证明了克里斯托弗·福斯特的眼界、领导力以及说服高级官员和部长们相信这一事业的重要性的能力。[36]

约翰·伍顿也证明合作是这一关键时期的特质,他回忆道:"我们和交通部的阿兰·威尔森不断地相互启发新思路,合作完成了很多论文。"[37] 尽管我们已经强调了在较大规模的交通研究(尤其是那些带有研究重点的研究)中取得的进展,仍需指出在较小的市镇里进行的工作中,MAU的影响亦不容小觑。[38]

然而,也有许多交通研究因为对上述创新鲜有吸纳而引来批评。此外,与不断增长的要求相比,整体进展相对缓慢,而且目标总在不断变化。交通规划框架不断发展,进而出现的是不断增多的目标、范围更广的政策以及在信息中寻求更高精度的评估框架。此外,对于收集数据和实施预测的速度和成本的期望也越来越高。

在美国和英国,在这个时代的开端,很多研究者愿意甚至热衷于将数学模型运用在出行预测和交通政策分析中。到20世纪70年代初,传统方法尽管已经取得了诸多成就,但也开始面临各种批评指责,这一点我们在2.7节中曾提到过。在规划框架内预测的作用和目的,模型的理论基础,为评估项目和政策而生成合适信息的实际步骤,以及模型的"政策敏感性"都受到攻击。早先的批判又被重新提出,并且反对的意见表达得更加有力、自信、系统。

对其"政策不敏感"的指责至关重要,而今往往暗含以下一个或多个批判(英国下议院,1972;查尔斯河公司,CRA,1972;本-阿基瓦,1973;斯塔基,1973;沃克斯,1973):

(1)在反映被视为代表政策的价格和服务水平变量的全方位变化方面,这些模型在部分或所有预测过程中表现得并不成功。

(2)该模型体现了对政策有限的行为反应。虽然通过广义和综合成本以及反馈,更先进的模型可通过路线、方式和目的地切换反映政策效果,体现政策对出行时间、乘用人数、出行频率、汽车保有量和土地利用安排影响的进展非常有限,甚至于无。

(3)由于有限的市场细分,这些模型(特别是分布后的方式划分模型)缺乏社会经济条件的变化,因而不能充分代表对公交或汽车的有限选择和约束。

(4)针对小区和(目标规划日内的)较长时段来设定和估计的模型缺乏空间和时间精度,特别缺乏考虑票价政策和停车费等微妙影响,或新建和改进公交设施的后果的能力。

(5)只有机动出行方式得到了较细的处理;步行和骑行方式在模型里的基本描述都非常粗糙,甚至可以完全忽略,对相关政策的分析更无从谈起。

（6）重点常常放在高峰时段和政策对通勤活动的影响。针对项目和政策对其他类型出行（例如那些针对商业和商品活动的影响）效果的建模分析则进展得相当缓慢。

（7）这些模型往往被视为在空间上离散度不够，因而无法对按照社会经济特征和选址来区分的群体生成有用信息。

还有一些与整体出行预测模型设定相关的重要问题尚未解决：

（1）应采取什么样的整体结构，原因是什么？

（2）相关备选方案是否局限于G/D/M/A、G/M/D/A和G/D-M/A形式？

（3）模型形式反映的不同出行目的的出行者的深层决策过程是怎样的？

（4）如何将各阶段连接起来，使得政策能够影响模型代表的行为的诸多方面？

（5）以上这些问题的重要性有多大？

这些是20世纪60年代末、70年代初悬而未决的问题。

在整个规划界，出行预测模型越来越被很多人（有时候是使用者，但肯定包括批判者）视作铁板一块的黑匣子。它们耗用大量资源，却似乎不能及时为规划机构提供亟须的详细经济、社会和环境指标（李，1973；斯塔基，1973；沃克斯，1973；布鲁顿，1975）。通常，开发模型本身花费太多的时间，以至于没有足够的时间对备选政策进行充分测试。布鲁顿（1975，21）提到，交通规划过程"过于纠结于交通量估计和网络规划相关的技术问题，而对整个社会对交通的需求关注甚少"。

公众对大规模公路建设的反对意见越来越大。节能、空气质量、噪声消减、道路安全以及为特定群体提供可达性，开始成为对交通规划方案和政策进行判断的重要标准。在美国、英国和许多其他国家，城市交通规划最初对公路网络发展的侧重已经转移到解决公交投资，甚至限制（公路网发展的）计划。然而，大多数的交通预算中占主导地位的仍然是公路规划，它们往往是根据几年前甚至几十年前编制的计划而制定的，其目的是为了改善交通拥堵，增加当前和未来汽车用户的机动性。

然后，世界一夕改变。第一次石油危机发生在1973年底，它带来了深远的经济影响，导致之后一段时期内包括英美在内的许多工业化国家交通预算收紧和削减。雄心勃勃的大规模投资项目时代让位给了另一个时代，其重点关注的是公交举措、交通系统管理和一系列的短期措施，包括各种停车政策、约束机制以及美国鼓励共乘的举措。在美国和英国发展形成的传统预测方法并不特别适合于这个新时代考虑的政策（本-阿基瓦，1973；布兰德和曼海姆，1973；杜门齐克和麦克法登，1975）。马文·曼海姆（1937—2000）曾如此评论过传统四阶段法（他喜欢称之为城市交通模型系统，即UMTS）的持续相关性：

UTMS曾经是它所在时代的一项重大成就。行业和政府交通机构（联邦、州和地方机构）必须认识到UTMS已不再令人满意；它与当今城市交通研究必须解决的实际问题的相关性不大，而从理论角度也不被认可。我们不应完全摒弃UTMS，但也不应将它当作城市交通分析的基本工具而不予改变。我们需要新一代的交通分析工具。新系统的开发应建立在当前研究的几个方向以及从UTMS获得的实际经验的基础上。我们应该开始考虑如何而不是是否需要去建立新系统（曼海姆，1973，35）。

接下来的两章内容将详细探讨如何应对这一挑战。

尾注

[1] en. wikipedia. org/wiki/Colin_Buchanan_(town_planner)(访问于 2013 年 11 月 4 日)。

[2] 在 20 世纪 60 年代初,美国采用的术语"多步骤",在英国较为常见。但后来英国开始越来越多地采用"多阶段"。在本章中,"多步骤"与"多阶段"可以互换。

[3] 第一项伦敦交通研究仅涉及公路;研究选择了约 30000 个家庭接受访问。约翰·伍顿回忆称(与胡·威廉姆斯的个人通信,2010):"研究主任杰瑞·德拉克说服了伦敦郡议会/大伦敦市议会和交通部长扩大研究范围,将公交包含在内,并增加了 10000 多个家庭。这也成为后续公交分配程序发展的推动力之一。"

[4] 约翰·伍顿,与胡·威廉姆斯的个人通信,2010。

[5] 约翰·伍顿,与胡·威廉姆斯的个人通信,2010。

[6] 马丁·理查德斯,与胡·威廉姆斯的个人通信,2013。

[7] 关于扩展后的评审,请参阅斯托弗与梅堡(1975,第 9 章)。

[8] 约翰·伍顿,与胡·威廉姆斯的个人通信,2010。

[9] 约翰·伍顿,与胡·威廉姆斯的个人通信,2010。

[10] 关于确定不同类别家庭未来分布的分布形式与估算的更多详情,请参阅伍顿和皮克(1967,143-148)的论文,以及威尔森(1974,136-140)及奥图萨与维朗森(2011,4.3 节)的教科书。

[11] 伍顿和皮克使用的类别,集合了七个标准产业类别,第八个为住宅土地利用类别。特定小区的出行吸引数量则为不同类别的贡献总量。其中涉及将各小区不同类别内的活动强度,乘以每个活动单位吸引出行的相应比率。更多详情,请参阅伍顿和皮克(1967,152)和威尔森(1974,140)。

[12] 关于伦敦交通研究(1966),请参阅费尔文霍士公司与工程服务公司、施伟拔公司的联合研究(1966)。

[13] 谭纳进行汽车保有量预测时采用的早期逻辑模型形式,将人均汽车数量(CO_t)与时间(t)关联在一起,如下所示:

$$CO_t = \frac{S}{1+\beta\exp(-\alpha St)}$$

式中:S(饱和度)和 α、β 为需要确定的参数。关于这些参数的估算以及后续对基本模型形式的修改,请参阅谭纳(1965)与巴顿等(1982)。

[14] 作者非常感谢安德鲁·达利参与 LGORU 研究的讨论。

[15] 大卫·夸比,与胡·威廉姆斯的个人通信,2011。

[16] 大卫·夸比,与胡·威廉姆斯的个人通信,2008。

[17] en. wikipedia. org/wiki/Alan_Wilson_%28academic%29(访问于 2014 年 6 月 5 日)。

[18] en. wikipedia. org/wiki/Christopher_Foster_%28economist%29(访问于 2014 年 6 月 5 日)。

[19] 阿兰·威尔森,与胡·威廉姆斯的个人通信,2007。

[20] 物理系统中的熵代表因该系统状态出现的不同方式而引发的混乱。而在社会系统中,熵是指一种出行模式通过不同出行安排方式实现的数量。另外,熵也涉及出行数据中的统计离散程度。

²¹ 在双约束形式中，伴随出发地与目的地约束条件出现的平衡因子是外显因子，在相同基础上进行处理，虽然如在公共道路局手册中所述，可能会使用一组或其他约束条件，使一系列平衡因子变为外显因子。

²² 威尔森通常将这个参数写作符号 β。据正文中说明的理由，在讨论分布模型时应该使用符号 λ_D。

²³ 威尔森的"双约束"模型被广泛用于预测通勤出行的空间分布。它的推导可以利用体现分析师可用信息的独立约束条件，通过寻找最大化熵函数且非负的出行模式 $\{T_{ij}\}$ 来完成。这些约束条件包括任何区域生成的和吸引的出行量，应该与从生成模型中推导出的数值相等，且预测出的出行成本应该与在数据中观察到的成本相等：

$$\max \sigma = -\sum_{ij} T_{ij} \ln T_{ij}$$

$$\sum_j T_{ij} = O_i \quad (\text{适用于所有 } i)$$

$$\sum_i T_{ij} = D_j \quad (\text{适用于所有 } j)$$

$$\sum_{ij} T_{ij} c_{ij} = C$$

$$T_{ij} \geq 0 \quad (\text{适用于 } i \text{ 和 } j)$$

其中 O_i 为小区 i 内的活动生成的出行量，D_j 为小区 j 内的活动吸引的出行量。在通勤模型中，这些参数与各自小区内的人口和就业有关。

对这种约束优化问题的解决方案来自：

$$T_{ij} = a_i b_j O_i D_j \exp(-\lambda_D c_{ij})$$

其中的平衡因子，作为替代物，来自：

$$a_i = \left[\sum_j b_j D_j \exp(-\lambda_D c_{ij}) \right]^{-1}$$

$$b_j = \left[\sum_i a_i O_i \exp(-\lambda_D c_{ij}) \right]^{-1}$$

该模型也可以写为下列形式：

$$T_{ij} = O_i \frac{b_j D_j \exp(-\lambda_D c_{ij})}{\sum_j b_j D_j \exp(-\lambda_D c_{ij})}$$

²⁴ 因此，威尔森考虑的分布或选址、交通方式份额和路径分配份额模型，采取了下列多项 Logit 份额方式：

$$P_{ij} = \frac{A_j \exp(-\lambda_D c_{ij})}{\sum_{j \in J} A_j \exp(-\lambda_D c_{ij})}; P_m = \frac{\exp(-\lambda_M c_m)}{\sum_{m \in M} \exp(-\lambda_M c_m)}; P_r = \frac{\exp(-\lambda_R c_r)}{\sum_{r \in R} \exp(-\lambda_R c_r)}$$

其中：$j \in J$ 代表从位置 i 可用的一系列目的地 J 中的备选集之一 j；$m \in M$ 是指在一系列可用交通方式 M 中的一种方式 m，$r \in R$ 是指在任意起讫点组合中可用的一系列路径或服务中的一条路线 r。A_j 在本公式中是指区域 j 的吸引力指标。总体而言，数据集 M 取决于个人类型（如有一辆小汽车可用的人群和没有汽车的人群）。参数 λ_D、λ_M 和 λ_R 决定了在不同选择中出行的离散程度（展布），以及相关分布、交通方式与路线份额对相关成本变化的反应。

²⁵ 虽然威尔森关于目的地、交通方式与路线替代选择的模型开发，多数基于负指数函数，如在尾注 21 和 22 中所述，但他认为，描述随着出行属性变化（如在空间隔离日益扩大的情况下）产生的需求变化的函数形式，实际上应该由人们感知出行成本的方式决定，而且可能取决于出行的长度。因此，如果广义成本或其组成部分以对数方式而不是线性方式感知，则

负指数函数可以转换为幂函数(威尔森,1970,34-35)。这样便与20世纪60年代中期采用的抽象的交通方式模型建立起了联系,例如匡特与鲍摩尔采用的模型(1966)。

[26] 阿兰·威尔森,与胡·威廉姆斯的个人通信,2007。

[27] 约翰·伍顿,与胡·威廉姆斯的个人通信,2010。

[28] 该总额可以进行加权,以体现出发地与目的地之间广义成本各部分不同的重要性。

[29] 在此,平衡通常被解释为一种通过需求模型寻找服务水平(出行次数和成本)一致性的方法。

[30] 英国其他重要研究,如为第三个伦敦机场选址的罗斯基尔委员会和大伦敦发展规划调查,也促进了环境评估方法的发展。

[31] en.wikipedia.org/wiki/Economic_surplus(访问于2014年3月11日)。

[32] 若小区对(i,j)和方式m的出行和广义成本矩阵元素写作T_{ijm}和c_{ijm},上标1和2表示其平衡的起始(无改善或参考状态)及结束(有改善)平衡状态的计算值,那么根据消费者剩余量变化得使用者效益UB可通过二分之一规则(RoH)近似求得。

$$UB = \frac{1}{2}\sum_m \sum_{ij}\{[T_{ijm}^{(1)} + T_{ijm}^{(2)}][c_{ijm}^{(1)} - c_{ijm}^{(2)}]\}$$

[33] 若$D_\xi(c_1 \cdots c_\xi \cdots c_N)$代表$N$个选择$(A_1 \cdots A_\xi \cdots A_N)$中与出行相关选择的需求$A_\xi$,其中广义成本由$(c_1 \cdots c_\xi \cdots c_N)$获得,那么其广义剩余变化通过以下方式获得:

$$\Delta CS = -\sum_\xi \int_Q D_\xi(c_1 \cdots c_\xi \cdots c_N)\mathrm{d}c_\xi$$

其中Q表示起始和终点成本状态间的积分路径。

分别为$c^{(1)} = [c_1^{(1)} \cdots c_\xi^{(1)} \cdots c_N^{(1)}]$和$c^{(2)} = [c_1^{(2)} \cdots c_\xi^{(2)} \cdots c_N^{(2)}]$(纽伯格,1971)。

威廉姆斯(1976)后来证明了使用者效益的二分之一规则量:

$$\Delta CS \cong \frac{1}{2}\sum_\xi \{[D_\xi^{(1)} + D_\xi^{(2)}][c_\xi^{(1)} - c_\xi^{(2)}]\}$$

可通过方法Ⅲ框架获得,即通过线性的积分路径,并对起始和最终成本状态间的需求函数进行一阶近似展开。加拉-迪亚兹(2007)对该方法的假设和发展有更详细的探讨。

[34] 概括来讲,这一对称条件要求:替代A_ψ的成本边际变化c_ψ下某种选择A_ξ的需求变化D_ξ等于A_ξ的成本边际变化c_ξ下A_ψ的需求变化D_ψ。用更为正式的形式表示,当下列对称性或可积性条件满足时,可以明确定义广义剩余的变化。

针对所有A_ξ和A_ψ,有$\frac{\partial D_\xi}{\partial c_\psi} = \frac{\partial D_\psi}{\partial c_\xi}$。

[35] 对于采用如下形式的需求函数:

$$T_{ij} = O_i \frac{A_j \exp(-\lambda_D c_{ij})}{\sum_j A_j \exp(-\lambda_D c_{ij})}$$

其中:A_j是小区吸引量j,同时给出了使用者成本从$c^{(1)}$变为$c^{(2)}$时的用户效益量(纽伯格,1971)。

$$\Delta CS = \sum_i O_i [B_i^{(2)} - B_i^{(1)}]$$

其中

$$B_i = \frac{1}{\lambda_D}\ln[\sum_j A_j \exp(-\lambda_D c_{ij})]$$

或

$$\Delta CS = \frac{1}{\lambda_D} \sum_i O_i \ln \left\{ \frac{\sum_j A_j \exp[-\lambda_D c_{ij}^{(2)}]}{\sum_j A_j \exp[-\lambda_D c_{ij}^{(1)}]} \right\}$$

其中 $\ln(x)$ 仍表示 x 的自然对数。

[36] 大卫·夸比,与胡·威廉姆斯的个人通信,2011。

[37] 约翰·伍顿,与胡·威廉姆斯的个人通信,2008。

[38] 本章我们着重阐述了大规模交通研究中的工作,特别是有很强研究目的的工作。需要注意的是 MAU 也影响了小城镇的研究工作,例如软件程序 COMPACT 的开发,被英国交通部在一些研究中鼓励使用。而且,英国交通部官员,例如,罗伊·斯宾塞、A. E. 菲尔德豪斯、戈登·威尔斯对方法和思路进行了跨领域研究,并从成功和失败中学习(马丁·理查德斯与胡·威廉姆斯的个人通信,2013)。

4 基于离散选择模型的出行预测（一）

4.1 概述

20世纪70年代早期是交通需求分析与预测研究黄金时代的开端。在接下来的20年里所取得的进步在今天仍具有重要的理论和现实意义。在模型发展与应用的所有步骤（如问卷设计、抽样方法、模型结构、参数估计、模型验证、集计和预测、政策分析和评价等）中都涌现了各种创新。在这一时期所建立的研究框架使我们可以对传统方法进行详细审视，这给基于四步法的出行预测模型的有效性带来了意想不到的影响。为了综述的便利，我们将这些内容分为两章。在本章，我们聚焦1970—1976年这短暂但影响深远的几年，并以这种新预测方法在美国的若干实际应用结尾。这一时期的主要特点是出现了建立在个体层面的行为方法，其基础是对出行方案选择的经济学分析及多项Logit(MNL)模型的构建与应用。尽管这些探讨主要与出行方式选择有关，但人们逐渐开始考虑更复杂的场景。这一时期之后的发展将在第5章进行综述。

在第2章和第3章的结论中，我们提到对传统出行预测模型日益增多的批评。这些批评主要针对它们在理论与统计方面的缺陷、对刻画行为和政策影响的限制，以及无法提供与政策和项目评价相关的精细信息。到20世纪70年代早期，在工业化世界的许多地区，尤其是美国和英国，关注点从以高速公路为主的长期规划转向交通系统管理（TSM）和公交投资，这对分析的精细程度要求更高，并对个体行为更加敏感。1972年，威廉斯堡会议（布兰德和曼海姆，1973）推动了一种新的基于个体动机和选择的出行预测方法，它可以提高数据的使用效率，提高对政策的敏感性以及提供更多与社会经济评价相关的信息（斯托弗和里斯科，1970；CRA，1972；麦克法登，1973；本-阿基瓦，1973）。该会议提出的挑战开启了一个新时代，变革的气息扑面而来。

如同所有的变革一样，它的根源可追溯到更早以前。我们的故事将回到20世纪60年代的美国，在60年代初期被引入的"非集计行为方法(disaggregate behavioural approach)"在出行需求分析方面的应用开始逐渐成型，尤其是在出行方式选择与时间价值的研究方面（里克曼和斯托弗，1971）。"非集计行为方法"这个术语从两个方面强调了对过去的突破：

①"非集计"不是对乘客总体(例如在交通小区之间出行的人们)进行模型的构建和估计,而是试图捕捉更多出行及其决定因素的统计学差异,并避免在模型构建与参数估计之前将数据集计带来的偏差和信息损失;②这一方法从微观层面构建刻画"行为"的概率模型,其参数通过个体或家庭相关的数据进行估计。虽然早期的研究并没有指出如何通过汇总个体的行为来获得所需的集计出行需求,但这一点在后来越来越明晰。

在交通小区层面构建出行需求模型并利用集计后的小区数据来对它们进行估计这种做法受到的批评从60年代开始增多(奥利和舒帝纳,1962;伍顿和皮克,1967;夸比,1967;福利特和罗伯森,1968;斯托弗和里斯科,1970;德·纽弗维尔和斯塔佛,1971;里克曼和斯托弗,1971;CRA,1972)。例如,围绕出行方式划分模型在交通小区层面的构建和估计,里克曼和斯托弗曾指出:

这些第二代模型都是集计模型,它们的缺点在于既不能在空间上移植,也不能细分到个体;它们对小区划分极其敏感;并且由于在集计过程中,所有的出行都假定开始或结束于一个点,即交通小区的形心,从而无法对出行距离(尤其是短距离出行的测量)进行准确测量(里克曼和斯托弗,1971,92-93)。

从现在看来,或许用"非集计"这个名词来描述基于个体或家庭数据的方法并不贴切。使用"微观方法"这个词或许更加合适,因为传统模型的不同模块也往往以分层或非集计的形式出现。在出行生成阶段,家庭被划分为若干类型;出行矩阵也通常根据小汽车保有量划分类别,偶尔也根据个体类型(例如蓝领/白领)来划分。然而,在美国实施四步法(即出行生成、出行分布、方式划分和出行分配)时,传统的出行需求变量和数据通常会在模型构建之前以非常粗糙的社会经济属性划分,并按交通小区集计。

对传统城市交通预测的常见批评是:它本质上是一种曲线拟合,或是基于对自然科学的模拟,且缺乏个体或家庭选择的基础性理论支持。而"行为"这个词就是对上述批评的回应。越来越多的人意识到,只有当需求预测是基于基本决策单元的行为假设时,才可能实现模型在空间条件下的可移植性和时间维度上的预测稳定性。尽管在20世纪60年代,基于"效用"这一经济学概念的研究开始出现,但个体数据的统计学分析与基于行为学假设的概率出行方式选择模型的联系仍然相当脆弱,并且对这种联系存在不同的解读(杜门齐克和麦克法登,1975)。

到60年代中期,人们开始研究出行行为和建立在集计的(也即基于交通小区的)经济学框架下的模型,这些模型与出行的生成、分布、出行方式划分相关。大量出现的出行需求模型一定程度上预见了兰开斯特(1966)对消费者需求理论的重新建模,在他的新模型中需求被表达为商品或服务的特性并推导出其效用。这些基于备选方案的属性而构建的模型主要在城际出行方面得到了成功的应用(卡夫,1963;匡特和鲍摩尔,1966;麦克林等,1967)。尽管这些模型在思路和详细构建上都与传统4步法形成鲜明对照,它们在城市内部的应用还是局限于孤立的案例(普鲁德,1968;杜门齐克等,1968)。这些研究的经济学基础大多基于"消费者代表"的行为(因为它们研究的是这些代表的效用函数)。它们并没有很好地利用个体选择的数据,该问题直到60年代提出非集计概率模型才得以解决(麦克法登,2000b,2001)。

是否能够通过对理论上可信的微观行为模型的信息集计,设计一种为交通规划者获取相关信息的新方法呢?在接下来的十年中,很多人致力于设计这样一种方法。他们当中杰出的代表是美国经济学家丹尼尔·麦克法登,在本章和下一章中我们对他的研究会有很多介绍。

将基于成本或效用随机分布的离散选择方法应用于实践的起源还有待商榷。安德鲁·达利(2013)曾提请人们注意在美国 70 年代的开创性工作之前,英国在需求分析和时间价值方面的探索,尤其是麦克·比斯利的工作,他延续了麦克法登早期的研究。几乎可以确定的是,克劳德·亚伯拉罕在 50 年代后期提出,对出行选择场景的初步分析要考虑随机的成本分布(高缀和匡特,2011),并于 1961 年发表了具有深远意义的论文,详见 4.2 节(也可见尾注 1 和 13)。

如果想设计一种新的微观行为方法,我们需要解决若干重要挑战。纵观整个 60 年代,个体出行行为分析都局限在对二元选择的处理上,并且几乎都是围绕工作出行的二选一问题展开。[1] 而由非集计行为方法带来的启示,表明可以通过一种新的建模方法从第一性原理来解决出行预测问题。我们需要一种概率选择模型,它既能适用任意数量的备选方案(如交通方式、目的地、出行时段、线路等),也能考虑这些选择"维度"的组合。此外,我们还需要解决集计问题,以生成城市路网的出行和流量,以及政策分析和交通规划评估阶段所需的信息。只有解决了这些挑战,才能建立替代传统四步法的新解决方案。

这一章介绍基于经济学框架的非集计离散选择分析模型的早期理论发展和应用。特别要提到的是 70 年代前半段的研究与应用,它们关注的焦点是在微观层次构建 MNL 模型并通过个体数据进行参数估计。但取得的成果远不仅于此,这一阶段的基础性工作对出行预测的深远影响延续至今。从那时开始,与模型结构相关的重要理论问题开始出现。因此,我们将记录从那一艰难环境走过的道路,那是一条理论创新与实践进步不断涌现和交织的道路。在讨论与 MNL 模型相关的更复杂的模型之前,我们将不会按严格的时间顺序来阐述 MNL 这一简单模型的创新。

离散选择方法的含义是个体从若干备选方案中根据效用最大化来选择一个,这是 70 年代以来行为出行模型发展的理论基础。在 4.2 节,我们会对基于随机效用最大化的离散出行选择模型早期的概念发展及构建进行介绍,MNL 模型是其中一个重要的特殊类别。

正如斯皮尔(1977)指出,在 1970 年左右,美国交通规划的实践者们开始注意到新的有关非集计行为的方法及它们在城市出行预测方面的应用前景。在 4.3 节,我们将会介绍这种新方法的崛起以及非集计出行预测模型早期的应用,尤其是 MNL 模型在多于两种出行方式情形下的应用。

在 4.4 节,我们研究了综合不同选择维度(如频率、目的地、出行时间、出行方式等)的更复杂的模型的发展。为了把来自离散选择框架下的模型结构理论及其在城市背景下的实证发展阐述得更清晰,我们将介绍查尔斯·里弗顾问公司(CRA,1972)的开拓性工作,以及随后本-阿基瓦(1973,1974)开展的在未来具有特殊重要性和影响力的工作。尽管之后的研究指出上述两项研究均存在一定问题,但它们在以下三个方面具有极大的价值:①通过提供一种新的刻画复杂出行选择的需求模型结构的行为假设,促进了该领域的重要发展;②极大地拓展了非集计模型的应用;③这些研究的结果指引了该领域的发展,并最终建立起可替代传统方法,且理论协调一致、实际可行的非集计行为方法。由于这些贡献极其重要,我们会详细介绍与之相关的研究。

到 70 年代初,已有几位研究者各自独立地发现基于效用分布或广义成本的离散选择方法的价值。在 4.5 节,我们介绍上述方法在欧洲的一些早期且富有创新性的应用及理论研究(特别是它们在模型结构方面的工作),这些研究产生了深远的影响。

在个体选择模型于70年代初期在大量实际应用场景中取得极大进展的同时,出现了一系列的新问题。在4.6节,我们对非集计和传统集计模型在70年代中期遇到的挑战以及当时针对这些挑战所提出的解决方案进行总结。最后,在本章的结尾,我们评价微观层面的离散选择模型的贡献。

4.2 离散出行选择模型:早期的理论观点

4.2.1 行为方法的崛起

在第3章,我们介绍了60年代关于出行方式选择的非集计研究,其目的是识别并量化人们从多种出行方式中进行选择时受各因素的影响(斯托弗和里斯科,1970;里克曼和斯托弗,1971)。这种方法将个体从两种出行方式$[A_j(j=1,2)]$中选择其中一种的概率$P_j(x)$,与个体和出行方式的若干可测量属性x之间创建一种函数关系。模型的假设解释了属性如何影响选择概率,以及它们如何以效用或负效用的方式表达。

众多的统计方法被应用于这些多元统计模型的构造和估计当中:华纳(1962),夸比(1967)和麦克基利弗雷(1970)的判别分析;里斯科(1967)和拉维(1969)的Probit分析。华纳(1962)和斯托弗(1969)估计了Logit模型的参数。

里克曼和斯托弗对概率模型进行了如下总结:

可以把出行方式选择的随机模型看作是将决策过程中的理论元素转换为可操作项的过程。……概率的分配基于对用户和系统属性的考量,并与人们辨别与选择的现代理论一致(博克和琼斯,1968;卢斯,1959)。这些理论认为每个人的决策在本质上都具有概率性(里克曼和斯托弗,1971,94)。

这些早期模型的不明确之处在于:个体作出选择的方式在多大程度上是一致的,以及选择概率能从多大程度上反映出个体和/或建模者面对选择时的不确定性。毕竟,建模者仅是一个对选择过程没有任何特权的观察者,通过调研对个体属性和备选方案的属性所能获取的信息也非常有限。此外,将这种二元选择模型拓展到多元选择模型上的方式也并非显而易见。

到60年代后期,人们开始尝试建立个体行为与选择给定备选方案的概率之间特定的理论联系(特别是在包含两个以上备选方案的模型的构造中),研究者们经常会借鉴数学心理学的知识,特别是邓肯·卢斯(1925—2012)的研究。[2]从心理学的角度来讲,当个体在相同的条件下,重复地面临一组备选方案时,其选择任何一个备选方案的概率是固定的。

公理化方法在卢斯(1959)的概率选择模型中具有历史性意义。在任何大于两个备选方案的选择模型构建中,"不相关备选方案的独立性(independence of irrelevant alternatives, IIA)"公理[3]具有特殊的重要意义。该公理——在这种背景下更像一个假说或假设——要求个体在N个备选方案的集合$A=\{A_1\cdots A_N\}$中选择备选方案A_j和A_i的概率的比值P_j/P_i与选择集中其他备选方案的存在与否无关。在IIA条件下,卢斯发现选择一个方案的概率P_j与心理学概念上的"严格效用"(一个与选项和个体特性相关的函数)是成比例的(卢斯,1959;卢斯和萨皮斯,1965)。麦克法登(1968,1973)、杜门齐克和麦克法登(1975,69)和斯托弗和梅堡(1975,275-278)对严格效用模型和 IIA 公理下 MNL 模型的推导做了详细充分的阐述。

另一个建立概率选择模型的基础是假定个体是根据备选方案随机效用的分布来进行选择的。据麦克法登(2000b),这个方法历史悠久,可追溯到瑟斯通(1887—1955)1927 年的研究。[4]其中杰克布·马斯查克(1898—1977)在 1960 年的贡献是最核心的。[5]他探索了 IIA 公理的深层含义并证明基于 IIA 的选择模型与效用最大化是一致的(关于这项早期工作的探讨见肯尼斯·特瑞恩,2009)。马斯查克基于随机效用最大化建立了现在我们所谓的概率选择模型:选择备选方案 A_j 的概率 P_j 等同于个体从 A_j 中获取的效用大于所有其他备选方案的效用的概率。效用分布和不同选择概率的关系稍后会在这一节中涉及。

从出行行为的理论和实际的角度看,把选择模型当作随机效用最大化的问题,不但吸引人而且功能强大。尽管交通领域的随机效用最大化模型早期研究的主要是出行方式选择,但这个方法最早的应用案例是路线选择的随机成本模型。高缀和昆特(2011)将这一方法的起源追溯到 50 年代后期法国工程师们的研究(尤其是克劳德·亚伯拉罕的研究,4.2.3 节)。对这部分较为权威的讨论及更早期法国未发表的研究,请参阅高缀和昆特(2011,10)。

鉴于在基于随机效用理论的离散选择模型中,丹尼尔·麦克法登对模型的经济学基础构建和统一的建模方法方面做出了根本性贡献,我们下面介绍他的研究。[6]

4.2.2　麦克法登对经济学离散选择模型的早期研究

麦克法登(2000a,2000b,2001)回顾了他在明尼苏达大学从物理专业本科生到行为科学和经济学博士生阶段所取得的进展、他早期对离散选择研究的兴趣以及数学心理学家(特别是瑟斯通、马斯查克和卢斯)对他的影响。麦克法登回忆起 60 年代中期他最初开始思考离散选择问题时的情形:当时经济学家通过设计一个表现出"分数消费率"的"消费者代表"的方式,改进传统的需求分析方法,从而处理产品消费数量为连续变量的问题。他指出,这种对常规边际分析方法的改进在某些情况下并不合理,例如当决策者的备选项是定性/离散的,或者个体需从若干不同备选方案中进行的时候(麦克法登,1973,106):

我观察到当总体内部成员具有不同的喜好时,个体的偏好会导致一些人做出某种选择,而其他人做出另一种选择。不同备选方案的属性(例如成本),会决定偏好分布的一个临界点,即人们从一个备选方案转向另外一个备选方案的临界点。因此,在一个有着离散备选方案和随机偏好的世界,经济学教科书中导出无差异曲线和替代效应的推理过程,同样提供了一种可预测基于经济学变量和备选方案属性的选择概率的方式(麦克法登,2002,4)。

尽管麦克法登对离散选择分析在出行行为中应用的强烈兴趣源于一个 1970—1971 年间的项目(CRA,1972)(4.4 节),但该项目其实受益于此前另一项交通研究。麦克法登详细描述了他构建一个经济学版本的卢斯模型,来分析加州交通部高速公路路线选择数据的工作。通过借鉴瑟斯特、马斯查克和卢斯的研究,他用一系列可以测量的属性来表达不同备选线路方案的效用,包括建设成本、线路长度、停车区域的面积和占用开放空间的面积。他还回忆当时开发一个能估计条件 Logit 模型参数的软件的情形:"我开始写计算机程序来对这个模型进行最大似然估计,在早期的 FORTRAN 中这是一项困难的任务,因为当时的线性代数和优化函数都要从零写起。这个程序最终在 1967 年完成"(麦克法登,2000b,3)。

麦克法登(1968)对这项工作进行了初步的介绍,并在随后的几年给出了更详尽的阐述。在麦克法登(1973)的推动下,基于离散选择的出行行为预测的理论基础开始和数学心理学家们的研究出现差别,并与消费者经济学的原则更趋一致。它继承了理性决策者这一概念,即一个理性决策者在重复面临相同选择集时,总会做出同样的选择。他稍后对此概念进行了解释(麦克法登,1968):

在重复选择的条件下,每次决策者都会从随机的效用函数中独立抽样,然后通过最大化效用做出选择。这种做法等价于从总体中随机选择个体进行单次选择,但个体具有不同的固定效用函数,这符合经济学合理性的经典假设(麦克法登,1976a,365)。

按照这种解释,可以假设个体会选择具有最大满意度或效用的备选方案,而概率的概念反映出个体偏好的影响,或备选方案中未被观测到的属性带来的影响(杜门齐克和麦克法登,1975,52)。这种情况下,建模者知识的局限性成为描述和解释个体出行行为的关键,他们总是假设个体会做出理性的选择(麦克法登,1973,1976a;曼斯基,1977)。

为了探讨历史的发展并为后续的创新介绍做准备,我们借鉴上述的参考文献来描述基于随机效用最大化的选择模型(RUM)的建模。

4.2.3 基于随机效用最大化的概率选择模型

如前所述,RUM方法对概率选择模型发展的影响,从心理学和经济学的角度来看是一致的。"心理学家的方法与经济学家的方法本质的区别在于,经济学家假设个体会确定性地的追求效用最大化,而心理学家则认为个体会基于对效用的评估依概率做出选择。"(斯托弗和梅堡,1975,278)。

在非集计模型的经济学方法中有一个现象,在面对相同的属性值和相同的选择情景时,追求效用最大化的个体会做出不同的选择。建模者知识的不完美是解释这个现象的核心。这样集计信息的生成就被分解为两个不同的过程:

(1)基于最大化效用行为的概率选择模型的推导。该模型应可以解释同一市场细分的个体(也即拥有相同 x 的个体)由于未观测或未测量的属性而导致的行为差异。

(2)集计的过程。该过程可对出行相关的选择,按任意指定的集计要求,对不同市场细分(拥有不同 x 的个体)求和。

由于建模者知识的局限,他们认为任意个体从一个备选方案中取得的效用是一个随机数;方便起见,效用可以表达为代表性或系统性变量——它对同一个细分市场下(相同的 x)的所有人都相同——和一个经常以误差表示的随机变量的和,即

$$\text{效用 } U(x) = \text{代表性效用 } V(x) + \text{误差项 } E(x)$$

误差项通常由下述某个或多个因素导致:总体中偏好的差异、不可观测或未测量的属性的影响、代理变量的使用和一切观测误差(麦克法登,1973;曼斯基,1977;本-阿基瓦和勒曼,1985)。代表性效用和误差项都会随 x 而变化,x 指可测量的个体的社会经济属性和备选方案属性。

在效用最大化假设下,对具有相同 x 的市场细分中的个体 q,其在选择集 A 中选择备选方案 A_j 的概率表示为 P_{jq}。P_{jq} 等于效用 U_{jq} 大于所有其他备选方案效用的概率。[7]基于RUM的可操作的离散选择模型的构建需要以下假设:

(1) 从备选方案 A_j 中取得的代表性效用 $V_j(x,\phi)$ 取决于属性 x 的值。

(2) N 个备选方案误差项的联合分布为 $F(E)=F(E_1\cdots E_j\cdots E_N,\theta)$。

其中,参数 ϕ、θ 分别描述代表性效用和误差项的联合分布。

尽管对属性 x 的代表性效用的差异有很多种刻画方式,但在出行行为早期研究中最通用的方法是将所有相关属性(例如车内时间、车外时间、金钱成本等)以相同方式进行处理。进一步说,代表性效用被表示为属性的加权求和,即所谓的补偿效用函数,在原则上允许一个备选方案好的属性来补偿其坏的属性。这种表示方法的权重(有时被称作偏好参数),反映出每个属性改变一个单位后对备选方案的整体效用的影响。[8] 除了形式简单之外,这些利用线性参数的效用函数可以和 20 世纪 60 年代的非集计选择模型建立联系,并对它们的形式进行了合理化验证(麦克法登,1976b;麦克法登和特瑞恩,1978)。[9]

在给定参数 ϕ、θ 以及个体和备选方案的属性后,上述假设可以确定选择备选方案 j 的概率 $P_j(x)$。[10]

历史上在选择如何刻画效用 $F(E_1\cdots E_j\cdots E_N)$ 的联合分布时,人们一直试图在两个方面达到平衡,一方面选择模型的构建要基于合理的行为学假设,另一方面求解模型和估计参数要在计算上可行(麦克法登,1973)。研究者采用了很多简化手段以得到可用的模型。离散选择模型的相当一段历史都在研究逐渐推广函数 $F(E_1\cdots E_j\cdots E_N)$ 的合理性以及随之而来的模型参数估计上的计算困难。20 世纪 70 年代早期提出的假设,更多的是基于计算上的便捷而非对行为学的完善,同时也是为了与之前非集计选择模型保持一致。

4.2.4 随机参数和常参数 RUM 模型

在区分不同的模型时,一个重要的维度是对随机性来源的假设及其如何被效用函数刻画(麦克法登,1973)。在所谓的随机参数模型中,效用的随机性被明确归因于总体偏好的差异,表现为代表性效用函数或广义成本的参数的随机性。这种假设允许备选方案的时间价值在人群中出现差异。一些出行时间价值的早期研究提到了这类模型,他们用不同形式的选择模型来解释出行方式的选择。

就后续的影响力而言,20 世纪 60 年代最重要的随机参数模型是由理查德·匡特提出的。匡特(1968)对出行方式选择模型的构建和估计进行了研究,在这个模型中个体要选择汽车或飞机在加州的几个城市间出行,该模型要求对由出行时间和出行成本构成的效用函数求最大值。这个效用函数(幂函数形式)的参数服从指数分布,用来刻画人群偏好上的差异。[11]

在这一章和下一章我们会更多地涉及随机参数的模型,但现在让我们专注于常参数随机效用最大化(IRUM)模型,直到现在它在实际应用中仍占据主导地位。在 IRUM 模型中,不同备选方案的随机效用表示为:

$$效用\ U_j = 代表性效用\ V_j + 随机残差\ \varepsilon_j$$

其中,效用残差或误差项 ε_j 包含所有没被观测到的因素及测量误差。进一步而言,我们认为误差项与代表性或系统效用 V_j 的值是独立的。精心选择的残差分布造就了经典的出行方式选择模型(CRA,1972;麦克法登,1973),同时也是这个模型广受欢迎的原因。

在早期基于随机效用概念的离散选择模型中,人们很自然地对代表性效用的形式和随机残差项的分布做了最便捷的假设(CRA,1972)。如前所言,我们几乎总是采取线性参数补偿模型。在二项选择的案例以及后续的多项选择中,我们假设不同备选方案的误差项是独立同分布的。在选择模型的发展过程中,假设随机效用 $(U_1 \cdots U_j \cdots U_N)$ 满足"相同和独立分布"(IID)至关重要;在很多应用中,这一假设既合乎情理,又有数学上的便捷性。

在图 4-1 中,我们展示 RUM 方法对两个备选方案 A_1、A_2 的选择。这里,两个备选方案的效用分别服从均值为 V_1 和 V_2 的分布 $f(U_1,V_1)$ 和 $f(U_2,V_2)$。我们假定每个个体做选择时,先分别从这两个分布中生成随机数,然后选择提供最大效用 $\max(U_1,U_2)$ 的备选方案 A_j。对独立的随机效用分布,选择具有较低效用均值的备选方案的概率在这两个概率密度函数重合的区域是非零的。我们提请读者注意早期研究者面对的一个陷阱,它对复杂需求模型构建和交通规划评价有着重要的意义:V_1 和 V_2 的值并不是追求效用最大化并"实际"选择 A_1 和 A_2 的个体效用的平均值。因为某些个体,虽然其效用影响了某一备选方案,例如 A_j 的效用分布 $[f(U_j,V_j)]$,却注定不会选择 A_j(4.5 节和 5.2.1.2 节)。

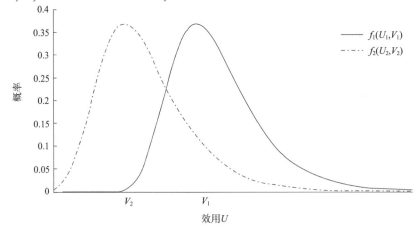

图 4-1　在两个备选方案间进行选择的效用分布

尽管选择正态分布描述随机效用变量在概念上有明显优势,但在两个或者多备选方案的应用中,备选方案和属性的增加会不断增加计算的工作量。出于这个原因,在出行选择中,二元或多元的 Probit 模型应用较少(亚伯拉罕,1961;[12] 里斯科,1967;拉维,1969;戈罗布和贝克曼,1971;斯皮尔,1977)。对二元选择和多元选择的离散选择模型,和正态分布形状类似但稍微有偏的韦伯分布备受关注。[13]

韦伯分布有大量吸引人的特性,最值得一提的是,具有不同均值 $(V_1 \cdots V_N)$ 和相同标准差 σ 的独立同分布的韦伯变量 $(U_1 \cdots U_N)$ 的最大值 (U_{MAX}) 的分布,仍是韦伯分布,且标准差仍为 σ,U_{MAX} 的均值与 MNL 选择概率分母的对数仅差一个常数项(杜门齐克和麦克法登,1975;考夫雷,1975)。这一对数通常被叫作"对数和"。[14] 杜门齐克和麦克法登对最大化过程中的这种不变性或稳定性评价道:"在我们的问题中,效用的最大化过程是关键的一步,韦伯分布的这种稳定性使其成为天然适合解决这一问题的分布,就好比正态分布天然适合解决随机变量的加和问题一样。"(杜门齐克和麦克法登,1975,61)

在上述 RUM 框架下,多备选方案效用分布采用了 IID 的韦伯分布,这直接推出了 MNL 模型的选择概率。[15] 由此产生的选择模型在两个方面极具吸引力:"这个模型在计算上容易处理,并且在许多应用中也可合理地解释人们的随机行为。这几乎是目前已知的唯一可以

同时满足上述标准的多元选择模型。"(杜门齐克和麦克法登,1975,61)

尽管略微有偏,IID 的韦伯分布导出了具有闭合形式的 MNL 模型,其数值预测结果与基于 IID 的正态分布模型(Probit 模型)结果是相似的。由于 Probit 模型需要数值方法来求解,也因为之前提到的其他原因,MNL 模型注定拥有更光明的前景。

在其漫长而卓有成就的学术生涯末期,瓦罗蒂·韦伯(1887—1979)[16]了解到以他的名字命名的概率分布正被用于 MNL 模型的推导,并且在出行预测方面得到了广泛的应用。这位可敬的教授含笑指出,尽管韦伯分布与这些应用有关,但更宜将其归功于甘贝尔 I 型极值分布。[17]直到今天,许多人(包括当时的第二作者)在讨论 MNL 模型的推导时都称其为韦伯函数。从这里开始,我们更贴切地称其为甘贝尔 I 型分布或甘贝尔分布。[18]

经过几年的研究,丹尼尔·麦克法登(1973)建立了基于 RUM 的离散选择模型的理论基础,这一基础包括 MNL 模型的性质、统计参数估计和早期的应用,也包括他和托马斯·杜门齐克的合作(CRA,1972)。该论文概述了

基于个体决策的分布来构建总体选择行为的计量经济学模型的框架。论文还详细描述了条件 Logit 模型的构建,该模型在实证上有很多有用的属性。这些方法和经济学分析的相关性可以通过一系列应用了条件 Logit 分析的消费者选择问题得到体现:入学选择、职业选择、就业选择、地理位置和移居选择、生育选择、住房选择、汽车数量和品牌选择、购物出行方式和目的地选择(麦克法登,1973,106)。

麦克法登也指明了直至今天理论研究者仍需致力解决的核心问题:①确定特定的效用分布和从计量经济学角度可解释的选择概率(选择概率来源于效用最大化过程)之间的关系;②确定与随机效用最大化(RUM)一致的选择模型(麦克法登,1973,108)。

与其他参考文献不同的是,这篇文章结合合理的理论框架和严谨的统计估计方法,对如何将新的行为分析方法用于出行选择分析给出了简要的说明。正是这种巧妙的结合逐渐形成了基于 RUM 的离散选择方法,后来成为从微观层面进行出行预测的主导性的理论和实践方法。尽管在这一段时间,学者们探讨了众多选择模型(5.3 节和 5.4 节),包括一般的多元正态形式(麦克法登,1973)和阿莫斯·特瓦斯基(1937—1996)(特瓦斯基,1972)的依次排除模型,非集计行为方法最实用的工具仍然是 MNL 模型。

麦克法登(1973)接下来建立了基于非集计行为视角的出行需求分析基础,概述了理论和实践中需要解决的问题,并对那一时期更广泛的经济学应用和重要贡献进行了探讨。阿梅米亚(1975)进一步探讨了这一时期离散选择中的多元统计模型的构建和参数估计。到 20 世纪 70 年代中期,针对众多离散选择问题的经济学分析的理论基础和应用都逐渐成熟起来。

4.3 出行需求预测的新技术在美国的应用

我们现在回顾 70 年代早期有多个备选方案的 MNL 模型在美国的早期应用。这一节大多数的评论借鉴了布鲁斯·斯皮尔(1977)为美国交通部准备的报告,该报告描述了非集计行为方法的早期应用。这些工作由致力于研究的咨询人员完成,有时也和州级的或大型城市规划机构合作。

斯皮尔围绕个体选择模型的三个应用领域展开了讨论：①作为传统交通规划流程中的一个步骤；②对交通系统管理政策的评价，例如公交票价、燃油价格和停车收费的政策，以及合乘优惠政策等；③对新的交通系统和重要的服务设施改善进行需求预测。所有的应用都包括出行方式选择的问题，无论它是单独出现还是与其他个体或家庭选择结合出现。下面，我们首先阐述这一新方法的背景和动机，然后介绍与选择模型构建和估计相关的方法、集计问题、模型验证以及和模型预测相关的一些证据。

4.3.1 采用新方法的背景与动机

在20世纪70年代早期，人们开始在概念和理论上对出行预测中占据主导地位的四步法的缺陷产生担忧。然而，总体而言，这仅仅局限于学术争论。实践方面的关注主要集中在它的效率，在预测过程所需的资源，以及生成信息的准确性和实效性。对四步法的批判集中在采集数据需要的资源、求解模型的工作量和对交通系统管理（TSM）政策变量的不敏感性等不足之处。在交通规划实践中，广为接受的共识是：

虽然四步法解决长期规划问题得心应手，但是对短期评估和TSM类型的政策评估却效果不佳。其主要原因如下：首先，在四步法中，模型所需数据的采集既昂贵又费时；其次，模型的计算成本使得实际上能够评估的备选方案不超过1~2个；最后，大部分模型对TSM政策的变化不敏感。由于上述问题，一些规划者转而用个体选择模型来评估TSM政策（斯皮尔，1977，67）。

斯皮尔对此评论道："很显然，个体选择模型最大的价值在于它们较低的数据要求，与个体选择行为理论的一致性，以及易于将政策变量纳入线性的效用表达式中"（斯皮尔，1977，17）。

这些模型的地理可移植性也为规划机构提供了便利，几乎不需要额外的数据就可以将其他地区已有的模型用于本地。

4.3.2 离散选择模型的构建和估计

4.3.2.1 MNL模型的应用

另一个促使人们应用非集计行为方法的原因是四步法在出行方式划分和交通流分配两个步骤之间强行加入了小汽车载客率这一因素。斯皮尔指出这种做法"主要是为了解决早期模型无法同时处理两种以上出行方式的问题，而非试图刻画人们的行为"（斯皮尔，1977，23）。

将小汽车载客率表达为一个选择过程的结果，并且明确地将出行方式选择和小汽车载客率结合为单一的选择，不仅使得预测方法对正在酝酿的不鼓励单独驾车的政策更为敏感，也加强了行为表达的现实性。

传统的二元选择模型将出行方式归为两大类，即私人小汽车和公交车，而MNL模型将此拓展到多元出行选择。模型采用线性效用函数，参数通过最大似然法来估计，求解软件也在后来借助城市交通规划系统变得普及（美国交通部，1976）。

毕马威米切尔咨询公司（1972）为圣迭戈县规划署完成的研究是个体选择模型在交通规划机构中的首批应用之一。他们决定使用这个方法的原因有三：①圣迭戈公交出行的低使用率可能导致传统的出行因素在统计上不显著；②希望构建一个将出行方式划分和小汽车载客率结合在一起的模型;③从早期把 MNL 模型用于机场可达性研究的案例(拉萨姆等,1971)中获取的经验。在圣迭戈应用中,模型用于估计工作出行中对驾驶小汽车、乘坐小型汽车、公交出行等出行方式的选择,如图 4-2a)中所示的 MNL 模型选择集。

在 20 世纪 70 年代的前半段,个体选择模型被应用于各种场景,包括一系列 TSM 倡议、初期设计和初步可行性研究的应用、可达性和新出行方式的详细影响和评估性研究。其中可达性和新出行方式的详细影响和评估性研究的内容如下:通勤铁路站点停车设施的到达和离开方式、新的通勤铁路站点、社区接驳公交服务、预订公交服务和固定线路公交服务的不同组合、轻轨和快速公交系统方案可行性等。这些研究中,与 MNL 模型结合的出行方式选择集的例子如图 4-2 所示。这些研究采用各种市场细分方法对出行进行了进一步的细分,如标准的居住地工作出行(home-basedwork,HBW)、非居住地出行(non-home-based,NHB)及其他居住地出行(otherhome-based,OHB),有时候还会对行程做进一步细分。

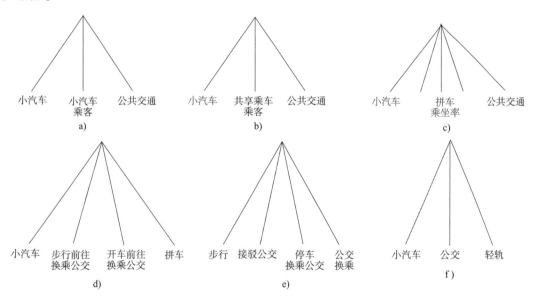

图 4-2 早期美国研究中和多项 Logit(MNL)模型一起运用的模式选择集的例子
来源:斯皮尔(1977)和作者们的审核。

4.3.2.2 变量、参数和模型估计

新方法的吸引力在于可以基于几百个观测数据来构建统计上可靠的模型,这尤其适用于 TSM 政策的评价。社会经济数据和出行方式选择数据可以从入户调查中的个体出行记录中获取,同时服务水平变量可以通过对备选方案(包括选中及没被选中的备选方案)的属性值的感知、记录或测量获取(斯皮尔,1977;斯托弗和梅堡,1975)。在获取这些属性值时,常用的方法是用网络模型中的最短路径算法获得交通小区间的出行时间和成本,来代替与个体出行对应的点到点出行时间(麦克法登,2000b),这种方法尤其适用于获取那些没被选中的备选方案的属性值。

斯皮尔也列举了利用态度调查数据"从选择模型中获取更多信息"的例子,尤其是纽约州交通部开展的研究。他补充道:

我们可以利用态度数据来生成诸如舒适性、便捷性或可靠性等从客观数据中很难或无法获得的属性，还可以基于对交通服务的态度或感知来定义细分市场。交通规划者们才刚开始意识到态度调查的各种用途。

关于包含态度变量的出行方式选择的早期研究可以参阅哈根和谭纳（1971）、哈根（1974）、斯托弗等（1974）、亨舍尔等（1975）和斯皮尔（1976）。关于态度测量和心理测量学技术在这些研究中的应用，更一般性的讨论在斯托弗和梅堡（1975，312）的著作中进行了总结。

在 MNL 模型的构建中广泛采用的是线性效用函数，时间、成本和其他因素通过参数线性加权求和。参数估计通常由最大似然法得出，其合理性取决于几项额外的统计和行为方面的检验，包括模型整体的似然比、成功表、统计显著性，以及参数符号是否符合预期、参数值与其他类似研究的估计值在大体上是否一致。由于这些参数反映了选择中涉及属性的相对重要程度以及由政策引起的属性值变化的敏感程度，大量的研究都报告了这些系数的值及相关的需求弹性。它们特别适合对系统管理政策进行快速分析和对交通系统改进提供指导。

4.3.3　集计的相关讨论

科普曼和本-阿基瓦（1977，165）指出，早期非集计模型主要关注"提高对出行选择行为的理解"。之后的研究开始转向在实际的规划问题中利用非集计模型进行分析。因此我们需要直接面对集计的问题。按照交通小区的社会经济属性、服务水平变量以及空间族群的分布来统计单个细分市场对出行方式的贡献，这在理论上说起来简单，但在实践中却面临巨大挑战。到斯皮尔完成他的调查时，塔维提（1973）、麦克法登和雷德（1975）、杜门齐克和麦克法登（1975）、科普曼（1975，1976）等人已经对不同场景下的各种集计方法及它们的准确性和偏差等进行了研究。

在早期城市研究中使用最广泛的方法被称为"原始法"。该方法使用估计好的个体选择概率中的自变量均值来计算群体的选择概率。对非线性模型，这个过程会导致群体行为的估计偏差。从 20 世纪 70 年代早期开始，学者们构建了各种复杂的集计方法试图修正这类偏差。在交通小区层面变量的应用上，塔维提（1973）提出用交通小区的自变量均值来计算交通小区间出行选择频率，并用自变量估计区内出行选择频率方差的方法。

弗兰克·科普曼（1975，1976）对集计过程进行了最详尽的数值分析。科普曼毕业于麻省理工学院（学士，土木工程）和哈佛（工商管理硕士），后来又回到麻省理工攻读博士学位（土木工程），在此期间他对离散选择模型的集计过程进行了全面的分析，这些分析包括对集计方法的分类。他提出了五种实用的集计方法来加和具有不同社会经济变量、服务水平变量和备选方案集合的个体对最终需求预测的影响。这些方法或者可直接利用已有预测研究中的成果，或只需少量额外数据就能完成预测。如何选择一个可行且合适的方法主要取决于如下因素：输入数据的可得性、准确度要求、输出结果以及预测的细致程度。科普曼（1976）和科普曼和本-阿基瓦（1977）汇总了各种数值研究中，不恰当的集计过程可能导致的偏差。

随着越来越多的应用被付诸实践，科普曼所称的"市场细分"和"样本枚举"这两类方法在实践中应用最广。市场细分是将总体根据社会经济变量和服务水平变量划分为较为同质的集合;经过划分后,我们用自变量的均值来代替该集合的变量值。在目前广泛应用的样本枚举法中,非集计模型被应用在样本的每个个体上;然后在该样本上的预测就被当作总体的预测。斯皮尔(1977,105)总结说:"样本枚举法最适合用在那些近期做过出行调查的地区支持短期区域政策评估的研究。"

4.3.4 模型的验证和证据

如第3章所述,目前还没有成熟的评价集计模型预测正确性的方法可以满足以下要求:对于观测到的出行模式、主要流量和跨边界流量有较好的预测,且模型参数的符号和大小要合理。在非集计的断面分析方法中,参数显著性和拟和优度也是评价模型的必要条件,后者在集计过程进行之前和之后都可以进行。

不过,人们逐渐意识到拟合优度并不足以对以政策测试为目标的模型进行检验,尤其是目标年与基础年的条件有显著不同时(例如公交系统的改变)。从这一时期起,对基于行为学假设的概率选择模型的出行预测正确性的理解,开始同模型形式的空间可移植性和模型参数的估计值紧密联系起来。这仍是一个存在争议的观点,因为并没有理论可以证明非集计过程可提高空间或时间上的可移植性,非集计方法仅排除了由于使用集计数据带来的不可移植性中的部分因素(科普曼,1975;科普曼和威尔莫,1982)。[19]

虽然如此,还是有人主张,如果模型建立在合理的行为学原理上,那么在某地区估计出的模型也应适用于其他地区,或者只需要在其他地区收集少量数据来对参数进行微调即可。阿希顿和本-阿基瓦(1976)对非集计出行方式选择模型的移植和参数更新的各种方法进行了研究。这些方法与传统的缺少行为学基础的小区层面的集计模型完全不同。在斯皮尔的综述文章中谈到了一种对模型参数不作调整的先验方法,该方法直接将模型整体从一个区域移植到其他区域。

对非集计行为模型合理性最准确的检验就是通过精心设计的前后对比研究,来比较预测和观测的结果。在20世纪70年代早期,这类研究中最杰出的和记录最完整的案例由丹尼尔·麦克法登和加州大学伯克利分校的同事完成。这项研究试图改进城市出行预测模型,并探讨非集计模型在新出行方式和短期政策分析的需求预测中的应用。旧金山湾区的快速公交系统(BART)的完工"为模型的测试提供了一个自然实验"(麦克法登,2002,3)。在这项短期预测中,研究者采用了MNL模型,其选择集的形式如图4-3所示。

在数据收集方面,这项研究重点关注了服务水平和可达性变量的准确性。麦克法登后来回忆到:

最关键的检验是我们基于1972年的数据(将出行时间和成本调整为1975年)对1975年BART各出行方式的选择进行了预测,并与1975年的实际值进行了对比……预测值是通过对代表性样本加和每个备选方案的选择概率完成的,这些备选方案包括新的BART出行方式……其特定备选方案变量和交互作用的系数被设成与现有的公交变量的相应系数相等……模型预测1975年BART的分担率是6.4%,与实际分担率6.2%接近,考虑到合理范围内的标准误差,模型预测基本正确。模型低估了独自驾车方式的分担率,而且明显地高估了公交分担率,估计值为21.3%而实际值为18.4%(麦克法登,2000b,8)。

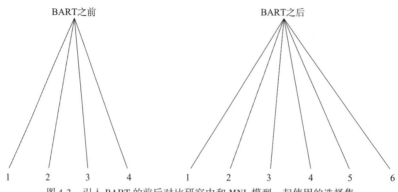

图 4-3 引入 BART 的前后对比研究中和 MNL 模型一起使用的选择集

1-单独驾驶小汽车;2-步行去车站的公共汽车;3-开小汽车去车站的公共汽车;4-共乘小汽车;5-BART,坐公共汽车前往;6-BART,步行前往

来源:麦克法登(2000b)。

这个研究组对 BART 的预测远好于 1973 年的官方预测,官方预测 BART 会承担 15% 的出行(麦克法登,2002,5)。麦克法登意识到好运站在了他们这一边:"考虑到预测的标准差,我们的结果能够如此准确实在很幸运,但是即使去掉运气成分,我们的研究也强有力地证明了基于 RUM 的非集计模型可以比传统模型更好,该模型对交通规划者所面临的运营性政策制定也更为敏感"(麦克法登,2001,355)。

特瑞恩(1978)记录了这项研究的详细过程,并对差异进行了分析。

4.4 构建交通需求模型的离散选择理论

4.4.1 有影响力的早期工作

在上文中我们探讨了美国 20 世纪 70 年代 MNL 模型的早期应用,接下来转向 4.1 节中提及的另一个重要的理论挑战:将模型扩展到解决多维度(例如非集计层面的出行频率、目的地和出行方式等)的选择问题。这个问题早年的关键性研究由麦克法登、杜门齐克(CRA,1972)和本-阿基瓦(1973,1974)完成。

为了理解他们的动机,我们可以参考早期有影响力的研究(其中值得一提的是 20 世纪 60 年代中期美国对集计经济模型的研究),以及缺乏合理行为学基础的传统出行预测模型提供的大背景。对这一方面,我们认为传统的基于交通小区的集计模型以一种分步的形式,反映了对众多选择的连续决策过程,如 3.7 节中所示。然而,模型结构与决策过程(对频率、目的地、方式和线路等备选方案的选择)的联系,本质上模糊不清且缺少公理化推导。如我们在第 2 章和第 3 章中所看到的,四步排序的理由和各阶段之间内在的联系在理解和实践中都存在差异。

这些传统模型的主要弱点在于它们无法一致地反映出贯穿整个模型的价格和服务水平变量的影响(CRA,1972;曼海姆,1973)。这种分阶段方法的后果就是使在 20 世纪 60 年代和 70 年代早期对出行模型的研究分工变得过细;学者和实践者经常花费很多年来研究各个阶段内的各种细枝末节，然后不加思考地把各阶段组合起来。

20世纪60年代晚期的集计经济学模型（主要与城际出行预测相关）试图刻画多个维度的选择，如出行频率、目的地和出行方式。最初它们被视为重力模型的推广，从而使得在宏观上，交通需求能对交通属性的变化更加敏感。这些模型的共性是，它们同时处理生成、分布和出行方式划分三个阶段（斯托弗和梅堡，1975，第15章）。在卡夫和沃尔（1967）的关于乘客出行需求模型的综述中，作者对这类经济学驱动的模型与传统模型的形式进行了对比：

需要提到的最重要的一点是，这类模型同时结合了直接弹性（direct elasticities）和交叉弹性（cross elasticities），这在结构上与所谓的"重力模型"（以及其他出行预测中经常使用的模型）至少有两个方面的显著区别。首先，需求关系和交叉关系的应用使得出行发生的总量和方式划分都会随着某一方式的出行成本或时间的变化而改变；这和通常的"出行发生，出行分布，方式划分和线路分配方法"有很大区别，传统步骤将出行总量定为常数，只改变吸引出行的交通小区、出行方式和线路上的流量。其次，随着这类需求模型的提出，至少在形式上出行决策者关于是否出行、去哪个目的地、采用什么方式和出行线路等决策是被视为同时发生且相互影响的，而不是分阶段独立的、互相之间没有关联的（卡夫和沃尔，1967，211）。

为了强调这一点，他们强调："出行决策的制定是同时进行的而不是顺序进行的。"（卡夫和沃尔，1967，212）

20世纪60年代晚期之前，基本没有研究者将非集计方法扩展到出行方式选择之外的复杂决策。皮特·斯托弗和托马斯·里斯科（1970）探讨了如何将拓展后的非集计行为模型用于城市出行预测，提出了很多有用的观点并建议在非集计框架下应用分层Logit模型。他们的文章尽管局限在理论层面，却首次提出如何将需求预测的传统方法改造使之与微观层面的行为模型更趋一致。

4.4.2 模型结构的开创性研究

由于这一章并非按时间顺序来组织，我们也许不能完整呈现查尔斯·里弗顾问公司为FHWA（CRA，1972）所做的研究的贡献，稍后杜门齐克和麦克法登（1975）对此研究进行了修改并发表。为了让读者体会该研究的目的和成果，我们引用该报告的总结：

这项研究提出了构建和估计一种新的面向政策的非集计行为城市交通需求模型的方法论，并在有限的场景中进行了成功的验证。我们所说的出行需求，不仅是出行方式选择，而是指出行者面对的整个决策过程，即出行方式、目的地、出行时刻和出行频率的综合选择。在这项研究所构建的方法中，整个需求函数都对政策敏感。因此，出行数量、相互间有竞争关系的出行方式的划分、目的地和出行时刻都会对交通系统的变化做出响应。

据麦克法登（2000b，1），起初模型的构思是基于MIT的经济学家皮特·戴门和罗伯特·豪的研究。麦克法登提到：

根据顾客需求的经济学原则，作者构建出一种出行需求行为模型，该模型强调可分离效用和多阶段预算，这样出行生成、时间、目的地和出行方式等复杂的维度就可以被合理拆分，"内在价值"将这些细分维度有机地关联在效用最大化的框架下。按照当时的风格，他们的理论是针对一个有代表性的、以最大化效用为目标的消费者来构建的，因此它需要解决如何利用从出行日志中获得的个体出行数据来估计模型的问题（麦克法登，2000b，2）。

麦克法登回忆起他在 1970 年来到 MIT 之后完成这个模型的情形(麦克法登,2000b)。为了利用个体选择的数据,他们对戴门-豪的框架进行理论研究和实践应用,这为出行行为模型,或者更广泛来说,为计量经济学打开了新的局面。

行为学表达的核心理论认为个体参与了以下几个决策:在哪里居住和工作、拥有几辆车、采用何种方式通勤以及购物的频率、地点、时间和出行方式等。为了简化选择的过程,我们假设备选方案的效用函数具有可加和、可拆分的结构,这使得需求函数可以被分解为如图 4-4a)所示的决策步骤,"既可以对单独的决策步骤进行建模,又可以重新整合到一起形成概念上令人满意的需求函数"(CRA,1972,1-4)。

我们认为,个体首先选择工作和居住地点,然后是汽车购置,最后是购物出行。尽管我们一直在强调每个个体都在追求具有最大效用的选择组合方案[频率(f)、地点(d)、出行时间(τ)和出行方式(m)的组合],但图 4-4b)所示的购物出行的树形结构却反映出潜在的选择过程实际上可以拆分为一个决策序列。因此模型代表了决策树内最优选择的过程,决策树的几个层级分别对应着个体选择维度。

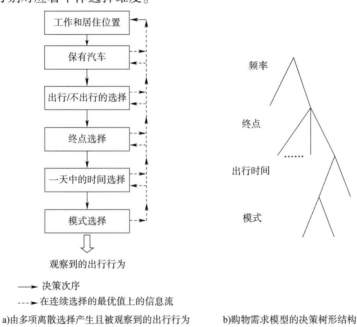

a)由多项离散选择产生且被观察到的出行行为　　b)购物需求模型的决策树形结构

图 4-4　需求函数分解方式

来源:a)基于杜门齐克和麦克法登(1975,图 3-2);b)基于杜门齐克和麦克法登(1975,第 3 章)。

关于决策生成过程中的信息流,作者提到:

在每一个决策层,选择可被视为基于固定的上层决策和最优的下层决策。例如,目的地的选择是基于已选择的居住地、车辆保有量和出行频率进行的条件决策,并且假定每个目的地备选方案的出行时间和出行方式都是最优的选择。框图中的实线箭头代表决策的顺序,而虚线箭头代表任一层次的选择过程中要考虑的后续选择最优值的信息流(杜门齐克和麦克法登,1975,43-44)。

这种建模方法将选择某个给定频率、目的地、出行时间和出行方式组合的购物出行的概率 $P(f,d,\tau,m)$ 表达为以下边际条件概率乘积的形式:$P(f)$、$P(d|f)$、$P(\tau|d,f)$ 和 $P(m|d,f,$

τ）。这些概率服从 MNL 模型。在这类模型中，服务水平变量根据效用最大化行为假设以"内在价值"的方式联系起来。

在决策树的最底层，选择取决于不同出行方式的出行时间和成本，以"偏好指数""内在价值"或我们在 4.2 节中提到的效用函数或广义成本来表示。这个信息通过进一步的内在价值函数传递到决策树更高一层的决策中，这在之前的章节中被称为复合效用或复合成本。在树的指定层次的内在价值，与更低一层以条件概率加权的备选方案的广义价值相等。[20] 有趣的是，在目的地选择的背景下，杜门齐克和麦克法登（1975，175）发现内在价值影响了可达性，这在土地利用规划、购物中心选址研究和城市发展分析中会很有用处。

为了之后方便讨论，我们需要提到作者的一个结论：

将上面列出的决策结构与传统的出行方式划分、出行生成及出行分布模型进行比较是有指导意义的。有人可能会将上图中所示的模型中的出行-不出行的选择与出行生成对应，目的地的选择与出行分布对应。就此而言，传统的模型是和我们上面描述的效用最大化结构相兼容的。然而，在传统模型中，后续决策信息中的不确定经常和个体效用最大化理论不一致，或者说对应着非常不合理的效用结构（杜门齐克和麦克法登，1975，44）。

在这个框架的实际构建中，多重选择被分解为针对通勤出行方式的选择模型和针对购物出行的需求模型。后者与 MNL 模型相关的链式层次的实际估计是从树的底层（出行方式）到顶层（出行频率）进行的。在信息从一层传递到上一层的过程中，政策变量的影响得到明确一致的刻画。这一研究采用了匹兹堡家访调查的个体出行决策数据，并在模型的构建和参数估计中探索了备选交通和社会经济属性变量的影响。

通过分析 115 个工作出行样本和 140 个购物出行样本，研究者发现模型结果"非常鼓舞人心"（CRA，1972，1-5）。尽管这项研究更强调方法论而非实证，作者还是发现了以下有趣的结果，与各种购物选择对政策变量变化的敏感性有关："出行时段、目的地和出行频率的决策比出行方式的决策对于旅行时间和出行成本的变化更加敏感"（杜门齐克和麦克法登，1975，180）。

除了在出行方式选择方面的创新应用外，CRA（1972）从理论和应用的角度描述了对概率选择模型的"顺序"分解如何与效用最大化决策过程保持一致，后者认为对备选方案组合的决策是"联合的"。此处，为了保证决策者制定最优决策这一概念的正确性，内在价值在不同选择维度间的信息传递中起到关键性作用。这项分析中存在一个明显的缺陷（麦克法登，2000b，5），与决策体系（5.2 节）中不同选择维度间的信息传递相关，后面的研究也会指出，选择变量也存在其他合理的不同排序。然而，在我们看来，在这么多有影响力的想法大量呈现的情况下，这个开拓性的研究是基于离散选择经济学分析非集计出行行为最重要的代表性文献。在第 5 章我们会全面地对这项研究进行介绍。

4.4.3 其他模型结构

摩沙·本-阿基瓦负责过一些最重要和新颖的非集计出行预测模型的应用，我们在这一章和接下来的章节中会参考其中的很多工作。本-阿基瓦本科毕业于以色列理工学院，在 20 世纪 60 年代晚期来到麻省理工开始研究生学习。他在博士论文中的研究代表了对 CRA 研究的进一步探索，或者说 CRA 分析的替代方法。尽管两个研究都是基于随机效用理论的离散选择框架,它们对涉及选择维度组合的模型结构的行为理论给出了不同的描述。

根据本-阿基瓦的说法,他的研究受到两方面的启发:

第一个是人们开始认识到将出行决策表达为一个顺序过程是不符合现实的。有人(卡夫和沃尔,1967)认为应当将出行决策同时建模,而不是人为地将其分解为顺序的阶段。在传统的集计需求分析方法中需求被视为一个连续变量,研究者基于此开始尝试开发同步模型(杜门齐克等,1968;卡夫,1963;普鲁德,1968;匡特和鲍摩尔,1966)。第二个是引入非集计概率需求模型,它依赖于更加现实地从定性的备选方案中做选择的理论。然而,尽管开发出的所有非集计模型既可以用于UTMS(里克曼和斯托弗,1971)的一个单独阶段,也可以用于所有阶段,还是需要对递归结构进行假设(CRA,1972)(本-阿基瓦,1974,26-27)。

鉴于它们与现实的偏离,本-阿基瓦摒弃了CRA(1972)挑选的递归[21]模型结构中的条件依赖性,也就是假设出行者将决策分解为几个关联的阶段。他试图去捕捉多维度的,尤其是购物出行的目的地和出行方式的决策过程中的复杂性和相互关系。在到达不同目的地的出行方式的特性如何反映到对不同目的地的选择这个问题上(以及对目的地的选择如何反过来在出行方式的选择中反映出来),他采用了"对称"的模型结构,其中不同的选择维度都被同等对待。这个结构与CRA"不对称"的方法相对立,在CRA的方法中,维度的排序(由建模者)先验地给定效用函数的结构,由此反映出某一个特定的选择体系更受青睐。对称性的处理与本-阿基瓦的观点——模型的解析结构与联合决策过程的本质上一致——吻合,"同步或递归的结构分别反映了同时或顺序的决策过程。理论上同步的结构更加合理。如果采用顺序决策的假设,就会有多种可能的顺序,但通常来说事先无法判断哪一种是正确的"(本-阿基瓦1974,26)。这项研究显示尽管同步模型在考虑了不同的选择维度和自变量后变得较为复杂,但因为本-阿基瓦选择了MNL模型,它在实际应用中还是可行的。

为了研究个体和家庭在短期、中期和长期面临的地点和出行选择间的相互关系,本-阿基瓦(1973)做了如下更一般性的假设:应该根据这些决策的频率和对交通系统变化的响应速度对其进行分组:①"机动选择",这类选择发生的频率较低,譬如职业和居住地选择、住房类型选择、车辆保有量和工作出行方式选择;②针对非通勤出行的"出行选择",这类选择发生的频率较高(也许每天都涉及),且对交通变量的变化响应迅速,譬如出行频率、目的地、出行方式、出行时刻和路径的选择。然后他假设:

(1)机动选择和出行选择是存在先后关系的,后者是基于前者的条件选择。

(2)在每一个决策组内,选择是高度相关的,应当在建模中处理为联合决策过程。

购物出行是实证研究的首要对象。尽管本-阿基瓦提倡对目的地和出行方式的组合选择,应该使用MNL模型下的同步结构,但为了确定和评估两种选择模式的差别,他也考虑了所谓的递归模型(他认为这个与备选方案行为学假设对应)。为了同第3章中提到的符号一致,我们将非集计层面的同步模型和递归模型分别称为 $D\text{-}M$ 和 D/M、M/D。对与购物出行相关的目的地和出行方式选择,他进行了如下假设:

(1) $D\text{-}M$:用MNL模型来计算从目的地和出行方式组合集中选择一个备选方案(d,m)的概率。

(2) 两个顺序或递归结构,表示为边际或者条件概率分布的乘积,我们将其用符号分别标记为 $D/M:P\{d\}P\{m|d\}$ 和 $M/D:P\{m\}P\{d|m\}$。

递归模型同 CRA 模型类似,它们都采用边际或条件概率模型的层次结构,MNL 模型应用于该结构中的每一个阶段,如图 4-5 所示。图 4-5 的实线箭头表示模型的层次结构,虚线箭头表示从树的低层到高层的信息传递,这与 CRA 研究类似。

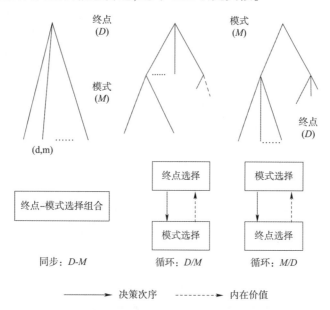

图 4-5　三种概率选择模型结构及其对应的决策树形结构
来源:基于本-阿基瓦(1973,1974)。

对 D/M 和 M/D 模型,他们分别尝试了三种不同组合规则来将低层 MNL 模型的出行时间和成本组合为内在价值进入更高一层。本-阿基瓦(1974,34)将这 3 种组合称为:

(1)"加权价格",服务水平变量通过条件概率来加权,例如,在给定目的地后选择一种出行方式,结构为 $P\{d\}P\{m|d\}$。

(2)"加权广义价值"(同上面描述的 CRA 内在价值的步骤相同)。

(3)"分母取对数",用 MNL 模型分母的自然对数来表示条件选择,例如,对 $P\{d\}P\{m|d\}$ 结构中 $P\{m|d\}$ 的分母取对数。后来这个表达式被称为"对数和",我们会在下面使用这种表达方式。

基于上述 3 种组合原则,共确定了 7 种模型:1 个 D-M 模型、3 个 D/M 模型和 3 个 M/D 模型。

本-阿基瓦指出,如果高层选择(D/M 模型中的目的地选择)中,"对数和"的系数,比如 θ,等于 1(或者在统计上与 1 没有显著差别),整个顺序结构就会退化为一个包含目的地—出行方式组合的 MNL 模型。换句话说,本-阿基瓦提出并实施了一种选择模型结构来将几个 MNL 模型以对数和作为纽带分层连接,而包含目的地—出行方式组合的扩展 MNL 模型是它的一个特例。稍后我们会看到,这种结构具有极大的理论和实践价值。[22]

用来对各模型据进行估计的样本由 123 条"家—购物—回家"的出行记录构成,该样本从华盛顿特区大都市区北部走廊入户调查中随机抽取。本-阿基瓦的结果显示,根据最大似然法构建的 7 个模型中有 5 个给出了合理的参数估计。他提到:

与预期相符,试验数据并未表明同步模型和两个递归模型中哪个更加正确。所有模型都给出了合理的参数估计,而且,所有模型都给出了基本相等的拟合优度:$\rho^2=0.25$。同步模型包括7个参数,而递归模型包括8个参数。这暗示同步模型在此类问题中略占优势,但优势并不明显(本-阿基瓦,1974,39)。

然而,本-阿基瓦指出了一个重要的现象:尽管各种模型都通过了微观模型的常规拟合优度检验,其参数估计、对应的弹性和对政策变量的敏感性都会随着选择模型的不同而不同。针对未来的研究方向,他总结说:"同步模型的理论假设、非集计模型的优势以及实证的结果表明,未来的出行需求模型应当朝着同步非集计概率模型的方向努力"(本-阿基瓦,1974,40)。

4.4.4 相关研究

基于机动选择组和出行选择组的分层框架,以及在每个选择组内对备选方案应用 MNL 进行联合选择这一思路的研究工作得到了广泛的发展。阿德勒和本-阿基瓦对本-阿基瓦博士论文的成果进行了拓展,他们在原先的联合选择结构(包含目的地、出行方式两类选择)中加入了购物出行频率选择,得到了用于决定出行频率、目的地和出行方式三类选择的基于 MNL 模型的联合选择结构。

斯蒂文·勒曼构建了第一个包含机动选择的联合非集计模型。该模型考虑了家庭小汽车保有情况(car ownership, CO)和主要劳动力通勤出行方式(M)两种流动性选择,简记为 CO-M,并采用 MNL 模型描述联合选择。因为人们普遍认为"小汽车保有情况和通勤出行方式联系密切,因此对它们进行联合选择建模是最合适的"(勒曼和本-阿基瓦,1975,35)。勒曼(1976)对"机动选择组合"的进一步研究认为,家庭住址选择和房屋类型、小汽车保有情况、通勤出行方式等其他选择密切相关,因此需要联合决定。联合选择 MNL 模型"不需要假设选择存在先后顺序。……每一个住址—住房—小汽车保有率—工作出行方式的可能组合都是一个独特的备选方案"(勒曼,1976,6)。

本-阿基瓦和阿希顿(1977)的研究对该领域的理论方法发展做出了大量贡献,最突出的几项如下:

(1)将非集计方法用于测试不同政策对促进共乘、减少单独开车的影响,并以此为基础缓解交通拥堵、能源消耗和提高空气质量。这里的政策包括:基于雇主的共乘匹配及优惠、停车优先、道路通行优先以及提高油价。

(2)对家庭内部存在相关性的个体决策进行了微观层面的建模。

(3)清晰地论述了基于样本枚举法的行为集计(4.3 节)。

(4)提供了 MNL 模型以枢轴点或增量形式应用的一个早期案例;在某些属性改变的条件下,选择某个备选方案的概率可用基准概率和各备选方案效用在属性更改前后的变化来表达。

(5)基于前后对照研究对预测结果进行了验证。

据我们所知,这是直接提及"微观层面相关性"的首个模型;在该模型中,允许家庭中主要工作者通勤方式选择直接影响家庭中其他工作者的汽车使用率。在这里,MNL 模型应用于以下4个独立的应用场景中:

(1)家庭主要工作者的小汽车保有量—工作—出行方式联合选择模型。

(2)家庭次主要工作者的通勤出行—出行方式选择。
(3)无工作者家庭的小汽车保有量模型。
(4)非通勤出行的频率—目的地—出行方式联合选择模型。

4.5 欧洲的早期研究

在20世纪60年代后期和70年代早期,欧洲(特别是如3.4节所提及的英国)的一些研究者,完成了数项关于出行方式选择和时间价值的重要非集计研究。我们选择了几个与非集计方法应用及模型结构理论相关的研究,它们体现了离散选择的随机效用最大化(RUM)方法是如何从美国传播到荷兰,以及如何在英国被接纳并根据其早期的思想进一步独立发展的。

1970年时有关基于随机效用最大化的离散选择模型的文献十分稀少,只在匡特(1968,1970)、戈罗布和贝克曼(1971)等人的少量文献中有所提及。在CRA(1972)、布兰德和曼海姆(1973),尤其是麦克法登(1973)等学者或机构的文章发表之前,该领域并无太多的学术参考文献。

4.5.1 出行预测方法在荷兰的应用

剑桥系统公司的古达贝尔·恩·科丰在1973—1974年进行的一项研究是这些思想通过美国和欧洲研究者的合作进行国家之间传播的一个案例,正如10年前传统的出行预测方法从美国传播到英国一样。该项目的方法论大量取自麻省理工当时进行的研究,尤其是本-阿基瓦的研究。它的发展体现了荷兰政府对从国外引进思想的开放态度,并且也因为荷兰政府曾资助的一项作为示范工程的家访调查而成为可能。[23]

这个项目在荷兰埃因霍温地区进行,其目标是"进一步发展城市出行行为模型,特别是完成非集计和同步概率出行需求模型在荷兰背景下的应用"(理查德斯和本-阿基瓦,1975,7)。该研究聚焦于在两类出行目的下的选择:通勤出行的方式选择;购物出行的目的地和方式联合选择。对于通勤出行,研究者构建了MNL模型,其方式包括小汽车、公交车、火车、自行车和机动脚踏车,这很符合当时荷兰的背景。这项研究也"证明了MNL模型是一个构建多出行方式模型的实用工具"(理查德斯和本-阿基瓦,1975,115)。购物出行也通过MNL模型来处理目的地和出行方式的联合选择。

有意思的是,这项研究是当时为数不多的非集计方法研究,详细参考了英国的研究成果特别是广义成本公式(作者称之为威尔森型模型)[24](理查德斯和本-阿基瓦,1975,第7章)。关于选择模型在微观层面的构建和应用,特别是MNL模型的采用,作者总结说:

使用非集计数据和MNL模型让我们可以用更少的观测样本去估计一个在本质上能和起点约束的威尔森型分布/方式划分模型相提并论的目的地—出行方式选择模型。……就出行方式选择模型而言,在效用公式中引入社会经济变量大大增加了MNL非集计模型的潜力。因此相对于传统的城市交通建模步骤(即使是那些基于威尔森模型的建模步骤),使用MNL模型来对非集计条件模型或非集计同步模型进行估计也是极大的进步(理查德斯和本-阿基瓦,1975,138)。

关于数据利用的效率,研究团队极具说服力地展示了非集计模型在这方面的卓越表现及其相对于传统集计方法的优点:

优点体现在两个方面。首先,利用具有相同取值范围的变量,可以使用更少的观测值,并可能以更高的可靠度,更快捷简易地对众多参数进行估计。因此非集计模型可节约时间或成本,或二者兼具。其次,它们可以在同样的成本下构建出包含更多变量,设定更完善,因此更好的模型(理查德斯和本-阿基瓦,1975,138)。

根据上述研究完成的著作(理查德斯和本-阿基瓦,1975)及杜门齐克和麦克法登(1975),对新晋研究者而言,是该领域有关实践应用的最早的入门读物。

4.5.2 英吉利海峡隧道的货运方式-路径选择模型

尽管我们的综述主要关注城市交通系统,考虑到长距离出行建模过程的普遍特性和一些通用假设,我们还是需要介绍由永道公司(1973)在1972—1973年间完成的一项富有创新性的研究,旨在对英吉利海峡隧道的经济效应进行评估。该研究对客运和货运分别构建了各自的层级模型。我们在这里只讨论货运模型。[25]

该研究的独特之处在于,数据从一项可跟踪到具体订单的英国和欧洲大陆地区集装箱货运调查中获得,这使得用非集计方法来进行模型的估计与预测成为可能。对大宗的集装箱运输,有两种可用的运输方式:吊装式集装箱运输和滚装式重型货车(HGV)运输。后者既可运送集装箱,也可牵引有固定盖的拖车。对每个 O-D 对,每对港口分别确定了 2~3 条路径。

货运方式和路径的多元选择取决于很多因素:①货物自身属性;②货物转运商和生产商的属性;③运输服务属性,例如运费和在途时间。该研究最终选用的模型是路径—货运方式组合选择的嵌套 Probit 模型(即分层 Probit 模型),该模型先做货运方式的选择,再做路径选择:在滚装式重型货车和吊装式集装箱之间的货运方式选择采用的是二元 Probit 模型;在路线之间选择(也即轮渡服务的选择)采用的是一个基于最小广义成本模型(成本服从正态分布)的多项式 Probit 模型。该方法由托尼·弗劳尔丢提出,并由罗伯特·考克雷和他的同事进一步完善(永道公司,1973,80)。

在路径选择概率模型中,广义成本的差异来源于:①与发货人/收货人和港口相对位置相关的场站成本的不同;②费率和折扣的不同;③时间价值的不同。任一给定的运输路径被选中的概率,由成本联合分布的多重积分来表示,且等于该路径的广义成本低于其他任何一条路径的广义成本的概率。Probit 模型参数的最大似然估计通过数值积分的方式得到。

商品的特性和每种货运方式可以提供的服务是货运方式选择中的重要决定因素。研究货运方式的二元 Probit 模型也是根据正态分布广义成本的最小化而构建的,这使得货运路径和货运方式的选择具有方法论上的一致性。研究人员考虑了多种用货运方式可行路线的广义成本来表达货运方式广义成本的方法。最终选中的方法"在计算上最简单,但对数据的拟合性却最好。对每一个 O-D 对,两种货运方式的二元选择是通过考虑各自平均意义上的最优货运路径对应的属性来进行的"(永道公司,1973,88)。

作为插曲,研究人员还注意到一个在之后构建关联多阶段需求模型的过程中遇到的重要问题:

我们通过各自平均意义上的最优货运路径对应的属性来进行货运方式的二元选择,

这种做法其实可从货运路线选择模型的方法中找到一个很有趣的理论依据：我们可求出一组路径中的最优货运路径的广义成本分布的统计表达式，它的均值应比这组货运路径中任一货运路径的广义成本的均值更低，并在分布上略有不同。巧合的是，平均意义上的最优货运路径的广义成本往往对该分布提供了合理的近似（永道公司，1973，88；强调的内容用斜体字表示）。

在预测时，英吉利海峡隧道被加入两种货运方式的可用路径当中。在吊装式集装箱的货运方式中，通过隧道运输的是重组后的单元集装箱列车。这是因为从起点到终点的需求量过低，在当时的情形下还不足以使用专列运输。在滚装式货车的方式中，采用的是轨道—货船联运。在这种新的措施下，转移到隧道的交通量可被估计出来。

4.5.3 目的地选择的随机效用模型

罗伯特·考克雷基于随机效用理论推导出了重力形式下的空间相互作用模型，这一推导在如下几个方面值得注意（考克雷，1975）：尽管重力模型的经济学理论基础在文献中出现得更早（耐德康和贝克多，1969；纽伯格，1971），但罗伯特所用的基于随机效用理论的方法，能够更好地反映出重力模型中所涉及的离散选择。[26] 他的文章对该领域的理论现状做出了 3 点主要贡献：①用经济学方法推导了威尔森（1967）早期提出的一系列基于交通小区的空间相互作用（重力）模型；②推导了一系列兼容的、用于衡量与空间性选择相关的净收益的方法，再现了纽伯格（1971）的结果；③对出行生成、出行分布以及出行方式划分模型的关联提出了建设性的建议。

到 20 世纪 70 年代早期，威尔森提出的重力模型的熵最大化公式，为城市或地区的交通小区间的出行相互作用预测提供了实践基础，并逐渐成为英国交通研究中的权威应用模型。然而，该模型的理论基础，对那些追究人们的出行和目的地选择的行为学解释的研究者来说还不够有吸引力。在考克雷的推导（作为威尔森方法的一个替代）中，针对交通小区系统对空间决策的集计是获得概率选择模型的关键。该推导的核心假设是"某出行者从某交通小区出行到目标交通小区的概率，等同于到目标交通小区的出行提供的净收益比到其他任何交通小区的出行提供的净收益都大的概率"（考克雷，1975，38）。

对上述假设的论证在于将该问题分解为以下两部分：①通过去往每个交通小区的消费者盈余（效用减去广义成本）的分布，获得去往该交通小区的所有出行中，最佳出行的效用分布；②根据去往每个交通小区所能带来的最大消费者盈余得出对目标交通小区的选择。

关于①，在考克雷的论证中，一个关键而又新颖的观点在于，他观察到，作为最大化过程的结果，效用分布尾部的曲线形式是各目的地选择概率的根本决定因素。除了假设效用分布在尾部近似以指数形式下降之外，研究者并没有对效用分布指定明确的函数形式。其中近似指数形式的假设不是随意做出的，而是为了使下面提到的两项公理化要求能够得到保证。在这之后，可以确定每个交通小区内所有潜在目的地的消费者盈余的最大值的分布，这是基于对交通小区内目的地数量的进一步假设：它得足够大，并且与交通小区的吸引力成比例（例如房屋面积）。参考甘贝尔（1958）的经典研究，考克雷证明了对于任意交通小区的"最佳出行"的消费者盈余概率密度函数近似于甘贝尔 I 型极值分布。该结果适用于众多效用分布，例如高斯、对数正态、逻辑和甘贝尔分布。每个交通小区内最大消费者盈余的分布由此被表示为其中潜在目的地数量(因此也是交通小区吸引力)的函数。

在论证的第二阶段,即确定最终选择某交通小区的概率的阶段,直接采用了"单约束重力模型"。此外,通过引入交通小区区域性成本(一类被假设用来反映协调交通小区内出行数量和目的地数量的博弈过程的变量),还可以推导出双约束的空间交互模型。

因为计算过程本身牵涉到交通小区系统层面内消费者盈余分布的确定,研究人员可直接获得选择过程中消费者平均盈余和总盈余,以及在引入一个交通项目以改善出行成本的情况下,消费者盈余所发生的变化。通过这种方法,考克雷证明了社会效益有着与纽伯格(1971)相同的"对数和"形式。

考克雷还考虑了对出行3个方面的整合,即生成、分布和方式划分一体化模型。如匡特(1968)所述,如果引入一个临界值,出行生成就会对广义成本敏感:只有当出行的效用超过广义成本时,它才会发生,这是通过净效用分布积分的下界来体现的。通过这种方式,可以建立一个交通小区内总需求对出行成本敏感的生成—分布一体化模型。

为了整合分布模型和方式划分模型,考克雷借鉴了麦克尼古拉斯和柯林斯(1971)的模型。上述两人的研究采用了随机参数模型,其中方式选择基于通过出行时间和成本确定的最小广义成本,且人群出行时间服从正态分布。考克雷建议使用最小成本分布的平均值作为整合两个模型的基础,他提到:

为了确定目的地的可能选择,我们可以用人们实际选择的出行方式的成本分布……并将两种出行方式一起视作成本服从上述概率分布的单一方式。这种组合出行方式的平均成本实际上要低于任意单个出行方式的平均成本。对不同方式的出行成本求平均得出的组合平均出行成本有系统偏差。一个更好的估计方法(虽仍然有偏差)是选取两种出行方式的出行成本中平均值较低的一个作为估计值(考克雷,1975,44;强调的内容用斜体字表示)。

这种在组合层级模型中结合两种出行方式选择的方法,是考克雷对英吉利海峡隧道项目的货运方式-路径问题的贡献。

另外,简-加洛德·科尼格独立做出的贡献也值得一提。他用随机效用方法对目的地选择问题进行了研究,并对选择过程中获得的平均效用与通用可达性度量的关系推导出了类似于"对数和"的表达式。科尼格的研究成果于1974年用法语进行了发表,这也是他1972年博士论文的部分成果。对该研究更详尽的说明,尤其是可达性随机效用度量在规划和福利评价中的作用这部分内容,请参阅科尼格发表于1975年的文章。

4.5.4 "广义出行需求理论"

最后,让我们来关注一个很少被引用,但却具有重要历史贡献的研究,由英国交通和道路研究室的A.J.哈里斯和约翰·谭纳(1974)完成。此研究富有技术难度,同时也具有重要的实际意义。遗憾的是,它的重要性在那个时代显然并未被充分意识到。此研究为该领域提供了诸多极好的见解,解决了重要的理论问题,并预见了该领域在未来的重要发展。匡特(1968,1970)和纽伯格(1971)的研究对这个工作有特别重要的影响。

他们的研究试图确证概率选择模型在随机效用理论(该理论下,效用的差异以不同方式分布在人群中)的框架下所展现出的特性。他们在论文中提出了:

一个广义理论,它通过对参数的统计学分布进行不同的假设,导出了一系列的模型。这些参数因人而异,并导致了人们在出行决策行为中一些可观测到的差别。……基本模型假设存在一些人们所共有的可观测变量,如所需时间、成本等。每个潜在出行都对应一个个体广义出行成本,表达为所有可观测变量的线性函数;该函数的系数(代表场站成本、时间价值等)在所有的潜在出行中存在一个分布。将该出行分布对区域积分,就可以获得只包含可观测变量的出行需求函数(哈里斯和谭纳,1974,1)。

他们研究的核心部分是关于随机效用模型与消费者盈余之间的关系,其中消费者盈余被定义为在选择过程获得的最大净效益分布的均值。其主要动机是在严格的基础上建立从广义成本导出的需求分析方法和评价手段。尽管论文的主要内容仅针对出行方式选择问题,但它的分析方法有更广泛的启发意义,可应用于任何决策者选择具有最高净收益(收益减去成本)选项的离散选择场景。仿照匡特的做法,他们在净收益的分布中引入了一个下界,即广义成本超过收益的点,下界以下的部分代表在该条件下出行不会发生。

尽管其绝大部分内容是一般性的数学分析,这一工作仍引入了一些重要的特殊案例以说明其方法的效果。他们对离散选择模型的分析对于该领域的未来发展具有特别的重要性,其中离散选择模型由随机效用分布生成,在分布中与任一备选方案相关的(负)效用被表示为一个所有相关决策人群共有的项和一个随机误差项之和。作者将这种情形称为"个体差异化情形",也可称为平移不变性,即效用函数的随机项独立于平均值或其他属性特征值。他们还考虑了所谓的"个体倍增化情形"。由于前一种情形与城市交通建模的广泛关联,它也是我们探讨的焦点。[27]

针对该情形,作者试图解决以下两个问题:

(1)对任意一个满足个体差异化情形的效用分布,其通过效用最大化过程所推导出的需求函数和对应的消费者盈余是什么?

(2)对由具有平移不变性的随机效用函数生成的需求函数,生成它的效用分布是什么?

哈里斯和谭纳(1974)为与选择过程相关的需求函数和消费者盈余建立了一般性的表达式,进而证明了在"个体差异化情形"中,需求函数可直接通过对消费者盈余函数求导得出。作为该结论的直接推论,他们证明了需求函数可用可积性或我们在3.8.3节所探讨的对称性条件(霍泰令,1938)来刻画。他们称满足这类对称性条件的需求函数与广义成本公式具有一致性。之后他们通过反向计算导出效用分布的概率密度函数表达式,该表达式可以生成任意与具有平移不变性的效用函数一致的需求模型。

那么这个方法的现实针对性是什么,那些吻合这些技术条件的具体模型又是如何生成的呢?由于需求模型可以由消费者盈余(consumer surplus,CS)函数推导得出,他们主张可通过寻找合适形式的CS函数,来生成与符合个体差异化的广义成本公式一致的需求模型。正如笔者所说:

通过选择任意形式的CS函数,我们可以得到T_i(需求函数)的众多表达式。很显然,CS函数不是完全任意的,它必须满足某些条件。……例如,在个体差异化情形下,这些条件可以简化为:其暗含的概率分布必须满足非负的条件(哈里斯和谭纳,1974,13)。

他们紧接着通过选择一些消费者盈余的表达式证明了他们的论述,这些表达式可生成MNL或单约束空间相互作用形式的需求模型。这些模型被推广以引入净收益的临界值,使得出行生成对广义成本的变化敏感。

为了承接下面的内容，我们总结了他们的主要贡献：

(1) 整合了选择模型构建过程和适用于福利评估的经济学指标(消费者盈余)的推导过程以及它们在特定的效用函数形式下的关系。

(2) 制定了通过选择合适的消费者盈余函数生成选择模型并通过求导使得需求函数与理论相一致的策略。

(3) 展示了常见应用模型的整合，例如 MNL 模型及与其相关的"对数和"形式的消费者盈余。

笔者以如下方式对他们的论文进行了总结：

交通模型里如此基础的一个方面仍然需要撰文厘清这一事实反映出这个学科还十分年轻。在过去的 10~15 年间，我们对土地利用、交通设施、成本、出行、交通流、速度的相互作用的理解以及我们处理相关数据的能力，都已经得到了极大的发展，但对于模型到底应该如何构建还是没有达成广泛的共识。

但是如何将该理论应用到例如交通应用研究这种更复杂的选择环境之中呢？我们将在第 5 章探讨这个问题。

4.6 多出行方式和多维度选择建模中的挑战

4.6.1 相似备选方案和 ⅡA 属性的问题

4.6.1.1 ⅡA 属性的优缺点

同斯皮尔(1977)的综述和其他研究确认的那样，MNL 模型之所以能在出行预测，尤其是在多方式选择问题中得到广泛应用，是源于其相对简单的结构、适度的数据需求和越来越多可供使用的参数估计软件。其结构的简单性有着重要的实践意义，这在很长一段时间内被认为是简单分担模型的特性。麦克法登后来提到了不相关备选方案独立性(independence of irrelevant alternatives, IIA)属性的优缺点(4.2 节)：

对于出行选择模型，IIA 属性既是优点亦是缺点。它具备两个有利的特性使其在实际规划中非常有用。首先，它使得模型的估计可以通过研究备选方案全集中的一个小子集的条件选择来进行。因此，训练数据集的规模可大大降低，尤其是当备选方案全集很大时。此外，因为无须收集那些被略去的备选方案的属性，这可以降低数据收集的成本，并允许我们收集该子集内备选方案的更详细的属性。……IIA 属性给出行选择模型带来的第二个优势是可对新引入的备选方案的影响进行快速分析。……IIA 属性意味着当引入新备选方案时，旧备选方案之间的相对选择概率不会发生变化(麦克法登,1976b,49-50)。

然而，尽管其结构中潜在的缺陷和与之相关的弹性特质越来越广为人知，MNL 模型的应用还是开始泛滥。麦克法登早前警告道：

MNL 的主要局限在于 IIA 公理对于包含互相可替代的备选方案的选择集是不合理的……该模型的应用应限于下述情况，即对于每个决策者来说，所有备选方案可以被合理地假设为是有区别的,且可以相互独立地被考量(麦克法登,1973,113)。

研究人员很早就意识到了在两个备选方案十分相似的多元选择背景下应用 MNL 模型所带来的不良后果(德布鲁,1960)。在交通应用中,这个概念是通过在小汽车和公交车的二元选择场景下有名的"红—蓝公交车"问题来说明的,在该问题中一个特定的备选方案(公交车)被人为地通过颜色这种几乎不会对需求造成任何影响的表面特征拆分为两个(红色公交车、蓝色公交车)。若在小汽车、红色公交车和蓝色公交车中应用三元 MNL 模型必然会产生不合理的结果(梅博理,1970;麦克法登,1973)。

这个代表了备选方案子集相似性的极端案例的难题,在实际应用中可通过构建一个分层选择模型来轻松解决:该模型包含两个前后相继的二元选择模型,前者用来划分小汽车和公交车的市场份额,后者进一步区分公交车市场份额中红色公交车和蓝色公交车的份额分配。但是在更加符合现实的实际应用中,如何解决备选方案相似性的问题?怎么能使一个备选方案明确区别于其他备选方案?MNL 模型的应用大多数情形下是令人满意的吗?从更普遍的意义上来讲,在不同的出行方式选择问题中,由于 IIA 属性失效导致的问题是否可以在实证中发现并合理纠正?

4.6.1.2 规避 IIA 属性:多出行方式选择下的分层结构

凭借在传统集计(基于交通小区)需求模型和日益增长的非集计方法的应用中所获得的经验,研究人员构建了在小汽车和两种公交例如公交车和地铁(PT1&PT2)组成的多出行方式系统中的两种可能预测方法,如图 4-6a)中分层方法和图 4-6b)中的拓展到三种出行方式的 MNL 模型方法所示。在前一种不受 IIA 属性约束的方法中,公交备选方案(PT)被视为一种有效的"复合"备选方案,这需要在主备选方案选择(小汽车或复合的 PT 备选方案)过程中设定合理的服务水平属性。人们提出了多种构建复合备选方案的方法:其中包括"最大概率法",它把具有最大选择概率的公交子备选方案的属性分配给复合公交备选方案;以及在美国术语中,所谓的"传递法",即主备选方案的属性值由不同子备选方案的属性值通过其选择概率加权得出(麦克法登,1974)。但是,对斯皮尔来说,"这些方法中没有一个被证明是令人满意的,因为任何一个方法都没有触及导致 IIA 问题的根本原因,那就是在出行选择模型的构建中备选方案的相似性或竞争性并没有被清晰地刻画出来"。

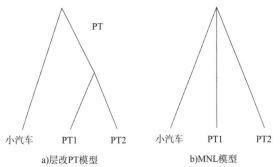

图 4-6 代表在小汽车和两种公共交通模式间选择的备选模型结构(PT1 和 PT2)
来源:改自 H. 威廉姆斯(1977a,1977b)。

4.6.1.3 IIA 属性失效的诊断性检验

这带来了一个与实践密切相关的,更具普遍意义的问题。如果 MNL 模型的应用在多出行方式选择情景下存在弊端,在什么情况下该模型简单实用的好处能够大于其弊端呢？IIA 属性是否能在大多数的实践研究中被接受以及其可能的失效在多大程度上会影响到其他诸如模型误设或数据质量的问题？查尔斯·里弗顾问公司(1976)的一项研究解决了这些问题,并对 MNL 模型在出行方式选择应用中 IIA 属性的失效进行了诊断性检验(麦克法登,特瑞恩和泰艾,1977)。他们描述了一个"IIA 属性失效的分类方法",确定了六种可能的原因,这些原因的根源在于决定离散选择的效用函数中"未被观测到"的成分的性质。"IIA 属性作为一种规律,其与现实的不符可能源于 MNL 模型的假设,即未被观测到的效用成分(即误差项 ε_i)与各备选方案是独立的,并且与观测到的属性也是独立的"(麦克法登等,1977b)。

对 IIA 属性的诊断性检验基于一个广义 MNL 模型(也被麦克法登称为"通用 Logit"模型),该模型本身也具备有趣的结构。尽管一般不符合随机效用最大化的假设,通用 Logit 模型为从统计学角度解释 IIA 属性的失效提供了理论基础。该模型的构建"利用了一个事实,那就是任何拥有正概率的选择模型都可以直接写成 MNL 的形式,唯一的差异在于其备选方案 i 的尺度函数取决于其他备选方案的属性"(麦克法登等,1977b)。

当时,IIA 属性在与收集恰当而准确的数据有关的实际问题中的重要性尚不明确(特瑞恩,1978)。关于这点,麦克法登指出:

交通规划师们应当把 MNL 模型视作一个实用的模型,专注于拓宽数据源以便更好地估计模型、进行市场细分和变量的设定,并在每一个应用中都检验 IIA 的假设是否成立。他们不应该指望在解决 IIA 导致的局限上有什么"灵丹妙药",而是要仔细检查其所提出的解决方案中是否具备合理的行为学基础或建立了一个恰当的数学命题(麦克法登,1976b,55)。

4.6.2　更具普遍意义的城市出行预测模型的结构

CRA(1972),本-阿基瓦(1973,1974),本-阿基瓦和科普曼(1974)和上述的研究从第一性原理的角度解决了构建出行需求模型的行为学基础的问题(该问题已经存在了很多年,至少在20世纪60年代初,当传统的多阶段模型中"在哪里进行出行方式划分"这个问题出现时就已经存在了)。这些作者为模型结构和其背后的决策过程的合理关系提出了不同的假设。然而,无论是将分层 MNL 模型应用于不同类型的选择,还是将单一的 MNL 模型应用于选择的组合集,对出行相关选择的处理还没有最终的解决方案。

对一些研究者而言,基于 MNL 模型的同步结构具有不小的吸引力,这些同步结构也开始在集计(基于交通小区)和非集计层面的研究中得到应用。本-阿基瓦和其他研究者曾提出一个重要的论点:在备选方案组合集的联合选择问题上,例如目的地和出行方式的联合选择,为什么一种选择的顺序要优于另一种呢？同步模型的吸引力是直观而实际的。它内在的一些特质使其能够表示备选方案被对称的模型结构联合处理的一类问题,在这种情形下,MNL 模型不会偏向任何一个选择维度。这在实践中的好处是避免了模型中需要对选择进行排序的不确定性。但 MNL 模型的 IIA 属性又该如何处理呢？该特性会在实践中产生问题吗？那些由地点和方式的组合构成的选择之间是否足够不同,以证明该模型的合理性呢？

在那段时期,需求模型的结构与决策过程在不同选择环境下的关系持续吸引了诸多学

110

者的评论(布兰德,1973;里奥和塔维提,1974;斯托弗和梅堡,1975)。关于在与城市出行预测相关的一系列选择情景下的行为学模型的应用,斯托弗和梅堡评论到:"总的来说,关于最终究竟是选择同步模型或顺序模型(即递归模型)目前尚无定论,因为它可能取决于具体的建模情景,以及模型在构建过程中遇到的问题。"(斯托弗和梅堡,1975,305-306)

4.7 结论

在20世纪70年代早期的短暂时期内,基于离散选择理论的出行需求非集计行为方法,其理论发展和实际应用都取得了巨大的进步。这些进步建立在20世纪60年代对二元出行方式选择研究的基础之上,并为其提供了事后的合理化证明。绝大多数应用仍是关于出行方式选择的,因为它与高峰时段的交通流、可能提出的政策以及项目的开发都密切相关。与当时传统的预测方法相比,新方法可以从更细致的角度刻画个体和家庭的行为,提高了数据的利用率和在任何指定集计水平的适用性,且为其空间移植性勾画了美好前景(因为模型的预测更为可靠)。

随着越来越多的软件可用于最大似然估计,MNL模型开始得到更加广泛的应用:①更复杂的出行方式选择;②其他各种更广泛的选择场景;③作为更复杂的多维度模型的一部分。[28]很多有关模型构建、参数估计、可移植性、验证和集计的理论和技术问题,以及模型在大量规划问题(例如交通基础设施项目和系统管理)中的应用,都得到了深入的研究。在基于离散选择理论的交通出行模型结构化的第一性原理方法上也取得了实质性的进步。

到1976年,在出行方式选择中的备选方案相似性问题和在构建复杂出行模型时结构上的不确定性问题开始变得尤为突出,且仍有待在实践中得到解决:前者是假设不同备选方案的效用中随机部分相互独立的结果;而后者,在一定程度上与决策过程的本质和决定备选方案选择偏好的效用函数(对该效用函数,人们提出了不同的解决方案)有一定关系。我们发现,在传统的集计交通出行预测模型的应用中,也存在相应的模型构建问题。

在当时,人们认为广义多元正态模型(4.2节)可能会在选择模型的构建中发挥重要作用,特别是在解决多出行方式选择模型的"相似性问题"方面。的确,在探讨20世纪70年代中期那些未解决的问题时,麦克法登发表了如下观点:

目前对于构建无须IIA属性的选择概率应用模型有着迫切的需求。……在多元正态模型的计算上取得突破将会十分有用。……另一种可能在应用中生成切实可行的函数形式的方法是寻找一个更一般的原理来描述选择概率的类别。特瓦斯基(1972)的 EBA(依次排除)模型属于后一类(麦克法登,1976a,381,370)。

对于集计和非集计模型的区别,麦克法登(1976b)评论道:

它们的区别主要在于离散的程度。非集计……将市场细分进行到极致;它强调个体选择行为的规律性……集计和非集计模型在解释性变量的数量和形式、出行行为在不同方面的一致性、估计和预测方法上有着明显的差异。然而,这些差异,从主要技术层面上说,是历史发展和数据收集与计算的现实局限性造成的。每一个好的集计模型背后都有一个非集计模型,反之亦然。发现实证上有效的规律以简化和拓展预测的方法,并放宽实证上无效的限制,应当是每个交通分析师的目标。从这个角度来讲,非集计行为预测实际上是由传统集计需求分析自然演变而来的(麦克法登,1976b,8)。

回首那个时代,基于随机效用理论的非集计方法让学者和从业者百感交集。从文献中,人们能体会到先驱们的乐观:在时代最需要的时候,他们找到了一种有牢固行为学基础的方法,能够解决实践中困扰已久的问题。而且,他们攻克了在实践中应用复杂选择模型的障碍;这使得后续的研究者可以不惧现实的挑战而致力于方法的改进。

活跃在非集计建模领域的研究者的绝对数量虽然仍然较少,但也越来越多地出现在各大学院系、咨询机构和政府机构之中。到20世纪70年代中期,这种新的思考方法已经走出美国,开始越来越多地出现在加拿大、欧洲和澳大利亚的研究和实际应用当中。这些思想的发展和转移需要极具智慧和说服力,且富有感召力的人。在这方面,马文·曼海姆(1937—2000)是把非集计行为方法引入出行领域的关键性人物,他不仅鼓励人们参与到该领域的研究,还建立了剑桥系统咨询公司。他同摩沙·本-阿基瓦的合作富有成效,尤其是将该方法传播到了荷兰。不仅如此,研究者们针对当地的需求和兴趣也开始独立地研究一些用于行为建模的随机效用方法,正如之前提到的富有创新性的英国研究那样。如斯托弗和梅堡所言,到20世纪70年代中期,"研究者普遍认为这种方法最有可能成为一个全新的、对政策更敏感的出行预测方法的理论基础"(斯托弗和梅堡,1975,273)。

然而,在城市政策分析师和交通从业者的广大群体中,人们的感受五味杂陈。因为尽管理论和技术开始广为人知,但其是否会得到普遍的接受还是充满变数。事实上,尽管人们声称该方法取得了许多进步,但当时一些(或许很多)从业者仍认为这个方法与验证过的集计方法相比,仍是相当幼稚和不切实际的。[29]毕竟,该方法还有待在传统的城市交通预测模型应用中接受全面的检验。基于这一点,许多人都关注着旧金山湾区大都市区交通运输委(MTC):由于对现存的出行需求模型系统不满意,MTC正在用这个新方法来测试大量长期和短期的规划方案与政策。斯皮尔提到:

MTC的项目显然是应用个体选择模型的先驱。研究者和规划师都在密切关注这个项目,以评价其最终的出行需求预测是否更加可靠,或是否能比传统模型更有效率地获得预测结果。该项目的发现将会对确定个体选择模型在交通规划中的最终角色大有帮助(斯皮尔,1977,31-32)。

我们会在下一章综述这些发展成果。

尾注

[1] 最早从选择理论角度研究路径选择的文献是亚伯拉罕(1961)。还可参阅托马斯和汤姆森(1971)及其中引用的文献。

[2] en.wikipedia.org/wiki/R._Duncan_Luce(访问于2013年12月28日)。

[3] IIA公理有时被称为"对无关备选方案的独立性"公理。

[4] https://en.wikipedia.org/wiki/Louis_Leon_Thurstone(访问于2014年3月6日)。

[5] https://en.wikipedia.org/wiki/Jacob_Marschak(访问于2014年3月6日)。

[6] https://en.wikipedia.org/wiki/Daniel_McFadden(访问于2014年1月2日)。

[7] 一个任意个人 q 从一组备选方案 $A = (A_1 \cdots A_j \cdots A_N)$ 中选择方案 A_j 的概率记作 P_{jq}。一

一般而言，人群中的选择集会有变动，我们用 $A(q) \in A$ 来指代个人 q 可从 A 里挑选的备选方案集。从建模者的角度，一个追求效用最大化的个人 q 选择 A_j 的概率这样得出：

$$P_{jq} = \text{Prob} \quad (\text{对所有 } A_i \in A(q), U_{jq} \geq U_{iq})$$

从代表性效用和残差的角度看，选择概率变为：

$$P_{jq} = P\text{rob} \quad (\text{对所有 } A_i \in A(q), V_{jq} + E_{jq} \geq V_{iq} + E_{iq})。$$

[8] 当今的参数线性效用函数可书写为如下形式：$V_{jq} = \sum \theta_{kjq} h(x_{jkq})$，其中 $h(.)$ 是测得的特性 x_{kq} 的函数。总体上，参数 θ_{kjq} 将根据备选方案（j）、特性（k）和个体（q）而变动。在常见的"固定系数"模型里，参数 θ_{kjq} 在个体间很常见，而在"随机系数"和"随机参数"模型中，参数 $\theta = \theta_{kjq}$ 会随个体变动。在"参数线性—特性线性"形式里（这并非限制过度），有参数组 θ 独立于个体：$V_{jq} = \sum \theta_{kj} x_{jkq}$，这个公式在矢量符号中缩写为 $V_{jq} = \theta_j \cdot x_{jq}$。

在 MNL 的实践应用里，效用函数可用几种方式表达。对于效用形式的全面讨论，可参阅麦克法登（1976b）及下列文献：亨舍尔和约翰逊（1981），本-阿基瓦和勒曼（1985），亨舍尔等（2005），科普曼和巴特（2006）及奥图萨和维朗森（2011，第 7,8 章）。

[9] 人们应用了两种不同战略来表现效用函数的不同函数形式。效用理论方法是基于个人预算的货物—休闲交换模型，在该模型中代表性效用 V 是作为间接效用函数。此方法最先是由麦克法登（1976b）及麦克法登和特瑞恩（1978）想出的。对于能找出最贴合数据的函数形式的备选方法，其讨论见于高缀和威尔斯（1978），加拉-迪亚兹（2007）及奥图萨和维朗森（2011）。

[10] 把代表个人的 q 去掉后，一个任意个体将选择 A_j 的概率是通过残差 $F(E_1 \cdots E_N)$ 的联合概率密度函数（如下）给出的。

$$P_j = \int_{R(J)} F(E_1 \cdots E_N) \, dE_1 \cdots dE_N$$

其中积分区域 $R(j)$ 由下项定义：

$$R(j) : U_j \geq U_i \text{ 或 } E_i \& E_j + (V_j - V_i)，\text{对于所有 } A_i \in A \text{ 都成立}。$$

[11] 在匡特的模型里，每个模式的选择概率都是通过找出将负效用最小化（一种在参数分布上进行积分的过程）的参数组合来决定的，在负效用最小化的过程中引入了一个下界来表达如果负效用超过临界值则出行就不会发生的假设。这样就给模式划分模型增加了一种泛化的效果，让总旅程数对交通服务的特性变得敏感。要决定本模型的选择概率需要数值解。对非对称分布，均值不等于 V。这一点区别对我们的讨论没有影响，通常予以忽略。

[12] 高缀和昆特（2011）探讨了 20 世纪 50 年代后期法国工程师们的重要工作，尤其是亚伯拉罕（1961）的作品，他为双路径和三路径推出了选择模型，其中路段的广义费用根据各种假设来进行分配，包括正态和矩形形式。各种概率选择模型都得以登场，包括 probit 模型，这些模型被视为运用当时的"log logit"形式的理由。在三路径案例中存在一个共同路段导致的复杂性也被一并考虑。

[13] 本分布和正态曲线的区别在若干文本中有所涉及，例如杜门齐克和麦克法登（1975，62）及科普曼和巴特（2006，27）。

[14] 对于写成如下格式的 MNL 模型：

$$P_j = \frac{\exp(\lambda V_j)}{\sum_{A_i \in A} \exp(\lambda V_i)}$$

"对数和"由下项给出：$logsum = \frac{1}{\lambda}[\ln \sum_{A_i \in A} \exp(\lambda V_i)]$ 或者 'logsum' $= [\ln \sum_{A_i \in A} \exp(V_i)]$，前提是该模型经过了标准化，如 $\lambda = 1$。

[15] 从分配效用中得到的 MNL 模型的构造最早由马斯查克（1960）提出，他采用了一种"非建设性证据"（麦克法登，1973，111），并由 E. 霍尔曼和 A. 马利（索引自卢斯和萨皮斯，1965）所改进。"麦克法登（1968，1973）通过展示相反的一面完成了分析：选择概率的 Logit 方程必定暗示了未观察到的效用就是分配的极值"（特瑞恩，2009）。

[16] https://en.wikipedia.org/wiki/Waloddi_Weibull（访问于 2013 年 12 月 29 日）。

[17] 我们感谢乔森·韦伯就他祖父提供的记述。

[18] 甘贝尔 I 型极值分布可写为：$f(U_j, U_j) = f(U_j - V_j) \equiv f(\varepsilon_j)$，其中 $f(\varepsilon_j) = \lambda \exp(-\lambda \varepsilon_j) \cdot \exp[-\exp(-\lambda \varepsilon_j)]$，且通过双指数形式给出的累积分布为：$F(\varepsilon_j) = \exp[-\exp(-\lambda \varepsilon_j)]$。

随机变量 U_j 的均值为 $V_j + \gamma/\lambda$，其中 λ 为欧拉常数 $= 0.577$，U_j 的变化为 $\pi^2/6\lambda^2$。从 IID 甘贝尔分布到 MNL 模型的演化相对直截了当；其细节可参阅麦克法登（1972），及杜门齐克和麦克法登（1975）；亦可参阅斯托弗和梅堡（1975）及本-阿基瓦和勒曼（1985）。

[19] 作者们很感激弗兰克·科普曼在这一点上进行的讨论。

[20] CRA（1972）采用的购物模型形式如下：选择一个给定的频率、终点、选时和模式组合的概率 $P(f,d,t,m)$ 可写为：

$$P(f,d,t,m) = P(f)P(d|f)P(t|d,f)P(m|t,d,f)$$

其中 f,d,t,m 分别代表了频率（一天一次出行或不出行）、终点（每次观察中有 3~5 个）、一天中出行的时间（两程都在非高峰或一程在高峰一程在非高峰）和模式（小汽车驾驶员或步行的公交搭乘者）四方面的选择。其中使用了线性概率和 Logit 模型，还测试了很多变量的组合。

[21] 当应用于模型结构时，本-阿基瓦使用了术语"递归"来对应一个顺序的决策过程。在各类文献里术语"顺序的"也被用于形容模型的结构。

[22] 例如，在涉及终点和带有该形式效用函数的模式背景下：

$$V(d,m) = V_d + V_{dm}$$

带有概率 P_{dm} 的 MNL 模型可写为：

$$P_{dm} = \frac{\exp(V_d + V_{dm})}{\sum_{d \in D, m \in M} \exp(V_d + V_{dm})} = \frac{\exp(V_d + \theta \widetilde{V}_d)}{\sum_{d \in D} \exp(V_d + \theta \widetilde{V}_d)} \frac{\exp(V_{dm})}{\sum_{m \in M} \exp(V_{dm})}$$

其中，$\theta = 1$，$\widetilde{V}_d = \ln \sum_{m \in M}(\exp V_{dm})$。

[23] 马丁·理查德斯给胡·威廉姆斯的私人通信，2013。

[24] 威尔森（1967，1970）根据不同背景和假设提出了很多种模型，此处查德斯和本-阿基瓦（1975）提到的是他的"联合分布模式划分模型"。

[25] 罗伯特·考克雷在 2011 年给胡·威廉姆斯的私人通信里称，由约翰·潘德勒伯瑞开

发的乘客需求模型具具有泛化层级 Logit 结构,其广义成本具有幂函数形式。

[26]考克雷的论文于 1972 年投稿给了《交通经济学和政策期刊》。他就审查过程写了很长的篇幅,而论文的发表则被推迟到了 1975 年,这部分是由于难以选择合格的审查者(罗伯特·考克雷,给胡·威廉姆斯的个人通信,2010)。

[27]有趣的是,个体倍增化情形进来得到了福斯格劳和拜尔赖尔(2009)的关注,这两人发现其在拟合度上较更常见的误差结构有所提高。

[28]许多专业文本和手册探讨了 MNL 模型的特性、预测和应用:例如,更多细节可参阅本-阿基瓦和勒曼(1985),亨舍尔等(2005)及奥图萨和维朗森(2011),还有科普曼和巴特(2006,第 4-7 章)的优秀自学课程。

[29]皮特·斯托弗给胡·威廉姆斯的个人通信,2009。

5 基于离散选择模型的出行预测（二）

5.1 概述

20世纪70年代早期,通过使用基于微观模型估计的个体行为集计手段,城市出行预测方法取得了长足的进步。对于这类微观模型,离散选择随机效用最大化框架(RUM)为多方式预测,以及探索出行决策过程的相关假设和模型结构之间的关系提供了理论和实践基础。在这一章,我们进一步回顾这些预测方法的理论和实践进展。本章内容分两个部分:5.2~5.6节回顾20世纪70年代中期到80年代中期的进展;5.7节介绍最近的进展。

上述划分的原因简述如下。第一阶段包含大量富有创新性的东西,它们很快融入应用研究且至今保持极大的实践意义。然而,20世纪80年代中期以来开展了基于随机效用理论的离散选择出行模型的海量研究,成果见诸各类期刊、会议和书籍。尽管判断哪些模型和方法会被常规出行预测的实践广泛吸收还为时尚早,这些工作因其在概念上的吸引力和技术上的挑战性让定量研究的拥趸们欲罢不能。以20世纪80年代中期为界,也便于在第6章介绍被一些学者描述为新的行为范式的基于人类活动的方法,而这类方法已开始对如何看待和分析出行行为产生重要的影响。希望保持章节间内容按时间演进的读者,可在第一次阅读时跳过5.7节。

让我们回到20世纪70年代中期。当时,在出行预测的非集计模型领域,多项Logit模型(MNL)已经成为具有支配地位的实践分析工具。在4.6.1节中我们看到MNL模型的易用性被一些同样存在于传统集计模型潜在问题抵消了。我们也注意到,到20世纪70年代中期,在模型层级内对单个选择模型的顺序选择、把它们"连接"起来的手段,以及是否应该用单一MNL模型在多个选择维度上扩展的方法来取代顺序结构,都是需要进一步研究的问题。

从20世纪70年代起,学者们在寻求放宽对MNL模型约束的过程中意识到,有必要在不同备选方案的效用变量联合分布的一般性和其对模型求解和参数估计的实际影响之间进行平衡。20世纪70年代中期开始出现了两个实现随机效用模型家族实用拓展的方法。第一个是直接方法,即在合理的行为假设条件下,对选项效用的随机项的分布做出明确指定。经过审慎的取舍,这些可能适用于解析选择模型,并以选择概率的闭合分析形式表达。否则,解决这个确定选择概率的数学难题(多元积分)需要直接做数值计算。第二个生成选择模型的途径是通过建立模型需满足的一般性数学条件,使其与随机效用最大化的假设保持一致,同时寻求能够表征现实行为且易于实际应用的模型表达。(麦克法登,1973,1976b;哈里斯和谭纳,1974)。本章我们会介绍这两个途径。

到20世纪70年代早期,把MNL模型以顺序或层级形式连接起来搭建出行需求模型已见诸各类研究,既包括基于小区的集计模型(威尔森,1969,1970;威尔森等,1960;曼海姆,1973),也包括微观层面的离散选择模型(4.1节)(斯托弗和里斯科,1970,CRA,1972;本-阿基瓦,1973,1974)。在此类模型中,出行市场(关于不同方式、目的地等)按照在集计形式下的MNL的分担率或在微观层面应用的离散选择模型下MNL概率乘积连续细分。

对于层级排列多于一个的MNL模型,结果证明某一层的对数和(即MNL模型分母的对数)对于连接上一层MNL模型而言,是一个特别适宜的变量。就我们所知,首次在分层MNL模型框架内正确构造"对数和"连接的应用由本-阿基瓦完成(1973,1974),见4.4.3节。正如奥图萨(2001)所言,这一连接直到20世纪70年代中期才在理论上受到重视。的确,有意思的是,到20世纪70年代早期,"对数和"表达在出行需求模型中已经以不同的方式出现,从历史的角度看,注意到它们之间的差别很重要。"对数和"或者类似的解析表达[1]在三类不同的情形下出现过:

(1) MNL模型结构性分解应用于两个或多个维度,例如出行目的和出行方式(威尔森,1967,1970;曼海姆,1973;本-阿基瓦,1973,1974)。

(2) 广义消费者盈余指标所衍生的MNL形式的空间互动模型(威尔森和克万,1969;纽伯格,1971)(3.8节)。

(3) 涉及甘贝尔分布效用(或广义费用)变量的离散选择问题的期望最大效用度量(或期望最小广义费用)指标(哈里斯和谭纳,1974;科尼格,1975;考克雷,1975,杜门齐克和麦克法登,1975)(4.2节和4.5节)。

第一类是MNL(分担率)模型应用于不同备选项子集产生的纯粹的数学结果;第二和第三类分别是集计和微观层面出行选择经济分析的理论推论,来自用于生成MNL需求模型的效用函数的特定形式。在20世纪70年代早期,这些不同释义之间的联系并不显而易见。

探寻MNL模型的实用推广——同时满足随机效用最大化(RUM)和不受限于'不相关选项独立性'(IIA)属性——的努力产生了威廉姆斯(1977a)及达利和扎卡里(1978)的嵌套Logit(NL)模型,以及麦克法登提出的一类更广义的把NL模型作为特例的选择模型。因为NL模型及其特例MNL模型直到今天依然主导离散选择方法在城市出行预测领域的实际应用,我们在本章对这些研究的背景做深入的描述。

在5.2节,聚焦威廉姆斯、达利和扎卡里提出的结构化Logit、树形Logit、层级Logit和嵌套Logit模型,讨论用于对这些模型做推导、解释和应用的各种方法。这些英国学者在1975年12月第一次意识到彼此在NL模型上的独立工作,这早于他们在英国利兹和1976年规划和交通研究及计算组织年会(PTRC)上的报告。在5.3节,我们转向在这一时期离散选择随机效用最大化方法的理论高峰,尤其是麦克法登在广义极值模型方面的研究(麦克法登,1978,1981)。

与 20 世纪 70 年代早期寻求方便应用的广义 MNL 模型闭合形式同时展开的,是应用直接数值方法解决离散选择随机效用框架内的各种个体选择模型。特别受到关注的是能够高效求解多项 Probit(MNP)模型——它能解决一般的选项相似性以及群体的偏好差别——的算法。在 5.4 节,我们将考虑这些数值方法,并特别考虑微观仿真技术的早期应用以及它的一些更广泛的背景。

5.5 节从讨论基于离散选择理论的行为方法的更广义的理论发展回归,考虑应对现实挑战的进展,即将新的非集计形式的出行预测用于满足城市圈规划组织的长短期政策需求。我们将讲述第一波用复杂行为模型替代传统模型的成功尝试,它们先后在美国和荷兰实践。这些努力构成了"基于出行"的出行预测方法的高潮。

从历史来看,出行领域最重要的进展之一就是引入研究态度、偏好、选择的试验方法作为出行预测的基础。在 5.6 节我们将讨论来自数学心理学和市场营销领域的"陈述性偏好"方法的出现以及它是如何在 20 世纪 80 年代前期逐步被出行预测界认可的。

在 5.7 节,我们转向本章的第二部分并叙述离散选择随机效用最大化方法从 20 世纪 80 年代中期出现以来的进展。这些进展中仅有几项应用在城市出行预测的实践中。然而,所有这些进展都将被一一梳理,它们对本领域的概念发展很重要,目前在研究上广泛应用,并且是支撑更广泛使用的模型假设的必要手段。

本章最后评价了基于离散选择随机效用模型的出行预测对行为方法的贡献。

5.2 相似备选方案之间的选择:嵌套 Logit(NL)模型

5.2.1 NL 模型的衍生和应用:威廉姆斯和西尼尔的研究

在 1973 年后期,胡·威廉姆斯就职于利兹大学交通研究所,研究一组表面上几乎无关联的问题。在对 25 项英国交通研究(3.7.3 节)中的出行需求模型进行综述后,威廉姆斯试图理解如下问题:

(1) 传统预测结构中各步骤顺序的依据以及它们相互之间的关联途径。
(2) 对多方式体系模型构造的不同方法,特别是"纯方式"和"混合方式"的问题。
(3) 结合需求模型与项目评估阶段,计算项目及政策的用户收益的方式。

为解决上述问题,威廉姆斯转向离散选择方法,特别是 CRA(1972)和本-阿基瓦(1973,1974)提出的随机效用形式。

5.2.1.1 树形表达、相似性模式和 NL 模型

威廉姆斯指出,应用 MNL 模型所需要的条件,即"备选方案的不同"(在数学上表达为随机效用变量的独立性),在许多涉及多方式和多选择维度的复杂组合应用中一般不成立。出于同样的原因,他提出不同备选方案的相似性和它们效用的相关性问题是这些应用中构造模型的关键,并指出 MNL 形式在这些情形下不适用于实际分析。

在 CRA(1972)的基础上,威廉姆斯研究了随机效用模型,它的形成基于个体从一组备

选方案中做最优选择所需传递的信息;这些备选方案(或是一组出行方式,或是更复杂的多维度情形,涉及频率、目的地、方式和路径)用可加并可分离的效用函数来定义。如 4.4 节的讨论,这些函数形式允许把决策过程方便地用树形结构表达。在这一结构下,条件效用最大化决策是在树的不同节点集合 N 和不同层级集合 L 上进行的。

威廉姆斯指出树的结构反映了不同备选方案之间的相似性,而它们效用之间的相关性则来自最底层备选方案以上各分支(这些分支共享该底层备选方案)效用的随机部分。他提出出行预测模型中备选的选择顺序之间的区别,特别是图 5-1 所示的 F/D/M/R、F/M/D/R 和 F/D-M/R 结构间的区别,可被解释为代表关于频率(F)、目的地(D)、模式(M)和路径(R)选择组合之间的相似性模式的不同假设。在所有的情况中,个体被认为是依据效用最大化做出理性选择,且需求模型的结构与一组备选方案中不同选项的效用之间相关模式的先验假设。

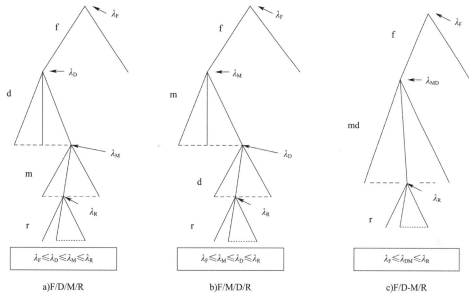

a) F/D/M/R   b) F/M/D/R   c) F/D-M/R

图 5-1 备选嵌套 Logit 模型在多维度中的树形结构:频率(F),目的地(D),模式(M)和路径(R),参数限制与所选择的层次结构相适

来源:基于威廉姆斯(1977a)及威廉姆斯与西尼尔(1977)。

用上述同样的方式,如图 5-2 和图 5-3 所示的树状结构分别代表多方式和混合方式情形下的选择。与这些备选方案相关的效用函数在它们的子集里包含一个公共随机效用分量。对图 5-2 所示的三种出行方式,即小汽车、公交车和地铁,公交出行模式(公交车和地铁)所共有的公共随机效用分量的存在,反映了一种相似和相关模式,需要通过一个综合公交的"巢"(nest)纳入树状结构。对于涉及停车+公交(P+R)混合模式的情形,威廉姆斯假设停车地点相对于出行起点和目的地的位置会决定任何公共效用分量的大小,从而决定 P+R 和其他备选方案(小汽车或公交车)之间的相似度。这将决定最终采用的层级结构的形态,如图 5-3 所示。

如 CRA(1972)的分析,在整体效用最大化框架下,个体在树状结构中的每个节点 N,可以被认为是在相关的一组选项中作条件决策。因此,求解对任何组合方案的选择概率涉及解决如下问题:个体在每个节点一步步做出决策,从后续的一系列选项中,寻求效用最大化的选择。这一过程顺着树状结构一直向上,直到得到最优(效用最大的)解。

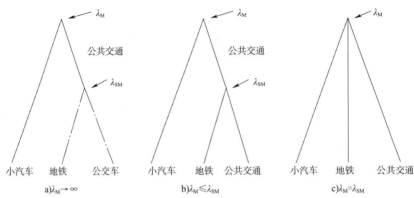

图 5-2　针对在小汽车、地铁和公交车间进行选择的嵌套 Logit 和多项式 Logit 模型的树形结构
来源：改自威廉姆斯（1977a，1977b）。

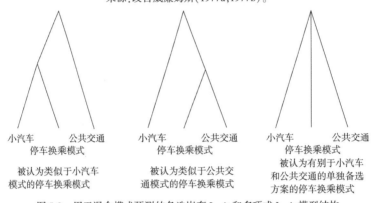

图 5-3　用于混合模式预测的备选嵌套 Logit 和多项式 Logit 模型结构
来源：改自威廉姆斯（1977b）。

为了给树状结构的每一层的每个节点的条件概率生成 MNL 概率，威廉姆斯假设节点的效用服从甘贝尔分布，且标准差对处于树的同一层的所有备选方案都相同。在任何层的任何节点，在相关选项集里选择某个选项的概率用 MNL 模型表达，且有一个对本层级 L 所有节点共有的特征响应参数 λ_L。个体选择一个给定频率、位置、方式和路径组合的概率，被描述为一个对应从树的最底层（B）到最顶层（T）的不同层级 L（参数为 $\lambda_B \cdots \lambda_L \cdots \lambda_T$）的 MNL 模型的乘积。

5.2.1.2　合成效用/成本的性质

关于"合成效用""合成成本"或"组合规则"等本质，CRA（1972）已经完成了大部分的困难工作；然而，"对于一个代表性消费者，从可分离偏好理论引出的使用线性平均公式的包容值（invlusive values）"（麦克法登，2000b，5）导致了不恰当的表达式。威廉姆斯指出，在随机效用的架构里，在任何节点的一组选项，最大效用分布的均值负责把树下游最优选择的信息传递到树的更高层。[2] 对甘贝尔分布而言，选择集的"对数和"负责生成树的每一层的 MNL 模型，给出最大期望效用的表达，并由此给出综合成本函数。威廉姆斯给出了对应于图 5-1 的三个树状结构不同层级的随机效用模型的表达式。类似的，在多方式场景下，最大效用分布的均值，即"对数和"（在本案例中，即图 5-2 中公交—地铁二元 Logit 选择模型的分母的自然对数），代表与公交的"巢"相关的选择的综合效用（负效用）。

在探索混合效用/成本的特性时,威廉姆斯(1977a,1977b)也试图解释为什么被广泛采用的形式,即不同备选方案的代表性效用(或广义成本)的加权平均值,不适合作为在构建需求模型时的"平均指标",在不同层级间传递信息。这个问题使他去思考"选定的备选方案"的效用分布,并注意到现在称为"提供的"和"获取的"或"接受的"效用之间的区别。[3]这一区别考克雷(1975)也注意到了(4.5.3 节)。威廉姆斯展示了最大效用分布的期望值也能够表达为不同备选方案的平均获取效用的加权和,而不是"提供的"效用($V_1 \cdots V_j \cdots V_N$)的平均。他当时没有注意到的是,对于支撑 MNL 模型的甘贝尔分布,这些差别对个体所获取的平均效用具有重要影响:选择任意备选方案个体的平均接受效用都相等,即"对数和"。图 5-4 的二元选择模型案例展示了"提供的"和"获取的"效用分布的差别,以及这些分布的平均值和加权平均值的不同。[4]

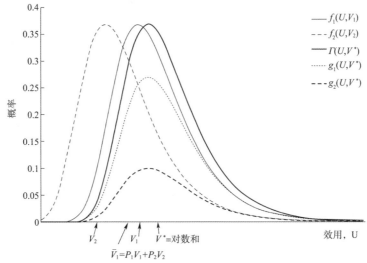

图 5-4 与一个二元 Logit 选择模型相关的五个甘贝尔效用分布
来源:改自威廉姆斯(1977a,1977b)。

5.2.1.3 需求函数需要满足的条件:参数不等式

在早前的应用中,MNL 模型被按顺序或层级排列,对不同层级的响应参数不设任何限制。威廉姆斯推断参数 λ_L 不仅决定了在不同树层 L 处行为响应对广义合成费用变化的敏感性,并且会受一组不等式的约束。他认为,在随机效用方法中,这些约束来自伴随从每一级向树的顶层不断推进的备选方案效用分布的方差。运用甘贝尔分布的属性:①任何层级的效用分布的参数 λ 与该层级共同标准差成反比;②一组甘贝尔分布变量最大值的复制属性(4.3.4 节),威廉姆斯推断不同层级的 MNL 模型的参数 λ 在向树的顶点推进的过程中不应该增大。因为理性行为的一致性,他提出模型应该满足 $\lambda_B \geqslant \cdots \geqslant \lambda_L \geqslant \cdots \geqslant \lambda_T$ 这一不等式条件,并得出以下结论:

(1)选择树里选项的顺序必须从反应最灵敏的(树的末端)到反应最不灵敏的(树的顶端,或顶点)选项依次排列。

(2)在模型的实证应用中,任何与不等式条件不一致的模型结构都是对行为的不合理表述。

(3)不同的排序可进行实证检验,不等式条件可用来作为剔除不恰当模型结构的依据(威廉姆斯,1977a;威廉姆斯和西尼尔,1977)。

5.2.1.4 MNL 和 NL 模型作为更通用模型的特例

当不同备选方案随机效用的相关性接近 0 的时候,树的不同相邻层级的 λ 参数间关系,如 λ_L 和 λ_{L+1},允许建立一类特例。在此情形下,分层 MNL 模型的两个层展开为一个扩展的 MNL 形式。这一结果并不意外,它确认当不同方案之间的没有相似性,因而备选方案被判断为完全不同时,NL 模型将退化为 MNL 模型。对于图 5-1a)~c)所示的 NL 模型,当反应参数 λ_D 和 λ_M 相等时,F/D-M/R 的形式可以被写成 F/D/M/R 和 F/M/D/R 形式的特例。类似的,如图 5-2 和图 5-3 所示的多方式模型,当主方式的选择和副方式的选择参数相等,即 $\lambda_{MM} = \lambda_{SM}$ 时,NL 形式"展开"成为三个方式的 MNL 模型,这时,MNL 模型恰当表述了对三种模式的不同选择。扩展至混合方式情形,同样适用。

威廉姆斯指出,NL 模型内在的层级结构反映了被选用的随机效用函数形式的非对称性。这一函数及最终的决策顺序必须事先确定,根据不同备选方案的相似性模式确定不同顺序(D/M 和 M/D)。这一点带来一个根本性问题:在同样的基础上处理不同选择维度,诸如出行目的地和出行方式,目的地和方式的效用函数的随机分量对称,且符合随机效用最大化的模型结构是什么?[5] 一般情况下,它不可能是 MNL 模型,因为在选择的两个维度之间存在相似性和相关性。目的地和方式选择的不同组合可能在某些区位特征上或者方式特性上相似。

对目的地-方式组合选择之间体现上述更复杂相似形态的情形,威廉姆斯(1977a)研究了有闭合式的随机效用模型。他称之为交叉相关 Logit(CCL)模型,或 D*M,并指出其在不同特例中会退化为 NL 结构乃至 MNL 模型。尽管后来他和同事朱安·德·迪奥斯·奥图萨,用蒙特卡罗模拟求解了一个有类似相关模式的随机效用模型(威廉姆斯和奥图萨,1982),他提出的这类模型并不符合效用最大化。

5.2.1.5 NL 模型,期望最大效用指标和社会福利分析

推导出 MNL 形式的离散选择模型的消费者盈余指标的"对数和"这一贡献,有时候被归功于威廉姆斯(1977a);然而,基于我们在 4.5 节的讨论,之前哈里斯和谭纳(1974),考克雷(1975)和科尼格(1975)在此方面的研究应该被承认。为了探索福利(用户收益)指标和概率选择模型间更普遍的关系,威廉姆斯仔细研究了 4.2 节中被称为传递不变性(translational invariant)效用分布的期望最大效用(EMU)指标的属性。对这类形式的模型,期望最大效用指标在求导时会为不同备选方案生成选择概率,而且概率选择的模型满足霍泰令对称条件(哈里斯和谭纳,1974;威廉姆斯,1977a)。

对 NL 模型,威廉姆斯给出了在完全选择集上进行选择的最大期望效用(EMU)的表达式,并指出这个值可以很容易地从决策树的顶点提取。这个结果能表达为广义的'对数和'形式。对涉及多方式选择的层级安排,他也展示了精确的 EMU 结果(威廉姆斯,1977a,1977b),并指出这些指标能被用于计算随项目和政策变动而产生的用户效益。他认为这些指标是离散选择 RUM 框架下纽伯格(1971)结果的推广。

威廉姆斯与他在利兹大学的同事马庭·西尼尔一起演示了此类广义"对数和"指标如何与 NL 形式的出行需求模型一起用于计算用户收益,用来检验 RoH 规则的精度,并在必要时——例如用户成本发生巨大变化时——取代 RoH。如纽伯格所做那样,他们也重新解释了源于用户成本改变、以通常采用的可达性指标的变化来表征的 RoH 机动性收益。他们以评价西约克

郡地区的备选用地和交通方案为例,确定了由一组高速公路、公共交通和需求约束政策带来的效益的空间分布,并对这种解释方式做了更广义的阐述(威廉姆斯和西尼尔,1977;1978)。

因此,在微观层面开发的出行需求模型的离散选择理论方面,出现了表达各异的消费者盈余指标、期望最大效用、综合成本及普遍接受的可达性指标之间的关系(哈里斯和谭纳,1944;考克雷,1975;科尼格,1975;杜门齐克和麦克法登,1975;威廉姆斯,1977a;威廉姆斯和西尼尔,1978)。关于可达性指标,常常被认为是纯经验概念,而本-阿基瓦和勒曼(1979)认为可达性概念可以被"定义"为伴随随机效用选择过程的最大效用分布的期望值,因而为一个纯粹的经验概念提供了一个经济学(离散选择)解释。从此以后,NL 模型中的最大效用期望值,即"对数和",在美国经常被描述为"可达性指标"。

有兴趣了解完整的历史资料、技术讨论和对数和表达进一步应用的读者,请参阅德·琼等(2007b)。

5.2.1.6 以 NL 形式重新构造和应用传统的四阶段模型

尽管前述结果是在微观层面基于个体选择演绎出来的,人们还是很自然地开始探寻它们对集计(小区)层面确定的层级模型,特别是四阶段预测模型的实践启示。那么新的基于随机效用的行为模型理论,如同有些人预言那样,"一举击倒"了传统模型吗?抑或如过去那样,传统模型通过汲取这一时期的创新而获益?用 NL 形式重构传统四阶段出行预测模型并应用于政策分析的实际结果如何?受本-阿基瓦早期的非集计结构(本-阿基瓦,1973,1974,4.4 节)研究的启发,西尼尔和威廉姆斯研究了一组以 G/D/M/A、G/M/D/A 和 G/D-M/A 形式嵌套的'分布-方式划分'同步模型,应用于利兹-西约克郡的研究区域。和本-阿基瓦的研究一样,若干组合规则或组合成本函数被用于对接出行分布 D 和方式划分 M 的模型,包括合理构造的对数和指标。此外,他们对不同 MNL 模型阶段的 λ 响应参数进行了仔细研究,确定其估值是否满足确保需求模型各阶段合适顺序的不等式条件(西尼尔和威廉姆斯,1977;威廉姆斯和西尼尔,1977)。

主要缘于威尔森的研究结果(威尔森,1969;威尔森等,1969),在 20 世纪 60 年代末期,英国的许多城市出行需求预测模型(相比于那些在美国应用的模型)已经有了与 NL 模型非常相似的形态,尽管其组合费用的形式还存在问题(3.7.2 节)。与那个时期的普遍应用相仿,出行生成(或出行频率选择)模型对服务水平变量不敏感,相当于 MNL 中 $\lambda_F = 0$。对用户均衡分配,所有出行者面对的是确定性成本,寻求他们最小广义费用(或出行时间)路线相当于把 MNL 中的 λ_R 置于无穷大。用参数不等式表征的总的需求模型结构的一致性因此取决于出行分布和方式划分参数 λ_D 和 λ_M 的相对大小。具体来说,G/D/M/A 的顺序能够代表理性的行为反应的前提是,实证确定的参数必须满足 $\lambda_D \leq \lambda_M$ 条件。类似的,接受 G/M/D/A 结构的前提是相应的参数(我们用星号区分)满足不等式 $\lambda_M^* \leq \lambda_D^*$。

不同的通勤出行模型经过校验后用于生成针对四项政策的一系列出行预测和评估指标:大范围的高速公路计划,免费公交政策,停车收费政策以及利兹中心某区的小汽车禁行。[6]这些政策涉及对广义出行成本的微调和重大改变,空间上既有针对局部的也有影响更大范围的。这些研究的部分结论如下:

(1)有不少 G/D/M/A 和 G/M/D/A 的模型能够给出令人满意的基准年标准拟合度,然而它们在政策场景测试中却会产生迥异的需求反应和评估指标。

(2)有些来自 G/D/M/A 需求模型结构的政策测试结果显得违反常识。校核后模型的广义(出行)方式费用的直接和交叉弹性显示出错误的变化方向。[7]

在 20 世纪 70 年代中期,上述发现非常出乎意料。此类问题在任何以前应用传统模型的城市交通研究中均没有记载,或者是问题从未出现或从未被注意到。问题出在违反了 G/D/M/A 模型参数的约束。估计出的方式和目的地选择反应参数——λ_M 和 λ_D ——的相对大小,与选定的嵌套结构形式不一致。威廉姆斯和西尼尔(1977)引述为"参数大小异常"。事实上,他们未能找到一个满足 $\lambda_D \leq \lambda_M$ 的 G/D/M/A 模型结构。而且,他们发现利兹-西约克郡的研究中这些估计参数的比值与在英国其他几项研究中发现的参数比值在大小上相近。他们注意到了这一结果的通用的启示:

每一项在 G/D/M/A 结构中采用了分析函数的交通研究中,早高峰通勤出行的参数都违反 $\lambda_D \leq \lambda_M$ 这一条件。通常,如当前研究中那样,λ_D/λ_M 的量级为 2~3。[8] 在交通研究中被广为采用的 G/D/M/A 模型全都出现了参数大小异常,这对测试本地化的政策或战略政策的局部作用有严重的影响。我们面临的一个根本问题是调和选定的模型结构的不等式条件和估计参数值之间的矛盾(威廉姆斯和西尼尔,1977,466,469)。

对照而言,把 NL 结构的 G/M/D/A(即在模型层级中方式划分在出行分布之前的模型)应用于同样的利兹-西约克郡数据时,估计参数 λ_M^*/λ_D^* 的比值为 0.3,和对应该需求模型结构的参数不等式 $\lambda_M^* \leq \lambda_D^*$ 兼容。[9]

威廉姆斯和西尼尔(1977)进一步总结了基于小区的应用:

(1)传统的基于小区的预测模型,恰当地分层并重构为 NL 结构时,如果满足适当的参数不等式,则可能被赋予一种行为学的解释。

(2)恰当的结构可能会随出行者类型、出行目的和行为系统的结构而变化。

(3)标准拟合度指标不足以确保出行需求预测可被接受;在城市交通研究中广为使用的模型验证过程急需扩展,以包括对模型反应属性(弹性)的审查,以避免异常结果。

我们将在第 9 章阐述这些问题。

5.2.2　NL 模型的替代方法:达利和扎卡里的研究

5.2.2.1　研究背景

在英国地方政府运筹研究单位(LGORU)工作的安德鲁·达利和斯坦·扎卡里提出了开发 NL 模型的另一个方法。达利和扎卡里分别从牛津和剑桥大学的数学专业毕业,在 20 世纪 70 年代早期致力于把基于随机效用理论的离散选择模型引入英国,对时间价值和非集计建模有深入的研究(达利和扎卡里,1975;戴维和达利,1976;达利,2013)。

作为在城市交通研究方面探索的一部分,LGORU 开发了一个公交车交通系统模型 TRANSEPT。基于对出行个体备选方案的复杂分析,该模型在 20 世纪 70 年代早期被应用于考文垂交通研究中。LGORU 寻求改进 TRANSEPT 的软件包,通过扩展现有需求模型来把在 OD 对之间不同路径上运行的各种方式,包括小汽车、步行以及各种公交车服务,纳入选择集。达利和扎卡里(1978)做出了若干项重要贡献,包括:引入定义完整的 NL 模型,展示了模型与 RUM 假设的一致性以及把模型应用于哈德斯菲尔德城市公交研究。

作者首先清楚地找出了 MNL 在下述应用中产生问题的根源:这类应用涉及方式和路径

组合,其备选方案的子集(即公交方式的多条路径)之间的相似性导致不同备选方案之间的需求交叉弹性的显著差别。因为在同一 OD 之间两个路径不同的公交车选项之间的相似性会比其中任意一个公交车选项和小汽车之间的相似性小得多,用 MNL 模型来对整个选择集建模看上去没有希望。作者把这个问题表达为与不同方式-路径备选方案相关的效用差别的方差问题:"在一个方式+路径选择的情况下……两条公交线路之间相对成本的方差(固定平均效用)比任何一条线路相对于小汽车的成本方差小得多"(达利和扎卡里,1978,343)。然后他们针对这种情况推导并应用了一个更灵活和实用的选择模型,不受 IIA 属性的约束,而且对不同备选方案之间的交叉弹性给出了更通用的形式。

5.2.2.2　传递不变性 RUM 模型:概率选择模型的哈里斯-扎卡里(H-Z)条件

基于哈里斯和谭纳(1974)的研究结果,扎卡里(1976)推出了以传递不变性效用函数支撑的源于随机效用最大化的概率选择模型 $P_j(V_1 \cdots V_j \cdots V_N)$ 的五个必要和充分条件(4.2 节)。我们称这五个条件为哈里斯-扎卡里(H-Z)条件。[10] 这些结果在达利和扎卡里(1978)中有记载。

在这些技术条件中有"霍泰令条件"(Hotelling condition)和"符号改变"条件(sign-change)。前者指的是选择模型的对称属性,后者要求某个备选方案被选到的概率 P_j 对别的备选方案效用 V_k 的导数以特定的方式改变符号。作者指出,对于这两个条件,前者"可以被认为是 P_j 相互兼容的必要条件,而后者要求'(效用随机分量的)隐含概率密度函数为非负'"(达利和扎卡里,1978,339)。

5.2.2.3　嵌套 Logit 模型及其参数估计

在寻求扩展 MNL 模型时,达利和扎卡里设想了如图 5-5a)所示的基于树形结构的选择,其中,有些被置于同一子集或"巢"$s = 1 \cdots S$ 内的选项,比其他选项更为相似。他们展示了,当且仅当所有的"巢"满足不等式 $\lambda_2 \leq \lambda_{1s}, s = 1 \cdots S$ 时,在树的不同层有'对数和'链接和参数 λ_2 及 λ_{1s} 的 NL 模型满足 H-Z 条件,从而代表一类从传递不变性效用函数导出的有效选择模型。达利和扎卡里(1978)进一步把模型推广到任何层级,并指出当相邻层级的 λ 相等时,模型可以退化为一个扩展的 MNL 结构。

作者进一步考虑了通过类似于 CRA(1972)和本-阿基瓦(1974)用过的系列程序用极大似然法进行模型估计:从最底层开始估计 MNL 模型在某层的参数,通过'对数和'变量把结果传递到上一层,然后估计更高层的 MNL 模型的参数。他们把这个称为启发式估计方法的方法与"同步估计方法"所得到的模型参数的最好估计值——谓之"真值",进行对比。作者发现:"毫无疑问……真正的极大似然估计结果更好一些"(达利和扎卡里,1978,351)。他们也强调在估计过程中"去除模型中虚假自由度"的必要性(达利和扎卡里,1978,348),这些发现的启示下面会提到。

5.2.2.4　嵌套 Logit 模型在一类模式—路径选择问题上的应用

在哈德斯菲尔德城市公交研究中,研究人员开发了一个三层树形结构的模型。如图 5-5b)所示,它代表了一次出行在小汽车、有四条线路的公交车以及步行之间的完整选择。嵌套结构反映了在不同备选方案之间假设的相似性和在不同方式及方式-线路组合间对应的交叉弹性的差别。接着,他们假定在不同备选公交车线路之间的选择代表最接近某个特定公交车出行的备选方案;然后考虑公交和步行之间的选择;最后是在公交-步行组合和小汽车之间的选择。与三个层次相对应的是三个参数,分别为 λ_3、λ_2、λ_1,且为保持与随机效用最大化要求相一致,模型需要满足 $\lambda_1 \leq \lambda_2 \leq \lambda_3$ 的不等式条件。

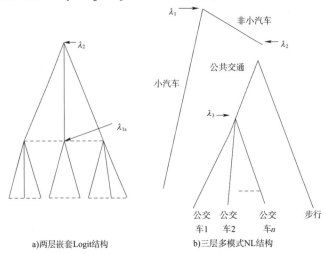

a) 两层嵌套Logit结构　　　b) 三层多模式NL结构

图 5-5　用于多模式预测的备选嵌套 Logit 结构

来源:基于达利和扎卡里(1978)。

为消除模型参数估计时的虚假自由度,达利和扎卡里在模型的不同层级使用参数 λ 的比值,通过参数 $\Theta_1 = \lambda_1/\lambda_2$ 和 $\Theta_2 = \lambda_2/\lambda_3$ 重构了模型。作者注意到 $\Theta_1 = \lambda_1/\lambda_2$ 和 $\Theta_2 = \lambda_2/\lambda_3$ 是不同层级效用差的标准差的比值。由于当 $\lambda_1 = \lambda_2 = \lambda_3$,即 $\Theta_1 = 1$ 且 $\Theta_2 = 1$ 时,得到的是简单的 MNL 模型,所以这些 Θ 参数能被用来检验模型推广的显著性。因而,Θ 值显著偏离并趋向一个小于 1 的值,表明模型从简单的 MNL 有显著提升(达利和扎卡里,1978,353)。

模型用两种方法通过极大似然法估计:从最低层到高层的顺序启发式估计和全信息极大似然最优估计。对于被称为"简单模型"的 MNL 这一特例的构造以及两种估计方法,他们指出:"大体上说,这些结果表明推广的模型比简单模型有显著改善,但是启发式和最优估计两种方法并无二致。Θ_1 的值在 10% 的置信水平上显著偏离 1"(达利和扎卡里,1978,354)。

作者反思了当数据与 NL 模型更匹配时,应用它的一些退化形式(如简单 MNL 模型)得出的结果做政策判断意味着什么。他们也指出鼓励公交或限制私人汽车出行等政策的有效性取决于或远或近的替代方式的属性,以及试图从过于简化的出行决策过程模型中获得(支持政策的)证据带来的问题。

安德鲁·达利后来继续研究 NL 模型,有大量论文问世(例如,达利,1987),并开发了用于 NL 模型估计的 ALOGIT 程序。他仍旧是离散选择随机效用模型理论和应用方面最杰出的贡献者之一。我们将在 5.7 节和 9.5 节关注他的一些最新贡献。现在,我们考虑威廉姆斯和达利及扎卡里的结果是如何进一步发展的。

5.3　拓宽架构:丹尼尔·麦克法登的进一步研究

尽管丹尼尔·麦克法登对其他经济分析领域做出了若干重要贡献,"他开发的用于分析离散选择的理论和方法"是他获得诺贝尔委员会(瑞典皇家科学院,2000)认可的核心。这项工作的内核是三篇论文(麦克法登,1973,1978,1981)。第一篇,如我们在第 4 章已经指出的,提供了离散选择随机效用模型,特别是 MNL 模型应用的理论和统计学基础。1978 年的论文最为人们熟悉的是引入了一系列广义极值模型,包括作为特例的 NL 和 MNL 模型。他相当重要的 1981 年的文章既是综述,也有新进展和(对已知结果的)统一。它探索了一系列问题:①概率选择模型与 RUM 假设相一致的详细条件;②离散选择的 RUM 方法和经典消费者理论在理论和方法上的关系,特别是在社会福利分析方面;③表面上大相径庭的模型之间的内在联系;④对几种用于方式选择的 NL 模型及其估计方法的数值对比。我们就 1978 年和 1981 年的贡献进行评论。

5.3.1 广义极值(GEV)模型家族

麦克法登发表于 1978 年的论文于 1977 年在瑞典的一个会议上做了首次报告。[11]尽管它的研究背景是在住宅/居住地场景下的离散选择,这篇论文最为人所知的是提出了一类"允许备选方案未被观察到的属性之间的一般依赖性,并能生成选择概率的闭合解析形式"(麦克法登,1978,80)。这篇论文成为交通和计量经济学研究历史上被最广泛引用的论文之一。达利和扎卡里(1978)展示的 NL 模型是服从 H-Z 条件,在某种情形下合适的选择模型,麦克法登更进了一步。他导出了一类通用的选择模型,用特别的数学形式表达且与从自传递不变性函数导出的 RUM 假设一致。这一数学形式具有极大的现实和理论意义。

正如 MNL 模型能够从效用里未观察到的随机误差分量($\varepsilon_1 \cdots \varepsilon_j \cdots \varepsilon_N$)的分布服从同一独立单极值(甘贝尔 I 类)函数的假设推导而来,麦克法登建立了一组模型,其选择概率是在随机误差分量($\varepsilon_1 \cdots \varepsilon_j \cdots \varepsilon_N$)服从联合广义极值(GEV)分布的条件下导出的,其特征函数写为 $G\{\varepsilon_1 \cdots \varepsilon_N\}$。[12]他通过后来著名的 GEV 定理展示,要生成一个与 RUM 假设一致的模型,这个函数必须满足若干条件。如果这些条件被满足了,那么选择概率就能够被表达为 G 函数(及其导数)的形式。进一步,麦克法登展示了 $\log(G)$ 与选择过程中获得的平均期望效用(EMU)相等且选择概率 P_j 可以简单地通过对 EMU 求导取得。[13]通过选择合适的 G 函数或 EMU,能够生成单个选择模型,展示未观察到的属性之间形态各异的相关性和不同备选方案之间的相似度。

麦克法登(1978)的核心结果是证明 MNL 和 NL 模型属于 GEV 一族,并可以通过 GEV 理论来生成。[14]对 NL 模型而言,这涉及在一个树形结构的一系列层级范围内,把多组备选方案划分为互斥的组或"巢",并且给不同的"巢" $k = 1 \cdots K$ 提供"相似性"联系的参数 σ_k。据此可以推出 NL 形式的选择模型并建立起与随机效用最大化的一致性条件:它要求参数被限定在单位区间内,即 $0 \leq \sigma_k < 1$。与单个"巢"相联系的内在价值变量('对数和')系数,用 $1 - \sigma_k$ 表示,这样,当相似性参数 σ_k 等于 0 时模型即退化为特例——MNL 模型。显著地偏离 0 的 σ_k 取值可被用来验证"巢"内成员之间存在显著的相似性,并作为采纳 NL 而不是 MNL 模型的依据。

尽管 NL 及其特殊形式 MNL 模型注定仍会是实际应用上最广泛的形式,但 GEV 理论使进一步推导与 RUM 假设一致且有闭合分析式的选择模型成为可能,并保证这些新模式既实用又是基于行为上合理的结构。然而,在 20 世纪 80 年代早期,如何才能生成此类实用且满

足 G 函数要求的模型形式,并不明朗。肯尼斯·特瑞恩与麦克法登在伯克利大学做了很长时间的同事,也是合作者,他后来对 G 函数需要满足的属性做了如下的评述:

这些属性的经济学直觉甚少……属性背后的直觉缺乏既是一件好事,也是一件坏事。劣势是研究者缺乏线索去确定一个能满足他研究需要的 G 函数。优势则是纯粹的数学方法允许他生成某些单凭直觉开发不出来的模型。

在 5.7 节,我们将讲述更特殊的 GEV 模型及其在生成实用形式上的进展。

5.3.2 嵌套 Logit 模型的应用

作为 GEV 家族和 NL 模型讨论的一部分,麦克法登(1978)分析了在居住地选择场景下的相似性和集计的问题;这里,相邻社区效应带来的居住地选择的相似性可以用 NL 模型框架来表达。这一贡献给先前关于居住地选择的研究提供了对照,包括勒曼(1976)和奎格力(1976)。在他 1981 年的论文中,麦克法登回到了出行方式选择的问题,讨论了多方式选择模型的构建,指出了把 NL 模型应用于包含几组(内部相似的)备选方案的情形时潜在的复杂性。他以旧金山湾区四种出行方式的选择(小汽车、普通公交车、快速公交及小汽车合乘)为例,探索了不同备选方案的相似模式,测试了七种可能的(NL 模型)树形结构,并与直接考虑四种选择的 MNL 模型相比,揭示预测结果的理论一致性和数值差异。模型参数的顺序估计用了 616 个通勤者的样本,结果发现参数估计值(如时间价值)对模型设定非常敏感。他也把这些结果与用全信息最大似然估计得到的部分模型的参数做了比较。

关于把 NL 模型应用于多方式(有时称为嵌套式多项 Logit,即 NMNL)场景以及其他估计方法(顺序和 FIML 方法)等问题,麦克法登评论:"应用……表明这些模型能给出明显比 MNL 模型更好的拟合效果。NMNL 模型的顺序估计即使对相当大而复杂的树形结构也实用,而 FIML 方法对中等规模的问题是实用的"(麦克法登,1981,248)。

5.3.3 不同类别模型之间的关系

在交通模型的发展史上,理论家和实践者都对如何为众多不同的模型建立分类学这一重要问题感兴趣。分类可以厘清理论基础、数学结构和细部构造上的相似性和差异性,并用它们来揭示使用不同模型形式在数值分析方面的后果。在这方面,麦克法登(1981)就他所称的瑟斯通形式(多元 Probit 模型)、卢斯形式(包括 MNL 和 GEV 模型)、特瓦斯基形式(例如,逐项消去模型)作出了许多有趣的观察。

在 4.2 节我们在数学心理学的框架内简要讨论了离散选择模型并提及一个特别的模型:阿莫斯·特瓦斯基(1972)的逐项消去(EBA)模型。因其避免了 MNL 模型的 IIA 属性(被视为是它的阿喀琉斯之踵),EBA 曾被视为可以替代 MNL 模型。EBA 模型是一个特别有趣的概念。它通过备选方案的一系列特征或属性的存在与否来识别它们。个体被假定为通过备选方案的属性的分层排序来进行选择,即连续消除没有(该个体)需要属性的备选方案(偏好在这里是定义在属性之上的特征字典)。

麦克法登(1981)仔细研究了 GEV 和 EBA 模型的数学结构,并通过把选择概率表达为个体在备选方案子集间进行转移,得出了它们之间的对应关系。在 20 世纪 70 年代晚期,特瓦斯基,麦克法登和其他学者有大量关于 GEV 和 EBA 模型的属性及数值对应的猜测,这些模型"允许备选方案间非常广义的相似形态"(麦克法登,1981,230)。这一模型间的相似性,对前者(GEV 模型)缘起于随机残值间的相关结构;对后者(EBA 模型),则是因为某一备选方案子集存在的特征。这一讨论中特别值得一提的是 NL 模型(此处称为树形极值模型或 TEV)和 EBA 模型的一个特例[称为分层逐项消除模型,即 HEBA,由特瓦斯基和萨塔斯(1979)提出]之间的相似性。在 HEBA 模型中,彼此共享属性的备选方案子集间形成被称为偏好树的结构。为了研究相似性,麦克法登通过一系列数值测试对比了从 TEV、HEBA 以及恰当设定的多元 Probit(MNP)模型中(5.4 节)得到的选择概率,并对参数自由度相同的模型得出以下结论:

测试结果最突出的特征是由 HEBA,TEV 和 MNP 预测的多元概率的相近程度……我们的结论是,至少对于简单偏好树……这些模型从满足实用目的的角度看难分伯仲……MNP、HEBA 和 TEV 的函数形式,当限制同等数量的参数时,对由各种相似性形态生成的数据的拟合结果非常接近(麦克法登,1981,236,248)。

因此,他展示了特定的 GEV 和 EBA 模型家族的成员,尽管基于不同的理论方法,却显示出结构上的深度相似,并在某些条件下,产生非常接近的数值选择概率(也见巴特利和达利,2006)。麦克法登(1981)从这一分析中得出了一个更重要也更有普遍性的实践论点:"实践经验表明,当函数形式具有彼此相似的备选方案间互相替换的形态时,它们对经济数据集的拟合结果也差不多。"

5.3.4 离散选择分析和经济福利评估

先前和目前章节的主题旨在建立下面两方面的紧密联系:用基于随机效用理论的离散选择模型来预测行为反应;从模型中推导出的福利指标(消费者盈余)。后者对评估交通政策和项目很有用。这一关系在 NL 模型上的应用(威廉姆斯,1977a,1977b)已经在上文中讨论过,而且如文中指出的,通过展示 EMU(即选择集最大效用分布的期望值)等于(只相差一个常数)生成函数 G 的对数,麦克法登(1978)把这些结果扩展到了 GEV 家族。[15]

通过建立 RUM 架构下生成可接受的社会盈余指标的条件,麦克法登(1981)把这一分析放在了更广泛的微观经济福利分析的背景下。特别是他引入并探索了一类"可加和收入随机效用最大化"(AIRUM)模型。麦克法登后来简洁地指出,当(间接)效用是关于收入的线性函数(即收入的边际效用为常数)且满足传递不变性时,

选择行为……能够用"代表性"消费者来描述,它的效用是期望效用函数且它的选择概率是用罗伊恒等式对该函数求导给出的。这既方便了对选择概率的推导,也方便应用那些需要测算对社会政策(例如交通系统改善)的支付意愿(WTP)的交通需求模型。用经济学的术语,这是一个马绍尔和西克斯需求函数相一致,且可能对(个体)偏好做社会集计的情形(麦克法登,2000b,14)。

麦克法登(1981)和斯摩尔和罗森(1981)也考虑了分别基于 RUM 和福利经济学的离散选择模型的关系,奠定了严格的理论和实践基石以使用诸如对数和及其扩展指标来评估项目和政策的收益。这一工作产生了一系列富有成果的研究,确定了从基于 RUM 的更广义的概率选择模型(包括那些显示偏好差异和非线性收入影响的模型)导出的行为(结果)对福利(分析)的影响。更多细节见麦克法登(1997),特瑞恩(1998),赫瑞支和克林(1999),彻齐

等(2004),加拉·迪亚兹(2007),斯摩尔和沃霍夫(2007)和德·琼等(2007b)。

尽管后来 GEV 架构还有进一步的重要进展(将在 5.7 节讨论),麦克法登在 1978 年和 1981 年的论文名副其实地代表了基于 RUM 的离散选择方法的理论高峰,并在更广阔的边界内设定了被众多学者思考过的模型结构和经济福利分析等问题。这些学者包括 CRA(1972),本-阿基瓦(1974),哈里斯和谭纳(1974),考克雷(1975),科尼格(1975),杜门齐克和麦克法登(1975),威廉姆斯(1977a),达利和扎卡里(1978),威廉姆斯和西尼尔(1978),以及本-阿基瓦和勒曼(1979)。他的两篇论文也为如何处理备选方案之间有更复杂的相似性形态的选择情形提供了线索。然而,在这些论文之后,研究如何从这一族模型中抽取更广义而实用的模型这一工作暂停了。在某种意义上,这些论文终结了一个时代,它通过生成一类广义闭合式模型展现了数学工具的优雅。从现在起,我们将见证数值分析工具的力量如何进一步改进基于 RUM 的选择模型。这个故事将把我们带回 20 世纪 70 年代中期。

5.4 使用数值求解方法:微观仿真

5.4.1 在非集计模型中使用数值方法

20 世纪 70 年代中期以来,随着人们开始寻找和应用限制更少的行为假设,在实现基于离散选择随机效用的理论中使用数值方法求解特定的数学问题(通常为多元积分问题)变得越来越普遍。特别的,当前在运筹学、计量经济学、交通模型等领域广泛用于数值求解随机模型的微观仿真方法,在这一时期开始进入了出行预测领域。尽管"微观仿真"的具体含义经常大相径庭(有时指静态或动态特征),它代表了一系列建模技术和方法,他们利用单个代理的样本(人、家庭和企业)来求解代表这些代理可能行为的一个方程组并对结果集计。在积分过程中使用随机数的蒙特卡洛方法,是在这一场景下广为使用的方法。

使用微观仿真方法求解和实施没有解析解的模型的做法日益增多,本节我们概述这些工作。随着更精密复杂的行为模型被用于实践,微观方法变得日益重要。这些进展包括以下几个方面:①基于随机效用方法的离散选择模型的仿真,特别是多元 Probit(MNP)模型的求解;②与微观行为模型相关联的集计过程,包括构建和使用人工合成的样本;③代表城市市场过程的更广义的应用,特别是在住房、劳动力和出行有关的细分市场中。

5.4.2 选择的仿真:多元 probit(MNP)和其他 RUM 模型

NL 模型解决了 MNL 模型的一个限制,即选择过程中备选方案不允许存在相似性,因而避免了 IIA 属性的约束。然而,MNL、NL 以及更广义的 GEV 一族的模型,都受"同质偏好"的限制。对于这些模型,纳入个体偏好差异需要明确的市场细分并为每个细分市场指定单独的偏好参数。在研究 NL 模型的同时,学者们也尝试通过采用多元(正态)Probit(MNP)模型,来解决备选方案不同子集间的相似性及总体偏好的差异性问题。

在 MNP 模型中,代表性效用的偏好参数及效用函数中的随机误差项都被认为服从正态分布,具有任意的方差-协方差矩阵。这样可以允许偏好参数在人群中变化,而且引入备选方案之间复杂的相似性模式。这个灵活度的代价是：对任何一组参数值，一个涉及 N 个备选方案的选择问题都需要求一个 $N-1$ 维的积分。除非有更有效的方法或适当的近似，得到参数的最优值，需把这个多重积分嵌入一个递归过程中做参数估计。

20世纪70年代中期出行领域对 MNP 模型兴趣高涨，仅在 MIT 就有三个研究团队在寻求模型估计和应用的高效数值方法。达甘佐，布特里尔和谢菲（1977），奥尔布赖特，勒曼和曼斯基（1977）和豪斯曼和怀兹（1978）探索了不同的数值近似和应用方法。在目前来看，有两个解决 MNP 模型计算可行性的方法值得一提：

（1）采用克拉克近似（克拉克，1961；达甘佐等，1977）。
（2）数值模拟方法（奥尔布赖特，勒曼和曼斯基，1977；勒曼和曼斯基，1981）。

第一个方法由克拉克提出，后来被达甘佐等（1977）用在 MNP 研究中。它反复应用两个联合正态分布变量的最大值分布的近似，大幅度简化了数值积分问题。用数值方法模拟选择过程的思路是从正态分布中抽取随机变量以代表样本中每个"个体"成员不同备选方案的效用。每个"个体"被分配给效用最大的备选方案。随着样本数量的增加，仿真产生的选择频率将收敛到实际的选择概率（奥尔布赖特等，1977，15）。在模型参数估计上，此方法将似然函数中选择某个备选方案的概率用模拟出的近似值代替，被称为极大模拟似然（勒曼和曼斯基，1981）。

在20世纪70年代中期，要获得与克拉克方法类似的精度，使用仿真方法需要大约相当于克拉克方法100倍的计算（CPU）时间。然而，对于仿真方法的优越性，奥尔布赖特等（1977）指出：

仿真方法可以生成与随机效用模型相关联的任何选择概率，而不仅是多元 Probit 模型……你只需要在我们使用的正态分布随机数生成器的位置，为想要的分布换一个随机数生成器……模拟方法潜在的缺点是，在概率计算中获得可接受的精度所需要的 CPU 时间也许太长而使得方法不再实用（奥尔布赖特等，1977，17-18）。

一项实证研究在出行方式选择的场景下对比了 MNL 和不同的 MNP 模型，探索如何利用 MNL 参数估计值作为 MNP 估计的初始解。

在这一时期，通过数值方法——特别是蒙特卡罗方法——求解离散选择模型被广泛应用并承担了测试近似方法的研究角色。仿真更有普遍意义的应用是检验备选决策模型以及随机误差结构的结果，并与更简化的假设做对比。如上述 MNP 研究，检验 MNL 模型的错误构造以及在它的推导中使用的假设，常常成为关注的核心。例如，针对出行方式选择的问题，朗顿（1976）检验了对出行方式效用分布的方差做不同假设的结果。

奥图萨（1979）及威廉姆斯和奥图萨（1982）使用蒙特卡罗仿真研究了选择过程的一系列模型构造，包括：①显示备选方案相似性的替代效用结构；②替代决策规则，包括作为补偿性选择机制的备选方案的消除策略；③有限信息和"满意"行为（6.2.2节）；④选项集在总体中的分布；⑤习惯在对"反应"建模方面的启示。使用来自美国华盛顿特区的数据，他们仔细研究了应用不同的模型如何导致相似的拟合优度指标却产生显著不同的政策反应。

麦克法登的另一个贡献是澄清了使用仿真模型估计离散选择概率的统计学理论。作为极大模拟似然方法（该方法用从仿真中得来的近似值代表似然函数中某备选方案的选择概率)的备选方案,麦克法登(1989)和麦克法登和路德(1994)应用了广义矩量法,后来被称为"模拟矩量法"。这一方法适用性很广,在 MNP 模型参数估计中的应用尤其有价值。通过从蒙特卡罗仿真中获得的估计值,它避免了用多元积分来得到反应概率的复杂计算,因此即使对有很多备选方案的模型,在计算上也是容易处理的。

5.4.3 为集计和预测生成合成样本

我们在出行需求分析中最早遇到"微观模拟"这个词汇的情形之一,是为了从样本的(个体)概率选择生成总体分担率而做集计。我们在 4.3.3 节看到了这一加总或整合过程的各种方法是如何起作用的(科普曼,1976;科普曼和本-阿基瓦,1977;本-阿基瓦和阿希顿,1977)。我们在那一节提到,当原始样本对预测情形有代表性时,样本枚举对于做短期预测非常方便。当条件改变,样本不再能在给定预测场景下代表总体的时候:

样本枚举被近似用于长期预测或用在当蒙特卡罗积分过程生成的初始样本(我们称为"伪样本枚举过程")不存在的时候。在此过程中,伪样本通过从独立变量的期望未来分布中抽取随机数进行合成(科普曼和本-阿基瓦,1977,161)。

生产大量合成样本应用于交通和城市研究中,特别是与随机选择模型相关联的应用中,可追溯到 20 世纪 70 年代中期。麦克法登等(1977)在 SYNSAM 方面的研究,作为伯克利出行需求预测项目的一部分,成为后续应用的重要先驱。这些应用中,样本的形成来自从若干不同信息源合成的总体。这一过程被用于:

合成指定日期某个城市区域内家庭的代表性样本……除了居住地和工作地,每个家庭的数据还包含 1970 年人口普查公共使用样本(PUS)所列的社会经济变量的一个子集……SYNSAM 的主要特征是从各种普查记录和其他来源的边际数据开始,使用循环比例拟合(IPF)构建和更新居住小区和选定的一组家庭特征的情形分析表……另一个主要步骤是当社会经济特征的情形分析表生成之后,通过随机抽样构建合成样本(麦克法登等,1977a,2,3)。

旧金山湾区应用为 1976 年生成了一个包含 12000 个家庭的合成样本。

上述案例中生成合成样本的动因来自集计问题和利用非集计出行相关的选择模型做预测,利兹大学的威尔森和鲍纳尔(1976)所创造的合成样本则是基于更广泛的一组地理学问题。他们把基于合成空间数据库的微观模型视为研究微观层面相互依赖性、避免处理大型稀疏矩阵、整合来自家庭选择场景下的个体选择和约束引起的相互依赖的复杂形态,以及处理高度异质总体的分布问题的手段。

这项研究开启了利兹大学地理学院和交通研究所的一系列重要举措,旨在应用微观仿真方法和合成空间数据库对地理场景——包括住房、劳动力市场、交通、医疗保健、零售系统等——进行政策分析。出行领域对这一方法的兴趣日隆,在 1980 年左右,四个研究团队同时在研究交通和地理问题方面的微观仿真方法(邦萨尔,1980;1982;克拉克等,1981;威廉姆斯,1981;马克特,1985;克拉克和霍尔姆,1987;巴金和克拉克,1988)。

合成样本的生成,或者通过额外信息增强已有样本的特征,或者完全从二手信息源发展而来,在出行行为研究上变得日渐重要。与选择过程的离散模型相结合,这一方法后来变成了许多出行和交通规划模型的关键部分。

5.4.4 个体选择和市场过程的微观选择模型

到 20 世纪 70 年代的后半段,涉及从参数化和非参数化分布抽取样本的微观模拟模型被更广泛地接受,成为对选择过程派生来的微观模型进行集计的策略(见科普曼和本-阿基瓦,1977;瓦塔纳塔达和本-阿基瓦,1979)。之前在合成样本和非集计选择模型研究上取得的结果,为开发和解决更复杂的行为模型和明确考虑城市的"市场过程"建好了基础。这些模型涉及作为预测和政策分析基础的供需相互作用,包括住房服务、劳动力、土地使用和出行相关的市场。这一方法把个体或家庭与供给(家庭和住房,个体与就业岗位等)通过市场清空过程联系起来。这个市场清空过程由"匹配清单"计算获得。"匹配清单"依据的是之前设定的概率关系或模拟消费者或供应方行动的明确的行为模型。

在这一背景下,利兹大学交通运输研究所的皮特·邦萨尔于 20 世纪 70 年代末启动了微观仿真模型的一个早期大规模应用(邦萨尔,1980;1982),它在技术和应用两方面都饶有趣味。邦萨尔独立发现了用微观仿真进行出行需求预测的潜力,即基于从合成总体抽样并根据从选择模型的随机抽样结果来处理样本中的个体。这一应用的背景是西约克郡项目中表达个人行为以及评价有组织的汽车共乘项目。在此应用之前,(恰当代表)选择过程中的复杂性虽然可能为这类项目找到合适的用户,却鲜有人问津(邦萨尔,1980)。邦萨尔创建了一个拥有 18 万个体的合成样本,并通过校准的选择模型,模拟了针对以下情况的决策:加入有组织的汽车共乘项目以及与潜在共乘伙伴实施拼车安排。对于后者,效用与限制条件的相互作用决定了何种安排最终得以实现。该模型也用于评估其他共乘组织环境的效果,并调查了主要政策变量的影响,包括公交票价变动、油价浮动以及对拼车人士的停车优惠调整。邦萨尔指出微观仿真方法在出行需求分析上的内在吸引力和潜力可为个体选择环境提供更切实的评估,并说明"直到近年来电脑成本下降才使得微观仿真成为出行需求建模方法里的一个可靠分支"(邦萨尔,1980,12)。

在微观仿真的另一个早期应用案例中,克雷比奇(1979)检验了在(个人可用)时间预算限制下小汽车可用性、出行以及选址行为之间的相互依赖性。阿克斯豪森和赫尔兹(1989,317)提到,克雷比奇早在 1972 年发表在一份德国刊物上的论文中就提出了采用了蒙特卡罗方法模拟活动链的思路。我们将在第 6 章讨论基于活动的出行需求模型。

20 世纪 90 年代以来交通与区域科学中的大规模动态微观仿真模型的作用举足轻重,这一模型的起源可追溯至 20 世纪 50 年代中期的运筹学和计量经济学领域。其中尤为重要的是明尼苏达大学居伊·奥卡特及其同事所做的研究(奥卡特等,1961,1976)。他们的方法的精髓是让一个有代表性的个体与家庭的初始样本从基准年开始,通过一系列确定过程与随机过程(用蒙特卡罗方法来实现)诱发的改变来逐渐演化。这些变化过程包含一系列与人口相关的事件和劳动力市场的变迁,以及收入与财富累积可能带来的影响。

城市空间场景下的复杂动态仿真模型始于 20 世纪 80 年代早期。这些模型旨在描述人口统计及经济进程跟住房、劳动力与交通市场中的事件之间相互依赖的关系。早期例子包括多特蒙德住房模型(魏格纳,1985),它是迈克尔·魏格纳土地使用-交通模型(8.5.2 节)与罗杰·马克特(1985)的 MASTER(交通、就业与住房微观分析仿真)模型的先导。另一个在此期间构建并应用且更广为人知的微观仿真住房市场模型是凯恩与阿普加(1985)在 20 世纪 80 年代早期开发的哈佛城市发展仿真(HUDS)模型。

我们在此后发表的文献中还注意到几个应用微观仿真方法的工作，它们中有些采用相对静态的设置，而其他的则是完全动态。开发这些明显更复杂的模型的动因是支配个体、家庭与企业行为的(选择)过程存在复杂性和相互依赖关系，以及政策在高度异质化人群中的复杂影响分布。

5.5 采用非集计模型与方法的城市出行预测

5.5.1 概述

让我们再次回到20世纪70年代中期，讨论非集计模型作为城市出行预测基础的实践进程。本节我们描述的一系列应用将开始解决城市交通规划机构(在美国称为 MPO)没有得到满足的要求；特别是城市出行预测方法的发展不光要满足传统的长期基础设施规划的需求，还要考虑短期交通系统管理(TSM)相关政策。我们首先考虑的一项标志性研究由旧金山湾区都市交通委员会(MTC)开展，把之前五年的创新成果整合到一个出行预测系统之中。MTC 研究之所以重要有三个原因：①首次提供了与传统四步法的实质对比；②为进一步普及城市应用方法提供了模板；③为重要理论与实践的进一步发展奠定了基础。下文描述基于瑞特与本-阿基瓦(1978)和海牙咨询集团(1997)。

通过交通规划咨询公司"剑桥系统"，一个与 MTC 研究类似的非集计建模方法在荷兰阿姆斯特丹都市区域 SIGMO 研究中得到应用(本-阿基瓦等，1978)。剑桥系统开创的这一系统，先后在旧金山湾区和荷兰得以实施(荷兰的工作由剑桥系统在荷兰的分公司，后来改名海牙咨询集团，即 HGG 完成)，可以称得上是当时世界上最先进的基于出行模型的预测系统。以下我们首先描述 MTC 模型，然后回顾20世纪70年代晚期到80年代早期在荷兰的应用。

5.5.2 旧金山 MTC 非集计模型

基于非集计方法的 MTC 模型始于当地交通规划者对传统预测方法的不满，"因其不足以代表当前出行或对未来的合理未来估计"(瑞特和本-阿基瓦，1978，122)。20 世纪 70 年代中期，MTC 设立了一个出行模型开发项目，目标是要尽可能采用非集计方法建立新的模型系统，从而实现"出行预测前沿技术的飞跃"(科洛和泼维斯，1988；引自 HCG，1997，16)。本着这一目标，由 COMSIS、剑桥系统及巴顿-阿什曼咨询公司组成的顾问团队正式获得委托。模型开发的一个要求是使用一般 MPO 都有的数据进行估计。

为满足 MTC 政策分析要求，团队开发了两个计算机模型应用程序：与传统矩阵变换与分配程序兼容的地区网络分析(RNA)系统；基于随机样本预测的短期广义政策(SRGP)分析系统。前者被描述为"与常规出行生成-分布-方式划分方法论类似但更为复杂"(瑞特和本-阿基瓦，1978，126)。通过一组在微观层面构造并估计的模型，生成了 11 组依据方式和目的进行划分的 24 小时个人出行矩阵，然后将这些出行矩阵用于生成 24 小时及高峰时段公路与公交流量分配结果。SRGP 程序的目标是为各种中短期交通政策提供信息，包括生成对油价、出行时间、票价水平、停车费、公交接驳时间的相关弹性。

MTC 模型系统用到了作者称之为"有条件依赖的层次结构"(瑞特和本-阿基瓦,1978)。在早期成果上(本-阿基瓦,1973;本-阿基瓦和阿希顿,1977),出行选择通过一个三步选择架构来划分:

(1)城市发展决策(工作地点、住房类型位置)。

(2)机动性决策(不常进行)。家庭工作成员数量、工作场所位置、住宅位置、住房类型、小汽车保有量、工作出行的交通方式。

(3)出行决策(非通勤出行,差不多每天会做的短期决策)。频率、目的地、方式、路线、时间段。

规划土地使用模型(PLUM)用于预测未来土地使用、就业地点、住宅位置、住房类型选择以及社会经济特征(2.7.4 节)。

流动性决策区分有工作者和无工作者的家庭,且出行决策分为两组。一个家庭中的主要和次要工作者也进行了区分。与传统方法一样,居住地(HB)和非居住地(NHB)出行是区别对待的,这简化了对出行环的表示。非通勤居住地(HBO)出行的目的根据所有不以通勤为目的的居住地出行决策进行预测。同时还考虑了影响机动性决策的非通勤出行。

鉴于其行为复杂性,我们将不详述模型的具体构造和估计方法(瑞特和本-阿基瓦,1978;122-126),但指出以下两点:

(1)根据假设的选择架构,NL 模型用于表示双向依存度,广泛采用"对数和"变量来记录层次结构中较低层级选择所伴随的期望最大效用。

(2)正如第 4 章讨论过的例子(本-阿基瓦和阿希顿,1977;海牙咨询集团,1997,16),模型构造中加入"家庭内部、个人之间的相互依赖性"是该应用中最显著的特征。这种构造包括家庭成员之间和不同目的出行之间的相互依赖(例如 HBW 方式选择决策直接影响 HBO 模型中的小汽车可用性指标)。

对于估计集计与非集计模型的相对效率,作者们评论到:

关于要求的数据类型,集计与非集计方法是一样的。非集计系统的主要不同点来自大幅削减得到统计显著性参数所要求的样本规模……估计一个完整的非集计模型系统仅需 1000 户家庭的数据(瑞特和本-阿基瓦,1978,126)。

由于在模型估计技术上效率的提高,模型系统可囊括更多变量,从而提高了出行预测对城市环境及政府政策变化的敏感度。

短期 SRGP 系统只用到了那些代表完整 MTC 系统里短期选择的模型。在集计中采用的是随机样本列举(4.3.3 节);所有相关选择模型都反过来用于每户家庭,并且结果进行累计、代表不同分组,包括家庭收入划分。这一处理过程基于受调查的家庭样本,然后这些样本被扩展至代表整个人群。应用仅限于通常政策事宜,如确定价格弹性。

区域网络分析(RNA)模型系统仅使用小区层面可获得的数据,因此忽略了收入及大部分其他社会经济数据。对于网络应用,"集计是由市场划分实现的,首先通过使用最初三个收入组各自的平均社会经济价值划分,然后通过预测机动性区块中的汽车保有量,再基于汽车保有量进一步划分"(瑞特和本-阿基瓦,1978,126)。在应用中,这一小区模型与传统出行预测模型表现类似。每个方式下的所有小区对的出行矩阵都进行了预测,同时小汽车驾驶员的出行也通过使用全有全无或容量限制法分配到了公路网。

瑞特和本-阿基瓦(1978)广泛深入地讨论了非集计模型系统与传统集计系统的构造、估计及检验。对于 MTC 案例,作者们评论到:

目前使用该方法相较于传统集计模型的唯一不足是系统复杂性的增加。由于改进了出行行为的描述,需要估计更多的模型:它们有紧密的内在联系;同时尚未被业界人士所熟知。非集计模型系统的全小区集计应用成本仅比集计系统略高,但因为两种系统的主要成本都来自网络扫读和分配,这一差异并不明显(瑞特和本-阿基瓦,1978,127)。

这一不足也可以通过改进移植模型系统的方法来抵消。作者们总结如下。

目前为止所做的工作显示:这种建模方式是可行的;在模型开发阶段仔细地进行模型估计与测试也是必要的;让规划者熟悉新方法所进行的全面培训也是必要的;最后,新的模型系统相对于传统系统有了足够的改进,让培训和模型开发中的花费和投入物有所值(瑞特和本-阿基瓦,1978,127)。

5.5.3 非集计模型在荷兰的应用(1977—1985)

本-阿基瓦等(1978)描述了应用在旧金山湾区的 MTC 模型与用在阿姆斯特丹城市地区的 SIGMO 模型之间的异同。MTC 建立的(长短期)双模型开发的广义模板应用于:①解决长期路网规划所需的由小区系统中出行集计所衍生的分配;②提供更广泛的以样本枚举法为基础的短期全系统政策应用。MTC 与 SIGMO 应用之间也存在一些不同之处,源自:①在阿姆斯特丹,城市交通环境要求对自行车与步行出行给予更多关注;②数据与软件的可得性;③规划的优先考虑事项(本-阿基瓦等,1978)。

1977—1985 年期间,剑桥系统欧洲部(1985 年成为海牙咨询集团)在荷兰开展了许多创新研究,其中一部分总结在一份未公开出版的论文上(HCG,1985)。我们简要介绍下面三个研究中的若干新颖之处:①南翼(兰斯台德地区)研究(1977—1981);②可移植性研究(1981—1984);③国家模型。

5.5.3.1 南翼(兰斯台德地区)研究

基于鹿特丹与海牙城市群的南翼研究是首次依据非集计方法进行的全地区研究。与上文所述类似的双模型模板因类似的理由而被采纳。小区系统仅使用小区层面可获得的数据,并且同样忽略收入及大部分其他社会经济数据。短期系统模型则利用家庭调查所获得的丰富数据,采用了完全非集计的方法。

该模型系统结构异乎寻常的全面,为八种出行目的分别建立了模型。我们开始看到方法论上的进展在一个主要研究中呈现,即将"出行"(travel)通过"出行环"(tour)来表达——从家里出发再回家的一整个环路。我们会在第 6 章详述后者的动机,即要"保证方式选择与整个出行环的时段吻合,并且通过增强出行与'离开家的活动'(HCG,1985,2)的关联从而改进出行频率(出行生成)模型"。在兰斯台德(ZV)研究中,通过使用"主要目的地"(HCG,1985)将出行环明确地定义为简单往返。

5.5.3.2 可移植性研究

研究非集计方法在两个区域间的可移植性的初衷不仅是为了检查关于个体选择行为异

同点的基本假设,也是为了降低模型应用的成本。在早先美国对模型可移植性研究(阿希顿和本-阿基瓦,1976;本-阿基瓦,1981)的基础上,HCG(1985,4)通过所谓的"缩放方式"——为选择模型引入一组缩放因子,每个因子都乘以各方式与目的地的部分广义费用函数——来解决"对某一区域出行行为的研究成果能在多大程度上移植到另一区域"的问题。除了引入和测试移植模型的改进方法外,该方法成功地把南翼研究开发的模型移植到了包括乌德勒支在内的一个地区。

本研究在方法论上的另一个进步,在于使用以下数据对一组非集计模型进行估计:家庭;在跨越核查线的公路和铁路上进行的"在途"调查。这些技术在许多应用领域都大幅度节省了成本(HCG,1985,4)。

除在荷兰的研究之外,法国也在市区建模上有了进展,尤其是在巴黎、格勒诺布尔和南特,且在建模上强调非集计分析方法的成本效益。通过采用在荷兰开发的缩放技术,在格勒诺布尔研究中开发的模型移植到了南特市。这两座城市面对的议题类似:为一系列政策措施估计需求弹性,而且在两座城市所做的预测都源于提议建设的有轨电车系统。

5.5.3.3 荷兰国家模型

因其在方法论上的贡献,非集计方法建立的荷兰国家模型值得一提,尽管它不是我们关注的重点。这项研究旨在为2010年的远景规划提供主要公路和铁路网络的交通流量预测(达利和固恩,1986)。该方法使用了在可移植性研究中应用的模型,并采取了人工抽样和增量(中轴点)法。这一研究中广泛使用样本枚举法以及采用合成抽样法进行预测。后者的实现通过将一个现有样本重新配置权重以满足一系列特定的边际总量。就国家模型而言,样本是从1983年全国出行调查结果中抽取,并为系统中的345个小区分别计算权重因子,以使其符合小区的已知特性(年龄/性别分布,家庭规模,就业率)。为了进行预测,不同情景下对应的社会经济发展状况都通过边际分布变化和重新计算权重因子来表达。

5.6 偏好和选择分析的发展情况

5.6.1 简介两项主要创新

为了实施和估计20世纪70年代早期建立起来的离散选择随机效用建模方法,通常采用的标准方法是基于显示性偏好(RP)数据的。该方法收集基于家庭或工作地点的某一个体样本的社会经济特征,个体所接受和拒绝的选项信息(或从后者抽取的样本),以及观测到的或个体报告的网络数据。它采用最大似然法来估计一个典型线性参数效用函数的参数值(麦克法登,1973,2000b;本-阿基瓦和勒曼,1985)。

尽管这是20世纪70年代后期的标准方法,被广泛使用于出行方式划分的研究,它的潜在问题对其大部分倡导者而言仍是显而易见的。这涉及以下某一方面或多方面问题:①与罕发选项(即不常被选中的选项)相关的随机样本导致信息不足;②各种出行相关变量(如个体行程的出行时间和成本)间的多重共线性问题;③为获得选择模型参数的可靠估计所必需的"交换项"难以确认;④某些主导的属性掩盖了与政策(如服务特色,舒适度,安全性等)有关的其他变量的贡献;⑤难以将观察到的行为推广到涉及新选项时——如基于新技术的出行方式,或未来的属性组合与主导当前行为的属性组合有很大差异时——的情形(鲁维尔和亨舍尔,1982;谢尔多和斯蒂尔 1982;亨舍尔 1994;奥图萨和维朗森,2011);然而,支持者认为该方法的一个主要好处在于可以反映真实受访者的实际偏好。

20 世纪 70 年代后期和 80 年代早期,在探索离散选择模型的设置与参数估计的过程中,出现了两项主要的创新。第一项涉及收集样本的不同策略。特别的,在认识到出行数据往往可通过车内调查、交通调查线或目的地调查进行有效的收集之后,解决了处理罕发选项的问题。这些调查具有的优势在于可以集中观察与感兴趣的行为和政策直接相关的方式、位置和频率。此外,它们相对于一般的家庭调查具有成本优势(麦克法登,2000b,25)。

理论家们把注意力转移到了根据不同标准采集到的数据所衍生的抽样策略和参数估计的含义上,尤其是以下形式的样本:随机样本;"外生样本",分层基础是根据个体特征;"内生样本",样本以做出的选择为基础;二者结合(曼斯基和勒曼,1977;勒曼和曼斯基,1979;曼斯基和麦克法登,1981;科斯利特,1981)。自 20 世纪 70 年代晚期以来,用多种数据源得到的合成样本来估计离散选择模型的参数变得普遍起来(见 5.5.3 节所述的荷兰研究相关内容)。

为了解决显示性偏好(RP)方法遇到的一些难点,这一阶段的另一个主要进展是引入和改良了陈述性偏好(SP)方法。

5.6.2 开发与接受陈述性偏好(SP)方法

关于交通方面陈述性偏好技术的早期历史发展简述,弗克斯(1998)、亨舍尔(1994)、罗斯与布列莫(2013),鲁维尔等(2000)及奥图萨和维朗森(2011),以及与以上作者的交流都对撰写本节大有帮助。

5.6.2.1 SP 方法的利弊

陈述性偏好方法实际上是让人们就虚拟的属性组合与相关备选方案表达自己观点与偏好这类实验的复杂变体。在此,与合适的特定模型与精心设计的试验相结合,包含对不同的出行相关属性组合所提供的选项进行排序、评级和选择,分析师得以筛选出人们决策时的态度、偏好以及利弊权衡。分析 SP 数据所采用的效用模型与传统离散选择 RP 研究所采用的模型类似,而且效用模型是典型的线性参数的互补形式。对实践中采用的各种方法的更多正式讨论可参阅鲁维尔(1988)、克罗斯和谢尔顿(1988)、巴蒂斯(1988)、亨舍尔等(1988)、皮尔门和克罗斯(1990)及亨舍尔(1994)。

SP 方法的优势恰恰是 RP 方法的劣势。在此,试验的本质可以有效设计为直接关注相关属性间的权衡;它们可以把重点精确地放在那些通常在选择过程中占据主导地位的特性上;它们可以移除属性间的相关性;重点考察受政策行动影响的变量;而且重要的是,它们可以用于涉及新选项的情形,如新方式的例子,或者在政策或项目将导致对当前体验到的属性值发生显著变化时。此外,由于在一次 SP 试验中,每个个体一般都会产生几个(选择行为)观测值,所以可在合理的花费下获得较多的数据。

每个个体都给出多个响应还有另一个好处,即相对有效地将试验方法用于研究效用函数(包括属性间的非线性和交互项)及其相关参数如何在不同个体间变化(勒曼和鲁维尔,

1978)。然而,如前所述,在实践中几乎都采用线性参数加和式效用函数,并且所有的细分市场都用固定的参数。

这一切都表明,SP 方法的优势有潜在不利的一面,即试验情形下观察到的偏好、态度和选择是否可以成为"实际"行为的良好预测。这种担心当然是相当大的潜在问题,如何解决它将成为未来多年里理论家和实践者都要面对的主要挑战。而且,尽管 SP 数据(最终)将会作为在效用函数中估计属性相对价值的好方法而为人所接受,在预测出行时仍有必要合并 SP 和 RP 数据。

5.6.2.2 在交通方面 SP 方法的起源和早期发展

我们现在提到的陈述性偏好方法的源头可以追溯到 20 世纪 30 和 40 年代,[17]这一方法的早期发展很大程度上发端于美国 20 世纪 60 年代的理论与试验心理学领域,以及之后 70 年代进行的市场调查研究。此类研究常被称为联合分析或联合度量,其核心是个体如何在选择过程中评估构成备选方案的各种特性(效用权重)。在市场调查的研究中,研究的对象是对不同产品或服务(通过由各种属性的组合来定义)所持的态度和偏好,以此作为预测(市场份额)和产品设计的依据(卢斯 & 图奇,1964;特瓦斯基,1967;格林和劳,1971)。

在交通领域的应用始于 20 世纪 70 年代早期(霍因维尔和约翰逊,1971;戴维森,1973;鲁维尔等,1973;约翰逊,1974;亨舍尔和鲁维尔,1979)。该时期的几项重要探索工作由鲁维尔(1979a,1977b)和鲁维尔等(1973)完成的。乔丹·鲁维尔是在交通和更广义的市场营销和环境研究中使用联合分析法的先驱之一。他于 1973 年在爱荷华大学获得博士学位,近 40 年来一直是这些领域内陈述性偏好分析的核心贡献者之一。他与大卫·亨舍尔多年的合作特别富有成果和影响力。下文所述的是鲁维尔与亨舍尔(1982,1983)早期重要的合作成果。

虽然(SP 方法)早期的应用主要在美国,欧洲和澳大利亚也越来越多地加以运用。根据沃德曼所言:"在英国早期的交通应用是由交通咨询机构进行的……而在美国,它们的应用是由纽约(州)运输部这样的公共部门所倡导"(沃德曼,1987;引自弗克斯,1998,3)。

这些早期的应用几乎总是和方式选择有关,而且其形式都是给不同属性组合进行排序和评级(亨舍尔,1994;弗克斯,1998)。此类 SP 数据分析并不使用离散选择理论,而是采用了一些更随意设定的方法(如 MONANOVA),主要用于市场研究。可以说,是交通建模者们——他们已经能够熟练地构造和应用 Logit 模型,并阐释其结果——的贡献夯实了 SP 数据分析的基础。夏普曼和斯泰林(1982)以及拜格斯,卡戴尔和豪斯曼(1981)的发现进一步使得排序数据可以用离散选择方法进行分析。

陈述性偏好方法的另一个变体是所谓的"转移价格"方法,它是通过让某一个属性发生一定变化使得某两个选项(例如由不同属性值确定的出行方式)对受访者形成相同的效用,或者造成两个选项间的一个确定变化。这种方法也被称为条件估值,它的重点是测量效用差异。该方法的一个早期案例是李和戴维(1969)对时间价值的研究,其中出行时间和现金支付成本是影响选择的相关特性。邦萨尔(1983)和固恩(1984)评价了这种办法的优劣及其与选择试验结合的更广泛应用。此方法目前在出行行为研究中鲜有拥趸,因为其他形式的陈述性偏好分析占领着主导地位。但是,它仍广泛用于环境经济学的条件估值研究。

5.6.2.3 SP 法逐渐广为接受

20 世纪 70 年代在交通领域使用 SP 法的进程相当缓慢,这大概归因于许多交通分析师,尤其是经济学家,对这种基于假设数据而非实际行为来衡量偏好的方法持怀疑态度。如在 SP 理论与应用方面都颇有建树的大卫·亨舍尔在 1994 发表的一篇文章中所述,有两个事件让情况于 1983 年之后有了转机:一是有更多计算机软件可用于标定相当大的非集计选择模型;二是试验方法不是基于排序或评级,而是根据陈述性的选择,即个体需在特定背景下对不同属性组合进行选择。这一方法允许对应用于 RP 数据的相似离散选择模型进行估计,因此可以直接预测市场份额(鲁维尔和亨舍尔,1982,1983;鲁维尔和伍沃斯,1983;亨舍尔,1994)。用亨舍尔的话说:

将成熟的并经常用于分析显示性选择(RP)数据的离散选择建模工具引入陈述性选择的建模,使得 SP 法得到更广泛的关注。出行研究者们头一次看到了陈述性偏好数据在提升其出行选择方法上的好处。我认为,这正是十年后 SP 法在交通实践上获得广泛认可的主要分水岭。

乔丹·鲁维尔,大卫·亨舍尔和乔菲·斯威特(2000)后来撰写了关于陈述性选择方法的标准教材。

在英国,陈述性偏好方法得到了相当大的推动,并且通过始于 20 世纪 80 年代的关于时间价值的主要研究项目得到了官方的正式认可。与节省出行时间的(经济)价值相关的官方数据一直定期更新,但是自大卫·夸比早在十多年前所做的工作之后就一直没有进行根本性的重新评估。马基等(2003)在后来的回顾中提到,考虑 SP 法的主要原因是自夸比的分析之后一直没有非通勤选择方面的时间价值研究,并且"要找到能揭示实际行为的合适调查地点很难且代价高,同时成功估计节省出行时间的价值所必要的数据的统计性质很难保证"(马基等,2003,3)。

采纳的研究项目包括不同方式与路线选择背景下 SP 与 RP 的调查研究,该项目于 20 世纪 80 年代早期由 MVA 咨询公司、交通研究院、利兹大学以及牛津大学交通研究组所组成的联合体负责实施;最终报告以 MVA/ITS/TSU(1987)的形式发表,而其重要发现早一年即已在学术会议上进行宣讲(巴蒂斯和罗伯茨,1986;布莱德雷等,1986;弗克斯,1986)。沃德曼(1988)认为至少在英国,这一研究对说服怀疑陈述性偏好方法好处的人们起到了重要作用。

至 20 世纪 80 年代中期,越来越多关于 SP 方法在交通方面的理论、实践以及应用的论文开始出现在国际会议论文集或国际期刊中。由约翰·巴蒂斯(1988)编辑的《运输经济学与政策期刊》的一份特刊中刊登了好几篇论文,内容涉及主要发现、试验设计的若干不同方面、其现实性及反应偏差的潜在来源。

至 20 世纪 80 年代末,SP 方法得以应用到更大范围的交通应用领域,包括:

评估乘客优先考虑公交系统的特征,特别强调了定性因子(市场营销审查);评估不同服务特性的需求弹性,包括票价、频率、行程时间;为交通运营商以及机场与长途汽车客运站的管理者进行市场份额分析与预测;开展路线选择研究(如针对小汽车与自行车);为交通运营商研发新产品;为政府机构开展规划研究(克罗斯和谢尔顿,1988,21)。

虽然出行成本和出行时间以及时间价值因其与预测与评价相关而经常是研究重点,舒适度、便利性和可靠性等属性以及它们的影响也越来越多地定量分析。20 世纪 80 年代中期以后,SP 研究的应用又有了相当大的扩展,被应用在方式和路线选择以外的其他场景中。这包括各种目的地选择及消费者偏好研究,与房地产市场与居住地选址研究和零售服务的目的地选择相关。

这些发展并不局限于个人出行。该方法也开始应用于探索货运行业中影响货运方式选择的属性评价。SP 法尤其适用于货运需求的研究,因为它避免了商业保密性问题(这些问题会在 RP 法中出现),同时也适合探究该行业新技术的影响(弗克斯和泰多,1988;弗克斯等,1991)。此外,相关市场通常由少数公司或组织主导,这使得搜集大量 RP 数据十分困难,然而使用 SP 法则可涵盖大部分市场。

手提电脑处理能力的快速发展意味着可以进行更高效地面对面访谈,同时可以将备选方案的相关属性组合"定制"到与受访者的当前经历相近的场景。布莱德雷等(1987)提出了一个陈述性偏好设计,其中在面试中较晚出现的属性组合可以根据受访者对早一些问题的回答进行"实时调整"。不过后来发现这样的方法可能会将偏差引入结果(布莱德雷和达利,1993)。

尽管一些交通分析师仍抱有相当的疑虑,在 20 世纪 80 年代末 SP 技术及方法论的地位已经越来越稳固,并且愈加被认为是出行行为调研、交通政策和项目设计中不可或缺的一部分。由于仔细设计试验对于产生可靠的结果至关重要,SP 成为相当专业的任务,催生了专门为其服务的人员和小型顾问机构。

5.6.3 RP 法与 SP 法的结果比较与结合

SP 研究在 20 世纪 80 年代的扩散也带来许多问题,有些问题是长期存在的,也是市场研究中广泛应用的结果。RP 方法与 SP 方法是否衡量相同的偏好?SP 结果如何与实际行为对比?用类似模型设定但分别从 RP 与 SP 数据中估计得到的结果如何进行比较?这样的结果如何结合,以便同时利用二者带来的好处,同时一定程度上弥补两种方法的不足?

将基于 SP 的建模结果与市场观察值以及基于 RP 数据的相似模型估计结果进行对比标定,有两种基本形式:一是将预测选择和市场份额与当前观察值进行对比;二是线性补偿模型(亨舍尔,1994)参数(比率)之间进行对比。对于后者,直接比较系数(如时间与成本系数)本身是不可能的,因为这些系数的唯一性取决于转换比例(如单位)。但是,系数比率之间比较是可能的,因为比例因子此时可以抵消。由于与预测和评估紧密相关,SP 和 RP 数据推出的时间价值对比尤为引人关注(鲁维尔等,1980;科克尔等,1982;巴蒂斯和罗伯茨,1986;巴蒂斯,1988;沃德曼,1988;1998)。

从 RP 与 SP 数据获得的时间价值对比一定程度上验证了 SP 方法的有效性,或者至少为 SP 方法的可接受性提供了保证,至 20 世纪 80 年代末我们开始看到学者们开始探索另一个问题:RP 与 SP 数据是否可以在同一个离散选择框架内进行结合?虽然离散选择模型(如 MNL 模型)对 RP 与 SP 数据组都适用,但是"对选择结果的可观测和不可观测影响因素的定义却不同"(亨舍尔,1994,120)。因此,不能简单地将不同数据源汇集到一起。然而,效用尺度能否调整至反映两种不同背景下感知到的选择与所做的回应之间的差异?这就是 20 世纪 80 年代末开始要解决的挑战。大卫·亨舍尔评论道:

然而数据源混合不仅是简单汇集。这要求对(间接的)效用尺度单位进行仔细考量。例如,在一个 MNL 模型中的效用尺度是与未观察到的影响的方差呈负相关关系,所有未被观测的影响因素归结为随机误差项;因此,由不同方差的两个数据源得到的两个相同间接效用的参数估计必然在量级上有差异,即使产生间接效用的选择过程是相同的(亨舍尔,1994,113)。

要识别与应对这一方差差异,最初由莫里卡瓦(1989)提出的一个解决方法是,"放缩SP数据里未观察到的影响的方差以使得混合模型中RP与SP部分的方差相等"(亨舍尔,1994,120-121)。以估计选择模型参数的顺序法与同步法,以及对不同方差进行转换的因子为基础,学者们提出了不同方法(本-阿基瓦和莫里卡瓦,1990;本-阿基瓦等,1994;斯威特等,1994;达利和罗尔,1998)。

其中在实践中颇为流行的方法是由布莱德雷和达利(1991)提出的。该方法通过利用NL框架作为识别转换参数的方法,在一个经验模型中成功处理了RP与SP数据的不同方差。他们的方法仅需建立一个备选方案个数为实际数据两倍的人工树结构,即可用成熟的NL模型软件来实现。这些选项分为两半,分别标记为SP与RP选项。这一方法后来被称为"嵌套Logit戏法"(鲁维尔等,2000)。

尽管陈述性偏好方法被认为具有每个个体产生多重观察值的独特优势,这一优势也有一个潜在的弊端:每个个体的观察值之间可能存在相关性。这一问题在实践中常常被忽视,就算考虑到这个问题,一般的做法也不过是寻找合适的校正因子去解决与参数估计相关的t-比例值偏大的问题。鲁维尔与伍沃斯(1983)首次尝试纠正了这种偏差。到20世纪90年代,该问题通过统计推断中的重新抽样方法得到了解决,如自助法(bootstrap)和折刀法(jacknife)(奥图萨和维朗森,2011)。在下一节中,我们会进一步评述此内容以及其他与同一离散选择框架下异源数据结合使用和相关性有关的问题。

至20世纪90年代初,SP法逐渐被视为偏好分析方法论中一个强大的新工具。正如安普特等人所述,"在20世纪90年代,如果交通规划者与政策制定者想要了解交通系统变动可能带来的影响,他们很可能会要求进行陈述性偏好研究"(安普特等,1995,73)。这些观点部分源自SP法本身的广泛适用性,以及通过对比、结合逐渐累积的RP与SP结果而得到的一些可靠证据。

5.6.4 关于陈述性偏好实验设计

我们并不打算详细讨论陈述性偏好实验设计与应用的标准方法,即研究者们选择属性及其取值范围、识别备选方案及向个体呈现选项的系统流程。与确定合适的样本规模一样,这个设计过程取决于双重要求:能够保证精确估计所选择模型的参数;试验对于受访者不难完成。这些话题在一些经典教材中已广泛涉及(如鲁维尔等,2000,第4、5章;奥图萨和维朗森,2011,3.3.4节与第8章;亨舍尔等,2005)。但是,我们确实希望简要评价陈述性选择实验设计与实施方面的发展情况。

传统上所谓的正交设计要求特性组合之间相对独立地变化,以消除属性与不同选项之间的相关性,并让参数估计的方差(及协方差)最小。由于属性水平的数目增加时组合数会爆炸式增长,在典型的应用中会使用整个选项集合中的部分属性组合。上文讨论了以这样的部分阶乘设计为基础的标准方法。

自20世纪80年代末以来,大批致力于交通及其他行业市场调查的研究者们开始质疑"仍然非常频繁地以根植于标准线性回归理论的假设为基础"的设计是否最优(沃森等,

1996)。尽管正交设计迄今仍然是应用最广的设计类型,关于非正交设计——可用于估计非线性模型(如 MNL 模型)参数——的效率与最优性的不同概念引发了越来越多的关注。

直到最近才出现了一个统一的设计理论,对构建 SP 实验设计不同方法的假设进行对比。在交通领域,这方面的大部研究是在悉尼大学进行的。约翰·罗斯与迈克尔·布列莫(2008,2009,2013)对陈述性选择实验设计的不同策略给出了精彩的评述和解释,其中包含了若干自 2000 年以来发表的交通应用的例子;也可参阅斯催特和伯格斯(2007)。这一类文献讨论了针对非线性模型宜使用"最优"或"高效"设计而非正交设计的观点。

5.7 离散选择分析的进一步发展:该领域的简介

5.7.1 更多近期发展的概况

离散选择随机效用方法的理论与实践发展在近 25 年来的应用非常广泛。鉴于更多灵活模型的出现以及模型估计效率的提高,一些人认为 20 世纪 90 年代预示着该领域第二个黄金时期的到来。许多人为这一发展做出了贡献,使得更精密的计量经济学模型广泛应用于交通领域以及市场调查/消费者行为、健康、能源及环境经济学等领域。对出行相关选择进行探索的深度前所未有,出行时机决策因其与当前政策(如基于时间的定价)及评估研究(如本-阿基瓦和别莱尔,1999;斯摩尔,2012)相关而崛起为一个主要的研究领域。我们从这些广泛的课题中根据其理论与技术重要性及研究的话题性挑选了一些作进一步讨论。尽管许多进展尚未在出行预测实践中得到普遍应用,但它们是许多研究论文的核心内容,同时与评估广泛应用的模型与方法相关。

尽管很多上述进展仍裹足于技术细节,但其动机十分简单明了大致包括以下一项或几项:

(1)纳入更多对离散选项的选择有影响的属性。
(2)与一系列经济与环境因素相应的支付意愿指标的推导。
(3)放宽当前模型中的某些限制,以便提供更广义、更灵活的需求模型结构。
(4)建立选择过程的经济与心理方面之间更紧密的联系。
(5)寻找提高模型数值解法和参数估计效率的途径。

在上述大多数情况下,一方面是某些理论与方法论进展带来的更大的普适性和概念上的吸引力,另一方面则是其在实施中的实践意义(复杂性、解读和计算方面的挑战),二者之间通常需要权衡。由于这种权衡依赖于背景/应用,在实践中决定是否要用某一先进模型或方法并非易事,这一点是研究者们经常强调的。由于这个原因,这些进展通常被视为对基于常规方法或模型的离散选择分析的"锦上添花",而非替代品。在应用研究中,MNL 或 NL 模型仍是探究和应用推广(模型和方法)的首选。

5.7.2 对属性变化的响应与支付意愿

在成本效益分析中,一直备受关注的问题是如何以支付意愿为基础,估算一系列与环境与经济因素变动等价的货币价值,尤其是涉及交通拥堵、安全、噪声、污染、视觉侵扰及生活设施的变动时。过去 20 年中,利用离散选择模型做这种估算的工作大量增加,在自陈述性偏好方法成为广为接受的收集数据与分析偏好的方法之后尤为如此。请参阅麦克法登(1997)、奥图萨和维朗森(2011)对基础理论问题的讨论。

在设计合理的 SP 试验中,受访者在属性组合之间做选择,这些组合通常包括在路线、方式、居住区与出行时机选项中(如本奈特和布拉梅,2001;奥图萨和瑞兹,2007;奥图萨和维朗森,2011)的出行时间和其他行程与环境属性。他们的选择结果常常与实际行为(RP)数据得到的结果进行对比或结合。

出行时间(VoT)节约量的评价仍然受到出行预测者和交通经济学家的特殊偏爱,这不仅因为其本身的趣味性以及在理解出行行为与方案评估(事先评估)上的相关性,还因为它承担着评估人们对其他属性变动的支付意愿的"黄金标准"的角色。过去 25 年里,学术界一直在协作努力,尝试应用更精密的技术来衡量 VoT 在城市内与跨城出行细分市场之间及各细分市场内部的异质性(如本-阿基瓦等,1993;马基等,2003;斯摩尔等,2005;海斯等,2005;奥斯格劳,2006;斯摩尔,2012)。

近年来一个主要研究方向是出行时间变异性带来的不确定性对方式和出行时机选择的影响,这种不确定性用行程时间可靠性来表达,研究的目标是确定人们对可靠性的响应和支付意愿。这些研究一般采用行程安排模型,考虑了出发时间的变化对与出行时间变异性对应的期望成本的响应。肯尼斯·斯摩尔多年来对这类模型的研究颇具影响力,如斯摩尔(1982);诺兰德和斯摩尔(1995);布朗斯通和斯摩尔(2005);斯摩尔等(2005)。在对通勤出行者的行程安排研究中,斯摩尔(1982,471)引入了计划延误这个概念,即计划到达时间和正式开始上班时间的差值。他写到:

计划延误(SD)是某一给定行程安排选择 s 的一个属性,衡量了该选择中实际抵达时间与"标准"抵达时间的差异。早到($SD<0$)可能会浪费一些时间,或至少是部分时间的低效使用,因此减少了效用。晚到($SD>0$)对于多数上班族来说会有更严重的后果。行程安排考量(以变量 SD 代表)与出行时间 t 之间的权衡,对于研究行程安排行为对交通拥堵的影响至关重要。

要反映出行时间的变异性及其导致的不确定性,需假定个体选择期望效用最大化的选项。期望效用函数包含出行时间以及由于早到或晚到所带来的某种计划延误指标。在公交系统的案例中,这类分析可以加入固定时间表(如英国交通部,2009b)。

除了以上引用的参考内容,我们建议感兴趣的读者参阅几篇精彩的评论、理论框架回顾以及关于可靠性的经验性证据的综合研究。[18]斯摩尔在 2012 年发表的一篇论文中很好地总结了对时间价值与可靠性价值研究的成果和未来方向。

5.7.3 广义极值族(GEV)中闭合式 RUM 模型的发展

自 1978 年发端以来,各领域(远不仅限于交通)的研究者对 GEV 族选择模型的本质与特性做了各种考据式的仔细推敲。GEV 族,现在常被称作多元极值(MEV)模型族,俨然是一座宝库,学者们可以通过特定的相似性模式(备选方案效用残差之间的相关性)和可靠的行为假设从中发掘有用的新模型。然而,NL 模型之外,实际发现的有用结构的数量却一直很少且姗姗来迟。这一结果既是因为建立实用且能够符合 GEV 族特定要求的模型十分困难,也因为估计此类模型缺乏合适的软件。

尽管 NL 模型允许备选方案之间出现相似性模式及"差别交叉替代",它仍然要求任何备选方案不得从属于一个以上的嵌套。突破上述限制从而反映更复杂的现实情形,即允许多个备选方案与其他子集内的备选方案共享特征,成为除获得闭合选择分析式之外学者们寻找更实用的 GEV 模型的主要动机。正如达利与别莱尔(2006,287)所说:"麦克法登(1978,1981)给出了关于 GEV 模型的交叉嵌套的一些隐含建议。"

到科普曼和赛西(2000)发表他们关于闭合形式模型的回顾之时,大量的结构已经出现,其中一些来自多元极值(MEV)族,它们在备选方案间相似性的本质及实施的难易程度上有所不同(如斯摩尔,1987;沃沃沙,1997;科普曼和温,2000;温和科普曼,2001)。这些结构包括 MNL 和 NL 结构的推广形式以及沃沃沙(1997)提出并应用的交叉嵌套 Logit(CNL)模型。

皮特·沃沃沙研究的现实动机是研究典型城市交通系统中不同方式(此处的应用是在以色列的特拉维夫)之间的选择,包括小汽车、公共交通(公交车、郊线铁路、轻轨及地铁)与各种组合交通方式。在组合方式的情况下,NL 模型作为分析工具存在局限性。沃沃沙证明了考虑不同单个与组合方式之间交叉相似性的 CNL 模型是 GEV 族的一员。别莱尔(2006)对该模型的特性开展了具体研究。

其他方面的进展允许对存在的模型进行推广,并为识别其他符合 GEV 族必要条件的选择模型结构提供了基础。例如安德鲁·达利(2001)提出的递归嵌套极值(RNEV)模型基于一个嵌套"多重层面",本质上可视为 CNL 模型的推广。达利与别莱尔(2006)的网络-GEV 模型构造完全等同于 RNEV 模型,为构造 GEV 模型提供了理论基础和直观的方法,可以刻画现实中存在的复杂相关形式。迈克尔·别莱尔(2002)引入的网络表达提供了"无需复杂推导证明即可获得新 GEV 模型的简单方法"。这一技巧"仅需一个捕捉到选择场景的底层相关性的网络结构。若该网络符合一些简单条件,我们即可展示如何构建一个相关的模型"(达利和别莱尔,2006,285)。

在麦克法登(1978,1981)的研究中,我们可以看到如何通过微分运算从选择过程的期望最大效用(EMU)中得到 GEV 形式的概率选择模型。EMU 可被视为该模型的一个选择概率生成函数。在近期的理论工作中,福斯格劳等(2013)重新探究了确定符合 RUM 的概率选择模型所需满足的必要与充分条件这一核心问题。他们展示了,对于加和式随机效用模型,"当且仅当一个多项式选择概率矢量是一个选择概率生成函数的梯度时,它是与 RUM 相符的……其特定属性可以在应用中得到检验"(福斯格劳等,2013,2)。

他们详细描述了按照这一方法生成模型所要求的条件。作为一个特例,他们考虑了基于多元极值分布的随机效用模型,回顾了当前方法,并建议将构建生成函数加以扩展以便在实践中应用。此外,他们证明了任何加和式随机效用模型的选择概率可以由交叉嵌套 Logit 模型进行估计。

5.7.4 开放式模型的发展:MMNL 模型

尽管在过去 20 年中进一步探索基于 MEV 框架的闭合式出行选择模型颇有成效且仍未停止,研究的热点已经转移到针对更一般、更灵活的选择模型的数值求解方法。

放宽MNL模型中的基本假设,尤其是与随机残差分布相关的相同且独立分布(IID)假设,是其中一个重点。钱德拉·巴特(1995)提出了异方差性极值(HEV)模型,其中选项的误差项呈甘贝尔分布,但分布的方差不同。求解最后生成的模型要求(反复计算)一个一维积分。

肯尼斯·特瑞恩(2009,1-2)在2000年初所著的关于选择建模的仿真方法一书中——我们认为这本书思路清晰、具有很高的教学价值——描述了研究者们在"思考、构筑与估计模型"的方式上的飞跃,让他们打破窠臼,得以检视更多实际和多样的选择场景。数值方法上的发展大多与混合多项式Logit(MMNL)模型的不同代表形式有关。几位作者对其起源做了探讨(麦克法登和特瑞恩,2000;特瑞恩,2009;奥图萨和维朗森,2011),其中一点共识是其可能发端与20世纪70年代末随机参数模型的工作(卡戴尔和莱迪,1977;卡戴尔和邓巴,1980;博易德和梅尔曼,1980)。自20世纪90年代早期开始,它的更多理论描述与探索归功于本-阿基瓦等(1993),本-阿基瓦和博尔杜克(1996),特瑞恩(1998),布朗斯通与特瑞恩(1998),巴特(1998),麦克法登与特瑞恩(2000)和本-阿基瓦等(2001)。对该模型的探索与发展仍在继续。

MMNL族模型的核心是对某一备选方案的随机效用函数的确定。此处出于展示目的我们将该函数写为"误差分量"形式(本-阿基瓦和博尔杜克,1996;布朗斯通和特瑞恩,1998;特瑞恩,2009),它被表达为代表一组观测属性的值与两个随机分量之和;我们将前一个随机分量表示为RC,后一个随机分量表示为甘贝尔分布误差项。

效用 = 代表值 + 随机分量(RC) + 甘贝尔误差项

通常,根据最大效用原则选择某一选项的概率包含相关变量/参数分布的积分。

该模型的详细形式与解读取决于随机变异的来源与本质。在不含第一个随机分量RC的情况下,不同备选方案中相同且独立分布的甘贝尔项会产生MNL选择概率,因此可以为任何源自非零随机项RC的模型改进提供试金石。分析师挑选并解读RC分布结构以反映任意给定选择问题的底层偏好的差异。通过恰当挑选个体、备选方案及响应的随机误差项,可以形成不同特征,连续放松对MNL模型的限制性假设。特别的,MMNL模型可以应用于以下场景:

(1)总人群的偏好分布。

(2)不同备选方案之间的效用残差相关性(因此引入不同相似性模式及备选方案之间的交叉替代)。

(3)SP试验中同一个体不同观察值之间的相关性。

(4)效用在时间上的相关性(采用重复受访组数据的情况)。

巴特(2000a,2007),英国交通部(2006)及奥图萨和维朗森(2011)分别讨论了MMNL模型在不同场景下的应用。

MMNL模型的"误差分量"表达可以转换为完全等价的随机参数Logit(RPL)或Logit内核形式。后一种方法有时是专门用于RC项成正态分布并具有一个广义协方差结构的情形,此时"Logit内核是一个离散选择模型,既有类似于Probit模型的干扰项,也有MNL式的独立相等分布的(iid)甘贝尔干扰项。结果是一个结合了Probit模型灵活性与Logit模型易处理性的直观、实用的强大模型"(本-阿基瓦等,2001,1)。

在随机参数形式中，MMNL 模型是以 MNL 模型形式表达的，其中代表性效用的参数被认为在总体中根据某一分布变化，即混合密度函数，或简单地表达为混合分布，这就是模型名字的由来。[19] 可以证明，通过审慎地选择混合分布，在所有实际情形下"任何从随机效用最大化过程中推出的离散选择模型都可以无限逼近 MMNL 模型得出的选择概率"（麦克法登和特瑞恩，2000，447）。在这方面，用 MMNL 模型对多项式 Probit（MNP）做逼近所能达到的程度和应用价值得到了相当多的关注和数值试验研究（本-阿基瓦和博尔杜克，1996；本-阿基瓦等，1997；慕尼扎加和阿瓦里兹-达齐亚诺，2005）。

混合分布的不同形式已经用于实践研究，以描述内嵌的 MNL 模型中代表性效用函数的喜好参数差异。该模型得到的结果对分布形式的选择相当敏感（福斯格劳和别莱尔，2007）。正态分布、对数正态分布、三角形分布和离散分布都是常用的形式，其参数也是要估计的内容之一（麦克法登和特瑞恩，2000；亨舍尔和格林纳，2003；格林纳和亨舍尔，2003；特瑞恩，2009）。

前面提到，MMNL 模型的特定形式（例如误差分量或随机参数 Logit 的形式）取决于刻画上述效用函数中异质性的需要。随机参数模型形式尤其适合分析总人群中的偏好差异。提供一个分布参数的协方差矩阵即能（在模型中）考虑和分析任何特定个体观察值的相关倾向（瑞瓦特和特瑞恩，1998）。误差分量式适用于对备选方案相似形态的建模，包括"交叉嵌套"的相关性模式。因为其允许效用方差随着不同响应而变化，所以也可用于解决 RP 与 SP 数据融合与混合问题（巴特和卡斯特拉，2002；英国交通部，2006；亨舍尔等，2008）。

模型的估计通常由"最大模拟似然"（MSL）法实现。至 20 世纪 90 年代末，计算机处理能力与 70 年代相比大大增强，采用数值积分方法估计离散选择模型变得容易多了。但是，通过仿真估计 MMNL 模型仍然是计算上很大的挑战，许多试验研究数列选择问题，以期获得模型的高效求解方法。撰写本书之时，以拟蒙特卡罗（QMC）为基础的方法正广泛用于估计混合 Logit 及其他开放形式选择模型。巴特（2011）进一步提出了最大近似复合边际似然（MACML）法，结果发现用该方法估计多项式 Probit 选择模型比基于仿真（基于 MSL）的 QMC 法效率高很多。

尽管 MMNL 模型允许不同方法在同一概念框架下结合，它的倡导者一般只推荐训练有素的分析人员将它用于实际应用（英国交通部，2006e），并且只是与 MNL 和 NL 等标准方法和模型结合使用。[20] 虽然对这类模型的探索已进行了近 20 年，MMNL 模型的倡导者们却倾向于认为这仅仅是个开端。以离散模型分析为主题的一系列会议论文集证实了这一研究方向得到了广泛关注（海斯和达利，2013）。

也许，经过这一阶段的密集研究与应用，随着 MMNL 的优点越来越为人所知，其潜在的不足也会逐渐浮出水面，其主要表现为：识别问题（选定有恰当数量参数的模型设定以保证它的确定性）（沃克，2002；邱和沃克，2007）；模型中各种效应表达可能出现混淆并且估计结果难以解释；模型构造中的微小变动导致获得非常近似的拟合但却完全不同的响应预测的可能性。在缺乏质量达标的数据的情形下，混合 Logit 模型的灵活性可能也正是其致命弱点。对这些问题的探讨请参阅沃克（2002），彻齐和奥图萨（2008，2010）及奥图萨和维朗森（2011）。

5.7.5 混合选择模式：具有隐性结构的离散选择模型

过去约 15 年里，离散选择分析中效用函数的误差结构与代表性分量进行了许多改进，同时，从实用角度来看，改进这些不同部分时应把研究重点放在何处尚有争议。其中一个最有意义的进展是引入了混合选择（HC）框架，它"整合许多不同类型的离散选择建模方法，利用不同类型的数据，允许采用灵活形式的干扰项，并可以对隐性心理学解释变量、异质性及隐性（市场）细分进行明确的建模"（本-阿基瓦等，2002a，164）。

离散选择模型与所谓的"隐性变量模型"的结合来自对两个截然不同的进展的响应：首先，自 20 世纪 80 年代早期，越来越多人提出（科普曼和豪瑟，1979；麦克法登，1986；2000b；沃克，2001；沃克和本-阿基瓦，2002；本-阿基瓦等，1997；1999；2002b；2012），需要建立经济学与心理学表达之间更紧密的联系并深入了解出行相关决策基础过程的更深层诱因；其次，自 80 年代以来社会科学见证了更广义的统计模型的发展成果，这类模型包含了隐性变量，即无法直接测量但可依据与其他可观察、可测量的变量之间的关系推算得到的变量。[21]

在 20 世纪 70 年代出行需求的微观经济学表达在离散选择 RUM 框架中占据优势之后，直至 90 年代，实际建模中对认知过程，诸如态度、感知及性格特性等因素的关注仍十分有限。某种程度上说，这一现象的产生是因为开发经济学模型的最初动机常常是通过强调"可用于预测的选择行为所具有的系统、恒定的特征"（本-阿基瓦等 2002a，164）来创建预测模型，然而心理学视角的主要关注点则是更深入地了解支撑行为与决策的认知过程而非预测。

讨论心理学与经济学视角在选择过程上的具体差异（麦克法登，2000b；本-阿基瓦等，1999；2002a，2002b；本-阿基瓦等，2012；彻齐，2012）不在本书范围之内。其中一些讨论的焦点是（决策人）理性的本质与局限，这一点在第 6 章和第 11 章会再提及。将出行及相关选择过程中的不同视角（部分）联结起来的一种方法是通过隐性变量引入心理测量因子（麦克法登，1986，2000b；莫里卡瓦和萨萨奇，1998；沃克，2001；沃克和本-阿基瓦，2002；拉沃等，2010；巴特和杜贝，2013）。这些进展的核心动机是相信"纳入心理学因子可以让选择过程的行为表达更为真实，因此产生更强的解释力"（本-阿基瓦等，2002b）。隐性变量为类型变量时得到的模型称为隐性类模型。通过相似的偏好参数、选项集合或决策方式，它可以用来识别细分市场（本-阿基瓦等，1997；2002b；2012）。

将隐性变量嵌入离散选择模型的方法包括两步：

(1) 用客观（即可观察的）变量设定隐性变量。

(2) 用可测量变量和隐型变量设定离散选择模型。

现在已经有相当多的文献着墨于从如下方面考量这一结合过程的估计问题：一是对这些联系的顺序估计与同时估计，二是估计本身（如经典的最大似然估计、贝叶斯估计）。在顺序估计中，首先估计的是隐性变量，然后将它与其他可测变量的贡献一起放入选择模型中。凭借现代软件，把两个过程结合起来同时估计也是可行的。关于包含隐性变量选择模型的技术讨论、各种估计方法以及交通领域的若干例子，感兴趣的读者可参阅沃克（2001），本-阿基瓦等（1999；2002a，2002b），博尔杜克与阿瓦里兹-达齐亚诺（2010），奥图萨与维朗森（2011，288-291），彻齐（2012）及巴特与杜贝（2013）。

对该领域的进展有颇多回顾性的文章。另外，多名作者在《营销报告》上的文章（本-阿基瓦等,1997,1999,2002a,2012;德·帕尔马等,2008)提出了研究路线。11.3 节将会再提及如何将其扩展为离散选择的标准模型。

5.8 结论

20 世纪 70 年代至 80 年代中期,基于随机效用最大化的离散选择方法为出行者行为的量化研究做出了巨大贡献。它实现了之前的承诺,给出了理论上条理分明且实践上切实可行的出行预测方法,既可解决传统四步法的某些不足,又可满足当时交通规划的信息要求。

在 70 年代初,MNL 模型是实践分析的支柱。利用揭示性偏好(RP)数据并逐步利用陈述性偏好信息的方法,该模型的应用场景越来越广泛。这一阶段后期,嵌套或分层 Logit 模型被用于理论研究和实际应用,在结构推广与计算便利程度之间达成了实用的折中(索贝尔,1980;特瑞恩,1980;奥图萨,1983;亨舍尔和约翰逊,1981;本-阿基瓦和勒曼,1985)。NL 模型解决了涉及选项相似性的大量问题,包括多方式应用以及更复杂选择过程中产生的问题。它产生了严格的基于理性选择行为的模型结构理论,(模型)层级结构的选择可以据此进行实证测试,根据与理论要求的相符程度对不同排序进行甄别。NL 模型的分析与理论特征及实践应用如今已经得到了全面研究(如达利,1987;卡拉斯科和奥图萨,2002;科普曼和巴特,2006;奥图萨和维朗森,2011,240-248)。

20 世纪 70 年代,在美国最初获得资金支持的一些主要项目完成后,基于离散选择理论的微观行为方法的研发进展喜忧参半。在美国,若干早期研究者转移到了能源、电信、医疗保健及环境等领域的建模分析(麦克法登,2000b)。但是种子业已播撒,这一基本方法越来越广泛地应用于实践规划方面,尤其在美国、加拿大、欧洲和澳大利亚,虽然多数应用针对的仍是方式选择问题。正如我们看到的那样,服务交通规划机构传统要求的模式已经建立起来,旧金山湾区采用 MTC 模型的经验以及在欧洲尤其是荷兰的进展"清晰展示了非集计模型可满足主流工作的各种要求"(HCG,1985)。人们宣称它相较于传统方法有若干优势,包括提高行为复杂性、可移植性问题、政策敏感度、数据效率及成本节省。该方法为重新解读广义的空间交互模型提供了基础,之前多多少少是在熵最大化及有约束的最优化框架内解决的。我们开始看到用于目的地选择的随机效用方法(在个体层面以 MNL 或 NL 形式,或在小区层面)成为解决位置与出行行为建模的首选理论方法。目的地选择模型根植于城市住房、劳动力与土地市场的均衡与半动态模型,在这些市场中价格被调整到引起短期或长期市场出清的水平。这些进步统一了"在当前处于分裂状态但在逻辑上相联系的城市经济学、交通规划与城市建模子学科"(阿纳斯,1982,xi)。利用随机效用离散选择理论,研究者构造或重构了用地和交通一体化模型(阿纳斯,1982,1983,1984;威廉姆斯和西尼尔,1978;科尔霍和威廉姆斯,1978;威尔森等,1981;麦茨森,1987;德·拉·巴拉,1989;马提耐兹,1992)。我们会在第 8 章和第 9 章看到其实践发展与应用。这一理论框架在规范性土地使用(威尔森等,1981)以及公共服务选址(雷奥纳迪和塔代,1984)中的应用也在 80 年代初得到了发展。离散选择理论同时也作为一个框架,用于讨论经济学市场中的产品多样性与消费者选择(安德森等,1992)。

这些进展对于建立在集计(基于小区的)多阶段法的传统出行预测方法有什么启示呢？讽刺的是，新的非集计行为方法原本是为了给传统方法提供一个界限清晰的备选方案，但某种意义上却让它们更为相近了。随着 MNL 模型的概念限制变得愈加明显以及 NL 推广形式的构造，20 世纪 70 年代初期强调的理论差异在一定程度上被缩小了。通过在 NL 模型里重新构造和解读需求函数，多阶段方法重塑了集计层面上应用的行为外衣。但这伴随着始料未及的后果。必要的验证检查显示，在经常应用的 G/D/M/A 结构中，伴随着典型的市场分层，参数值可能与选用的"方式划分置于分布之后"的形式不一致，导致在进行政策检测时可能产生不准确的出行预测。"拟合度"不足以评估模型的有效性；还需要检查模型的响应特征来保证从中得出的弹性有正确的符号。我们会在第 9 章和第 11 章重拾这个话题。

在更广的历史背景下还有另一个讽刺之处。关于总体模型中的步骤排序，该领域中的看法是否会完全反转？我们在第 3 章提到，20 世纪 60 年代早期，在组织各阶段时，方式划分模型被置于分布模型"之上"。之后，在 60 年代中期，为了获得针对服务水平变量变化(引入改进的公交系统而产生)更敏感的方式响应，方式划分模型从分布阶段之上转至其下。恰恰是因为相对于目的地响应的方式响应比之前以为的要少，现在又回到 G/M/D/A 形式是否妥当？我们将在第 8 章和第 9 章继续讨论这个话题，届时我们将思考美英两国更近期的研究和当前的实践。

20 世纪 70 年代早期到中期，用于出行预测的新微观行为方法的细节大体上局限于学术文献里的论文，杜门齐克和麦克法登(1975)、理查德斯与本-阿基瓦(1975)的专业论著，以及和记(1974)，斯托弗和梅堡(1975)编写的教材。10 年后，新的专业教材出现了，其主题是应用于交通、住房和城市系统问题的离散选择计量经济学(如亨舍尔和约翰逊，1981；阿纳斯，1982；本-阿基瓦和勒曼，1985；特瑞恩，1986；勃什-苏潘，1987)。在若干大型国际会议上，关于离散选择模型的论文数量众多(斯托弗和梅堡，1976；亨舍尔和斯托弗，1979；斯托弗等，1981)。这个新方法的优点越来越广受称道。

如果基于离散选择随机效用理论的非集计行为方法具有声称的所有优势，为什么它未能在交通规划实践中产生更大更快的效果呢？不幸的是，实践者们并未充分理解新理论和其应用的各种问题，而且回顾起来，在大学各院系和研究咨询机构中的"专家们"与众多交通规划专业人士之间出现了分歧。哈根(1983)表达了如下观点：

尽管新方法较之传统方法有了显著优势，对它们的批评仍很普遍。大部分实践者们认为它们过于依赖数学和/或理论、繁复、术语滥觞、缺乏好的包装和传播手段、难以理解、精确度不确定，且与实践专业的相关度存疑。许多方法的价值都缺少实地检验，因此它们相对于现有或更传统的技术是否更有用并不清楚(哈根，1983，3)。

在这期间，我们继续看到基于非集计行为模型和传统集计出行预测风格的各种方法的并行发展和应用，它们采取了多阶段的形式，或者已运用 NL 结构，或者开始模仿 NL 结构。

以离散选择随机效用理论为基础的理论微观行为方法并非无人批评。谈到这一时期内归功于它的种种进步，另外还有一个讽刺之处。一般认为，出行预测模型的行为基础以及它们所包含的假设，相对于"非行为"的传统风格来说是个优势，却让计量经济学方法自身容易遭到更真实和复杂的个体与家庭行为模型的攻击。这些内容是我们下一章的主题。我们会在第 11 章里进一步探讨 5.7 节中讲到的离散选择效用方法在更近一段时间中的发展。

尾注

[1] 例如,在威尔森的论文中,选项 c_n 复合成本的表达形式是,在所有的模式 k 对应的类型 n 家庭 $H(n)$ 上进行加总。也就是如下式表示:

$$c_n = \frac{1}{\lambda} \ln \sum_{k \in H(n)} \exp(-\lambda c_k)$$

正如我们在第 3 章里提到的,在 SELNEC 层次结构模型里运用"对数和"(威尔森等,1969)时,使用的参数来自分配模型 λ_D 而非 λ_M。

[2] IIA 问题的解决途径,即构造一个选项层级结构并在较低选项层级上选择以最大效用的分布的期望来表示的'最佳'方案,在考克雷(1975)的第 4 章的第 5 节以及杜门齐克和麦克法登(1975)里,已经有清晰的介绍。

[3] 考虑一个包含 N 个选项的选择过程,选项效用 $U_j, j = 1\cdots N$ 分布函数具有独立和相同的分布特征(IID) $f(U_j, V_j), j = 1\cdots N$。我们将这些分布称为'提供的'效用的分布。选项 A_j 的效用 U_j 在选项 A_j 被选中条件下的分布称为'获取的'或'接受的'效用的分布。根据这样的定义以及个体的效用最大化行为,有:

$$g_j(U_j, X_j) = f(U_j, V_j) \times \text{所有其他备选方案的效用} \leq U_j \text{的概率}。$$

[4] 对于甘贝尔形式的具有 IID 特征的'提供的'效用分布 $f(U_j, V_j), j = 1\cdots N$,'获取的'效用的分布 $g_j(U_j, X_j), j = 1\cdots N$ 也都服从甘贝尔分布,且标准偏差相同,都是 σ,而 $X'_1 \cdots X'_N$ 都等于 $\tilde{V}$,这样,可以得到:

$$g_j(U_j, X_j) = P_j \cdot f(U_j, \tilde{V}) \quad (j = 1\cdots N)$$

上式中,$\tilde{V}$ = 对数和(正的常量)。'获取的'效用的分布 $g_j(U_j, X_j)$ 的投影面积等于选项 j 的选择概率 P_j。

直到多年后,有关文献才承认了甘贝尔分配的这种"自我复制"属性的重要性(斯特劳斯,1979;罗伯森和斯特劳斯,1981;阿纳斯和冯,1988;约翰逊,1988)。作者们感谢拉尔斯-戈兰·麦茨森为我们推荐了有关文献。如想进一步了解有关更广义随机效用模型不变量条件的讨论,参阅林德堡等(1995)和麦茨森等(2014)。

[5] 例如,在书中使用的符号中,效用函数具有如下形式:

$$U(d, m) = U_d + U_m + U_{dm} = V_d + V_m + V_{dm} + \varepsilon_d + \varepsilon_m + \varepsilon_{dm}$$

上式中,V_d 随目的地而变化但不随模式而变化,V_m 随模式而变化但不随目的地而变化,而 V_{dm} 随模式和目的地都会变化(更多细节可参阅威廉姆斯 1977a,319)。

[6] 如同当时英国的实践,广义成本被构造成标准化的时间价值参数,并且 λ 参数和模型惩罚因子都通过最大似然来估计。

[7] 出行相关选项的广义成本的增加(减少)将减少(增加)其他替代选项的需求。

[8] 我们用了与原始引文中 β 和 λ 参数符号不同的符号,以便与本书的符号一致,即,$\beta \Rightarrow \lambda_D, \lambda \Rightarrow \lambda_M$。

[9] 由于在基于小区系统中的社会-经济分群相对粗糙以及各种集计问题,威廉姆斯和西尼尔(1977,466-468)怀疑 MNL 类分布和方式划分模型估计得到的 λ 参数值是否充分代表了相应参数。他们分析了各种估计偏差和不当结果的原因,并且考虑了将模型的'响应'特征

和'分布'特征区分开来的可能性。为此,他们采用了一种增量公式从而用不同参数来表示'响应'特征和'分布'特征。他们结合 G/D/M/A 结构的不等式约束,对响应参数做了敏感性分析。

[10] 我们感谢安德鲁·达利能与我们讨论设立这些条件的起源和初衷。

[11] 这篇论文实际上是由宾州大学托尼·史密斯呈现和讨论的。

[12] 当 G 满足尾注 13 的条件时,函数 $F(\varepsilon_1\cdots\varepsilon_N)=\exp(-G(\exp(-\varepsilon_1)\cdots\exp(-\varepsilon_N)))$ 就是一个多变量极值分布函数。读者可参阅麦克法登(1978,80-81)了解详情。

[13] 我们使用特瑞恩(2003)使用的符号和表述。令 $G=G(y_1\cdots y_j\cdots y_N)$,$y_j=\exp(V_j)$,麦克法登(1978)推导出,如果 G 满足以下条件:

(1)对于所有正的 y_j 取值,$j=1\cdots N$,有 $G\geq 0$。

(2)G 是度数为 1 的均质函数(后来这个条件被本-阿基瓦和弗朗科斯一般化了)。

(3)对于任何选项 j,当 $y_j\to\infty$ 时,$G\to\infty$。

(4)交叉偏导以下列方式变化符号:

对于所有 i,$G_i=\dfrac{\partial G}{\partial y_i}\geq 0$;对于所有 $j\neq i$,$G_{ij}=\dfrac{\partial G_i}{\partial y_j}\leq 0$;对于所有 i,j,k,$G_{ijk}=\dfrac{\partial G_{ij}}{\partial y_k}\geq 0$;对于更高阶次的交叉偏导以此类推。

那么,就有:$P_j=\dfrac{y_j G_j}{G}$ 定义了一个与效用最大化原理相一致的选择模型。

[14] 麦克法登(1978)证明 G 函数 $G(y_1\cdots y_j\cdots y_N)=\sum\limits_{j=1\cdots N}y_j$ 可以推导出 MNL 模型。把选项 $j=1,\cdots,N$ 分在 K 个巢中,并记作 $B_1\cdots B_k\cdots B_K$,同时引入系数 a_k 和参数 σ_k,$k=1,\cdots,K$,函数 $G(y_1\cdots y_j\cdots y_N)=\sum\limits_{k=1\cdots K}a_k(\sum\limits_{j\in B_k}y_j^{1/1-\sigma_k})^{1-\sigma_k}$,$a_k>0$,$0\leq\sigma_k<1$,$k=1,\cdots,K$,可以被证明是满足与 RUM 一致的模型所要求的条件的,而嵌套式 Logit 模型正是上述模型的一个特例。上述方式可以被拓展到更多层级的情形,从而推导出更广泛的函数形式(读者可参阅麦克法登,1981;226 页及以下)。

[15] 对于从生成函数 G 得到的 GEV 模型家族的成员,最大效用的分布的期望值 EMU 为

$$\mathrm{EMU}(V_1\cdots V_j\cdots V_N)=\log_e G[\exp(V_1),\cdots\exp(V_j),\cdots\exp(V_N)]+\gamma$$

上式中,欧拉常数 $\gamma=0.577$。于是,选项被选择的概率为:

$$P_j=\frac{\partial \mathrm{EMU}}{\partial V_j}\quad(j=1,\cdots,N)$$

[16] MNP 模型以及它的估计和应用的详细讨论,可以参阅达甘佐(1979)。

[17] 我们感谢与约翰·罗斯在 2013 年 11 月进行了很有用的讨论。

[18] 在下列论文和报告中可能会有进一步的细节:巴蒂斯等(2001),诺兰德与波拉克(2002),德·琼等(2004),巴特利(2007),英国交通部(2009b),李等(2010),福斯格劳与卡尔斯托姆(2010),以及卡瑞恩与列文森(2012)。

[19] MMNL 模型可被认为是由一些 MNL 模型组合而成,其中在效用函数 $V_j(\theta)$ 中参数 θ 的矢量是通过一个"混合"的密度函数 $m(\theta)$ 在总体中分布的。写为:

$$\mathrm{MNL}_{jq}(\theta)=\frac{\exp[V_{jq}(\theta)]}{\sum\limits_i\exp[V_{iq}(\theta)]}$$

MMNL 选择概率变为:

$$P_{jq} = \int MNL_{jq}(\theta) m(\theta) \mathrm{d}\theta$$

[20] 关于理论和实践应用的更多讨论,请参阅亨舍尔和格力纳(2003),德·琼等(2003),海斯等(2005;2007),以及特瑞恩(2009)及奥图萨和维朗森(2011)的文章。

[21] 在出行行为研究中,许多具有影响力的因素都没有明显的衡量尺度,或者在本质上是主观的(这方面的一个综述请参阅奥图萨和维朗森,2011,265-266)。由于定性变量的重要性,如舒适度、便利性、可靠性、安全性或及与备选方案相关的环境质量,以及个体在各类出行选择情形下的态度、观点和看法等的重要性,这些潜变量构造能影响到该领域的研究和离散选择建模并不意外。

6 基于活动的出行分析与预测

6.1 概述

6.1.1 出行需求预测的微观经济方法遭遇诟病

到了 20 世纪 80 年代早期,基于随机效用理论的离散选择出行预测模型的潜力受到了越来越广泛的认可,并已在学术界得到了相当的支持。很多人认为,在微观层面上追求明确的行为学基础是(出行分析)的显著进展。在第 4、5 章中讲述的成就看似能够解决过去的问题,并满足当代的要求。它们是一组符合经济理论的模型,提供符合经济学传统的语言和权威。离散选择随机效用框架提供了一个用"公理"构筑出行预测模型的途径,并提供了重新诠释和完善旧的预测结构的基础。然而从业人员对此的接受程度却是有限的;"非集计行为"方法的应用,除了在第 4、5 章中提到的若干案例外,主要仍局限在出行方式转换是唯一或主要行为反应的政策分析和规划案例。

基于离散选择的微观计量经济学方法虽然被认为是传统四阶段方法上的改进,但并未得到普遍认可。持不同意见者认为,(该方法)的理念给政策的出行行为反应进行因果分析提供了一个前景不妙的出发点:(该理念假设)自主的、具有高度辨识力并对简单的出行选项及其属性掌握完全(或者更现实地说,很好的)信息的个人,在权衡几个属性(通常包括时间和成本因素)的基础上进行出行选择以使自身满意度最大化。

在分析传统方法以及基于离散选择随机效用理论的非集计方法的理论基础时,伊安·海吉(1978a)做出了以下几点有分寸的批评:

很显然,近期非集计行为建模的发展并没有取得当初所期望的突破。他们的确比一般的交通模型更多地考虑了行为,但仍然不能给出完全符合现实的结果,很显然也不能完全复制人们的实际行为(海吉,1978a,124)。

伊安·海吉和皮特·琼斯认为,不管是传统的还是个人选择形式的模型应用,在实证研究中逐渐显现的不一致性是由于(应用)超出了保证其简化假设成立的"有效领域"。他们指出:

他们所寻求的并常常声称的包罗万象的普适性……总是难以达到。本文认为,目前的技术,无论是多阶段交通模型,非集计行为模型,或简单的计量经济模型,都仅具有有限的应用性,只在一个相对狭窄的领域内适用。在此领域之外,由于空间、时间和人际上的关联,以及不完整的认知,行为变得非常复杂(海吉和琼斯,1978,119-120)。

总的来说,在几个重要方面,当前的基于离散选择随机效用理论的行为模型看来不符合逐渐积累起来的个人和家庭对于交通政策的反应的数据,并且也被一些致力于用行为学来解释出行的学者视为对进步的桎梏。之后针对这一问题,皮特·琼斯和他在牛津大学的同事们观察到"这项工作虽然很大程度上借鉴了经济学和心理学的理论发展,但往往很少探究人们是如何真正做出出行决策的。事实上,有时候它更多地着眼于优雅的数学结构,而不是试图复现出行决策过程本身"(琼斯等,1983,5)。与传统的做法相比,似乎基于个人出行频率、地点、方式和路径选择的行为解释,已经在模型师头脑中成为现实、脱离了经验数据。现在是时候审视现实世界中的行为了(海吉,1978a,b)。

相应的,出行行为研究的研究方法、语言和风格也受到了严重质疑。到了20世纪80年代甚至出现了对前十年简约的数学风格倒戈的迹象:有一些社会科学家认为那是对模型方法发展的束缚。对于发展中的在个人和家庭活动背景下的出行研究,菲尔·古德温提出了一种大概能引起现在很多人共鸣的观点:

在这类工作的研讨会、会议和讨论中,最受欢迎的特点是其倾向使用日常生活的语言和分类——图像和表格是关于男人、女人、儿童、婴儿、祖母的……有些讨论必须更抽象,包含更多数学细节,但是与其他研究流派相比,它们不会让非专业的受众感到那么望而生畏(古德温,1983,472)。

在接下来的几年里,所有那一代基于离散选择随机效用方法的行为模型的内在假设都将受到严格审视,因为这一明确基于家庭活动需求和参与的出行需求视角急需得到认可。除经济学家和心理学家外,地理学家、区域科学家和社会学家的贡献也将被加进来。在某种程度上,这呼应了十年前图斯登·哈格斯坦德(1970)的大胆提问:"区域科学工作者呢?"伊安·海吉(1978b)认为研究议程是"把行为纳入出行选择的行为模型"。

欧洲是这个基于活动的模型方法首先蓬勃发展的地方。这里的关注点当然不只是出行预测,也是建立一个更人性化的、减少私人小汽车主导地位的交通规划原则。充分认识交通运输在社会中担任的角色,并承认和满足所有公民在日常生活中的多样化行为和出行需求的时机已经到了。他们的目标是再次强调20世纪60年代和70年代的评论家们如何担心传统交通规划过程中关于政策制定、影响评估和评价中的偏见(斯塔基,1973年;希尔曼等,1973,1976;沃克斯,1973;布鲁顿,1975;朗顿和米歇尔,1978)。

大量来自各个学科的人对这一理论和实践的发展做出了贡献。在本章所讨论的时段内,本领域失去了两位最杰出的年轻成员,埃里克·帕斯(1948—1997)和北村隆一(1949—2009)。

6.1.2 基于活动的出行分析:一个新的行为分析体系

基于个人和家庭活动的出行研究至20世纪70年代末已经得到长足发展。帕克斯和西夫特(1975)以及卡尔斯坦等的优秀三部曲(1978)指出基于活动的出行分析的历史虽然可以追溯到20世纪早期,其当代发展以及把出行作为重点一般归功于20世纪60年代和70年代初的工作，特别是图斯登·哈格斯坦德（1916—2004）（1970）[1]和小 F. 斯图亚特·查平（1974）。查平强调活动满足各种人类需求的作用，而哈格斯坦德则在地理学传统下，力求审查约束——特别是定义在空间和时间上以及在家庭场景下的约束——在确定个体机会及形成个人和家庭选择上的作用（福克斯，1995）。

那么，这是更进一步的"新方法"，还是仅仅阐述了已有的用来理解和预测出行行为的体系？毕竟，基于效用最大化的离散选择方法是一个可以在相当程度上对市场细分、选择集扩展和决策机制进行推广的框架。再者，我们可以说这个"新方法"的某些方面在20世纪70年代中期（瑞特和本-阿基瓦，1978；阿德勒和本-阿基瓦，1979）就已经进入研究议程了，例如对出行环及家庭成员之间依赖关系的研究和整合。此外，出行环的简化和来自不同家庭结构的个体出行行为的特性在70年代初离散选择的文献中就已经得到了明确承认，例如 CRA（1972，附录）。

这两个时代之间没有明显的区别。时间顺序上，基于人类活动的出行行为分析与前两章描述的离散选择随机效用框架之间有相当大的重叠。人们已经预见到离散选择随机效用框架可能受到的一些批评，并开始在模型设计中进行解决。到20世纪80年代初，出行行为的研究开始出现显著变化。在不长的时间内，有两本杰出的著作问世，其主要的研究成果在许多方面为各自的时代定调：杜门齐克和麦克法登（1975）的《城市交通需求：行为分析》和来自牛津大学交通研究组的《解读出行行为》（琼斯等，1983）。两者都是从行为的角度讨论出行，但在研究范围、描述和解释出行、探索方法和动机方面都完全不同。

在出现的新词汇中，"活动""出行环""约束""需求""角色""相互依赖""计划日程""用时""适应""生活方式""习惯""满意""基于经验归纳的研究风格"在出行行为的描述、分析和解释中更加普遍。用北村隆一的精妙语句来说：

就驱使其发展的动力而言，活动分析领域与非集计选择分析领域有着根本不同。后者发展的主导方向是提高统计效率、数据收集的经济性和多样化的政策应用。事实上，作为其产品的多项 Logit（MNL）模型容易理解、参数估计简单并通常给出合理结果（例如，见何洛维兹，1985）。基于活动的方法起始于差不多完全相反的侧重点。其数据收集是基于"深入"的访谈，这绝对不经济，而且几乎不可能获得大样本。预测很少被强调。相反，"解读"是最初的主要焦点；活动分析并不寻求统计量化客观定义的家庭和个人属性、网络服务指标及土地使用变量之间的关系，而是力图揭示为何存在这样的关系（北村隆一，1988，26，27）。

虽然基于活动的出行需求分析发展的初始动力可以追溯到20世纪70年代初美国学界对传统模型和新兴行为研究风格的严肃评估（琼斯等，1983），这一新方法流派被第一次正式承认是在1977年的第三届出行行为建模国际会议上（卡朋特和琼斯，1983）。如果1972年的威廉斯堡会议是对离散选择随机效用模型进一步发展的一个重大推动（布兰德和曼海姆，1973），那么人们也普遍认为，1981年的牛津会议对基于活动的出行行为分析扮演了相似角色（卡朋特和琼斯，1983；北村隆一，1988）。

虽然一些国家已经更广泛地考虑交通系统和需求管理政策，值得强调的是，在这个阶段对城市土地利用和基础设施规划的传统关注并没有就此消失。到了20世纪80年代，在重度工业化的城市里，高速公路规划的重要性已显著低于过去的几十年。与此同时，公共交通投资往往出现在城市交通规划中,有时候还占有庞大的比例。而土地利用变化和大规模的基础设施投资则在许多发展中国家普及,特别是那些在20世纪80年代经历高速经济增长的国家。在世界各地,对于出行预测专业人士的要求在增大、更多样化并更具挑战性。

在此有一点提请读者注意。那些初次接触活动—出行模型的人不可避免地假设所有被描述为"基于活动"的出行预测模型都有很多共同点。事实上,它们之间的差异可能相当大,极大地影响模型设定、实施和求解中涉及的数据、行为知识、实际经验和计算资源的需要。为了避免接下来在描述模型时做不恰当的比较,我们在此指出一些设定模型开发和决定其差异的主要因素:①模型适用范围(例如,是需要在基准年还是未来数年的政策反应);②在所选时间范围内,与某一政策或项目相关的特定行为响应;③对决策过程的建模和验证的(详细)程度;④家庭成员之间的互动是否明确考虑;⑤在模型设定和变量定义中对集计/分类/归类的假设;⑥模型应考量的政策范围(例如,基础设施的规划和/或需求管理,技术创新);⑦由该模型生成的信息。我们希望在本章中讲述这些区别。

6.1.3 本章内容

在本章中,我们讨论从20世纪70年代末到目前对出行行为理解的进展和基于活动的方法对于实用出行预测模型的贡献。实用模型的演变,现在通常被视为从"单次出行为基础的"模型到"出行环为基础的"的模型,再到全日"活动日程安排"模型的转变,而这种进阶过程将体现在本章结构中。

在6.2节中,我们更详细地讨论20世纪70年代末和80年代初对出行预测方法批判的实质,批判对象包括传统的多阶段模型和占主导地位的基于离散选择效用理论的行为模式。在6.3节中我们描述分析单位为出行环的需求模型的演变,包括传统的'集计'模式和基于随机效用理论的微观经济离散选择框架下模型的进展。

作为讨论各种基于活动的需求模型的前奏,我们在6.4节描述20世纪80年代和90年代初提出的若干逐日活动日程安排模型。在6.5节,我们介绍两种实施基于活动出行预测模型的途径,它们从理论到方法都迥然不同。接下来我们讨论在俄勒冈州波特兰市建立的基于波士顿早期原型的计量经济模型(波曼,1995;波曼等,1999),以及一个由资源决策咨询公司(RDC,1995;潘德亚拉等,1998)建立的活动模型模拟器(AMOS)在华盛顿特区的应用。两个模型都开始回应了城市交通规划部门对实用的需求。

在6.6节,我们从当代的资料中提取素材来总结过去15年里基于活动出行需求预测的主要发展,尤其是在美国、欧洲和日本的重要应用和实践的发展。本章总结里评估了基于活动的方法对于出行预测模型的贡献。

6.2 对20世纪80年代初期出行预测模型的批判

6.2.1 两个批判的靶子

到了20世纪80年代初,大概除了用于方式选择之外,基于离散选择随机效用模型的非集计行为方法在出行预测实践中的表现乏善可陈。传统的四阶段法仍是中流砥柱。这两种方法并行而立:前者开始主宰出行的概念化和出行行为的理论分析,而应用有限;后者服务于城市交通规划部门的传统要求。在此期间,交通出行预测过程的批评者有两个比较大的靶子;他们选择了对两者同时开火。

只要传统的四阶段模型在实践中广泛使用,它就是激烈评判和试图替代的对象。这肯定是在20世纪80年代的情况,今天在一定程度上仍然如此。20世纪80年代初期大概又到了它受新一轮冲击的时候。一二十年前的批评,由于当时研究目标、政策重点和信息需求的变化而卷土重来。此外,由于缺乏行为基础,它越来越被从业者轻视。在离散选择随机效用框架下提出的非集计行为方法的前提假设,也由于其对行为现实的刻画不足即将受到尖锐的批判。在此背景下,基于活动的出行分析和预测的方法开始出现。

人们多年来广泛回顾了这一阶段对出行预测模型的批评以及活动方法的基础(喀特,1973;海吉,1978a,1978b;海吉和琼斯,1978;琼斯,1977,1979b;布罗格和易尔,1983;莱克等,1986;北村隆一,1988;加林等,1994;RDC,1995;罗西和施夫坦,1997;本-阿基瓦和波曼,1998;巴特和科普曼,1999a;麦克纳里,2000a,2000b;多纳利等,2010;朋加里和巴特,2011)。在本节中,我们总结这些文献中的一些关键问题和共同主题,以阐释之前的评论。

6.2.2 基于"行为现实性"对以前的模型的批评

6.2.2.1 出行作为一种派生需求及其含义

在传统的基于小区的模型里,出行(trip,几乎总是机动车模式)是出行需求表达分析的基本单位。出行目的通常划归为居住地通勤(HBW)、其他居住地出行(OHB)和非居住地出行(NHB),或进一步分解(基于居住地的购物或教育等)来反映出行的性质和理由。通常情况下,非集计方法用基于居住地的出行环来处理简单的回程。

在活动方法中,出行或行程本身的表达变成了次要的,它们被视为是人们需要参加居住地以外活动而产生的结果。[2]有人认为,这种从强调出行本身到强调活动的转变,不仅在理论上是合适的,而且也是必要的:可以强化出行生成模型的行为基础(喀特,1973;琼斯,1977;阿拉曼等,1982;冯·德·胡姆,1983),也能为解决类似以居住地活动代替非居住地活动(包括出行)这类问题提供可能。这种变更对后来评估技术发展的影响很重要:原来需要离家进行的活动可能可以通过现代技术在家中完成,如远程工作、网上购物等(如萨洛曼,1986;摩克塔连,1990;本-阿基瓦等,1996;戈罗布,2002)。

6.2.2.2 活动和行程的结构:从单次出行到出行环到日程安排

将出行划分为居住地通勤(HBW)、其他居住地出行(OHB)及非居住地出行(NHB),可允许独立处理不同类型的出行。这一做法可能在早期模型发展阶段被看作是模型简化的大师手笔。然而渐渐地,它不仅因限制了NHB类出行与家庭特征的关联而偏离实际,而且可能导致模型对方式转移政策的反应的预测出现偏差。许多行程都不是简单地由单一目的外出和返家行程段组成,而往往由多个涉及复杂安排的出行段组成"出行环",连接两段出行的活动可能有他人参与,并且在时空上都相互分离。

扩大现有行为框架有来自交通需求预测界的内因和外因。在20世纪70年代末,托马斯·阿德勒和摩沙·本-阿基瓦评论说,"现有模型的缺点是无法表达出行环中多个非居住地行程段之间的相互依赖关系。……结果表明,需要扩大现有的交通出行预测模型的范围来清晰地描述出行的链接行为"(阿德勒和本-阿基瓦,1979,243)。将基于居住地的出行环分解成独立行程段引发两个问题。首先是将方式选择作为一系列独立的决策,而没有保证同一出行环上不同行程段之间方式的连续性(或者更严格地说,出行环里一组'可兼容'的方式之间的换乘,后文中有详细描述)。独立性假设的第二个限制是无法代表时间上的相互依存关系;具体而言,如果影响某一时段活动的条件发生了变化,当天其他时间的活动及相关出行也会受到潜在影响。

这一扩充具有根本的理论意义,可能会颠覆性地改变对特定行为的理性基础的假设。例如,对通勤的方式选择的解释是仅基于服务于一个独立行程段的几种方式的特性,还是基于当天不同时间不同活动的关联要求,并可能涉及其他家庭成员呢?此外,政策影响只限于一个时间段内的行程段还是涉及在一整天活动中不同类型出行环之间的复杂替换呢?在响应政策或项目时,可否将两个在一天内不同时段进行的简单居住地出行环用一个包含多个活动及相关出行的复杂出行环来替代呢?(琼斯等,1983;波曼,1995,本-阿基瓦和波曼,1998)。

6.2.2.3 约束在确定可行选择时的角色

此前的行为研究并没有忽视约束如何影响个人或家庭拥有的机会。选择集在离散选择方法中的描述形式通常是非常一般化的。然而,它们的应用则是相对简单和有限的。约束局限于收入,广义上可用的时间,也许还包括可用的汽车。不可否认,20世纪70年代的行为方法更注重偏好结构以及离散备选方案之间的选择模型,而较少考量不同人群(或者细分市场)的选择集的本质和形成机理。

在活动方法中,约束的处理及其对备选活动方案的限制将成为中心特征。哈格斯坦德(1970,17)将约束分为三种形式:

(1)能力约束(可能涉及特定需求,例如与睡眠、进食等有关的要求,以及由于可用方式的技术特征对空间机会的限制)。

(2)耦合或相互依赖性约束(例如那些要求不同家庭成员在特定地点和时间会面的约束)。

(3)权威或制度约束(例如对购物、工作等活动的时间限制)。

哈格斯坦德研究的主题是时间在人类活动中的角色以及约束如何影响不同时空点上的活动,这些他通过"时空棱镜"的概念来描述(哈格斯坦德,1970;琼斯等,1983)。定义在时空领域的棱镜,有效地为用某种方式进行的、给定时长的活动设置了边界。这个概念也可根据到达和离开某地点所需的时间设置该地点某一活动可用的时间。一个人的日常生活现在可以绘制为在时空中的'路径',在其中执行活动的可能性通过这样的棱镜受到部分空间和时间的限制(哈格斯坦德,1970;兰托普,1976,1978;本奈特和西夫特,1979;琼斯,1979;本奈特和汉森,1979,1982)。在后来的研究中,这种棱镜将成为确定个人活动可行日程安排的中心特征。

有人认为,在某些情况下,约束对个人行动的限制是如此广泛以至于它们把大量的可能选项削减为少数几个,而在短期内(琼斯等,1983)很可能只剩下一个。然而矛盾的是,尽管可能采取的行动往往受到严重制约,随着时间和人员之间"自由度"的增加,人们在选择上表现出的灵活性可能高于包含在现有交通需求模型里的有限反应。经验数据已经证实了个人和家庭在抵消或适应政策的影响方面往往表现出高度的创造性。以牛津市的研究为例,海吉(1978a)发现,个人和家庭在对出行频率、目的地和出行方式的正常反应之外,还可能在不同的出行环安排中合并和/或重新分配家庭成员之间的任务。他评论道:

也许适应性最显著的例子,是通过研究拥车约束的影响发现的。至少发现了12种适用这一影响的方法。他们大部分与非通勤出行相关,包括行程合并(显然是最常见的反应)、用较近的目的地做替换(通常可步行到达)、改至城外的购物中心。有些行为适应涉及相当复杂的变化。例如,有些人通过非常麻烦的办法克服拥车限制,而其他则会重新分配家庭任务,让父母一方可以在其他时间地点使用不同的交通方式(赫吉,1978a,113)来完成某个活动。

个人关于行程的决策现在可看作是出行环或链中各种不同复杂程度的活动的组合,并可被扩展到一整天的活动模式。从这一点来看,某些活动在时空中相对固定而其他活动相对灵活的程度,是决定行为和政策响应的一个重要因素(库伦和戈德森,1975;海吉,1978a;琼斯等,1983)。活动和行程的"链接"的含义被承认并在20世纪70年代中后期得到广泛研究(亨舍尔,1976;汉森,1979;席尔和托马斯,1987)。

6.2.2.4 决策过程模型

出行决策过程本身开始成为研究的对象,涉及的主题不仅包括人们从可选方案中选择了什么,而且包括它们怎样以及为什么被选中这样根本性的问题。出行相关的研究开始更充分地使用并进一步发展社会科学的观点和定性研究方法(琼斯等,1983;皮卡普和唐恩,1983;北村隆一,1988)。除了定量分析出行日记数据,研究者越来越多地应用非结构化的深度访谈和焦点小组来形成假设和建立理论(琼斯等,1983)。应用这些方法的时候录音机成为不可或缺的工具。

离散选择随机效用模型的决策过程本质上基于"经济人"假设。由于"经济人"假设经常被作为不切实际的典型受到评判,离散选择模型也未能幸免。越来越多的证据表明,选择过程需考虑家庭演进和动态变化、在有限的和不确定的信息下的搜索策略、风险、复杂的选择集,并且受习惯形成和惯性的约束,即便对研究最多的方式选择也是如此(海吉,1978a;巴尼斯特,1978;琼斯等,1983)。因此,时间断面建模方法并不是特别适合。正如RDC后来评论的:

……个人掌握的信息是局部的、不完整的;个人可以纳入其认知系统予以考虑的事项是有限的;他们区分刺激的感知能力是有限的;决策的结果通常是高度不确定的;个人的决定可能不具有内在的一致性和一贯的理性。此外,有证据表明,行为惯性普遍存在,而个人倾向于抵抗行为变化。我们的出行行为可能并不处于优化体系所假设的系统平衡(古德温等,1987;RDC,1995,4.1,2-3)。

的确,人们提出(如加林等,1998,4)选择的高度复杂性让效用最大化成为一种站不住脚的假设,因此有理由寻找其他行为决策理论来替换它。在这种探求中,由于"有限理性原理"和"满足法"(西门,1957)限制了人们在高度复杂的决策环境下寻找信息的能力和意愿,成为很有吸引力的选项。在这些方法中,如果根据某种满意度阈值认为某个选项"够好了",人们就会选择它。

6.2.2.5　家庭内部个体之间的相互依赖性

如前所述,20世纪70年代初人们就已经认识到(家庭的)生命周期对于确定活动和出行行为中重大差异的重要性(见杜门齐克和麦克法登,1975,193),尽管直到活动方法更加成熟后它对政策分析的重要性才得到充分认识(海吉和琼斯,1978;阿拉曼等,1982;琼斯等,1983;古德温,1983;帕斯,1984)。关于在牛津市的交通限制研究,海吉和琼斯评论道:"这项研究也展现了家庭生命周期阶段对区分家庭反应的重要性,因为它既影响需求又影响角色(以及由此对出行目的的混合),还影响了自我调节的机会及所受的约束"(海吉和琼斯,1978,121)。人们尤其感兴趣的是儿童的存在及其对家庭出行关系和更广义的交通规划过程的影响。据菲尔·古德温判断:

……迄今为止,活动研究最重要的一项发现是儿童的重要性,并非主要由于他们自身的出行(尽管其在社会框架中很重要,但此类出行一般相对较少且较简单),而是由于家庭中的儿童对所有其他家庭成员的活动和出行模式施加了高度复杂和具有约束性的限制……这一家庭生活中简单而又尽人皆知的事实在几代人的交通计划中都几乎被完全忽视了……本领域的其他主要发现涉及所谓女性的角色,但更准确地说是关系到在社会环境下男性和女性之间的关系……实证研究仍然显示出家庭、儿童和厨房的传统角色和约束占据多么主导的位置(古德温,1983;472-3)。

决策通常是在家庭背景下做出的,其中的相互依赖性和互动是对结果至关重要的因素。虽然在纳入家庭内部关联方面取得了一些进展(5.5节),非集计模型在考虑出行和活动参与时几乎都对这种相互关系反映不足。这并非简单地局限于谁能在一次特定行程中使用家庭拥有的汽车,还在于完成活动所要涉及的人员、位置、时机、方式和出行环(Algersetal,1996)。

6.3　可实行的基于出行环的出行需求预测模型

6.3.1　概述

20世纪70年代末和80年代初,在活动框架内重塑出行行为激发了大量的实证和理论研究,随后在期刊、编纂的书籍和国际会议中出现了广泛的述评回顾。这些工作主题多元,涉及了如下话题:数据获取与分析;活动参与和时间使用;在时间和空间上的日程安排;空间-时间约束、人际间约束和其他约束的影响;家庭结构和角色;自适应及其他动态方面;一周各天之内和之间的活动和出行可变性;政策应用;活动模型;方法论发展(例如戈罗布和戈罗布,1983;达姆,1983;达姆和勒曼,1981;琼斯等,1983;卡朋特和琼斯,1983;北村隆一,1988)。这些早期的倡议提供了一个关于出行行为更复杂的视角,它将缓慢但不间断地把出行需求分析向前推进。进展的第一阶段始于将程段连成出行环,并探索链接一系列活动的出行的本质以及对政策可能的反应。

基于出行环的出行需求预测模型初创于 20 世纪 70 年代末和 80 年代初的欧洲大陆。到了 90 年代中期,它们已在欧美的若干地区投入应用(达利等,1983;固恩等,1989;阿克斯豪森和赫尔兹,1989;卡赛塔等,1993;阿格斯等,1996;费兰道夫等,1997;HGC,1997;罗西和施夫坦,1997)。本节描述两个基于出行环的模型,分别来自德国和瑞典。

有意思的是,在 60 年代末德国的出行预测实践中对四阶段模型采用了(与英美)截然不同的改进。凯·阿克斯豪森和雷蒙德·赫尔兹提出,与美英两国将离散选择随机效用模型作为开发基础的做法相反,在德国,"研究集中在……重新思考交通规划过程中的出行生成阶段,通过模拟活动链来解决"(阿克斯豪森和赫尔兹,1989,316)。他们在其论文中概述了他们所谓的活动链建模的"德国方法"以及之前在德国所做的相关工作。

第一项应用代表了对传统多阶段方法的相对直接的拓展,它替代了传统模型的前三个模块,从基于行程段的方法转为基于出行环(链)的方法。第二项应用涉及在斯德哥尔摩应用非集计离散选择随机效用方法。这一模型吸纳了传统模型中所没有的各种替换可能性(对政策变量的反应)以及家庭内部的互动。

6.3.2 对多步骤方法的改进:VISEM

在 PTV 的 VISEM 中应用的基于活动链的出行预测方法经过较少的改进后,仍是其城市和地区出行预测系统的一部分(10.5.1.6 节)。到 20 世纪 90 年代中期,该软件应用于许多德国和其他欧洲城市中,人口规模为 30 万~240 万人(费兰道夫等,1997)。

VISEM"以一种比当前使用的常规四步法模型更真实的方式"来估算和预测每种方式的交通量(费兰道夫等,1997,55),并解决将行程连入活动/出行环带来的连续性问题。VISEM 的应用涉及确定具有相似活动模式的人群及每个不同类别群体的活动链与出行特征之间的关系。20 世纪 80 年代后期开发的模型系统包含了一组具有下列功能的模块:

(1)从活动链中生成每日出行模式。
(2)从机动模式和重力模型中推出出行环,以便将活动分配给特定的目的地小区。
(3)应用 Logit 方式选择模型,以便将特定方式与出行环相关联。

VISEM 输出的是一组按时刻划分并针对特定方式的起讫点矩阵。我们依次简要总结上述各功能。

支持本模型的行为信息源于全国和本地数据。前者包括了由活动出行日志构成的德国全国出行调查,这些调查分别于 1976 年、1982 年和 1989 年进行。1989 年调查的样本规模为 2 万个家庭,包括 4 万人共 12 万次出行。该信息是用于识别人员类别的基础,每个类别都有独特的出行行为模式;它同时也是当地家庭调查的基础,其中最小样本规模大约为 500 个家庭,这些家庭提供了某一具体日期的出行细节。

人员类别的划分使得同一类别内部的出行行为相似而不同类别的出行行为极为不同。调查区域内每个小区的类别数量是分别判定的。由此得到的群体根据就业/教育特征和汽车可用性而细分为:有汽车有工作的人;没有汽车但有工作的人;有汽车没有工作的人;没有汽车也没有工作的人;学徒;高中学生;10~19 岁的学生。

在 VISEM 中,传统出行生成模型被记录活动链的模型所取代,这些活动链根据国家数据库中约 300 种不同活动链的相对发生概率来取样。这些链的形式有 HXH、HOXH、HXOH、其中 H 代表家，X 代表工作、购物、上学等，O 代表其他活动。作者提到："虽然 VISEM 并不限制链的长度，为了节约计算时间常常去掉过长或者发生概率很低的活动链。"(费兰道夫等，1997，56)该模型会把每个人员类别的概率(比例)和寻常一天内的不同活动链相关联，再应用各种因素来确定这天内活动的时间分布。

将活动链转换为出行环是通过重力型分布模型进行，该模型根据空间隔离(以距离、出行时间或广义费用衡量)和每个活动对隔离的敏感性来判定出行目的小区。任何小区对从事一项活动的吸引力源自"从用地研究中确定的结构性数量"，诸如工作数量、零售空间面积、学生入学人数。对于每个活动和出行群体，空间依赖性由阻抗函数的参数决定。从目的地的配置中，重力型子模型生成了和每个活动链关联的出行，从而得到出行矩阵和出行环的总数。

接下来，根据居民分组的社会经济特征和方式特性，用 MNL 形式的方式划分模型把带有具体起讫点小区的出行环配置给相关的方式。对如下五种方式计算了广义费用：步行、自行车、小汽车驾驶员、小汽车乘客和公共交通。

为了保证一条活动环上方式选择的连续性/兼容性，可选的交通方式又被进一步划分为可交换方式(通常为步行、小汽车乘客、公共交通)和不可交换方式(小汽车、自行车)。Logit 模型被应用在出行环的第一个行程段，并在广义出行费用的基础上选择可用方式中的一种(费兰道夫等，1997，65)。

然后，每种方式的起讫点矩阵被分配给相关场景下的路网。这个特定模型中的设定使得交通政策能够影响链内的方式选择和目的地选择，但不包含不同种类的链或不同出行时刻间的替换机制。对 VISEM 后续发展的描述参阅 PTV 集团的网站和第 10 章。

6.3.3 基于出行环的离散选择方法：斯德哥尔摩模型

本节讲到的应用是由斯德哥尔摩市的交通规划机构和海牙顾问集团(HCG)共同进行的。它们在很多方面都独具特色，但最出色的是通过出行环处理家庭互动(阿格斯等，1996)。斯德哥尔摩一体化模型系统(SIMS)建立在 MTC 和 SIGMO 模型树立起的传统上(瑞特和本-阿基瓦，1978；本-阿基瓦等，1978)，应用相当复杂的基于嵌套 Logit 结构的离散选择模型来处理家庭决策单位内部的个体选择。通过分层模型结构及其中蕴含的期望效用指标，它导出了人们对出行费用和政策的服务水平所做出的不同行为反应的相互依赖性和相对敏感性。"对数和"变量被广泛地用于衡量期望效用指标。模型的特质和它要代表的各种行为是根据在 20 年内处理用地和交通基础设施规划，以及制定中短期需求管理政策(诸如区域许可证)的要求来确定的。

为了描述该模型及其应用，我们参阅了阿格斯等(1996)，阿格斯和艾拉森(2006)以及 HCG(1997)。在这个简要的描述中，我们聚焦于传统四阶段法中所没有的一系列反应机制和相互依赖性，包括：

在家庭不同成员间转换汽车使用权，这可能是由于区域许可证方案的影响。另一个例子可能是某一次购物出行可由家庭指派给不同的家庭成员，其原因是成本或出行时间的改变影响了不同成员的可达性。第三个例子是把一次从居住地出发的出行替换为通勤出行的第二目的地。出行时间或费用的变化可能使在回家路上顺便购物比从家出发去购物要相对容易(阿格斯等,1996,346)。

家庭行为会受制于一组约束,比如:步行距离的限制、相对于家庭收入的开支以及需要过多时间的活动。

斯德哥尔摩应用中特别有趣的是图 6-1 展示的工作出行环和购物出行环模型。在构建时前者有赖于出行和生活方式的决策,包括汽车产权,并反过来为其他活动和出行决策提供条件。完整的模型系统识别出了十种出行目的。选择模型结构适用于有两个雇员的家庭,而购物配置涉及三个家庭成员。如果可能的话,研究者们对这些详尽的层级表达进行对参数的同步(完全信息最大似然)估算;在其他情况下采用顺序估算法,而"对数和""自下而上"地在不同选择组间传递。该应用自始至终使用显示偏好数据;层级 Logit 模型的估算由 ALOGIT 软件进行(达利,1987)。

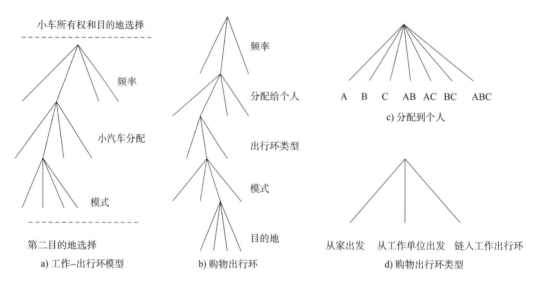

图 6-1 在斯德哥尔摩一体化模型系统(SIMS)中的选择模型结构
来源:HCG(1997,图10 和图11);阿格斯等(1996,图1 和图2)。

如图 6-1a)所示,位于工作出行层级结构"顶端"的是汽车的共同拥有和工作地点的决策;这之后是关于工作出行频率、汽车配置和出行方式的联合选择模型;而在"底端"的是次要目的地选择(见下文)。这三个次级结构中的每一个都单独进行估算,而互相连接的"对数和"变量向上穿过不同的结构来传递成本和服务水平政策变量。

工作决策影响了家庭购物出行环模型,该模型涉及图 6-1b)展示的五级层级结构。这一结构包括一系列模型,分别决定:①出行频率,决定了每户每天的出行次数;②分配到个体的活动;③出行类型(居住地出行环,通勤环,或涉及绕行的通勤);④目的地和方式(用于居住地出行环建模),或仅仅是目的地(用于通勤及包含次要目的地的通勤)。在一个有多个雇员的家庭中包括 A(雇员)、B(雇员)和 C(其他年龄达到或超过12 岁的家庭成员),那么把家庭购物出行分配给个人就涉及如下可能性:A、B、C、AB、AC、BC、ABC,如图 6-1c)所示。模型变量的确定取决于分组的本质。

直接通过服务水平变量和间接通过"对数和"变量,交通系统中的变化得以影响购物出行的地点和方式、出行环类型、购物出行的频率及与个体的匹配本身。在斯德哥尔摩研究中的一个新发现是：

不同出行类型的可达性会影响对出行类型的选择，而不同家庭成员组合的可达性也会影响到家庭对购物出行的分配……估算出来的模型看上去证实了在家庭中存在着分配过程，而可达性(因此还有交通)在这一过程中发挥着重要作用(阿格斯等，1996，354)。

对家庭结构发展和其他与选择模型一起使用的相关社会经济变量发展的预测通过"原型取样"进行。该方法在 HCG 参与的许多研究中应用过，包括荷兰国家模型(固恩等，1989)(5.4 节)。其中一个必要环节是让出行需求预测系统在小区基础上生成矩阵，以便通过 EMME/2 软件系统将出行矩阵分配给不同的网络。

这个为大都市设计的微观计量模型可被视为 20 世纪 90 年代中期使用非集计选择建模的前沿工作。它融入了许多与规划及政策背景有关的替换和互动的关键模式。尽管人们认为可行日程和时机安排决策的范围还可以进一步扩充，但却把这个行为上已经相当复杂的模型当作一种实践折中方案来采用，"因为这样不会在估算或应用上对计算要求过高"(阿格斯等，1996，348)。阿格斯和艾拉森(2006)描述了本模型在微观仿真框架内的进一步发展。

6.4 活动日程安排模型：探讨缩拼词

6.4.1 概述

在本章其余部分中我们会多次提到活动日程安排(每天中一组活动的顺序、持续时间、地点和时机)建模及其对于某一个体、可能还有其他家庭成员的出行和方式选择的影响。这通常涉及在如下一个或多个方面收集和记录信息并对它们建模：

(1)与不同的活动(活动组合)相关联的模式和时间使用，及将其与个体和/或家庭的社会经济及其他变量相联系。

(2)某一给定日程安排的可行备选方案，以便在环境变化之后找到当前安排的可能替代。

(3)在基年和未来年份，个体和/或家庭在特定决策规则的基础上针对不同政策作出的行为调整。

可行的备选日程安排被定义为能满足相关限制集或行为规则集的日程安排。这可能包含影响活动和出行行为的简单逻辑约束，例如[琼斯等，1983；莱克等，1986；资源决策顾问公司(RDC)，1995；潘德亚拉等，1998]：

(1)与活动及随之相伴的出行的时机和地点相关联的连续性限制。

(2)分配给诸如睡眠和做饭等基本需要的最短时间。

(3)某些特定活动的地点和时间上的机构性限制。

(4)关系到特定方式的可达性及其运行特征，以及在出行环上方式选择的连续性。

其他规则关系到针对个人角色、职责以及不同家庭成员优先次序的更具体假设。我们简要介绍 20 世纪 80 年代和 90 年代初出现的一些值得一提的早期活动日程安排方法。更全面的讨论请参阅阿克斯豪森和加林(1992)，加林等(1994，图 2，360)，以及一些更近期的回顾论文(巴特和科普曼,1999a;蒂莫曼斯等,2002;阿格斯等,2005;朋加里和巴特,2011)。

6.4.2 家庭活动出行仿真器

尽管家庭活动出行仿真器(HATS)并不构成一个代表行为的正式数学模型或计算算法,而更像一个表示和讨论行为的框架,它却是出行分析活动方法中最有趣的早期应用之一(琼斯,1979a;琼斯等,1983)。

根据在展示板上实际展示的一个家庭里每个人在一天 18/24 小时中活动和出行模式的时空信息,HATS 得以表达当前的活动—出行行为,探究其原理及(让受访人)陈述把家庭活动日程安排的短期调整与一系列政策联系起来的意向。发生的日程重新规划及其他可能的反应都是受访人在采访人的监督和鼓励之下搜索和选择的结果。基于在 HATS 上获得的经验,皮特·琼斯及其同事总结到:

在实践中,各类限制、联系、个人对家庭和社会要求、习惯,把数以百万计的可能组合减少到能应付得过来的小数目(有时甚至只剩一个),然后就能通过普通的思维和决策过程来处理它。在这个意义上,各类约束可能不仅充当了对行为的限制,还看似很矛盾地成为让行为决策得以实现的助力(琼斯等,1983,195)。

(该模型在)计算表达方面的挑战很快就促成了计算机辅助信息收集和分析系统的开发,并在英国和澳大利亚广泛用于展示项目和应用(琼斯,1985;琼斯等,1989)。

6.4.3 PESASP 和 CARLA

PESASP(兰托普,1976,1978)和 CARLA(克拉克 1980;琼斯等,1983)这两个早期项目的设计目的是彻底发掘现有日程安排在变化条件下的可能备选方案。PESASP(备选样本路径方案集评估程序)由隆德大学的波·兰托普开发设计,主要用于在时间和空间中分析各种活动的可能组合。本质上,它分析的是个体如何在不同的约束环境中进行活动,兰托普对其描述如下:

PESASP 仿真模型描绘了执行某个特定活动程序的一组备选方式。这些活动的数量和种类是个体和环境组合特性的函数。尽管该模型并不预先确定选择,但个体的选择是受限于备选方案集的。一个人的行为既受控于现有环境的结构,也受控于个人偏好,且建模者对后者所知往往更少(兰托普,1978,179)。

CARLA(重新安排活动列表的组合算法)用于生成由于某一政策措施引发外部条件变更导致的所有可行的活动—目的地模式及伴随的出行安排(克拉克 1980;琼斯等,1983)。CARLA 针对个体样本设计,所需的输入包括一份活动清单、活动的持续时间以及可行的开始和结束时间。产生的输出则是这些活动所有可行的组合清单。与 PESASP 不同的是,它根据"对当前安排的最小干扰"(即"衡量该安排和观察到的活动日程安排不同的程度")来评估日程安排并识别出(对外部变化)可能的反应(琼斯等,1983;203)。在牛津郡的一项调查中,CARLA 被用于设计 149 个受访者的活动安排。

克拉克做了一系列试验,结果由琼斯等(1983,第 11~12 章)作了总结。该文阐述了算法的表现和计算资源受约束的特征,以及记录某些特征(时间段宽度、活动数目)时分类的影响。他提到,一方面是在搜索可能的可行安排时的计算效率,另一方面是设置问题的具体细节以及否决行为上合理的日程安排的危险,这二者间要取得平衡。

6.4.4　STARCHILD

威尔·莱克等(1986)汲取和综合了关于个人和家庭决策过程与活动调度模型方面的若干早期理念,并在此基础上开发了STARCHILD(对复杂家庭交互式行程安排决策的出行/活动反应仿真)。这一工作推进了活动程序的理论和概念分析,也作为一个原型研究模型而存在。该模型试图在家庭层面解释行为,其方法是建立逐日活动模式。它包含了五个代表在受约束环境下进行选择的模块(莱克等,1986):

(1)从家庭互动分析中生成对应每个家庭成员的活动程式。
(2)为每个家庭成员生成可行的活动程式。
(3)把可行程式缩减为一个独特的模式集。
(4)选择集构造模型的设定。
(5)活动模式选择模型的应用。

面对复杂且体量巨大的选择集,个体采用策略将可行活动模式的数量减少到可处理的地步,这一方法得到了特别的关注。作者提到:

这种选择集的形成过程限制了可选项的数量;但该数量一般非常大,这样的结果从操作和行为角度看都很麻烦。此外,也没法保证个人会把得到的可行活动模式视为不同的选项。某些活动模式,由于它们在某些方面的相似性,可能会被个人认为是无法区分的,因此并不将其作为单独的备选方案对待。有假设认为,个人会在机会集合上实施分类缩减过程,从而产生独特的(选择)单元。分类过程之前或之后还可以应用各类决策规则以进一步缩小备选方案的集合(莱克等,1986,311)。

作者们提出用模式分类技术作为识别"代表性活动模式"即有着独特模式的同质集的基础。在选择问题发生的多标准世界中,人们通过识别所谓的"非次等模式"来作进一步简化。到第五个模块的时候,可行的选项包括可行、非次等和独特代表性模式。尽管MNL模型被用于确定活动模式在效用最大化行为基础上被选中的概率,作者们强调任何补偿性或非补偿性选择模型都可用于这一目的。

总而言之,在本框架内,在家庭的背景下采取行动的个体将根据活动持续时间、地点和方式去选择最优且独特的活动顺序,以此达到总活动效用的最大化。

6.4.5　SCHEDULER,SMASH 和 AMOS

SCHEDULER(加林等,1994)、SMASH(活动调度启发式算法的仿真模型)(艾特马等,1993)和AMOS(活动—出行模拟器)(RDC,1995;北村隆一等,1996;北村隆一和藤井,1998;潘德亚拉等,1998)这三个程序具有一些共同的特征,包括启发式"次最优"决策过程。它们采用启发式规则和步骤来搜索活动日程安排,并因此被称为是基于规则的计算过程,有时还被称为混合仿真模型(本-阿基瓦和波曼,1998;蒂莫曼斯等,2002)。不同于以上描述的那些模型——它们先判定出所有的可行安排,再从中根据一条或多条标准选出一项备选方案——这些模型连续生成能满足大量约束条件的行程安排。因此,可根据一组评估标准决定是终止或继续生成和搜索可行安排,并据此做出"次最优"决策。这些模型一般涉及一个相当复杂的算法结构,用一组规则反映各种约束条件和优先次序,RDC 中(1995;5.3 节)及在潘德亚拉等(1998,图 3)对此有详细介绍。

很多研究者讨论过这些程序间的异同点,例如阿克斯豪森和加林(1992)、蒂莫曼斯等(2002,183-4),还有更近期的朋加里和巴特(2011)。我们会在下一节里描述 AMOS 的更多细节。

6.5 基于活动的出行需求预测:向实用的模型迈进

6.5.1 向"新一代的出行需求模型"迈进

在一个标志着出行模型改进项目(TMIP)启动的倡议中(8.3.1 节),TMIP 评审委员会主席(1993—1996)马丁·沃克斯谈到了需要发展"新一代的出行需求模型"。他的观点得到了许多共鸣:

大部分交通规划实践者使用的是 30 多年前开发的出行需求模型……然而,除了大幅度改进过时的方式选择模型外,这种在今天广泛应用的分步实施出行需求建模的方法看上去非常类似于 20 世纪 60 年代后期和 70 年代早期的建模套路。我们已经经历了计算能力的革命,而且地理信息系统也越来越多地应用于交通规划数据集中,但交通规划的实践却由过时的建模方法构成,虽然聪明的技术人员对它们进行了少许升级和改进,但却并未从根本上对这些方法进行过重新思考(沃克斯,1996,213)。

TMIP 的短期目标是寻求推动城市出行预测的稳步发展,而长期目标则是"为交通建模实践带来根本性革命"(沃克斯,1996,213)。如同 20 世纪 70 年代早期那样,由广泛应用的四步法集计模型组成的"旧机制"再度成为创新备选提案的参照。

为了改进城市出行预测过程,联邦公路管理局于 1992 年为替代方法的初步设计提供了小额研究资助项目。参与项目的包括来自下列组织的团队:资源决策顾问公司(RDC);卡利坡公司;麻省理工学院;路易斯安那交通研究中心(LTRC)。每个团队都就开发合适的模型系统呈交了提案。布鲁斯·斯皮尔总结了这些不同的方法,如同他在 20 世纪 70 年代中期对个人选择模型的回顾一样。在这一过程中,他试图"识别出这些研究团队提案的共同主题,指出一些方法中貌似缺失的关键元素,并把四个方法中最佳的部分合并成一个研究方案来改进当前的出行需求模型"(斯皮尔,1996,215)。

这些不同的提案中有若干特征是共同的。尤为突出的是,活动方法是这些提案中的一个显著特征。布鲁斯·斯皮尔评论到:

四个报告中的三个(RDC、麻省理工和 LTRC)明确提议将现有的"基于出行的"模型框架替换为"基于活动的"框架,其中出行需求从参与各类活动这一更基本的需求派生而来……尽管每份报告都就活动行为建模提出了一个略微不同的方法,所有报告都高度依赖于使用约束参数来把选择项的数量减少到可控的规模(斯皮尔,1996,229-31)。

本节中,我们描述其中两个提案的后续发展以及它们后来如何通过部分依靠 TMIP 的资金支持进行改进,直到在俄勒冈州的波特兰市和华盛顿特区实施。

6.5.2 关于活动-出行建模的两种截然不同的方法

由于这两个创新研究作为实用模型的重要性,我们介绍它们各自的活动—出行建模方法的某些方面。每个研究都从满足交通规划机构对出行预测的要求着手。我们不打算纠结于细节。就像在 6.3 节中描述的两个应用一样,它们是为不同的目标——或者更具体来说,生成不同输出结果——而设计的。二者都可以作为后续研究的坐标,而且都对开发实用的活动预测模型中可能遇到的种种困难提供了很有启发性的洞见。

尽管二者都被描述为活动-出行模型,但其实它们之间的相似点很少。波特兰模型采用计量离散选择方法来综合 24 小时内的整个活动日程安排(个人活动和出行的模式及时机),并以此为基础来判定显著的解释变量并建立政策分析和预测的弹性。此外,它还为网络分配生成出行矩阵。

华盛顿模型则是根据 AMOS(6.4.5 节)中的启发式搜索过程模型来设计的,直接估计样本中的个体对一系列政策措施的反应。这实际上涉及使用专门的调查来得出叙述性偏好/意向,从而对基年样本的活动日程做短期调整。在计量方法中,熟悉的效用最大化原理被用作判定选择和行程需求关系结构的基础;在华盛顿模型中应用了一种针对个体行动的"满足"法,用于寻找在修订后的政策环境中当前行为的可行备选方案。

然而,这些方法也具有一些共同点。二者的设计都基于典型的大都市规划组织(MPOs)所能使用的数据库,包含个体和家庭出行日志、用地和网络数据等。两者也都利用了叙述性偏好/意向调查数据,这在华盛顿模型的实施中是至关重要的。以下对波特兰模型的描述来源于一些论文和报告,包括 HCG(1997)、本-阿基瓦等(1996)、本-阿基瓦和波曼(1998)、波曼和本-阿基瓦(2001)以及尤为重要的波曼等(1999)。对于 AMOS 的华盛顿原型,我们参阅了北村隆一和藤井(1998)以及潘德亚拉等(1998)的文章,但主要受益于 RDC(1995)中的详细记载。

6.5.3 基于计量经济学的活动—出行方法:波特兰模型

波特兰模型源自 1994 年本-阿基瓦等的提案(本-阿基瓦等,1996),后来发展为 Boston 都市区原型(波曼,1995;波曼和本-阿基瓦,2001)。该模型采用了离散选择分析这一为人熟知的计量经济学方法,据其开发者所言,它构成了"非集计计量模型系统向以活动为基础建模的演变中的第三步"(波曼等,1999,172)。该应用由联邦公路管理局(FHWA)通过 TMIP 项目向剑桥系统公司提供资金,另外还得到波特兰交通缓解方案研究(PTROS)项目的资助。PTROS 的资金来自 FHWA、俄勒冈州和波特兰 Metro(即波特兰地区规划局)。项目的首要目标是把基于活动的方法融入计量出行需求模型系统。研究团队将其描述为:

对当今使用的基于出行和出行环模型的重要改进。在一个通用且实用的城市出行预测模型系统中,它提供了一种更为先进的用活动来表达出行行为的方法,包括捕捉活动参与、链接出行、出行环间权衡、在家与出行权衡的变化,以及时机、方式和目的地的变化(波曼等,1999,183)。

6.5.3.1 总体模型结构

通过建立每日活动模式,波特兰模型及其更早在波士顿的应用在设计上着眼于解决基于出行环的建模方法的两个缺陷。每日活动模式的选择"支配并捆绑着出行环决策"(本-阿基瓦和波曼,1998,41),加上引入日程安排及时机决策,带来了模型内更丰富的交叉替换模式(对政策的反应)。首先,它带来了把涉及出行的离家出外的活动替换为家中活动的可能性;其次,它还带来了在复杂出行环模式间进行替换的可能性(例如把一个涉及多个活动的长出行环替换为两个在一天中不同时间发生的独立出行环,或者反过来)。

该方法高度依赖之前由麻省理工学院和剑桥系统公司基于分层决策开发的非集计模型系统,它反映了这些决策之间的条件依赖性(conditional dependency,即较低层级的选择依赖于更高层级的决策),同时通过连接代表较低级选择之平均预期效用的"对数和"变量来考虑相互依赖性。嵌套 Logit 模型再次提供了表达这种条件和相互依赖性的分析框架。

6.5.3.2 活动—出行模型系统及其各个组成部分

如图 6-2 所示,该出行预测模型由五个模块组成。每日活动模式的选择通过 24 小时内的出行环组合来表达,涉及对主要活动、主要出行环类型及次要出行环数量和目的组合的选择。模型考虑了每一个出行环的目的地、出行时间和方式。根据波曼等(1999,172-173)的分析,某个全日活动日程的(备选)概率可以写为"给定(活动)模式选择的情况下……边际模式概率和条件出行环概率"的乘积(见下文)。MNL 模型用于分析根据出行环效用作出的选择;通过这种方式,网络服务水平变量通过"对数和"变量来影响活动模式的选择。

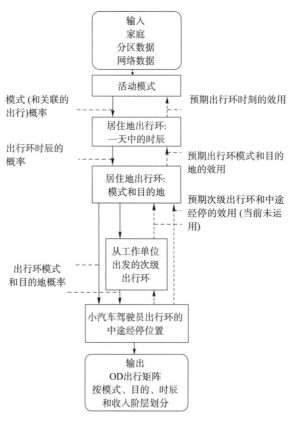

图 6-2 波特兰活动日程安排模型系统的结构

来源:波曼等(1999,图 3)。

模型一共识别出 114 种可能的家庭活动模式,包括某日发生的所有出行环的数量、目和类型。主要出行环通过伴随主要活动的各类出行环类型来识别,这些活动要么在家进行,要么离家进行(称为"在途")。主要活动包括三类:维持活动(工作或上学),维护活动(购物、个人事务等)及自由活动(社交、娱乐活动等)。离家进行的主要活动对应多种出行环类型,其形式有常见的"往返"H-X-H 结构,也有更复杂的安排,如 H-O-X-H、H-X-O-H 或 H-O-X-O-H,这里 X 代表了一个主要活动类型,O 代表目的未定的次要目的地。

每日活动模式确定以后,日内行程安排模型(time-of-day model)负责确定出行环的顺序及持续时刻,以及构成它们的离家活动。为此区分了五个不同的日内时段,每个包括数小时:

(1)对于每个出行环,日内行程安排模型用 MNL 形式预测从家出发时刻和从主要活动出发时间的组合;总共识别出 15 种出发时间组合。

(2)通勤/上学出行环、维护活动出行环和自由活动出行环都有自己单独的日内行程安排模型。

独立变量包括各种个人和家庭变量,以及来自较低级方式/目的地选择模型的"对数和"变量。出行环目的和类型也被用作变量。

模型的开发者们注意到了处理日内行程安排和行程时间分辨率这些问题上的特殊困难,并考虑在两方面进行折中:捕捉行为变化的需要(要求细化行程安排的时间维度);处理细化连续时间变量带来的海量活动次序可能组合的可行性。这一折中通过对时间间隔的特定选择来达成。

确定活动日程(模式,出行环类型及时间安排)之后,模型预测每个出行环的主要方式和目的地。它决定每个小区成为主要出行环目的地的概率以及每种方式(一共 9 种)成为出行环主要方式的概率;变量包括家庭和个人数据,以及网络距离、时间和费用数据。

每个预测年份/人口统计场景用合成人口样本来实施模型。将上述选择模型应用于日内模式模型和基于家的出行环模型之中,可以预测合成人口样本中每个人的活动日程概率,然后再集计成一组"半出行环矩阵"用于分配给相关网络。

波曼等(1999)描述了一系列对该模型的测试以及对复杂替换效应的集计效果的评估。后者是开发该模型的根本动因之一,它源于一系列涉及出行需求管理的措施,包括动态(拥堵)收费政策。作者们报告了令人满意且在逻辑上一致的测试结果。

6.5.4　AMOS:华盛顿原型

6.5.4.1　背景和政策概览

AMOS 的华盛顿原型可以用先驱性的术语描述如下:

该项目将完全成型的活动模型系统第一次用于交通规划和政策分析……AMOS 的开发及其在华盛顿特区大都市区的应用……代表了交通规划和政策分析上的一个重要进步。考虑到在《清洁空气法》修正案和《多模式地面运输效率法案》设定的当前规划背景下出行需求管理的重要性,这一进展尤为重要(RDC,1995,1 节,4)。

华盛顿特区项目作为 TMIP 的一部分得到了联邦公路管理局(FHWA)和美国环保署(USEPA)的联合资助。资助方的意图是"以实际应用为出发点研究和发展基于活动的预测理念"(RDC,1995,1)。模型的开发目的是专门分析六个短期出行需求管理(TDM)措施,其中包括拥堵收费,停车定价和雇主提供的通勤代金券,以及改良的人行设施;政策的描述取决于对自付费用、出行时间、方式属性和个人约束的影响。除了来自1994年家庭出行调查的出行日志数据,以及其他区域规划组织通常可获得的用地和路网数据,该项目还在650多名通勤者中专门进行了一项特别委托的调查,调查内容是对所提议政策的陈述性偏好反应。

6.5.4.2 总体模型结构及其组成部分

图6-3的粗边方框中显示了AMOS核心的五个组成部分。总体模型许多不同方面的复杂内容掩盖了一个基本的简单事实:研究者检视了基础样本中的每条个体出行记录并识别了它对所提议政策的初始反应。之后,为寻求这一反应给活动—出行模式带来的更广泛的后果,他们根据评估标准和终止规则确定出对初始激励的额外反应。由于读者也许对这些概念相对陌生,我们将对中间三个组成部分稍加详述,进一步的细节请参阅项目报告(RDC,1995)和后续的论文(北村隆一和藤井,1998;潘德亚拉等,1998)。第一个和第五个模块分别负责检查输入数据的完整性和提供一系列总结性的统计报告,在此不再赘述。

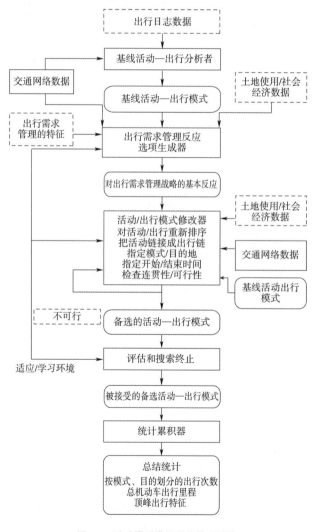

图6-3 活动模型模拟器的模型结构
来源:RDC(1995)。

TDM 反应选项生成器用于创造某一个体对一项 TDM 政策的所谓"基本反应"。该生成器的实现基于模型,其参数是从 AMOS 调查中获得的显示性和陈述性偏好数据来估计的(RDC,1995)。该模型确定某一个体采用如下七种方式中的一种来回应某一政策的概率:

(1) 出行行为没有变化。
(2) 通勤出发时间改变。
(3) 方式改变。
①把通勤方式改为公交。
②把通勤改为拼车。
③把通勤方式改为自行车。
④把通勤方式改为步行。
(4) 在家工作。

在这些概率的基础上,模型通过蒙特卡罗方法选择一个特定的反应。

活动—出行模式修改器是总体模型中最复杂的组成部分,是实施受约束的个人行为的核心。对于来自 TDM 反应选项生成器的任何基本反应(例如方式更换)输出,修改器会为相关个体识别出一组备选的可行活动—出行选项。基本反应的可能衍生反应包括:重新排序活动,将活动连接成出行环,更改方式/目的地及更改出行时间。这些可能的反应从一个"复杂的算法得出,它把活动重新排序和进行日程安排,打破和形成链接,并改变出行方式和活动地点"(RDC,1995,5 节,5)。对其更详细的描述可参阅 RDC(1995,图 5-4)和潘德亚拉等(1998,758-762)。

该算法通过一系列模型来生成新的活动—出行模式中的出行属性。例如,目的地(地点)选择利用重力型出行分布模型,MNL 模型用于确定方式选择,而方式约束则决定每次出行可用的选择集。通过基于规则的算法来确定出行出发时间,并识别出任何跟时间相关的约束条件。该模块输出修正过的活动-出行模式,它在基于规则的约束集内是可行的。

评估模块提供对修订过的活动日程安排的效用评估,而接受程序则决定是否应该根据"基于搜索终止规则的人类自适应和学习模型"来接受它。AMOS 中开发的评估模块考虑了个体花费在各种活动上的时间和金钱中产生的效用,以及花在每个活动上时间的"质量"(潘德亚拉等,1998;RDC,1995,附录 D)。在一天中进行的一系列活动的总效用被表达为各活动的效用总和。决策模型"加入了搜索终止步骤,允许个体采用能满足他/她的活动需要的次最优的活动-出行模式"(潘德亚拉等,1998,762)。

该模型生成的总结性统计数据包括:按方式和目的划分的出行数量,总车辆里程数,高峰出行的特点及有关冷启动和热启动及燃料消耗的信息。有关 AMOS 的华盛顿原型之运用、政策设计和仿真运行的详细讨论见于 RDC(1995,第 6 章和第 7 章)。

6.5.5 对这两项应用及其方法的一些评论

以上描述的两个模型都在设置和实施最初设定的概念框架时采用了大量的折中措施。在这些工作尚未完成之时,记录波士顿和波特兰原型(波曼和本-阿基瓦,2001;波曼等,1999)以及记录华盛顿原型(RDC,1995)的文献就对他们的局限做了典范的探讨。这样的局限性是所有先驱性工作的特征(阿格斯等,2005;罗西和施夫坦,1997)。这些假设、近似和折

中作为后续应用需要解决的问题,变成支持持续研发的焦点,也正是研究者的初衷。波特兰模型的作者们对他们的工作做了如下总结:

在波特兰实施的活动日程模型还有一些弱点……包括不完整、日程时间分辨率不高,效用函数、模型结构及可用性的设置不当……上述的许多弱点主要来自技术限制和对决策过程的理解不完整,这两个问题在模型用于政策研究并通过进一步研发改进后都可以得到解决(波曼等,1999,182,183)。

AMOS 的设计在许多方面与常规的预测模型系统不同,反映出作者所谓的"多重范式变化"(RDC,1995,4.1 节)。作者承认华盛顿应用存在若干局限,并强调后续研究应该关注它们。这些包括:

(1)加入家庭互动。
(2)活动替换及其对在家和离家活动所耗费时间的影响。
(3)允许(日程安排)每周可变。
(4)对非通勤者对交通政策发生的反应行为变化进行建模的能力。

发表的 AMOS 版本没有尝试实施网络分配或获得模型一致的小区间出行时间。

很明显,在当时对前沿研究和活动-出行预测模型在各种不同应用背景下可能或应该如何发展存在截然不同的观点。不论其局限性如何,在我们看来,这些模型在实际应用上实现了突破——开发了实用的基于活动的模型系统,甄别了关键问题,建立了研究时间表,并且又一次让后继者可以更轻松地面对相关实践的挑战。

在活动日程分析的计量模型以及基于规则的混合仿真模型出现后的几年里,文献中有很多关于它们的区别和各自相对优势的评论。摩沙·本-阿基瓦和约翰·波曼评论到:

两种方法均代表了一个两阶段方案:先是生成选择集,然后顺序地或迭代地进行选择。但是,计量模型关注的是基于效用的多维选择的复杂表达;而混合仿真则把大部分注意力放在选择集生成上,通过使用复杂的启发式搜索方法来产生一个非常小的选择集;在这个集合里用简单的选择模型做选择,该过程和生成选择集之间经常反复迭代(本-阿基瓦和波曼,1998,35)。

6.6 活动出行需求预测的近期发展

自 20 世纪 80 年代初开始,这个高度分散、涵盖了各种假设、方法和实证研究的领域,十年之内就在出行研究界进入主流,并且发展势头强劲(北村隆一,1988;琼斯等,1990;加林等,1998)。这个领域的研究者无疑深信出行预测的未来是基于活动—出行概念的方法,虽然如上述例子所示,尚有若干问题有待解决,而对于表达和预测行为的合适方法也还存在大相径庭的看法(RDC,1995;北村隆一等,1997a;波曼等,1999)。

一个大致的共识是对时间和用时的处理将在该领域占据核心位置(帕斯和哈维,1997;北村隆一等,1997a,1997c;帕斯,1998;巴特和科普曼,1999a,1999b)。朋加里和巴特(2011,19)后来评价到:"对活动—出行行为的时间维度进行适当处理也许是精确预测活动—出行模式最重要的前提条件。"自从 20 世纪 90 年代中期那个蓬勃发展且富有成果的时期以来,学术界、以研究为导向的顾问公司和机构又对基于活动的模型做了进一步的广泛研究和发展。[3]我们在这里简要回顾一些主要的进展。幸运的是,该领域有不少质量高、可读性强的文献回顾及应用报告。我们在此对这些进展提供简明的综述,读者可以在尾注 3 中引用的论文及下面的额外参考文献中了解更多细节。

迄今为止,模型开发中最主要的工作是理解和重建基年活动—出行模式,并建模分析非常传统的政策工具——基建投资以及需求管理措施——可能引发的(出行行为)反应。此外,20 世纪 80 年代中期起涌现了大量研究先进通信技术如何影响出行相关行为的文献,它们非常适合应用活动框架。在这类文献中,出行和远程通信间的替换和互补是一再出现的题材(萨罗门,1986;摩克塔连,1990,1991,2002;潘德亚拉等,1991;摩克塔连和萨罗门,2002;戈罗布,2002;戈罗布和雷干,2001)。

尽管各种活动出行需求模型之间的差异经常反映了特定的政策要求、需要获得的信息、数据是否可得等方面的情况,20 世纪 80 年代在计量离散选择方式(例如之前探讨过的波特兰应用)和计算过程或"基于规则的"模型之间做出的区分还是延续下来了。然而这些区分变小了,在某些案例中甚至合为一体,因为二者的倡导者们都在寻求用更真实的选择集和决策模型来表达个人和家庭活动—出行行为。如波曼所言,"在咨询界,越来越多的模型系统主要被开发用于实践。这些混合的模型系统依赖于计量模型,但把它们融入了一个使用混合计量原理和基于规则假设的仿真框架中"(波曼,2009,61)。

在 20 世纪 90 年代中期后的新一轮应用和实验室研究中,微观仿真技术的应用变得更加普遍。这一技术基于对合成人口样本——它们被赋予存在于"个体"和"家庭"的特性之间的多种复杂相互依赖性——的处理(麦克纳里,1997;北村隆一等,2000;米勒等,2004;巴尔莫等,2008)。乔安·沃克(2005,3)指出"大部分最先进的出行需求模型现在都使用了微观仿真",而今天的情形可能更是如此。

出行需求预测的行为方法所面临的主要挑战仍然关乎下列问题:家庭和个体特点的多样性以及他们所受到的种类繁多的各种空间、时间和人际间的约束;对特定行为-出行行为存在海量的潜在替换方案,其中许多都非常相似;建立符合实际的决策模型,并保证它的参数可被估算且预测可被验证;网络分配以及在服务水平变量间达成一致;涉及数据可用性和支持开发此类模型的知识的问题。在所有这些问题中,模型设计是关键——要让模型在特定政策测试和信息背景下达到实用状态,哪种形式的简化或/和近似是必要且合理的?

上一节描述的波特兰模型形式在经过初期应用后没有被继续使用,但它留下的知识遗产进入了后来在美国应用的若干活动出行需求模型中。约翰·波曼(2009)就近期美国的微观计量方法在城市和地区中的应用写了一份很有价值的评述。他特别强调了在波特兰、旧金山、萨克拉门托、丹佛、西雅图、纽约、哥伦布市、亚特兰大和旧金山湾区应用的模型间的异同点。

朋加里和巴特(2011)在他们对基于效用最大化的计量模型的概览中也涵盖了研究界开发的两个模型,即德州达拉斯开发的 CEMDAP(日常活动出行模式的综合计量微观仿真)(巴特等,2004;朋加里和巴特,2011)——波曼(2009)也曾讨论过这个模型——以及 FAMOS(佛罗里达活动出行模拟器)(潘德亚拉等,2005)。

在美国各应用的相似点中,波曼(2009)强调了:①在微观仿真框架内表达合成人口样本中每名成员在一整天中的活动和出行;②采用计量模型的一体化系统;③加入传统的小汽车和公交分配。图6-4中展示了一体化计量模型系统层级结构中的一种非常普遍的形式(波曼,2009,315)。

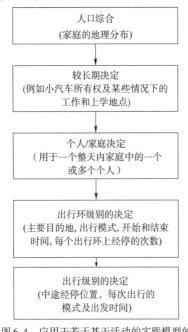

图6-4　应用于若干基于活动的实践模型的决策层级结构之常见形式

来源:从波曼(2009,315)处解读。

在广泛的相似性之下——其中一些模型是直接从其他模型中发展而来——模型间的区别相对较小,虽然也很重要。主要区别涉及如下分类与设置问题(波曼,2009,315-318):

(1)空间分辨率(分配小区和次级小区/地块)。

(2)时段,离家出行的目的。

(3)对家庭互动的处理(日内行程模式如何以及在多大程度上明确地把家庭成员连接起来)。

(4)对中途经停的目和频率进行建模的水平。

(5)关于方式、目的地和出行环日程间相互依赖性的模型结构。

(6)为联结不同选择而在以上诸项加入的可达性变量。

有关这些模型的更多实践细节和评论可参阅沃沃沙等(2005);沃沃沙和布莱德雷(2006),戴维森等(2007);布莱德雷等(2009);多纳利等(2010);朋加里和巴特(2011)。

由钱德拉·巴特及其同事开发的CEMDAP与上面描述的模型系统类似:"CEMDAP中的活动—出行模式通过由模式级的属性、出行环级的属性和经停级的属性组成的层级结构表达。然而,区别在于CEMDAP中的属性刻画了受工作和学校活动施加的时空约束限制的连续时间活动—出行模式"(朋加里和巴特,2011,8)。

在近期CEMDAP在洛杉矶的应用中(其部分目的是为了评估政策对气体排放的影响),家庭级的模式模型同时预测了所有目的的组合(巴特等,2013)。多重离散—连续极值(MD-CEV)模型(巴特,2005;巴特和艾鲁鲁,2010)允许对多个备选方案中的参与和时间投入进行同步建模。

虽然在AMOS上做的工作没有以华盛顿特区应用的形式持续下去(RDC,1995),在北村隆一和藤井(1998)作品中提及的AMOS和PCATS(棱镜约束活动—出行模拟器)中的一些关键理念后来在其他活动—出行行为的微观仿真模型中得以传承(北村隆一等,2000),这在FAMOS中(潘德亚拉等,2005)表现得尤为突出。如波曼(2009)描述的那样,FAMOS可视为一个混合模型,并且在明确表达时空约束以及建模系统的连续时间方面与CEMDAP类似。

6.6.1　在基于规则的计算过程模型中取得的进展

20世纪90年代早期,阿克斯豪森和加林表达了一种观点,即"若干基本问题与活动调度过程有关。事实上,这一过程中的许多细节——包括环境和交通系统信息如何获取和使用,效用或优先级如何分配给活动,以及使用了哪些启发式算法和决策规则——大体上仍是未知的"(阿克斯豪森和加林,1992,335)。到了2000年,活动—出行文献中开始大量讨论效用最大化框架的替代方案,其思路是试图模拟个体如何解决问题(加林等,1994;RDC,1995;艾特马和蒂莫曼斯,1997;加林等,1998;斯文森,1998;北村隆一和藤井,1998;潘德亚拉等,1998)。然而,在城市规划实践中却鲜有应用实例。

基于CPM的活动建模系统中一个饶有趣味的发展有一个陌生的缩写ALBATROSS(基于学习面向交通的仿真系统,阿伦兹和蒂莫曼斯,2004),在埃因霍芬大学开发完成。其他在荷兰开发的相关活动—出行程序,包括AMADEUS,MASTIC和RAMBLAS,都在布留和卡纳罗格劳(2007)中做了回顾。另一个值得一提的是TASHA(多伦多地区家庭代理人调度模型),一个针对24小时内活动—出行的基于规则的调度微观仿真模型,由艾瑞克·米勒、马修·鲁尔达和他们在多伦多大学的同事们开发(米勒和鲁尔达,2003;鲁尔达等,2008)。

尽管在过去20年里的研发工作卓有成效,复杂选择环境下错综复杂的决策过程仍不断带来大量的挑战。这些挑战催生了长篇的回顾综述文章和学术杂志里的专刊。对未来挑战的出色评述包括戴维森等(2007),布留和卡纳罗格劳(2007)以及朋加里和巴特(2011)。活动—出行领域在过去十年严谨地研究了以下课题,贡献经常出现在相关文献中:对时空的感知,认知学习,习惯性出行,信息获取,自适应和动态;个体每日活动的互动——家庭内出行,共同决策及冲突解决,以及支持对它们进行研究的数据;更广泛的互动和社交网络;在层级结构框架内对多重决策的详细排序。

当活动—出行模型的发展在时空细节上的处理愈加细致时,它们的范围也扩展到了有关系统行为的方面。过去20年见证了大量建立活动—出行/交通微观仿真模型的努力,这些模型基于网络条件下越来越复杂和真实的行为表达以及对变化的反应。促进这一发展的部分原因是决策者需要关于能源和环境的更详细的信息,但更重要的是对需求管理政策和智能交通系统剧增的兴趣。目前已有研究在尝试把需求侧的活动—出行行为精度与供给侧相应发展匹配。供给侧的发展需要提高网络代表的精度,对此微观仿真是一个合适的描述和求解框架。突出的例子有TRANSIMS(纳格尔等,1999)和MATSim(巴尔莫等,2008)(8.4.1节)。

也有一些呼声要求建立更加一体化的用地交通系统模型(朋加里和巴特,2011),其中活动—出行系统比传统模型形式中的系统要先进许多。由瓦德尔等(2003)(UrbanSim),萨维尼和米勒(2005)(ILUTE)以及潘德亚拉等(2012)开发的微观仿真用地—交通模型包含了带有各种程度细节的活动—出行框架。

计算能力的巨大提升和更丰富的计算机语言再次为这一发展做出了贡献。这些举措中,有一部分在不同程度上纳入了活动方法,我们将在第8章中讨论其更多细节。

6.7 结论

自华纳在20世纪60年代早期的先驱性研究以来,非集计方法用了10年时间才开始在出行需求预测的实践中占有一席之地。基于随机效用理论的离散选择方法又过了几年才开始替代传统的基于四步法的集计方法。类似的,虽然出行研究领域对活动方法的概念相对吸收较快,活动调度模型也用了20年才从学术界进入实际应用,而又过了10年它们才开始显著地(但依然相对较小地)影响主流出行预测和交通规划。在这个过程中,交通地理学的元素与微观经济学及心理学的元素融为一体,产生的混合体与各种网络模型结合,进入很多大学的土木/交通工程系和一些以研究为导向的顾问机构。

自从20世纪90年代中期之后,三种风格的出行预测模型共存,各自处在不同的发展改进阶段:①建立在多步骤框架上的基于出行的传统方法,融入了"非集计"特征,尤其是在处理出行生成和方式划分上;②基于出行环的方法,有些直接在微观水平上构思,有些则从基于小区的多步骤方法演进;③活动调度方法,它们将一整天内的出行和活动模式作为分析单位。在每一个类别中,基于不同的近似处理、技术改良和行为假设,都有一些模型可供使用。

"活动时代"拉开帷幕之时对现状的批判和研究日程主要涉及如下方面:个人和家庭做出选择的本质、受到的约束以及决策过程本身的描述。虽然在前两方面进展卓著,第三方面却差强人意,主要原因是用效用最大化作为决策指标对大多数实践模型影响甚著。最终出现的是一组复杂的城市出行预测模型,它们基于大大小小的假设,能够处理各式各样的政策分析,从基础设施、用地开发到各种需求和交通管理工具。对于某些应用而言,比如技术性和"智能"政策工具,研发仍处于初期。毫无疑问,在实用模型的实施方面有过大量让人印象深刻的工作。但是,如何设定这些模型缺少共识,加上之前提到的那些研究问题,说明还有很多工作要做,而这点也为业内人士广泛认同。我们会在第8、9、11章继续思考活动模型的贡献及其进一步的研究问题。

尾注

[1] en. wikipedia. org/wiki/Torsten_Hägerstrand(访问于2014年3月4日)。

[2] 值得一提的是,需求本质上是衍生出来的,而这也是标准离散选择方法的一个特点。例如,在出行终点模型中,在某一特定地点从事某一活动所衍生出的效益将会抵消广义的出行成本。但批评者往往争辩说这不过是把参与一个很基本的办事过程说得天花乱坠,而在该办事过程中个人是为了满足其日常需要才生成出行的(琼斯,1977)。

[3] 除了文中索引的那些论文,我们还发现下列文章对我们的任务很有助益:艾特马和蒂莫曼斯(1997),加林等(1998a,1998b),麦克纳里(2000a,2000b),波曼和本-阿基瓦(2001),温和科普曼(2000),莱克(2001),蒂莫曼斯等(2002),巴特和科普曼(1993,1999a),阿格斯等(2005),巴特和潘德亚拉(2005),蒂莫曼斯(2005),沃沃沙等(2005),戴维森等(2007),阿伦兹和蒂莫曼斯(2007),阿克斯豪森(2007),布留和卡纳罗格劳(2007),波曼(2009),蒂莫曼斯和张(2009),多纳利等(2010),朋加里和巴特(2011)。

7 交通网络均衡

7.1 概述[1]

北美地区的多个大都市区在吸取了底特律、芝加哥和宾州-新泽西的交通研究经验之后,于1970年之前纷纷采用了顺序(分阶段)出行预测步骤,随后这一方法传播到英国的大城市地区(第2~3章)。另一方面,在战后产生了大量的数学和数理经济学方面的重大突破,其中一些成果是美国和英国在战时应用数学和统计工具演变而来。例如,为了解决防御动员的问题,美国空军试图通过建立数学和统计学模型来研究项目规划方法,并由此建立了著名的兰德公司。[2]美国和英国的"运筹学"也正是从这些研究活动发展而来。

这些先驱性的研究成果为建立数学的一个新分支学科奠定了基础,它关注物理和经济系统的效率与均衡问题,如今称为数学规划和优化,而之前通常称为"活动分析"。如何理解这个学科内的各种新理念并运用它们去解决国防问题,一直是数学家和数学经济学家们面临的挑战。

本章的目标是回顾这些对出行预测贡献巨大的学科的发展历程。为了发掘这些研究脉络的累计影响,我们回顾了20世纪70年代以来的大量研究文献,按发表时序整理如下:波茨和奥利弗(1972);和记(1974);斯丁宾克(1974b);弗洛瑞(1976);尼维尔(1980);弗洛瑞(1984a);谢菲(1985);厄兰德和斯图尔特(1990);德·拉·贝拉(1994);纳格尼(1993);帕萃克森(1994);弗洛瑞安和合恩(1995,1999);奥本海默(1995);森和史密斯(1995);贝尔和利达(1997);贝尔(1998);豪(1999);根卓和马克特(2002);帕萃克森拉贝(2002);杨和黄(2005);马克特和帕萃克森(2007);卡赛塔(2009)和厄兰德(2010)。

本章从7.2.1节开始阐述考虑可变需求的网络均衡问题的基本假设。为了内容完整,有些在第4章和第5章提到的内容会再做讨论。7.2.2节概述网络均衡和优化问题,这些内容是本章的基础。熟悉网络均衡问题的读者可以略过这个小节,不会影响全文阅读的连续性。

这些在冷战背景下展开的新领域催生了一个叫"资源分配优化"的小规模研究项目。出乎意料的是,这一项目的主要结果是一个优化问题的数学模型和分析方法,正好适合于预测拥堵道路网络上的出行和路径流量。

本章以时间顺序描述了这些发展以及其他平行的工作,其中有些来自底特律和芝加哥交通研究的启发(2章)。认识到这些早期研究的重要性之后,后续研究随即展开,很多时候由运筹学的博士研究生们承担。我们按时间顺序描述这些工作,主要考虑如下问题:

(1) 固定需求确定网络均衡问题。
(2) 固定需求随机网络均衡问题。
(3) 可变需求多方式确定性网络均衡问题。
(4) 优化模型的实现,估计和验证研究。

随后,我们考虑了上述优化模型的推广形式:

(1) 非线性互补式和变分不等式。
(2) 求解算法及其扩展。
(3) 非对称分配问题的原型解。
(4) 拥堵路网上的公交分配问题。

我们最后讨论国际专题讨论会和各种学术期刊对于网络均衡问题的贡献,然后简单总结本章内容。

7.2 基本假设和数学方法

7.2.1 交通网络上出行的基本假设

出行预测模型建立在多方式城市交通网络之上,并通过若干假设确定了概念和分析路线。

(1) 出行模式倾向于每日重复,具有规律性。如果缺乏这样重复性,个体出行者很难决定如何选择出行时间,路径甚至目的地。有规律性的出行模式也会被突发事件打乱,比如突发事故,或者某些或多或少可以预知的事件,如天气等。即便如此,这些规律性足够让我们假设出行者对交通网络状态拥有"完全信息"。过去,这样的信息是从个人经验获得的。如今,技术进步可以为出行者提供实时的、被认为是"很完备的"出行信息。

(2) 出行者倾向于独立地在道路和公交网络上选择对他们来说出行时间和费用最小的旅程。当然,这种倾向性的程度取决于出行者们需要做哪些决定(比如路径、方式和目的地),以及如何定义时间、成本以及它们其他因素的相对重要程度。这一假设意味着存在一种"均衡"状态可同时满足所有出行者的目标。本章中,我们将这一概念称为"网络均衡",也可称为"用户均衡"。

一些出行者的目标是尽快到达他们的目的地。出行时间既包括实际的驾驶或者乘车时间,还包括达进入(公交)网络的时间和公交候车时间,后者主要取决于公交服务的频率。其他出行者在选择出行时也会考虑金钱成本,比如驾车成本(包括过路费以及停车费等),或者公交车费以及出租汽车费等。出行的可靠性是另一个需考虑的因素,可用多次出行的出行时间的方差来表达。另外还有一些其他相关但难以量化的因素,比如出行舒适性和便捷性。

上述这些成本的加权汇总构成了广义出行成本,曾被称为"出行阻抗"(2.3.4节)。一个简单的计算广义出行成本的公式是用出行时间加上金钱成本除以出行者的时间价值。可以根据不同的时间价值或广义成本函数中的其他属性把出行者分成不同的用户类别。在下述的内容里,"出行成本"即代表广义成本,包括出行时间。

出行成本最小化假设的起源值得一提。约翰·乔格·科尔(1808—1878)是一位德国游记作家、历史学家以及地理学家,[3]他的科技著作论述道路交通、人类定居以及它们与地貌地形的关系。科尔描述了地面上不同类型的交通类型,提出那些最便宜、最快捷、直接、稳妥以及最安全的方式是最佳的选择。他建议在进行交通方式选择时需要考虑以下几点:①运输的货物类型(运输速度,货物重量和体积等);②对于特定出行方式可供选择的路径,特别是摩擦力:摩擦力越小,路面越平滑,路径就越好(科尔,1841,77-78)。[4]皮特·斯丁宾克(1974b,26)评论到,J. G. 科尔在1841就提出"在两点之间出行,每一个出行者都试图找出出行成本最小的路径"。迈克尔·帕萃克森(1994,29)写到,科尔(1841,76)"认识到出行者们选择的路径都是在当前交通状态下,他们认为对自己来说是最短的路径"。

阿瑟·赛西·庇古(1877—1959)在他最著名的著作《福利经济学》(庇古,1918)[5]中提出了在一个只有两条并行路径的道路网络中作选择的例子。虽然这个例子因为概念上的偏差在《福利经济学》后来的版本没有保留,它却引起了弗兰克·奈特(1885—1972)的关注。[6]奈特(1924)首次提出在这个并行双路网络上进行路径选择的条件:

假设两点之间有两条道路连接,一条道路足够宽可以供所有欲使用该道路的车辆顺利通行并不发生拥挤,但是这条路坡度很大并且路面不平整;另一条路道路条件则要优越很多,但是却很窄且通行能力较低。如果存在大量的货车需要在这两点间运输货物,并且有权自由选择路径,那么他们最终选择两条路径的比例倾向于使每辆货车的单位运输成本,或者单位投资效益保持一样。当越来越多的货车选择路况好但是断面窄的那条路,拥堵随之产生,直到达到某一点,此时使用足够宽但路况差的道路也能获得同等收益(奈特,1924,584-585)。

在发表于1952年的一篇论文里,约翰·沃德普(1920—1989)[7]陈述道:

用如下基于旅程时间的两个不同条件来确定出行者在不同路径之间的分布:

(1)所有被使用的路径上的出行时间都相等,且不大于任何未被使用的路径上的出行时间。

(2)平均旅程时间最小(沃德普,1952,344-345)。

他提出的第一个条件后来被称为沃德普第一原理。沃德普是英国自然科学和工业研究部道路交通研究委员会的成员。在这篇长达38页的研究报告里,他用了5页的篇幅专门论述路径选择问题。他分析了只有几条备选路径时的情形,并总结道,"在路网上,(路径选择的)理论问题将会变得非常复杂"(沃德普,1952,348)。

(3)路段(如道路网络中或者一条公交线上的一段)上的行程时间取决于该路段上的车流量或者出行者数量。通常假设路段通行时间可以随该路段上流量的增加而无限增加。对于通行能力为1000车每小时(vph)的路段,经典的BPR流量—延误(通行时间—流量)函数如图7-1所示(2.5.5节)(美国商务部,1964)。[8]图7-1也展示了另一个相关的函数,即该路段所有车辆总的通行时间等于每辆车在给定流量下的通行时间乘以该路段流量。对于交叉口的进口路段,如果其上的出行时间与所有进口路段上的流量有关,并受信号灯和其他交叉口控制影响,问题就变得复杂很多。对于一条公交线路,在假定车辆运载能力、服务频率和路径固定的条件下,其出行时间也是随着乘客量增加的。

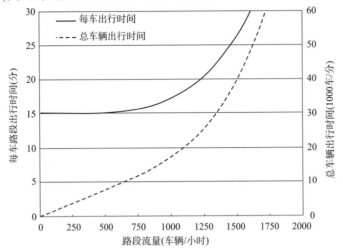

图 7-1　路段每车出行时间和总车辆出行时间与路段流量的关系
来源:从传统的联邦公路局的流量—延迟函数中计算得出。

(4) 另一个被广泛关注的问题是如何代表路网中的广义出行费用以及出行者对这些费用的感知水平。一种极端情况是把这些费用作为道路流量和其他网络变量的确定性函数;在另外一个极端则把出行费用定义为随机变量,用以反映个体出行者或者网络内的变化和不确定性,以及建模者缺乏必要信息的现实(第 4 章)。这种信息缺失的表现之一是单个路段上的不同属性(如时间、距离、安全等因素)对不同出行者的重要性变化很大。建模者可以通过引入随机变量来表达出行者的"偏好变化"和无法观测的因素。

如果不存在感知偏差,即每个出行者都能够获取完全正确的出行信息,并且他们对道路网络状态的感知一致,没有个人偏好,那么这个模型就是"确定的",此时,每一个路段都有唯一的广义出行费用。如果出行者对道路网络状态的认知和评价不同,用一个概率分布来表达,但是道路阻抗依然用同样的(确定)时间—流量模型来描述,则模型就成为"随机模型";或许称之为"半随机"更准确,因为出行时间仍是确定的。

最后,如果路段通行时间被设定成随机变量以反映实际情况中的变动性,那么模型里还需要对出行者在路径选择中对待风险的态度做出假设。出行者可以是喜欢风险的,规避风险的,或者风险中性的。举例来说,喜欢风险的出行者会倾向于选择平均出行时间小的路径,尽管这些路径变动性可能较大;而规避风险的出行者则更倾向于选择虽然平均出行时间稍长,但变动较小的路径;风险中立型的出行者会忽略出行时间的变动性,而选择平均出行时间最小的路径。如果模型假设存在感知误差和出行偏好,同时网络状态也是随机变量,那么这类模型可以称为"完全随机模型"。

绝大多数情况下,一条路径的出行费用往往被假设为构成这条路径的所有路段上出行费用之和。加布里埃尔和伯恩斯坦(1997)和拉森等(2002)提出了不可加和假设,假定一条路径上通行时间的负效用是通行时间的非线性函数。然而,几乎所有的研究都假设路段费用是可加的。

(5)自从20世纪50年代城市交通预测发端以来,交通预测通常针对一个24小时的工作日,有时也只考虑一天中某个较短的时段,比如早高峰通勤时段。起点和目的地之间的出行被视为在两点间以匀速(每日每小时)流动。这些"交通流"在网络中相互影响,但在分析时段内不随时间变化。这样的模型现在被称为"静态模型"。

20世纪80年代以来出现了允许流量既在网络路段之间,也在(分析时段内的)不同时间上相互影响的模型。[9]在这些模型里,预测时段被细分成了若干个较小的区间,例如15分钟。路段上的流量和出行成本将随时间区间而变化。为了让这些模型能够反映流量随时间的变化,每个起点的出发量也需要按时间区间来定义。根据路网条件,这些出发量可以保持不变,也可能随出发时间区间变化。CONTRAM(9.3.1节)给出了出发量保持不变的例子。近期关于动态交通分配问题关注的则是允许出发量随时间变化的情形。动态交通分配这一课题已有属于自己的学术研讨会,2006年以来隔年举办一次。用于求解动态交通分配问题的算法已经开始被应用于城市交通预测(邱等,2011)。

(6)交通网络模型的交通需求可"固定"或者"可变"。固定需求假定交通需求不随出行费用或者网络本身变化而变化。可变需求则受网络状态影响,通常假定随出行费用递减。如果某条路段上的流量是0,那么此时路段的通行成本则对应"自由流状态"。

为了展示网络均衡问题潜在的复杂性,考虑两个简单例子:一是由两个路段组成的固定需求问题;二是仅有一个路段的可变需求问题。对只有一个O-D对和两条路径构成的固定需求问题(总需求为4000车每小时,两条路径的通行能力分别为1000车每小时和2000车每小时),可以通过图解法求解它的用户均衡流量。如图7-2所示,两条路径最终在出行时间达到27.1分钟的时候达到均衡状态,而此时两个路径上的流量分别是1522车辆/每小时和2487车辆/小时。

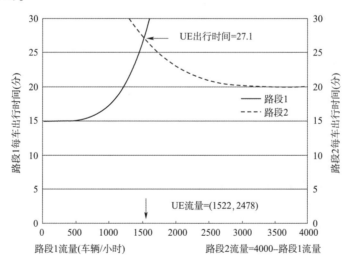

图7-2 两条道路组成的网路上的用户—均衡(UE)路段流量和出行时间
来源:从BPR函数中计算;基于贝克曼等(1956,83)。

第二个例子如图7-3所示,此处需求函数设为费用敏感系数为0.01的负指数函数。路段的自由流通行时间为30分钟,名义通行能力为500车辆/小时,出行阻抗服从BPR容量—延迟函数。用图解法求解这个代表需求和成本的固定点问题时,平衡点在需求曲线和流量曲线的交点，如图 7-3 中的 45°曲线所示。

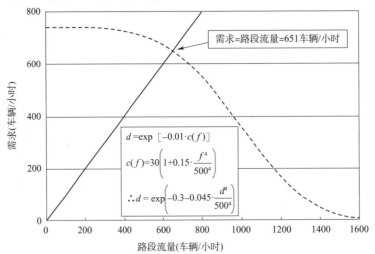

图 7-3　关于需求（d）、用户—均衡路段费用[$c(f)$]和流量（f）的固定点函数
来源：从图上显示的等式中计算得出。

对这两类问题求解算法的研究相当成熟，即使对有大量起点、终点、路段和路径，或者有多种交通方式和多类型出行者的复杂大规模问题，在确定性出行时间的情形下都可以有效求解。

7.2.2　优化和均衡问题的数学表达

本小节综述网络均衡问题的数学模型。此处的介绍比较浅显，主要面向没有机会或兴趣深入了解这类模型的读者。对需要更深知识的读者，本小节可以作为进阶指南。

描述交通网络上选择路径、方式和目的地的均衡问题需要两类信息：

（1）用基本组成元素搭建的网络，这些元素包括节点（即交叉口）；路段（即道路或公交服务的一段），包括运行特征；交通小区（即对研究区域的空间划分）。

（2）数学关系，用于表示前一节所述的人流或车流与出行费用之间关系的假设。

有了过去 60 年的交通研究经验和过去两个世纪在数学上的进展，我们现在可以直接（从数学上）陈述这些均衡关系。但是，从交通网络均衡领域发展的历程来展开描述也许更有好处。这一历程并非一目了然，而是充满曲折，历经了 5 个步骤：

（1）对代表网络均衡条件的最优化问题建模。

（2）推导模型的最优解条件，发现这些最优解条件与假设的均衡条件等价。

（3）重新整理这些条件，形成一个包含等式和不等式的方程系统。

（4）发现这样的方程系统与其他领域内（包括物理和经济学）研究的均衡问题的数学模型相关。

（5）利用这些关联性设计求解这类系统的方法（算法）。

为什么要用一个优化问题的数学模型来描述交通均衡条件呢？答案其实非常有趣。但首先让我们从定义"优化问题"开始，对于描述优化问题，首先需要一个相关变量的数学表达式，这就是"目标函数"。对于一个（单变量）递增函数，如果一条连接曲线上任意两点的直线总位于曲线之上,那么这个函数称为"严格凸函数";一个严格凸函数存在唯一最小值。此处我们假设变量是连续的(实数)。

现在,如果我们给这些变量加上一个或者多个线性约束条件;例如,两个路段上的流量和等于某个定值(这个约束在图7-3通过水平轴等于4000车辆/小时来表示)。一个严格凸的目标函数且由多个线性约束条件组成的问题被称为"凸规划问题",或者更一般地称为"非线性优化问题"。

求带线性等式约束条件的凸目标函数的最小值问题是由约瑟夫·路易斯·拉格朗日(1736—1813)提出的。[10]"拉格朗日算子"法是寻找带等式约束条件的凸目标函数的局部最小值的一种策略。"拉格朗日方程"是在目标函数中加入每个约束条件与一个未知"拉格朗日算子"的乘积。针对每个未知变量求解拉格朗日方程的最小解形成一系列被称为"最优条件"的等式。求解这些最优条件会得到未知变量和拉格朗日算子之间的新关系,并可根据需要求出数值解(拉格朗日,1813,1888)。

拉格朗日仅考虑了等式约束条件。另一种可能的情形是约束条件是一个"不等式";例如,变量必须大于或者等于0(即非负约束)。求解带有不等式和等式约束条件的(非线性)优化问题在很长时间内没有得到关注。我们现在暂时转移视线,先考虑它的一个特例,即带有线性约束条件的线性优化问题。

在第二次世界大战中把数学模型应用于军事问题的经验刺激了对优化方法的兴趣。乔治·但泽(1914—2005)、[11]哨尔·伽斯(1926—2013)和他们的同事们在20世纪40年代后期为美国空军研发的项目规划方法,形成了这些优化方法的雏形。[12]但泽发明了"单纯形法"用以求解带线性约束条件的线性优化问题,称之为"线性规划问题"(但泽,1949,1982,2002)。

但泽在1948年第一次见到荷兰裔数学经济学家特加林·库普曼斯(1910—1985)。1940年库普曼斯移民美国,当时任芝加哥大学经济学教授,兼任考尔斯经济学研究委员会的研究主任。[13]库普曼斯(1949)设计算法解决了一类特殊线性规划问题,即在一组生产地点和一组消费地点之间运输某一商品,在满足所有地点对应约束(生产地点不能超过产能,消费地点不能低于需求)的前提下找出成本最小的运输方案,这就是著名的"线性规划的运输问题"。弗兰克·希区柯克(1941)和里奥尼德·坎托罗维奇(1912—1986)早于库普曼斯独立地研究了这个问题。[14]

经济学家对线性规划或更一般的数学规划问题的兴趣源于1949年库普曼斯举办的专题研讨会上发表的学术论文,这个研究会有时候被叫作零号研讨会(巴林斯基,1991)。库普曼斯(1951)将这些论文汇编成论文集,取名为《生产和分配的活动分析》。他给这本论文集选的书名试图代表一个比"线性规划"更广的领域以及一个优化私人企业和政府机构相关活动的新视角。但是,论文集的内容几乎都涉及线性规划问题。其中的一些论文研究了关于资源分配的理论和方法。1951年举行的第一届线性不等式及规划学术研讨会邀请了一些参加1949年研讨会的学者(奥登和戈登斯坦,1952),其主要的内容依然几乎全是关于线性规划的。1955年举办的第二届线性规划研讨会仍是如此(安托施维茨,1955)。因此,这个时期线性规划几乎独占了整个约束优化领域。

在与乔治·但泽的一次偶然相遇中,来自美国普林斯顿大学数学系的教授奥博特·塔克(1905—1995)指出但泽关于线性规划问题的模型构造很像基尔霍夫定律(库恩,1976,1991,2002)。塔克随后建议大卫·盖尔(1921—2008)和哈罗德·库恩(1925—2014)对之前的一篇论文(盖尔,库恩和塔克,1951)进行拓展,将线性规划的对偶性质推广到二次规划问题中。[15]库恩的文章着眼一般非线性规划问题,以及在满足约束资格的情形下(这一点是后来加入的)如何用凸分析导出最优解的充分必要条件。库恩和塔克在1950年加州大学伯克利分校举办的第二届国际数学和统计概率论研讨大会上宣讲了他们的"非线性规划"论文的修改稿,这也是经典的库恩-塔克理论第一次在国际会议中亮相。这篇文章开启了后续相关理论和算法研究,以及在经济和工程领域的应用。

因此,哈罗德·库恩和奥博特·塔克(1951)提出将拉格朗日问题推广应用于带不等式线性约束的凸函数的最小化问题,这一结果最初被命名为"库恩-塔克定理"。但是,人们后来发现威廉·卡洛什(1917—1997)在他1939年的硕士论文里也证明了同一结果[16],因而这些条件现在被称为"卡洛什-库恩-塔克(KKT)最优条件"。[17]KKT条件在网络均衡问题模型里的作用将在7.3.2节里讨论。

关于库恩和塔克这篇文章的重要性,高山明(1932—1996)在他编写的一本经典教科书《数学经济学》中指出,"非线性规划理论或许是当今经济理论中最重要的数学方法"(高山明,1985,xix)。[18]尽管非线性优化问题的理论起源很复杂,但是库恩和塔克的论文对这一技术在经济学、运筹学以及其他相关领域的应用起到了决定性的作用。[19]

KKT最优条件的意义相当直观。基本上,其本质是分析备选或"互补"情形。以某变量的非负约束为例,首先假设该变量为正,用其他条件确定的解是什么?其次,假定变量为零,解又是什么?一般而言,我们考虑所有可能的互补情形,然后分别求解目标条件。KKT最优条件包括了对变量的约束条件,同时也包括与目标函数的导数有关的不等式。

通常来说,KKT最优条件用来确定某个符合条件的最优解。这些条件常常也提供一些关于优化问题的额外信息,例如最小的总出行费用。这类问题称为"直接优化问题",因为目标函数的值本身就是建模者想要的物理量。但是,间接的或者"人造的"的优化问题也是可能的;这种情况指优化条件来自一系列行为假设,而目标函数完全是为了得到这些条件而人为设置的,其本身并无物理意义。网络均衡的进行其优化问题就属于此类情形(7.3.2节)。

KKT条件可以被视为对优化问题或均衡问题的完整描述,虽然它自身并不包含目标函数。因此,人们很自然地想知道是否存在其他形式的最优条件。其中一种形式是定义一组包含初始变量和拉格朗日乘子的未知数组,并通过适当定义使得该数组全为非负。数组内的每个变量对应一个等式或者不等式条件,包括拉格朗日方程的偏导和约束条件。通过适当变换这些条件也都全为非负。然后,数组里的每一项和其对应条件的乘积必须为零,这就是所谓的"互补条件"。而通过这些互补条件,优化问题也可以表达为"非线性互补问题"。互补问题自1968年来受到广泛关注,最初主要以线性形式为主。[20]

KKT条件的第二个形式,称为"有限维变分不等式问题",对网络均衡问题给出了一个更通用的表达形式。[21]从函数和变量的角度来看,其具体的结构和非线性互补问题很类似。变分不等式的数学理论最早起源于各类均衡问题,涉及数学、物理、经济学、金融学和博弈论等多个领域,为交通网络均衡问题的研究提供了许多重要结果。

我们接下来深入分析应用这些方法的一些难点。例如,网络均衡问题的解是否存在?

如果有解,解是否唯一？对于简单的网络,答案似乎是肯定的;但是对来自真实世界的网络,这些问题则没那么容易回答。一个简单的情形是网络某个路段的出行阻抗函数是"可分的",即阻抗只与这个路段自身的流量相关。这种假设在出行预测实践里非常普遍。在这种情况下,路段的出行成本函数关于路段流量的一阶偏导所构成的矩阵(即雅可比矩阵)是对角矩阵,即只有主对角线元素可取非负值。此时,用最小规划问题、非线性互补问题以及变分不等式来对均衡问题建模是等价的;解通常是存在的,并且当路段阻抗函数随流量增加而严格递增时,也是唯一的。

"不可分"的路段阻抗函数通常考虑更实际的情形,即阻抗不仅受本路段上的流量影响,还要受从下游交叉口其他冲突的路段上的流量的影响。在这种情况下,雅可比矩阵一般不再对称(7.4.1.2 节)。对这样的"非对称"路段成本函数,均衡问题没有一个对应的可用于建立最小优化问题的目标函数(帕萃克森,1994,51-54)。对于此类非对称均衡问题,变分不等式是更有用的建模工具。但是,非对称问题的解,即使存在,也往往是局部最优解。换句话说,最优条件并不能保证找到唯一的全局最优解。

求解一般网络均衡问题的变分不等式模型往往需要求解一系列定义在可分路段成本函数上的子问题;这类方法通常被称为对角化算法(也称为松弛算法);其基本思路是暂时固定路段间流量对彼此综合成本的相互影响,求解在此情形下的流量分布;随后更新路段间流量的相互影响,然后回到上一步继续迭代。除此之外,对于这类问题,路段的出行费用也并不是严格地随着流量的增加而增加的。时至今日,求解具有这些特征(非对称、非单调)的大规模网络均衡问题的研究依然不多。

7.3 一类新的网络均衡模型

同样产生与 20 世纪 50 年代,但与从这个年代开始发源的城市交通规划领域完全无关的一个关于"资源分配理论"的项目为研究拥挤道路网络奠定了理论基础,对城市交通需求预测方法产生了重大且持久的影响。这项研究最初由芝加哥大学数学经济学研究中心的三位数学经济学家于 1951—1955 年间展开。

简单地说,这项研究对道路交通研究的贡献可以归纳为以下几点：

(1)构建了一个道路网络的数学模型,其中路段出行成本随着道路流量的增加而增加。

(2)给出了起讫点(O-D)对之间流量均衡的数学表达(假设需求随着出行费用的增加而减少),即 O-D 对之间实际使用的路径有相等的出行费用(假设在给定的交通条件下是"最短的"),与沃德普第一原理等价(7.2.1 节)。

(3)给出了相关的"效率"问题的数学构造,即找出在道路网络上的出行总费用最小时的 O-D、路径和路段流量,并将额外需要的费用(或者补贴)解释为效率收费,与沃德普第二原理等价。

由于研究时间和资源有限,作者们没有分析如何对以上两类问题(均衡和效率问题)的方程和不等式系统做数值求解。尽管他们的研究结论以"公路交通研究"为题发表在《交通经济研究》这本书(马丁·贝克曼,巴雷特·麦圭尔和克里斯托弗·温斯顿,1956)[22]的第一部分，这一成果与当时城市交通研究之间的紧密关联在之后超过10年的漫长岁月里没有引起人们的注意。之后，研究者开始探究书中这些数学模型的性质，并在20世纪70年代的早期找到了求解方法，在一些小算例中进行了测试。

在接下来的10年里，这些研究成果慢慢进入交通需求预测实践中，但也仅限于求解实际应用关注的固定需求交通分配问题。作为对传统顺序交通预测步骤的一种改进，研究者也尝试求解更广义的、同时考虑 O-D、出行方式和路径流量的均衡问题，但这些工作对实际应用的影响较小。如果在20世纪50年代晚期和60年代早期，早期从业人员和研究者能发现《交通经济研究》里提出的数学模型与他们在交通规划实践中使用的方法之间的关联，整个领域在那个时代的发展将会显著不同。实际上，忽略这些早期模型是整个出行预测领域错失的一次重要发展机会，而这一点到后来才逐渐被意识到。

7.3.1 关于资源配置理论的研究

芝加哥大学考尔斯委员会是从1944年特加林·库普曼斯加入并在1948年成为研究主管后开始交通研究的。据卡尔·克里斯(1952,7节)称，1949年在兰德公司的支持下启动了"资源配置理论"研究项目，目标是"活动分析在交通和选址问题上的应用"。看上去兰德公司的兴趣之一在于如何在面临军事进攻时转移安置平民。

据考尔斯基金会的网站，[23] 马丁·J.贝克曼于1951年7月加入该委员会，C.巴雷特·麦圭尔(1925—2006)于1952年1月加入，克里斯托弗·B.温斯顿(1923—2005)于1952年10月加入。受聘之时，他们的年龄从26岁到29岁不等。贝克曼生于德国，1945—1948年间在哥廷根大学学习数学，并于1950年从德国弗赖堡大学获得 *Doctor rerumpoliticarum*（经济学博士）学位；第二次世界大战期间曾作为无线电操作员在德国陆军中服役。贝克曼于1950年作为博士后研究员来到芝加哥大学。麦圭尔于1946—1949年间在明尼苏达大学攻读经济学和政治学本科，并在芝加哥大学攻读经济学理论、统计学和数学的研究生课程，于1952年获得硕士学位。1943年中学毕业后麦圭尔作为机电技术员在美国海军中服役。温斯顿就读剑桥大学，第二交通世界大战时在英国军队中服役，他的兴趣包括概率论、排队论以及普莱斯-温斯顿回归分析（普莱斯和温斯顿，1954）。[24]

一份发布于1952年1月的考尔斯委员会报告称，贝克曼正在构建一个模型以分析"在连接有限的供给和需求集中点的公路或铁路网络上的运输流……这引入了一个关于拥堵的新问题"。麦圭尔在一封1954年4月写给普林斯顿大学的奥斯卡·摩根斯登(1902—1977)[25]的信中提到：

我们最初的想法是希望这项研究能带来一些关于城市空间安排的洞见，这样如果启动一项（主要由于国防原因引起的）长期城市疏散政策，我们可以预判如何疏散及其相应的成本或收益……尽管从这个角度而言，这项研究不算特别成功，但我认为它让我们从整体上对公路运输经济学有了更深的认识。[26]

加入考尔斯委员会后不久，贝克曼(1951)就网络交通优化问题写了一篇内部论文。到1952年末，他又写了两篇内部论文：《网络上的有效交通》(贝克曼,1952)以及《基于个体选择行为的道路利用》(据麦圭尔的引用)。第一篇论文后来被重新编写为内部论文2049A和2049B(贝克曼,1952,1953)，第二篇关于个人选择条件的论文显然从未发表过，但构成了

《交通经济研究》一书中第 3 章的基础。[27] 在同一时期,麦圭尔(1952)完成了论文《公路通行能力和交通拥堵》。

到 1953 年 10 月底,随着研究工作的逐步推进,他们开始准备书的大纲。贝克曼对第 I 部分的计划大体上遵从已出版的版本,但内容更多一些。除了关于铁路运输的第 II 部分,他提出在第 III 部分讨论他很感兴趣的选址问题。一个月后,他写了一个 10 页的笔记,描述了他关于第 I 部分的想法。显然,出版一本书的想法在当时是遇到过问题的。在 10 月 14 日,他写道:"即便出书的计划被搁置了,我也要力争根据现在的提纲就公路交通的问题写一篇完整的文章或一系列文章,即使涉猎的内容也许没这么广泛。"

大约同一时期,贝克曼和麦圭尔(1953)完成了一篇非技术性的内部论文,编号兰德 P-437,题目为《确定道路网络中交通流的一个经济学方法》。该论文基于当时最新的交通工程知识描述了道路交通中的问题,包括三个层面上的交通预测问题:①个体选择对交通的影响机理;②这些选择对交通状况的影响结果;③网络中的交通均衡问题。网络中的路径选择和需求的基本原理是用文字而非数学公式来描述的。他们把论文寄给了《交通季刊》(*Traffic Quarterly*)却未被接受。[28] 在当时,《交通季刊》是交通运输领域的顶级英文期刊,受到来自各种交叉学科的关注。

1954 年 6 月,《交通经济研究》由于兰德公司提供的资助用尽而匆匆完稿。贝克曼随即出发前往德国,开始 1950 年以来第一次回国之旅。同年的夏天和秋天,在库普曼斯提出的许多问题、评论和建议的推动下,贝克曼和麦圭尔继续就书中的技术和文字细节通过书信沟通。一封于 1954 年 5 月写给威廉·维克雷(1914—1996)的信中提出付给他 150 美元作为审稿的"部分报酬"。维克雷是哥伦比亚大学的经济学教授,对交通经济学有着浓厚的兴趣。[29] 详尽的书面意见说明维克雷提出了大量的建议。编辑和修改的工作在 1954 年剩下的时间里持续进行。完成后的书稿最初在 1955 年 5 月以编号《兰德纪要 1488 号》发表。大概因为库普曼斯正好辞去芝加哥大学的工作转到耶鲁大学执教,耶鲁大学出版社考虑在 1955 年出版该书。1955 年 5 月,出版社同意出版该书。麦圭尔参与了最后的编辑工作,该书于 1955 年末面世。

在《交通经济研究》出版之后,贝克曼有时会被问到这个网络均衡的数学模型是谁的主意,他坚称该模型是三个作者的共同成果。1999 年,大卫·博伊斯(本书第一作者)问了麦圭尔同样的问题,麦圭尔回答说:"噢,那当然是马丁的主意。"据他回忆,他多次就该模型的数学问题向贝克曼请教。据此,我们将该模型称为贝克曼模型,并将该书引用为贝克曼等(1956)。

7.3.2 贝克曼的模型构造

《交通经济学研究》的第 I 部分包含了大量如何对拥挤道路网络中的车流进行分析建模的创新。正因为作者们在开创一个全新的领域,他们在组织新概念以形成适合分析的数学模型这方面历经坎坷。其中涉及是否把交叉口的延误与路段延误区分开以及在双车道路段上如何将单向车流从总车流中分离出来。本书不具体讨论这些细节,而主要关注他们最核心的贡献:两个互相关联的可变起讫点(O-D)需求的交通网络问题,其中一个关系到均衡,另一个关系到效率。均衡和效率这两个术语分别是书中第 3 章和第 4 章的标题。下面开始介绍这两个模型。[30]

给定由一组节点和路段组成的道路网络。网络中某些节点对,记为节点 i 和 k,之间有未知的流量,称为 O-D 需求(i 为起点,O 点,k 为终点,D 点)。每个路段上对应于流向某个终点的流量也作为未知变量。某个路段上对应各终点的流量之和为该路段的总流量。车流在每个道路网络节点上的流量守恒通过对每个节点定义的一个等式来表示(贝克曼等,1956,61-62)。

到达某个节点 k 的流量可能从任意节点出发,也可能会流向网络中任意节点。流入或流出每个节点 i 的流量可以表示如下:

(1)对于非起点或终点的节点 i,该节点的流入量等于其流出量。

(2)对于起点为节点 i 和终点为节点 k 之间的流量,从 i 流出的那个流量加上流入 i 但最终以 k 为终点的流量必须等于从 i 点出发并以 k 为终点的流量。

(3)到达终点 k 的流量必须等于所有到达该终点的流量之和。

在后来的文献中,每一对起讫点之间的流量都被定义为一种"货物",并为每种货物定义流量守恒关系。[31] 为了能完整地表达这些流量,贝克曼为上述三个情况在网络上的任意节点 i 和终点 k 节点对间的流量写下了一组"流量守恒"等式,表示如下:

从任意节点 i 出发到达节点 k 的总流量 = 流入节点 i 且到达节点 k 的总流量 +
始发于节点 i 且到达节点 k 的流量

如果没有流量源于节点 i 且终止于节点 k,则第三项为零,且此情形下对于每个终点 k,节点 i 的流入量等于其流出量。[32]

接下来,针对最短路径选择的"互补条件"以路段费用来定义,即从某节点 i 前往目标节点的最短路径的费用必须小于或等于从该节点到达与之通过单一路段 (i,j) 直接相连的任意节点 j 的费用加上从节点 j 到终止节点的最短路径费用。根据出行者选择最短路线的假设,如果路段 (i,j) 上存在正流量,则从两个节点前往终止节点的费用差必定等于路段 (i,j) 的费用。如果费用上的差异少于路段 (i,j) 的费用,则该路段就不会有前往目的地的流量(贝克曼等,1956,62)。

为了构建该模型,贝克曼定义了可分离的需求和路段流量函数:

(1)起讫点(O-D)流(需求)是一个关于 O-D 间出行成本的取值为正且严格递减的函数;因此,出行成本也可表达为 O-D 流(需求)的逆函数。这个出行成本是从起点到目的地的最小费用(贝克曼等,1956,57)。

(2)路段通行成本是关于路段自身流量的非减函数,被称为容量函数,在接近某一流量水平即绝对容量限制时,其费用接近于无穷(贝克曼等,1956,58)。

为了给 O-D 流(需求)定义一个可分函数,该流量只取决于该 O-D 对间的费用,而与其他 O-D 对的费用无关;类似的是,要定义一个可分离的路段费用函数,路段费用只取决于路段的自身流量,而与其他路段的流量无关(帕萃克森,1994,34,51)。基于这一关于 O-D 需求和路段流量的假设,贝克曼提出,在满足上述流量守恒条件和流量非负性的条件下,将以下关于 O-D 需求和路段流量的两个构造函数之差最大化(贝克曼等,1956,63):[33]

(1)对每个 O-D 对 (i,k) 的逆需求函数从零到未知 O-D 流量积分,再对所有 O-D 对求和。

(2)对每个路段通行成本函数从 0 到未知总流量进行积分,然后再对所有路段求和。

通过应用库恩-塔克定理,贝克曼证明了:在满足流量守恒和流量非负的条件下,对 O-D 需求函数和(流向指定终点的)路段流量函数之差求极大值,会对每个 O-D 对产生下列互补条件(贝克曼等,1956,64):

(1)如果路段(i,j)上终止于节点k的流量为正,则从节点i和j流向k的费用差异必须等于路段(i,j)的费用,该费用由路段上的总流量确定。

(2)如果路段(i,j)上终止于节点k的流量为零,则从节点i和j流向k的费用差异必定小于或等于路段(i,j)的费用,该费用由路段上的总流量确定。

(3)如果从节点i和j流向k的费用差异小于路段(i,j)的费用(该费用由路段上的总流量确定),则路段(i,j)上终止于节点k的流量为零。

(4)如果 O-D 流量为正,则在该流量处的逆需求函数取值必定等于所有节点对的 O-D 费用;如果 O-D 流量为零,则对所有节点对而言,该逆需求函数在零流量处的取值必须小于或等于该节点对间的 O-D 费用。

或者,如他们所言:

需求对应于出行量,而通行能力对应于道路上的流量。道路网络上出行量在道路上的分布是基于交通量总是选择根据平均通行成本定义的最短路径这一原则。网络上均衡的概念可以描述如下:实现的交通需求,即现有起讫点之间的流量模式,产生了能够维持这一需求的网络交通条件。或者,从另一个角度来说,存在的交通条件带来了让创造这些条件的流量得以实现的需求(贝克曼等,1956,59)。

和上述两点相呼应的三条原理如下所述:

(1)如果一个起讫点间的出行用到了不止一条路径,则该起讫点间所有出行人的通行成本(按平均费用流量曲线计算)在所有用到的路径上均相等。

(2)由于用到的路径是现有交通条件下"最短"的,则所有其他可能被用到的路径上的平均费用不可能比这些实际用到的路径上的平均费用更小。

(3)单位时间内生成的交通量必须等于实现的出行成本下产生的交通需求(贝克曼等,1956,60)。

到 1954 年底,贝克曼已经应用数学方法将可变需求交通网络均衡问题构造为一个带约束的优化问题,并把根据固定起讫点费用作出行分布和根据固定起讫点需求作交通分配这两个问题整合为一个模型,而这些问题在那时才不过刚开始在实践中出现。他的工作是非线性规划这一新方法第一次被用来研究城市出行者每天都要面对的交通拥堵这一复杂现象。不只如此,他还分析了该模型的数学性质,这些结果形成的等式和不等式系统如果能够在大网络上有效求解,可以为预测新道路和其他设施的使用情况奠定基础。

该模型是为数不多的通过对人工构造的函数求极大值来间接描述行为的例子,把行为假设与优化条件或者均衡条件对应。相反,大部分数学规划的应用是直接对一个物理意义或行为意义明确的函数进行优化。通过从所需的最优化条件进行反推,贝克曼人为地构造了一个函数形式,其最优化条件对应着所期望的均衡条件。[34]

在第 4 章里,作者们讨论了交通网络效率的问题。通过用网络上的总出行成本替代路段费用函数的积分和,贝克曼设计了第二个最大化问题,它的解对应着可变需求情景下总出行成本的最小值(91-94)。[35]在此情形下,出行者选择具有相同边际出行成本的路径。作者们将这些边际费用和每个出行者通常付出的平均费用间的差值定义为"效率费用"。正如他们的"均衡"分析一样,这些"效率"结果是完全新颖的,尽管奈特(1924)已经在只有两条路的网络中解决了这些问题。[36]

解释这些结果在书中一共用了 40 页,另外,还有对供给和需求的介绍,以及一章关于尚未解决问题的总结。整个叙述不直观也不易理解。即便在今日,通过几代研究者的努力终于完全了解了他们的成果之后,书中的解释依然很难读懂。正如贝克曼在 1998 年说的那样,"读懂本书很难"。[37]

作者们是否完全理解他们自己结果的重要性？显然,他们知道自己提出了一种交通均衡和效率的新理论,其中既包含了行为因素也包含了社会因素。但他们是否知道它对出行预测的潜在价值呢？当贝克曼和麦圭尔被问及这个问题时,他们的回答确定无疑是否定的。从两人的访谈来看,他们未能认识这一结果的实际应用价值的原因有二：

（1）当他们 1954 年完成该书初稿时,没有计算机供他们去求解一个哪怕只有八个路段的例子(73-79)。因此,他们将该模型视为仅具有理论价值。

（2）尽管他们努力试图了解当时交通研究的现状并与交通工程师们有过交流探讨,他们并不知道城市交通研究已经着手预测未来道路交通状况并以此为据规划道路方案(2.4 节)。[38]

该书第 3 章和第 4 章与沃德普(1952)的路线选择"准则"存在什么关联性呢？沃德普的论文被列在贝克曼等人的参考书目里,但在文中却并未引用。麦圭尔称他在 1952 年末读到沃德普的论文。贝克曼说他是完成全书手稿之后才从麦圭尔那里听说了沃德普准则。因此,贝克曼关于网络均衡模型的构建与沃德普对他的两条原理的描述是相互独立的,且实际上是同时提出的。

7.3.3 对该书的评论

兰德公司的报告于 1955 年 5 月发布；耶鲁大学出版社版本于 1955 年 12 月面世。到 1959 年,该书已有三版在美国和英国发行,在英国的发行方是牛津大学出版社。[39]西班牙语版本——*Economía del transporte*(《交通经济学》)于 1959 年发行。截至 2010 年,世界猫(WorldCat)记录名单显示世界各地的图书馆共保有 421 份耶鲁版副本、15 份兰德公司报告副本和 6 份西语版副本。[40]

共有九个经济学和运筹学期刊对《交通经济学研究》作过书评。所有书评都对该书赞赏有加。看上去所有的书评人都没有完全理解第 I 部分的重要性。也许最能欣赏该书的评论人是威廉·普拉格(1903—1980)。普拉格是一位出生于德国的应用数学家,1933 年离开德国,后来成为布朗大学的教授。[41]他曾研究过网络均衡问题。即便如此,普拉格(1956—57)仍质疑该模型是否能够"产生有效数值解"。交通领域里最值得一提的审稿人大概是英国道路研究实验室的 R.J. 斯密德(1909—1976)。[42]斯密德(1957)声称"阅读一本试图用全面和根本性的方式来解决道路交通问题的书是让人振奋的。"最能理解经济学分析的审阅者可能莫过于埃德温·曼斯菲尔德(1930—1997)。尽管注意到使用库恩-塔克定理来研究均衡和效率,曼斯菲尔德(1959)貌似并未认识到该结论的重要性。[43]在 1960 年 2 月留给麦圭尔的有关书评的笔记中,贝克曼写道:"这真是让人惊叹又让人泄气。人们对我们工作的理解是如此之少！"

从今天的观点来看,《交通经济学研究》显然是一本难读的书。它是最早使用库恩-塔克定理来研究社会问题特别是城市交通拥堵问题的研究之一。作者们对如何概念化地描述他们模型并不得心应手。他们的解释也未能突出结果的重要性。即便是在一篇后来撰写的用来"普及"书中理念的论文中,贝克曼(1967b)也并未把研究结果同城市交通规划部门的出行预测活动联系起来。

如 7.2.2 节中所述,非线性规划在 1950 年库恩和塔克发表他们的论文时还是一个全新的领域(库恩,1976)。它是在线性规划的背景下发展起来的,后者虽然只能解决线性问题,但其发展略微领先并看似在实际中更加有用。作者们(实际上也包括所有其他人)没有预见到大规模非线性问题有可能通过计算解决,这也许限制了进一步研发的兴趣。当时的所有讨论都是纯理论的。

大约 50 年后,在两次学术会议中设置了专门的议程对该书的影响作了探讨。2003 年 11 月,北美区域科学会议通过一个专家论坛探讨了它的重要性(博伊斯等,2005)。随后在 2005 年 11 月的运筹和管理科学学会年会上,一个由顶级研究者组成的专家组回顾了该书的历史及其在该领域中的影响。在这次会议上,耶鲁大学的考尔斯经济研究基金会(之前为考尔斯经济学研究委员会)高度赞赏了贝克曼和麦圭尔两位教授这一研究工作。

7.3.4 同期对网络均衡和效率的研究

当贝克曼与其合作者们于 1952 年开始研究时,道路网络中的均衡和效率问题并不是一个全新的课题。在此我们将回顾 1955 年《交通经济学研究》完成前发表的论文以及其后独立于该书结果进行的一些研究。这些论文涉及均衡或效率模型的部分构造,并具有它们的部分属性。这些模型只考虑固定起讫点交通流(需求);没人提出过其他可变需求模型。

贝克曼等(1956)这一工作创新之处在于建立了网络中均衡流量的数学模型;但是即使这一点也并非是完全开创性的。理查德·杜芬(1909—1996)后来因其对几何规划的开创性贡献为人所知。他曾写过几篇关于输电网络行为的文章(杜芬,1947)。[44]尽管这一应用背景我们并不熟悉,但可以明确的是,杜芬理解对定义在连接输电网络节点对的弧上的"传导函数"作积分是证明"半线性导体网络具有稳定且唯一的电流状态"的关键。杜芬使用了"半线性"这个概念来对比线性(即欧姆定律)的情形。他还将这些函数描述为"非递减的"。杜芬这些工作的动机是想推广基尔霍夫-麦克斯韦定律。

威廉·普拉格(1954)非正式地提出了网络均衡问题,包括把一条两车道公路上的通行时间定义为其双向车流的线性函数,并对其积分。受沃德普准则的启发(1952),普拉格从网络节点间潜力差的角度描述了路径的相同旅行时间。因此他和杜芬的思路相似,但却没有得益于库恩-塔克定理。普拉格了解库普曼斯(1949)早期的研究成果,并提出了一个关于货物有效运输的模型,其中总运输费用是网络流量的二次函数。这可以视作贝克曼模型的一个特例(普拉格,1955)。普拉格并未指明起讫点流的来源。在他 1955 年的论文中,这些流量没有正式定义。而在他 1954 年的论文中,它们貌似通过某种货物的净流出和流入来定义。

亚伯拉罕·查尼斯(1917—1992)和威廉·库珀(1914—2012)构造了一个固定起讫点流的交通网络均衡模型(查尼斯和库珀,1958;库珀,2002,38)。他们也知晓普拉格(1954)模型以及沃德普"原理"。他们显然是最早认识到这类模型与小约翰·福布斯·纳什的非合作博弈理论(纳什,1951)相关的学者。⁴⁵这篇论文也是用输电网络术语撰写的,并引用了基尔霍夫定律。和他们的同事杜芬一样,他们提出最小化所有弧(相当于路段)上"阻抗函数积分式"的总和,他们还将后者称为"分支阻抗"。虽然他们实际上并没有定义阻力函数,但它显然是非减的。

在1959年的第一届交通流理论研讨会上(赫尔曼,1961),查尼斯和库珀(1961)提出应用多拷贝线性规划技术来求解用印第安纳州某个小镇的信息构造的算例(11个起讫点对,22个节点,27个路段)。该例子是由芝加哥地区交通研究人员提供的,这说明时任西北大学教授的查尼斯与第一代出行预测专业人士有联系(2.4.5节)。在这第一届研讨会上,沃德普(1961)宣读了一篇论文,提出关于不考虑拥堵的简单道路系统上的出行需求理论,其中引用了贝克曼等人书中关于需求的内容。

我们编纂的大事表上的下一个事件是加州大学伯克利分校一名丹麦研究生尼尔斯·乔根森的硕士论文。乔根森是交通工程专业的学生,也是工业工程和运筹学教授罗伯特·奥利弗的研究助理。⁴⁶乔根森同奥利弗一起研究过网络流和交通流模型,奥利弗建议将网络均衡问题作为他的硕士论文课题。奥利弗还让乔根森关注查尼斯和库珀的论文,但没有提及贝克曼等的书。

在他未发表的39页硕士论文中,乔根森(1963)构造了固定需求网络均衡和网络效率模型。通过利用库恩-塔克定理和沃德普第一原理,他推导出了带积分的目标函数求和式。与之前所有的与该问题相关的研究不同的是,乔根森的构造非常清晰。他探讨了若干情形,尤其是构建了一个出行时间-流量函数,它基于路段速度随总路段流量线性递减的假设;这等于假定出行时间是流量非线性递增函数。乔根森没有尝试设计一个通用求解算法,但他求解了若干简单的算例。在回答关于他研究起源的问题时,他声称:"我相信用户均衡模型是我自己提出来的。我记得它给了我一种'啊哈(是这样啊)'的感觉,但实际上它只是重复了贝克曼的模型而已。我本该知道这点。"乔根森也跟输电网络均衡问题作了类比。

乔根森回到丹麦后继续研究,并为1965年在纽约举办的第三届交通流理论研讨会准备了一篇论文。然而,因为缺少差旅费,他并未出席该研讨会。由于丹麦的出行预测从业者不喜欢该模型无法得出唯一路径流量这一缺点,他对这一工作的热情也日渐消散。无法给出唯一路径流量后来被确认为网络均衡模型的基本特性(罗西等1989;帕萃克森,1994,44)。⁴⁷乔根森的论文报告引起了早期网络均衡研究者的注意,包括斯泰拉·达菲莫斯(7.4.1.2节)。

迭翠克·布拉斯(1968)在一篇论文中提出了"交通规划悖论",并独立完成了关于网络均衡模型的工作。这篇著名的论文于2006年译为英文(布拉斯,纳格尼和瓦科宾格,2005)。⁴⁸布拉斯在1967年参加了W.科诺戴尔在德国明斯特大学作的一次学术讲座,从中接触到交通模型,当时他是一名年轻的应用数学家(纳格尼和博伊斯,2005)。布拉斯对讲座的内容很感兴趣,于是研究起交通网络均衡问题,并发现了一条违反直觉的"悖论",即给拥堵(即路段通行时间随流量增加)且符合用户均衡假设的交通网络增加一个路段可能会导致网络总出行时间增加。他进一步构造了固定需求网络均衡问题的数学模型,并给出了解存在且唯一的条件。尽管他的结果在贝克曼等人的著作出版十二年后才面世,布拉斯对该问题的早期研究并不了解。

已知最早对贝克曼模型进行研究的学术论文是发表于1959年的一篇讨论道路收费的论文(沃克斯,1961),其作者是英国经济学家阿兰·沃克斯(1926—2009)。[49]通过大量借用《交通经济学研究》第4章的内容以及先前庇古和奈特的工作,沃克斯对只有两条并行道路的简单网络做了一个图形分析。在对一条路上的瓶颈效应进行了图形分析后,他提出了一个道路网络的数学分析。在这一分析的脚注中,沃克斯写到:

贝克曼模型区分了"出行"和"路径"。"出行"是从起点到目的地,而这可以通过使用多条路径来实现。需求函数把出行数量作为变量,而成本费用函数则和特定道路上的交通量相关。我认为这样把这些元素组织起来非常好。但我在本书中并未沿着他们的模型分析,一部分是因为我在这方面没什么可补充的,另一部分是因为它会给符号定义加入很多复杂性(沃克斯,1961,682)。

在他的做法中,沃克斯隐约提出了一个由连接两点间的若干独立道路组成的模型。和贝克曼不同,他分析了道路费用对需求的交叉弹性,但并未考虑两条路径共用某些路段的可能。

威廉·盖里森和杜安·马保(1958)提出了一个线性规划模型用以解决公路网络设计问题,其中引用了贝克曼等人的著作,但没有描述他们的模型。[50]后来盖里森承认,直到贝克曼于1961年给他解释该模型之前,他并没有真正认识到这一工作的贡献。[51]理查德·匡特(1960,107-108)同样也引用了贝克曼等人的著作,并提到了他们关于长期网络规模和布局问题的讨论。[52]

7.4 贝克曼模型构造的扩展

尽管贝克曼模型假定出行需求随出行成本增加而减少,基于该模型的早期研究一般假定需求是固定的。后来,需求被假定为随出行成本减少的情形有时被称为弹性需求,但该术语并没有对需求函数作特定的限制。其他情形下,需求被描述为各小区间的交通量分布,也被称为出行分布。这本书里,"可变需求"泛指所有出行需求不固定的情况。

网络均衡的若干研究方向都直接或间接地源于贝克曼模型。这些内容会在下文按研究主题在各节里回顾,而不是按时间顺序。第一节综述了受贝克曼模型启发的早期研究。

这些研究方向可分类如下:
(1)固定需求确定性优化模型的扩展。
(2)放宽优化模型中的完全信息假设。
(3)将贝克曼的可变需求模型扩展为特定选择函数。
(4)优化模型的实施、估计和验证研究。

7.4.1 网络均衡研究的早期成果

7.4.1.1 20世纪60年代欧洲进行的研究

城市出行预测实践领域最初发现自己和贝克曼模型的关系是在20世纪60年代,这个时候对交通分配问题的研究还在按照城市交通实践者的定义继续进行。博伊斯·阿蒙德（1967）在第三届交通流理论研讨会的报告中首次将交通分配问题与贝克曼模型联系起来。在求解拥堵道路上的交通分配问题时，她意识到应该有一种方法来解出最短路径；她用图形分析法研究了具有两条路段和三条路段的算例。尽管参阅了贝克曼等人的著作，她并没有使用像图7-3那样基于贝克曼等（1956,83）的图形。相反，她貌似受到了她同事约翰·沃德普的图形方法的影响。

在她论文中关于网络求解算法这一节，阿蒙德介绍了一种对一系列全有全无分配进行平均的方法，其中每次分配前都需要更新路段出行时间。她使用了一种加权平均方法，即分配给当前解及基于该当前解的全有全无分配的权重之和等于1。尽管她的办法等同于逐次平均法，它较适用于解决小规模问题。帕萃克森（1994,22-23）详细讨论了这一点；对于MSA的细节参阅7.4.3.1节。

在同一届研讨会上，克纳德·欧沃加德（1967,217）介绍了一种交通分配算法的测试结果，该算法通过类似逐次平均法的步骤来给路径和路段流量进行平均。其中，路段行程时间函数是对罗伯特·斯莫克（1963,15）函数（2.5.6节）的扩展。文中提到了尼尔斯·乔根森的网络均衡模型，但没有详细讨论（7.3.4节）。尽管欧沃加德对他的启发式算法的收敛性心有疑虑，但他却没有用乔根森的目标函数来监控它的收敛性。欧沃加德（1967,221）在他论文的结尾写到："我们可以总结说交通分配问题仍然给数学思想和工程试验带来了伟大的机遇。"

马丁·贝克曼（1967a）也在第三届研讨会上发表了一篇论文，这是他第一次在这个研讨会发文。他的论文和《交通经济学研究》讨论效率那一章有关，但没有用到该文中的网络模型。取而代之的是，他讨论了在两条相互竞争并带有可变需求的道路上的优化收费问题。因此，在《交通经济学研究》出版十年后，贝克曼更感兴趣的是通过理论模型获得政策上的洞见，而非出行预测方法。

M. 布鲁努格是一名土木工程师，供职于法国阿尔克伊（位于巴黎附近）的交通研究院。他在1967—1972年间撰写了若干论文，研究固定需求网络均衡交通分配问题以及交通分布和交通分配一体化问题（布鲁努格，1967,1969）。[53]在德国卡尔斯鲁厄举办的第四届道路交通流理论研讨会上，布鲁努格同阿雷·吉伯特及迈克尔·萨卡罗维奇[54]一起提出了两个求解固定需求网络均衡问题的算法（布鲁努格等，1969），这是求解贝克曼等人所提问题的某种变形的最早尝试之一。

布鲁努格等（1969）基于由起点定义的路段流量构造了该问题模型，并推导出了该问题解存在的必要和充分条件。其提出的求解算法被证明可收敛到唯一的解。第一种是一种线性化算法，与马格瑞特·弗兰克和菲利浦·沃尔夫（1956）的算法类似。第二种算法要求为每个起讫点对之间找到最小和最大费用路径；然后将最大费用路径上的起讫点流量转移一部分到最小费用路径上。他们的论文对美国或英国的实际应用少有影响。

同样身在交通研究院的莫里斯·耐特尔写了两篇关于多用户类型网络均衡和边际成本定价的理论文章（耐特尔，1972a,1972b），以及一篇与J. G. 散德合著的工作论文（耐特尔和散德，1970）。这些论文讨论了考虑多用户类型及边际成本定价的网络均衡模型解的存在和唯一性条件；他们检视了拓展到多用户类型的贝克曼模型的数学性质，并警告某些模型可能是非凸的。[55]

7.4.1.2 达菲莫斯的理论分析和算法

斯泰拉·达菲莫斯(1940—1990)生于希腊,1964年毕业于雅典国家理工大学,主修土木工程。她之后进入约翰斯·霍普金斯大学攻读运筹学,并于1968年获得博士学位。达菲莫斯和斯帕罗(1969,1971)报告了她博士论文的结论。首先,她研究了固定需求网络均衡模型的数学特性。她研究的动因之一是出行规划业界遇到的"交通分配问题",因此她的工作得到了美国国家标准局的资助(楠豪瑟,1991,115)。另外,她也对如何有效改进现有网络这一问题感兴趣。

尽管这个工作的资助方着眼于实践,达菲莫斯却试图以一种高度抽象的方式去解决它,参阅了沃德普(1952),贝克曼等(1956),乔根森(1963),查尼斯和库珀(1958,1961),汤姆林(1966)以及阿蒙德(1967)的成果。她提出用"用户最优"和"系统最优"这两个概念来描述沃德普的两条准则,并深入研究了这两个数学模型的特性(达菲莫斯和斯帕罗,1969,94)。与布鲁努格等人工作同时,她提出了该问题的求解算法并证明了收敛性。她把路段-路径关系引入了流量守恒条件(帕萃克森,1994,34-39)。尽管她的算法使用了最短路径,但也要求计算当前解下每个O-D对间的最长路径。不同于最短路问题,最长路径的计算并没有有效的算法。因此,她提出的算法对于当时实践中考虑的涉及数千个路段的网络问题并不实用。[56]

获得博士学位后,达菲莫斯和她的丈夫康斯坦丁·达菲莫斯一起搬到了康奈尔大学。[57] 通过乔治·楠豪瑟与联邦公路管理局的合同获得的资助,她分析了固定需求网络均衡模型的基本特性(达菲莫斯,1971,1972,1973)。全部三篇论文都基于贝克曼网络均衡模型的推广,其中每个双向路段的出行成本都被假定为该路段上双向流量之和的一个非减函数(贝克曼等,1956,61-62)。

达菲莫斯(1971)提出把贝克曼模型推广为允许每个路段的费用受网络中每个路段流量的影响。她指出贝克曼网络均衡问题的优化模型只有在满足下列对称条件时才成立:对每对路段而言,路段费用函数关于其他路段流量的偏导数必须相等。她对系统最优和用户最优情形的详细分析极大地拓展了贝克曼的研究结果。

达菲莫斯(1972)考虑了多用户类型(如小汽车和货车)对路段费用函数产生的影响。她展示了(79页)按用户分类的路段费用函数关于对应用户路段流量的偏导矩阵必须对称,才能满足网络均衡问题的数学要求。尽管她认为该假设可以被满足,但她也承认用户最优的情形的适用性不如系统最优,因为后者没有此类要求。达菲莫斯还引入了超网络的概念(她称其为"修改过的网络"),以把多类型均衡模型转换为结构更复杂的单类型模型。

达菲莫斯(1973)研究了多用户网络中收费的影响,发现类似的对称条件对于用户最优模型仍然必须满足。在这三篇论文中,达菲莫斯不仅深入分析了网络均衡模型的特性,还为之后十年的研究发展奠定了基础(7.5.1节)。

7.4.1.3 蒙特利尔交通研究中心

位于蒙特利尔大学的交通研究中心(CRT)在加拿大交通部支持下于1970年成立。1972年,福特汽车加拿大分公司为蒙特利尔大学提供了一项无限制资金用来启动交通基础研究项目(弗洛瑞,2008)。该中心的第一批职员包括迈克尔·弗洛瑞,马克·高缀和皮埃尔·罗宾拉德。

迈克尔·弗洛瑞 1939 年出生于罗马尼亚布加勒斯特。[58]他于 1957 年来到蒙特利尔,1962 年从麦吉尔大学毕业获工程学位后在加拿大国家铁路公司工作到 1964 年。弗洛瑞随后在加拿大国际纸业公司工作了两年,然后到美国哥伦比亚大学攻读运筹学并获博士学位。他于 1969 年加入蒙特利尔大学的计算机科学和运筹学系。1973 年,他被任命为 CRT 的主任。

同他的早期研究生阮桑和瑞尼·迪昂一起,弗洛瑞开始研究城市出行预测方法。7.4 节和 7.5.1 节中描述了这一研究获得的大量结果。他还在 1974 年、1977 年和 1981 年组织了交通网络均衡和供给国际会议,这些会议使 CRT 成为该领域国际领先的学术研究中心(弗洛瑞,1976;弗洛瑞和高缀,1980)。1976 年,他成立了交通规划软件公司 INRO(10.5.1.7 节)。

7.4.2 固定需求确定性网络均衡模型

7.4.2.1 基于路段的算法

尽管布鲁努格等(1969)以及达菲莫斯和斯帕罗(1969)提出了网络均衡问题的求解算法,第一批应用于实际路网(虽然它们的规模仍然较小)的算法是由拉里·勒布朗(1973)和阮桑(1974a,1974b)提出的。在他的博士论文中,勒布朗意识到弗兰克和沃尔夫(1956)提出的用于求解二次规划的算法可能为网络均衡问题提供了一个收敛且相对高效的求解办法,尤其是线性化后的子问题可以通过最短路问题有效求解,而无须当作一般线性规划问题来求解。[59]在当时的美国交通出行预测实践中,可以收敛到一个稳定解的交通分配算法基本不为人知。[60]勒布朗在为南达科塔州苏瀑市设计的一个小型网络上(24 个中心、24 个节点、76 个路段)测试了他实现的弗兰克—沃尔夫线性化算法。[61]勒布朗的论文中(勒布朗等,1974,1975)把这一算法称为"弗兰克-沃尔夫算法",这个叫法沿用至今(帕萃克森,1994,96)。勒布朗的线性化算法是美国交通部开发的《城市交通规划系统》所用算法的基础(10.3.3 节)。[62]

阮桑(1974a)在他的博士论文中提出并测试了基于凸单纯形法的一些算法,用于求解固定或可变需求的网络均衡问题,这些算法分别把路段流量、起点流量和起讫点路径流量作为求解空间(阮,1974b)。后来他把自己的算法与勒布朗的算法进行了比较,发现在当时的计算环境下两者都未能在所有测试算例中占据绝对优势(阮,1976)。7.4.2.4 节介绍了阮的验证研究。

约翰·默克兰(1969)和苏赞·伊万斯(1973b)分别提出了基于路段流量的分配算法,它们具有和勒布朗算法相同的特征。这些算法被用于求解出行分布和分配组合模型中的一部分(7.4.4.1 节和 7.4.4.2 节)。范弗里特和陶(1979)也提出了和弗兰克-沃尔夫算法相似且基于路段的算法。

对于研究约束优化算法的专家们来说,提高"线性化方法"在网络均衡问题中应用的计算效率是一个无法抗拒的挑战。弗洛瑞和合恩(1995,502-513,535-537;1999)回顾了相关工作的文献。尽管它们或多或少在内存有限的计算机上加快了收敛,线性化方法的各种加速策略总体来说差强人意。尽管这类加速法为几家软件开发商所采纳,业界却没能通过这一思路大幅度提高收敛速度。但在计算机既慢又昂贵且内存很有限的年代,这类算法对从业者来说是很实用的。

7.4.2.2 基于路径的算法

首个基于路径的交通分配算法是德国不来梅大学的博斯纳和卢特(1982)在一篇计算机科学工作论文中提出的。该论文的写作动机不得而知。若不是由托马斯·施维菲格以它为基础开发了 PTV 公司 VISUM 系统中的分配算法,这篇论文可能根本就不为人知(10.5.1.6 节)。

迈克尔·帕萃克森(1994,第 4 章)对网络均衡问题的算法提出了正式的数学分类。毫无疑问,他的兴趣部分是由他自己对该问题的贡献激发的(拉森和帕萃克森,1992)。考虑到基于路段的算法收敛速度慢,基于路径流量来求解该问题也许有利于加快收敛。

拉森和帕萃克森(1992)提出了非集计单纯分解(DSD)算法。在弗兰克-沃尔夫算法中,求解是通过计算一系列通过全有全无分配到最短路径树的路段流量并将其平均化而进行的。DSD 算法的不同在于把全有全无分配的结果在路径层面做了平均。用户均衡状态下用到的路径数目大于等于有流量的起讫点对的数目;具体数量取决于网络大小和拥堵程度。因此,路径的数目可能会远大于路段的数目。

扎亚奎什南等(1994)提出了另一种基于路径的算法,利用梯度投影的原理在路径之间转移流量。他们发现,与当时研究和实践中使用的基于路段的算法相比,新算法可以获得更高的精度。随后,弗洛瑞等(2009,10)提出了"罗森投影梯度算法的一种新的改进……对起讫点对作顺序遍历"。这种基于路径的算法与更早的梯度投影算法及限制单纯形分解算法有关,但在细节上非常不同。据弗洛瑞等的论文,该算法的优势在于"流量同时从费用高于平均路径费用的路径转移到费用低于平均路径费用的路径",这样"多少类似于扎亚奎什南的算法。不同之处是扎亚奎什南的算法使用了提前给定的步长来确定转移流量",而弗洛瑞的算法"则通过线性搜索来确定最佳步长"(弗洛瑞等,2009,11)。

7.4.2.3 基于起点的、基于丛的和基于路径段的算法

尽管帕萃克森的 DSD 算法,唐纳德·合恩及其合作者的单纯形分解法(合恩等,1985,1987),以及扎亚奎什南等的梯度投影算法都相当精密,分配算法研究在 20 世纪 90 年代却鲜有进展。之后,在第一个收敛算法被提出的 30 年后出现了三种类似的新算法:希莱尔·巴-格拉(2002)提出的基于起点的分配算法(OBA);罗伯特·戴尔(2006)提出的 B 算法;基多·詹泰尔(2012)提出的局部用户费用均衡法(LUCE)。聂宇(2010,2012)回顾并对比分析了这些算法。

基于丛的算法有一些重要的共同特征。它们"为每个起点(或终点)建立并维护一个称为丛的子网络,并将交通分配限定在这些丛上"(聂,2010,74)。术语"丛"最初是戴尔(1971)在随机交通分配中提出的。基于起点的丛是一个无环路的子网络,它包括从该起点到全部终点的所有用户均衡最短路径。无环性是指从给定起点出发的用户均衡流无环的特性,即丛上任何一条路径最多经过同一节点一次。此外,当所有丛上的流量达到用户均衡时,整个网络也达到均衡状态。因此,用户均衡流可以用均衡丛来表示,从这个意义上说,丛不但提供了效率,还保证了最优性。基于丛的算法通过在两个子问题——丛的构造和对丛流量实现用户均衡——之间迭代来找到用户均衡解(巴-格拉,2010;聂,2010;詹泰尔,2014)。

基于丛的算法彼此之间的主要区别在于如何对丛流量实现用户均衡,可以根据丛流量的集计水平来分为基于路径或基于起点的算法。戴尔的 B 算法属于前一种,它通过在最长和最短路径间进行流量转换来达成丛均衡,类似达菲莫斯和斯帕罗(1969)的思路。巴-格拉的基于起点的算法属于后一种;流量用经过某个上游路段抵达给定节点的交通量比例来表示。詹泰尔的 LUCE 和 OBA 结构类似,其主要的不同是达成丛均衡的方式。谢军等(2013)研究比较了 LUCE 和 OBA 算法性能的不同。

直到最近,关于网络均衡问题的模型和解仍存在一个悬而未决的问题,即只有路段流量是唯一确定的。一个路段流量解可能对应许多不同的路径流量解,这是由于不同起讫点的路径流量可以在一对"可替代路径段"(图7-4 展示了有两个起点和一个终点的情形)之间转换而不改变相关的路段流量。唯一地确定路径流量需要一个额外的条件。希莱尔·巴-格拉(2010)提出了"比例一致性条件",以及一种新算法来求解满足比例一致性条件的用户均衡路径和路段流量,即基于成对可替代路径段的交通分配算法(TAPAS)。比例一致性条件是指"来自任何起讫点的流量在同一对可替代路径段上的交通量分配比都应该相等"(巴-格拉,2010,1026)。图7-4 展示了一对可替代路径段连接两个起讫点(O-D)对的例子。

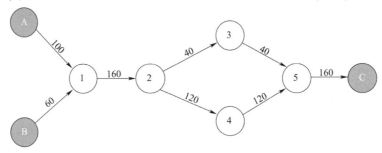

图 7-4　从 A 小区和 B 小区前往 C 小区的流量服务的备选节段对
来源:博伊斯等(2010,7)。

同样的概念适用于用相同广义费用函数(比如出行时间)的多用户交通分配。这种情形下,分类型路段流量(如小汽车和货车)也不是唯一确定的。增加比例一致性条件可以唯一地确定分类路段流量和分类路径流量。在单一类别问题中施加比例一致性条件事实上等同于将路径流量的熵最大化(巴-格拉,2010,1027)。

巴-格拉(2006)研究了 TAPAS 的数学理论基础,即路径熵的最大化。巴-格拉等(2012)将 TAPAS 和其他算法进行了比较。伊诺和丸山町(2012)在大规模网络中评估了几个新分配算法的性能。

7.4.2.4　解的收敛性和验证

将网络均衡构造成凸优化问题不仅促进了收敛算法的发展,还带来了网络均衡收敛性指标的定义。随着构建这些指标的数学理论的发展,它们在交通研究中得到了广泛应用,但在实践中的应用则更缓慢。我们在这里和2.5.6节探讨了这些指标的定义和应用。固定和可变需求网络均衡问题的凸优化模型为基于目标函数定义收敛准则奠定了基础(帕萃克森,1994,96-98)。此外,固定需求问题的收敛准则可以用从业者们熟悉的语言作直观地解读。首先给定固定需求交通分配问题的一个当前可行解,比如将出行矩阵分配到用自由流下路段费用定义的最短路径上所生成的初始解。使用该解的路段流量去计算路段费用,根据新的费用再次生成最短路径,并将出行矩阵按全有全无分配法分配到这些路径上。这个分配结果即是在给定当前解的路段流量和相应路段费用的情况下的"最小成本分配"。当前解的总出行成本(to tal cost,TC)减去最小费用分配的总出行成本,即所谓的间隙(gap),也被称为总额外费用。[63]在当前解向网络均衡解收敛时,间隙趋于零。相对间隙的一种定义是间隙与 TC 的比例,记为 RG(TC)。[64]相对间隙的值与网络和出行矩阵无关。[65]

另外,网络均衡问题目标函数的下限(lower bound,LB)可被定义为目标函数值减去间隙。下限必定小于或等于目标函数值。[66]然而当解收敛时,LB 并不一定在每次迭代中都向目标函数值方向(单调地)增加。相应的,需要一个最佳下限(best lower bound,BLB),即目前发现的 LB 的最大值,来控制收敛。因此,相对间隙的另一形式,可记为 RG(OF),定义为目标函数值减去 BLB 后与 BLB 的比值。由于在拥堵网络中当前总交通费用大于 BLB 的当前值,RG(TC)要略小于 RG(OF)。一般而言,两个值的数量级是一样的,因此终止条件不会受这一选择很大的影响。

从业者们有时会说一个分配过程"达到闭合(closure)"。术语"闭合"可能源于布洛克和梅兹(1958,82)。在讨论如何应用法塔(1954)增长系数法时,他们称:"衡量各预测方法效率的一个指标是在逐次迭代中看单个小区增长因子向 F 因子的极限 1.0 收敛的速度……可以看出……法塔方法在闭合速率方面是极其高效的。"由此"闭合速率"意味着求解步骤的收敛速度。

然而"闭合"这个术语的一般含义是得到了一个明确定义的解,例如"达到闭合",而不是指收敛速率。对于实践中遇到的交通分配问题,找到精确解是不可能的。也就是说,分配过程一直向网络均衡解的方向收敛,但永远不会真正达到那个精确的均衡解。因此,从业者们面对的问题在于何时终止求解过程。相对间隙为这一决策提供了有用的指导。

最早论述用目标函数或间隙来作终止准则的大概是布鲁努格等(1969,201-202),他们提出了弗兰克-沃尔夫求解算法(吉伯特,1968b)的两类形式。勒布朗(1973)和阮(1974a)分别提出了用于求解网络均衡问题的算法(7.4.2.1 节)。勒布朗给出了目标函数值的一个理论下限,并将之用于终止准则。然而,他在苏瀑市网络上进行的计算试验中并未给出该下限值(勒布朗等,1974,1975)。

阮(1974b,1976)对比分析了求解固定需求网络均衡问题的三种算法;第一种是最初由布鲁努格等(1969)提出,然后勒布朗(1973)又独立提出的算法;第二种是达菲莫斯和斯帕罗(1969)提出的改进缩减梯度法;第三种基于凸单纯形法。这三种算法都包括了明确的终止条件。阮在加拿大安大略省赫尔市的网络(27 个小区、155 个节点、376 个路段)以及加拿大曼尼托巴省温尼伯市的网络(146 个小区、1035 个节点、2788 个路段)上研究这些算法的求解性能。尽管比较了 18 个解,但每个求解过程的终止条件都没有进行描述。他的主要兴趣在于这些备选算法的执行时间,而不是其收敛特征。

迈克尔·弗洛瑞和阮桑(1976)使用 1971 年加拿大温尼伯市网络(140 个小区中心、1035 个节点、2789 个路段)和 O-D 数据[67]将交通网络均衡分配问题的收敛解同实际观察到的道路交通量进行了首次比较。该研究应用了两种算法:弗兰克-沃尔夫算法及阮的凸单纯形法。作者引用了其他论文以避免对这些算法的详细描述,因此终止条件也未作讨论。对于弗兰克-沃尔夫算法,作者称"在 15~18 次循环(迭代)时达到收敛",虽然他们没有解释为什么正好在某一个循环上终止求解过程。这一工作通过详细的图形结果比较了观察到的路段流量以及根据它们算出的路段和路径通行时间和从均衡解中得出的相应变量。

虽然20世纪70年代中期取得了这些算法上的进展，并且把交通网络均衡分配方法加入美国交通部的《城市交通规划系统》(UTPS)中，但当时这些新算法在美国少有专业从业人员问津。一个原因是UTPS中最初实现的算法有缺陷，导致暂时延迟了对它的采用。另一个原因是一些交通规划部门继续使用PLANPC中实现的容量限制分配程序（美国交通部，1977a,189-193)(10.3.3节)。

罗纳德·意什等(1979)通过应用线搜索和路段流量平均把弗兰克-沃尔夫算法加入PLANPAC中，并验证了它在路段流量解的稳定性和收敛方面的优势。他们的论文向从业者们诠释并展示了该算法，而这些内容并未出现在UTPS的用户手册中（美国交通部，1977b)。在当时，容量限制分配通用的求解步骤是进行四次迭代，每一次都基于上一次迭代得到的路段费用，并将第三次和第四次迭代的路段流量进行平均。为了和这个步骤进行比较，作者们用杜佩奇县网络(904个小区中心、9400个节点、25000个路段)进行了四次弗兰克-沃尔夫算法的迭代。目标函数值显示出他们的算法收敛得更好；虽然他们也没有报告间隙的数值。两种算法得到的均衡路段流量与观测计数进行比较显示出了类似的拟合度。

在接下来20年中，从业者们慢慢接受了弗兰克-沃尔夫算法，一开始是在UTPS中，之后应用到了商业软件系统中。随着计算机速度和内存的提升，每次分配运算进行的迭代次数也增加了。但是从业者们仍然抱怨分配结果不够稳定，尤其在进行方案分析的时候。他们往往错误地把该问题归咎于算法，而不是收敛精度不足。大卫·博伊斯等(2004)对特拉华山谷地区规划委员会的网络(2510个小区中心、13389个节点、40003个路段)进行了交通分配分析。他们比较了两个方案，一个方案加入了筹建的一段高速公路连接，而另一个方案则没有。结果显示出相对间隙需要小于0.0001(0.01%)才能保证全网中路段流量的稳定（从而使得方案的比较不受收敛精度的影响)。

7.4.3 基于固定需求的随机网络均衡模型

贝克曼构建的网络均衡模型是确定性的，假定驾驶员根据连接起点到终点的所有路径上准确的广义出行成本来选择成本最小的路径，尽管所有出行人的路径选择都会影响这些广义费用。随着贝克曼的确定性数学模型为人所知，开始有研究者尝试放宽这一假设。我们在此回顾的研究主要通过对贝克曼的优化模型进行扩展来解决这一问题。

7.4.3.1 非拥堵网络的随机模型

亚伯拉罕(1961)，冯·法肯豪森(1966)，布雷尔(1969)和戴尔(1971)较早地研究了在固定出行成本的路径选择模型中考虑用户感知误差的问题。这些工作都受出行预测实践应用，包括当时流行的全有全无或容量限制分配方法中各种问题的启发。它们对路段流量的预测与实际观测吻合得不够好。戴尔在美国提出的STOCH算法(2.5.6节)和布雷尔在英国提出的方法(3.6.3节)将路径流量的分散引入分配中。[68]选择每条路径的出行比例的方式有二：一是在通过枚举产生的路径集上确定，或由网络中不同节点处的路径分叉生成（戴尔)；二是通过来自路段费用分布的随机取样（布雷尔)。

戴尔提出了两种算法，分别称为"单通算法"和"双通算法"。戴尔的双通算法对应着多项 Logit 路径选择模型,其中路径流量只分配到"有效路径"上。"有效路径"指这些路径中的每个路段位于路段前端的节点相对于在路段尾部的节点距离目的地更近而离起点更远。由于戴尔只考虑了固定路段费用的情况,有效路径的确定与路径流量无关。

迈克尔·弗洛瑞和本奈特·福克斯(1976)、胡·威廉姆斯(1977a)还有其他一些人注意到戴尔的双通算法法中的 Logit 函数违反了不相关选择项独立性(IIA)的特性,这是由于路径可能存在重叠导致的。这种情况下两条路径可能会在同一起讫点对间共享同一系列路段,这可能导致不合理的路径分配比例,进而产生不切实际的路径和路段流量。在公路或公交网络中,备选路径上共有路段的存在是这些路径的费用间相似性和相关性的一个明显来源。摩顿·施耐德(1974)总结了戴尔分配算法的"优点和不足",称它"是一个没有解释机制的机械步骤,目的是以大概合理的方式分配出行"。皮埃尔·罗宾拉德(1974,119)为估计戴尔算法中的参数设计了一种最大似然估计法,他的结论是"它不适合费用随流量变化的情形"。

卡洛斯·达甘佐和犹希·谢菲(1977)认真研究了"重叠路径问题"并提出了质疑。他们提出的替代方案与布雷尔的方法相似,假设驾驶员在选择路径时是基于感知的出行时间,而这等同于给确定性路径出行时间加上一个随机误差项,由此将沃德普第一原理扩展为"没有用户相信他能通过单方面改变路线来改善他的出行时间"。[69]他们研究的初衷是为非拥堵网络提供适用的模型。如果驾驶员的感知路径时间是服从多元甘贝尔分布的,那么就得到了 Logit 随机路径选择模型;如果感知时间是正态分布的,那么就得到了 Probit 随机路径选择模型(达甘佐等,1977;达甘佐,1979)。尽管他们的早期模型也基于固定路段费用,他们的论文却为随机网络均衡问题奠定了基础。

谢菲和达甘佐(1978)的另一个贡献是把出行者的多种选择(例如位置、方式和路径)通过抽象网络(被称为超网络,7.4.1.2 节)[70]上的路径选择来表达。他们假定网络上的路段成本服从正态分布,讨论了超路径的选择,并利用 Probit 模型详细说明各种选择维度中效用间的相关性问题(包括那些从道路网上的不同路径间共享路段产生的相关性),以及通过复杂的选择模型来构建确定需求和服务水平间均衡的统一方法。

7.4.3.2　随机网络均衡

卡罗琳·菲斯克(1980)在贝克曼的确定性网络均衡问题的基础上推广,提出了随机网络均衡问题的数学模型。通过给贝克曼的路段费用函数加入一个以路径流量定义的熵函数,她指出对该模型求解会产生一个以每个起讫点对间的路径均衡出行成本来定义的 Logit 函数。[71]此外,如果路径只限于有效路径且固定路段费用,则"很明确的是它的解……将和通过使用戴尔模型获得的解相同"(菲斯克,1980,245)。菲斯克研究了该解的性质,但没有提出求解算法。

在固定出行需求和可分离路段费用函数的假设下,卡洛斯·达甘佐(1982)以及犹希·谢菲和沃伦·鲍威尔(1982,195)为随机网络均衡问题构建了两个无约束优化模型,他们指出随机用户均衡问题可以不通过直接使用概率假设来构造。[72]谢菲和鲍威尔(1981)比较了从 Logit 和 Probit 模型中算出的解,并指出求解该问题的先决条件是预先确定固定的路径集(鲍威尔和谢菲,1982,52)。这样的集合可以根据戴尔的"有效路径"概念,基于自由流的路段通行时间来定义。然而,使用非均衡路段通行时间来确定有效路径集是该办法的缺陷。

Logit 路径选择模型的求解得益于鲍威尔和谢菲(鲍威尔和谢菲,1982;谢菲和鲍威尔,

1982)在统计近似法(罗宾斯和门罗,1951;布鲁姆,1954)的背景下再度发现并改进了连续平均法(MSA)。MSA可用于通过预先规定的步长序列将一系列解平均化。常用的步长序列是$1/n$,其中n是迭代次数,而被用来和当前解进行平均的量是新解和当前解之间的差值。因此,基于当前解获得的新解被赋予$1/n$的权重,而当前解的权重为$(n-1)/n$。假设该问题的目标函数有唯一最小值的话,则该算法理论上保证收敛,不过收敛速率很慢。谢菲(1985,12.5节)详细阐述了这些方法的演变。

赤松隆(1996,1997)研究了戴尔的固定路段成本双通算法与基于Logit模型的随机用户均衡模型之间的关系。他指出后者可以通过路段流量和路径流量来建模。他讨论了求解算法并全面梳理了文献。更近期的进展包括贝尔和布拉什科(2001)以及孟和刘(2012)的文献综述,以及他们针对带有弹性需求、基于Probit模型的非对称随机网络均衡问题的模型和求解算法。谢菲的随机网络均衡模型的最早应用是霍华德·斯拉温等(1988)进行的纽约地区的地铁通勤出行分析。该模型用于预测从50个小区到同一目的地的几百种出行方式、接驳方式、通勤地铁站和停车场的组合中做出的选择。他们用连续平均法求解求解了停车位容量固定情形下的模型。

尽管谢菲的随机网络均衡模型激发了广泛的兴趣,但很少有人讨论该模型有限的随机属性。在他们的模型里只有感知误差是随机变量,其余部分和贝克曼的模型一样,都是确定的,在一个真正随机的网络均衡问题中,路段通行时间本身也是随机变量。皮图·莫禅达尼和何塞·索鲁什(1987)提出了这样一个模型。仔细阅读他们的论述有助于理解对这一问题建模和求解的难度。

该模型需要对出行者对待风险的态度做出假设,包括喜欢冒险型、规避风险型、或风险中立型等。比如,喜欢冒险型的出行者较之规避风险型的出行者更倾向于选择带有平均出行时间较短和方差较大的路线,而规避风险者可能选择平均出行时间较长和方差较小的路线。这一假设也提出了一个问题,即是否可以根据风险属性来识别出行者。

7.4.4 可变需求确定性网络均衡模型

贝克曼模型将网络的每对节点间的出行需求构造成关于它们之间最短路径出行成本的递减函数。在这一模型发表十年后,研究者们开始对它作更深的研究分析,并将其应用到当时的出行预测实践上。本节回顾了这些论文;关于这些模型的应用研究将在7.4.5节中探讨。

7.4.4.1 早期的出行分布和分配组合模型

约翰·默克兰是英国应用数学家,他于1964年先后在伦敦政治经济学院及伦敦商学院建立了交通网络理论研究中心(TNT)。他最初的研究重点是网络最短路算法。默克兰写了三篇广为流传的论文,其中第一篇和第三篇关于交通分配,而第二篇是关于出行分布的重力模型及一个等价的优化模型(默克兰,1966a,1966b,1967)。第一篇提出了求解拥堵交通分配问题的算法。第二篇提出了重力模型的等价优化模型。在他的第二篇论文中,默克兰称:

我认为这个等价最大化问题的主要作用将在于构建更通用的模型,其中交通分布只是一个方面……在现实中大部分道路网络都面临某种程度的拥堵……进行这种带有拥堵效应的网络计算的一种可能方式是重复进行重力分布模型计算并将产生的交通量分配到给定网络上,直至结果不再变化……我在此只想强调将分布模型构造成最大化模型的一个重要的特性。在上述的迭代中,分配计算必须是一种所谓的"多品类"分配计算……如果分配和分布计算可以被合并(通过使用后者的最大化模型),那么产生的计算将会简化为一种"单一品类"计算(默克兰,1966b,15-16)。

上面的论述说明默克兰试图想象如何将分布和分配问题"合并"成一个问题。也许默克兰遇到的困难在于他貌似是从算法或计算步骤的角度去思考,而不是从模型构造入手。在其关于重力模型的论文中,默克兰在讨论消费者盈余时引用了贝克曼等人的著作,这说明他对该书有所了解。然而,当时他显然还没有意识到贝克曼可变需求网络均衡模型的意义。

阿雷·吉伯特应该于1968年7月访问了默克兰的TNT中心,当时他发布"弹性需求下的交通分配问题"(吉伯特,1968a)。这篇论文和吉伯特和其他人合作的论文(布鲁努格等,1969)密切相关。它主要涉及贝克曼的目标函数和网络均衡条件的等价性、该模型解的存在性,以及他用来求解弹性需求交通分配问题的算法的收敛性。

1970年约翰·默克兰搬到了德国的卡尔斯鲁厄;[73]他基于R. T. 洛克菲勒(1967)的凸规划理论,提出了一种可变需求网络均衡问题模型(默克兰,1969)。他将他对于"道路网络上交通流的稳态分布问题"的"完整阐述"归功于贝克曼。[74]尽管从今天的观点看他对模型的描述颇有含混之处,默克兰的确成功地定义和分析了该模型,伊万斯对他的模型进行的详细阐述和分析确认了这一点(1973b,4.4节)。在他论文中关于求解算法的那里里,默克兰提到了布鲁努格等(1969)和吉伯特(1968a,1968b)对他的算法的贡献。虽然默克兰没有发表任何计算结果,到1970年他已经开发了可用的计算机程序。[75]默克兰后来建议将弗兰克-沃尔夫算法用于解决UTPS中的固定需求交通分配问题,并继续撰写并偶尔发表一些论文(例如默克兰,1977)。

与此同时,与他1968年参与发表的关于固定需求交通分配的论文相关,M. 布鲁努格(1969)写下了一篇长达67页的关于网络交通分布和分配的工作论文。这篇论文提出了一种分布和分配问题的组合模型,研究了该模型的性质,描述了两种求解的算法,并讨论了它们的收敛特性。该文所引用的参考文献表明布鲁努格很了解美国和英国在出行分布和交通分配方面的进展。文章的结语显示布鲁努格当时在计划将他的构造扩展为同时求解带有目的地选择的出行分布、方式选择和路线选择的模型(53页)。

约翰·汤姆林(1971)提出了出行分布和分配组合模型的另一种构造,其中分配的目标是最小化总出行成本;然而,路段费用和由此而来的O-D费用是固定的。他也提出了求解算法。

吉伯特,默克兰,布鲁努格和汤姆林的发现为日后有效地解决将起讫点、方式选择和道路交通分配问题构建为一体化模型——而非早期从业者们应用的顺序步骤(2.3.5节,2.4.4节,2.5.7节和3.7节)——的难题奠定了基础。通过提出收敛算法,这些作者们解决了模型求解的问题,也由此为如何通过对顺序步骤的迭代得到均衡解提供了思路。

7.4.4.2 伊万斯的模型和算法

苏赞·伊万斯在撰写其完成于1973年的博士论文时,独立地综合分析了贝克曼、吉伯特、默克兰、汤姆林及其他人提出的网络均衡模型,用洛克菲勒(1967)的凸分析理论分析了这些模型的特性,提出了"出行分布和交通分配组合模型",为其求解设计了新算法,并提供了收敛性和下限的证明。这个关于交通分布和分配的一体化问题是由她的导师理查德·奥索普提出的。而理查德·奥索普是从英国正面临的政策问题和他出席的第四届交通流理论研讨会中发现了对一体化模型的需要（奥索普，1968）。[76]

在其论文的第 3 章中，伊万斯全面回顾了出行分布问题的有关模型，分析了它的特性并讨论了求解步骤。在第 4 章和第 5 章里，她回顾了固定和弹性需求交通分配问题的构造，以及它们的求解算法，包括默克兰的算法。在第 6 章里，她提出了出行分布和交通分配（CDA）组合模型构造。之后她提出了一种新的基于路段的部分线性化算法，可被视为线性化算法的一种推广（帕萃克森，1993；1994，105-110，145-146）。伊万斯为控制求解算法的收敛性定义了两种测试量（伊万斯，1976b，47-49）。

与勒布朗和阮二人关于固定需求交通分配的论文相反，伊万斯的论文及之后的两篇论文都偏重理论。但是，她长达 311 页的博士论文堪称是 1950—1970 年间对各模型及其数学特性最全面的梳理整合，也是直到那时为止对模型和求解算法最严谨的分析。直到今日她的论文仍然记录了对组合模型收敛算法最详尽的分析。伊万斯于 1974 年宣读了她的研究成果（伊万斯，1976b），并发表了一篇记录这一工作主要结果的详细论文（伊万斯，1976a）。尽管她后来和交通均衡领域保持联系，她却将自己的学术生涯贡献给了应用统计学和通信网络。

7.4.4.3 后续模型构造和算法

在默克兰和伊万斯提出的模型和求解算法的基础上，组合模型的进一步发展是对基本模型进行扩展以包含交通需求建模者提出的巢式 Logit 结构（第 5 章）。随着分配算法开始拓展到基于路径和基于起点的网络表达上，这些新算法也被整合到了组合模型框架中。本节回顾了对可分离路段费用交通分配问题的优化模型的改进和更先进的分配算法。7.4.5 节中描述了应用、估计和验证这些模型的研究。7.5 节中讨论了不可分离路段费用函数和与之相关的非对称模型的构造。

迈克尔·弗洛瑞和阮桑（1974）最先发表了关于贝克曼构建的弹性需求交通分配问题的计算结果。在吉伯特（1968a）建议的基础上，他们提出了基于广义班德氏分解的算法，并给出了对加拿大赫尔地区网络（27 个小区、155 个节点、376 个路段）的求解结果。弗洛瑞、阮和佛兰（1975）为出行分布和交通分配组合问题的模型提出了两种算法。伊万斯（1973b）和汤姆林（1971）研究过该问题，而弗洛瑞和阮（1978）将他们的构造扩展并加入了方式选择，并提出了完全线性化算法。

在 1974 年由迈克尔·弗洛瑞组织的交通均衡方法研讨会上，斯泰拉·达菲莫斯（1976）提出了将实践中的顺序步骤整合为单一模型的思路。她使用了"一体化模型"的术语来描述这一构造。实际上这一思路和苏赞·伊万斯在同一研讨会上提出的"组合模型"是类似的概念（7.4.4.2 节）。

斯文·厄兰德（1977）提出了对伊万斯模型的重构。和贝克曼模型一样，伊万斯将她目标函数中的两个非线性项视为人为构造的优化问题，它的解给出了预期的出行分布函数和网络均衡条件。其中和需求有关的项是通过起讫点流定义的熵函数，当需求由一个负指数函数表示时，该熵函数等于逆需求函数的积分。

厄兰德把熵项移入了约束集中。他建议将这种转换解读为对"交互性"的衡量，也可称为"起讫点(O-D)流的离散分布"(厄兰德和斯图尔特,1978,1990;厄兰德等,1979)。他重新构造的模型给后续研究者们提供了通过一组熵约束来关联方式、起讫点和出行频率的概念。

厄兰德(1990)对菲斯克(1980)的模型进行了重构以加入起讫点流(7.4.3.2节)。他将这个模型称为连续分散均衡(CDE)模型,它和伊万斯的分布和分配(CDA)组合模型相关但又有所不同。厄兰德对比了这两个模型的特性:

CDA模型采用了很有独创性的构造方式,通过假定出行者们会选择最短路径来取得均衡解。如果出行者全面而准确地掌握路径出行时间的信息,这个假设看起来很自然。而在CDE模型中,虽然选择最短路径的趋势仍然存在,但出行理论上是分散在所有路径上的。然而,由于路径流量由指数函数决定,而许多起讫点对间的路径上出行费用很高,结果它们只承载很小的流量。这个结果在出行者并不完全知道哪些路径最短的情况下也许是合理的。CDA模型的另一个优点在于它可以为出行分布产生重力模型解。然而有趣的问题是:CDA模型能否有更直接的解读,而不仅仅因为它是一个能给出建模者想要的结果且有良好教学性质的优化模型。我们能够从优化问题本身发掘物理意义吗?为什么这个优化问题的结果如此理想(厄兰德,1990,367)?

大卫·博伊斯自1968年起开始讲授城市出行预测方法,其焦点通常是阿兰·威尔森(1970)的贡献。1976年,他提出将威尔森(1970,第4章)的城市选址模型同伊万斯的网络均衡问题组合起来(博伊斯,1978)。[77]对这一工作的兴趣促使他回顾并整合了带有内生出行成本的城市选址模型(博伊斯,1980),他在其中提出了将方式选择加入位置-出行选择函数、一天中高峰时段的拥堵描述以及费用函数参数估计的问题。

在她的博士论文中,卡罗琳·弗兰克(1978)比较了伊万斯(1976a)和弗洛瑞等(1975)提出的求解出行分布和分配组合模型的算法。弗洛瑞等(1975)提出对目标函数完全线性化,而伊万斯提出只线性化与路段费用有关的项。前一种算法要求解一个$n \times n$维的线性规划(LP)问题(n是小区的数量)。伊万斯的算法要求解一个$n \times n$的双约束出行矩阵。LP问题比均衡出行矩阵更容易求解吗?对于赫尔市的网络(27个小区、155个节点、376个路段),求解LP的速度确实稍快于平衡出行矩阵;然而,相比于均衡出行矩阵可获得完全的流量矩阵,每次求解LP生成的出行矩阵只包含了$(2n-1)$个正的O-D流量。因此,弗洛瑞等人的完全线性化算法比起伊万斯的部分线性化算法收敛得慢很多。

这两种算法的收敛通过它们的相对间隙进行比较,[78]并测试了两个不同的费用敏感度参数值。对于较小的参数值,部分线性化经过八次迭代后取得了完全线性化方法在二十次迭代后取得的目标函数值;而对于较大的参数值,部分线性化只需四次迭代就能赶上完全线性化二十次迭代的结果。因此,对于同样的收敛水平,伊万斯的算法要快得多。勒布朗和法韩吉恩(1981)应用勒布朗的苏瀑市测试算例对出行方式和分配组合模型(24个中心、24个节点、76个路段)进行了类似的比较。与弗兰克的结论相同,他们发现伊万斯的部分线性化方法远比完全线性化收敛得更快。[79]

大卫·博伊斯和拉里·勒布朗于1979年开始合作以共同增进他们对伊万斯的组合模型的了解。他们构建的一类出行选择模型综合了威廉姆斯(1977a)的复合费用构造[80]以及伊万斯的组合网络均衡模型。关键思想在于如何构建对应威廉姆斯的巢式Logit模型的嵌套熵约束集。在20世纪80年代早期大型机的局限下,他们的目标是推导这个模型的结构,估计其参数并在一个规模不大的网络上对它求解;博伊斯等(1983,1988)和博伊斯(1984b,1990)(7.4.5.2节和7.4.5.3节)给出了模型构造。

犹希·谢菲(1985,第6和第7章)提出了一个可变需求网络均衡问题模型,并描述了对其求解的线性化算法,他将其称为凸组合法。他回顾了带有用户均衡费用的双约束出行分布问题的几种变形,给出了备选的算法,但认为线性化算法最好。他这个结论没有基于计算试验,否则他应该能发现伊万斯的部分线性化方法其实更好。

萨夫瓦和马格南提(1988)描述了考虑出行生成的组合模型。他们的论文回顾了各种方法并推荐了完全线性化算法,简要描述了在城际旅客出行和城市出行里的应用。赫穆特·施腾海姆(1990)以博斯纳和卢特(1982)(7.4.2.2节)基于路径的分配算法为基础提出了一个组合模型。他对德国利林塔尔的网络(21个节点、293个路段)进行了计算测试,称他的算法优于弗洛瑞和伊万斯的算法。博伊斯和伦德维斯特(1987)以及亚伯拉罕森和伦德维斯特(1999)为斯德哥尔摩地区估计并评价了组合起讫点、方式和路径流量的各种巢式Logit构造(7.4.5.3节)。

7.4.4.4 史密斯和厄兰德的成本效益原则

托尼·史密斯先是独立地后来又和斯文·厄兰德合作为对数线性模型的推导提出了新的理论基础,包括Logit函数、用最大熵法推出的模型,以及起讫点-方式-路线组合模型(史密斯,1978a,1978b,1983,1988;厄兰德,1985,1990,2010;森和史密斯,1995)。厄兰德和史密斯(1990,173)指出人们"很早就认识到各种人类行为在宏观层面上表现出费用最小化的趋势"。尤其是关系到人口时,对这一趋势的明确识别可追溯到乔治·兹普(1902—1950)的工作。兹普是一位美国语言学家,他研究了语言中的位序规模法则,并提出了引导人类活动的"最省力原则"(兹普,1949)。[81]

史密斯(1978a)论文中正式表述的成本效益原则明确假定了人类空间交互行为原则,指出在每个层级的活动中具有较低总费用的空间交互模式较之于具有较高总费用的模式至少有同样的发生概率。史密斯指出这种宏观统计原则刻画了传统的指数重力型模型的特征,由此部分地解释了这些模型的鲁棒性。后来人们发现成本效益原则对于整个对数线性族的概率模型都适用。厄兰德(1985)提供了更通用的解读,可以用来刻画统计力学和应用概率学其他分支里的一系列广义模型。

最初,史密斯的成本效益原则基于固定出行成本。后来,他将该理论扩展到拥堵的网络上,让出行费用取决于出行者选择最小费用路径的行为(史密斯,1983,1988;厄兰德和史密斯,1985)。厄兰德(2005)探索了包括史密斯模型在内的各种相关构造,包括可叠加随机效用最大化模型和从拉格朗日分析推出的模型。在他的书中,厄兰德(2010)还综合了若干相关的结构,包括Logit模型中的福利、选择自由和复合效用。

将史密斯的成本效益原则拓展到拥堵的交通网络上是基于对离散(个体)出行的"累积用户费用函数"的定义。他将拥堵网络上出行行为的成本效益原则描述如下:

……以典型日一系列时段中的网络出行行为为研究目标。如果我们现在只能观察到宏观的出行活动水平(即每个出行地点起止出行的总量)……(问题是)哪一个微观出行模式序列最有可能生成这一活动。在微观层面上的成本最小化假设的条件下,通常的预期是平均来看观测到的日出行模式累计用户成本倾向于更低而非更高。因此,如果我们考虑与每个可能活动模式序列产生的每日平均累积用户成本,那么作为成本最小化假设的宏观扩展,带有更低平均成本水平的模式序列出现的可能性更大(史密斯,1983,439)。

后来在论文中,史密斯将这个理论关联到网络均衡模型上,解释如下:

这些连续流模型中(贝克曼等,1956)"用户均衡"假定在任意节点对间所有用到的路径上的流量费用相等(而未使用的路径具有更高的出行成本)。此处的行为意义很简单,即在完全信息条件下,交通流量总会转移到费用更低廉(更快捷)的路径上,直到所有被用到的路径上的费用都相等为止。[82]

当前的指数出行模式族模型以概率的方式反映了同一类均衡行为。特别是,如果出行者并不能总是实现最小费用(由于没有完全信息,或有其他偏好的考虑),但他们的路径选择仍表现出明显的成本最小化趋势(即满足微观成本最小化假设),则人们可以预期用户均衡出行模式是在所有可能的状态分布中"最可能的状态"。这恰恰就是指数出行模式模型表现出的行为(史密斯,1983,443)。

厄兰德(2010,第8章)展示了带有离散变量的史密斯成本效益模型如何通过连续变量来近似,从而构造出类似贝克曼那样的模型。

7.4.4.5 奥本海默利用随机效用理论进行的综合

诺博特·奥本海默(1993a)在出行选择组合模型的背景下研究了目的地选择模型,其方法是在目的地引入拥堵函数,并在目标函数中添加一个熵项。最后得到的出行分布模型是Logit形式,其成本项与出行时间和内生的目的地成本相关。他还展示了这个结果跟随机效用理论的关系,并提出了伊万斯的部分线性化算法的一种变形用于求解。奥本海默(1993b)使用了类似的方法来构建同时包含个人出行和货物运输的组合模型。以上两个模型都使用了伊万斯的框架并提出了用于求解均衡流的算法,但都没有提供计算结果。

两年后,奥本海默(1995)出版了《城市交通需求建模》一书。他首先整合了非拥堵和拥堵网络上的路径选择模型,然后解释如何扩展这一建模方法以便将方式、目的地和出行频率加入随机效用理论框架。他展示了如何将网络均衡模型重构为关于典型出行者的经济学模型,为贝克曼-伊万斯形式的目标函数给出了新的解读,并首次给出了对贝克曼路段费用函数积分和的物理解释。在这个过程中,他采用了厄兰德的熵约束构造。之后,他提出了如何使用最大似然法估计模型参数。最后,他研究了网络设计问题的双层多目标规划模型,包括网络定价。

完成了如此富有创新性和意义深远的集大成之作,奥本海默本应该收获大量褒奖。但事实并非如此。相反,他经历了令人刺痛的失望。有人可能会问,为什么会有如此结果? 他对随机效用理论和用户均衡模型的整合意味着鲜有同行做好了去理解这个合成品的准备。尽管一些人认同奥本海默的书提供了"推动我们的领域大步前进的机会",正如博伊斯在前言中写的那样,但是在1995年整个领域显然还没准备好接受这种方法,并且毫无疑问没有在接下来的20年里朝这个方向大幅度推进。传统的方法在出行预测实践中是如此的根深蒂固,以至于奥本海默的更科学严谨的框架无法取而代之。此外,传统方法的其他挑战者已经是基于出行环和活动的模型。从过去20年的发展历程来看,后者更占优势。

奥本海默的求解算法基于伊万斯的路段算法,在当时是最先进的算法。到《城市交通需求建模》出版时,新的分配技术开始出现,提出了对出行选择组合模型算法的改进。这些新算法中的第一个是帕萃克森的基于路径的算法(拉森和帕萃克森,1992)。简·伦德根和迈克尔·帕萃克森(1998)在这一进展的基础上提出了分布和分配组合模型。

巴-格拉和博伊斯(2003)将巴-格拉基于起点的分配算法应用于双约束出行分布和方式选择模型,求解了芝加哥地区网络和小区系统(1790个小区、12982个节点、39018个道路路段),通过将他们提出的算法与用伊万斯算法实现的顺序步骤法进行比较,明确验证了新算法的优越性。博伊斯(2002)总结了这些发现,质疑顺序四阶段法是否因为过分拘泥每一阶段的求解而适得其反,忽视了总体预测模型的一致性。

综上所述,伊万斯、勒布朗、弗洛瑞和阮、博伊斯及奥本海默的发现,再加上布鲁诺格、吉伯特、默克兰和汤姆林更早的研究结果,完成了从20世纪50年代中期道格拉斯·卡罗尔和其他从业者提出的顺序预测步骤到1956年马丁·贝克曼的网络均衡模型的变迁。鉴于1991年后美国业界开始重视四阶段法中的反馈机制,这些组合模型本应该为真正整合交通需求模型和网络模型,以及如何在实践中对合成后的模型进行求解提供洞见。但是,它们基本上都被实践忽略了。以下我们讨论实施和测试组合模型求解算法的研究。

7.4.5 实施、估计和验证研究

随着出行分布、方式选择和交通分配组合模型及其求解算法的提出,一系列实施这些模型和算法的研究开始出现。

7.4.5.1 EMME/2 的起源

迈克尔·弗洛瑞和他在蒙特利尔大学交通研究中心的团队实施并验证了第一代用户均衡、双方式出行预测模型,称为 EMME(弗洛瑞等,1979)。[83] 为实施弗洛瑞(1977)(7.5.1 节)提出的模型,他们把在加拿大曼尼托巴省温尼伯市调研得到的单一类别出行矩阵通过多项式 Logit 函数进行出行方式划分,分配给了小汽车和公交,并根据用户均衡将两个出行矩阵分配到道路和公交网络。他们也详细地描述了三种方式选择的数据分析和参数估计结果。

模型的测试使用了温尼伯的道路和公交网络(147个小区、1040个道路节点、2836个道路路段、56条公交线路、800个公交节点、1755个线上节段),但没有报告迭代结果或收敛指标。该模型的求解需要在 CDC 赛伯 176 型计算机上运行 80 分钟,这是当时大学研究中广泛使用的大型机。作者们总结到,"使用此类复杂的模型……是可行的,并且对各种方案的仿真产生的精确而详细的评价结果是从其他方法中无法获得的"(弗洛瑞等,1979,22)。后续的出版物将该模型称为 EMME/2;参阅 10.5.1.7 节。

7.4.5.2 芝加哥地区的三个模型

大卫·博伊斯及其学生同芝加哥地区交通研究署的罗纳德·意什和狄恩·英格隆合作研究了芝加哥地区的几种组合模型。第一个项目实施的模型将一个单类型、单约束的起讫点-方式函数同一个将小汽车和货车分配到集成路网(317个小区、820个节点、2422个路段)的用户均衡(UE)分配组合起来(博伊斯等,1983,1985,1992;博伊斯,1984)。第二个项目对带有双约束的起讫点—方式选择函数的类似模型进行了敏感度分析(博伊斯等,1992;塔提耐尼等,1994)。第三个项目实施、估计并验证了双类型、双约束起点—终点—方式选择组合

函数,并将小汽车和货车通过用户均衡分配到详细的小区系统和路网(1790 个小区、12982 个节点、39018 个路段,博伊斯和巴-格拉,2003)。每个项目中使用的求解算法都是伊万斯的算法。

第一个项目用到的计算设备包括了 IBM 系统/370,其上安装了城市交通规划系统(UTPS,美国交通部,1977b),见 2.6 节及 10.3.3 节。该模型通过用户编码的子程式来实施,通过 UTPS 的 UROAD 模块上的接口植入。第一个模型用到的数据综合自 1975 年进行的居民出行调查、1970 年的人口普查以及通过调查得到的货车出行矩阵(换算为早高峰两小时出行量)。小汽车出行的广义费用函数定义为车内出行时间、运行成本和上下接驳时间的加权和。对于公交车,费用函数包括了车内时间、车费、上下接驳时间、换乘时间和候车时间。参数值是从早先研究中而来。计算的收敛程度受 UTPS 把起点—终点—方式流量以及道路流量编码为整数的严重限制。

四个组合模型的求解结果以及他们的相对间隙(RG)列举如下(7.4.2.4 节):
(1)固定车流矩阵(小汽车和货车)在路网上的 UE 分配:九次迭代,RG<0.02。
(2)方式选择函数应用于固定出行矩阵,并将小汽车出行矩阵同固定的货车矩阵作 UE 分配:五次迭代,RG<0.02。
(3)给定居住地点,应用出行终点和方式选择函数,将由此产生的小汽车同货车出行矩阵作 UE 分配:九次迭代,RG<0.01。
(4)给定终点位置,应用居住地点和方式选择函数,将由此产生的小汽车同货车出行矩阵作 UE 分配:九次迭代,RG<0.02。[84]

通过观察到的出行矩阵分布的离散程度(熵),确定了与方式选择以及目的地或起点选择有关的两个成本敏感度参数的值。这与组合模型的熵约束构造的物理意义一致。对模型参数进行标定的过程详细探索了参数空间,以便进一步了解这些模型的特性和表现。[85]

第二个项目使用了该模型的改进版,考虑双约束起点-终点-方式联合选择,并结合对小汽车和货车流量(用实数值表达)的 UE 分配。参数通过最大似然法估计(博伊斯等,1992;博伊斯和张,1998)。该模型经 20 次迭代解出,获得相对间隙值 RG<0.01。项目也对模型输入——包括公交费用、燃油价格和就业地等——进行了敏感性分析(塔提耐尼等,1994)。保罗·梅塔萨托斯和大卫·博伊斯,同迈克尔·弗洛瑞和伊莎贝尔·康斯坦丁一起,在 EMME/2 中实施了伊万斯算法(梅塔萨托斯等,1995);该步骤现在是 EMME 的一个标准选项(10.5.1.7 节)。

第三个项目于 1997 年至 2000 年间启动,其主要任务为:一是实施包含起点—终点—方式联合选择和两类用户 UE 分配(居住地—工作地,其他出行)的组合模型,外加早高峰两小时的背景货车流;二是用芝加哥地区交通规划中的详细小区系统和道路网络数据估计模型参数并验证该模型。求解过程在七次迭代后收敛,RG<0.001。模型估计使用了来自 1990 年 CATS 家庭出行调查中的数据。对模型参数的估计使用了萨克斯等(1989)的试验统计办法来找出最大似然响应面的最佳参数值。模型的验证使用了 1990 年人口普查中工作出行数据中的居住地-工作地出行数据。

该项目用了两个选择函数对起点—终点—方式联合选择进行预测:多项式 Logit 函数和巢式 Logit 函数(D/M/A)。尽管巢式 Logit 函数表现略佳,它的成本敏感度系数相对大小的条件却只在居住地-工作地出行中得到满足。这一发现让人联想到麦茨森(1987,258-260)针对其他出行的"逆向"模型构造;另参阅安德斯蒂格和麦茨森(1991,171-173)。

对预测的 1990 年居住地-工作地出行的验证是在 0~30 英里范围内(以 1 英里直线距离为单位统计)比较预测得到的小区间的居住地—工作地个人出行数据,以及相关小区间的人口普查数据。公交分担率和各方式出行时间也进行了类似比较。预测和观察到的出行比例被集计以构成芝加哥地区的 12 个大区上再进行比较,以观察它们之间的比率及差异(博伊斯和巴-格拉,2003)。

7.4.5.3 斯德哥尔摩地区的两个模型

大卫·博伊斯和拉尔斯·伦德维斯特带领他们的学生为斯德哥尔摩地区实施了两个组合模型(博伊斯和伦德维斯特,1987;亚伯拉罕森和伦德维斯特,1999),其中一个涉及对带有 UE 分配的双约束起讫点-方式选择模型做最大似然估计。参数估计基于 1975 年瑞典人口普查中居住地-工作地分方式出行数据。对模型求解得到道路网路(175 个小区、3000 个路段)出行时间和服务斯德哥尔摩地区的公交线网的每月出行费。他们基于对分散约束形式的不同假设设定了 4 个巢式 Logit 函数。每组模型都按公交费用为零和将月费按日分摊的费用进行了估算。[86]

之后,托吉尔·亚伯拉罕森为其他组合模型构造进行了参数估计,这是到那时为止对传统的和逆向巢式 Logit 函数最详细的研究。该模型用斯德哥尔摩地区(45 个小区、417 个节点、964 个道路路段)的集计单用户类型网络数据进行估计。应用伊万斯算法需要进行 12 到 41 次迭代才能达到 RG<0.0005,迭代次数取决于费用敏感性参数值。他估算了两个案例:(a)传统的嵌套 Logit 函数,其中方式选择取决于起讫点选择;(b)逆向巢式 Logit 函数,其中起讫点选择取决于起点的方式选择。估算结果显示传统模型未能通过假设检验。

7.4.5.4 德意志民主共和国的交通预测

1950—1990 年间,德意志民主共和国(DDR 或东德)的学者和从业者们大体上独立于西欧和北美的研究开发了自己的出行预测模型。这些模型基于本章中回顾的数学基础,得到了广泛应用并在东德出版物中广为记载。自从 1990 年德国统一后,这些模型被加入 PTV 的 VISUM 中,并被更多人所了解(10.5.1.6 节)。

1950 年在东德的德累斯顿工业大学成立了交通科学系。两年后该系转而隶属于新成立的"弗里德里克·李斯特"交通大学。[87]在 1992 年后,德累斯顿理工大学再次建立起交通科学系,并整合了交通大学机械工程系和土木工程系的相关专业。

到 20 世纪 60 年代早期,东德中央交通研究所开始实施和应用城市交通预测模型,比如最短路径搜索程序和法塔(1954)的出行矩阵分解法。德累斯顿理工大学于 1972 年开始进行出行调查,每五年对家庭出行及货车运输量进行记录。第九次调查于 2008 年进行,涉及德国境内 76 个城市。这些出行调查很可能是世界上范围最广的长期城市出行记录(克里斯弗连德等,1969;阿伦斯等,2009)。[88]

20 世纪 70 年代,迭特·洛瑟[89]开始开发个人出行模型(洛瑟,1977)以及被命名为"MULTI 模型"的非线性方程组求解算法。这些模型最初用于将来自调查的出行矩阵外推插值到预测年度,并求解基于边际约束的出行分布和方式划分模型。20 世纪 80 年代,洛瑟把他的方法拓展为整合了出行生成、出行分布和方式划分模型的综合体系,称之为 Erzeugung-Verteilung-Aufteilung(EVA),即这些模型的德语名称。分布和方式划分组合模型表述为一个非线性等式方程组,该方程组带有非弹性或弹性约束、包括考虑区位吸引力的边际约束以及目的地约束(例如停车限制)。在 EVA 中,出行生成、出行分布和方式划分是通过功能来设置和互相关联的。除了公交和小汽车外,该模型还加入了步行和自行车方式。20 世纪 80 年代,EVA 和 MULTI 模型用于若干城市的交通总体规划,包括柏林、德累斯顿、马格德堡、法兰克福/奥德和罗斯托克。

1984 年后,东德中央交通研究所和洛瑟的研究团体合作开发了交通规划计算(VERkehrsplanerischeBERechnungen,即 VERBER)模型。它包括需求矩阵计算(出行生成、出行分布、方式划分)和交通分配。他们提出并测试了被称作"学习步骤"(Lernverfahren)的方法,用于求解带有容量限制的交通分配问题(拉茨施和洛瑟,1980)。洛瑟的学习步骤是一种简单直观的算法,将一系列基于最短路树的全有全无分配进行平均,很可能等同于用逐次平均法求解线性化模型。该学习步骤可以两种方式实施:最短路径搜索或 n 最佳路径算法。这个使用 n 最佳路径算法的版本也被称为"随机用户均衡"(洛瑟,2011,第 2 卷,431-441)。

包括柏林、科特布斯、艾森许滕施塔特、埃尔福特、法兰克福/奥德、开姆尼茨和什未林在内的许多城市都采用 VERBER 为公共和私人乘客出行和货物运输进行了网络和需求建模。EVA 在 20 世纪 90 年代得到进一步改进,促成了用于城市出行和货物运输建模的 VISEVA 的开发。自 2005 年起,PTV 在 VISUM 中运用了 VISEVA 的一部分(10.5.1.6 节)。这一研究和模型应用记载于一本分为两卷的德语教材和其他出版物中,即洛瑟(1997,2011),[90]以及洛瑟等(1997,2005)。

7.5 静态网络均衡问题的扩展

贝克曼的优化模型为单一类型的车辆假定了可分离的需求和路段费用函数(7.3.2 节)。事实上,该优化构造本身并不受可分离假设的限制(7.4.1.2 节)。假设描述进入一个十字路口的流量的路段费用函数取决于进入该路口的全部四条路段上的流量。就 n 个路段流量而言,如果 n 个路段出行费用函数的偏导数构成的 $n \times n$ 矩阵(雅可比矩阵)在定义域内都是对称的,则包含路段费用函数积分和的优化模型在数学上是"有明确定义的"(帕萃克森,1994,51-54)(7.2.2 节)。否则,这些函数是"非对称的"。类似的结果同样应用到需求或方式选择函数。

如果同一路段上存在两类或更多类型的车流,就会产生另一类对称性问题:路段上某一类流量如何影响其他类流量的路段费用?如上所述,如果路段费用函数关于每类流量的偏导相等,则对称性成立且该模型是有明确定义的。

达菲莫斯、奈特和其他学者在 20 世纪 70 年代早期研究了对称性假设的影响。1979 年有人提出了网络均衡问题的非线性互补性问题构造及变分不等式问题构造。这些密切关联的数学构造激发了大量研究,旨在理解它们对网络均衡模型的意义(7.5.1 节)。研究者们也提出并测试了相关算法(7.5.2 节),还尝试了大规模应用(7.5.3 节)。

托马斯·马格南提(1984)回顾了这一时期有关这些构造的发展。派翠克·哈克和庞琼施(1990)回顾了有限维变分不等式和非线性互补性问题的理论、算法和应用。帕萃克森(1994,第 3 章)对网络均衡理论做了集成综述,其后马克特和迈克尔·帕萃克森(2007)又做了大量补充更新。安娜·纳格尼(1993)综述了变分不等式基本理论,并描述了它在若干网络问题中包括交通系统中的应用。

将公交方式引入网络均衡模型带来的额外挑战超越了非对称性路段费用函数的范畴。此外,不同的行为假设也可能对各种公交模型产生影响(7.5.4 节)。

7.5.1 变分不等式和非线性互补性问题

达菲莫斯(1971,1972,1973)和奈特(1972a,1972b)探索了对称性条件对优化模型带来的限制(7.4.1 节)。米歇尔·豪和理查德·阿斯慕斯探讨了可变需求网络均衡模型的基本属性(豪,1978;阿斯慕斯等,1979)。

迈克尔·弗洛瑞(1977,1978)描述了在网络中存在两类车辆(小汽车和公交车)之间相互影响的一体化模型。在这个网络均衡模型中,小汽车和公交车的需求是可变的,而路段通行时间是由网络中每个路段上可变的小汽车流和固定的公交车车流决定的。他给出了求解算法以及在赫尔市网络上的计算结果。他的结果引发了对非线性雅可比方法的进一步研究(弗洛瑞和斯派斯,1982,1983)。

穆斯塔法·阿布杜拉尔和拉里·勒布朗(1979)也研究了由小汽车和公交车共用的网络均衡问题,其中每种方式的需求都由多项式 Logit 函数给出。这一问题与弗洛瑞研究的问题密切相关。他们的结论是除非所有方式的出行成本和流量满足对称性条件,这个模型就不存在等价的优化问题。他们为这一类优化问题给出了求解算法,其中每种方式的路段流量在每次迭代中是固定的,这就是后来所谓的对角化算法。勒布朗和阿布杜拉尔(1982)接下来对这个模型做了扩展,使之包含两类出行群体的起讫点流,方式和路段流量。他们在苏瀑市网络(24 个中心、24 个节点、76 个道路路段、5 条公交车线路)上测试了求解算法。

迈克尔·史密斯(1979)研究了一类均衡问题的特性,其中每个路段的成本取决于网络中所有路段的流量。他用一组不等式来表示均衡条件,这些不等式由均衡流状态下的路段通行成本、均衡流向量和任意满足起讫点需求的可行流向量来定义。他证明了这个不等式所描述的均衡解的存在性以及在某些条件下解的唯一性。此外,史密斯为确定信号配时方案识别了网络均衡问题的若干属性,证明了与变分不等式问题(VIP)的等价性。

H.Z.阿什提亚尼和托马斯·马格南提(1981)研究了非线性互补性问题(NCP),它与史密斯的构造类似,避免了贝克曼的目标函数中需对路段费用函数积分的要求。他们证明可变需求网络均衡问题的最优化条件对应着一个由非线性等式和不等式组成,并用路段费用函数、需求等式和非负路段流量来定义的方程组。当费用函数满足某些条件时,这一问题的解存在且唯一。作者们提出了线性化算法来求解等式方程组。与此相关,布拉斯和科尔(1979)给出了在非对称多类别用户交通网络中均衡解存在的证明。

斯泰拉·达菲莫斯(1980)通过探究史密斯构造和固定需求广义交通分配问题的变分不等式问题的关系,为她自己的早期研究、贝克曼等(1956)以及史密斯(1979)建立了联系。

她在强单调性假设下证明了解的存在性和唯一性,提出了求解算法并研究了它的收敛特性。[91]之后达菲莫斯(1982a)拓展了她的模型,加入了可变多方式出行需求。在这个模型中,路段费用取决于整个网络中的路段流向量,而起讫点流量取决于全部 O-D 流量和方式的均衡费用。她也给出了求解算法。达菲莫斯(1982b)描述了针对可变需求单方式及多方式网络均衡问题的松弛算法。松弛算法的线性收敛性依赖于路段费用函数不是"特别不对称的"假设,换句话说,各方式的成本间相互影响较弱。

卡罗琳·菲斯克和阮桑(1981)将弗洛瑞模型(1977)中的条件表示为一个非线性方程组。根据应用该模型得到的实证条件(弗洛瑞等,1979),他们指出该方程组不能满足网络均衡的对称性条件,并探究了方程组有唯一解的条件。他们还指出这一方程组也无法满足阿什提亚尼的 NCP 条件和达菲莫斯的 VIP 条件。菲斯克和阮(1982)研究了用于解决固定需求广义交通分配问题的几个算法的特性。在综合了理论分析结果后,他们测试了五种算法,包括达菲莫斯提出的两种算法和对角化算法(7.2.2 节)。测试网络的成本函数是高度不对称的。这五种算法事实上都得出了同样的结果,但计算时间却大有不同。对角化办法对计算的要求最低。

迈克尔·弗洛瑞和海因茨·斯派斯(1982)进一步研究了对角化算法的收敛特性,指出如果某一条件得到满足就能确保局部收敛。德米特里·博策卡斯和艾利·加夫尼(1982)根据投影算法为固定需求 VIP 问题设计了另一个求解法。庞和陈(1982,284)研究了"交通均衡变分不等式和非线性互补问题的各种迭代算法的局部和全局收敛性"。弗里兹(1981)为多用户出行分布、分配和方式选择的组合优化模型找到了一个避免对称性限制的等价优化问题。

随后有三篇论文综合并拓展了阿什提亚尼、史密斯和达菲莫斯提出的基本模型。弗洛瑞和斯派斯(1983)用变分不等式重构了包含两种出行方式的路段流量均衡模型,并研究了用于求解的对角化算法的收敛性。之后,菲斯克和博伊斯(1983)将达菲莫斯、弗洛瑞和斯派斯、史密斯的若干早期结果进行了综合、推广和拓展。菲斯克把这些结果放入一个非线性等式组中,从不动点理论的角度解决了非对称问题,并指出非线性等式组"跟迄今为止提出的其他数学构造相比是一个有吸引力的方法。但确定每种方法的有效性仍需要进一步的计算试验。阻碍这类试验的一个因素是人们尚未构建出能够真实代表冲突流间相互作用的路段费用函数"(菲斯克,1984,77)(7.5.3 节)。

7.5.2 模型扩展和求解算法

阮桑和克莱蒙特·迪普伊(1984)为非对称网络均衡问题构造了后来被广泛使用的小型测试网络。利用该网络(4 个小区、13 个节点、19 个路段),他们比较了提出的新算法和对角化算法的性能。也在赫尔市网络(23 个小区、501 个节点、798 个路段)和温尼伯网络(147 个小区、1052 个节点、2836 个路段)上测试了新算法,求得的解与目标函数下限的相对间隙在 0.4% 之内。

斯利冯·劳冯帕尼克和唐纳德·合恩(1984)提出了单纯分解算法来求解非对称问题,在报告计算结果的时候,他们大概第一次使用了相对间隙的形式。合恩等(1984)综合史密斯和达菲莫斯的 VIP 模型,识别了存在等价凸优化构造的情况,并分析它们对求解算法的影响(合恩,1982)。帕翠斯·马克特提出了一种新的算法,并报告了在阮和迪普伊的网络以及赫尔市网络上的求解结果(马克特,1985;马克特和吉拉特,1988)。马克特和温特(2004)分析了非对称成本的多类型网络均衡问题,发现了一种自然分解方法,并提出了收敛求解算法。

斯泰拉·达菲莫斯(1982a,1982b,1983a,1983b,1988),达菲莫斯和纳格尼(1984a,1984b)以及纳格尼(1986)继续探索变分不等式模型的数学特性。达菲莫斯对刻画她的"拓展模型"构造特征的费用-流量对称性条件尤其感兴趣。不对称的程度决定解是否存在且唯一。同史密斯(1984)一样,她研究了这些问题的求解算法的理论收敛性,并对广义变分不等式理论做出了贡献,其应用远超交通均衡的范畴。

安娜·纳格尼是斯泰拉·达菲莫斯培养的第一个博士生,从1984年起,直到达菲莫斯于1990年英年早逝为止(享年49岁),安娜·纳格尼是她经常合作的共同作者(纳格尼,1991)。纳格尼(1993)出版了《网络经济学》,这本书内容涵盖了若干基于网络定义的均衡问题的变分不等式问题的理论、求解算法和应用,这些问题源自完全/不完全竞争和广义均衡。纳格尼和张(1996)从动态投影系统的视角扩展了交通网络均衡分析,为理解出行者有关出行需求和路径选择的动态决策行为提供了洞见。

为了让交通均衡模型与现实更好吻合,托卜琼·拉森和迈克尔·帕萃克森(1994,1995,1999)提出了"带有额外约束的交通均衡模型"。他们的目标之一是给这些模型加上容量约束(以保证路段分配流量不超过实际容量)。

7.5.3 非对称分配问题的原型算法

与用于出行预测实践中的可分离路段费用函数不同,在现实中路段费用基本上是非对称的。驶向一个有信号控制的交叉路口时,车辆经历的出行时间不仅受它所在路段上的流量影响,也受对向和冲突车流影响。对向和冲突流量对路段出行时间的影响一般都是非对称的。用双向停车标志控制的交叉路口也有相似的效应,这种情形下无停车标志的道路相较于另一条具有更高的流量及优先权。安娜·纳格尼(1986)测试了两种用于求解多方式网络中交通均衡的算法的相对效率,即松弛和投影算法。

克劳迪奥·梅纳古泽(1995,1997)探索了真实路段费用函数在非对称交通分配问题中的运用。他的费用函数来自公路通行能力手册(TRB,1985),该手册部分基于拉希姆·阿克赛里克(1981,1988)的重要研究。梅纳古泽设计了路段费用函数,分析了它们在交通分配问题非对称假设下的特性,并在真实的道路网络(72个小区、413个节点)中进行了测试。他总结到:"算法在所有测试案例中都收敛了,尽管收敛的充分条件并未得到满足。"

在这一经验的基础上,斯坦·博卡基于1985年版的道路通行能力手册测试了一个更大的网络模型,它取自芝加哥地区一块300平方英里的区域(包含447个小区、2552个节点、7850个路段)。模型假定有信号控制的交叉路口的配时为最优且彼此独立。在工作日最拥堵的时段内,算法大约在20次对角化迭代后达到令人满意的收敛(博卡和博伊斯,1996)。对角化后的子问题用弗兰克-沃尔夫算法进行求解。

阿兰·何洛维兹(1989,1997)测试了各种交通分配技术的性能,包括用1994年道路通行能力手册修订版中的费用函数。黄仕进、杨超和罗康锦(2001)利用交通工程软件系统

TRANSYT(来替代通行能力手册)实施了一个类似的方法。他们研究了一个小型网络(4 个小区、9 个节点、62 个路段)的出行成本函数的雅可比矩阵,并全面测试和对比分析了 3 类求解算法。

7.5.4 拥堵道路网络中的公交分配

公交网络中的乘客分配问题在早期依赖于简化的网络表达,将公交出行矩阵根据时刻表确定的出行时间和费用分配到最小成本路径。美国尽管从 20 世纪 60 年代中期就开始开发用于公交的出行预测软件(2.6 节),但却少有尝试将这些早期方法推广到更真实的模型,例如将时刻表加入分配步骤,以及对多路径复杂公交网络中的用户行为建模。居伊·德绍尼尔斯和马克·西克曼(2007)全面综述了公交模型。

20 世纪 80 年代,蒙特利尔学派融合广义优化方法,再一次率先构建和解决了更复杂的公交模型。海因茨·斯派斯和迈克尔·弗洛瑞(1989)基于"策略"的概念,为拥挤和非拥挤的公交网络提出了公交分配模型,假定人们出行时选择连接起点和目的地的最短超路径。超路径是一系列连接起点和目的地的公交路线的组合。最短超路径的计算将这些路线的服务频率考虑在内。他们将考虑拥堵的公交分配问题构造为非线性的混合整数规划问题,然后将其转化为"一个紧凑线性规划问题。他们提出的分配步骤具有最短路算法的特点。"阮桑和斯泰法诺·帕罗提诺(1988,177)在图论框架下将该构造拓展为公交均衡分配的变分不等式问题,并提出了模型构造和算法用于求解均衡流。

由扎昆·德·希和恩瑞克·福南德斯,迈克尔·弗洛瑞,吴嘉浩,何曙光和帕翠斯·马克特或合作或独立撰写的一系列论文深入研究了定义在拥堵道路和单独铁路线上的公交分配问题的模型和求解算法,有些工作还融入了方式选择和出行分布模型(德·希和福南德斯,1993;吴和弗洛瑞 1993;吴等,1994;福南德斯等,1994)。这些研究催生了软件系统 ESTRAUS(德·希等,2001,2005)(10.5.2.5 节)和 STGO,其中后者是基于 EMME/2 开发的应用(弗洛瑞等,2002)(10.5.1.7 节)。两个软件系统都被用于智利圣地亚哥的主要公共交通规划研究(12 种方式或网络类型、11 种方式组合、264 个小区、13 类的出行者—包含家庭收入和汽车拥有者、1091 个节点、5606 个路段、1273 条公交线、45,753 个线路节点和 3 种出行目的;弗洛瑞等,2002)。该模型是迄今为止对拥堵道路和公交系统组合模型最大规模的应用,被用于重新规划圣地亚哥公交系统。[92]

科米耐提和科瑞亚(2001)拓展了吴等(1994)的模型,加入了"有效频率"的概念,以在公交分配模型中考虑乘客在等候上车时可能遇到的拥堵。公交发达地区例如香港的交通建模者们将上述模型拓展到随机网络均衡中,并考虑源自换乘、非线性票价结构以及其他现实属性的细节(拉姆等,1999;拉姆等,2002;罗等,2003,2004)。赛佩达、科米耐提和弗洛瑞(2006)进一步拓展了科米耐提和科瑞亚的成果,他们的算法在来自规划实践中的公交网络上进行了计算验证。

尼尔森(2000)用 Probit 方法实施了随机用户公交均衡模型,考虑了拥挤等候时间和车内不舒适性,并用哥本哈根地区公共交通网络(297 个小区、2200 个节点、3497 个路段、435 条线路、4190 个路线节点和 1301 个车站)测试了求解算法。尼尔森(2004)基于巢式 Logit 模型做了进一步改进。

7.6 国际研讨会和期刊的贡献

在贝克曼等人的专著发表之际,英美都没有专门服务交通研究的国际会议、研讨会或期刊。尽管从 20 世纪 50 年代中期开始方兴未艾的运筹学和区域科学为城市交通方面的论文发表提供了一席之地,却没有专门的学术会议服务这个新领域。罗伯特·赫尔曼(1914—1997)在 1959 年组织了第一届交通流理论国际研讨会,收录了关于网络均衡模型的论文(赫尔曼,1961,12.2.2 节)。[93]后续的研讨会举办于 1963 年(伦敦)、1965 年(纽约)、1968 年(卡尔斯鲁厄)、1971 年(伯克利)、1974 年(悉尼)、1977 年(京都)、1981 年(多伦多),之后每三年举办一次,直到 2004 年开始每两年举办一次。尽管高度专业化,这些研讨会在这一跨学科领域的发展中扮演了重要的角色。

1967 年,罗伯特·赫尔曼在美洲运筹学研究协会(即现在的运筹学与管理科学研究协会,英文缩写 INFORMS)的交通科学部的支持下创办了《交通科学》,并于 1967—1973 年间担任主编。同年,弗兰克·海特(1919—2006)创办了《交通研究》。《交通研究》后来分为 A 刊和 B 刊,都由海特担任主编,直至 2003 年。[94]另外两个更晚才发行的期刊是特里·弗里兹在 2001 年创办的《网络和空间经济学》和林兴强及其同事于 2005 年创办的《交通度量》。

迈克尔·弗洛瑞于 1974 年、1977 年和 1981 年在蒙特利尔大学组织了关于交通网络均衡方法和相关课题的国际研讨会(弗洛瑞,1976;弗洛瑞和高缀,1980)。弗洛瑞还于 1982 年在意大利的阿马尔菲组织了关于交通网络的短期课程(弗洛瑞,1984)。自 1991 年以来,蒙特利尔大学教职工和其他人士组织了每三年一次的交通分析研讨会(TRISTAN)。欧洲运筹学会联合会交通方面的工作组举办的相关会议(贝尔,1998;帕萃克森和拉贝,2002)也对交通网络均衡研究做出了贡献。

7.7 结论

回顾过往,学术研究之路有时看似蜿蜒,但结果却相当出乎意料。如果有人想对这个猜想寻求实证,那么交通网络均衡是特别合适的案例。贝克曼提出的可变需求网络均衡模型的开创性构造出自一个目标松散模糊的研究课题。尽管作者们认为他们的构造很有趣,但并没有意识到它对城市出行预测的重要性。事实上,他们的模型对该领域的未来发展有着深远的影响。

20 世纪 60 年代中期,当时还是博士研究生的达菲莫斯开始研究网络均衡理论,并作出了奠基性的贡献。70 年代早期,其他来自英国、美国和加拿大的研究生们受出行预测实践问题的激发,设计并测试了有效的求解算法。这些结果逐步开始影响出行预测实践。但是,这方面的进展很慢;有时候,新算法的收敛性和求解结果的精确性被忽视了。

在接下来的十年中,研究者们进一步推广及深化了他们对这些构造的理解,并开始将它们用于大规模网络的测试中。总体上，交通规划从业者们没有将这些进展应用于实践，而是保留了他们的非解析启发式方法。当新兴的软件开发商们开始提供用于小型机和微机的出行预测系统，并逐步取代美国交通部的大型机程序时，这一情形开始有所改变。第10章提供了关于这些软件发展的更多细节。

由于这些原因，我们将网络均衡问题的初始构造称为"一个失去的机遇"。虽然人们可以去推测这一领域的历史可能会演变得如何不同，但事实是它并未发生。这一经历的教训是双重的：一是密切关注新研究成果潜在的应用，不论其研究起源或动机；二是不要以为专门为解决实践中出现的某一问题而进行的研究就一定会成功地得到最有用的创新性成果。

尾注

[1] 7.3节和7.4节部分内容的早期版本由博伊斯（2007b）发表。

[2] 美国空军部于1948年在加利福尼亚圣莫尼卡成立了兰德公司，作为"一个独立的非营利性组织"继续在数学规划、博弈论和相关领域进行研究（www.rand.org/about/history.html；访问于2014年1月21日）。在20世纪50年代，许多对数学规划的主要贡献者和数学经济学家在兰德公司工作或受其资助。

[3] en.wikipedia.org/wiki/Johann_Georg_Kohl（访问于2013年8月2日）。

[4] 沃尔特·布尔为回应大卫·博伊斯的请求，发现并翻译了科尔（1841）中的描述。

[5] 在他的关于福利经济学的论文中，庇古引入了一个外部性的概念以及关于外部性问题可以通过征收后来被称为庇古税的方式来修正的思想。en.wikipedia.org/wiki/Arthur_Cecil_Pigou（访问于2014年2月12日）。

[6] en.wikipedia.org/wiki/Frank_Knight（访问于2013年8月3日）。

[7] en.wikipedia.org/wiki/John_Glen_Wardrop（访问于2013年8月2日）。

[8] 正如建模者所假设的，额定通行能力为服务水平为C或D时的流量。

[9] 莫查特和楠豪瑟（1978）是提出该类模型的第一人。

[10] en.wikipedia.org/wiki/Joseph_Louis_Lagrange（访问于2013年3月13日）。

[11] en.wikipedia.org/wiki/George_Dantzig（访问于2013年8月3日）。

[12] 哨尔·伽斯（2002）描述了该项目中的工作环境和电脑的作用。

[13] en.wikipedia.org/wiki/Tjalling_Koopmans（访问于2013年8月3日）。

[14] en.wikipedia.org/wiki/Leonid_Kantorovich（访问于2013年8月3日）。坎托罗维奇和库普曼斯于1975年因为"他们关于资源优化配置理论的突出贡献"而共同获得了瑞典银行为纪念阿尔弗雷德·诺贝尔颁发的经济学奖项（即诺贝尔经济学奖），nobelprize.org/nobel_prizes/economics/laureates/1975/（访问于2013年3月21日）。

[15] en.wikipedia.org/wiki/Albert_W._Tucker，en.wikipedia.org/wiki/Harold_W._Kuhn，en.wikipedia.org/wiki/David_Gale（访问于2013年8月3日）。

[16] en.wikipedia.org/wiki/William_Karush（访问于2013年8月3日）。

[17] en.wikipedia.org/wiki/Karush%E2%80%93Kuhn%E2%80%93Tucker_conditions（访问于2013年3月13日）。克加尔森（2000）描述了这些发展的历史。普莱科帕（1980）给了一个关于非线性规划的历史的综述。

[18] 亨利·汤姆森(1996)编写了一本关于高山明的一生和主要成就的传记。

[19] 罗伯特·朵夫曼(1916—2002)被证明是首位应用库恩-塔克理论的经济学家。他于1951年发表了一本专著(朵夫曼,1951),主要内容是他关于将线性规划应用于企业理论的博士论文以及在题为《垄断性产品的生产计划》的第3章中加入的一个关于二次规划的新小节。在这本书中,朵夫曼给出了一个生产的线性模型和线性需求函数的广为熟知的利润最大化特性,其是一个二次利润函数,可以应用库恩-塔克定理推导。在一篇关于经济学者关于数学规划的新领域的综述性文章中,朵夫曼首次在经济学期刊中引用了库恩和塔克(1951)的文章。在讨论关于价格是可变的一类模型时,朵夫曼(1953,823)称:"处理可变价格的广义数学理论已被研究,求解该类问题中的需求和供给曲线时线性的问题的实际方法被研究开发。"

[20] en. wikipedia. org/wiki/Nonlinear_complementarity_problem, en. wikipedia. org/wiki/Complementarity_theory(二者都访问于2013年3月15日)。

[21] en. wikipedia. org/wiki/Variational_inequality(访问于2013年3月15日)。

[22]《研究第二部分》关于铁路运输的内容,本书不再详述。

[23] cowles. econ. yale. edu/(访问于2013年2月19日)。

[24] 博伊斯和纳格尼(2006)提供了有关麦圭尔和温斯顿的职业生涯的进一步细节。

[25] en. wikipedia. org/wiki/Oskar_Morgenstern(访问于2013年8月3日)。

[26] 这段记录是基于大卫·博伊斯对麦圭尔的采访以及巴雷特·麦圭尔的原始项目文件,他于1999年将这些文件交给了大卫·博伊斯。

[27] 马丁·贝克曼于2004年寄给大卫·博伊斯的信。

[28] 除了库普曼斯写的一篇对结果表示不解的备忘录外,有关这篇被拒论文的通信稿并未留存下来。

[29] en. wikipedia. org/wiki/William_Vickrey. 威廉·维克雷和其他人共同赢得了1996年诺贝尔经济学奖。www. nobelprize. org/nobel_prizes/economic-sciences/laureates/1996/(访问于2014年2月1日)。

[30] 博伊斯(2013)提供了一份对贝克曼均衡模型的详细数学分析。为了便于和本书对比,这些模型通过使用作者的原始符号来表示,包括它们的路段-节点表达,而不是当今更广泛使用的路段-路线表达。

[31] 迈克尔·帕萃克森(1994,36-39)进一步解释了这些表达。

[32] 用数学术语来说,来思考一个包括 i 节点和 ij 路段的道路网络。从起点 i 节点到终点节点 k 的流量表示为 $x_{i,k}$,从 i 节点到 j 节点的路段流量被指代为 x_{ij},而截止于节点 k 的路段流量被指代为 $x_{ij,k}$,相应的是,$x_{ij} = x_{ji} = \sum_{k}(x_{ij,k} + x_{ji,k})$。因此,在路段中的总流量是无方向的。路段流量必须是非负的:$x_{ij} \geq 0$。汽车通过网络节点的流量守恒由等式 $\sum_{j} x_{ij,k} = \sum_{j} x_{ji,k} + x_{i,k}$ 定义,适用于每一对始发 i 节点和终止节点 k。路段流量和路段费用间的关系由"通行函数"给出,$y_{ij} = h_{ij}(x_{ij})$。需求函数定义为 $x_{i,k} = f_{i,k}(y_{k,k})$。逆需求函数为 $y_{i,k} = g_{i,k}(x_{i,k})$,它的存在是由于该函数被假定为严格递减的(单调的)。作者们指出需求可能是完全弹性的("主要的交通费用的小幅度增长将导致需求的大幅度减少")或固定的("充分非弹性")(贝克曼等,1956,57-58)。

[33] 给出上述内容后,将均衡模型的下列目标函数最大化:

$$\max_{(x)} \left[\sum_{i,k} \int_0^{x_{i,k}} g_{i,k}(s)\,\mathrm{d}s - \frac{1}{2}\sum_{ij} \int_0^{x_{ij}} h_{ij}(s)\,\mathrm{d}s \right]$$

在第二项前插入 1/2 抵消了诸路段的重复计算。

[34] 博伊斯(2013,50)就贝克曼可能是如何得出他的构造的提供了一种解读。

[35] 该效率模型的目标函数为:

$$\max_{(x)} \left[\sum_{i,k} \int_0^{x_{i,k}} g_{i,k}(s)\,\mathrm{d}s - \frac{1}{2}\sum_{ij} h_{ij}(x_{ij})x_{ij} \right]$$

[36] 罗宾·林德赛(2006)回顾了所有关于效率和道路定价的已知文献。

[37] 1998 年 8 月大卫·博伊斯对马丁·贝克曼的采访。

[38] 芝加哥地区交通研究始于 1955 年,而贝克曼和麦圭尔已于前一年离开了该市。

[39] 价格分别为 4 美元(美国)和 32 先令(英国)。

[40] 该兰德的论文于 2003 年被承认为兰德经典文献;如要免费下载这份 359 页的文件,前往 www.rand.org/pubs/research_memoranda/RM1488/(访问于 2013 年 2 月 19 日)。该专著的耶鲁大学出版社版本由考尔斯基金会发布在网上:cowles.econ.yale.edu/archive/reprints/specpub-BMW.pdf(访问于 2013 年 2 月 19 日)。

[41] en.wikipedia.org/wiki/William_Prager(访问于 2013 年 8 月 2 日)。

[42] en.wikipedia.org/wiki/Reuben_Smeed(访问于 2013 年 8 月 2 日)。

[43] en.wikipedia.org/wiki/Edwin_Mansfield(访问于 2013 年 8 月 2 日)。

[44] en.wikipedia.org/wiki/Richard_Duffin(访问于 2013 年 8 月 2 日)。

[45] en.wikipedia.org/wiki/John_Forbes_Nash,_Jr. 约翰·纳什于 1994 年和他人共同获得了诺贝尔经济学奖。www.nobelprize.org/nobel_prizes/economic-sciences/laureates/1994/(访问于 2014 年 2 月 1 日)。

[46] 奥利弗和兰弗雷·波茨共同撰写了一篇关于城市交通模型的早期文章(波茨和奥利弗,1972)。

[47] 乔根森转而对交通安全研究产生了兴趣,他在丹麦理工大学完成了博士学位并在该校任职。

[48] 约翰·默克兰(1970b)向 Transportation Research《交通研究》的读者们通报了布拉斯的悖论。

[49] en.wikipedia.org/wiki/Alan_Walters(访问于 2014 年 1 月 25 日)。

[50] en.wikipedia.org/wiki/William_Garrison_%28geographer%29(访问于 2014 年 1 月 29 日)。

[51] 1999 年大卫·博伊斯对威廉·盖里森的采访。

[52] en.wikipedia.org/wiki/Richard_E._Quandt(访问于 2014 年 1 月 29 日)。

[53] 威廉·朱威尔(1932—2003)在麻省理工完成了他的科学博士学位论文,论文主题是通过网络的最优流量,而后于 1960 年加入了加州大学伯克利分校的运筹学系。在 1965—1966 年间,朱威尔是位于法国巴黎的社会经济学和应用数学学会(Societed'Economieetde Mathematique Appliquees)中的一名富布莱特研究学者。在法国的多场讨论中报告交通分配时,朱威尔(1967)从电路的角度描述了带有固定需求的交通分配问题,还描述了多商品网络流量论文和库恩-塔克定理。他的论文对于理解法国当时的交通分配状况是

⁵⁴ 迈克尔·萨卡罗维奇在巴黎学习土木工程,并在加州大学伯克利分校撰写了他关于多商品最大流问题的博士论文。在他的论文中,萨卡罗维奇引用了汤姆林(1966)关于多商品网络流量的文章,以及查尼斯和库珀(1961)还有乔根森(1963)的文章,以此作为将多商品网络流量模型应用到交通问题中的例子,但未引用贝克曼等(1956)的文章。

⁵⁵ 1972 年后,该法国群体的研究记录终止了。费边·鲁兰特是一位法国高级研究员,他于 2013 年向大卫·博伊斯推断称研究重点的变更可能是其原因所在。

⁵⁶ 勒文索尔、楠豪瑟和陶特(1973)接下来展示了如何根据需要生成最短路线,他们将其称为"列生成"。列生成可以和基于路线的达菲莫斯算法共同使用,从而极大地减少对计算机内存的需求。

⁵⁷ 根据斯泰拉·达菲莫斯标注时间为 1989 年 12 月的简历,她于 1968—1971 年间在康奈尔大学担任教员和助理教授;在前往布朗大学后,她担任了:助理教授(研究,1972—1978);副教授(研究,1978—1982);教授(1982—1990)。

⁵⁸ fr. wikipedia. org/wiki/Michael_Florian(访问于 2013 年 12 月 2 日)。

⁵⁹ 2013 年大卫·博伊斯对拉里·勒布朗的采访。

⁶⁰ 对本描述而言,CDC 的 TRANPLAN 中包含的增量分配算法可能是一个例外,但它的收敛特性在当时未被认可(2.5.6 节)。

⁶¹ 拉里·勒布朗将其有着 26 个节点、76 个路段的测试网络的数据加入他 1975 年的论文中;此后它被许多与道路交通网络有关的论文用作测试网络。这些网络数据和解参阅 www. bgu. ac. il/~bargera/tntp/。该网络是真实网络中的非常规网络,因为其每个节点都代表了一对起点和目的地。

⁶² 2008 年大卫·博伊斯同罗伯特·戴尔的私人通信。

⁶³ 唐纳德·合恩(1982,71)描述了该特性。

⁶⁴ 德克·范弗里特(1976,139)提出了一个略微不同的定义,即在现有路段流量下,差距相对于最小费用分配之总费用的比率。

⁶⁵ 两种版本的相对差距定义为:

$$Gap^k = \sum_{(ij) \in A} f_{ij}^k \cdot t_{ij}(f_{ij}^k) - \sum_{(ij) \in A} y_{ij}^k \cdot t_{ij}(f_{ij}^k)$$

,其中 y^k 是由一个全有全无分配给 $[t_{ij}(f_{ij}^k)]$ 的路段流量。

$$RG^k(TC) = \frac{Gap^k}{TC^k}, 其中 TC^k = \sum_{(ij) \in A} f_{ij}^k \cdot t_{ij}(f_{ij}^k)$$

⁶⁶ 在第 k 次迭代的下限(LB)定义为:

$$LB^k = \sum_{(ij) \in A} \int_0^{f_{ij}^k} t_{ij}(s) \, \mathrm{d}s - \sum_{(ij) \in A} t_{ij}(f_{ij}^k) \cdot (f_{ij}^k - y_{ij}^k)$$

如果 BLB 初始值设为 $-\infty$,则在第 k 次迭代的 BLB 为:

$$BLB^k = \max(BLB^{k-1}, LB^k)$$

$$RG^k(OF) = \frac{OF^k - BLB^k}{BLB^k}$$

⁶⁷ 温尼伯网络的几个版本可参阅 www. bgu. ac. il/~bargera/tntp/。

⁶⁸德克·范弗里特(1976,154)为一个大规模网络评估了几个可选随机分配办法。

⁶⁹之后,其他作者将"觉得"替换为"相信"。

⁷⁰他们评论称"超网络的想法已经在文献中暗藏了一段时间"并引用了威尔森早在1972年对该概念的参考文献(谢菲和达甘佐,1978,115)。另见达菲莫斯(1972)。

⁷¹在固定的起讫点流量案例中,卡罗琳·菲斯克拓展了贝克曼的构造,如下:

$$\min_{(h,v)} Z(h,v) = \frac{1}{\theta} \sum_{pq} \sum_{r} h_{pqv} \ln h_{pqv} + \sum_{a} \int_{0}^{v_a} t_a(v) \mathrm{d}v$$

从属于: $\sum_{r} h_{pqv} = d_{pq}$,全部 pq

此处 $v_a = \sum_{pq} \sum_{r} h_{pqv} \delta_{pqr}^{a}$,全部 a

式中: h_{pqr}——通过路线 r 从起点 p 到目的地 q 的流量;

d_{pq}——从起点 p 到目的地 q 的固定流量;

v_a——在路段 a 上的流量;

δ_{pqr}^{a}——一个(0,1)变量,如果路段 a 属于从起点 p 到目的地 q 的路线 r,则其值为1;

$t_a(v_a)$——一个路段 a 的出行时间函数,根据其自身流量 v_a 定义。

对约束最小化问题求解产生了如下条件:

$$h_{pqr} = d_{pq} \cdot \frac{\exp(-\theta c_{pqr})}{\sum_{s} \exp(-\theta c_{pqs})}, r \text{ 代表连接起点 } p \text{ 到终点 } q \text{ 的任意路线。}$$

⁷²使用上述定义,谢菲和鲍威尔的构造可以表示如下:

$$\min_{(v)} Z(v) = \frac{1}{\theta} \sum_{pq} d_{pq} \ln \left[\sum_{r} \exp(-\theta c_{pqr}) \right] + \sum_{a} v_a \cdot t_a(v_a) - \sum_{a} \int_{0}^{v_a} t_a(v) \mathrm{d}v$$

该问题关于路段流量的解会产生路段成本,其可通过使用 Logit 函数来确定路线流量。

⁷³约翰·默克兰(1970c)于1970年7月31日在德国卡尔斯鲁厄的弗里德里克大学完成了经济学博士的课程要求。

⁷⁴他的论文随后以德语发表(默克兰,1970a)。

⁷⁵1970年8月,约翰·默克兰同大卫·博伊斯在德国卡尔斯鲁厄第一次见面时向他提供了一个用于求解他的模型的计算机程序打印稿,还一并提供了他1969年论文的副本。

⁷⁶理查德·奥索普同大卫·博伊斯的讨论,2004年7月。

⁷⁷斯蒂文·普特曼及他在宾州大学的同事们提出的问题激发了博伊斯对该问题的兴趣。

⁷⁸分布和分配组合问题的相对差距类似于固定需求问题中的该指标,并加上一项与小区和小区之间的车辆流量的对数值相关项。

⁷⁹迈克尔·弗洛瑞(1984b,145)认同弗兰克(1978)以及勒布朗和法韩吉恩(1981)的计算结果,支持了部分线性化算法直观上具有更佳的搜索方向的观点。

⁸⁰大卫·博伊斯于1980年11月对利兹大学的一次偶然访问,让胡·威廉姆斯能够对博伊斯最近构造出的起讫点和方式选择的网络均衡组合模型进行澄清。

⁸¹en.wikipedia.org/wiki/George_Kingsley_Zipf, en.wikipedia.org/wiki/Zipf%27s_law(访问于2013年10月17日)。

⁸²史密斯写到"直到所有流量在都被使用的路线上达到相等";显然,他打算写"费用"而不是"流量"。

83 EMME 是"多模式均衡"的法语-英语（équilibre multimodal-multimodal equilibrium）缩写。

84 对带有可变方式选择的分配问题，差距被定义如下：

$$\sum_a c_a^h(f_a^h) \cdot (g_a^h - f_a^h) + \sum_{ij} c_{ij}^t (q_{ij}^t - p_{ij}^t) \cdot T + \frac{T}{\mu} \sum_{ijm} \ln q_{ij}^m (q_{ij}^m - p_{ij}^m)$$

式中：$c_a^h(f_a^h)$——道路网络中的一辆车的广义出行成本，f_a^h为网络流量，g_a^h为在子问题求解中对应的流量；

c_{ij}^t——搭乘公交从i小区前往j小区的每人固定广义出行成本；

p_{ij}^t——所有小区间的总起讫点流量T中在公交网络上所有从i小区到j小区中的比例；

q_{ij}^t——对应的子问题流量；

μ——方式选择的费用敏感参数值。目标函数的部分线性化下限为：

$$LB^k = \sum_a c_a^h(f_a^{kh}) + \sum_a c_a^h(f_a^{kh}) \cdot (g_a^{kh} - f_a^{kh}) + \sum_{ij} c_{ij}^t (q_{ij}^{kt}) \cdot T + \frac{T}{\mu} \sum_{ijm} \ln q_{ij}^{km} (q_{ij}^{km})$$

其中，路段流量和起讫点方式流量中的上标k代表第k次迭代。

85 李永杰在熵约束值的基础上修正了这些模型。李驰康利用了1980年人口统计的以工作为目的的出行数据，并运用最大似然办法来估计费用函数的参数。他的研究是第一个使用克雷X-MP机型的，并通过他自己的编码运行，相较之下更早的研究使用的是UTPS。克雷X-MP机型扩展过的内存极大地简化了应用真实的流量表达的求解过程。对于引用他们的论文可见于博伊斯（1990）。

86 斯德哥尔摩模型的求解和估计是由李驰康在克雷 X-MP 机型上进行的。

87 弗里德里克·李斯特是一名德国经济学家，他推动了19世纪德国铁路发展。en. wikipedia. org/wiki/Friedrich_List（访问于2013年8月6日）。

88 tu-dresden. de/die_tu_dresden/fakultaeten/vkw/ivs/srv/dateien/staedtepegel_srv2008. pdf（访问于2013年8月8日）。

89 迭特·洛瑟于1970—2010年间在德累斯顿理工大学担任交通规划理论教授。

90 www. beuth. de/de/artikel/strassenverkehrstechnik（访问于2013年10月28日）。

91 在适合于交通均衡的广义条件下，NCP也可被表述为一种VIP，或更广义地表述为一个固定点问题，正如马格南提（1984）所言。

92 这项改革被称为"圣地亚哥通"，详见 en. wikipedia. org/wiki/Transantiago（访问于2013年8月15日）。

93 罗伯特·赫尔曼是一名学术物理学家，他有着广泛的兴趣和重大成就，并对"交通科学"产生了兴趣。他在1956年42岁时加入了通用汽车研究实验室。后来他于1979年退休去了得克萨斯大学奥斯丁分校。他的生平见于 www. ph. utexas. edu/utphysicshistory/UTexas_Physics_History/Robert_Herman. html（访问于2013年10月23日）；他的完整出版物列表见于 scholar. google. com/citations？ user＝7Yiedy4AAAAJ&hl＝en。

94《交通经济学和政策期刊》也于1967年开始出版，它由丹意斯·曼比和迈克尔·汤姆森编辑，并由伦敦经济政治学院出版。

8 美国实践中的传统与创新

8.1 概述

自20世纪50年代"城市交通研究"在美国发端之后,1962年《联邦资助公路法案》将编制城市交通规划方案作为城市化地区获得建设资金的前提条件(魏纳,1997,23)。该要求关注的重点在于编制道路与公共交通的长期规划。不久之后,公路局发布备忘录,要求都市地区进行"持续、综合且合作(3C)的规划进程",包括:

成立机构来执行规划进程;制订本地目标和宗旨;对当前条件和设施进行调查与盘点;分析当前条件并确定预测技术;预测未来活动与出行;评估备选交通网络形成交通规划建议方案;筹划交通规划方案;识别可用于执行方案的各项资源(魏纳,1997,25)。

这些交通规划方案考虑未来20~25年中的某一"目标年",至少每十年更新一次。[1]

至1970年,目标年在1980—2000年期间的主要道路与轨道公共交通综合交通规划方案在多数大型都市区准备就绪(博伊斯等,1970,24)。根据3C要求,这些规划方案会定期由指定的大都会规划组织(MPOs)进行更新,以反映区域人口与就业趋势。随着各MPO越来越熟悉业务,各种规划方案的编制也更为详细。例如,高速公路系统的规划方案扩展至包括主要的城市干线道路,这作为规划方案中的元素在之前鲜有强调。

1970—1990年期间,各州与地方公路及公共交通机构也发起了涉及短期出行需求管理(TDM)的规划与工程研究。这些活动部分由MPO负责;其他部分由州或地方一级的规划与工程机构执行。总体来说,这些TDM研究并没有直接利用MPO或其咨询单位负责维护的顺序出行预测步骤。在某些案例中用到了单个模型,尤其是方式选择,但完整的顺序或四步法的应用非常有限。

例如,托马斯·里斯科(1975)对规划的公共交通项目进行了需求评估,采用了以市场调查、家庭调查、普查数据和公共交通运行数据为基础的方式选择模型。[2]托马斯·希金斯(1990)描述了基于雇主的需求管理策略的TDM案例实证研究;埃里克·弗格森(1990)回顾了由不同政府机构负责的实验项目,以确定TDM策略的有效性。在这些研究中以及在康姆希斯公司(1990)讨论的TDM案例中,并没有涉及顺序步骤。

即便在20世纪80年代末,出行预测的主案方法仍是在大型机上用UTPS或PLANPAC求解顺序规划模型。各MPO的出行预测部门拥有应用这些大型机程序的技术,有时这样的部门也隶属于州交通部(DOTs)。州和地方一级的交通工程部门是单独的机构,有自己的预测方法。很少有公共交通机构能够在大型机上运行UTPS。在准备长期交通方案时,MPO员工进行区域及子区域出行预测工作的负担很重。然而,随着个人计算机的引入,这些实践于20世纪80年代末开始发生变化。

鉴于这一背景,本章审视了始于1990年的城市交通规划出行预测的剧变。联邦一级的新法规要求MPO在出行预测实践上进行变革,这算是敲响了新时代的"警钟"(8.2节)。作为响应,联邦公路管理局(FHWA)发起了《出行模型改进》项目(TMIP),旨在推动该领域的发展。联邦公共交通管理局(FTA),前身是城市大众交通管理局,执行了《新开端》(NewStarts)项目(8.3.1节)。

但是,为了取代传统的顺序步骤,TMIP不多的资金经过种种角力被挪用去开发一个新的系统方法,称为TRANSIMS。但最后这场革命并没有发生(8.4.1节)。取而代之的,是少数几个MPO及其咨询单位采用基于活动的模型谨慎前行(第6章,8.4.2节)。本章的结尾是对用地模型(8.5节)和城市货物运输模型(8.6节)的回顾。

8.2 城市出行预测要求的演变

8.2.1 警钟的起源

改进城市出行预测实践的主要动因是为改进空气质量而进行的联邦立法,这多少有些出乎意料[3]。空气质量问题源自静止和移动源的排放,这一问题导致1955年政府颁布了《清洁空气法案》,该法案分别于1959年、1963年和1965年进行了修订,随后还出台了1967年的《空气质量法案》和1970年的《清洁空气法案》。彼时,南加州遭遇的严重雾霾天气就是这些问题之一。雾霾来自小汽车和货车排放的氮氧化物、一氧化碳和碳氢化合物在大气中进行的化学反应。小汽车排放的大幅度减少得益于引入催化式排气净化系统,它要求1975年停止使用汽油添加剂四乙基铅。[4]

1977年的《清洁空气法案》修正案规定交通规划者需将空气质量目标纳入规划步骤,才能取得申请公路项目联邦资助的资格(加里特和沃克斯,1996,3)。美国环保局(USEPA)及美国交通部(USDOT)于1980年发布了联合指导方针,建立了"交通规划方案、改进项目与州执行方案项目相一致"的原则,[5]这是1977年修正案要求的。[6]

旧金山湾区的都市交通委员会(MTC)因未能遵守该法案曾被联邦相关部门告上法庭,并被迫同意修订它的规划步骤以更好地解决空气质量问题。在诉讼中提到的问题一部分涉及以顺序出行预测步骤为代表的出行预测模型,另一部分涉及交通系统投资以及处于增长阶段的地区经济发展分布和居民人口之间的关系。[7]

特别值得一提的是,这场官司引发了关于改进MTC出行预测过程的讨论(加里特和沃克斯,1996,第3章)。诉讼的部分内容涉及顺序步骤"各模型"(各步骤)间的相互关系,如何在各模型中取得"合理均衡",例如在方式选择与交通分配之间,以及如何建立可以恰当地"解释交通网络中的变化会如何影响出行模式,甚至会引起地区人口与发展重新分布"的反馈步骤(89)。在总结部分,作者们解答了各模型(各步骤)间相互关系的问题:

  对现有出行预测建模技术重要局限之处的理解来自出行需求模型的这段历史。各模型间反馈的问题……是很好的例子。若序列中的每个模型是独立的,则各模型会由于缺乏反馈而在某种程度上缺乏现实性,具体来说是指处于序列中靠前位置的模型没受到靠后模型的影响……但是,除非存在从序列中靠后的模型向靠前模型的反馈,建模过程没有其他机制去做出调整(加里特和沃克斯,1996,199)。

  另一个问题是关于在未来5年、10年或20年时间点上对出行及空气质量做预测并据此做出法规决策的可行性(加里特和沃克斯,1996,202-203;TRB,1995,5-6)。然而在湾区诉讼结案之前,美国国会通过了1990年的《清洁空气法案》修正案和1991年的《多方式地面运输效率法案》,进一步影响了出行预测方法的发展状况。

8.2.2 1990年《清洁空气法》修正案

  出行预测方法在美国交通规划实践中复兴的动力之一是1990年《清洁空气法》修正案(CAAA)。魏纳(1997,201-207;2013)和美国交通部(2010)分析回顾了这些历史。[8]我们的目标是要探索与该法案相关的建模条款的含义,并理解出行预测的各种细节要求如何纳入执行这一法案的法规之中。

  首先需注意"遵照"(conformity)是指"评估任何交通规划方案、项目或工程遵守空气质量执行方案的过程",这一点在《清洁空气法案》(CAA)中定义并由"遵照原则"(美国交通部,2005,27)具体规定。在存在空气质量问题的地区,CAA要求都市交通规划方案、交通改进项目以及各工程"遵照(都市所在)州内空气质量实施计划的目标"。遵照该计划的目标意味着交通活动不会引起新的违反《国家环境空气质量标准》的行为,不会继续恶化当前违反该标准的行为或延误及时达标的时间。下文引用的章节对这些法规进行了描述,以便诠释其与出行预测方法的特定关系。(添加的斜体字强调了添加在这些法规之后的讨论。)

  对各州及其组成机构关于1990年《清洁空气法案》修正案中的遵照分析陈述于以下联邦法规中。

  93.122 确定区域与交通相关排放的步骤。[9]

  (1)总体要求(省略关于排放分析的第1~5条)。

  (2)在(某些)未达标区域中,若其都市规划区包含一个人口超过20万的城市化区域,则该区域的区域排放分析必须符合(b)款中(1)~(3)条的要求。

  ①截至1997年1月1日,用于确定遵照情况的区域交通相关排放估计必须……根据当前实践可用的步骤和方法使用基于网络的出行模型来完成。基于网络的出行模型必须至少满足以下要求:

  a.基于网络的出行模型必须与某一基年观察到的数据(若可能,高峰时段和非高峰时段)进行对比验证,该基年不早于遵照确认日期之前的十年。必须分析模型预测的合理性,将模型预测与历史趋势及其他因素进行对比,并将结果记录归档。

b. 尽可能利用最佳已知信息作出对用地、人口、就业及其他关于网络出行模型的假设，并记录归档。

c. 土地开发与使用的情况必须与排放评估中的未来交通系统备选方案相一致。对应于不同备选方案的就业与住宅分布必须合理。

d. 使用的分配方法必须对容量敏感，排放评估方法必须区分高峰时段与非高峰时段的路段流量和速度，并且用最终分配流量为基础来估算速度。

e. 用于计算起讫点交通分布的小区间出行阻抗必须与由最终分配交通流量估计得到的出行时间取得合理的吻合。如果评估时预计公交将来会成为满足交通需求的一个重大因素，这些出行时间也应该用于对方式划分建模。

f. 网络出行模型必须对时间、成本及其他影响出行选择的因素的变动存在合理的敏感度。

② 必须使用与良好实践相一致的合理方法来估计交通速度和延误，它们应该对网络出行模型中各路段上的交通流量估值敏感。

这些要求很有意思，不光因为它们包含的内容，也因为没有包括进来那些。

首先，法规规定，区分高峰出行与非高峰出行的网络模型必须考虑容量，且"如若可能"必须验证有效性。要求MPO对短于24小时工作日的时段作交通分配，这在美国出行预测史上尚属首次。此前，有些MPO在实施容量限制分配时将流量-延误函数中的容量根据工作日高峰时段转换为24小时有效容量。转换因子是24小时路段流量与高峰时段路段流量的比值。使用这些因子避免了将24小时出行矩阵分解为高峰和非高峰时段矩阵，因此不用作多次分配。虽然没有明确说明，这些法规其实与交通分配的传统"静态"定义相关。在静态模型中，流量和广义费用在分配时间段内并不发生改变。

其次，"小区间出行阻抗……"必须与从最终道路和公交分配中估计得到的出行时间相符。该要求即通常所说的求解带"反馈"的出行预测步骤，在这些法规出台以前很少有MPO遵守。法规中使用的术语"阻抗"很明显是指小区间出行时间。关于对"阻抗"起源的讨论请参阅2.3.5节。

其三，公交与道路出行时间必须用于方式选择。虽然对出行分布看似没有专门的要求，这些时间与成本也可用在出行分布中。此外，法规也没有要求在起讫点层面将道路与公交出行时间及成本合并为一个单独阻抗度量。

即便如此，这些法规仍然代表了对早期出行预测实践的重大改变。出行预测不再仅考虑24小时工作日。在出行分布中假设的阻抗与来自道路交通分配的阻抗之间的差异不再被忽视。然而，对于如何确定高峰时段与非高峰时段出行仍然没有要求。通常的做法是根据基年家庭出行调查中观察到的(时段流量)比例将24小时出行矩阵分给不同时段，但这样忽略了不同时段拥堵水平对高峰与非高峰出行选择的影响。最后，法规没有提及顺序步骤中如何对出行分布与方式划分进行排序，也未提到这两个步骤应该如何关联(3.5.3节和9.5.3节)。

据我们所知，这些法规是美国环保局和联邦公路管理局——起草它们的两个机构——之间相互妥协的结果。[10]一般而言，美国环保局，作为监管机构，希望有更具指导性的法规，而联邦公路管理局则认为它的作用只是给MPO提供建议而非指令。不管怎样，这些最终颁布的法规并没有给从业者们提供实施所需的方法。实际上，很少有人知道如何满足反馈要求(8.3.2.3节)。最终，这些法规将进行预测的目的从基础设施规划部分地转变为空气质量监管。

虽然这些法规原则上来自《清洁空气法案》修正案(CAAA)的授权,但是要撰写并完成这些法规还得花上好多年。施劳斯(1995)详细追溯了这段历史。这些法规首次出版于1993年末[11]。经过许多诉讼挑战和法庭判决,"最终"规则于1999年、2004年和2006年发布。

8.2.3　1991年《多方式地面运输效率法案》

1991年的《多方式地面运输效率法案》(ISTEA)代表了关于地面运输立法自1962年以来的新方向。从那以后,相似主题的法规每五六年颁布一次。因此,ISTEA对于MPO来说是另一个警钟。联邦政府对各州注入了更多的灵活资金用于道路、公交、安全与研究,并且,作为一个重要的改变,提出了各种具体的要求(魏纳,1997,217):

(1)准备长期(通常至少是20年)规划,大体上每5年更新一次,该规划要确认交通设施系统规划方案,包括5年融资规划和交通改进项目。

(2)为最有效地使用已有设施缓解拥堵对固定投资及其他方法做评估。

(3)在尚未达到联邦规定的空气质量目标的地区,长期规划必须与《清洁空气法案》修正案所要求的交通控制措施相符。

(4)在长期规划开发中考虑十五个相互关联的因子,包括交通决策对用地与发展的影响。

(5)准备拥堵管理系统,以便通过使用出行需求削减与运营策略来有效管理新设施与已有设施。

该法案还开启了新的固定投资项目,以兴建新的轨道系统或扩建已有系统,从1997年以后这一项目逐渐演变为联邦公共交通管理局的《新开端项目》(8.3.1节)。ISTEA及其后续法案意义重大;然而,该法规并没有给出具体要求,美国交通部也没有在后续法规中做出规定。厘清实施细则的重任最终还是交给MPO,由他们在实施预测方法时更充分地进行备选方案分析。结果,多数大型MPO在其预测步骤上进行了"模型更新",包括邀请其他MPO、咨询机构及大学里的专业建模师进行"同行评审"(8.3.2节)。

8.3　对不断变化的要求所做出的回应

8.3.1　美国交通部的倡议

为响应《多方式地面运输效率法案》(ISTEA),联邦公路管理局(FHWA)建立了交通模型改进项目(TMIP)。[12]TMIP旨在识别出行预测方法的各种不足,并发起解决这些不足之处的咨询和研究活动。TMIP包含四个路线:外展服务,近期改进,较长期改进,为支持前三项工作所进行的数据收集(加里特和沃克斯,1996,221;魏纳和杜卡,1996)。

1992年,作为其较长期改进项目中的内容,联邦公路管理局(FHWA)征集了出行需求建模新方法的项目提案。有四个机构收到了将各自提案扩展为研究项目的小型合约。被选中的提案均倡导今天所谓的"基于活动"的模型[13](6.5.1节和8.4.2节)。联邦公路管理局的目标是要开发出若干可与动态网络模型集成的需求模型。然而,随后的开发却并非如事先预想的那样。8.4 节追溯了一些实际开展的活动。

2003 年开始实行同行评审项目(考普等,2006),为有经验的从业者、咨询服务人员及学者提供差旅费用与人员支持,从而以志愿者的形式与某一 MPO 的出行预测团队(包括其咨询单位)会面,来评审它使用的各类模型并就如何改进提供建议。[14]

截至 2013 年,交通模型改进项目(TMIP)包含一个广泛的技术报告交流平台,管理着一个专题通信服务器程序,并经常被专业人士用来把相关问询发送给其他成员,平台也通过网络直播形式提供研讨课。该项目为从业者、研究生及大学教师和学术研究者们做出了积极贡献。TMIP 项目通常会避免推荐特定的方法或出行预测软件。

与联邦公路管理局(FHWA)以提供建议为导向的方法不同,联邦公共交通管理局(FTA)对如何为申请联邦固定投资建立了严格的指导方针和步骤,以期减少高估未来公交客流量并低估投资成本的倾向(皮克雷尔,1989,1992;弗莱武布杰格等,2003)。[15]具体步骤如下:[16]

(1)用于出行预测的水平年为 2030 年。

(2)客流量预测基于唯一的预测和政策集,需与区域交通规划方案相符并在准备《新开端项目》基准方案及《新开端建设》备选方案的出行预测时保持不变,包括:

①路网,不包括在建设备选方案中需更改的部分(如将普通车道改为公交专用车道)。

②公交服务政策的地理覆盖范围、服务范围、发车间隔以及(备选方案涉及的)修改。

③必要时将轨道交通与公交系统整合。

④定价政策(票价、公路收费及停车成本)。

⑤考虑公交预测流量、生产力标准及荷载标准的公交容量。

(3)用于编制预测的出行模型使用在某年所搜集到的城市区域内、当前条件下的最佳可获数据进行开发和测试,包括:

①道路车速数据。

②公交出行时间数据。

③家访或出行日志数据。

④公交车内调查数据。

(4)除了方案自身引入的物理变动影响外,公路及公交系统的性能在《新开端》基线方案与《新开端》建设备选方案之间保持不变,包括:

①公路拥堵水平。

②混合交通流中的公交运行速度。

③接驳公交服务的最大进出距离,以及步行、等待及中转时间的测算。

(5)在设置用于描述单个方式不可测属性的常量时,要么假定它们在所有公交线路运输方式中一样,要么从都市地区中现存公交方式的乘客经验中估算;它们的量值应该在联邦公共交通管理局(FTA)审批通过的可接受的范围内。

(6)《新开端》基线方案与《新开端》建设备选方案的服务水平使用一致的车辆荷载标准来调整至预计的客流量水平。

(7)客流量与运输收益预测需经过质量保证审查,以识别并纠正在项目评估中可能威胁信息可用性的重大错误。

(8)按当前规划和/或备选方案的环境文件(美国交通部,2009,14)的规定,预计在某一公交停车点/车站做停车换乘的客流量不得超过该停车换乘点的停车容量。

因此,为新公交提案进行的备选方案分析步骤要求使用面向所有备选方案的单个起讫点出行矩阵(第2项、第4项)。必须忽略所建议的备选方案对用地、家庭选址和小区间出行的任何影响(第2项)。联邦公共交通管理局(FTA)的步骤还强调用标准方法来汇总出行者在各备选方案中使用不同方式的情况,以形成针对各区域的总量预测与收益测量,从而让分析员与决策者们理解出行预测方法生成的大量细节。[17]

8.3.2 各大都会规划组织(MPO)的回应

8.3.2.1 模型更新

在1990年和1991年立法授权之际,许多MPO自20世纪70年代以来一直没有更新出行预测模型;为重新校准模型而开展的家庭调查过时了。美国交通部的城市交通规划系统开发也停止了,与此同时为个人电脑开发的软件系统正好进入市场(10.3.3节)。

模型更新建立在传统的顺序步骤之上并对其进行了提升。单独的模型进行了改革,包括基于家庭特征的出行生成,采用"对数和"(复合成本)来连接出行分布和方式划分模型,将24小时出行矩阵按时间段进行划分,以及引入反馈步骤。通过模型验证研究来检查更新的方法是否改进了基年预测。少数几个MPO着手使用了新方法(8.4.2节)。

模型更新通常由出行预测咨询机构来执行。通过其自身的模型开发活动以及与其他MPO之间的合同,咨询机构能够将模型开发的新进展带给规划单位。格雷格·哈维(1950—1997)与伊丽莎白·迪金编著的详细指南提供了早期实用的指导(哈维和迪金,1993)。随后,国家公路合作研究规划组织(NCHRP)第716号报告详细描述了当前实践,包括典型的参数取值(剑桥系统公司等,2012)。表8-1总结了在某一典型的大型MPO模型应用中出现的变化。

在模型更新前后应用于序列步骤中的各模型　　　　　表8-1

模型或步骤	之前的版本	升级后的版本
出行生成	基于小区的比率	基于家庭的比率
出行分布	带有摩擦因子的重力模型	基于"对数和"的双重约束重力模型;或目的地选择模型
方式划分	转移曲线	Logit函数
交通分配	24小时,全有全无; 24小时全出行矩阵,容量限制	24小时用户均衡分配; 通过将带有用户均衡分配的24小时矩阵因式分解得到分类的高峰时段和非高峰时段矩阵
公共交通分配	对广义费用的全有全无分配	对广义费用的全有全无分配
反馈	一般不进行	三次迭代,通常不取均值

注:本概览中忽略了有关小汽车保有量、小汽车占有率和一天中出行时刻的更精细模型。
来源:部分基于ITE(1994);ITE报告中不包括反馈。

8.3.2.2 模型校准与预测精度

模型更新过程提出了大量关于校准的问题。总体来说,过去的模型是根据某一近期家庭调查及相关数据进行校准。模型验证研究则是根据基年道路车辆计数及公交上车数来进行的。

出行分布与方式划分模型中的一个重要问题是广义费用的表达。这些费用以前通常仅反映道路网上的出行时间。现在,随着对方式划分模型中这些费用表达理解的加深,新的建模指南建议从业者们采用"复合成本"指标,即他们通常称为"对数和"的方法,相当于一个Logit方式划分模型中分母项的自然对数。采用"对数和"来表达小汽车及公交方式出行的复合成本在实践中广为人们所接受。

从业者们很少意识到他们根据近期调查校准模型参数值意味着假设在规划方案设计年或目标年这些值依然不变。这里的根本问题是平均出行时间在基年与目标年之间如何变动。李等(2009)指出平均都市通勤时间在1983—2001年间进行的四次国家出行调查中有"显著增长":1983—2001年私人小汽车平均出行时间增长了28%;同期公交平均出行时间增长了40%。[18]由于过去的研究结果显示不同调查之间出行时间的变动甚微,他们仔细分析了为什么他们的观察与这些结果如此不同(李等,2009,78;戈登等,1991)。他们观察到的各种变动看起来与居住和工作地点在空间上的重新分布有关,这一过程可能实际上起到了减少出行距离的作用,而不仅是增加拥堵。他们的研究给出行预测提出了一个重要问题:在未来通勤出行时间上应该做怎样的假设?

联系ISTEA颁布后出现的模型更新及校准的有关问题,人们也许会觉得MPO对其最初的交通规划方案预测及观测结果(如1980—2010年间十年人口普查及其他近期调查)进行对比是理所当然的。然而,在美国出版物中仅找到两篇论文涉及这一主题。交通工程师协会(1980)的一个委员会对比了早期区域人口预测与20世纪70年代威斯康辛州东南部、芝加哥地区及普吉特海湾地区的实际结果。考虑到涉及的交通研究有限,该文并没有给出总体的结论。

约翰·麦克唐纳德(1988)对比了1980年人口普查总数与1980年芝加哥地区首份规划方案中的人口预测结果(芝加哥地区交通研究,1959,1960,1962)。他发现此前的区域人口预测过高(+27%),而对人均小汽车保有率的预测却过低(−28%)。结果这两个预测误差相互抵消了:小汽车预测数量在实际结果的6%以内。麦克唐纳德的论文是诠释评估预测精度难度的一个出色工作。麦金德和伊万斯(1981)详细地研究了英国44个交通研究中12个集计变量的预测精度(3.7节)。他们的报告也描述了进行这些研究的难度,其中许多想要的预测变量值基本上无法直接观察,必须从其他数据源中估计。

8.3.2.3 求解带反馈的顺序步骤

技术上讲,求解带反馈的顺序步骤比看上去要难得多。获得包含各种非线性变量、等式和限制条件的方程系统的一致解,这不是一个容易解决的数学问题。若系统没有唯一解或无法平滑地收敛到一个可接受的精确解,则这一问题的难度可能会进一步加大。

将某一问题的解"反馈回来"作为预测模型中排序在前的某一问题的输入,这看起来非常简单,但是若干必要的选择令问题变得复杂。首先涉及反馈回来什么信息;其次是是否对反馈回来的信息取平均以及应该如何取平均;再次涉及怎样评估是否达到了一个稳定解,即技术上说的收敛。从业者们一直以来对这些选择的回应一定程度上反映了他们对底层问题的理解还不够透彻。

根据1990年《清洁空气法案》修正案发布了最初的若干法规之后(8.2.2节),1993年交通研究委员会(TRB)交通规划应用大会的一个分组会议考虑了反馈问题的求解方法。会议报告提供了各种各样的解法。例如,用于反馈的变量不仅包括小区间出行时间或阻抗,有时也称为膜(skims),还包括路段出行时间和路段速度。大多数从业者尚未考虑是否要计算模型逐次解中各变量值的加权平均,或如何评估解的稳定性。

为了给反馈问题提供建议,联邦公路管理局(FHWA)授予了康姆希斯公司一项任务合同(1996)。但他们的工作遇到了困难。康姆希斯应用它自有的软件系统 MINUTP(10.5.1.3 节)来对执行反馈的各种备选方法进行测试,而这一系统本身就限制了可以进行的测试。因此,该项目未能提供需要的指导。与此同时,以伊万斯(1976b)的组合模型构造为基础,梅塔萨托斯等(1995)在 EMME/2 上开发了一种求解带反馈的顺序步骤的方法。然而,在 TMIP 在线(交通模型改进项目在线网站)上题为"反馈循环——基于 2005—2009 年间电子邮件交换的技术总结"的一组讨论,显示这一问题在 2009 年仍未得到解决(TMIP 在线,2009)。博伊斯等(2008)描述了另一种在 VISUM 上实现的对出行分布-分配步骤进行反馈计算的方法。

8.4 开发新出行预测方法的倡议

也许由于《清洁空气法案》修正案(CAAA)和《多方式地面运输效率法案》(ISTEA)的推动,以及 20 世纪 90 年代蓬勃发展的计算机技术的影响,学术研究者和规划者们都在积极地探索各种出行预测新方法。强调在时间断面(cross-sectional)上做集计预测的传统顺序规划步骤看上去不太适合 20 世纪 90 年代初提出的新技术。考虑包括非机动出行的各种方式出行的动态分析的呼声不断。

在这一环境下,全新的方法看起来尤其有吸引力。令人惊讶的是,其中一个提议来自一个以研发核武器闻名的能源部国家实验室。随着新的行为概念和新数学方法开始为人们所知(第 6 章和第 7 章),学术界也提出了其他的新方法。本节讨论了其中两个方法:TRANSIMS 和基于活动的模型。第三个新方法是动态交通分配(DTA)。出发选择模型近期才加入早前的 DTA 模型中,以增进它们在行为上的合理性。目前尚缺乏足够的经验资料对其进行评述(邱等,2011)。

8.4.1 TRANSIMS 项目

自 1991 年 8 月苏联解体后,美国能源部(USDoE)通过小额资助鼓励旗下主要负责国防相关研究的国家实验室去解决民用或社会技术问题。在洛斯阿拉莫斯国家实验室(LANL)——隶属美国能源部——由克里斯托弗·巴雷特领导的系统科学团队提出了一个交通分析仿真系统(TRANSIMS)。巴瑞特于 1985 年获得加州理工学院生物信息系统博士学位,当时在 LANL 已有 6 年的工作经历。巴瑞特总共在 LANL 工作了 17 年,曾担任基础及应用仿真科学小组的负责人,并"建立了一支活跃在智能系统、分布式系统及先进计算机仿真理论与应用研究的队伍"。[19]

新墨西哥州交通部研究主管大卫·奥尔布赖特是 LANL 提案的支持者。为响应《清洁空气法》修正案(CAAA)和《多方式地面运输效率法案》(ISTEA)的要求(多纳利等,2010),[20]该提案旨在从最底层开始为城市交通系统建模设计一种系统动力学方法。交通模型改进项目(TMIP)的长期研究项目提出后不久,联邦公路管理局局长托马斯·拉森(1928—2006)指示为 TRANSIMS 的最初开发提供一百万美元的资金。[21]拉森是宾州大学宾夕法尼亚交通与安全中心(即现在的拉森交通研究院)的联合创始人及首任主管;他后来曾任宾夕法尼亚州交通部长。[22]拉森几乎没有城市出行预测方面的技术经验;但是在了解到该领域进行重大创新的需求后,他显然将 LANL 提案视为推动这一领域发展的机遇。

TRB 都市区域出行预测实践状态确定委员会总结了该项目的资助情况:

TRANSIMS 最初由国会拨款提供资助,并通过联邦公路管理局的交通模型改进项目(TMIP)进行管理。1992—2003 年间,在 TRANSIMS 上共投入 3800 万美元,其中大约四分之三的资金用于在洛斯阿拉莫斯进行基础研究与开发。2003 年之后,出现了大约三年时间的停滞,其间没有任何经费用于 TRANSIMS 开发或实施。《安全、可靠、灵活、高效的运输公平法案》(2009)每年给 TRANSIMS 拨款 200 万美元,其中部分资金用于支持 MPO 及其他运行机构的实施应用,而另外一部分资金用于支持 TRANSIMS 的开发活动(TRB,2007,98)。

之后,TRANSIMS 开源社区于 2006 年成立,旨在支持 TRANSIMS 的进一步开发与应用。AECOM 集团和阿贡国家实验室(隶属能源部,位于芝加哥郊区)交通研究与分析计算中心也开展了相关研究。

8.4.1.1 项目目标

一份发布于 1994 年的报告对 TRANSIMS 目标职能做了如下非正式的描述:

在模型中,每个个体都有他/她想参加的活动集……这些活动及其目的地,家庭中每个人的行为、收入和各种人口变量数据一起提供给出行规划模块。规划模块决定个体会使用哪些特定路段、公交及轨道线路,出行规划模块的工作隐含多方式决策……对于整个 24 小时的全部人口,我们要隐含地考虑每个出行决策。如同在真实世界中一样,驾驶员和家庭自行解决彼此间的冲突。他们决定早点出发以便避开拥堵,他们决定采用哪条路径和/或哪种方式,等等。提供给出行规划模块的信息是从人口统计及用地规划模型中得到的。个体、商品与货运的(出行)需求通过估计获得……TRANSIMS 追踪每辆车、每个驾驶员、每盏信号灯、加速、减速、紧急制动和拐弯。我们也使用道路等级信息。所有这些计算都需要每秒更新,其结果为环境模型提供输入(摩格森,1994,40)。[23]

很多人都觉得 TRANSIMS 对计算的要求令人生畏。以下评论回应了这种顾虑:

此处报告的工作是要求和政策驱动的,出发点是解决上述问题需要一个什么样的计算框架的问题。这一工作并不局限于使用你现在的台式电脑、个人电脑及当代计算技术所具有的计算机能力。这项工作考虑的计算工具是那些到(20)世纪末(规划单位)能够买得起且能有效运行的电脑(摩格森,1994,39)。[24]

一份关于 TRANSIMS 设计更为详尽的描述如下:

TRANSIMS 项目旨在采用先进的计算与分析技术开发一个现实仿真、模型及数据库相

互支撑的工具集,从而创建一体化的区域交通系统分析环境。通过应用前沿技术与方法,该系统可以模拟构成当今与未来交通问题内在复杂性的动态细节。从精细仿真得到的一体化结果可为交通规划者、工程师提供支持并协助解决环境污染、能源消耗、交通拥堵、用地规划、交通安全、智能车辆效能与交通基础设施对生活质量、生产力及经济的影响。

TRANSIMS 预测个体家庭、居民、货运荷载及车辆的出行,而不按交通小区对家庭进行集合。家庭与商业活动非集计模块从人口普查及其他数据中创建出了区域合成人口总体。用基于活动的方法及其他技术,该系统可产生代表每个家庭和出行者的出行。

合成人口总体子模块可创建一个地区的人口模拟,令其各人口统计指标非常接近真实人口。模拟的家庭在空间分布上也与区域人口分布接近。活动需求子模块利用合成总体的人口统计数据得出需要出行的个体与家庭活动。

家庭与商业活动非集计模块的活动需求子模块旨在生成家庭活动、活动优先次序、活动位置、活动时间及方式与出行偏好。活动与偏好是合成人口总体子模块所创建出来的家庭人口统计数据的函数。

多方式路径规划模块为每个出行者用人口统计数据量身定做特定的出行成本决策模型。它考虑了车辆和方式可用性,并在生成路径规划时选择方式。该方法可估计未能成行的出行、诱发的出行及削减高峰负荷,从而评估影响出行规划行为的各种交通控制和交通需求措施。

出行微观仿真在交通网络上执行生成的出行以预测单车及整个交通系统的表现。它试图执行区域内所有个体的行程。例如,每辆小汽车都有一个驾驶员,驾驶员的行驶逻辑是要执行行程规划,操控车辆根据路网上的交通状况加速、减速或通过。

出行微观仿真可为环境模型与仿真模块生成交通信息,以估计机动车辆油耗、排放、扩散、输运、大气化学、气象学、能见度及这些因素最终对空气质量的影响。排放模型既考虑行驶,也考虑静止的车辆(史密斯等,1995,1-4)。

上述描述可解读为对 TRANSIMS 理想能力的"要求细则",而非其实际具备的能力。该解读与关于其发展的下述方面吻合:

为提供更好、更及时的 TRANSIMS 用户社区互动与反馈,我们制订了开发 TRANSIMS 的方法,即我们会为每个主要的 TRANSIMS 模块开发临时运行能力(IOC)。当 IOC 就绪时,我们会完成具体的案例研究以确认 IOC 的特征、可应用性及就绪程度。我们会挑选一个 MPO,与其员工合作完成该具体案例研究。这一方法可更快地为我们提供来自用户社区的反馈,并提供临时产品、能力及应用。这一方法秉承了我们的一体化框架目标,服务于预测个体出行,以及从出行需求预测到交通系统改造各方面为交通规划者提供支持(史密斯等,1995,10)。

TRANSIMS 的设计突出模块化,以方便对单个模块进行改进或替换。这一特征可在活动估计模块中观察到,活动估计模块最初用统计抽样技术来设计。在随后的应用中,活动估计模块被其他基于活动的模型替代。以下关于 TRANSIMS 模块的描述应参考同期及随后进行的建模工作进行解读(6.5 节和 8.4.2 节)。

8.4.1.2 方法描述

在实现的系统里,TRANSIMS 包含五个模块:人口总体合成模块、活动生成模块、路径规划模块、交通微观仿真模块及排放估计模块(LANL,2003)。

根据 LANL(2003)及霍贝卡(2005)的解释,这些模块描述如下。我们尽量使用关于 TRANSIMS 的原始文件,但在每个模块描述后面添加了简短的解释性评论。

通过使用普查数据和总体人口统计数据预测,人口总体合成模块会生成同真实都市区域内地理和人口统计分布一样的家庭与个体合成人口总体。同时,TRANSIMS 依据普查或其他数据给每个家庭分配车辆。家庭、工作场所、学校、商店等沿着交通网络设置在"活动位置"上(LANL,2003,第3卷,第1.3章)。

人口总体合成模块将经典的迭代比例拟合法(德明和斯蒂文,1940;法塔,1954;麦克法登等,1977)应用在公用微观数据样本(PUMS)上以生成想要的合成人口总体。在波特兰研究案例中,人口总体合成模块依据1990年普查的公用微观数据样本(PUMS)确定基年合成人口总体。为准备某一未来年份的合成人口总体,该年的各种边际比例需通过其他方法预测(贝克曼等,1996)。

在将每个家庭的人口统计数据与家庭出行和活动调查所得到的数据进行比对的过程中,活动生成模块会为每个家庭成员建立一份活动清单。每份清单包含活动类型(在家、工作、学校、购物等)、开始时间、停止时间、出行参加某活动的时间及出行方式。TRANSIMS 依据网络出行时间及活动位置吸引力为每个活动选择可能的位置,活动位置吸引力由诸如零售员工数量或零售商店建筑面积等因素决定(LANL,2003,第3卷,第1.4章)。

就基于家庭的日常出行模式而言,活动生成模块准备的活动清单由家庭出行调查确定。给定基础活动模式,基于用地数据和出行时间的离散选择模型决定了目的地活动的位置。首先选择的是工作位置。其他活动通过多项式 Logit 模型加入。活动位置之间的初始出行时间用不同活动类型和方式的平均时间进行估计(LANL,2003,第3卷,第3.5章)。

路径规划模块寻找每个出行者当天前往每项活动的最快(或成本最低)路径。活动信息及出行规划(包括路径时刻表)构成了每个出行者对交通系统性能的(初始)期望(LANL,2002,第3卷,第1.4章)。

以交通网络中每个路段的拥堵成本为基础,路径规划模块为系统中的每个出行者计算受制于方式约束的最短路径。这些约束由不同出行段的方式偏好提供(LANL,2003,第3卷,第4.4章)。TRANSIMS 路径规划模块的基础算法是经典的迪杰斯特拉算法,该算法用于在一个加权有向图中确定最短路径。

人口总体合成、活动生成与路径规划三个模块合在一起就能创建个体出行规划。但是,为了模拟现实交通流,个体必须与环境及其他个体互动。随后的交通微观仿真模块就是为了这一需要而设计的。交通微观仿真模块一秒接一秒地执行每个出行者的出行规划,在整个交通网络中模拟个体移动,包括他们如何使用小汽车或公交车。模拟个体车辆互动的元胞自动机(粒子跳跃)模型可产生能用真实数据校准验证的动态交通流(LANL,2003,第3卷,第1.4章)。

交通微观仿真模块模拟出行者在都市区域交通系统中的移动与交互。……通过使用元胞自动机(CA)方法,交通微观仿真模块提供了在个体出行者层面模拟整个区域需要的计算速度。……交通网络中的各路段被分为有限数量的元胞单元。……通过评估交通微观仿真模块的分辨率和性能的极限,我们来决定满足分析要求的分辨率所需的计算细节(LANL,

2003,第3卷,第5.1章)。

凯·纳格尔的高速公路交通仿真模型是交通微观仿真模块开发的起点(纳格尔和史来肯堡,1992)。[25]TRANSIMS微观仿真模块是在大型网络上开发微观仿真器的若干努力之一。

通过使用选择器迭代数据库指示的迭代和反馈,这个出行者与车辆的虚拟世界最终再现了区域中真实人群的出行和驾驶行为。此外,这一现实仿真可以预测规划者提出的交通系统的整体性能,也能捕捉到每个出行者感知到的系统服务水平。在这一点上,这些模块可以完成非常真实的交通流仿真。排放估计模块进一步增加了这些仿真的现实性,该模块从交通仿真中获取需要的数据并计算车辆排放(LANL,2003,第3卷,第1.4章)。

这些引文描述的只是TRANSIMS设计者预期的性能,因为完整的系统尚未在规模和复杂度都与设计目标匹配的案例中实施。使用反馈来求解该系统并产生现实结果的提议只是一个假定(LANL,2002,第3卷,第6章)。

8.4.1.3 案例研究

TRANSIMS交通微观仿真模块最初用得克萨斯州达拉斯面积大约25平方英里的郊区进行了测试(LANL,1998)。穿过这片区域或在这片区域内产生的出行是从一个现有的起讫点出行矩阵中提取的。该案例研究了道路可能会怎样对改进——如添加高速公路车道或改变干道十字路口——做出反应。根据改造前和改造后计算得到的系统表现指标,开发者们满意地发现仿真再现了观察到的交通流模式和改造带来的影响。

继最初的达拉斯测试之后,新的案例研究和软件开发同时进行。1999年,联邦公路管理局(FHWA)与俄勒冈州波特兰大都会规划组织,即波特兰捷运(Portland Metro)(多纳利等,2010,58),一同发起了一项TRANSIMS应用实践。该工作由LANL、PB咨询、AECOM及IBM负责。METRO采购计算资源、开发数据资源并进行模型开发。为了把波特兰地区作为大规模实施基于活动的微观仿真技术的概念测试案例,LANL生成了包含大波特兰都市区内所有本地街道和公共交通线路的区域网络。这个"包含所有街道"的网络采用METRO出行模型中的单个出行需求,意在用于最初的模型开发和软件评估工作中(AECOM,2006,1;LANL,2002)。

2002年,联邦公路管理局(FHWA)开始在波特兰都市区全面实施TRANSIMS,以评估采用现有区域规划模型中的网络和出行矩阵作为TRANSIMS微观仿真输入的可行性。通过将这一结果与LANL更精细的"包含所有街道"的实施结果相对比,联邦公路管理局(FHWA)试图评估仅采用微观仿真方法的相对成本和收益。路径选择-微观仿真模块采用基于以下出行信息的道路-公共交通网络:在24小时出行时段内发生,与1260个小区里28814个活动位置相联系的490万次出行;包含8375条路段、1370个信号灯和超过250条公交线路。该系统完成了敏感度测试,并对交通信号配时、某一大桥封闭以及交通流量增加15%的变动做出了合理的回应。[26]

同时开始实施的是基于活动的针对24小时内个人、车辆及家庭活动与移动的位置、持续时间和类型的秒级网络微观仿真。该项目也对出行环与目的地选择模型做了校准与验证,设定并部分校准了方式选择模型,并且设定了模型的反馈机制。根据对经验的总结:

该项目说明了标准的区域网络和出行矩阵可有效模拟动态网络上的出行需求。进一步发展了用户均衡收敛过程,逐步为每辆车找到一条路径以使每个出行者得到最小出行阻抗,同时在整个网络上获得稳定的交通流。

该项目同时说明,将公交出行矩阵加载到基于时刻表的公交线路上可有效重现公交线路客流数据。然而,用于公交线路选择的阻抗参数与传统出行需求预测的常规做法有显著差别。在这个应用案例中,车外出行时间的权重几乎等于车内出行时间,而换乘惩罚则与站牌位置特性以及公共交通服务可靠性相关(AECOM,2009,37)。

完成这一工作之后,进一步的研究由于缺少资金而暂停(TMIP,2005,13)。波特兰捷运(PortlandMetro)将其员工的工作重点调整至《新开端》的分析项目,以支持公共交通提案(多纳利等,2010,58)。

随后新增的 TRANSIMS 应用由联邦公路管理局(FHWA)提供资金。其中一个应用是白宫地区交通研究,将交通流引导离开华盛顿特区总统官邸和办公室。这项研究首次应用了部分 TRANSIMS 软件,要求精细模拟华盛顿特区动态交通流。AECOM 将之前为波特兰项目开发的各种工具扩展、加强,开发了新的微观仿真模块,用跟踪车辆实际位置和速度取代了元胞自动机概念(罗登,2009)。

AECOM 与俄亥俄州中部区域规划委员会(MORPC)合作进行的一项研究,以 MORPC 基于出行环的模型为输入,在一个细粒度的 TRANSIMS 网络上为生成的日常活动模式安排路线并进行模拟(AECOM,2011)。MORPC 基于活动的模型所产生的出行环被转换为动态出行矩阵,通过 TRANSIMS 路径选择模块在路网中安排路径,利用静态分配算法分配生成初始解,然后通过应用 TRANSIMS 微观仿真模块对它进行完善。

资源系统集团(Resource Systems Group)等(2013)将 Daysim(光模拟软件)人口总体合成模块,加州地区萨克拉门托基于活动的模型同 TRANSIMS 的路径选择及微观仿真模块结合起来。[27]在一个并行的项目中,剑桥系统公司等(2014)实施了包含萨克拉门托地区政府协会区域出行模型(SACSIM)、介观交通仿真模型 DynusT 和公交仿真模型(FAST-TrIPS)的一体化模型。[28]

8.4.1.4 软件开发与传播

TMIP 在线(TMIPOnline)(1999)发表了《TRANSIMS 的早期部署》一文,解释将 TRANSIMS 发布给各大都会规划组织(MPO)的计划。[29]早期部署项目包含若干要素:完成当时还在进行中的模型开发;聘用软件承包商团队;完成波特兰案例研究;挑选本地交通规划机构;培训机构员工和顾问;为 TRANSIMS 收集数据;应用 TRANSIMS。1999 年 6 月在新墨西哥州圣菲召开了研讨会,主题是 TRANSIMS 商业化与部署机遇。"在这次研讨会上,对 TRANSIMS 商用化有兴趣的各家企业收到了一份技术概览,获悉了商用软件的要求,并与 LANL 开发团队、潜在终端用户及其他可能开展合作的组织晤面;同时,若这些企业同意签署限制性许可证,则可获得 TRANSIMS 软件用于评估"(费舍尔,2000)。[30]随后,普华永道会计师事务所获得了一份合同,旨在基于 LANL 研究软件开发商业软件系统。关于 TRANSIMS 部署的内容之后没有再出现在 TRANSIMS 或 TMIP 的报告中。

2006 年,LANL 和联邦公路管理局(FHWA)发布了一版源自 LANL 并经 AECOM 进一步开发的 TRANSIMS 版本。这一版本基于软件开源协议,所以可以在谷歌网站上作为公共资源使用。[31]在联邦公路管理局(FHWA)及其他渠道的资金支持下,TRANSIMS 开源社区的成

员们继续在这一版本的基础上完善 TRANSIMS 代码、方法和支持文本。

2006 年,在美国交通部的支持下,美国能源部所属的阿贡国家实验室发起了一项持续多年的项目以建立交通研究与分析计算中心(TRACC)。[32] TRACC 的早期目标是要建立一个供美国交通部研究团队——包括阿贡团队及其大学合作机构——使用的高性能计算中心,同时利用先进的计算与可视化设施,在美国交通部感兴趣的领域实施重点计算研究与开发项目。项目旨在增强 TRANSIMS 性能和效用,包括改善界面和并行化。

截至 2013 年末,TRACC 与 TRANSIMS 相关的各项活动均已完成。[33] TRANSIMS 的进一步发展可能会像之前那样在 AECOM 继续进行。但是自 2011 年初以来 TRANSIMS 开源方面没有太多新动态。[34]

8.4.1.5 结论

虽然 LANL 及其支持者所提出的 TRANSIMS 是一种城市出行建模的"新"方法,但是在微观开发层面来看,它其实包含了——实际上也必须包含——已经成为大量研究工作主题的需求与网络建模的诸方面。例如,至 20 世纪 90 年代,微观仿真方法已经普遍应用于求解微观层面的模型(5.4.3 节);人口总体合成在交通研究里的应用已经有 20 年(爱尔兰和库拜克,1968;麦克法登等,1977);基于活动的模型的提出也已经有 10 年(北村隆一,1988;莱克等,1986;第 6 章);将离散选择模型用于方式与目的地选择十分常见(第 5 章;本-阿基瓦和勒曼,1985);估计和求解精细的网络均衡模型正在现实网络的规模尺度上进行(弗洛瑞等,1979)。当时正在提出一个新的网络宏观仿真方法(达甘佐,1994)。TRANSIMS 的新颖之处在于它前所未有的,尤其是在网络表达与分析方面的时空分辨率,以及它提出的求解和应用的尺度是试图对整个城市而不仅是分区网络做微观仿真。

相较于同时代及后续相关研究得到的经费支持来说,TRANSIMS 花费巨大,并且游离于出行预测研究和软件开发领域之外。关于其发现成果与经验的文献和出版资料非常有限,尤其是在其宣称的科学和基础研究方向。因此,20 年后 TRANSIMS 仍是颇有争议的主题,并且作为在实现预定目标方面乏善可陈的项目,直到今天还会引发广泛讨论。从模型设计的原则来看,TRANSIMS 所提出的时空细节对于中长期政策影响的战略分析来说可能既不必要也不可取。

然而,在某种意义上,TRANSIMS 仍然是一项正在进行中的工作。正如 TRANSIMS 是建立在过去研究的基础上,它提出的方法在未来也会被其他研究采纳,但也许主要服务特定目的,如探索系统对 ITS 及其他交通管理问题的短期反应。TRANSIMS 的一个贡献是由凯·纳格尔和凯·阿克斯豪森正在开发的一个多智能体(multi-agent)交通仿真系统(MATSim),其中凯·纳格尔是 TRANSIMS 项目的主要参与者。虽然能在他们的网站上找到工作论文,这些工作很少有正式发表的记录。[35]

最初开发 TRANSIMS 的团队正确地预见到过去 20 多年里计算能力和速度的快速进步。这在 20 世纪 90 年代初的交通研究者中很少见(10.2.3 节)。然而,尽管在处理器速度、内存和联网上取得了长足进步,TRANSIMS 最初提出的目标到今天仍然无法实现。

过去 60 多年中,城市出行建模中一个令人惊讶的事实是建模者想要捕捉的细节的增长速度一直比计算能力的进步速度还快。这似乎是一个无法破解的困局。因此,建模者们一直面对的挑战是如何利用有限计算资源,并根据需要回答的问题来表达空间、时间、行为和物理系统。虽然 TRANSIMS 的经验为如何应对这一挑战做出了贡献,在"什么样的答案是可行的"这方面它并未能提供洞见。在这方面,它与过去的诸多尝试一样,提出了革命性的问题,但并未为回答它们贡献新的解决方案或指导方针。其他的例子有潘·泽西交通研究(2.8.2 节)、用地-交通研究(8.5 节),甚至也包括动态交通分配。

8.4.2 基于出行环和活动模型的应用

与 TRANSIMS 项目同步进行的是基于活动出行模型的创新。这些研究由联邦公路管理局(FHWA)、美国国家科学基金会和大都会规划机构资助(RDC,1995;北村隆一等,1996;波曼等,1998)(6.5 节)。本书在此回顾近期应用这些模型所取得的成果,首先讨论其历史基础。

早期城市交通研究所做的起讫点调查是访谈家庭成员以了解其日常的出行环。然而,为了做出行生成分析,这些出行环被分割成(由起讫点定义的)单个出行,并与起讫点的用地情况相关联。采用这种基于(单个)出行的方法在当时几乎没有引起异议(2.5.2 节)。理由非常实际:用这种方法可以将单个出行与用地关联起来。而且,由于目标是要预测 24 小时内的总体出行情况,出行时刻并不是一个问题。

20 世纪 60 年代在美国实践中将出行划分为居住地出行及非居住地出行两类,在基于出行的范式内向表达出行环的方向迈进了一小步。"居住地出行产生"描述了始于家且终于家的出行环。所有其他单向出行都被定义为"非居住地"出行。这一表达的起源较为模糊。该术语首次出现在美国交通部(1967);美国商务部报告(1963a,Ⅲ-2,Ⅵ-1~5)解释了如何将产生-吸引矩阵转换为起讫点矩阵。美国的早期实践中没有以出行环为基础做出行预测的其他案例(6.3 节)。

从业的交通规划者和学术研究者们在 20 世纪 80 年代开始关注提高城市出行表达的细节和现实性。他们对以下方面的表达尤为关注:

(1)个体因为工作产生相连的出行序列,而非分开的单个出行。

(2)在序列中用于首次出行的方式选择可能会限制随后出行中的选择。

(3)有时家庭成员们一起出行,既可能是乘坐小汽车也可能是使用公共交通。

基于出行的表达无法抓住上述及其他出行特征。这些想法激发了基于出行环的概念。将生成出行的活动加入出行环以后就变成了后来的活动模型。

截至 2010 年,活动模型的设计已经成型,并且部分实施到几个美国都市地区:纽约、波特兰、旧金山市县;萨克拉门托;哥伦布和凤凰城(多纳利等,2010,32-35,58-63;VHB,2007;AMPO,2011)。亚特兰大、丹佛、休斯敦、明尼阿波利斯-圣保罗都会区、圣迭戈和西雅图的各大都会规划组织(MPO)报告了模型实施情况。[36]基于活动的出行环根据方式与时刻转换成了小区到小区的出行矩阵,并利用静态分配方法将其分配到道路和公交网络。据笔者理解,基于活动的出行环所依据的出行时间并不一定与需求和网络上的广义费用一致。因此,求解带"反馈"的活动模型仍然是未来的挑战。波曼(2009)回顾了这些模型的情况(6.6.1 节)。更近些年,潘德亚拉等(2012)和康杜里等(2014)开发了活动-出行需求和动态交通分配一体化的微观仿真模型,并在凤凰城的郊区网络上做了连续时间求解。

都市地区出行预测实践状态确定委员会在其总结中谈到了活动模型的情况:"虽然一些

机构已经开始使用基于出行环和活动的模型,但其他许多机构尚不相信这些模型已充分做好实施的准备。对于新模型的实施成本以及设定、校准和验证所需的数据量存在的种种顾虑是合理的"(TRB,2008,6)。

该委员会建议美国交通部:"为持续发展、演示和实施先进建模方法提供支持和资助,包括活动模型;为实施基于活动的建模以及其他先进实践提供持续支持,并通过在多个城市地区的部署,进一步强化支持"(TRB,2008,11)。

在更详细的层面,该委员会陈述到:

出行模型可通过基于对各种家庭活动更全面的理解来改进。同时也需要对供给侧网络有更综合完备的表达,以考虑全天候拥堵状况下交通运行的各种细节。并不存在"某一个"新的建模方法可以满足这些及其他的需求。相反,把相关的方法一起考虑,则有希望可以显著地改进建模实践。这些方法包括改进的用地建模、基于出行环的模型、基于活动的模型、离散选择建模、交通微观仿真以及动态交通分配(TRB,2008,115)。

8.5 用地—交通模型

1959—1973年美国用地模型在城市交通规划中最初的发展与应用并不成功(2.5节),更是以小道格拉斯·李(1973)《大规模模型的安魂曲》这一十分消极的音符作为结尾。本节追溯了从那段时期至今的发展情况。

1973年后几篇回顾性论文问世。斯蒂文·普特曼(1975)描述了在李发表《大规模模型安魂曲》这一时期的现状,并提供了首个"用地及交通网络一体化模型"。布雷顿·哈里斯(1985)从用地预测的早期努力的角度回顾了该领域的情况;之后哈里斯更新了他的分析(奥亚尼和哈里斯,1997)。埃里克·米勒(2003)从交通规划的角度总结了用地与交通模型的近况,迈克尔·魏格纳(2004)从城市规划的角度提供了概述,而亨特、克列格和米勒(2005)则描述了用地与交通的可用建模框架。

关于用地—交通模型的文献资料实际上并不严格与用地或交通相关。用地预测模型主要预测城市活动发生的位置,但并不总关注这些位置的用地情况。这些模型涉及居民区家庭和工作场所员工的位置,以及个体参与到零售与服务活动中的位置;因此,称为城市活动位置模型可能更好。家庭位置选择也决定了用于居住的用地量。此外,选择某一位置来进行购物活动或获得服务,也决定了在参与零售与服务交易位置上的用地量。当这些城市活动位置模型与某一交通网络模型相联系或合并,就会产生基于某一交通系统表达的出行预测模型。

城市活动/用地模型的实施与应用将在8.5.1节中进行回顾。8.5.2节中详述了对以实施为导向的模型的研究,重点考虑那些因MPO的参与而受益的研究。

8.5.1 实用的用地模型

由于对20世纪60年代用地-交通替代方案及其应用的失望,加上从1970年人口普查及其他渠道获得的许多新数据,许多机构将注意力集中到了改善交通系统方案上。然而,没过多久,对用地预测的需求再次凸显。其中很受欢迎的方法是在罗伊(1964)的原模型基础上开发的实用模型。斯蒂文·普特曼为许多 MPO 安装了他的"非集计居住与就业配置"(DRAM/EMPAL)模型。[37]至2000年,这些模型可在40多个规划机构使用,超过任何其他用地模型(美国环保局,2000,A-15)。[38]普特曼(1983,1991,1998,2001)报告了这些模型发展情况。

DRAM/EMPAL 预测从基年到目标年的就业与家庭位置每五年的增量。

就业配置子模型 EMPA 通过以下变量,按经济部门来预测未来就业地点在覆盖都市区和毗邻的小区内的分布:

(1)某一具体时间点小区内特有的就业水平(整体及按行业划分)。
(2)某一具体时间点依据收入水平划分的各小区内家庭数量(人口)。
(3)目标年就业(增长趋势)的区域水平。
(4)小区间出行时间,或其他劳动力所有的小区可达性指标。
(5)各小区的土地总面积。

给定家庭分布以及从其他小区到达某一小区的便捷性,EMPAL 利用上述信息来估计将某一场所用于未来工作地点的可能性,其主要依据是该场所过去被选中的频率。

给定就业分布与不同小区的吸引力(包括可达性),DRAM 通过考虑以下变量来预测家庭的未来位置:

(1)EMPAL 预测的按类型划分的小区就业。
(2)小区间的阻抗(出行时间与成本)。
(3)不同类型的家庭在各小区中的比重。
(4)不同用地情况[闲置可开发土地(英亩)、已开发土地(%)、居住用地(%)]。

DRAM 还包含了出行分布模型,可以预测从家到工作地点、从家到商铺以及从工作地点到商铺的各种出行(美国环保局,2000,B-10)。

DRAM/EMPAL 是"交通用地一体化包(ITLUP)"里的两个主要组件。从 DRAM/EMPAL 得到的预测被用于标准出行预测,包括出行生成与分布、方式选择和交通分配。斯蒂文·普特曼多年来一直试图将 DRAM/EMPAL 与某一出行预测模型连接起来;他(1998,2001)总结了测试五个都市区域的发现。[39]

除了从这些测试获得的洞见和结论外,普特曼的分析也着重讨论了1960—2000年间在集计用地预测实践中经历的困难。用地预测的小区规模通常是出行预测小区的 2~10 倍(普特曼,2001,25-26)。为了将用地模型与出行模型联系起来,按用地小区分类获得的就业和家庭预测必须进一步离散到更细的交通小区。类似的,交通小区对之间的出行时间必须做集计以对应用地小区对。这样的离散和集计过程给模型带来了大量任意的元素。以上这些实际因素以及关于小区内出行的问题,使更精细的模型得到应用,它们有更多小区,更多家庭、就业和出行分类,更详细的网络表达以及更多的时段。幸运的是,计算机内存和存储能力方面的巨大扩展以及更快的处理器速度促进了这些更大模型的应用。

在美国环保局(USEPA)对城市仿真模型(UrbanSim)审阅之时(2000),保罗·瓦德尔正在将其实施到俄勒冈州的尤金-斯普林菲尔德地区。从那以后 UrbanSim 的进一步开发与应用进展迅速(瓦德尔,2000,2002,2011;瓦德尔和奥法森,2004;瓦德尔等,2003,2007)。[40]

UrbanSim是一个计算机软件仿真系统,用于支持城市发展规划与分析,包含用地、交通、经济与环境之间的各种互动[41]。UrbanSim包括一组代表城市系统中主要参与者及选择的互动模型,其中包括家庭对居住地的选择、商家对办公地点的选择以及开发商对于房地产开发位置和类型的选择。该系统对个体家庭、工作、用地开发及位置选择做高度离散的表达,采用150米×150米(大约0.1英里×0.1英里)的网格单元规模模拟家庭与雇佣者的选择如何影响个体家庭位置与工作地点的长期演变,并模拟房地产开发商行为导致的每个网格单元中的演变。

理论城市模型常常基于各种关于行为的非现实假设,例如智能体(agent)有都市区域中所有备选位置的完全信息,交易完全没有成本,且市场是完全竞争的。在实际市场中观察到的各种不完美之处促使UrbanSim采用限制性较小的假设。它并不把模型校准至某一时间断面或基年的情况,而是通过统计方法,利用多年的数据来校准(赛维奇科娃等,2007)。

UrbanSim是一个智能体层面的模型系统,但有别于某些智能体模型,它并不只关注相邻智能体之间的互动。一个地区里的智能体和其位置通过如下元素来表达:家庭、商业/工作、建筑,以及用地块或方格来代表的土地面积。地块级的建模应用允许在步行的规模尺度上表达可达性,这一点在集计度更高的空间表达中无法有效实现。

UrbanSim通过核心开发团队与研究者社区的合作得到完善。瓦德尔以合作的方式将UrbanSim与活动出行模型和动态交通分配模型联系起来(潘德亚拉等,2012;康杜里等,2014)。自1998年UrbanSim发布之后,该系统已经在美国、欧洲、亚洲及非洲得到采用,并且用于大学研究。

8.5.2 用地模型原型

迈克尔·魏格纳(1994,1998,2004)发表了三篇对用地模型原型做详细回顾的论文。在这一系列论文描述的模型里,我们下面首先评述应用于美国实践中的两个:芝加哥地区组合模型及用于纽约地区的称为METROSIM用地模型,然后回顾魏格纳用于德国多特蒙德地区的模型。8.6节回顾了T.约翰·金的三维城市活动模型。

为了确定用地预测所依据的小区间出行时间,普特曼在实施DRAM/EMPAL时将用地模型与出行预测模型联系起来。通过这种计算来链接模型是一种解决位置选择与拥堵出行时间相关性的方法。另一种将不同模型联系起来的方法是将位置与出行之间的关系表达为一个数学问题,这样拥堵出行时间就自然变成模型解的一部分(即内生的)。大卫·博伊斯在与普特曼的讨论中产生了这个想法,随后根据伊万斯(1976a)的出行分布与分配构造进行了研究(7.4.4.2节)。博伊斯(1980)重建了威尔森(1970,第4章)的准动态模型,以使出行成本内生化。重建的关键点是将威尔森公式中熵函数表达为约束(厄兰德,1977)。[42]

博伊斯和他的学生与在芝加哥地区交通研究任职的罗纳德·意什合作,实施带内生出行成本的城市定位模型(博伊斯等,1985)。该模型用了一个有317个小区的蓝图规划网络,是当时计算机所能求解的最大规模;其他细节请参阅7.4.5.2节。[43]

美国环保局(2000)总结了几个有过实际应用的用地模型。其中最著名的是METRO-SIM,被描述为"采用经济学方法来预测交通与用地系统之间以及都市层面用地与交通政策之间相互依赖影响的应用大型计算机仿真模型"(美国环保局,2000,91)。METROSIM是亚历克斯·阿纳斯建立并应用的一系列模型中的一个(阿纳斯和杜安,1985;阿纳斯,1995)。

METROSIM 是纽约用地模型的基础,该模型是纽约大都会交通委员会(NYMTC)最佳实践模型的组成部分(亚历克斯·阿纳斯公司,2002,2005)。NYMTC 用地模型的目的是:

要在 NYMTC 建模区域——包含纽约州、新泽西州与康涅狄格州的部分地区——的3586 个小区中分配工作和有工作的居民,同时对每个小区内的建筑面积与闲置土地存量进行建模分析,预测在 1996—2020 年间每个五年期内它们如何受开发商建设与拆迁决策的影响而改变(亚历克斯·阿纳斯公司,2005,5-141)。

通过将用地模型与出行模型链接起来获得小区间各方式的出行时间。出行模型始于用基年用地和社会经济/人口模式作为输入来计算的拥堵出行时间。新的拥堵出行时间每过五年针对规划目标年重新计算。复合拥堵出行时间被反馈到用地模型中。在这些新出行时间的基础上,用地模型接着为该目标年生成新的用地模式作为出行模型的输入。该循环会一直持续到实现收敛(亚历克斯·阿纳斯公司,2005,5-136)。

虽然文献中描述了三种寻求收敛的方法,但它们并非实际收敛标准(PBQD,2005)。[44]随后,阿纳斯和刘(2007)用芝加哥地区的集计数据实施了动态广义均衡模型(缩写为 RELU-TRAN)。阿纳斯和平松(2012)求解了空间上可计算的广义均衡模型(RELU-TRAN2)。

自 20 世纪 80 年代以来,多特蒙德大学空间规划学院(IRPUD)的迈克尔·魏格纳(1985,2011a)一直在持续开发用于都市区域内位置和机动决策的模型。[45]在美国环保局找到了 IRPUD 模型的一份简述(2000,B-17~B-20)。模型中的活动由小区表示,它们通过公交及道路网络中的重要路段相连。模型的时间维度为一年或多年。对每个时段,模型预测产业、住宅开发商和家庭在区域内部与位置相关的决策,并预测由此产生的迁移与出行模式、建设活动和用地开发以及公共政策对产业发展、住房、公共设施和交通的影响。魏格纳将自己的模型描述为"仿真"模型;但是,它并不是微观仿真模型,因为它并未表达单个智能体(出行者、家庭或雇佣者)的行为。

IRPUD 包括六个子模型。

(1)交通:设施与服务,包括小汽车保有量。
(2)存量变化:人口、就业、住宅与非住宅建筑。
(3)公共项目:用地、住房、非住宅建筑、公共设施、交通。
(4)私人建设:私人开发商的投资和选址行为。
(5)区域劳动力市场:新的工作岗位、冗员和变动。
(6)区域住房市场:家庭在区域内部的迁移决策。

这六个子模型共同构成了一个综合的独立模型系统。模型的主要状态变量为:人口、就业、住宅建筑和非住宅建筑(工业和商业工作地点与公共设施)。代表这些状态变量的参与者是个人或家庭、雇员、住房投资者和企业。

这些个体在五个城市子市场中进行互动。这些子市场和在子市场中发生的市场交易为:

(1)劳动力市场(新的雇佣机会与解雇)。
(2)非住宅建筑市场(新企业和企业重新选址)。
(3)住房市场(迁入、迁出、新家庭和搬迁)。

(4)土地和建设市场(通过新建、现代化升级或拆迁进行的用地变更)。

(5)出行市场(出行)(美国环保局,2000,B-17)。

子市场中的选择受到供给(工作岗位、空置住房、闲置土地、空置工业或商业建筑面积)的限制,并以吸引力为导向,即通常所说的小区邻里质量、可达性和价格的集计。

IRPUD 使用模块结构,并可在常规时空数据库中以递归方式求解。交通子模型是在某时间点上求解的网络均衡模型。所有其他子模型都以日历时间间隔为参照。模型在每一规划时段顺序求解。如果缩短时段长度(比如从若干年到一年),子市场中的互动随时间变化,则不需要求解均衡状态。在德国研究理事会、欧盟委员会和德国政府机构的资助下,IRPUD 已经在多个项目中得到了应用。

8.6 城市货物流动

预测城市货物流动,即通常所说的城市商品或城市货运交通,在美国的城市个人出行预测中是常被忽视的部分。从城市货物流动的文献中能发现自 20 世纪 60 年代中期以来为数不多但却执着于这一领域的学者和从业者。这一领域内的文献从预测扩展到了政策、数据、法规等方面。肯尼斯·奥格登(1992)撰写过一篇综述性的论文。1973—1988 年间关于城市货物交通的一系列会议表明了这一主题的深度和广度(如查特基等,1989)。本节概述了主要的贡献者和城市货物建模的一般方法。2.7 节描述了 1970 年之前的城市货物流动研究。近期,萨斯沃斯(2003,2011)和久利亚诺等(2010)对城市货物流动预测方法做了回顾。正如久利亚诺等所述:"货运交通建模的标准实践与传统个人出行交通建模框架大体相似:出行生成、出行分布、方式划分和交通分配……大多数情况下,出行生成、方式划分和交通分配利用与个人出行相同的技术进行处理"(霍贵因-维拉斯等,2001,16)。[46]

不同方法之间的主要不同之处在于模型是基于出行还是基于(货物)品类。基于出行的模型依赖于货车流动的调查,而基于品类的模型则依赖于对品类运输的调查。基于出行的模型假设车辆流动是需求单位,而非运输中的货物。基于品类的模型侧重于经济体各分支产业间的流动,通常用产业互动模型表示,然后将这些商流按合适的地理元素进行离散分解。有些综述论文提到:"基于品类的方法应该会带来更现实且鲁棒性更强的模型"(久利亚诺等,2010,75-77)。第三种方法通过将商用车辆的流动表示为多点出行环来对物流供应链中个体行为者的行为进行建模。

这显然与个人出行有相似之处。在传统的个人出行建模方法中,出行环,或它包含的所有单个出行,通过出行目的及出行者的其他特征进行集计。建模者重点关注这些(单个)出行的预测,而忽略把出行环做整体考虑可能对某些选择的影响。传统城市货物流动模型可以表达产业部门之间的集计商流,但却无法表达它们实际的运输情况。譬如,与存货有关的运输规模和频率决策,及其对承运人类型或选择(私人货车、普通运载货车、送货服务、使用多模式服务等)的影响都无法考虑,这与集计个人出行模型中无法考虑个人与多人的出行环相似。

为响应早期对城市物流的兴趣,公路研究委员会于 1970 年组织了城市商流大会。会议范围包括问题定义、公共政策、数据要求、规划过程和研究及展示项目。随后的报告推荐了前述基于商流的方法,并建议为分析商流开发五个单独的模型(弗兰持和沃森,1971,135;荷尔,1971,7-8):

(1)与劳动力、租金、交通设施及其他因素相关的工业网络选址模型。
(2)确定产业产出和其他产业所需商品的跨产业交易模型。
(3)确定与产业或交通小区相关的交通系统内商流的货运流模型。
(4)产业间或出行小区间运输货物方式的选择模型(与方式选择类似)。
(5)将货物分配至交通系统的网络分配模型(弗兰持和沃森,1971,137-138)。

这些建议雄心勃勃,考虑到了短期与长期(规划)的需要,对模型顺序或同时求解以及微观与宏观品类需求的概念。关于数据的建议特别提到城市商流数据严重匮乏(高勒,1971)。这些建议没有获得任何开发实施城市物流模型的响应。

在这次会议上,查尔斯·海执总结了城市个人出行与城市货物流动之间的异同点。相似之处为:

二者都对经济活动水平敏感;二者的高峰都出现在工作日;除了在人口最密集的城市,二者大多数情况下都由机动车运输并且常常有相同的路权;同时二者的出行主要发生在工作日白天的。

不同点为:

个人出行流动通常是双向(往返)流动,而货物流动常常是一系列单向流;对于货物来说,行程终点并不像乘客那样分散;货车,尤其是配送货车以及双轴或多轴货车,每天的出行量比小汽车多;货物流动要求有更多的方式转换和中转;运单记录在货物流动中必不可少;与乘客数据相比,货运数据更难以获得(海执,1971,145)。

与介绍个人出行预测类似,我们的述评强调进行城市物流早期研究的学者以及他们的工作是何时着手进行的。8.6.1节讨论了利用基于车辆的方法来预测城市物流的早期尝试,这些尝试形成了(建模的)指南。8.6.2节审视了基于品类的方法,它主要出现在学术文献中。8.6.3节介绍了微观仿真方法。

8.6.1 基于车辆方法的演变

20世纪50年代底特律和芝加哥进行的城市交通研究分类统计了与用地有关的货车流动。从这些研究的报告来看,货车流动并未包含在为备选方案准备的交通预测中。多伦多和纽约地区的交通研究更全面地考虑了货车流动(2.7节)。

弗莱思科等(1972)描述了类似个人出行预测顺序方法的城市物流预测步骤。他们探讨了"区别人流和物流的特征"并试图识别"在什么情况下能将个人出行预测方法用于预测物流"。他们解决了在小区层面识别由家庭和产业活动产生的货运需求的困难。作者提出了一个跨产业模型以及重力模型的概念,但坦诚地说明了(应用它们的)困难并呼吁研究。

皮特·沃森(1972,1975)对城市物流的研究始于对与产业活动相关的货物运输活动的统计分析。沃森去世界银行工作以后,他发起的对基于品类的方法的研究陷入停滞。沃森的同学大卫·扎瓦特罗(1974)到芝加哥地区交通研究署任职。他对意欲实施的早期城市物流预测模型的特征描述如下:"在标准交通模型对物流有限的考量中,典型的假设是货运导向的出行与个人出行保持某一(恒定)比例,因此可以通过这些比例,按个人出行数量来估计"(扎瓦特罗,1974,1)。

他的模型使用传统的生成-分布-车辆装载-分配的概念。假设按小区划分的始发和被吸引的货流与用地类型和货物种类相关。按照1970年大会提议的方式设想出跨产业结构,还提出了重力模型来分配起讫点间的货运量,由此根据起讫点用地和货物类型产生从起始小区到终点小区的流量。1970年商业车辆调查得到的数据用于校准和测试模型。迈克尔·德梅茨基(1974)还提出了收集城市物流数据的方案以支持类似的建模方案。

阿尼姆·梅堡和皮特·斯托弗(1974)通过定义模型开发预测与探索方法的要求进一步推动了城市物流建模的发展。他们论文的一个重要贡献是将托运货物,即"拥有单一起讫点的某一货物或某一组货物",确定为数据搜集、分析和预测的合适单位。与个体出行者类似,他们将托运货物认定为分析的基本单位。他们的提议与当时对货车流动的调查不同,因为同一辆货车可能会运输一个或多个托运货物。作者们用两幅详细的示意图描述了他们的"城市货运需求估计"方法,与个人出行建模所用的顺序步骤相似。

作者们提到城市物流模型复杂性大增:"市内货车流动包括多次集货和操作"以至于"行车路线中的很大一部分可能会由收集和配送点的位置决定,这大大弱化了分配问题的重要性"。这一点正是在路网中为货车安排路线与基于小汽车的传统个人出行分配的根本差异,它类似寻找连接一系列停留地点间最短路径的旅行商问题,还可能受到时间窗口要求的限制。作者们也提到货运的方式和车辆装载选择部分取决于配送出行时间和成本,也可能要求迭代求解。

霍华德·斯拉温(1976)报告了一项关于城市货物流动的具体需求分析。利用在波士顿地区进行的货车调查数据,他估计了两个集计模型。第一个模型将出行终端(起点加终点)密度与五种就业密度、人口密度、重型货车比例及位置变量相关联。第二个是轻型货车出行的直接需求模型,这些出行来自一个食品生产商,都发生在包含十六个小区的波士顿郊区网络中。斯拉温评估了几种函数形式,最终选择将小区间集计出行密度与小区零售和人口密度以及出行时间的幂函数相联系。由于对新函数形式的探究,这一结果颇为有趣。

以上研究和应用主要解决了货运出行的生成和吸引,以及估计小区间流量的问题。规划机构在芝加哥和纽约等地进行的相关研究强调了与用地相关的货车出行生成。但是,这些研究尚未形成城市货物流动模型。也许首个包含货运生成、分布和分配的模型是由弗兰克·萨斯沃斯和大卫·扎瓦特罗在芝加哥地区交通研究中提出并实施的。他们提出并测试了几项创新。其中之一就是试图从概念上描述配送货车在路网中从一个终端到另一个终端的环形路线,而非将起讫点间货车当量分配到最短路径上(萨斯沃斯,1982)。另一个创新是在考虑所有道路交通流的网络均衡交通分配中限定货车必须使用指定货车路线,并将其作为完整货运规划模型中的要素(萨斯沃斯等,1983a,1983b)。该模型为承运人车辆货运终端提供了一种工具,由此对货运终端规划做出了贡献,与在公路网上估计货车流的常规做法相比是一大进步。萨斯沃斯后来职业生涯的很大一部分都贡献给了城市与区域间货运建模的工作。

源于这些先驱研究的实践在20世纪八九十年代继续发展,并为编写城市物流预测指南和手册做好了准备。易尔·瑞特(1939—2008,1992)的报告是很好的例子。剑桥系统公司

(1997)曾编写了指南,十年之后,比根等(2007)又发布了一本快速反应手册。[47]

8.6.2 基于品类方法的发展

在海执(1971)提议的基础上,研究者开始将城市货物流动当作产业集群间的流量来作预测,用跨行业或投入产出的方法来分析。埃德温·米尔斯(1972)为城市生产、消费、贸易和住房提出了抽象的广义均衡模型,用相对抽象的线性规划模型来表示方格位置间的跨产业流动。该模型的新颖之处在于包含了建筑密度和土地租金。商品和人员在方格网中流动,方格的进出流量都集中在几何中心,那里假定有一个港口或铁路终点站。方格上的局部交通费用随着流量而增加,以此来代表拥堵现象。

T. 约翰·金(1978)将第二种出行方式引入了米尔斯的模型:给上班族使用的连续分布的地铁系统。线性规划问题的解不仅将各种活动有效分配到不同位置上,也使得交通系统得到高效利用。因此,城市活动(用地)和交通系统间的互动建模成为可能。米尔斯-金模型的主要目的是通过活动和用地的有效匹配以及交通系统的有效定价,深入理解城市结构和功能。

随后,金(1989,第 5 章)及罗和金(1989)试图强化该模型在行为方面的现实性,同时保留其在开发强度上的新颖特性。他们通过集成里昂铁夫和斯陶特(1963)以及威尔森(1970,第 3 章)的贡献,在都市层面引入了跨产业和空间互动组合模型,并为商品和人员都加入了用户-均衡路径选择原则。最后形成的非线性规划模型仍是抽象的,但有可能通过准真实的网络表达和土地分区系统来求解。该模型用芝加哥地区的数据来实施,将整个地区分为 74 个小区,考虑了四个产业部门(制造业、贸易、服务及家庭事务)和三种方式(小汽车、公交和货车)。其结果详细描述了土地使用强度和价值,以及出行的情况。[48]

格耐维夫·久利亚诺和皮特·戈登,及他们的学生们估计了道路网上的城市内部货运流。他们的模型的基本步骤为:

(1)估计在机场、港口、铁路场站或区域高速路出入口所在地的各种跨区域和跨国商品的产生与吸引量。

(2)运用区域投入产出交易表在小型地区单位的层面估计区域内特定商品的出行吸引与产生量。

(3)利用第(1)步和第(2)步的估计值来创建特定商品的区域起讫点矩阵。

(4)将第(3)步得到的起讫点矩阵加载到旅客(小汽车)流已知的区域公路网上(久利亚诺等,2010,77)。

他们对这一步骤的实施总结如下。预测的对象是 2001 年洛杉矶五个县的大都会区(LA)之内、LA 和美国其余地区之间以及和世界其他地区之间以美元结算的跨区商品流,涉及九种商品。通过使用区域跨产业矩阵和小型地区就业数据,他们为 LA 地区的 3203 个小区估计了该九种商品与区域间流量对应的产生和吸引。这些数值从每年的美元值转换为每日的吨位值,然后通过常规重力模型来估计起讫点货车出行矩阵。最后,通过使用确定网络均衡分配方法,以小汽车当量单位计算的货车矩阵与外生提供的个人出行流量一起分配到南加州公路网中。采用交通调查线上的货车计数来进行验证研究。

基于易得的数据来源,该模型可用于分析服务该区域大型港口的国际贸易、道路改进方案、道路收费和就业位置变化。这个模型是1970年海执以及弗兰持和沃森描述的方法的典型代表。和基于货车的方法一样,它并不试图估算货车在路网中的实际配送路径,而是估算那些包含在配送过程中的小区间商品流。[49]

最后一个问题涉及对路网上空载货车的估计,通常称为空载回拉。霍贵因-维拉斯和帕提尔(2008,312)注意到空载货车占了全部货车出行的30%~40%,并提出了一个简单办法来估计这些货车流量。正如基于货车和基于品类的模型并不寻求表达网络上的实际货车流一样,许多模型中都没有表达空载货车从装货点出发和返回的流动;然而,久利亚诺等(2010)加入了一个表达这些流量的因子。空载货车的问题提醒我们城市货物流动的建模高度复杂,且当前的实践现状带来了许多挑战(9.7节)。

8.6.3 基于智能体的微观仿真方法

和出行预测的相关领域一样,用微观仿真求解的基于智能体的方法直到近期才受到关注。基于在加拿大卡尔加里市搜集到的一组异常详尽的数据,亨特和斯蒂芬(2007)尝试对基于出行环的城市商业货车流动进行微观仿真。尽管和上述模型相比,它不太完整,但却为货车出行环出行建模贡献了在早期研究中基本缺失的新思路。这一类仿真模型的另一个例子是王和霍贵因-维拉斯(2008)。

多纳利(2009)建立了更全面的仿真模型,并用俄勒冈州波特兰市的数据予以实施。该模型被称为"对一种截然不同的城市货运建模处理方式的概念验证"。多纳利的微观仿真模型由组成区域经济体的公司和家庭来定义。这些"智能体"的活动生成货流,进行目的地和转运选择,并生成每日运单、承运商和车辆,再将运单分配给货车和行程单以进行配送;而些行程单则决定了分配到路网中的货车流量。

8.7 结论

用于编制长期都市交通规划的传统出行预测方法仍在继续,与它在20世纪50年代刚刚兴起时的模样差别不大。构成顺序步骤的各个模型已经有了改进,但基本方法未变:

(1)依赖对单一目标年份中一个或多个假想网络上的截面工作日做出行预测。

(2)将出行需求表达为个体行为,且大体上不受其每天日程安排、家庭要求及出行时刻的约束。

(3)静态的时间和出行成本表达,其中个体出行因为稀缺的公路和公交网络资源产生竞争,但并不会实际体验到这种竞争导致的拥堵给出行时刻安排带来的后果。

(4)在对拥堵、出行的金钱成本和产生的外部性(如排放、事故、噪声)作出调整的时候忽略城市土地利用和活动系统的长期演变。

对这个顺序步骤的重大审视(TRB,2007)只提出了相对较小的改进。主要的实践传统没有受到挑战,并且以后也可能会萧规曹随,按部就班地进行。在第11章中,我们提出了在这一方向上做出改变的思路。

作为发明新的出行预测方法的尝试,TRANSIMS虽然在规模和资源上都做到了前无古人,但却未能如愿对长期出行预测实践形成影响。我们详尽地提供了这一尝试的历史,希望后人能从这段经历中学到经验教训。在网上或纸质资料中鲜有关于该项目情况的报告。

其他创建新型预测模型的尝试源自基层工作。在这些尝试中,一些有创新精神的机构成员及其咨询服务商试图创建基于出行环和活动的模型。尽管这项工作未完成,但他们的付出和发现给我们留下了深刻的印象。那些致力于为用地和城市货物流动建模的人们也配得上同样的积极评价。

在这里我们呼吁关注一个自1980年以来就被遗忘的问题。人们对出行需求和网络模型的理解大约在那个时候趋于成熟。虽然进行了各种调查,对交通系统运行也进行了观测和数据收集,还有人口统计的工作,我们对于按方式划分的城市出行的短期或中期趋势或公路和公交系统的使用趋势依然缺少实证方面的理解。假设我们选取一个大都市地区样本,审视它们在出行方面的长期趋势,包括:按方式划分的工作日出行数量、乘小汽车出行的人员小时数和车辆里程数、货车出行的车辆里程数、公交出行的乘客小时数、小汽车可用性和承载率、公交载客因子等。很少有大都会规划组织拥有这类趋势数据,更遑论在各子区域内及一天中各时段的趋势数据。有意思的是,尽管所知如此之少,我们却宣称要评估未来几十年关于这些系统改进和运行的各项提议。我们会在11.5.2节中再讨论这一问题。

尾注

[1] 底特律和芝加哥交通研究使用了术语"目标年"来指代对人口、就业和相关预测很有可能实现的某一未来年份。精确的年份被认为没有预测所表达的活动水平重要(底特律大都会地区交通研究,1956,15;芝加哥地区交通研究,1960,3)。

[2] 托马斯·里斯科(1967)早先曾作为交通经济学家为芝加哥地区交通研究服务,在此之前他完成了有关出行时间价值研究的经济学博士学位。

[3] 本节参阅了加里特和沃克斯(1996)所做的详尽分析。

[4] en.wikipedia.org/wiki/Catalytic_converter(访问于2013年12月17日)。

[5] 州实施方案是一个用于让每个被裁定为违反(未达标)国家环境空气质量标准的地区实现达标的特定方案。www.epa.gov/oar/urbanair/sipstatus/index.html(访问于2014年2月9日)。

[6] www.fhwa.dot.gov/environment/air_quality/(访问于2014年6月4日)。

[7] 该诉讼也催生了本报告,《扩张大都市公路》(TRB,1995)。

[8] www.fhwa.dot.gov/environment/air_quality/conformity/guide/basicguide2010.pdf(访问于2013年10月8日)。本指南的2005版见于www.ampo.org/assets/25_bguide05.pdf(访问于2013年10月9日)。

[9] 第40条:保护环境,第93部分——判定联邦行为对州或联邦执行方案的遵照情况,次级部分A——依据U.S.C.第23条或联邦公共交通法所开发、赞助或批准的交通方案、计划和项目对州或联邦执行方案的遵守,联邦法规的电子法典,ecfr.gpoaccess.gov/(访问于2013年10月7日)。

[10] 弗雷德里克·杜卡,和大卫·博伊斯的讨论。

[11] 依据美国法典第23条或联邦公共交通法所赞助或批准的交通方案、计划和项目对州

或联邦执行方案之遵守判定的规则标准,最终规则,联邦注册局,1993年11月24日。

[12] TMIP 现在有两个网站:www.fhwa.dot.gov/planning/tmip/ 和 tmiponline.org/(访问于2013年8月30日)。

[13] 他们的回应由布鲁斯·斯皮尔(1996)总结。

[14] 同行评审报告见于 www.fhwa.dot.gov/planning/tmip/publications/peer_review_reports/(访问于2013年10月3日)。

[15] www.fta.dot.gov/documents/Release_FY11_Reporting_Instructions.pdf(访问于2013年10月7日)。

[16] 除细微的编辑性更改外,这些步骤均逐字引用自美国交通部(2009,14-15)。

[17] www.fta.dot.gov/documents/Discussion_11_Summit_Example_Calcs.xls(访问于2013年10月7日)。

[18] 用于对它们进行分析的数据来源是1995年的全国个人交通调查,2001年的国民家庭出行调查和1990年及2000年的十年人口普查。

[19] 克里斯托弗·巴瑞特是网络动态和仿真科学实验室的主管,以及弗吉尼亚生物信息学院和弗吉尼亚州布莱克斯堡市弗吉尼亚理工的计算机科学部教授 www.vbi.vt.edu/faculty/personal/Christopher_Barrett(访问于2014年2月8日)。

[20] NCHRP 合集406号(多纳利等,2010,15-16)描述了 TRANSIMS 是如何开始的。

[21] 弗雷德里克·杜卡和大卫·博伊斯的个人采访,2011年1月。

[22] www.pti.psu.edu/larsonBio,www.pti.psu.edu/news-detail.php?ID=50(访问于2013年8月31日)。

[23] 莫里森和卢西(1995),根据联邦立法制订的 TRANSIMS 模型设计标准 ntl.bts.gov/DOCS/462.html(访问于2013年10月7日)。

[24] 在"奔腾"(Pentium)商标名下首发于1993年3月的英特尔公司第五代微体系结构及其前身,在本声明的时代被广泛用于出行预测实践。更快的处理器由太阳微系统公司或其竞争者如1989—1995年间的太阳 SPARC 系列提供,之后是1995—2001年间的 SunUltra 系列,en.wikipedia.org/wiki/Comparison_of_CPU_architectures(访问于2013年10月7日)。参见表格10.2中对处理速度的对比。在相关文件中,LANL 描述了工程工作站的高速网络,它现在对于个人计算机而言非常普遍。

[25] en.wikipedia.org/wiki/Nagel%E2%80%93Schreckenberg_model(访问于2014年2月9日)。卡洛斯·达甘佐(1994)在元胞传输模型上加入了对纳格尔模型的索引和其他内容。

[26] 弗雷德里克·杜卡在2005年9月8日的一次演示中描述了波特兰案例研究的情况,此时工作已暂停了。

[27] onlinepubs.trb.org/onlinepubs/shrp2/SHRP2prepubC10Areport.pdf(访问于2014年6月4日)。

[28] onlinepubs.trb.org/onlinepubs/shrp2/SHRP2prepubC10BSummaryReport.pdf(访问于2014年6月4日)。

[29] media.tmiponline.org/clearinghouse/issue_paper/issue_paper.pdf(访问于2013年10月8日)。

[30] www. fhwa. dot. gov/publications/publicroads/00marapr/transims. cfm(访问于 2014 年 2 月 10 日)。

[31] TRANSIMS 开放源代码,code. google. com/p/transims/(访问于 2014 年 3 月 28 日)。

[32] www. tracc. anl. gov/index. php/transportation-research/transportation-systems-modeling(访问于 2014 年 3 月 28 日)。文本中对 TRANSIMS 活动的描述在 TRACC 网站中已不再可见。

[33] 胡伯特·列伊和大卫·博伊斯的讨论,2013 年 10 月 4 日。

[34] 对 TRANSIMS 开放源代码的使用可能会继续;然而,一次谷歌网络搜索未能验证该假设。

[35] 和 MATSim 有关的网站参阅:www. matsim. org/;www. vsp. tu-berlin. de/publications/;www. ivt. ethz. ch/vpl/publications(访问于 2013 年 9 月 29 日)。

[36] www. trb. org/Main/Blurbs/169685. aspx(访问于 2014 年 11 月 5 日)。

[37] 斯蒂文·普特曼的研究催生了 DRAM/EMPAL 这一点得到了从美国交通部到宾州大学的各联系人的支持。他的报告,即美国交通部出行模型改良项目的《一体化的交通和土地使用预测:备选模型系统配置的敏感度测试》报告,见于 ntl. bts. gov/lib/18000/18300/18370/PB2001108460. pdf(访问于 2013 年 1 月 7 日)。

[38] www. epa. gov/reva/docs/ProjectingLandUseChange. pdf(访问于 2013 年 10 月 13 日)。

[39] ntl. bts. gov/lib/18000/18300/18370/PB2001108460. pdf(访问于 2013 年 1 月 7 日)。

[40] en. wikipedia. org/wiki/UrbanSim(访问于 2013 年 10 月 8 日)。对 UrbanSim 的开发得到了美国国家科学基金会、环保局和联邦公路管理局,以及欧洲和南非的州、大都会规划组织和研究委员会的拨款支持。

[41] www. urbansim. org(访问于 2013 年 10 月 8 日)。

[42] 博伊斯和麦茨森(1999)采用了一个类似的方法来重新构筑拉尔斯-格兰·麦茨森的居住和就业位置一体化模型(IMREL);见于安德斯蒂格和麦茨森(1991)。

[43] 在 IBM 系统/370 上的用户可使用的最大内存为 512KB。要把整数值的出行矩阵存在内存中需要至少 400KB 的内存。因此,所有出行矩阵的计算都是逐行或逐列进行的。相较之下,一台 2012 年采购并用来撰写本书的现成台式机拥有 8GB 的内存,也就是 512KB 的大约 16000 倍。

[44] www. nymtc. org/project/BPM/model/bpm_finalrpt. pdf(访问于 2013 年 10 月 8 日)。

[45] www. spiekermann-wegener. com/mod/pdf/AP_1101_IRPUD_Model. pdf(访问于 2014 年 4 月 2 日)。

[46] www. utrc2. org/research/assets/6/regionalfreight1. html(访问于 2012 年 4 月 9 日)。

[47] ops. fhwa. dot. gov/freight/publications/qrfm2/qrfm. pdf(访问于 2013 年 10 月 10 日)。

[48] 琼·H. 罗为韩国首尔运用了一个相似的模型。

[49] 奥本海默(1993b)提出了一个相关的模型,它融入了网络均衡概念(7.4.4.5 节)。

9 英国实践中的传统与创新

9.1 概述

在这一章我们主要介绍英国在过去30年城市出行预测实践中的重要进展,并特别关注其近期的发展。本章的综述既回顾了对传统方法的改进,同时也介绍了卓越的创新。虽然内容覆盖很广,但如同第8章一样,这仍是经过取舍的结果。谢泼德等(2006b,313)提到英国有深厚的交通模型文化,我们希望能让读者领略到这种独特的英国风格,尽管在实践中这种风格也呈现诸多变化。鉴于建模实践的历史、细节或批判前人已有涉猎(本节后面讨论),我们着重介绍它们的重要进展和动机。

我们将采纳在英国实践中广泛应用的术语。为了同英国的使用习惯保持一致,我们把出行预测描述为"交通模型"或"多阶段模型"的产物,而不是美国实践中通常称呼的"多步骤流程"或"顺序流程"。在美国的实践中,模型通常指整个流程中的单独一步,例如出行分布模型。在9.4节,"方案"指建议考虑的某个具体项目。

对交通规划实践的报告和综述通常存在诸多缺陷,在这里我们先提三点。第一,由于情景变化迅速,对特定的出行预测模型的描述很快会随着对它们的改进和更新而过时。第二,这一点同样适用于来源于英国交通部(UKDft)的建议和指导,因为其文件经历了从建议到确定的过程,同样也需要更新。第三,出于尊重合作方保密性的需要,一些创新性的资料不能在专业或学术机构中得到更广泛的传播。因此,我们很少讨论具体案例,而是重点关注理论、方法的独特性和有可比性的事项(如果有的话)。

第3章中提到,在出行预测学科发展的早期,英国一直在跟随美国引领的发展。20世纪60年代和70年代早期是城市出行预测专业知识体系的建立阶段,同时也是英国大学、大型咨询机构和政府机构在技术和理论上发展创新的时期。在20世纪60年代中期那段不寻常的创新阶段中,数学顾问组(MAU)起到了关键作用。我们也认为采用了众多先进技术的SELNEC数学理论模型是当时世界上最复杂的模型之一。这段早期蓬勃发展的势头很快陷入停滞,随后整个领域的建模能力出现相对下降,究其原因有如下几点:MAU的关闭;1970年和1979年政府的换届;大伦敦市议会和都市郡议会的废止;20世纪80年代早期经历的私有化和放松管制进程;资金的进一步匮乏;抵制大规模模型的风潮,以及对借助经济学和科学方法来指导政策和决策这一做法的质疑。对上述这些因素的作用、程度和持续性仍存在争论。

20世纪70年代末期到80年代的英国对综合城市交通建模的新提议并不多见。这一时期财政紧缩,地方政府面临压力转而对外寻求专业服务,从而不得不遣散专业人员。[1]地方公共交通服务的私有化和地方政府外包化使得对多方式城市模型的需求转化为针对更分散的问题和客户提出的具体项目而建立的模型。虽然许多地方政府保留了进行简单交通设计和规划的技术能力,但大部分大型任务逐渐由私人部门来承担。因此,英国国内和国际的咨询机构(有时形成联合咨询体)不仅对运用传统的出行预测方法来进行客货运预测游刃有余,而且已经开始对这些技术做改进和发展。然而,英国在当时并不了解美国或一些欧洲国家(尤其是荷兰)的尖端实践表现出的勃勃雄心,特别是在微观层面基于出行环和活动的个人出行研究方面取得的进展。尽管已经有众多针对不同场景下方式选择的非集计研究,以及许多基于出行环表达的英国研究(例如,大曼彻斯特战略规划模型及利兹交通模型),但我们只找到一个区域级应用使用了非集计数据和方法来估计基于出行环的出行需求模型,还有一个运用了基于活动的建模技术(9.5.2节)。

需要再次强调的是,正如第1章中提到的,城市出行预测的背景是非常广泛的。我们此处强调用时间断面法来建模的普遍性质,参阅的文献和报告包括:韦伯斯特等,1988;干线道路评估常务咨询委员会(SACTRA),1994,1999;布莱等,2001,2002;WSP等,2002;巴蒂斯等,2003;MVA,2005;谢泼德等,2006a,2006b;库贝,2009a;为英国交通部所做或由其出具的其他报告。一些回顾文献主要与模型的理论基础和分析内容相关;其他一些则侧重通过实践来挖掘在不同研究中预测模型的某些特征;还有一些是研究需求分析和预测模型中对英国交通部的建议或指南的采纳程度。

在9.2节,我们更详细地描述了英国出行预测的背景。同时也探讨了英国交通部及其前身给出的官方建议和指南的性质和作用(尤其是在过去15年中),但并未试图去评估它们的影响。[2]为了避免给不熟悉英国政府组织和机构变革的读者带来困惑,我们统一用英国交通部,或"该部",来代表负责交通规划的政府实体,尽管参考文献中会用到负责规划的具体部门在特定时期的名称。

在9.3节,我们回顾了交通网络建模中出现的创新。特别考虑了结合出行和交通行为,拥有更高时空分辨率的专业分配模型。介绍了一些商业软件系统,包括SATURN和CONT-RAM,并指出了它们的起源和发展。然后,介绍了在道路和公共交通系统分析的精细应用中日益流行的微观仿真方法。

尽管英国干线道路评估常务咨询委员会(SACTRA)的重心主要是城市地区之外或外围的道路发展,但由于以下四方面原因,我们必须考虑SACTRA在1994年发布的重量级报告:

(1)在20世纪80年代晚期,对增加道路容量和改进路况是否会诱发比预期更多的交通出行一直存在争论;人们开始质疑在拥堵的条件下预测出行及对其效果评估的后果。

(2)与上述质疑相关,简单的估计方法,尤其是基于固定需求或固定矩阵估计(7.4.2节)的方法是否合适在那一时期受到了特别的审视。

(3)这个报告对未来关于出行需求,特别是对用于公路评估和更广义的政策评估的模型的结构和弹性有重要的影响。

（4）在这个报告中探讨的方法与第7章中的核心问题直接相关，也就是均衡模型及其中内含的"交通法则"的设定和求解方法。

在9.4节，我们总结了1994年SACTRA报告《干线道路和交通生成》(*Trunk Roads and the Generation of Traffic*)的背景、目标、主要发现和遗留问题。

在9.5节，我们讨论基于嵌套Logit模型的多步骤、多阶段、多级（或层级）出行预测步骤里的各种细节。到20世纪90年代，嵌套Logit模型已经成为国际上出行需求研究的中坚力量（奥图萨，2001）。我们将会介绍在英国实践中以增量法或枢轴点法来应用嵌套Logit模型的尝试及与之匹配的结构和参数，也会提及最先进的非集计建模方法。从众多英国交通部的官方指南和建议的文献中，我们收集了阶段模型的设定、校正、平衡、验证和使用的案例。

与美国一样，在土地利用—交通一体化模型和城市及区域货运预测这两个领域，英国也经常在技术复杂度和实践可操作性之间做大量折中。在9.6节和9.7节，我们审视推动这些领域发展前进的环境。我们将介绍起源于剑桥大学马丁中心，特别成功的土地利用模型，也会提及与其相关的小型咨询机构和研究人员的工作。

本章的结语部分简单评价了英国发展和实践的状态。

9.2 不断演变的对城市出行预测和评估的要求

9.2.1 背景

我们将提及20世纪80年代早期与城市和区域交通规划项目和政策相关的模型应用及模型发展的许多文献。然而，重点还是在过去20年中的应用，尤其是那些源于1997年当选的新工党政府所倡议的应用。我们特别选取了三个建模和评估研究的报告，目的是探讨关于各种为某一特定目的而采用的方法的信息和洞见，专门的技术问题，以及出行预测中为了实践而做出的妥协。巴蒂斯等（2003），谢泼德等（2006b）和库贝（2009a）所做研究的背景很重要，因此我们对其做了简要说明。所有报告都对模型、方法及其应用评价做了有趣的总结回顾。

巴蒂斯等（2003）评估了始于1999年的"多方式研究"（MMS）。这类研究的意图是对部分承受"严重交通压力"的主干道路网进行分析并提出解决方案。关键的需求是开发各种项目包以及通过政策工具制定干预措施。这些研究类型多样：总共十七项研究中有六项是关于大都市区或主城区的外围片区的，包括泰恩河、曼彻斯特东南区域、西米德兰兹以及伦敦周边区域。其他研究主要针对城市间的走廊，但有时也包括大城镇或大都市区的部分区域。

为了获得尽量广泛的共识，MMS倡议的方法参考了中央政府的建议，即《多方式研究方法论指南》（英国环境交通区域部，2000），首字母缩写GOMMMS更为人所熟悉。这个指南在评价步骤方面（见下文）介绍得相当详细，但"在建模细节方面的规范则很不具体"（巴蒂斯等，2003，9），这给了相关专业人员操作时相当大的自由发挥空间。每个 MMS 都有杰出的英国咨询团队参与并花了大约 2 年时间实施。在获取适当信息、开发合适的模型、测试并评估大量的政策和规划方面，这些专家在"极大压力下完成了大量要求苛刻的工作"（巴蒂斯等，2003，6）。如同下文中所指出的（9.5.1 节），这些情形对所采纳的出行预测方法产生了重要影响。

为了解决地方交通问题，2000 年新工党政府提出了围绕"五年综合交通策略"的十年期项目。鼓励英国地方政府（伦敦之外）将一体化的交通规划付诸实践，重点针对公共交通、自行车和步行。地方交通规划（LTPs）是政府对固定资产投资项目进行投标的工具，可由各种不同规模和形态的政府提交。与多方式研究一样，最初与建模相关的指南并不详细，尽管人们普遍认为该指南对大型计划，比如投资大于 500 万英镑的计划给出了足够详细的指导。

利兹大学交通研究所（ITS）的安瑟尼·梅及其同事对过去 20 年间城市交通规划和政策的产生和评估、改进决策的相关方法以及妨碍决策执行的障碍等进行了大量研究（梅，2013；梅和马修斯，2007；梅等，2008；谢泼德等，2006b）。这些研究中的最后一项（谢泼德等，2006b）反映了英国地方政府建模中用到的各种分析步骤及对它们的态度。在下面的讨论中我们借鉴了这一工作。

作者回顾了第一轮 LTPs 中应用的建模方法，并采访了相关人员。[3] 不出意外，由于地方政府的规模和组成变化多样，在那些可以利用现有或最近应用过的模型的地区，例如大曼彻斯特和西约克郡，出行预测实践更加先进。为了评估众多预测方法和它们各自的应用场景，谢泼德等（2006b，310）提出了层次结构，见表 9-1。最底层是非定量模型（1），最顶层是土地利用—交通一体化模型（9）。

英国用于支持地方交通规划的模型方法层次体系　　　　　　　　　表 9-1

1	非定量模型—单纯的定性估计（可能依赖于专家判断或之前的结果）
2	简单的基于成本-在 1 的基础上增加财务成本
3	表格模型
4	概略规划模型
5	没有弹性分配的孤立的网络分配模型
6	有弹性分配的孤立的网络分配模型
7	结合外部需求/方式选择模型的网络分配模型
8	4 阶段模型
9	土地利用—交通交互作用（LUTI）模型
10	战略性交通/环境模型

来源：谢泼德等（2006b，310）。

随后我们会对这个表的内容进行说明（9.3.1 节）。这篇文献对模型复杂度和实践做了很多有趣的评价，也包括了当时出行预测领域的主流认知：

在大多数情形下，应用在表 9-1 中处于更高层级的方法成本更高，主要由于数据采集成本需求更大。然而，对估计出行需求而言，它们会比底层模型的预测结果更准确……因此建模人员需要在准确度和成本之间进行权衡。指导这种权衡的普遍原则是，昂贵的模型可以用于潜在的成本和收益很大的项目或规划,而对小型的项目或规划则不适合(谢波德等,2006b,310)。

在 LTPs 第二轮的准备中,英国交通部(2004)发表了利兹大学团队的报告,它探讨了众多预测模型和方法对不同类型机构的适用性。

前面提到的巴蒂斯等(2003)和谢波德等(2006b)考虑的是在具体规划/政策倡议中实际使用的方法。而库贝(2009a)的目标是支持交通部进行长期区域交通规划(即它的可持续交通系统或者 DaSTS 行动),重心是根据政策、软件包和主要方案来评估建模能力和就绪程度。库贝综述了 30 种交通模型的特性和可用性,其中很多由地方政府联合体提出,集中在子区域、城市群和核心城区。库贝的研究特别关注的方面是对官方建议的采纳程度、鉴别最佳实践以及如何提高建模能力的建议。

巴蒂斯等(2003)、谢波德等(2006b)和库贝(2009a)所完成的这三项研究涉及模型发展的很多重要方面,如模型复杂度、出行预测的方法的多样性及对维护数据库和预测能力的态度。其中,出行预测中考虑了众多的政策工具,包括:土地利用政策;公路项目;地铁、现代公交、有轨电车和轻轨系统;公路容量重分配;中心区停车和停车换乘提议;众多的道路收费计划;慢行方式优先(自行车和步行);一系列推动智能出行选择的政策。我们会在本章中各处对这些内容进行评论。

此处需要对伦敦做一些相关说明。从体量规模、交通问题的广度和深度、城市出行需求的特性、可选公交方式的种类、公交独立的组织和控制方式,以及行政体系[4]等方面来看,伦敦是英国城市中的特例。与大多数其他城市群和城区不同的是,从 20 世纪 60 年代早期开始,伦敦就开始了持续不断的交通模型开发。同世界其他地方的超大规模城市一样,伦敦几乎不停地测试、修改或摒弃大量涉及城市发展、针对几种交通方式的大型投资项目、交通管制等方方面面的提案。我们提到很多针对伦敦全市或部分地区的预测模型,包括:传统的四阶段多方式模型,伦敦交通研究 1981(LTS81)和伦敦交通研究 1991(LTS91);为测试道路收费政策开发的战略模型;创新的货运模型。2000 年后伦敦市长办公室被赋予很大的权力,这对 2003 在伦敦实施世界上最大规模的拥堵收费政策至关重要,参阅理查德斯(2006)对该政策及其影响的探讨。为了支撑市长的这一策略,负责市内地面交通的伦敦交通局(TfL)使用众多交通模型软件系统进行了大量的模型测试。

9.2.2 英国运输部的出行预测和评估

从 20 世纪 60 年代起,英国交通部给分析和评价不同背景下的交通提案提供了很多重要的建议。对经济和环境影响评价的详细开发工作大都源于对公路计划的相关评估。多年以来,特别是从 20 世纪 80 年代早期开始,人们一直努力开发统一的评估框架,用于对涉及所有交通方式的项目和政策做中立评价,并将各种影响纳入其中。

结合多方式研究,英国交通部引入了新的评估方法(NATA),并持续对其进行更新,目前 NATA 仍是交通评估实践的基石(英国交通部,2009a,2009b)。[5]NATA 汇总并延伸了之前的评估研究,采用多指标分析形式,考虑了(项目)对五个政府目标(环境、安全、经济、可达性及整体性)的影响。这些影响由定量/定性的指标来表示。在理论可靠也具备实际操作性的情刊下,一部分指标由货币形式来表示。在设计上,NATA 框架尽量避免了普遍存在的潜在偏见,即给那些容易量化的因素,尤其是经济评估中可用货币估值的部分过高的权重。

如何量化节约下来的时间及其在不同出行细分市场的变化,仍然是评估过程的核心,并且受周期性更新的影响(马基等,2001,2003)。如第 5 章中指出的,从 20 世纪 90 年代以来,出行时间可靠度对个体决策的影响以及这一属性的改变对项目评估的贡献,开始成为英国研究和实践中的重要问题(请参阅巴蒂斯等,2001;诺兰和波拉克,2002;英国交通部,2009b 等)。

英国交通部(2012)在评估和预测方面更广泛的工作包括：交通使用增长预测;利用内部开发的策略模型进行交通影响评价;开发并支持交通改善的影响评价方法;设定评估框架,开发并支持评估交通项目经济合理性的软件。为此,英国交通部提供了许多辅助建模和评价的工具,包括：

(1)数据来源,例如出行端点模型展示程序(TEMPro),可以在详细的地理空间上进行需求预测。[6]

(2)对建模和评价的指导和建议,缩写为 webTAG。

(3)国家层面的交通模型。

(4)关于建模、评价和评估的研究程序。

为了推进基于可靠证据的鲁棒决策,英国交通部多年来一直为地方政府和咨询机构在项目和政策的出行预测和评价上提供指导和建议。这方面的支持大多数在过去的 15 年间进行,同时也一直在开发和更新。从 2003 年起,不同来源的文献资料被整合为基于互联网的"交通分析和指南"文档。该文档建立在早期的出版物基础上,特别是 GOMMMS(英国环境交通区域部,2000)和道路桥梁设计手册(英国交通部,1997)。webTAG 成长为一个全面的、相互关联的文件集合,包含文件的内容详细程度各异,从完全无约束的技术文件到部分或完全指导性的指南均有。考虑到 webTAG 上信息的状态,"这个指南应当被视为对所有需要政府批准的项目/研究的要求。对不需要政府批准的项目/研究,TAG 应当作为一个最佳实践指南"(英国交通部,2011a)。

在 webTAG 的演化过程中,英国交通部试图在内容的标准化和提升英国不同地区方法的一致性中寻找平衡,同时试图兼容地方差异(应用场景、数据能力等)。建模和评估的一般方法已经被强化了很多次,下面可能是对其最好的阐述：

……评估的质量不应当由它的交通模型的规模来衡量,也不是由其表面的复杂程度来决定,而是由其能够为制定和衡量决策提供所需信息的效率来衡量。决定是否使用更复杂的方法的条件是：它能够明显降低错误决策的风险,同时本身具有经济可行性(英国交通部,1997,12(2),2/1,2.5)。

尽管这一论述是在 15 年前高速公路评价的背景下提出的,这个基本理念对现在的方法依然适用,并支持官方给出的建议。或许对建模过程本身的成本效益分析最能表现出指南对逐步改进方法这一思路的依赖。英国交通部给实践者的建议中反复强调,对设计模型所做的改变应当与模型的精密程度与政策的复杂度、其影响的显著程度和所需要的资源相当。

交通部提供的大多数建议都与建立在通用概念之上的基本建模方法论相关。从严格的理论角度来看,例如对城市出行需求预测的建议,主要借鉴了离散选择的随机效用建模方法,特别是与多项和嵌套 Logit 模型相关的合理应用。

9.3 网络建模的发展

9.3.1 对更多细节的追求

国际上,有几个交通预测软件系统已经将公路和公交网络分析(分配)与出行需求模型结合起来。多数软件系统已经开发了多年。英国交通部(2006b)称,应用最广泛的出行预测系统包括 TRIPS(现在是 Citilabs CUBE 软件的一部分),INRO 的 Emme 和 PTV 的 VISEM an VISUM。这些软件系统的开发历史和特征将在第十章中专门介绍。

在公交网络方面,不同的设定产生了一系列专门的分配模型来描述固定线路服务的某些特征。这些区别有时很细微,主要存在于以下方面:广义成本的定义;结合偏好差异和信息有限性,对多方式选项的处理;线路构建和选择;在分配阶段将需求与服务匹配。英国交通部(2006b,14 节)基于以下处理方式对八种商业化公共交通系统的特性和功能进行了对比:步行接驳(到达和离开)、换乘和等待时间;票价结构;拥挤效应;常用线路的处理及可接受路径的确定;分配方法(基于频率或基于时刻表,随机分配或非随机分配);在几条路径上定义的组合成本;数据输入、输出和图形化能力。这个报告还讨论了用于标定、验证和平衡此类有拥挤效应的模型的数据源。

有两个专门的公路网络分析模型引起了人们相当的兴趣:SATURN(城市道路网络交通仿真和分配)和 CONTRAM(连续交通模型)都开发于 20 世纪 70 年代晚期,但却朝着相反的方向演化。SATURN 的开发从基于路段的交通均衡分配出发,以满足在选定交叉口仿真更复杂和真实的交通行为的要求(10.5.2.1 节)。CONTRAM 则从具体的交叉口分析拓展到广义网络分析工具,包括路径选择和交叉口动态排队的交通仿真。不过两个系统都具备的典型特征是实现对流量控制和"溢出效应"的建模。

德克·范·弗里特,路易斯·维朗森,迈克尔·豪和约翰·博兰开发的 SATURN 是一个"现代分配模型"(豪等,1980;范·弗里特,1982)。范·弗里特曾在麦吉尔和剑桥大学学习,主攻物理学,在他 1974 年去利兹大学交通研究所(ITS)之前,曾经负责大伦敦交通研究(GLTS)的公路分配。借助于 GLTS 网络的经验,范·弗里特很清楚对大型区域道路均衡分配的需求。在某些应用中,需要更高的准确度和细节,特别是对相对小尺度交通管理计划的分析需要对交叉口(十字路口)进行细致的车辆行为建模。

SATURN 以综合表达提供了这些孪生的功能。它基于优化技术,用先进的均衡分配技术实现区域网络建模。通过窗口化功能,它可以对一部分交叉口进行更详细的建模和表达。TRANSYT 模型是英国道路研究实验室开发的信号协调软件。SATURN 使用了与 TRANSYT(罗伯森,1969)类似的车队离扩散(platoon dispersal)模型来对排队的形成和消散进行仿真。范·弗里特与他的三位各具专长的同事路易斯·维朗森(交通工程)、迈克尔·豪(数学)及约翰·博兰(运筹学)一起将 SATURN 开发成为一款在网络规划(如城市开发项目对局部地区交通的影响)和交通管理(如单行道、交叉口控制变化、公交专用路)中广泛使用的交通分配模型。和交通研究所以及 WS 阿特金斯的长期成功合作对 SATURN 成功应用至关重要；二者为软件的使用和发展都做出了贡献。

SATURN 一个引人注意的特性是它很早就开始通过路段交通量计数(包括转向交通量)来获得需求(O-D)矩阵的最小偏差(或最大似然)估计。这一创新也能利用已有的出行信息作为输入,从而提供一种(根据当前交通量观测值)更新老旧 O-D 矩阵的手段。路易斯·维朗森是 SATURN 早期概念发展的主要贡献者之一,他创造了 ME2 程序(最大熵矩阵估计)来估计最有可能和以下信息一致的出行矩阵:任何已知出行矩阵,交通量计数提供的独立信息,以及隐含在用户均衡分配中的假设(维朗森,1978,1981;范·祖兰和维朗森,1980)。历年来这个方法在英国得到广泛应用。对这个方法全面的讨论请参阅奥图萨和维朗森(2011,12.4 节)。

经过不断完善和扩展,SATURN 逐步包括:对车辆行为表达的改进;对需求进行分类以包括多用户类别和多时间段(范·弗里特等,1986);响应需求的分配(豪等,1992;巴蒂斯等,1999);处理多方式的能力(维朗森等,1993)。作为对 1994 年 SACTRA 报告的反馈,SATURN 的弹性需求模型在公路项目评价中开始广泛应用(表9-1)。

除了在许多国际交通研究中发挥作用之外,SATURN 也成为理论分析、计算研究和网络设计试验的框架。ITS 有几个成功的研究是基于 SATURN 的,包括:均衡分配的高效率求解算法(阿瑞兹齐和范·弗里特,1990);交通信号最优配置与再分配一体化模型(范·弗里特,1987);为预测网络中能源消耗和排放量而建立的详细交叉口模型(费瑞拉,1981;马左罗斯和范·弗里特,1992);有道路收费和无道路收费的网络中诱增交通量的经济和环境影响(威廉姆斯等,2001a,2001b)。SATURN 也被用于研究新型道路收费措施的设计和影响(梅和米尔纳,2004)。不仅如此,从 1993 年开始,ITS 还将 SATURN 同微观仿真模型 DRACULA(结合用户学习和微观仿真的动态路径分配)整合在一起。德克·范·弗里特对 SATURN 的开发、维护和支持还在持续进行。[7]

SATURN 的开发很大程度上归功于学界,而 CONTRAM 则是在英国交通研究实验室(原来的英国道路研究实验室和英国交通和道路研究实验室)萌芽的(雷奥纳德和塔夫,1979;泰勒,2003)。这个曾经的政府机构在 1996 年进行了私有化,多年来在交叉口设计、信号优化和协调以及城市交通控制(包括 PICADY、ARCADY、OSCADY、TRANSYT 和 SCOOT)等软件的开发上赢得了相当高的国际声誉。作为专门的动态交通分配模型,CONTRAM 的建模十分详细,将交叉口排队的动态生成和消散与多时段出行矩阵和路径选择行为规则结合,可以表达随时间波动的需求和拥堵。COMTRAM 使用的动态排队模型和 ARCADY(环岛)、PIC-ADY(优先通行交叉口)以及 OSCADY(信号)中使用的模型保持一致。以这种方式来分配动态需求,可以很容易地考虑跨越几个时间段的出行,从而更加严谨地处理超过通行能力的时段。通过合理地指定和设置动态出行矩阵所需要的数据,CONTRAM 可以满足交通规划政策和项目测试、需求管理和交通控制,包括驾驶员信息系统和实时交通控制测试等一系列要求。[8]

9.3.2 微观仿真的兴起

微观仿真在详细设计单个无信号或信号交叉口中的应用历史悠久,主要用于求解随机排队问题。从 20 世纪 80 年代起，计算能力足以处理包括网络内所有交叉口在内的更大规模的问题。从那以后，在英国和其他国家，地方政府和咨询机构开始以极大的兴趣将这个方法用于解决与基础设施设计、交通管理和控制措施等相关的各种问题。

这个方法包括更复杂的智能体(部分或所有的小汽车和货车驾驶员、公交车辆、自行车和行人)行为模型，考虑它们间的相互影响，与所处物理环境的互动，以及对详细的规章和交通信息的反应。这些方法代表了在典型的复杂(或简单)交叉口和较小的交通网络中的出行。虽然有几项应用超出了我们探讨的范围，出于下面两个原因我们还是对它们做简单分析。首先，网络设计和交通管理的一些问题现在可以用不同粒度(宏观、中观和微观)的模型来建模，因此带来了不同粒度方法相对优势的问题。其次，在需求方面，宏观和中观层次网络模型的设定通常包含了可以用微观仿真来探究的微观层面的假设。在过去 15 年间，有几个报告(例如《伦敦交通》，2003)考察了微观仿真技术的适用(即比其他更简单的方法更合适)条件，指出适用性主要取决于对问题进行真实有效的表达所必要的细节、需要的资源及需要输出的信息。

近十年地方政府和咨询顾问常用的网络仿真系统是 PTV 的 VISSIM 和 SIA 的 S-PARAMICS，以及最近开始流行起来的交通仿真系统公司的 AIMSUN。伦敦交通署准备的指南备注中包括对 VISSIM 和 PARAMICS 在以下方面的详细对比：数据输入、网络变化、校准、验证、选项测试、动画、污染建模、行人建模、输出、文献可得性(《伦敦交通》，2003)。近期对于针对各类交通运营类型的微观仿真系统的技术对比可以参阅海达斯(2005)及拉陶特和拉曼(2009)。[9]

9.4 重量级的 SACTRA 报告：《主干道路和交通流量的生成》

9.4.1 背景

众所周知，重要的交通项目和政策会带来众多的行为反馈，包括：土地利用变化、活动重新部署、方式替代、出行时刻和路径的改变，以及出行合并和家庭内部任务的重新分配等细微变化(第 6 章)。现在仍存在争论和有待研究的对象有：这些反馈是否明显导致了网络、经济和环境条件的变化；这些变化如何随其应用的政策、项目和地理环境波动；不同的假设、近似和简化对预测和评估是否适当。

在英国，传统的四阶段交通模型是重要研究中城市出行预测的主流，尽管这些模型在结构和细节上的设定变化很大。在四阶段模型中，隐含在预测下的典型行为反应包括随网络广义成本改变带来的线路、方式、目的地变化的可能；与之相反，出行生成/频率的变化几乎不在考虑之列。在英国，考虑后者的模型有时被称为可变需求模型(VDM)。它们同分配模型联系起来，对出行成本有所反馈，从而尝试使出行需求和成本矩阵保持一致。这既可用于现状网络，也对用于测试政策或者项目，参阅 2.3.4 节、7.4.4 节、8.2 节和 8.3 节。

出于实际考虑，特别是位于城市以外或边缘的小型道路项目，通常会对模型进行简化。比较值得一提的是假定可变需求效应(例如目的地和方式替换效应)足够小，因此可以忽略不计。在所谓的固定需求交通分配中,通常假设道路网络上的出行需求会在外部因素的影响下随时间而变化(例如 GDP、汽车保有量、燃油的实时价格以及预期的土地利用变化等)。但是,除了路径变化效应外,其他都被认为对服务水平的变化是不敏感的,不管是在"维持现状/最小变化"状态下,还是由于道路项目导致的结果。关于固定需求这个概念其他用法的描述请参阅 7.4.2 节。对重要的道路项目、跨河口大桥等,通常会使用结合其他行为反馈的更复杂的出行需求分析。

20 世纪 80 年代晚期,有两个问题引起了人们对道路项目评估方法的关注:一是传统的四阶段方法,二是将出行人行为反应仅限于路径变更的固定需求交通分配。首先,在 20 世纪 80 年代末经济快速增长的背景之下,常规道路交通预测估计英国主要道路网络上的交通量会显著增长,到 2025 年增加幅度介于 85% ~ 142%(英国交通部,1989)。这些预测预示许多规划的新增或改建道路会在其寿命周期内的大部分时间变得拥堵。其次,实际道路客量提升和改进生成大量额外出行的经验性证据不断地累积(请参阅毕伍德和艾列特,1989;SACTRA,1994,第 2 ~ 5 章;古德温,1996)。特别是最近完成的伦敦环城高速公路(M25),它的一些路段已经观测到明显比预测值高的流量。尽管 M25 和它的组成路段并不是道路系统中的典型计划,这个高调的案例还是引起了人们对大都市区内部或附近交通预测的质疑。

主要的担忧是日益恶化的拥堵会通过一系列行为机制,抑制一部分需求的增长(令其处于不受拥堵影响的水平之下),然而通行能力的扩张会全部或部分地释放这些被压制的需求。换言之,任何不考虑在拥堵条件下诱增交通量影响的计算都可能极大高估而非低估以固定需求作近似计算的方案可能取得的收益(汤姆森,1970;邦萨尔等,1990;威廉姆斯和摩尔,1990;威廉姆斯和山下,1992;威廉姆斯等,1991;马基,1996)。英国交通部要求 SACTRA 检视这些问题,它们开始引发争议,不仅关乎预测中的技术问题,也实实在在与新建和扩建道路项目息息相关。

9.4.2 SACTRA 的目标,发现,建议和遗留问题

SACTRA 的报告本身并没有关于出行行为或交通系统均衡的新理论,而是详细评估在"免费"道路网络中不同的选择机制下产生的抑制和诱增需求[10]的证据、理论和实际发现,以及在什么场景下这些结果有重要的意义。这个委员会解决了 4 个问题:

(1)新的道路或者道路通行能力的提升会产生明显的诱增交通量吗?
(2)这对道路方案的规划、设计和评估会带来什么影响?
(3)在什么场景下这个问题有重要意义?
(4)在这些场景下,需要对现存的方法做出什么修正?

证据的收集来源于如下的资料(SACTRA,1994,第 4、5 章):从专家打分法中获得的专家意见;不同拥堵程度引起的重要道路或走廊上交通量增长率;从与出行成本变化的短期和长期反应相关的出行需求的计量经济学和其他研究中获得的证据;根据常规检测和具体案例研究,对改造后的道路上交通流预测值和观测值的对比;从一系列模型研究中得出的证据。最后一项既包括了数值研究,也包括了从重要的交通研究中得到的结果,在这些交通研究中对公路项目的收益和网络流量使用了各种不同的方法来评估:简化的弹性方法,即把几种反应(除了路径变更)汇总为具有单个弹性参数的模型(所谓的自我弹性或简单弹性需求模

型);传统的四阶段方法,结合单边约束和双边约束分布模型;土地利用—交通相互作用模型。这个报告的第 10 章对从模型研究中得到的证据进行了综述,后来又汇总并由库贝(1996)进行了认真的探讨。

该委员会得出的结论如下:

诱增交通量的确存在,且可能范围广泛,尽管它的规模和显著性随着环境的不同波动明显。基于这个证据我们认为有些情况下诱增交通会严重影响方案设计、环境评价和经济价值……证据表明诱增交通量在以下情况下会非常重要:

(1)网络已经或预期会以接近通行能力的状态运行。
(2)对出行成本的需求弹性很高的情况。
(3)方案可能会导致出行成本变化很大的情况(SACTRA,1994,205)。

为了倡议把可变需求模型作为预测主干路系统交通量的基础,该委员会对临时和长期实施不同类型道路方案提供了一系列补充建议,包括英国交通部提出的关于开发传统四阶段交通模型"模范实践"的普适建议……在必要时应该改进现有模型,使之能够估计对道路供给的需求响应,包括出行频率和出行时刻的选择(SACTRA,1994,207)。

1994 年 SACTRA 的报告之后,发表了大量反思、综述和评论具体技术和政策的研究成果,参阅诺兰和拉姆(2002)以及里特曼(2010)对英国和美国在这一主题上的文献综述。作为对这一报告的回应,英国交通部开始研究出行机制和弹性,我们在 9.5.3 节和 9.5.4 节会做介绍。[11]这个报告也激发了对生成交通量现象相反机制的研究,有时被称为在通行能力下降或重新分配后(例如人行专用路和公交、自行车专用路)的交通量退化。在 20 世纪 90 年代后期,这一内容也开始逐渐被纳入城市交通的提案中(凯恩斯等,1998;MVA,1998)。

最直接的检测新公路基础设施带来的出行反应的方法是进行事前-事后对比研究,这通常和对数学模型的检验同时进行。对公路方案影响的常规监测通常只局限于交通流方面。然而,英国交通部在 SACTRA 报告之后发起的一系列研究试图确定对新建道路和增加通行能力的出行反应。这些研究中最详细的是最近完成的环曼彻斯特高速公路计划(罗尔等,2012)。这个案例采用结合了频率、方式、目的地和出行时刻选择的非集计分层需求模型来确定 M60 项目的影响。作者总结到:

模型表明 M60 方案可能使通过最相关的边界线的交通量增加 15%～17%,这些主要由目的地变更导致,而由方式变化导致的增量相对较少。出行时刻的影响几乎可以忽略不计,尽管在 M60 项目中,不同时段对应的出行时长变化总体上比较类似……这些模型结果强化了对考虑诱增交通量的要求,即交通规划师在评估新的交通基础设施带来的效益时应把诱增交通量纳入模型之中(罗尔等,2012,2,28)。

9.4.3 更广阔的背景:与"交通法则"的关系

为了把 SACTRA 的报告与更广泛的背景结合,并将其同第 7 章中的网络均衡框架联系起来,我们下面会考察交通系统均衡的相关问题。SACTRA 的报告中并未专门研究安东尼·陶斯所拥护的主张,但是它论及更广义的潜在需求概念以及其可能的后果。陶斯(1962,2004)通过他的三重收敛理论研究了通过修建道路和提升通行能力来消除早高峰拥堵的困难;在多方式、多时空的背景下,路径变换("空间收敛"),出行时间段变更("时间收敛")和方式变更("方式收敛")的共同作用,抵消了最初增加通行能力带来的高峰期收益。[12]

不过,SACTRA 的报告也考虑了陶斯-汤姆森(或庇古-奈特)悖论,[13]即在多方式系统中由于道路通行能力增加,使得公交运营者对需求流失做出反应,从而可能造成适得其反的作用(汤姆森,1977;马基和邦萨尔,1989;阿诺特和斯摩尔,1994;威廉姆斯,1998)。水平需求曲线(无限弹性)存在的可能性似乎表明,道路通行能力扩充最差的情况是带给使用者的效益增量为零(SACTRA,1994,第 9 章;马基,1996)。然而,如果考虑陶斯-汤姆森悖论,把增加公路系统通行能力作为解决拥堵的方案不仅无效,甚至可能会来相反的作用。SACTRA 将其称为莫格里奇猜想,并以如下方式说明了这个悖论:如果公共交通的出行成本由于需求的流失而升高,那么新的均衡成本就会比之前的水平更高。这样增加道路通行能力反而增加了使用小汽车的出行成本(SACTRA,1994,128)。

马丁·莫格里奇(1940—2000)对这一悖论的可能影响进行了广泛的研究和宣传,尤其值得一提的是他在《城市交通:永远的拥堵?》中对伦敦的分析。终其职业生涯莫格里奇一直反对在大城市城区扩建道路能力的愚蠢做法,并指出扩充公交服务不仅是更理想的选择,也势在必行(莫格里奇,1990;1997)。SACTRA 委员会支持对这一效应进行进一步专门研究,并总结到:"在对大都市区放射道路通行能力的提升上,这个质疑的确值得考虑,因为这些地方公交出行分担率很高,并且(提升通行能力)有可能触发方式转移"(SACTRA,1994,9.21-9.23)。

有几项理论研究考虑了根据相对成本划分出行市场占有率的双模式系统,并探索了系统通行能力增加导致的平衡特性,与流量-通行能力比率相关的小汽车出行成本的增加,以及由于载客负荷增加(下降)带来的公交出行成本的下降(增加)。在一般需求条件下,这个相对简单的系统能够反映相当复杂的行为:平衡状态的特性、唯一性和稳定性等性质取决于需求的弹性和出行成本函数的斜率。陶斯-汤姆森悖论为我们指出了一个值得警惕的现象。时至今日它仍然引发后来者的好奇心,并由于与政策和基础设施投资息息相关而成为持续研究的对象。在快速增长和高度拥堵的城市中,这些研究尤为重要。

尽管 SACTRA 没有考虑收费的问题,但它的发现与过去 40 年中交通经济学家的广泛结论是一致的。肯尼斯·斯摩尔言简意赅地陈述了学界普遍持有的观点:"如果需求具有高度弹性,那通过限制需求或者增加通行能力的政策来试图显著降低拥堵很有可能会失败。……相反,拥堵收费则会非常不同,因为它是将平均成本的均衡水平移动到了需求曲线下方,而不是沿着需求曲线移动"(斯摩尔,1992,112)。

9.5 多阶段需求模型:结构,参数和政策分析

9.5.1 增量嵌套 Logit 模型的开发和应用

到 20 世纪 90 年代,四阶段法开始以嵌套 Logit 的形式在英国得到广泛应用。该方法以"对数和"来连接目的地和方式选择阶段,并在离散选择框架内诠释行为。根据研究背景的不同,应用涉及不同的空间尺度,从非常详细到非常粗糙的小区划分系统,有时对空间表达进行

分层。代表案例有在伦敦应用的 LTS81 模型和 LTS91 模型,参阅 MVA(2005)以及 9.5.3 节。

我们也注意到以增量形式(或者枢轴点分析)来应用模型的趋势愈加明显。在这种模型中,源于实际观测数据的基础矩阵用作评估增长和网络变化的参考。这个方法的起因在于,人们意识到除非加入大量额外参数,否则很难建立起与基年模式拟合度很好的出行需求模型。这一问题在出行分布阶段尤其明显,因为在这一阶段出行模式反应的历史过程很难通过在某一时间截面上的简单选择来建模(范·伍壬,2010)。因此枢轴点/增量分析聚焦在针对由网络变化引起的行为改变直接建模。

建立和应用增量形式的 NL 模型对英国的出行需求预测有着重要意义。据作者所知,这个结构由巴蒂斯等(1987)和马提耐兹(1987)独立提出。达利等(2005)对多阶段模型转轴过程和应用进行了全面探讨。正如同 MNL 模型可以通过增量/枢轴点的形式来构建和应用,NL 模型也可用需求在基础或参考状态下的变化来表示,这些变化可能源于任一或所有的选择模块中的广义成本或组合成本("对数和")的改变。如同增量 MNL 模型一样,基础出行模式中出行的分散特性,可以从需求响应或弹性特性中有效分离。正如在 MNL 模型中弹性系数可以从其他研究中借用,增量嵌套 Logit 模型(INL)的响应参数既可从具体局部应用推出,也可从别的研究借用,或采用官方的推荐值。这个性质在无法获得数据或开发完整模型的资源从而导致无法标定应用模型的情形下特别有吸引力。

重要的是,INL 模型可以用于探索不同需求结构的影响;这些结构与个体决策相关,包含互相兼容的反应参数,如频率、目的地、方式、出行时刻和线路等。如果需要,在 NL 需求模型中这种相互一致的选择顺序以及满足不等式约束(5.2 节)的反应参数可以通过构建来实现。这些结构的形式以及所包括的反应参数的数值,取决于存在的证据和/或官方建议。在 20 世纪 90 年代,我们看到 INL 模型在战略分析中开始得到更广泛的应用。这类应用牺牲了一些空间细节,但却从更细的市场划分得到补偿,尤其是在个体类型、出行目的时间段等方面。早期的案例包括 START(巴蒂斯等,1991;罗伯茨和西蒙斯,1997)和 APRIL 模型(威廉姆斯和巴蒂斯,1993;巴蒂斯等,1996)。我们会在 9.6 节提到 START 的应用。

英国交通部在 MEPLAN(亨特和西蒙斯,1993)出行模块的基础上,开发了 APRIL,用于分析伦敦道路收费方案。[14]这些方案包括基于地点、周界、距离或时间进行收费的政策,能够根据位置、出行时刻和车辆类型调整价格。这个模型拥有"很多难得的特性",包括:针对方式和出行时刻选择的简单出行环;针对大多数选择步骤的增量模型以严格匹配基年出行模式;出行时间不确定性对用户行为的影响;公交车辆过度拥挤效应;小汽车停车场容量限制;普通与慢行方式间互动的一致表达(威廉姆斯和巴蒂斯,1993,1)。在代表出行方式和时段决策,并基于出行目的的多层次选择模型中,线性参数负效用函数包括金钱成本、出行时间、可靠度和各方式的拥挤程度。

伦敦应用定义了八个出行时间段。它也确定了四个居住地出行目的和两个非居住地出行目的,前四个代表了主要目的地出行,剩下的被视为非居住地出行。对每个居住地出行目的根据以下三个性质设定了七类不同的个体类型:金钱和时间的权衡;小汽车可得性;停车位可得性。区分了四种出行方式:小汽车驾驶员和乘客、公共汽车、轨道交通及慢行方式(步行和自行车)。在 INL 模型中包含的选择有:路径、出行时间、方式、目的地和频率。基于时间的收费政策主要通过修改在不同时间段内发生的出行环各段上的广义成本来实现。

APRIL可与更详细的交通网络模型结合应用;LASER(9.6节)被应用于评估土地使用对收费政策的影响(巴蒂斯等,1996)。

INL模型也广泛地用于多方式研究中,其中:

需求模型几乎没有标定过……人们普遍依赖于增量模型,因为它在实践中表现良好。然而,在大多数案例中,实际的需求函数都利用了现有的模型或者现有的参数/弹性系数……在一些案例中,该模型仅用于确定小汽车及公交之间的方式选择,且只定义为数很少的需求细分。其他案例考虑了大部分需求响应,包括出行时间选择和土地使用影响。当然,在一定程度上,这些差异反映了现有模型的可得性和收集数据所需付出的努力程度。

20世纪90年代晚期及之后对于需求模型的探讨主要集中于对下列问题的观察、争论和建议:在不同的出行预测背景下什么样的行为反应才是显著且合理的;在模型结构中如何对选择排序;对于不同出行目的和市场细分,如何确定适当的反应参数值和范围。通过对现有模型的回顾,这些问题得到了充分讨论,形成了后来在政策测试场景中官方建议的基础。

9.5.2 PRISM的应用,一个先进的基于出行环的微观模型

MTC研究中对非集计方法在城市出行预测中的应用(瑞特和本-阿基瓦,1978)很快影响了荷兰、瑞士和法国(5.5.3节)的实践。与此形成鲜明对比的是,英国对这类模型的接受和发展很慢。人们还需要等待很多年才能看到在英国大都市区进行这类在20世纪70年代中期的旧金山,20世纪80年代早期的阿姆斯特丹,以及20世纪90年代末的斯德哥尔摩、哥本哈根和悉尼已经开展的应用。可以确定的是,到20世纪90年代,利用陈述性偏好调查和显示性偏好调查数据来应用非集计模型的实践在英国逐渐增加,尤其在评估新建或扩建轻轨系统的项目中。更广义的非集计方法在英国的应用直到20世纪90年代中期才出现(范·伍壬等,1995)。

为英国西米德兰兹地区开发的PRISM(政策响应型整体策略模型)(范·伍壬,2010;范·伍壬等,2004)是英国在城市出行预测中使用非集计方法最知名的应用。它利用VISUM软件系统构建了基于出行环的模型,并详细整合了以下选择/反应:汽车保有量、出行频率、目的地、方式、出行时间段和线路。PRISM在表达出行需求和方式网络时进行了高度的细分;在公路模型中定义了四个时间段,而在公交模型中定义了两个时间段。

PRISM在2002—2004年初步实施,随后又进行了完善,它是莫特·麦克唐纳德咨询公司和兰德欧洲分部的产品。这两家咨询公司代表了西米德兰兹大都市区7家政府机构,公路局和CENTRO以及西米德兰兹公共交通局。这个模型的目标与许多政策背景有关,包括道路和铁路通行能力的增加、轻轨系统的扩张、道路收费、停车换乘、激励步行和自行车的政策等。

PRISM出行预测系统由以下四个独立部分组成:人口模型、出行需求模型、处理模型及道路和公交网络出行分配(范·伍壬等,2004;范·伍壬,2010)。第一个模型使用典型抽样程序为西米德兰兹地区在未来的社会经济和空间分布下的人口分布提供有代表性的样本。需求模型则应用频率、方式、目的地、公交接驳方式和站点选择以及出行时间段模型。出行

预测模型的结构如图 9-1 所示。其最详细的形式被用于居住地通勤、购物和其他出行。通过转轴技术,[15]处理模型将出行环转化为针对每种出行方式、目的和时间段的出行,然后加入了货运、外部出行和往返于伯明翰国际机场的出行。后来以 2011 年作为基准年对这个模型进行了更新开发。对这个模型更深入的探讨,如校验、应用等请参考上面的报告,也可以查看 PRISM 网站。[16]

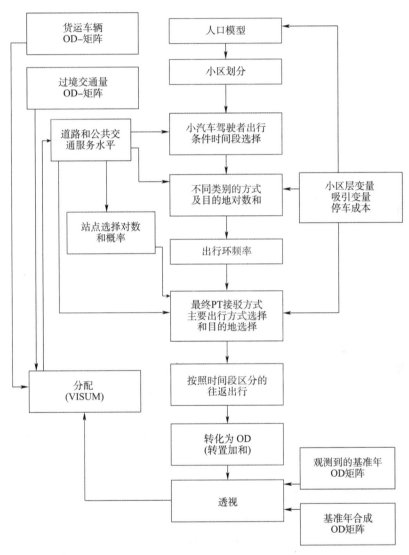

图 9-1　IPRISM 模型结构(PT-公共交通)
来源:T. 范·伍壬,私人通信,2014。

6.5 节和 6.6 节中描述的基于活动的模型在英国很少见。其中一个案例由戴维森等(2006)和克拉克等(2008)在特鲁罗完成,移植自一个现有的多方式模型。与相关活动有关的合成人口样本通过 NL 模型代表方式、时间段、目的地、出行时间(高峰小时分布)和小汽车停车等选项的联合选择,并用基于智能体的微观仿真方式来求解。这个模型被用于研究限制停车需求、工作地点停车收费政策和错峰上班等备选措施。

9.5.3 其他需求模型的结构:证据来源

20世纪90年代人们对市场细分、政策和项目导致的出行反应以及相关的弹性值兴趣大增,而这并非始于SACTRA研究。当然,委员会的思考和建议以及英国交通部随后的研究项目肯定为这些发展做出了贡献。英国交通部可变需求模型(VDM)研究项目的初衷是在与投资性质、规模和位置相关的各种场景下,明确多阶段模型相关参数的设定和范围。这些模型包括了部分或全部传统四阶段法中的行为反馈,以及重要性和显著性在这个时期开始凸显的出行时间选择(SACTRA,1994;巴蒂斯等,1996;巴蒂斯,1996)。VDM研究开始主要关心公路规划的评估,但后来发展为对更广泛的政策和项目分析进行思考及提供建议的基础。

三项著名研究对评估和修正模型结构和相应的弹性参数做出了贡献。英国交通部在2001年主导了对出行需求模型的综述研究,该研究分几个阶段进行,并成为发布"用户友好的多阶段建模指导(UFMMA)"的基础。第二阶段和第三阶段的研究由布莱等(2001,2002)完成,它们对建模实践的记录、对比和评审,以及对建模方法的考察都有相当的价值。在MVA(2005)完成的另一项有影响力的研究中,对不同市场细分的反应参数和众多研究的分层结构中目的地和方式选择的相对位置进行了集中的评述。在另一项研究中,兰德欧洲分部(罗尔,2005)专门对目的地、方式和出行时刻选择的结构和参数进行了探索,并采纳了PRISM使用的非集计需求模型。出于上述三项研究的重要性,我们在下面对每一项做简单评述。

布莱等(2001)对24个多阶段模型进行了回顾,包括在英国使用的大多数出行需求模型。这项研究是对英国之前15年实践的重要调查。模型的复杂程度跨度很大,从将简单的MNL模型用于划分需求方式,并通过传统的四阶段法连接公交和私人小汽车的网络分配,到六个层级的分层Logit构架,包括出行时刻选择和在几种公共交通方式间做选择的的子方式划分模型。在考虑出行时刻的时候往往也寻求代表"宏观"和"微观"出行时刻选择的证据,而这种划分是由巴蒂斯(1996)引入的。前者考虑的出行时刻选择包括跨度在几小时内可能发生的替换行为;而后者(微观出行时间段选择)则通常指几分钟内做出的选择(例如,对增加拥堵的反应)。

这个综述记录了在不同研究中与众多需求响应相关的敏感参数值的分布。结果发现出行生成对出行成本的敏感度很低,并且取决于慢行模式是否包括在后面的方式划分阶段中。分布和方式划分的敏感度较大并且数值接近;对高峰扩散的敏感度还要更高。根据我们在5.2.2.6节对一致模型结构构建的评论,这个综述的一个重要发现是分布和方式划分一体化模型的反应参数的相对大小。布莱等指出,"虽然方式划分的总体敏感度还是要小于分布,但在大多数模型中方式划分发生在分布之后"(布莱等,2001,63,斜体是笔者添加的)。

MVA的一篇综述(2005)对官方(英国交通部,2006a;1.11节)的观点产生了相当大的影响。该文献综述了MVA展开的7项研究:两个在伦敦(LTS81,LTS91),两个在苏格兰,还有三个在英格兰中等规模的城市。文中指出所有的七个模型都使用了集计(小区)的设定

……并具有基于分层Logit模型的方式和目的地选择结构。方式和目的地选择在层级结构中的相对地位由标定后的参数大小来决定。在所有的案例中,结果都显示目的地选择

比方式选择更敏感。因此,最终的模型结构在出行的终端层进行方式选择,而在矩阵层面(通过方式和小汽车可得性模块)进行目的地选择。有些研究尝试了不同的结构,但由于结果参数的相对大小有问题而没有采用(MVA,2005,2)。[17]

另一项深入研究由兰德欧洲分部主持,旨在探讨 PRISM(罗尔,2005)中针对 NL 出行需求模型里众多出行目的的方式和目的地选择的排序问题。他们检测了几个不同的树形结构并记录了结构参数θ,即嵌套结构中更高一层的"对数和"的系数(5.2 节)。对于通勤出行,参数θ与 1 差别不大,表明目的地+方式选择一体化 MNL 模型是合适的。对各类上学(小学、中学和高等教育)、购物及其他出行,使用方式+目的地的顺序结构得到的参数明显比 1 要小,说明这种排序合适这类出行。

根据积累的经验,英国交通部的官方建议是主要出行方式的选择应该放在目的地选择之前,原因是主要出行方式的选择比目的地选择的敏感性要小……主要方式选择的缩放参数总是小于等于1(英国交通部,2006a,1.9.16;1.11.15)。

缩放参数是主要出行方式选择与目的地选择敏感性的比值。表 9-2 给出了这一参数的范围。布莱等(2001,2002)、MVA(2005)和兰德欧洲分部(罗尔,2005)的研究关于方式和目的地联合决策问题的结论基本一致,即不支持将目的地选择放在方式选择之前这一传统结构。

在 M/D 模型结构中的比例参数实证(主要方式选择相对于目的地选择敏感性的比例)

表9-2

出行目的	最小值	中值	最大值	样本数
基家工作	0.50	0.68	0.83	6
基家公司商务	0.26	0.45	0.65	2
基家其他	0.27	0.53	1.00	4
非基家公司商务	0.73	0.73	0.73	1
非基家其他	0.62	0.81	1.00	2

来源:英国交通局(2006a;1.11.15)。灰色的单元格对应 M-D 结构。

将备选出行时刻纳入选择排序中增加了模型的复杂度和不确定性,出于考虑削减高峰和动态收费政策的目的,这个做法在 20 世纪 90 年代开始受到重视。这些决策及与其他选择的组合,涉及了对期望到达/出发时刻与出行时间和费用之间的权衡。当然考虑这些决策在理论上和实践中都有相当的挑战性。多年来,选择方式的确定、日程效用的表达、纳入及测量其他解释变量、群体偏好的分布和不同选择间可替代性的形式导致了一系列确定性和随机性选择模型。如我们在 5.7.2 节中所述,这些问题构成了一个充满活力的研究领域(如斯摩尔,1982;巴蒂斯,1996;布莱等,2001;2002;德·琼等,2003;海斯等,2007;英国交通部,2006a)。

通过总结这些结构存在的实证,包括出行时间的选择,英国交通部提出下述观点:

关于宏观时间段选择的敏感性证据比主要出行方式或目的地选择的敏感性证据更少。交通部的最近研究表明,在相对长的时间段(例如 3 小时左右)之间的选择,其敏感度应当和主要方式选择的敏感度大体相同。研究同时表明,随着出行时间段的缩短,这一敏感度是上升的。因此,当对时长在 3 小时左右的长出行时间段建模时,宏观时间段选择应当紧随主要出行方式选择之前或之后,参数的值应当在数量级上与主要方式选择参数值类似。如果模型包含了削减高峰,或考虑日程负效用的微观出行时间选择,则应将它们置于目的地选择之后(英国交通部,2006a,1.11.17)。

如何将微观时间变化与常规城市出行预测模型相结合仍存在大量争议。合适的方法取决于对时间间隔的划分(选择集)(例如,高峰期内,高峰期之间,平峰期等)和是否用确定性或随机性模型来考虑偏好的离散程度和出行者可用的信息。尽管许多研究试图将削减高峰的机理包括其中,但对其细节却很难确认(布莱等,2001)。随机模型通常基于绝对或增量形式的 MNL 或 NL 模型。

尽管强调应当以本地标定过的模型为基础来推导参数和可兼容的需求模型结构,交通部也还是给出了缺省的结构和相关参数。不出意外,公路项目评估得到了最详细的探讨和建议;对需求模型的选择取决于对公路项目的分类。对复杂的方案,推荐的方式是在增量方法内分别考虑每个反应:"除非有充分的原因不使用该方法,交通部对公路方案的评估倾向于使用增量形式的模型,可以是枢轴点方法,或者基于对绝对估计值的增量应用"(英国交通部,2006a,1.5.24)。

选择层级结构的一个例子是 F/M/T/D/t/A,包括频率(F)、主要方式(M)、目的地(D)、宏观和微观的时间段选择(T)和(t),以及路径选择(A)。"在没有任何冲突信息的情况下,这是……应当采纳的层级结构"(英国交通部,2006a,1.9.16)。

英国交通部不仅试图在出行预测模型结构和相关反应参数方面给出建议,也提供了用于实施和平衡层级模型的框架,以获得在模型内部一致的成本和流量信息。这个做法主要是考虑到那些没有足够资源来从头开发需求模型的机构。为此,交通部推动研发,直接导致了莫特·麦克唐纳德开发名为 DIADEM(动态一体化分配和需求建模)的软件,该软件设计的目的是使得实践者可以方便地建立起众多与其他 webTAG 对模型结构的建议一致的需求模型(英国交通部,2011d,2011f)。

9.5.4 现实性测试和模型验证

在过去 15 年间,对出行预测模型进行现实性测试的要求持续增加。传统上,模型验证通常只限于验证分配和出行矩阵,而对需求响应的处理通常很有限,有时完全不存在(库贝,2009a,2009b)。然而,到 20 世纪 90 年代后期,仅使用境界线拟合度验证出行预测模型被正式认定为是不够的,即使在模型验证中使用的是标定时并未使用的预留数据。

现在普遍的看法是在进行政策分析时有必要对模型里考虑的反应进行现实性验证。这个测试旨在对比校准模型内生的(弧)弹性和从经年累计的研究和更广泛的综述中得到的关于弹性的独立信息(例如,MVA 和约翰·贝蒂斯服务公司,2000;格拉罕和格雷斯特,2004;古德温等,2004;巴尔康柏等,2004;英国交通部,2011d)。模型的弹性系数来自不同的成本和时间元素的增量变化带来的需求的增量变化。[18] 通常而言,与外部弹性值的对比构成了这类现实性验证的基础,以保证模型的反应合理,表现出可以接受的弹性以及与经验一致。这些外部弹性包括不同出行时间段出行的公共交通需求对费用和服务频率变化的弹性,和/或小汽车出行需求对燃料成本或出行时长或停车花费的弹性(英国交通部,2006a,1.9.17,1.11.4)。

现在普遍认为这些测试是必要的,不管模型的参数是通过本地数据进行标定,还是基于推荐的缺省数值。英国交通部(2011d)中给出了弹性系数的相关范围。处于这些范围外的数值需要进行调整。

基于文献综述和采访,库贝(2009a,2009b)记录了 30 个已有的和正在开发的城市和区域模型的特性,目地是"更好地了解这些地区的建模和进行策略性评估的能力,包括确认最佳实践和如何提升他们的建模能力"。除了确认模型的用途和其能解决的问题,库贝也确定了最佳实践的区域和例子,以及普遍存在的模型缺陷,包括:①对机动车计数数据的理解和错误使用;②以 O-D(起讫点)而不是 P-A(出行产生—吸引)的形式来表示出行矩阵(英国交通部,2011e);③采纳与模型层级结构不一致的敏感性参数;④使用弹性系数在官方推荐范围之外的自行标定或移植的模型。这些不足之处被更多具体政策上的缺陷放大了,包括:①没有分配模型足够支持的网络干预;②既没有足够的分配支持也没有收入细分的道路收费模型;③没有对供应约束进行适当处理的停车政策。

9.5.5 关于一些政策/项目的具体问题的说明

我们不打算回顾为具体政策影响建模提供指导和建议的文献。考虑到建模框架的一般性质和基于随机效用理论和标准线性负效用(广义成本)函数的"普适"行为设定,这样做会带来大量重复。然而,有几个问题和本书讨论范围相关。

webTAG 上的大多数官方建议借鉴了可变需求模型框架(VDM),其中的核心文献是英国交通部的报告(2006a),并在 2009 年进行了更新。不同政策在该文献中以标准广义成本函数中可测量元素的变化和/或对相关容量的改造(影响停车、路网和公交网络)来表示。通常来说,建议文件涉及模型构建一般过程的相关步骤,包括数据来源、网络构建、分配、需求模型设定、标定、验证、均衡、敏感性分析和预测。每个政策工具会在所考虑的时间段内激发特定的反应,并对出行选择结构层次产生影响,而个体可能展示独特的行为模式、不同的选择集以及偏好的变化(对市场细分有影响)。与政策工具选择相关的文献如下所示:公路(英国交通部,1997;英国交通部,2006a,2006b);公共交通(英国交通部,2005a;2006a,2006b,2006c,2006d;2007a),道路收费(英国交通部,2007b)[19]和停车,包括城市中心,停车换乘和工作地政策(英国交通部,2011b)。

有些政策代表了"更聪明的出行选择",很少有其他情况比对这些政策进行评价时所面对的交通预测挑战更严峻,也少有其他情形下我们能听到如此频繁的需要更深入研究的呼声。这些政策形式多样,或者是单独的,或者是政策包的一部分:"工作地出行计划,学校出行计划,个体化出行规划,公共交通信息和市场,实时交通信息,出行觉醒运动,小汽车俱乐部,小汽车合乘方案,自行车租赁方案,步行和自行车计划,以及远程办公,电话会议和在家购物等"(英国交通部,2011c)。这些政策受到广泛推荐,并且是英国、欧洲及其他地方许多城市交通提案的核心。它们通常由硬指标(以广义成本可衡量属性的变化为代表)或软指标(用于引导感知、态度和偏好的变化)或上述两类指标组合构成。

人们普遍意识到对这样的选择进行建模非常困难。尽管发展迅速,这类政策的实证基础仍然相对薄弱(例如,凯恩斯等,2008;莫萨和班堡,2008;斯洛曼等,2010;英国交通部,2011c)。考虑到对软指标建模,库贝表达了一个普遍的观点:

没有模型有足够的能力处理经常包括在智慧选择包中的软指标,其中一个重要原因是对软指标的效果缺乏可靠的证据。智慧选择包,例如工作地和学习出行规划通常包括一系列硬指标,例如停车(通常也没有很好的建模手段)和公交提升,和人们知之甚少的软指标(库贝,2009a,19)。

在这个领域的建模中植入了大量的假设,有时这些假设只能单纯依赖猜想。当时间很紧时,只能依赖将示范项目和国际经验的结果通过本地化的假设、态度/意向偏好研究等进行移植,这通常会比进行大量的模型开发工作更为可行。为了给这类政策提供系统合理的方法,交通部对预测实践给出了指导(英国交通部,2011c,1.3节)。对智慧选择建模的困难和不确定性并不局限于英国的实践,这个领域在业界仍是重要的挑战。

9.6 土地利用—交通模型的应用

在 20 世纪 60 年代,城市交通研究中并没有应用正式的土地利用模型(3.2.3.2 节)。在出行生成和出行预测模型的其他阶段会用到外生的,为项目专门准备的土地利用预测结果。在 20 世纪 90 年代中期,尽管已出现不少可用的土地利用和交通一体化模型,上述状况仍然盛行,罕有例外。对城市交通研究而言,正式的土地利用或一体化模型在改进概念和准确度方面带来的可能收益并未超过额外的资源需求。

为方便概述英国这方面的实践,我们将土地利用—交通(LUT)模型分为两种形式:一是完全一体化模型(ILUT),其中交通模型的一部分,通常是生成和分布模型,由空间交互/分配模型替代,二者结合成一个整体;二是关联模型(LLUT),其中土地利用和交通模型以串联方式开发,但彼此之间可以交换信息(大卫·西蒙斯咨询公司,1998;英国交通部,2005b)。我们将这两种形式分别称为一体化模型(ILUT)和关联模型(LLUT)。两者都在相对静态和准动态的框架下进行过应用(8.5.1 节)。

到 20 世纪 80 年代晚期,国际上有 8 个实际应用的土地利用—交通一体化模型处于开发或深化阶段。关于这些早期应用模型的详细对比以及其机制、理论基础和实践发展的完整记录和评价,可以参阅韦伯斯特等(1988),韦伯斯特和鲍利(1990),鲍利和韦伯斯特(1991),魏格纳(1994,1998,2004)和大卫·西蒙斯咨询公司(1998)。英国开发了不少这类模型。罗杰·马基以他在利兹大学的博士论文为基础开发了利兹一体化土地利用交通模型(LILT),并在几项研究中得到了应用(马基,1983;1990a)。据作者所知,LILT 现在已不再使用。在这一时期,马基撰写了大量在宏观和微观层次上开发出行、选址和一体化模型的文章。他后来的交通、就业和居住微观分析仿真模型(MASTER)也值得关注(马基,1990b,1990c)。

剑桥大学马丁中心以及通过它从事咨询的学者和毕业生,成功地开发了一系列空间经济模型,在应用预测和政策分析方面影响颇大。由奥尔斯和艾彻尼克(1994)编辑的《环境和规划 B》的一期特刊记录了这些模型在剑桥中心早期的发展和在英国、欧洲和发展中国家的城市和区域层面的广泛应用(请参阅艾彻尼克,1994;西蒙斯,1994;亨特,1994;威廉姆斯,1994;金,1994;德·拉·贝拉,1994;亨特和西蒙斯,1993)。许多曾在马丁中心学习的人在咨询和/或学术领域取得了突出的成就。

这些模型中的两个,即 MEPLAN 和 TRANUS,来源于从 20 世纪 60 年代晚期开始开发并持续数年的研究项目,它们有些相似之处。图 9-2 展示了 MEPLAN 和 TRANUS 的一般框架,其中交通流来源于相互作用的经济智能体和相关的生产资料市场。两个模型都描述了土地(建筑面积)的需求和供应,以及家庭、公司和开发商的选址决策;并使用空间输入-输出模型来得出货物和人员移动的相关需求。个体和家庭的位置和方式选择行为在这些模型中基于离散选择理论,通过在小区层面完成的分层 Logit 模型来表示。劳动力和房地产市场的收入和租金通过每一个时间周期内对市场出清的假设来确定(德·拉·贝拉,1989;艾彻尼克等,1990;大卫·西蒙斯咨询公司,1998;艾彻尼克,2004)。由于交通模型及其交互作用被植入土地利用模型中,它们可被视作是完全一体化的(ILUT);在多阶段方法中的生成和分布阶段被输入—输出和空间分配模型所取代。

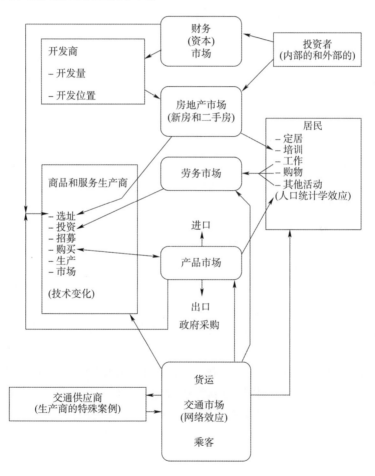

图 9-2 在土地利用—交通交互作用模型中的角色和市场
来源:大卫·西蒙斯咨询公司(1998,图 2-1)。

到 20 世纪 80 年代中期,MEPLAN 和 TRANUS 发展成熟,并在英国和发展中国家得到应用,尤其是在南美洲那些土地开发、交通流和基础设施项目相互依赖非常强并快速发展的城市和地区(艾彻尼克,1986;德·拉·贝拉,1989,1994)。在随后的 25 年间,这些模型在许多国家得到应用,范围从城市、地区、国家直到跨国,而不同的应用背景决定了每个模型的设计和详细设定(奥尔斯和艾彻尼克,1994;艾彻尼克,2004)。

在城市层面的应用中,早期的案例是伦敦和东南区(LASER)模型(威廉姆斯,1994)。该模型特别关注了和居住选址、汽车保有量、工作出行和上学出行相关的出行决策。在区域层面应用中(例如,EUNET 跨本宁山脉模型),更多重心放在由工业选址决策和区域经济开发引起的货物运输上(WSP,2005;英国交通部,2005b)。英国交通部和伦敦交通局仍在应用 MEPLAN。[20] 对 MEPLAN 和 TRANUS 的理论基础更深入的讨论,对其包含假设的详述以及其在土地利用—交通一体化模型中的地位请参阅大卫·西蒙斯咨询公司(1998),艾彻尼克(2004),魏格纳(1994,2004),英国交通部(2005b)及西蒙斯和费德曼(2011)。

完全一体化模型之外的另一个选择是将土地利用模型与现存的或出于特定目构建的出行预测模型进行关联。这类模型通常着重于影响土地供需的众多变化过程,同时对社会经济变量的细分程度也更高。目前应用最广泛的 LLUT 形式是将小区层面设定的离散选择模型用于选址活动。

MENTOR 是 LLUT 的例子,它专门为地方政府设计,建立在 MEPLAN 的理论框架之上。英国有很多地方和国家机构使用 MENTOR。另一个著名的用于实践的土地利用模型是 DELTA,由大卫·西蒙斯咨询公司从 1994 年开始开发(西蒙斯和斯蒂尔,1998;西蒙斯,2001;费德曼等,2006)。MENTOR 和 DELTA 都曾经和其他出行预测模型进行联合,通过交换出行预测和土地利用模型中的土地利用和可达性变量联系起来。DELTA 首先被应用在爱丁堡(西蒙斯和斯蒂尔,1998)和大曼彻斯特地区(科普雷等,2000),同交通模型 START 相结合(巴蒂斯等,1991;罗伯茨和西蒙斯,1997)。西蒙斯和费德曼(2011)选择了一些模型,包括 MEPLAN 和 DELTA,对比了它们在家庭、公司和开发商决策等方面的处理。

由于几项实际和理论的因素,人们从 20 世纪 90 年代早期开始对正式的土地利用—交通模型产生兴趣。实际因素包括:①对大型基础建设项目的土地利用和诱发交通效应的研究(SACTRA,1994;库贝,1996),特别是那些和多方式研究相关的效应;②对拥堵收费提案日益增加的兴趣及它们对土地利用的影响(威廉姆斯和巴蒂斯,1993;巴蒂斯等,1996);③重要重构计划的影响及(对其)评估的进步;④对可持续城市环境的长期探索以及相关的土地利用和交通安排(布莱赫尼,1992;艾彻尼克,2005;谢波德等,2006c;马绍尔和巴尼斯特,2007;梅等,2005;梅和马修斯,2007;劳叟和魏格纳,2007);[21] ⑤在国家、区域和城市群的层次提升空间经济和货物运输一体化模型的努力(WSP 等,2002;WSP,2010;英国交通部,2003)(9.7 节)。

人们对土地利用—交通相互作用重新产生理论兴趣的一个原因是,当要素市场(土地、住房和劳动力)受不完全竞争或聚集效应影响时,传统方法在测算由基础设施投资带来的效益大小和分布时存在局限。SACTRA 报告(1999)《交通和经济》聚焦讨论了这些影响,深入分析了应用中的一体化土地模型和其他更广义但(当前)在空间上更受局限的可计算平衡模型中的重要假设。这个报告借鉴大卫·西蒙斯咨询公司(1998)的综述,研究了在估计对交通改善项目反应的出行生成和出行分布的过程中,不充分竞争和规模化经济的后果,以及对方案效益的影响。报告总结了一体化模型捕捉上述作用的方法。图 9-2 对 DELTA/START 模型、MEPLAN 模型(LASER 和 EUNET 形式)以及维纳保斯和加西列克提出的可计算通用均衡模型(CGEM)(1998)的连接方式和选择机制进行了展示和对比(SACTRA,1999,

图 10.1-10.4)。该分析也强调了在可运行的模型中引入不充分竞争与合作带来的数据和估计方面的问题。对其他方法的性质、数据需求和评价的深入介绍(尤其是那些嵌入 MEP-LAN,MENTOR,TRANUS 和 DELTA 的方法),请参阅大卫·西蒙斯咨询公司(1998),英国交通部(2005b),亨特等(2005)及西蒙斯和费德曼(2011)。

9.7 城市货物运输预测

9.7.1 货车预测:与个人出行预测的微弱联系

如同美国一样,英国在城市货物运输预测模型上投入的时间和精力相对个体出行需求预测而言非常有限。传统方法,尤其是基于简单增长系数的方法,出于以下原因仍在使用:开发、标定及验证其他可行方案本身的复杂度及所需资源;实践者们觉得技术能够充分满足建模目的即可,认为更详细的模型华而不实。即便如此,从 20 世纪 70 年代起,人们就一直呼吁在这一领域建立更精细的预测,原因是当时实践受制于粗糙的行为基础并且对政策不敏感(SACTRA,1999;耐芬道夫等,2001)。这一现象在研究对交通改善的反应时尤其明显,即"对货运经营者的反应——尤其是货运车辆运行的特定反应——的建模较为粗糙,难以令人满意"(SACTRA,1999,223)。

上述报告已经发表了 10 多年,但整个领域的状况并未显著改变。正如 SACTRA 所强调的,虽然在给定情况下货车出行的数量相对于整个交通量的比例较小,但由于其出行的时间价值更高,它们对交通改进项目的整体效益做出的贡献却相当显著。货运车辆流量,特别是重型货运车辆也是尾气排放和噪声的重要组成部分。同美国一样,人们广泛意识到个体出行和货物移动在预测问题上有诸多差异,而且提高商业车辆预测能力所面临的挑战甚至比个体出行预测更加艰巨。在近期的研究中列举到的因素包括:①托运人、收货人和运输商品的异质性以及广义成本对每一方重要程度的差异;②供应链及相关决策的复杂性;③回程运输的规模和经济性问题;④城市派送的"出行环"性质;⑤大量相关数据的缺乏和商业保密性;⑥领域与社会、经济和技术趋势相关的动态性质;⑦缺乏令人满意的用于分析的概念框架(耐芬道夫等,2001;WSP 等,2002;奥图萨和维朗森,2011,第 13 章)。

在过去的 20 年间,有几项因素促进了对货运和解决传统预测方法概念缺陷的兴趣(威廉姆斯等,2007)。它们是:快速发展的经济和技术变化影响了商业生产和物流实践;社会变化和城市政策影响了城市中活动的空间和时间组织;需要更深入的理解货车增长和整体经济发展之间的联系;各类道路上各种型号货车增长的变化;需要评估货车对拥堵收费和其他政策工具的反应;重视对降低或维持货运分布对环境的影响(SACTRA,1999;耐芬道夫等,2001;威廉姆斯等,2007)。

如果说 SACTRA1994 年的报告是对个体出行需求预测模型的全面审查,那么 SACTRA1999 年的报告《交通和经济》则在货运中扮演了类似的角色。它全面回顾了货运需求增长预测方法和预测货运对交通系统变化如何反应的方法。针对报告中提出的建议,2000 年英国交通部对货运领域做了重要综述(WSP 等,2002),为后来提出针对评价计划或货运预测的暂时性建议与指导做了铺垫(威廉姆斯等,2007)。

对常规的城市建模,8.6 节中介绍的标准多阶段模型是广泛应用的概念框架,尽管货运物流业界可能认为四阶段范式无法应用到它们这个行业(耐芬道夫等,2001,3)。考虑到传统交通研究强调流量、拥堵和通行能力问题,货运研究几乎全部采用了基于车辆而不是基于品类的方法,尽管其概念上的缺陷早已为人所知:

……这样的模型通常只收集车辆移动数据,创建观测的交通流矩阵,然后利用增长系数用于未来预测。结果并不令人满意,因为(货运)车辆出行数据与土地利用数据几乎没有联系。此外,(出行)矩阵的质量通常也很差,几乎没有行为学基础,对于测试政策或预测变量缺乏敏感性(沙卡拉米和拉哈,2002)。

事实上,鉴于货运几乎在许多城市完全依赖于地区内部和周边道路系统,预测方法通常只是基于国家道路交通量预测简单的将增长系数应用于描述车辆运动的 O-D 矩阵,并区分重型货车(HGVs)和轻型货车(LGVs)。这种方法在实践中有两个明显的问题:一是很难基于计数数据和路边访问调查创建高质量的基准年矩阵;二是从 20 世纪 90 年代晚期开始,不同型号的车辆及其所运送的货物增长趋势的变化"说明在没有合理经济学模型做解释的情形下,直接将货运交通需求类型过去的趋势延伸到未来年是存在风险的"(威廉姆斯等,2007)。

货运问题的综述介绍了四种预测货物运输 O-D 分布的方法,每一种都"包括对成本的作用的假设,以及对品类群组间相关性和它们与空间经济相互作用的假设"(英国交通部,2003),包括简单或差异化因子法、空间交互模型、空间输入-输出模型。对于如何选择,交通部指出:

对单独城区或小的走廊,因子法可能是唯一可行的方法,因为大部分货运会有一端或两端在研究区域之外……交互和输入-输出模型比较适合研究区域至少涵盖了某一大都市圈大部分区域的情况,而在需要对一个以上的都市圈进行建模的时候最适合(英国交通部,2003,1.1.10)。

在英国,从投入产出模型派生而来的基于品类的城市/城市群货运预测,相比于美国,在更大程度上是和土地利用—交通一体化模型——尤其是 MEPLAN 和 TRANUS——联合开发的。然而,人们普遍意识到,投入产出方法几乎不可避免的需要基于(品类)价值单位来建模,而"把以价值衡量的交易转化为实体单位衡量的货物这一步,……虽然至关重要,却少有相关的研究"(英国交通部,2003;1.1.9)。在将货物预测转化为货运交通量的车公里时,几项关键性假设与下列因素有关:价值密度,方式划分,装载成本,平均运送距离,负荷因子和空驶里程(尼德兰经济研究院,1997;SACTRA,1999,6.51)。下面我们介绍基于 MEPLAN 应用程序的货运预测方法。

如同个体出行一样,公司有很大的短期和长期运输方案选择集,以便在需要对城市基础设施投资和价格政策做出反应时使用。在城市层面可获得的公司选址行为和运营行为的研究实证很少见;威廉姆斯等(2007,12-13)汇总了与伦敦拥堵收费相关的重型和轻型货车以及车辆公里数的证据。

9.7.2　超越传统的方法:在宏观战略模型中整合物流功能

伦敦交通局开发的多方式货运模型 FiLM(伦敦货运模型)代表了在战略层面货物运输

的派生需求,并将基础决策与选择理论原则结合起来(狄恩等,2010;WSP,2010)。这个模型建立在咨询机构 WSP 之前的研究基础上,所提出的建模方法也类似,与跨本宁山脉走廊货物移动模型 EUNET(WSP,2005)尤其相似,同时也参阅了为开发全国货运模型所进行的研究(WSP,2010)。

伦敦并非典型城区,并且 FiLM 更适用于都市圈。但是因为它在很多重要方面的创新,我们仍然做着重介绍。这些创新包括:①货物流来源于空间投入产出模型,在模型中为众多货物品类区分了不同的物流渠道,对依赖于整体物流系统各配送阶段的客户来源、方式和车辆类型选择进行了更令人满意的处理;②更详细地考虑了以货运、通勤及服务交付为目的的轻型商业车辆的移动;③包括了大量经济和土地利用数据源,例如对货物枢纽的详细考虑,以便生成方式出行矩阵和估计货物运输的起点和终点。我们将对前两个特性展开讨论。

这个模型直接借鉴了 MEPLAN 应用程序,从空间投入产出模型的最终和中间需求中推导出货物和服务的跨区出行。对每个产品大类,物流类型通过连接货物生产和消费区域的配送渠道的阶段数量来进行分类。不同的配送支路的组合产生了大量的配送渠道,每个联系生产者(P)和消费者(C)的配送支路序列都被视为一个独立渠道(WSP,2010,25)。由于它们运输的特性不同,模型针对一系列的个体品类明确地划分了主要、次要和三级配送阶段。主要配送支路是产品到配送中心或主要个体消费者的阶段;次要配送支路指从配送中心到主要零售商或地方配送中心的阶段;而三级配送支路包括配送到分散、小规模消费者的过程,代表了多点停留的收集和配送类型,主要在轻型火车和较小的重型货车中使用(狄恩等,2010,5)。

模型的输出包括不同 O-D、货物类型、物流阶段和交通方式的货物流和周转量,代表了通过重型货车、轻型商业车辆、铁路和泰晤士水运等方式输入、输出和在伦敦内部的所有货物运输。FiLM 包含了 700 个小区(400 个在 M25 高速公路以内)的空间划分,六种公路货运车辆类型以及铁路和船运,并对 16 种商品划分了三个分布阶段。狄恩等(2010)和 WSP(2010)对该模型的标定及应用做了更详细的讨论。

9.8 结论

城市交通需求模型的概念随时间的发展体现为从基于出行的方法,到基于出行环的方法,再到微观层面上基于活动-日程安排的方法的不断演进。从这个角度来说,英国过去 30 年中出行需求模型的实践仍只是传统的基于出行的建模方法,只有在数量有限的尝试中使用了基于出行环和活动序列的方法。由于世界范围内应用的出行预测模型绝大多数都采用传统的基于出行的多阶段集计形式,对这类模型的设定、标定和验证诸方面有许多重要评论和有趣发展。

此外,如同官方建议中明确提出的,仅通过技术方面的精细度来判断模型的好坏可能会忽略重要的一点,即开发预测步骤时应该根据资源的有限性对当前的问题确定合理的粒度。巴蒂斯等(2003)和谢泼德等(2006b)明确指出,从以下角度来说,英国过去 10~15 年的交通预测所遇到的挑战与再之前 10 年相比几乎全然不同:①方案的产生和测试所用工具的结合;②评估框架所需信息的范围;③进行研究时常常受限的资源——时间、金钱,有时候还有所需的技能。交通预测中总会有对技术简约性的需求,采用简单的技术,并对已有模型、方法和(弹性)系数值进行移植似乎总是明智的策略。

在最复杂的层面上,目前实践中出行需求建模的核心主要围绕多项及嵌套 Logit 模型。通常这些模型以集计(小区)和非集计(微观)层次的增量形式来表达,建立在离散选择随机效用理论之上。人们现在普遍认为合适的模型结构与其所包含的不同反应机制的相对敏感性相关,这些敏感性可能随出行目的的不同或出行市场细分而改变。在 2000 年以前广泛观察到的建模实践中,任何应用了与上述结构(由所需不等式确定)不相符且包含反应参数的多阶段出行需求模型均被认为是"不恰当"的(库贝,2009a,2009b)。从这个角度来说,过去 15 年中的综述和研究证实了 20 世纪 70 年代中期英国部分研究的发现(威廉姆斯和西尼尔,1977;达利和扎卡里,1978)。虽然还不能明确地下结论说传统的"置于分布之后的方式划分"的 G/D/M/A 需求模型形式已经被彻底抛弃,但现在很少人还支持以此模型形式作为缺省结构。与之相反,将目的地和方式选择处理为 G/M/D/A(及其特殊形式 G/M-D/A)的做法越来越多地为人所知和支持。就这一点而言,模型的验证涉及的几个方面,包括:①与跨线数据的拟合程度;②弹性特性的现实意义;③对安全评价/收益计算及敏感性分析的平衡,在模型构建和测试中成为比十年前重要得多的特性。

由于模型需要更加精确的时间信息,动态收费政策也越来越常见,不论是在一天中的不同时间段之间的宏观转换还是高峰时段内的微观转换,这两种时间替代机制现在被广泛地认为是潜在的重要行为反应,在某些情况下,甚至是最主要的行为反应。然而,相关的量化证据仍然很少,且出行时间段的决策仍然导致建模的困难,在嵌套模型结构内部的顺序和其详细设定方面都面临挑战。不论是对个体决策制定的影响还是对相关方案评价的影响,关于出行时间可靠性的重要性的认识和研究都显著增加了。

英国在土地利用—交通交互建模和货运建模方面都取得了重要的实践进展。然而,这些课题仍局限于与极少数专业实践者相关的专门领域。对开发行为上更现实,对政策更敏感的货运模型的需求会持续存在。在一系列政策背景下,将公司物流,特别是多点配送的概念与货物和服务的运输分析与预测结合起来仍然是一个悬而未决的实践任务。获取适当数据的困难程度以及应用模型所需的资源规模使得类似 FiLM 的模型成为建模实践中的特例而不是常规。对于大多数城市交通规划的要求来说,基于车辆的增长系数将基本出行矩阵进行外推似乎仍会在常规货运预测中扮演主要的角色。如同个人出行一样,获得优质的基础出行矩阵仍然会在实践中带来很多挑战。

在实践中应用的模型复杂性有极大的差异。正如在多方式研究,特别是地方性交通规划中发生的那样,由于给当前任务分配的时间和资源有限,应用的方法可能也会差别很大。一些实践者和技术研究负责人认为,"建模过于复杂,昂贵,对政策工具的覆盖不足,并且由于缺乏必要的技能而难以应用"(谢泼德等,2006b,316)。同时许多交通规划机构也不具备维护数据库的资源,或者没有能够通过建模来满足大多数需求的工具和专业能力(库贝等,2009a)。

最后,即使建模专家也不可避免地会对以下诸方面持有不同意见:①实践的状态;②模型构造的优先方面;③应用特定模型时需要局部斟酌处理的方面;④研究所需的更长期计划。在英国及其他地方,这些是需要在学术会议中进行辩论以及在专业和学术期刊中进行评论的问题。对这些问题我们将在第11章和第12章做更深入的评述。

尾注

[1] 尽管地方政府支离破碎,但从20世纪80年代晚期到90年代早期官方的协会还是进行了一些重要的研究。包括主要针对大都市/城市地区层次的一体化交通研究[例如,BITS(伯明翰),JATES(爱丁堡),MerITS(默西塞德郡)]。

[2] 有关政治结构、公共机构结构及交通规划过程的更多信息可以参阅英国交通部的网站,特别是 webTAG 的文献 www.gov.uk/transport-analysis-guidance-webtag。对地方交通规划的细节和责任的变化,请参阅谢泼德等(2006b)和梅(2013)。

[3] 对地方交通规划和三轮地方交通规划报告的更详细的探讨和评估,请参阅梅(2013)。

[4] 根据1998大伦敦官方法案,大伦敦市政府和大伦敦交通局(TfL)于2000年诞生。2000年肯·利文斯通先生成为伦敦市市长。

[5] 尽管 NATA 这个概念的使用并未持续,但其框架却一直为评价提供基础。

[6] TEMPro 提供了交通需求增长国家出行端点模型展示项目的入口 www.gov.uk/government/collections/tempro。这个项目允许从国家汽车保有量模型(NATCOP)和国家出行端点模型(NTEM)中导出对小地区(地方政府细分)的出行端点预测。对2014年的预测,是众多变量(例如方式、出行时刻、出行目的)的交叉表,可以输出基于人口和社会经济变量变化的多方式出行端点,但是出行成本的效果被排除在外。www.transport-assessment.com/tempro.htm(访问于2014年8月27日)。

[7] SATURN 的现状可以参阅 www.saturnsoftware.co.uk(访问于2014年3月14日)。

[8] 据我们所知,现在对 CONTRAM 的开发已经停止了。

[9] 对 VISSIM,PARAMICS 和 AIMSUN 现状能力的深入介绍可以在其各自的网站上查询到 www.vissim.de,www.sias.co.uk 和 www.aimsun.com(全部访问于2014年3月14日)。

[10] 在他们的调查和报告中,对由道路方案带来的反馈区分为对既有出行的反馈和造成额外出行(诱增出行)的反馈,对既有出行的反馈可以导致车辆在网络中行驶里程的变化(诱增交通量),例如线路的改变、出行时刻的改变和出行目的地的改变等。而方式的改变、出行频率的变化和土地利用变化都可能带来本地额外的小汽车出行。

[11] 这是一个来源于英国交通部对在 FD 假设中使用的可行简化的相关研究中的特别结论;因为个人成本或简单的弹性模型的使用不能反映出面对网络变化引起的微妙的需求响应,因此可能导致对道路方案的评估产生明显的偏差(英国交通部,2006a;1.2.1-1.2.5)。

[12] 安东尼·陶斯(1962)在他的《峰时交通拥堵规律》一书中声称,在城市通勤快速路上,高峰小时的交通拥堵总会上升,以达到道路最大通行能力。en.wikipedia.org/wiki/Anthony_Downs(访问于2013年3月13日)。

[13] en.wikipedia.org/wiki/Downs%E2%80%93Thomson_paradox(访问于2014年3月16日)。

[14] 这个应用的背景和内容在伦敦拥堵收费研究项目这个题目下的6篇相关文章中(不同的作者)曾被广泛地探讨,《交通工程和控制》(1996),37卷:No.2,66-71;No.3,178-183;No.4,277-282;No.5,334-339;No.6,403-409;No.8,436-441.

[15] 转轴的过程,在范·伍壬(2010)中介绍过,是按照以下方法进行的:

$$V_f = V_b \left(\frac{S_f}{S_b}\right) \quad 或 \quad V_f = \left(\frac{V_b}{S_b}\right) S_f$$

式中:V_f——出行需求预测值;

V_b——基准年出行需求观测值;

S_f——(合成的)模拟的需求预测;

S_b——模拟的基准年需求。

[16] 关于模型、其校验和应用的细节报告可以参阅 www.prism-wm.com(访问于 2014 年 3 月 13 日)。

[17] 在他们的报告中(MVA,2005),咨询专家增加了下面这些有趣的评论。

尽管有些模型曾期望建立不同的结构,但出行方式选择和目的地选择在模型结构中的相对地位还是相同的。可能属于这种情况的两个案例是:

(1)研究区域由大的、高度集中的小区系统组成。这种情况下,区内出行的比例会相对较高并且小区的粗放化隐藏了 O-D 出行模式的变化。

(2)针对单一的城市中心提供了几乎所有的就业和购物机会的独立单中心区域的模型(MVA,2005,2)。

[18] 弹性是指模型输出变量(例如需求)的变化百分比与输入变量(例如成本或时间)的变化百分比的比值。

[19] 道路用户收费政策的制订和建模从过去 50 年间的一系列理论和实践研究中受益良多。许多建模研究在英国包括伦敦的城市中进行,在这些城市中,20 世纪 70 年代大伦敦议会的大范围基于模型研究的主题是审查增加的牌照及区域收费的结果。最近,在伦敦拥堵收费实行之前,开展了一项关于提议在首都区域内进行道路收费的方案探究的后续项目(尾注 14;ROCOL,2000;理查德斯,2006)。鲍利(2002)和英国交通部(2007b)讨论了道路收费和不同方案建模的关键问题。道路收费政策在英国、欧洲及其他地方仍得到了实际性的关注。科尔和谢泼德(2006,附录)考察了一些欧洲案例及城市道路收费的模型。对伦敦拥堵收费方案的持续不断的监视是获得有拥堵和环境因素下出行行为信息的重要信息来源(www.tfl.gov.uk)。

[20] 马绥尔·艾彻尼克在 2001 年出售了 ME&P 公司;这一品牌成为 WSP 的资产。

[21] 在欧洲资金的主导下,一些机构展开了合作研究项目。这些项目与分析及最优化一体化策略的方法的构建相关,以推动欧洲城市具备可持续性的土地利用和交通组织。可参阅马绍尔和巴尼斯特(2007),特别是由劳叟和魏格纳编写的章节(2007),梅和马修斯(2007),以及 www.konsult.leeds.ac.uk(访问于 2014 年 3 月 14 日)。在这一点上,很多为土地利用和交通分析及在战略层面上制定政策构建的模型都简化了空间和网络表达,或者省略了详细的分配部分。可参阅例如英国交通研究实验室开发的 STM 和 TPM(2002)以及 MARS(大都市区活动迁移模拟器)(布法芬比持勒等,2007)。

10 计算环境和出行预测软件

10.1 概述[1]

本章着眼于出行预测计算机程序的演化,从20世纪50年代末到80年代为大型机开发的程序包、组件或套件,到为个人电脑设计的现代软件系统。此处我们强调为传统的四步法或顺序出行预测步骤开发的软件系统。这些系统在80年代投入使用,是当前实践中用于求解一系列模型的主要"工具箱";某种程度上,它们也被用于研究。有时这些系统也融入了用来支持分析和参数估计的软件。总地来说,我们在这里并不考虑这些支持性的软件,但会在描述方法的章节进行回顾。

随着个人电脑在20世纪90年代处理能力增强并且配置了更方便的操作系统(如微软视窗系统、Linux),与传统出行预测有关的其他计算机应用也出现了。其中一种是基于跟车概念或交通流理论的道路交通微观仿真(8.4.1节)。在9.3.2节中我们会回顾在英国应用的交通微观仿真软件。求解各种动态交通分配问题是研究和软件开发的一个活跃领域,这些问题放松了静态交通分配问题的暗含假设,即路径和路段流量是在一天24小时中的一个或多个小时中均匀发生的。本章将不会对动态交通分配软件进行回顾(邱等,2011)。

本章开头简要概括了自1951年起的计算环境,包括对计算机运算速度和内存性能的分析。然后追溯了从政府提供的计算机程序到现在成为主流的私人软件开发行业。描述了截至21世纪早期这些系统的情况。

10.2 计算环境概览

数字计算机及其使用的程序在出行预测领域伊始就对出行预测方法的发展有着深远影响。城市交通规划,特别是出行预测,可能是计算机在民用领域的最早应用之一。在本章审视的时期中,即1950—2000年间,计算机硬件和出行预测软件取得的进展如此之大以至于新入行的人已经无法想象早期的软件开发是什么情况。此处提供的计算机硬件和软件发展的简要概览可以填补这一知识和经验上的缺口。[2]

10.2.1 大型机计算

从20世纪50年代末计算机被引入一系列城市交通研究项目以及公共道路局（BPR）开始，直到80年代，美国的出行预测模型都是在大型机上求解的，大型机主要由IBM生产。[3]大型机包括：第一代（真空管）计算机，如50年代的IBM704和709；第二代（晶体管）计算机，如50年代末到60年代的IBM7090和7094；第三代（集成电路）计算机，如60年代的IBM系统/360和系统/370。较小的计算机如IBM650、1401和1620用于进行辅助运算，或者用穿孔卡制作磁带输入主机。第一代和第二代IBM计算机的操作系统，比如IBSYS和OS/360，与硬件一同演变。在大型机开始投入使用之前和使用的头几年，调查数据文件是通过IBM机电会计机来处理的（图2-2a）（2.3.3节和2.4.5节）。

IBM704计算机（图2-2b）是第一种大规模生产且拥有核心内存和浮点计算的计算机。IBM700系列是二进制计算机，拥有32000个单词的内存，每个单词长度为36比特。IBM709加入了重叠输入/输出、间接寻址及十进制指令。"IBM7090是带有晶体管逻辑的709。IBM的科学计算机自1952年起就是36比特的700系列和7000系列，一直用到1964年引入32比特的360系统为止。"[4]

IBM系统/360（S/360）是1964年引入的第三代大型机。[5]它是第一种在不同价位上有不同兼容设计的计算机。用于出行预测的计算机往往是现有型号里最大的，比如S/36065。S/360引入了8比特字节的按字节寻址内存，而不是带有32比特单词的按单词编址内存。在1970年发布的IBM系统/370（S/370）中，IBM保持了和S/360的兼容性。新的设计特色包括：标准的双处理器能力、对虚拟内存的充分支持及128比特的浮点计算。S/370计算机被后续的IBM大型机取代。向小型机和微机的转型终结了大型机对出行预测的主宰地位。

除IBM外，在美国有七家较小的竞争厂商也在生产大型机。其中用于出行预测的大型机生产商里最著名的是控制数据公司（CDC），其主要设计师是西摩尔·克雷（1925—1996），[6]他后来成为70年代克雷超级计算机的设计者。[7]CDC6600大型机于1964年面世。[8]CDC3000和6600系列在60年代末占据一些市场，尤其是在大学中，它们的后继者是1970年后推出的CDC赛博系列。

适合出行预测的IBM和CDC大型机最初由于太过昂贵而无法为规划机构、州及地方政府拥有。计算机时间可以从服务局（为提供计算服务而建立的设施）、大公司的计算设施、主要研究型大学或像美国国家标准局这样的联邦机构购买。刚开始没有远程终端可用，程序员得亲自到服务局现场执行程序。

10.2.2 向小型机和微机的过渡

在20世纪70~80年代，可供工程咨询公司、大学和公共机构选择的计算机硬件设备开始增加。引入小型机最成功的是数字设备公司（DEC）的PDP和VAX计算机，该计算机装有VBS或UNIX操作系统。这些小型机尺寸小，也便宜得多，所以咨询公司或大学部门可以考虑自己购置。软件应用要么是为用户量身定制，要么是高度专业化的。如下所述，人们开始为这些系统和大学研究开发供从业者们使用的出行预测软件。

随着计算机处理器技术的演变,下一发展阶段是苹果Ⅱ型微机,由苹果公司于1977年推出。[9]之后IBM于1981年推出了个人计算机(IBMPC)。[10]这些计算机首次使用的CP/M-86(微机控制程序)操作系统很快就被微软的MS-DOS(磁盘操作系统)盖过了风头。[11]IBM设计团队用各种原始设备生产商生产的"现成"部件拼装个人计算机,这样就建立了一种开放式结构。凭借这种方式,IBM确立了个人计算机的标准,其他生产商很快跟进。与IBMPC兼容的计算机很快成了办公室计算工作的标准。这看似无意的标准化允许软件生产商去开发和营销可在许多公司生产的硬件系统上运行的软件。除了用于电子表格分析、统计和文字处理的通用软件,专业化的出行预测软件也开始面世。

与个人计算机并行发展的是工程工作站,这是一种性能更高的台式微机,它为单人专用而设计,但必要时可以由其他用户远程使用。起初,工作站提供了比IBMPC更好的性能,尤其是在图形、处理能力和多任务能力上。工作站的操作系统是UNIX操作系统的某种"衍生"版,这是贝尔实验室在20世纪60年代的发明。[12]20世纪90年代早期,当这些基于UNIX的工作站远比个人计算机强大时,到底哪种计算平台应该用于出行预测尚不明朗。个人计算机生产商进一步的技术发展和他们之间的价格竞争逐渐打破平衡让不断演化的个人计算机取得了优势,而让工程工作站退而用于更专业化的工程和研究任务,以及作为更大规模计算系统的服务器使用。

10.2.3　计算速度、内存和成本的比较

在早期出行预测中使用的计算机性能与当今使用的计算机相比如何?对这一问题感兴趣的计算机科学家们在过去40年里进行了多项测试。也许最值得关注的对比是杰克·顿加拉的工作。[13]一种用于对比的度量标准是求解线性方程组的每秒浮点运行数量(flops)。图10-1显示了在1951—2010年间推出的计算机上用这一度量产生的两组数据序列。来自斯托迈尔等(2005)的数据序列显示在1951—2005年间推出的几个计算机的每秒浮点运行情况。更详细的第二组序列是基于顿加拉进行的测量。显示出的数据点是从他的试验结果中选出的一小部分。这种由早期大型机建立的趋势被克雷超级计算机及其他更非凡的机器延续至今。

早期的IBM大型机拥有32000个单词内存,每个词占用36比特;因此,其内存大体等于256kB。IBMS/360和S/370拥有512kB的内存,其一个字节有8比特。早期小型机和工程工作站中可用的最大内存一般也是512kB。随后,个人计算机的内存扩展到每个32位处理器有1024kB或1兆字节(MB)。当64位个人计算机面世后,内存的上限扩大到4096MB或40亿字节(4GB)乃至160亿(16GB)。2000年后装有多个中央处理器(CPU)或内核的个人计算机开始上市,极大地扩展了它们的处理速度和供软件应用使用的内存。

与不断提升的计算机速度及内存相关的是所谓的摩尔定律:"在计算机硬件历史上,集成电路上的晶体管数量大约每过两年就翻一番。"[14]经常被引用的更短周期是英特尔执行官大卫·豪斯说的,"他预测芯片性能每18个月就翻一番,"[15]这是更多晶体管及其更快的运行速度组合的结果。图10-2展示了一个集成电路上晶体管数量与其面世日期间的对数线性关系。

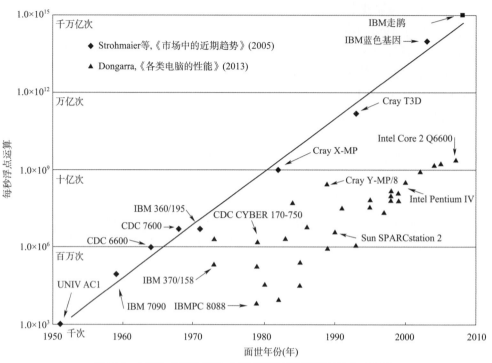

图 10-1　大型机、超级计算机、小型机和微型机的性能（1951—2008）
来源：顿加拉（2013）和斯托迈尔等（2005）。

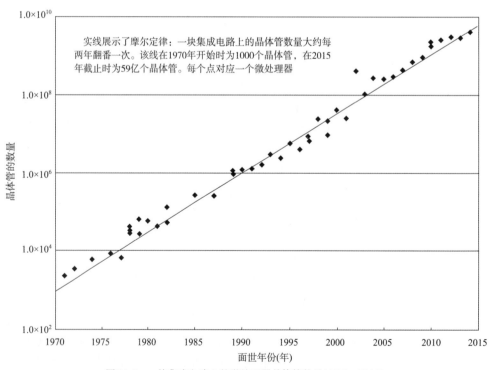

图 10-2　一块集成电路上的微处理器晶体管数量（1971—2014）
来源：维基百科摩尔定律；微处理器编年史（二者都访问于 2014 年 8 月 24 日）。

在小型机尤其是微机到来前，使用商业大型机计算的花费可高达每 CPU 小时 2000 美元。例如，在大型机上估算一个 Logit 模型可花费数百美元。使用出行预测模型的开销如此巨大，以至于只有大学或公共机构的相关人员才能承受。因此，使用微机进行分析以满足用户的需要，产生了一个很有说服力的商机。为了获得个人计算机技术带来的好处，从业者们显然需要扩展软件。随着 IBMPC 的引入和不断发展，一些软件开发商相信一旦摊销完购买计算机硬件的成本，计算成本将变得不值一提。[16]

10.3　使用大型机进行出行预测

10.3.1　IBM700/7000 系列的程序

城市交通研究、公共道路局及其咨询机构使用的第一批大型机是 IBM700/7000 系列，尤其是 IBM704 和 709，还有 IBM7090/7094。[17] 自 1956 年起，底特律和芝加哥的交通研究将这些计算机用于出行分布和交通分配（2.3.3 节和 2.4.5 节）。在某些情况下，IBM650 用于解决较小的问题。道格拉斯·卡罗尔（1956）在 1956 年总结了交通分配实践的情况，并提到计算机刚刚开始自动准备转移曲线，以把交通量分配给拟建的设施（2.3.3 节）。

与底特律及芝加哥研究同时，公共道路局的格兰·布洛克和李·梅兹开始开发计算机程序来求解出行分布的重力模型，并应用基于爱德华·摩尔算法的交通分配方法以找出网络中的最短路径（布洛克和梅兹，1958；布洛克，1959，1969；梅兹，1960a，1960b）（2.5.1 节）。用于校准和测试重力模型的程序最初是为 IBM704 编写的，后来经过改写用于 IBM7090/94（美国商务部，1963a，ii）。1958 年，位于亚利桑那州凤凰城的通用电器公司计算机部门得到一份为 IBM704 编写分配程序的合同。"这个项目完成了一组高速计算机程序，它们可以分配无向小区间交通流"，包括使用转移分配或全有全无分配的选项。这些程序在 1960 年拓展后可以处理有向分配以及转向惩罚和禁行（美国商务部，1964，1-3）。1961—1962 年间第一代计算机过渡到第二代后，公共道路局将其程序合并为一个程序库。

针对使用 IBM650 和 IBM704 计算机求解交通分配的问题，梅兹（1961）调查了在加州、芝加哥、底特律、明尼苏达州、多伦多和华盛顿特区的交通研究，包括可求解问题的规模，准备和使用程序的成本，以及共享程序的努力。对大型机而言，用于交通分配的计算机使用费是每次分配 1000～2000 美元。[18]

交通规划计算机交流群（T-PEG）包括了早期的计算机程序员，它于 1963—1973 年间在公共道路局的领导下召开研讨会。截至 1973 年共举办了 17 次研讨会，此后该群解散。公共道路局发布的简报记录了来自该群成员的讨论和新闻。[19]

交通工程咨询公司开始提供许多大都会地区交通研究所需的能力。一个例子是施伟拔有限公司，它由耶鲁大学公路交通局的副主任韦伯·史密斯（1911—1978）于 1952 年成立。在加拿大，尼尔·艾尔文与 H.G.冯·库贝的交通研究公司为多伦多大都会规划委员会提供咨询服务，提出了与出行生成及出行分布模型一起实施的新交通分配方法（艾尔文等，1961）。随后，艾尔文和冯·库贝（1962）描述了如何求解比较详细的带反馈机制的出行预测模型(梅兹,1961,100)。

阿兰·伍尔西斯(1922—2005)[20]是城市出行预测模型的早期倡导者。针对城市交通规划研究对出行预测能力的需求(伍尔西斯,1955,1958;伍尔西斯和莫里斯,1959),他于1961年建立了阿兰·M.伍尔西斯咨询公司(AMV)。之后不久,沃尔特·汉森(1931—2008)加盟AMV。AMV很快就成为提供出行预测咨询和相关计算机程序这一行业内领先的供应商。

1964年的城市公共交通法案于1966年修正后,将"城市公共交通"系统规划的职责划给了美国住房和城市发展部(USHUD)(魏纳,1997,第4和第5章;魏纳,2013)。

查尔斯·格雷伍斯曾在西雅图普吉特海湾区域交通研究项目中负责用地规划,他提议USHUD开发一个与公共道路局的公路程序组比肩的公共交通规划计算程序组。这一工作被称为"城市公共交通规划项目"。AMV赢得合约为IBM7090/94开发用于方式划分、公交分配和相关外围功能的程序(2.6节)。该项目由沃尔特·汉森领导,最初的程序员是理查德·本延和罗伯特·戴尔。

1965年,27岁的罗伯特·戴尔加入了AMV,此前他曾为普吉特海湾区域交通研究工作。他本科时主修数学,这为他在AMV的第一个工作——数理统计员——奠定了基础。在AMV,戴尔开始为这一新兴领域中的建模和计算带来的挑战着迷,并积累了对早期计算机的使用经验。为了进一步学习,戴尔师从华盛顿大学的地理信息系统先驱埃德加·霍伍德(1919—1985)研读交通工程学。[21]为完成硕士学位论文,戴尔创建了一个早期的地理信息系统,并在IBM709上做了程序实现。

本延为住房和城市发展部(HUD)的合同准备了流程图,和公共道路局的公路程序包类似,它包括七个模块:①网络描述;②公交路径生成器;③起讫点间的出行时间;④方式划分模型标定;⑤方式划分模型应用;⑥荷载出行表;⑦报告生成器(戴尔和本延,1968)。[22]罗伯特·戴尔对公交网络表达和公交网络中寻路工作做出的早期贡献即来自本项目。除寻路程序外,所有程序都用FORTRAN编写。由于实际计算效率的要求,长达2000行的寻路程序是以汇编语言写成的(戴尔,1967)。戴尔还在FORTRAN中写了一段500行的寻路代码用来测试其算法设计。AMV的美国住房和城市发展部程序包首次提供了公交规划系统的关键组件。[23]

有趣的是,在英国的费尔文霍士-施伟拔公司就职时,约翰·伍顿(1967)向在爱丁堡的英国计算机协会研讨会提交了一篇关于"公共交通系统分析"的论文。他后来称这篇论文"首次描述了将乘客分配至公交服务的最短路线分配算法。该算法之后用于大伦敦交通研究(TRANSITNET)和其他交通研究(MINITRAMP)中"。该程序中的元素用在其随后的程序中,为公交运行提供支持。[24]罗伯特·戴尔和约翰·伍顿似乎同时在公共交通网络中寻找最短路径这一工作上做出了开创性的贡献(3.7.2节)。

10.3.2 用于CDC3600的程序

随着CDC3600于1963年面世,控制数据公司成为IBM大型机业务的主要竞争者。[25]同年,CDC开始开发自己的出行预测程序包,TRANPLAN,即控制数据3600系统专用的交通规划系统(CDC,1965)。CDC的动机是通过提供可与公路局和后来的住房和城市发展部为IBM7090/94开发的出行预测程序竞争的产品,在自己的数据中心(即服务局)出售计算时间。

CDC 的《城市事务简报》提到：

3600TRANPLAN 是一个计算机程序的集成系统，它不仅承担了交通规划者传统上使用的数据处理功能，还包含了相对之前所用系统的若干优势。由 CDC 和一些领先的交通规划咨询公司联手为 3600 计算机开发的系统，是一个辅助交通规划过程的强大工具。6600HUDTRAN 是一系列用于规划公交系统的计算机程序，由阿兰·M. 伍尔西斯咨询公司根据住房和城市发展部的合同设计和编写。(CDC 的）数据服务人员完成了将这些程序改编用于 CDC6600 的工作，作为对 3600TRANPLAN 的补充。[26]

该简报提到的"之前所用系统"是指公路局的出行分布和分配程序组，以及由 AMV 为其咨询公司开发的程序。布洛克（1969，36）提到，CDC"自费开发了一个 CDC3600 程序组，它能处理的网络比 7090/94 能处理的网络更大"。自 1964 年 TRANPLAN 开始进行开发时，AMV 就是其主要咨询服务商。[27]1966 年后，AMV 成为主要用户。1969 年发布的 CDC 简报也报道了 TRANPLAN 在美国中西部和西部城市交通研究中的应用。

HUD 公共交通规划系统刚一完成，AMV 就收到了 CDC 发来的一封简明来信，申请根据美国信息自由法获得 HUD 的全部源代码。[28]AMV 很快满足了 CDC 的要求；在当时花纳税人的钱得到的成果被认为是公共资源。得到源代码以后，CDC 发现公交路径生成器是以汇编语言编写的，不符合美国政府资助开发的计算机程序所要求的可移植性。作为对该投诉的回应，罗伯特·戴尔向 CDC 提供了他的 FORTRAN 路径生成器测试代码。没有这个程序的指引，TRANPLAN 也许无法得到广泛使用。[29]

在 CDC 于 1969 年 12 月发布的《城市事务简报》中，CDC 宣布计划在 1970 年 7 月发布用于 CDC6600 和 3300 计算机的 TRANPLANII，这些计算机刚在名为赛博网服务的全国计算网络中的七家 CDC 数据中心里投入使用，可以通过语音级或宽带电信线路接入。TRANPLANII 据称提供了：全面集成的交通规划功能、应用了计算机行业中的关键创新、以问题为导向的指挥和控制语言、嵌入或变更单个模块的能力。TRANPLANII 的基本功能包括：数据捕捉、公路和公交网络生成器、公路和公交路径生成器、公路和公交网络载入器、重力和法塔出行分布和方式选择、文件实用工具、报告生成器、图像显示。简报强调了从远程终端执行这些程序的能力。1970 年 9 月的简报随后宣称 TRANPLANII 预计于 1971 年 1 月发行。由于档案收录的简报终止于 1971 年 1 月发布的版本，这项工作显然在 1970 年后被放弃了。

1963—1966 年间担任 CDCTRANPLAN 项目负责人的富兰克林·固特异在 2010 年与笔者的通信中提到：

我们的团队集中了 4~7 名计算机程序员，根据 AMV 的设计开发了 TRANPLAN 程序包。我们的 CDC 团队里没有交通规划领域的学识专长。我们的任务是创建一个功能齐全的系统并保证它能在 CDC 数据中心使用的 CDC3600 计算机上有效运行。我们完全依赖于我们的咨询服务商来设计需要实现的功能。我们在 AMV 的主要联系人是理查德·本延，他提供了 TRANPLAN 每个组件的规格说明。[30]

据固特异看来，CDC 之所以放弃开发 TRANPLAN 是因为他们未能成功地将其销售给用户。CDC 管理层决定对用户手册收费 300 美元。显然，潜在的客户无法获得为手册买单的资金，尽管相对于 3600 这样的机器来说这算一笔小开支。[31]

10.3.3 用于 IBM 系统/360 和系统/370 的程序

1964 年 IBM 公布其系统/360 后，公共道路局意识到它维护的程序库需要更新以匹配第三代计算机（美国交通部，1972a，Ⅰ-8-9）。布洛克（1969，37）提到，公路局安装的 S/360 计算机替代了三台第二代计算机，并能以三分之一的成本、同样的速度来处理原来两倍大的问题。在 IBMS/360 上为联邦公路管理局（FHWA）开发的计算机程序被称为*用于出行分布和交通分配的城市规划系统 360*（美国交通部，1969a，1969b）。在这一报告及和它相关的计算机程序中描述与实施了与美国商务部（1963a）的经验型重力模型一样的出行分布模型，并加入了施耐德的介入机会模型（2.4.3 节和 2.5.3 节）。

1967 年安大略交通部与 AMV 签约开发新的公路建模软件包。代码开发在 S/360 上完成，由三个程序员在罗伯特·戴尔的指导下完成；它包括：公路网络生成器、公路网络路径生成器、路径浏览器、重力出行分布模型及矩阵操作工具。该项目中开发和改编的程序带有 OV 的前缀，代表"安大略·伍尔西斯（OntarioVoorhees）"。AMV 还把其 HUD 方式划分和公交分配程序移植到 IBMS/360 上，由此建成了用于 IBM 第三代计算机系统的出行预测能力（美国住房和城市发展部，1966，1967，1968），[32]被命名为 TRIPS（交通改善规划系统）程序包。AMV 用 TRIPS 为基础完成了很多咨询工作，但并未直接作为产品销售。

1966 年美国交通部（USDoT）设立。经过一段过渡期后，公路局变成了联邦公路管理局（FHWA）。美国住房和城市发展部对公共交通的职责也重新定位；1968 年设立了美国交通部下属的城市公共交通管理局（UMTA）。[33]住房和城市发展部进行的计算机程序开发活动被转移到 UMTA 进行。FHWA 继续开发和传播为 IBMS/360 和 S/370 开发的出行预测程序。后来，FHWA 的程序组更名为 PLANPAC/BACKPAC，这是一组用于出行预测和其他相关功能的核心程序（美国交通部，1973a，1974，1977a）。

罗伯特·戴尔于 1968 年回到西雅图，并在华盛顿大学师从埃德加·霍伍德攻读博士学位，同时继续为 AMV 做兼职工作。他的博士论文提出了概率多路径分配模型（戴尔，1971）（2.5.6 节）。1970 年完成了博士学位后，戴尔加入了 UMTA 的研究、发展和演示办公室，在那里他领导了 UMTA 交通规划系统（UTPS）的开发（美国交通部，1972b）。AMV 将 TRIPS 捐赠给了 UMTA，自此不再承担 TRIPS 的维护费用。[34]UTPS 的初始版本是通过把 TRIPS 程序的 AV 和 OV 前缀改为 U 完成的。第一次发布的 UTPS 版本不过是 TRIPS 换了个包装而已，但之后 TRIPS 的发展就和 UTPS 分道扬镳了。由于 UTPS 的文件记录是以行式打印机输出形式提供的，所以少有文件幸存下来。

FHWA 后来和 UMTA 一起对公路与公交规划的集成程序系统做了进一步开发和强化，并将其重新命名为用于 IBMS/370 的城市交通规划系统（也称为 UTPS）。UTPS 由八个主要模块组成，包括 TRIPS 中的模块，加上 INET 和 UROAD（网络均衡分配中的容量限制分配模块，2.5.5 节和 7.4.2 节）（戴尔，1976；戴尔等，1980；戴尔和奎利安，1980）。除政府雇员外，UMTA 和 FHWA 的咨询服务商也参与了 UTPS 程序开发以及文档和训练手册的编写（美国交通部，1976，1977b）。

整个 20 世纪 70 年代，罗伯特·戴尔都在 UMTA 领导开发 UTPS 系统。到 1981 年，计算机技术快速演变。小型机（例如数字设备公司的 PDP 系列）以低得多的成本逼近大型机的速度和内存,微机在 1977 年开始进入市场(10.2.2 节)。尽管戴尔并未在 UMTA 编写多少代码,尝试使用这些新型计算机的机会对他充满了吸引力。1981 年他入职得克萨斯大学奥斯丁分校;在那之后 UTPS 再没有进一步开发,尽管它已有的功能和性能仍在继续提升。直到 1987 年 UMTA 还在提供 UTPS 的训练课程。

10.4 使用小型机和微机进行出行预测

20 世纪 70 年代后期,计算机硬件逐步从大型机演变为小型机再到微机,大学和咨询公司开始根据他们的研究成果(7.4 节)以及从 FHWA 的 PLANPAC 和 UMTA/FHWA 的 UTPS 系统中得到的经验来开发并商用化出行预测程序。大约在 1980 年,一些私营公司向美国交通部投诉,称其下属机构在开发与私营业竞争的软件。此类投诉也许得到了 1981 年 1 月上台的里根政府的关注。不管怎样,UMTA 和 FHWA 最终停止了对 UTPS 和 PLANPAC 的进一步开发。FHWA 也终止了快速反应系统(QRS)的开发,并将相关著作权授予它的开发者阿兰·何洛维兹(10.5.2.2 节)。

不断演化的计算机技术加上这一政策变化给出行预测软件领域带来了巨大的影响。在一些人看来,它也削弱了美国交通部推动出行预测方法实践的能力。伴随着私人软件开发的崛起,FHWA 不再建议规划机构和咨询公司应该使用何种软件。为各州交通部和各大都会规划组织开发和提供的软件系统能力各异,它们有时会生成不同的结果,而其终端用户对系统质量的评估能力有限。此外,针对出行预测软件的标准和规程始终没有出现,而在其他软件领域中这类标准并不罕见。

为了促进新兴软件的信息交流,UMTA 和 FHWA 编纂了《交通中的微机,信息源卷》(美国交通部,1982)。[35]《个人计算机交通软件指南》这个新系列于 1988 年 7 月出版,并持续了数年。尽管 80 年代的这些官方出版物并不具有权威性,它们仍提供对那一时期软件开发活动的洞见。1984 年和 1987 年版的《软件及源卷》显示有若干软件系统正在开发中,它们按发行顺序列出,见表 10-1。

1980 年代中期开发的微机出行预测软件 表 10-1

名 称	开 发 者	计算环境
MicroTrans	TRANSWARE 系统	IBMPC-MS-DOS
TMODEL	罗伯特·沙尔,专业解决方案	苹果,IBMPC-MS-DOS
MINUTP	拉里·赛德斯,康姆西斯公司	IBMPC-MS-DOS
MTPS	圣迭戈系统	苹果,IBMPC
TGDA	韦尼·齐托森,CH2M 希尔	苹果
UMOT	机动系统	苹果
TP 系统	肯尼斯·罗伯茨联合公司	Altos68000-UNIX
TRANPLAN	詹姆斯·芬尼西,DKS 公司	IBMPC
MicroTRIPS	PRC 伍尔西斯/MVA 弘达公司	IBMPC
EMME/2	迈克尔·弗洛瑞,INRO	Pixel100/AP-UNIX

续上表

名　称	开　发　者	计算环境
MOTORS	鲍比·刘易斯,M. M. 迪伦公司	IBMPC
QRSII	阿兰·何洛维兹,AJH 联合公司	IBMPC-MS-DOS
VISUM/VISEM	T. 施维菲格,PTVAG,德国	HP1000-UNIX
SATURN	德克·范·弗里特,利兹大学,英国	IBMPC-MS-DOS

早一些的《源卷》还报告了由麻省理工学院的马文·曼海姆[36]和得克萨斯大学奥斯丁分校的罗伯特·戴尔当时正在研发的软件。

弗格森等(1992)的回顾提供了出行预测软件发展中的另一个里程碑。当时,软件的主要导向是与 IBMPC 兼容,这类机器运行 MS-DOS 操作系统,配置 80286/80386/80486 系列 CPU、640kB 的 RAM、至少 60MB 的磁盘存储空间和一个图形显示器(VGA/SVGA)。一些开发者使用了工程工作站作为其开发平台,因此也为一台或多台基于 UNIX 的计算机提供了配套系统。在这一回顾中,作者们列举了八家软件开发商,均提供与四步法出行预测兼容的公路和公交模型软件。按字母表顺序,这些系统是:EMME/2;MINUTP;QRSII;SystemII;[37] TMODEL2;TransCAD;TRANPLAN;TRIPS。其他同时代的系统是德国 PTV 公司的 VISUM/VISEM 和英国利兹大学的 SATURN。

这些软件系统在模型大小(小区、节点和路段数量)、图形与网络编辑能力(有限图形到完全的 GIS)、互动能力(批处理、菜单驱动、鼠标)和价格(从很便宜到非常昂贵)上差别很大。大部分开发商提供了训练课程和技术支持。因此,在 IBMPC 问世仅十年之后,在微机快速扩张能力的基础上,专业化的软件细分市场已然出现。虽然大型规划机构继续在很大程度上依赖于大型机和 UTPS 及 PLANPAC 软件,将系统改造为适用于个人计算机和基于 UNIX 的计算机商业软件系统显然是未来的趋势。

10.5　出行预测软件开发商和产品

用于小型机和微机的软件以三种方式演变。首先,大型机程序被重新编写为小型机和微机程序。这些早期改编大型机系统的作者们往往也是编写大型机代码的同一批程序员、从业者和咨询顾问。其次,随着 20 世纪 60 年代后期对出行预测方法的学术研究开始赶上实践的发展,基于学术研究的开发者开创了与基于实践的同类产品截然不同的软件系统(7.4.2 节)。再次,从业者和咨询服务商根据他们的经验及其对应用新兴科技的兴趣创建了若干软件系统。

在第一个群体里,有三个发展流派,它们后来合并形成了 Citilabs:

(1) TRIPS,以 AMV 公司的先驱性工作为基础,同时也是 CDC 公司 TRANPLAN 的基础(2.5.6 节和 10.5.1.2 节)。

(2) MicroTRIPS,也是从 AMV 公司最初的 TRIPS 系统演变而来。

(3) MINUTP,部分基于其开发者早年在公共道路局积累的经验。

在后面的几节中,这些流派会按上述顺序叙述,另外会总结它们在 Citilabs 中的融合情况。这个群体中的第四个成员是 TRACKS,它是新西兰咨询商盖比斯·波特的一个早期作品;起初 TRACKS 也是一个大型机应用。

第二个群体包括六家始于 20 世纪 80 年代的与学术/研究相关的公司:

(1) VISUM,由 PTV 开发,基于卡尔斯鲁厄大学的研究,位于德国卡尔斯鲁厄市。

(2) Emme,由 INRO 开发,基于蒙特利尔大学交通研究中心的研究,位于加拿大蒙特利尔。

(3) TransCAD,由马萨诸塞州牛顿市的凯利福公司开发,起初是基于 20 世纪 90 年代的学术研究。

(4) SATURN,基于英国利兹大学交通研究院的德克·范·弗里特等人的研究,并由阿特金斯环球公司发行。

(5) QRSII,基于威斯康星大学密尔沃基分校的研究,位于美国威斯康星州密尔沃基市。

(6) EVA,基于德意志民主共和国德累斯顿的"弗里德里克·李斯特"交通大学(从 20 世纪 90 年代起则是德国德累斯顿理工大学)的研究。

(7) ESTRAUS,由 MCT 开发,基于圣地亚哥智利天主教大学交通工程系的研究,位于智利圣地亚哥市。

前三个系统,即 VISUM,Emme 和 TransCAD,发展成为通用的出行预测软件系统,在规模上可以媲美 Citilabs 演化中的产品。对这些软件产品的描述参阅 10.5.1 节,大体是按照它们在 20 世纪 80 年代进入市场的顺序来介绍的。

后面四个系统,即 SATURN, QRSII, EVA 和 ESTRAUS,则更加专业化,对它们的描述参阅 10.5.2 节,外加 TMODEL,UFOSNET,STRADA 和 OmniTRANS 等较小的软件开发商。最后这一类系统的开发,有时甚至是一个人完成的。其中两个,即 EVA 和 TMODEL,后来合并为 PTV 的 VISUM。我们这里没有回顾只为地区市场服务的软件系统,诸如为德国市场开发的系统。

以下描述来自对见多识广的咨询公司主管和软件开发者的问卷调查。我们尽量不涉及对各种功能的断言及其他声明,也不评论它们是由哪个系统率先实现的。这些内容笔者无法独立验证。由于同样的原因,我们也不讨论某个时间点上某个软件的市场渗透率和份额这一类信息。这些系统中很多都还在继续开发中。既然任何历史记录在发表时都已经过时,任何对细节的描述都是出于历史性目的,且一般截止于 2000 年前后。最新的信息请参阅引用的互联网页。

10.5.1 通用的出行预测软件系统

10.5.1.1 TRANPLAN[38]

詹姆斯·芬尼西于 1965 年在施伟拔公司首次使用了 TRANPLAN。他于 1967 年加入了控制数据公司(CDC)的帕罗奥图数据中心,致力于把他在城市交通研究方面的经验用于支持和强化 TRANPLAN。TRANPLANII 的开发终止之后,芬尼西在旧金山加入了帝力凯撒公司(DCCO)。大约在那时,FHWA 为 IBMS/360 发布了 PLANPAC 系统;据芬尼西称,这个软件开始时容易出错且不可靠。出于应用出行预测模型的需要,加上没有可靠的软件/硬件可用，DCCO 基于 TRANPLAN 为 CDC6600 开发了新的软件系统。这一工作由芬尼西领导，成员包括早先曾参加 TRANPLAN 早期开发的拉里夫·库伦克。

DCCO 重新开发 TRANPLAN 之后，将其授权给 CDC 在它的 6600 系列计算机上运行。在同一时期，UMTA 和 FHWA 合作开发用于 IBMS/370 的 UTPS 系统。由于美国交通部免费提供 UTPS 系统，TRANPLAN 的用量逐步减少。到 20 世纪 70 年代末 DEC 和 PR1ME 公司引入小型机时，TRANPLAN 被改编运行于这些平台。鉴于在服务局应用 UTPS 和 TRANPLAN 的高额计算成本，80 年代初一些机构开始购买 TRANPLAN 许可证以便在这些较便宜的小型机上运行。TRANPLAN 随后被移植到 IBMPC 上运行。1984 年，芬尼西成立了城市分析集团（UAG），和拉里夫·库伦克一起从 DCCO 收购了 TRANPLAN 系统，并继续从事相关的开发和发行工作。

10.5.1.2　TRIPS 和 MicroTRIPS[39]

AMV 的 TRIPS 系统被引入英国用于泰恩-威尔郡规划研究，同时成立了 AMV 有限公司（即英国分公司）。在美国长期学习和研究之后，布兰·马丁此时已返回英国担任大伦敦议会的首席交通规划师，并被任命为该公司的总经理。1976 年，该公司更名为马丁和伍尔西斯公司（MVA），以彰显布兰·马丁的贡献。[40] 后来 MVA 的软件业务在休·耐芬道夫领导下被称为 MVA 弘达（MVA Systematica）。

AMV 对 TRIPS 的进一步发展失去了兴趣，这主要因为 UTPS 一直得到强化，并且对拥有 IBMS/360 计算机的用户来说完全是免费的。然而，UTPS 并不特别适合英国的交通规划，因为美国的一些建模概念和英国实践非常不同。有鉴于此，曾在 1969 年作为泰恩-威尔郡规划团队一员而加入 AMV 有限公司的休·耐芬道夫开始扩展 TRIPS，他编写了一个重力模型程序，带有小汽车保有量细分以及用于（约翰·伍顿开发的）矩阵估算的子阵技术。这些新程序带有 MV 的前缀。随后几年里，埃德温·艾考布为英国的实践编写了公路分配程序包，克里斯·奎雷开始逐步将 TRIPS 改编为可移植的 FORTRAN 程序以便用于其他计算机。到 80 年代早期，这些努力形成了一个 FORTRAN 程序套件，可以在各种大型机（IBM，霍尼韦尔，ICL，CDC）和小型机（PR1ME，DECVAX，DECPDP11）上批处理或以交互模式运行。这个套件包括出行分布和分配模块，以及调查处理和数据分析的模块。

20 世纪 80 年代初为基于 CP/M 微型机开发的并行产品称为 MicroTRIPS，后来也用于 IBMPC。布鲁斯·拉姆斯写出 MicroTRIPS 的第一个版本，它是在 56kB 内存的 CP/M 下运行的。马丁·巴克开发出了 MVGRAF，这是一个交互式网络图形程序。迈尔斯·洛基开发了矩阵估算程序 MVESTM。齐尔·提斯特编写了 TRIPS 监督程序 TRIPSWIN，加入了可用性和模型质量保障。MicroTRIPS 后来再次更名为 TRIPS，随着 MS-DOS 扩展了个人计算机的能力而得到积极开发。1992 年，MVA 被巴黎的交通咨询公司塞思达收购。塞思达公司赞助了 TRIPS2000 的设计，但这一项目从未完成。

TRIPS/MicroTRIPS 开发及推广上的一个重大变更发生在它开始出售给政府机构、咨询公司和大学之时。这一变更之所以重要，是因为它的使用变得越来越国际化，成为其继续开发的主要驱动力。

10.5.1.3　MINUTP[41]

基于新兴的小型机—微型机的第三种软件系统的开发工作由拉里·赛德斯负责，他供职于康姆西斯公司的加州办公室,这是一家参与过开发 PLANPAC 和 UTPS 的咨询公司。赛德斯在 20 世纪 60 年代早期曾为公路局工作。70 年代末他首先为某些小型机开发出了 MINUTP;该系统后来被移植到运行 MS-DOS 的 IBMPC 上。对 PC 版的大部分限制在于其有限的内存和编译器能力。MINUTP 包含了许多标准的建模步骤:生成;最短路径搜索;分布;按容量限制进行分配。系统还加入了随机分配和公交相关步骤,而初始化步骤也得以改进和强化。赛德斯称 MINUTP 在性质和功能上类似于更大更复杂的系统,比如 UTPS,PLANPAC 及 CDC 的 TRANPLAN,但使用起来却更简单(美国交通部,1982)。

20 世纪 80 年代早期的时候 MINUTP 或其他软件并没有图形用户界面。网络浏览和编辑非常困难且特别耗时。80 年代后期,赛德斯开发了基于大力神单色图形标准的 NetVue。基于微软 Windows 系统的 TP+是 MINUTP 的继承者,最初是作为康姆西斯、海牙咨询集团及 SDG 公司的联合开发项目而提出的。

赛德斯于 90 年代中期开始开发 TP+。他 1997 年从康姆西斯退休时获得了 MINUTP 和 TP+的开发权,并与维克多·萧合作继续开发。赛德斯和萧于 1997 年加入 UAG,在这里他们致力于软件的进一步开发,赛德斯开发 TP+,而萧开发其用户界面 VIPER,后者刚开始是一个网络编辑器和多数据(文本、数据库、网络、矩阵、模型脚本)阅读/编辑器。VIPER 还能在单一集成的环境中管理应用并呈现结果。

10.5.1.4 CUBE[42]

Citilabs 于 2001 年由 MVA 的软件产品部(TRIPS)与城市分析集团(TRANPLAN,MINUTP,TP+)合并而成。其源头可以追溯到 20 世纪 60 年代 AMV 开发的 TRIPS 及 CDC 开发的 TRANPLAN 上。Citilabs 将 TRIPS,TP+和 VIPER 合并为两个部分:CUBEBASE,即用户界面;出行预测步骤。CUBEBASE 包括三个部分:①VIPER,图形用户界面;②来自 TRIPS 的应用管理器,其建模过程的布局、开发和管理都是基于 TRIPSWIN 流程图;③场景管理器,用于对 Citilabs 开发的场景进行创建、管理和批处理的新元素。Citilabs 收购的老式软件系统中的出行预测步骤,除 MINUTP 外,都可以在 CUBEBASE 中应用。2003 年,Citilabs 开始发布 CUBEVOYAGER,它最初是由 TP+和一个用于网络/路径生成/浏览/分配的公交规划模块合并而成。CUBE 仍然在根据用户需求和算法和计算方面的进步进行继续开发。

10.5.1.5 TRACKS[43]

TRACKS 是一个包含超过 50 个模块、用于用地和交通规划的套件,由新西兰基督城和汉密尔顿的盖比斯·波特咨询公司的格兰特·史密斯自 1975 年起开始开发。在此之前新西兰仅有的用于出行预测的程序是 ICES-Transet 和 UTPS。[44]TRACKS 覆盖的功能包括"用地和数据准备;出行生成;出行分布和方式划分;停车;网络分配;公共交通;评估;矩阵和文件操作"。TRACKS 求解带有多种选项的四步法步骤,并可与 SIDRA[45] 及 MapInfo[46] 连接。

TRACKS 开始时是 FORTRAN 程序的套件,用于求解一个包含以下三步的模型:分类分析出行生成、重力型出行分布及全有全无分配。第一个应用于 1976 年在 IBMS/370 上开发,后来移植到巴勒斯大型机上。核心程序被保留下来,但分配经过扩展加入了容量限制法。另外还加入了若干标定和评估模块。到 1980 年,该软件被移植到带有 32kB 内存和两个 128kB 软盘驱动器的 DECPDP11/03 上,由此要求矩阵运行逐行进行,并且分配基于"树"来完成。即使这样,这个应用仍然可以求解足够应付新西兰城市的模型。输入是通过屏幕和键盘完成的。该系统于1983年被移植到装有MS-DOS的IBMPC上。PC的图形能力让人们得以在80年代后期开发出基于GIS的图形网络编辑器。1993年,该系统被移植到微软Windows系统上。

1981年,TRACKS引入交叉路口延迟作为对逆向车流的统计函数。后来,基于《澳大利亚公路研究123号》中用于信号的公式(阿克赛里克,1981)以及谭纳针对优先交叉路口和环岛的排队理论,单向延迟被当作冲突车流的函数来计算。到90年代中期,分配步骤允许通过转向通行来计算延迟。周期时间和相位划分则根据每次分配迭代中的每个转向通行量内生决定。

10.5.1.6　VISUM[47]

PTV(原名 PlanungsbüroTransportundVerkehrGmbH)于1979年成立,是一家位于德国卡尔斯鲁厄的咨询公司。托马斯·施维菲格于1985年加入该公司后,参加了一个评估交通稳静化概念的项目。为了实现项目目标,他以博斯纳和卢特(1982)基于路径的交通分配算法为基础开发了一个交通分配程序。这就是VISUM软件系统的鼻祖。

在同一时期,施维菲格开发了第二个系统——VISEM。这是一个基于活动的需求模型,以卡尔斯鲁厄大学乌韦·斯巴曼的研究为基础(费兰道夫等,1997)(6.3.2节)。随后,受当时内存的限制,VISUM将公交模型作为一个单独组件加入。随着个人计算机里可用内存的增加以及微软 Windows3.0的发布,PTV提供了三个自成一体的模块:VISUM-私人交通,VISUM-公共交通以及VISEM。由于美国强调四步法步骤,这些模块后来被统一为一个系统。[48]VISUM将战略规划的所有内容与运营规划结合,允许用户把实时数据直接纳入战略规划过程中。

2004年,TMODEL——软件TMODEL2的开发者罗伯特·舒创建的软件公司——被PTV收购,并与创新交通概念公司(Innovative Transportation Concepts)合并。创新交通概念公司是由PTV部分控股的子公司,擅长微观仿真、公交信号优先及交通工程。二者合并后形成了新的PTV子公司——PTV美洲公司(10.5.2.4节)。

PTV开发人员通过与学术界研究者的合作,在若干方面扩展了VISUM的能力。其中之一是提供了基于时间表的公交系统精细建模的能力,包括使用搜索办法来为作业计划准备时刻表和人员调度(弗雷德里克等,2000,2001)。另一个是在基于发车频率的公交分配中对上下车行为建模(诺科尔和维凯克,2009)。Tribut是一个针对道路交通分配的双准则方法,它允许将路径的时间和金钱成本分别考虑,而时间价值被当作随机变量。EVA是一个结合了出行生成、分布和方式选择的模型,它源于东德的研究和应用,并最终在VISUM中得以实现(7.4.5.4节和10.5.2.3节)。最近,詹泰尔(2014)提出的基于丛的道路交通分配算法LUCE加入VISUM的交通分配选项中。VISUM仍然在根据用户的需要、算法和计算能力上的进步以及PTV计算机科学家们取得的新进展持续进行开发。

10.5.1.7　Emme[49]

20世纪70年代,迈克尔·弗洛瑞出任蒙特利尔大学交通研究中心(CRT)的主任(7.4.1.3节)。与阮桑、海因茨·斯派斯及其他人一起,弗洛瑞开始对城市出行预测模型进行研究(7.4.5.1 节)。在加拿大交通部的资助下,弗洛瑞将为他的模型(1977)开发的试验性程序用于温尼伯市,这个模型被称为 équilibre multimodal-multimodal equilibrium(EMME),即多方式均衡。最初的 EMME 用 FORTRAN 编写,并在 CDC 赛博 176 上进行验证和模型标定(弗洛瑞等,1979)。

那时候人们对于将严格的算法用于拥堵交通分配存在很大的疑虑,因为实践中一般采用的是启发式算法,比如增量分配和容量限制法的变型。这种观点促使弗洛瑞开发出试验性软件,将常规出行预测步骤的各部分组合成一体化模型。相比求解带反馈的四步法步骤,该模型可以迭代求解。

迈克尔·弗洛瑞于 1976 年成立 INRO 公司,并于 1984 年从蒙特利尔大学收购了 EMME 的版权。1980—1983 年间,EMME 试验性代码被重新编写并和互动图形界面一起安装在配置有 Tektronix 图形终端的 CDC 赛博计算机上。主要的开发者之一是海因茨·斯派斯。全部代码都是为 32 比特的小型机和微型机编写的,这些机型当时还未面世。EMME/2 也加入了这一时期提出的基于策略的公交分配模型(斯派斯和弗洛瑞,1989)。弗洛瑞(2008,44-45)描述了 EMME/2 的开发历程。

EMME/2 随后被移植到 32 比特的 UNIX 和 VMS 微型机上。首次商业应用是在 1981 年,用 VAX11/750 实施了斯德哥尔摩郡议会的项目,接着是 1983 年用 PixelUNIX 系统实施了 Metro(俄勒冈州波特兰市大都会规划组织)的项目。之后,EMME/2 迅速演化为一个对多方式网络和全面融合公交与小汽车方式建模的工具箱,其主要功能包括:①矩阵操作工具,允许运用多种出行需求模型;②基于保证收敛的网络均衡算法的交通分配;③用于评价和影响分析方法的互动式计算器;④用于批处理的宏语言;⑤图形显示能力。其他功能包括:实现几乎任何空间互动模型的能力;基于广义费用的多类型分配;全面的路径分析能力;三重指数矩阵运算;针对道路和公交进行的起讫点矩阵调整;考虑拥堵和容量限制的公交分配;随机道路和公交分配。EMME/2 的模块化特质使人们可以通过宏程序——它们调用系统基本模块——来开发模型变体。一个例子是通过保证收敛的算法来求解带反馈的顺序步骤,这是由梅塔萨托斯等(1995)设计的。

大约在 2007 年,该软件系统更名为 Emme。随着交通科学的进步和计算机能力的极大提升,对它的开发仍在持续进行。

10.5.1.8 TransCAD[50]

霍华德·斯拉温和埃里克·泽林于 1983 年成立凯利福公司,两人曾在查尔斯河协会进行过市场研究并为其出行预测项目做出过贡献。凯利福的最初目标是为企业和政府服务,主要关注市场研究、出行预测和物流,以及为客户量身定做软件工具来实施所推荐的解决方案。

凯利福在刚开始几年中承接了各种定制软件的项目,从中发现为每个项目定制软件不仅困难,而且代价高昂。这一经历催生了 TransCAD 的概念,它是一个用来实施这类定制程序的底层平台。最初,TransCAD 打算通过搜索快速增长的文献打造出一个"新方法"的平台。具有讽刺意义的是,直到 PLANPAC 或 UTPS 中的老方法加入 TransCAD 中后,它才得以在市场上腾飞。

从一开始 TransCAD 就既是一个地理信息系统(GIS)又是一个交通建模系统,它具有通用的界面和数据结构。因此,凯利福是将 GIS 用于支持交通建模的先行者(斯拉温,2004)。

TransCAD 提供的功能包括:网络生成和编辑;计算最短路径和树;交通分配(增量法、容量限制法、确定的和随机网络均衡法);旅行商问题;空间互动模型(熵模型求解和标定);最小成本网络流;弧节点分割。

TransCAD 以 C 语言编写,用于和 IBMPC 兼容的计算机,拥有图形用户界面并能容纳大型数据库和网络。它的功能可通过菜单来执行,这些菜单把 GIS 图形和数据库功能同出行预测方法集成起来。TransCAD 的 MS-DOS 版于 1988 年首次推出;早期的用户是纽约的大都会交通局和沃尔普国家交通系统中心。

1996 年为微软 Windows3.0 发布的版本推出了用于建模和 GIS 功能的脚本语言,包括:出行生成的预装步骤;支持多项式 Logit 模型的估算和应用;新的交通分配选项;基于交通量计数进行出行表估计;用于访问美国人口普查交通规划产品的工具;[51]更精确地表达公交系统的方法。

2000 年,凯利福为大型的大都会规划组织添加了更多功能并能支持更复杂的建模步骤:用于模型求解和场景管理的增强用户界面;用于公交寻路和分配的额外选项;多方式多类型分配;嵌套 Logit 应用。通过将逐次平均法应用于路段流量计算,加入了对带反馈的四步法步骤的求解。之后,凯利福通过推出并行处理、多线程和 64 比特的计算而成为高性能计算应用的先驱。迅速收敛的基于路段、基于起点及基于路径的网络均衡分配算法也得以加入。对 TransCAD 的开发工作根据用户需要和计算上的进步仍在继续。

10.5.2　专业化的出行预测软件系统

10.5.2.1　SATURN[52]

SATURN 是一个灵活的网络分析软件系统,自 1976 年起由德克·范·弗里特主持开发,开始的时候与英国利兹大学交通研究院的路易斯·维朗森、迈克尔·豪及其他人合作。自 1981 年起,SATURN 由国际咨询公司阿特金斯环球发布。SATURN 的最初创新在于通过精细的交叉口交通仿真来表达各类转向通行中的延迟。这个特色让 SATURN 能够对瓶颈下游交通的流量控制进行建模,并避免排队延迟的重复计算(9.3.1 节)。

"SATURN 是一个多功能交通分配套件,带有矩阵操作和从交通计数中估算需求的额外工具。它的优点在于其灵活性和分析功能,包括全面的展示能力"(亦见于范·弗里特,1982)[53]。SATURN 包括了四步法步骤的一些基本功能,但拥有其他系统中未见的额外选项。SATURN 有六个基本功能,包括:组合的交通仿真和分配,用于分析各类路网上的投资方案,小到局部道路系统,大到重大基础设施改进;用于分析较大网络的常规交通分配;单个交叉路口的仿真;网络编辑器;矩阵操作能力;带有出行分布和方式划分基本元素的出行需求模型。[54]SATURN 也加入了针对单用户和多用户类型的基于起点分配算法,可以得到精确的网络均衡解。SATURN 可与 MapInfo 连接来执行 GIS 功能。[55]

10.5.2.2　QRSⅡ[56]

快速反应系统Ⅱ(QRSⅡ)由威斯康星大学-密尔沃基分校的阿兰·何洛维兹开发,并由他创建的 AJH 咨询公司(位于威斯康星州白鱼湾)维护和发布。最初,QRS 指的是 NCHRP187 号报告中描述的建模技术(索斯劳等,1978)。FHWA 在 1981 年发布了一个 QRS

的微型机版。QRS Ⅱ是对NCHRP报告中表述理念的全新应用,它认为"计算方法"应该是"迅速"的,并根据问题大小而调整。

QRS Ⅱ于1987年首次发布,它包括基于MS-DOS的图形编辑器、最短路径搜索程序、交通分配、多路径公交分配及基于Logit的方式划分模型。QRS Ⅱ加入了以逐次平均法为基础的反馈步骤。随后加入的是一体化用地模型,它是带有充分反馈的带约束的劳利-加林(罗伊-加林)活动配置法,其反馈来源于均衡交通分配(何洛维兹,1989,1991)。QRS Ⅱ自1992年开始用公路容量手册(TRB,1985)中的交通运行分析法来计算交通分配步骤中的路段延迟,用于信号交叉路口、双向停车路口、全向停车路口和双车道公路。它后来又加入了更多类型的交通控制(何洛维兹,1992,1997)。

最初的QRS Ⅱ系统是为运行MS-DOS的早期IBM个人计算机开发的。随着交通工程和出行预测的演变,QRS Ⅱ用2000年版的公路容量手册替代了1985的版本,用生成"藤"的方法替换了生成路径的方法,并且加入了NCHRP第365号报告中的方法(马丁和麦克古金,1998)。随着个人计算机内存和磁盘存储的扩大,对小区数量的限制也逐渐放松。QRS Ⅱ通过提供与传统顺序步骤一致的各类能力而继续扩展。

10.5.2.3 EVA[57]

EVA既指一个软件系统,也指它包含的一类出行预测模型,它基于一个一致的交通需求理论,与带有额外约束的非线性方程系统的求解方法有关。EVA的开发者是迭特·洛瑟,他于1970—2010年间供职于德意志民主共和国德累斯顿的"弗里德里克·李斯特"交通大学(两德统一后更名为德累斯顿理工大学)。EVA来自德语中(交通)生成、分布、方式这三个词的首字母(7.4.5.4节)。

EVA是一个关于个人出行的非集计系统,出行的表达与下面的因素相关:交通小区;按年龄、生命周期状态、性别、有无汽车划分的出行者类别;根据住所、工作地点、学校、购物、休闲活动定义的起讫点位置;根据地点(家到工作单位,工作单位到购物地点等)定义的起讫点群组;互相竞争的出行方式(行人、自行车、公交、小汽车等);日内时刻。在EVA中,出行生成、分布和方式划分通过功能来设定,互相之间紧密连接。这些模型并不进行逐步求解,而是由每个完整的解确定出按方式划分的起讫点流量。EVA还实施了被称为"洛瑟学习步骤"的交通分配步骤,现在包含在VISUM中。[58]

在城市应用中,四种出行方式(步行、自行车、公交、小汽车)的使用都很普遍。EVA通过求解非线性的出行需求方程系统(出行分布与相互竞争的交通方式间的划分)得到三维交通流矩阵(起点、迄点和模式)。它提供了结果解读和说明的选项,包括:简单矩阵运算;出行距离和出行时间分布;带有线性回归分析的需求矩阵比较;根据宏小区定义进行需求矩阵集计。EVA应用了同时求解交通分布和方式划分的复杂交通需求计算。它可以求解拥有120万人口的德累斯顿都市区出行预测模型,包括900个交通小区、4种出行模式和17个出行者类。在德国,EVA的应用包括道路、公交和铁路规划。

10.5.2.4 TMODEL[59]

罗伯特·沙尔从1982年开始开发TMODEL,开始是作为规划机构的工具用于分析俄勒冈州华盛顿县的城市发展。它有基于四步法步骤的模块化设计,但也包括:分布前和分布后方式划分选项;数化器和绘图器支持;矩阵编辑器;控制线和散点图分配分析;导入/导出功能;路径存储/编辑;路段服务水平分析;排放分析;路段/小区选择分析功能;多点分配;交叉路口(节点)延迟。交叉路口容量分析工具,包括用于有信号灯和无信号灯交叉路口的TRC212和HCM方法,可以从TMODEL的菜单中直接调出使用。1982年,沙尔成立了专业方案公司以全职开发和支持TMODEL。大卫·拉热比为TMODEL作出了重要的贡献,包括数化器、绘图器和分析功能,并改进了分配和图形编辑器功能。

TMODEL于1983年在苹果Ⅱ上发布。其模块化系统设计有开放、文档化的数据格式,允许用户加入自己的数据处理功能。第一个版本可以在苹果Ⅱ上对有80个小区的网络建模,后来扩展并移植到IBM个人电脑上,可以处理超过1000个小区。1984年首次将屏幕图形运用在苹果Ⅱ和惠普"触摸屏(Touchscreen)"计算机上。TModel公司于2004年与创新交通概念公司合并成立PTV美洲公司(10.5.1.6节)。

10.5.2.5　ESTRAUS[60]

智利圣地亚哥天主教大学的扎昆·德·希与恩瑞克·福南德斯和交通计算模型公司(MCT)在智利交通规划部(SECTRA)的支持下开发了ESTRAUS。ESTRAUS的开发是为了响应政府改革圣地亚哥公交系统,尤其是公交系统的目标。[61]ESTRAUS求解一体化出行预测问题,而非带反馈的四步法步骤。它满足小汽车和公交两种方式的网络均衡路径选择原理,以及出行模型的内部一致性要求(德·希等,2005)。

ESTRAUS适用于战略交通规划的分析和评估,诸如地铁线路、高速路、道路转让、独立公交走廊、道路收费、公交收费一体化等。它可以处理:多种用户类别(根据收入水平、汽车可用性、出行目的来划分);多方式网络(单一方式和组合方式);所有网络中的拥堵和公交网络中的容量约束;出行选择模型的灵活和分层结构;带有双重约束的基于熵的出行分布;分层Logit方式划分;公共和个人交通网络中的确定性均衡分配;通过图形用户界面或外部GIS的交互式网络和数据库进行编辑。ESTRAUS在运行Linux操作系统的标准个人计算机上求解。

10.5.2.6　UFOSNET[62]

UFOSNET是一个基于PC-MS-Windows的出行预测软件系统,带有集成的GIS和GPS技术,由美国华盛顿州贝尔维尤市RST国际的罗伯特·唐开发。UFOSNET最初是为求解网络均衡分配问题而开发的网络设计工具。后来唐继续将它开发为一个基于MS-DOS的软件,并逐步扩展为通用的规划工具。UFOSNET于1991年移植至微软Windows系统。该软件于1993年首次进行商业发布。

UFOSNET建立于四步法顺序步骤之上,为用户提供了对各种规模的城市区域进行出行预测所必需的所有工具。核心工具包括:网络均衡交通分配;容量限制公交分配;网络计算器;矩阵计算器;网络编辑器;脚本语言。它提供了支持脚本语言的出行分布和方式选择模型。这些模块通过由菜单驱动的图形用户界面来访问。UFOSNET自带的GIS功能可以做地理分析和制图,包含用于出行时间/速度分析的内置GPS工具。UFOSNET的分配模型能够使用HCM方法来模拟节点延迟。

10.5.2.7　STRADA[63]

日本国际合作署(JICA)开发STRADA(出行需求分析系统)的目的是支持其在发展中国

家的交通研究项目。JICA 的目标是提供一个交通规划的通用工具并为其技术援助程序建立通用数据库。该软件的开发始于 1993 年,由日本东京大学的中村英雄领导;随后,吉田好雄继续开发并应用了 STRADA,并于 1997 年首次发布了 MS-Windows 版本。STRADA 包括传统的四步法步骤,加上非集计方式划分模型、起讫点矩阵校准器、随机网络均衡分配、日内网络均衡分配、方式划分和分配组合模型、交叉路口分析模型和 GIS 数据转换器。

10.5.2.8 OmniTRANS[64]

OmniTRANS 最初由荷兰的交通工程咨询公司古达普科峰开发。亨克·古达普是荷兰的交通规划先驱,他于 1963 年成立了古达普科峰公司。古达普科峰于 1972 年成为 TRANPLAN 的荷兰发布商(10.5.1.1 节)。在其后 25 年里,尽管 TRANPLAN 进行了诸多拓展和改进,古达普科峰意识到它的核心软件不能胜任公司的需要。1998 年,古达普科峰开始开发 OmniTRANS 来满足公司需要。

OmniTRANS 于 1999 年面世,此时 TRANPLAN 在荷兰的所有用户都采用了该新系统。OmniTRANS 国际于 2003 年成立,以便从古达普科峰公司中分离出正在进行的 OmniTRANS 的开发工作。OmniTRANS 拥有以目标为导向的设计,关系数据库管理系统和图形用户界面,其功能包括项目管理、用地—交通互动、出行分布、离散方式选择、路径生成和分配、矩阵预测、环境报告、制图和备选分析。

10.6 结论

使用数据处理设备进行城市出行预测可追溯至 1953 年(2.3.3 节)。具有城市出行预测潜力的计算机(Univac1 和 IBM704)在那之后很快面世。因此,出行预测和民用计算机看上去有共同的源头。尽管这一点很难证明,但城市出行预测很可能是数字计算在民用公共部门的首次应用。

任何人如果见证了全部或相当一部分从早期到今日的发展历程,都会对取得的成就感到惊诧。然而,在这 60 年间的几乎每一时间节点上,用户面对的计算硬件和软件的挑战都是令人生畏的。这一点在今天和过去任何时候一样真实。无疑,今天进入该领域的新手们和他们的前辈们一样既心惊胆战而又目眩神迷。

也许比计算机硬件进步更大的是现在可用于出行预测应用的软件。在过去 30 年里出现了一个为出行预测服务的活跃而繁荣的软件细分市场。四家软件公司在全球范围内竞争,还有数家在地区市场竞争。每家都有自己的方式来实施各种建模方法,制定分销、培训乃至产品定价策略。四大公司都成功地持续运营至今本身就是本领域一个了不起的成就。

过去十年中,预测出行的新方法已走在解决各类一般和特定问题的前沿,以充分利用计算速度、内存和数据存储上巨大且看似永无止境的增长潜力。典型的例子是活动—出行—网络系统中基于微观仿真的模型,诸如 TRANSIMS,MATSim 和 DynusT,[65]都受益于不断增长的计算能力和先进的计算语言。另一个典型例子是对更大、更精细的交通分配问题的求解。在这两个例子中,仍有更多未完成的任务。这些任务数量如此之多,以至于未来计算机能力的增长无疑将会在以后许多年中继续得到高效应用。

新老从业者和刚入行的学生们在这段历史中处于何地？显然，所有人都面临前所未有的挑战去学习、发挥好各自作用并做出贡献。但本着和前辈们同样的精神，他们无疑也会为有机会利用这些技术去解决这一领域所面临的各类问题而着迷和受到激励。同样面临挑战的，是那些努力成为他们的老师和解决这些计算机技术带来的日益广泛的研究机遇和挑战的人。

尾注

[1] 10.1 节~10.4 节的一个先前版本由博伊斯和巴-格拉（2012）出版。

[2] 大部分描述取自维基百科 www.wikipedia.org/（访问于 2013 年 1 月 26 日）。

[3] en.wikipedia.org/wiki/IBM_mainframe（访问于 2014 年 2 月 28 日）。

[4] www.columbia.edu/cu/computinghistory/（访问于 2013 年 1 月 26 日）。

[5] en.wikipedia.org/wiki/IBM_System/360，en.wikipedia.org/wiki/IBM_System/370（访问于 2013 年 1 月 26 日）。

[6] en.wikipedia.org/wiki/Seymour_Cray（访问于 2013 年 8 月 23 日）。

[7] 一台超级计算机是一台在面世时具有最前沿处理能力尤其是计算速度的计算机。在 20 世纪 60 年代推出的超级计算机主要由 CDC 的西摩尔·克雷设计，并引领市场至 70 年代，此时克雷离职去创办克雷研究公司。克雷用他的新设计主导了超级计算机市场，在 80 年代后期领导了超级计算机领域。今日，超级计算机普遍是独一无二的自定义设计品，由诸如克雷、英特尔和 IBM 这样的公司生产。en.wikipedia.org/wiki/supercomputer（访问于 2013 年 1 月 26 日）。

[8] en.wikipedia.org/wiki/CDC_6600（访问于 2013 年 1 月 26 日）。

[9] en.wikipedia.org/wiki/Apple_Ⅱ（访问于 2014 年 2 月 28 日）。

[10] en.wikipedia.org/wiki/IBM_Personal_Computer（访问于 2013 年 1 月 26 日）。

[11] en.wikipedia.org/wiki/Ms-dos（访问于 2014 年 2 月 28 日）。

[12] en.wikipedia.org/wiki/Unix（访问于 2014 年 2 月 28 日）。

[13] en.wikipedia.org/wiki/Jack_Dongarra（访问于 2013 年 8 月 24 日）。

[14] en.wikipedia.org/wiki/Moore%27s_law（访问于 2013 年 2 月 11 日）。

[15] en.wikipedia.org/wiki/Moore%27s_law（访问于 2013 年 2 月 11 日）。

[16] 评论来自霍华德·斯拉温对大卫·博伊斯的讲话。

[17] en.wikipedia.org/wiki/IBM_700/7000_series（访问于 2013 年 1 月 20 日）。

[18] 在进行该调查的时候，一位刚入行的土木工程师的工资约为每月 500 美元。

[19] books.northwestern.edu/viewer.html?id=inu:inu-mntb-0005779868-bk（访问于 2013 年 8 月 22 日）；丹尼尔·布兰让大卫·博伊斯注意到本简报。

[20] en.wikipedia.org/wiki/Alan_Voorhees（访问于 2013 年 8 月 23 日）。

[21] en.wikipedia.org/wiki/Geographic_information_system（访问于 2014 年 2 月 28 日）。

[22] 这些模块的名字以 AV 开头，代表着阿兰·伍尔西斯，对模块的描述见于美国住房和城市发展部（1966，1967，1968）。

[23] 基于大卫·博伊斯于 2012 年 4 月 11 日收到的罗伯特·戴尔的评论。

[24] 约翰·伍顿的简历,于 2008 年 7 月收到。

[25] en. wikipedia. org/wiki/CDC_3000 控制数据公司的历史见于 en. wikipedia. org/wiki/Control_Data_Corporation,并由沃西(1995)所描述(二者访问于 2013 年 1 月 31 日)。

[26] 控制数据公司,《城市事务》,报道计算机科学在城市事务中应用的数据服务简报,第 3 页,每月由数据中心分部的营销人员发行,明尼苏达州明尼阿波利斯市,1969 年 9 月 3 日;控制数据公司的档案,明尼苏达州明尼阿波利斯市的明尼苏达大学查尔斯·巴贝奇学院。

[27] 理查德·本延于 1964 年 8 月在 T-PEG 简报中报道:"AMV 加入了一个合资公司……以便为 CDC 提供技术援助来重新编程 CDC3600 上程序中的出行分配程序组。3600 型号将拥有 48 比特的词长,65K 的内存……一个极其有效的程序包将可容纳 8100 个节点和 2000 个小区。"

[28] 包含于罗伯特·戴尔的一封 16 页信函中,日期为 2007 年 8 月 15 日。

[29] 由大卫·博伊斯于 2012 年 4 月 11 日收到的罗伯特·戴尔的评论。

[30] 理查德·本延是该 CDC 项目的项目领导。拉里夫·库伦克根据早先通用电器编写的本延的算法解释来撰写 CDC 的树生成器。基于罗伯特·戴尔于 2003 年 11 月接受的采访以及 2007 年 8 月提供的大量笔记。

[31] 1966 年,固特异离开 CDC 成为华盛顿大都会政府委员会的数据处理助理干事,并在此处工作至退休。对 TRANPLAN 的一个简明描述见于寿弗和固特异(1967,247)。

[32] 彼时,AMB 已获得了它的第一台室内计算机,即租用的 40 型 IBMS/360,它带有 128KB 内存、四个磁带驱动器和一个磁盘。

[33] 后来,UMTA 更名为联邦公共交通管理局。

[34] 弗兰克·斯皮尔伯格写给大卫·博伊斯的个人通信。

[35] 第一次发行日期为 1982 年 8 月,最后一次已知发行见于 1987 年 6 月。

[36] 早期基于研究的计算机模型包括要雄心勃勃地尝试开发一个试验性教学和研究系统,DODOTRANS,见于马文·曼海姆和易尔·瑞特(1970)。

[37] Ⅱ型系统由 JHK 联合公司在 20 世纪 990 年代早期推出。

[38] 基于对詹姆斯·芬尼西的采访。

[39] 基于对休·耐芬道夫和杜德里·莫雷尔的采访。

[40] www.mvaconsultancy.com/history.html(访问于 2013 年 2 月 5 日)。

[41] 基于对拉里·赛德斯和维克多·萧的采访。

[42] 基于对迈克尔·克拉克的采访。www.citilabs.com(访问于 2013 年 2 月 5 日)。

[43] 基于对格兰特·史密斯的采访。www.gabites.co.nz(访问于 2013 年 2 月 5 日)。

[44] 一体化土木工程系统(ICES)由麻省理工的丹尼尔·茹斯(1966)开发;Transet 子系统由易尔·瑞特编写。

[45] www.sidrasolutions.com(访问于 2013 年 2 月 5 日)。

[46] www.pbinsight.com/welcome/mapinfo/(访问于 2013 年 2 月 5 日)。

[47] 基于对托马斯·施维菲格、罗伯特·沙尔和克劳斯·诺科尔的采访。www.ptvgroup.com/en/(访问于 2013 年 2 月 5 日)。

[48] 使用 VISUM 来解决顺序步骤的例子见于博伊斯等(2008)。

⁴⁹基于对迈克尔·弗洛瑞和海因茨·斯派斯的采访。www. inro. ca(访问于 2013 年 2 月 5 日)。

⁵⁰基于对霍华德·斯拉温和大卫·博伊斯的采访。www. caliper. com(访问于 2013 年 2 月 5 日)。

⁵¹www. fhwa. dot. gov/planning/census_issues/ctpp/(访问于 2014 年 2 月 28 日)。

⁵²基于德克·范·弗里特的评论。www. saturnsoftware. co. uk(访问于 2013 年 2 月 5 日)。

⁵³www. saturnsoftware. co. uk/downloads/pdfs/Saturn_Brochure_300. pdf,2.

⁵⁴www. saturnsoftware. co. uk/7. html,第 1 页(访问于 2014 年 3 月 28 日)。

⁵⁵www. pbinsight. com/welcome/mapinfo/(访问于 2013 年 2 月 5 日)。

⁵⁶基于对阿兰·何洛维兹的采访。my. execpc. com/~ajh/(访问于 2013 年 2 月 5 日)。

⁵⁷基于博吉特·杜格同迭特·洛瑟协商提供的笔记。

⁵⁸洛瑟的学习办法貌似等同于用逐次平均法解决的线性化办法(弗兰克-沃尔夫)。

⁵⁹基于对罗伯特·沙尔的采访。

⁶⁰基于与贾斯汀·西格尔和亚历山大·索托的讨论。www. MCTsoft. com(访问于 2013 年 2 月 5 日)。

⁶¹额外细节见于 en. wikipedia. org/wiki/Transantiago(访问于 2013 年 2 月 5 日)。

⁶²基于罗伯特·唐提供的信息。www. ufosnet. net(访问于 2013 年 2 月 5 日)。

⁶³基于吉田好雄提供的信息。www. intel-tech. co. jp/strada/stradae(访问于 2013 年 2 月 5 日)。

⁶⁴基于约翰·莫里斯提供的信息。www. omnitrans-international. com/en(访问于 2013 年 2 月 5 日)。

⁶⁵www. matsim. org/,dynust. net/(二者访问于 2014 年 3 月 11 日)。

11 成就、当前挑战及未来展望

11.1 概述

我们差不多已经完成了对城市出行预测历史发展的回顾。这一段始于20世纪50年代美国的旅程走过了漫长的道路。出行预测的理论、方法和实践逐渐演化为世界范围内的现象,并且经过修订和发展在不同程度上满足了不同地域的需要。本章将讨论本领域在过去60年中进展的本质,这些是作者的个人观点,因此不可避免地带有选择性的偏见。我们也将在本章概述当前的挑战,指出悬而未决的问题以及可能进行研究的领域。我们希望能够在本领域激发或重燃关于优先研究方向的辩论。

城市出行预测在过去60年中是如何改变的?这个看似简单的问题却有很多答案。有些是基于前面章节提到的实际发展,有些则主要依赖于个人预期。而另外一些答案则以现实世界中实践的巨大差异为背景,从建立并应用模型而来。为了评估这一变化以及这个问题的现状,我们查阅了国际文献资料,并与领域中的前辈以及当下的学者和从业人员进行了交流。我们遇到了形形色色范围极广的观点,有些高度赞扬出行预测对解决某些主要社会问题做出的贡献[1],有些指出领域中的模型和方法产生了自我应验预言,即对出行的预测导致了社会对小汽车使用成瘾以及由此带来的种种问题,并干脆对于这些模型和方法依然占据主导地位表示无法置信。考虑到实践中的差异,我们认为这些观点各有其道理。但是,大家比较一致认同的是"理论与研究模型的世界"和"实践的世界"二者间多年来存在着一道鸿沟,并且在某些领域中还在不断扩大。

我们通过展示发展的脉络和来自过去的例子,以第1章里提出的一些主题为背景来探讨上面这些问题。其他主题也贯穿于我们的讨论之中,包括:①理论和模型发展中简化的作用;②在一个特定的时间点有什么样的备选方法可用于生成需要的信息;③为何本领域未能充分及时地回应针对模型和方法的一系列批评。

在前面各章节中,尤其第5章~第7章,我们已经提及当前研究的许多领域和尚未解决的技术问题。在此处我们试图通过更广的视角来扩展这些讨论。11.2节总结了我们如何看待出行领域在不同时期的主要发展,它们在研究和规划实践两方面显著地影响了出行预测。需要强调的是,这一进程并不一定指在某一特定国家应用的方法论随时间的发展。在国际上,来自不同历史时期的元素能在当前许多不同的项目与政策应用中找到。

在11.3节,我们回顾了多年来为出行预测开发"行为"方法所面临的挑战;回顾了模型验证问题(特别是用时间断面法),并思考土地利用—交通系统行为的描述、解释和预测之间一直存在的矛盾。在11.4节,我们总结了从贝克曼等(1956)提出的模型发展而来的均衡分析的贡献,包括:①路段成本函数的有效性和现实性;②在各种模型中出行需求和出行成本之间的一致性;③用组合均衡模型做进一步研究的范围;④对超越静态均衡框架从而实现更多动态表达的展望。

11.5节讨论与预测效果和模型有效性相关的几个方面,包括预测中单纯技术性的问题,也涉及更"黑暗"的方面,即由于在模型设定、变量预测、参数值和关键假设等方面存在的不确定性,预测可能容易受怀有商业或政治目的的操纵者的影响。对于预测和评估措施中用到的基本假设,我们就提高其透明度提出了具体建议;我们也就如何逐步改善预测效果提出了自己的观点。在11.6节,我们讨论实践、可用的替代方法和模型,以及在选择它们时通常会遇到的困境。我们再次讨论了代表出行行为的复杂性和精密性的要求与简化模型和方法之间的矛盾。在总结部分,我们提供关于不断变化的出行预测背景的一些观点,并讨论本领域如何进行批判性的评估。

纵观本章,我们陈述了个人意见,并对进一步研究给出了具体建议。由于本书的首要目的是向尽可能广泛的读者群介绍本领域,我们采用了通俗语言来进行讨论,在历史背景下展示当前的议题和对未来的展望。

11.2 城市出行预测模型的演化与发展

11.2.1 多步骤方法的建立:20世纪50年代初至60年代中期

多步骤法的开发应用是为了建立备选的交通网络规划方案以研究人口、就业、拥车率的增长以及这种增长对外向郊区化的影响。后来,这些方法也被扩展,用于建立备选土地利用和公交网络方案。其主要特征是:

(1)基于最初在美国和加拿大城市进行的大规模家庭与商业机动车调查的时间断面分析,建立一个"系统方法"。

(2)分析用地对个人出行和货物运输的影响,以及在城市活动定位与可达性之间的相互作用。

(3)根据时间序列数据推断小汽车拥有率。

(4)为居住地和非居住地出行目的开发基于出行的模型。

(5)通过起讫小区和最小社会经济因素分类从空间上划分出行市场。

(6)为基于G/D/A结构预测道路交通流提出一个三步方法。

①在小区层面基于回归方法的出行生成(G)模型。

②基于重力及相关模型的出行分布(D)模型,以经验出行阻抗函数或增长因子法(用于

确定商用车辆出行)来表达。

③按照路径转移曲线确定全天交通分配(A),后来换成把 O-D 交通流分配到最小出行成本路径的方法。

④基于两种机动模式(公交车和私人小汽车)提出的方式划分;最初应用于"四步"G/M/D/A 结构中的"出行终端";后来采用基于实证转移曲线开发的 G/D/M/A 结构。

(7)建立基于路段的出行时间—流量关系和简单的容量约束交通分配法。

(8)基于机电计算器与大型机而进行的数据削减、分析和预测等应用。

11.2.2 混合多阶段模型的巩固:20 世纪 60 年代末至今

这一不断演化的方法被用于准备土地利用—交通基础设施规划,后来也用于准备限制方案。除了在 11.2.1 节中提到的发展情况之外,我们还注意到:

(1)进一步强调市场划分;家庭类别作为出行生成的分析单位;用于预测出行生成和小汽车拥有量的类别分析。

(2)更为关注基于线网/服务网络表示以及分配的公交分析。

(3)随着对求解用户均衡解算法的掌握和应用,考虑了全天流量分配以及后来的高峰时段分配。

(4)广义费用通过车内时间、车外时间和自付费用的线性组合来定义,并从对方式选择的微观研究进行估计;这一定义也适用于小区间出行时间与成本;从路段能力和广义费用各部分变化的角度解读政策。

(5)在集计层面将多项 Logit 模型(MNL)应用于出行分布与方式划分的分析,通过极大熵或信息理论进行解释。

(6)通过极大似然估计及相关方法估计模型参数。

(7)具有 G/M/D/A、G/D/M/A 以及后来的 G/D-M/A 等形式的分析模型,其中共享的 MNL 模型通过组合成本相关联。

(8)通过有限且不固定的方式来识别广义成本的"反馈"。

11.2.3 基于离散选择方法的出行需求预测:20 世纪 70 年代初至今

离散选择模型被广泛用于各类出行预测情形中;着重于短期预测,但在城市交通规划组织的中长期规划中的应用也越来越多。

(1)把出行模式解释为个人或家庭在离散方案集合中选择的结果。

(2)把离散选择、随机效用最大化(RUM)方法作为组织框架,用于开发许多与出行相关的模型。

(3)基于 RUM 框架内的补偿决策模型,对 20 世纪 60 年代的二元方式选择模型做"事后合理化处理"。

(4)MNL 模型广泛应用于微观层面的方式选择,并越来越多地用于与出行有关的不同情形中;其优势和不足得到了认识。

(5)采用极大似然法从显示性偏好数据的小样本中估计模型参数。

(6)模型可移植性假设得以检验并应用于实际。

(7) 集计问题得到深入研究,且得到不同的实际应用。

(8) 提出了基于"同步"和"顺序"决策的出行决策过程备选假设,并探索了由此产生的模型结构。

(9) 在 RUM 框架内衍生的嵌套 Logit 结构,其中层级由备选方案之间的相似模式和通过行为反应相对大小来定义的选择排序来决定;通过反应参数的不一致对恰当的排序进行实证检验。

(10) 离散选择 RUM 模型和经济福利指标之间的联系。

(11) 个人和家庭行为模型应用增多,包括有限的家庭内互动。

(12) 把"非集计模型"应用于大城市地区的短期和远期预测,最初发源于美国和荷兰。

(13) 用嵌套 Logit 方式改写四阶段集计模型 G/M/D/A,G/D/M/A 和 G/D-M/A,并做行为解读;发现之前应用的 G/D/M/A 模型违背参数不等式条件。

(14) 陈述性调查(SP)方法被引入,并与显示性调查方法(RP)一起成为出行预测的主流方法。

(15) 开发了 RUM 模型的各种"闭合"与"开放"形式,前者采用广义极值(GEV)框架内,后者则通过仿真技术求解。

(16) 离散选择 RUM 方法用于分析具有竞争性的城市市场,这些市场促成了城市经济、空间行为和交通规划的一体化。

11.2.4　活动—出行框架和对更高行为现实性的追求:20 世纪 80 年代至今

在活动—出行框架内出现了"基于约束"和"基于选择"方法的大融合;其应用虽有限,但在各类政策——尤其是影响活动和出行时机的政策——中的应用在一直增加。

(1) 在个体和家庭实施活动这一场景下,对出行及其目的进行了清晰地阐释。

(2) 关注每日活动的整体情况,将个人与家庭的出行及其变化与家庭结构和生命周期阶段相关联。

(3) 识别了一系列对个人行动的约束;通过"棱柱图"表达对每日活动在时空上的约束。

(4) 考虑更广泛的活动—出行选择和更复杂的替换模式,以对时空和家庭场景下定义的政策做出反应;活动与出行时机成为选择的一个重要维度。

(5) 引入了基于出行环的方法,以保留方式选择中的连续性和出行时机,并应用于实践中。

(6) 进一步深入思考行为选择过程,并提出备选的决策模型。

(7) 开发了基于日程的实用城市出行预测模型;区分计量经济模型与基于规则的计算过程模型。

(8) 微观仿真广泛应用于求解和集计越来越复杂的活动-出行模型。

(9) 用于考虑公司活动中物流方面的微观层面发展。[2]

11.2.5　更丰富和现实的网络均衡分析:20 世纪 60 年代末至今

在详尽阐释贝克曼等(1956)的模型基础上,出现了越来越复杂的基于网络模型的出行选择表达,并不断扩展。

（1）求解和应用固定需求分配模型以替换"容量限制"分配启发式方法。
（2）把确定模型扩展至几种随机路径选择模型。
（3）研究可变需求网络均衡，将其作为四步法的替代方案。
（4）识别网络均衡的备选数学模型，它们有更真实的描述路段与网络出行时间的潜力。
（5）扩展至拥有复杂出行备选方案的公交系统。
（6）在详细的多方式网络中进行(基于智能体的)出行微观仿真试验。
（7）逐渐发展出专门的软件开发市场，搭配网络与地理信息系统，提供日益复杂的建模备选方案。

11.2.6　总结

我们现在能够把城市出行预测模型的复杂发展视为对如下问题的关注逐渐强化的过程：
（1）出行需求表达方式的本质：从"出行"到"出行环"到"每日行程"。
（2）个体和家庭行为差异以及出行市场划分，由当前行为模式以及对政策和发展随时间的反馈决定。
（3）表达政策的变量及其组合。
（4）对服务水平(LOS)变量敏感的个体选择和响应政策的替换模式；从最初对出行频率、目的地、出行方式及路径选择的关注到其他选择(包括出行时间)。
（5）探索偏好以及估计模型参数的不同方法。
（6）基于信息理论、熵最大化及选择理论的分析模型。
（7）基于约束以及基于选择方法之间的整合。
（8）表达网络及发生在其上的人流车流的细节。
（9）整个模型中需求、流量和服务水平变量之间的一致性。
（10）从组织和物流等方面考虑货车运输相应的发展，把物流模型与基于家庭的模型做一致处理。

11.3　出行行为建模的挑战

11.3.1　时间断面法的局限性

我们首先思考一系列与时间断面模型的预测有效性相关且长期存在的问题。其中有几点，鉴于其重要性，我们在此专门强调。在时间断面调查中观察到的出行需求和社会经济变量/交通变量之间的相关性并不一定意味相关变量的变化存在因果关系。然而，基于时间断面模型的出行预测在其演变过程中很少关心这一区别。在过去60年中，时间断面"拟合优度"是判断模型在实践中是否可接受的主要标准，这一情形可能产生的潜在严重后果仍在继续。自从20世纪五60年代基于小区数据的出行生成回归模型表现出优异的拟合优度以来，从看到相关到相信因果的"信仰跳跃"一直存在争议。正如多年来在许多研究中看到的那样,很多模型能够通过标准统计的"拟合优度"测试,但却产生了非常不恰当的出行预测(5.2节)。由于没有将交叉断面模型预测与回溯研究或详细的前后对比研究结果进行对比确认的传统,用证据说话的经典科学方式(颇普,1959)几乎完全缺失。[3]用标定和拟合优度作为模型有效性基础这一缺陷自20世纪60年代以来已经或明或暗地出现在许多批评中。以雅科夫·扎哈维(1926—1983)的评论为例:[4]

大部分出行需求模型以观察到的出行指标来校准(或者说调整);而这些指标也正是模型产生的最终结果。因此,模型的有效性是复制观察指标,而这些指标本身又被用于标定模型,从这一点来说,这样的验证只是自我验证(扎哈维,1978,1)。

采用"保留"样本——这些预留出来用于验证的数据通常与用来标定的数据有相似的数据结构和统计波动幅度——并不能真正解决这一问题。

试图得到更好的拟合优度的努力已经导致在缺乏充分解释基础的情况下大量引入新的模型变量或参数。对这类措施在预测中带来的问题在评论中时有所见(如威尔森等,1969)。钱德拉·巴特最近写道:

虽然带有若干调整因子的模型可能跟基准条件拟合得非常好,但是对预测而言它可能是一个灾难。执迷于将观测数据用作终极或主导性的验证指标是获得可靠预测模型这一努力的阿喀琉斯之踵(巴特,2014)。

从活动—出行行为模式中推导因果关系的问题已经得到了较为详细的思考(如汉蒂等,2005)。在探索物理环境在多大程度上影响出行这一背景下,苏珊·汉蒂提醒我们,"找到城市形态和交通出行模式之间的某种紧密关系,并不等于说明城市形态的某一变化会引起交通出行行为的变化,并且发现一种紧密关系并不等于理解这一关系"(汉蒂,1996,162)。

在任何时间点,人类行为都是过去不同时期许多人口、社会、经济及文化等影响因素作用的结果。因此,人们一直质疑从时间断面上个体之间行为变化去推断行为响应的可信性,这一点毫不意外。类似的,一些能够区分来自模型响应特征的分布的改进模型得到了一些从业者的认同(9.5节)。此外,由于参数值对模型设定非常敏感,来自元研究(meta-studies,即根据包括世代研究和时间序列研究在内的大量方法和研究,对诸如时间价值和弹性等参数的回顾与综合)的间接支持证据已证明,保持可信性对基于时间断面模型的预测方法至关重要。

现在通常认为,除了统计的拟合优度之外,时间断面城市出行预测模型还应该考虑一系列标准,包括:

(1)嵌套Logit应用中关于参数值的不等式。
(2)把模型参数值(如时间价值)与从元研究中得出的范围进行比较。
(3)"现实性测试",即把模型的边际变化预测与从元研究中得出的弹性系数进行比较。
(4)间接证据,如不同关系和参数在空间、时间上的地理可移植性。
(5)从模型(或有类似设定的模型)的"回溯"或"前后对比"研究中获得的证据。

在许多实际应用中,这种在更大的范围内做检验的方法很少使用。美国和英国都有针对模型有效性做"现实性测试"(9.5.4节)的近期指南(英国交通部,2011d;剑桥系统公司,2010)。在20世纪70年代中期麦克法登的湾区捷运(BART)项目中详细的前后对比研究(4.3.4节)以及罗尔等(2012)近期在曼彻斯特开展的研究(9.5.3节)都很困难且花费巨大,但是非常宝贵。

我们应该对时间断面法的局限有更广泛的认识,并且抓住机会强化模型有效性的理念。我们也需要开展国际合作,以综合大量"前后对比"研究,从而形成一般性结论。

11.3.2 "宏观"—"微观"模型之争

我们已经比较详细地讨论了在不同层面通过数据搜集、分组、模型设定、确定参数以及进行预测来开发预测模型的各种问题和可能性。我们特别对比了"集计"和"非集计"方法(4.1节,4.3节,4.7节和5.5节),并且提到了麦克法登(1976b,8)对于非集计和市场划分的观察(4.7节)。在底层行为模型集计与细节的不同层面,用不同的出行/活动指标(出行、出行环和日程安排)开发模型的各类事宜和问题有时被描述为"宏观-微观"的争论。

多年来,出行预测领域的特色方法是提出越来越复杂的系统行为作为对集计需求建模和预测的基础。于20世纪60年代末和70年代引入的"非集计行为"方法基于一个很强的主张:表达、解释和预测观察到的行为最好的方法是在微观层面,即在个体决策这个层面。当前许多关于这一宏观-微观问题的思考是基于在微观层面可以得到合适模型这一前提的。实际上,"非集计行为"方法的正确性经常被视为不证自明。但是丹尼尔·布兰德于20世纪70年代初对此提出了异议:

> 常用的"非集计行为"模型这一术语给人的印象是,个体-选择模型在引入出行行为上享有垄断地位。这显然是不公平的,因为出行需求模型可以从行为假设中衍生出来,与它们使用集计还是非集计数据无关(布兰德,1973,240)。

在活动—出行框架内探寻精密的微观-行为解释和越来越细的行为表达已经对和实际政策有关的预测在理论与实证建模方面形成了越来越大的挑战。对于开发行为模型的适当粒度,哈尼·马马萨尼在25年前活动—出行领域刚刚兴起时谈到:

> 当你在阅览这一领域中浩瀚的贡献时,你可能想知道研究者们是否已经迷失在对活动参与、日程安排、家庭内部互动和出行行为等种种复杂性的追寻之中,而不是试图找出可能存在并加以利用的简单和可重复的规律,以此为据去进行有意义的预测。诚然,建模者考虑到的各种现象的微小细节非常复杂。陷入这种复杂性泥沼的人们可能(错误地)摒弃了一些不够精细但在有用性上毫不逊色的关系和过程(马马萨尼,1988,36)。

我们认为他的观点至今仍然是有意义的。特别是近些年,在评价当前的活动—出行分析时,奥图萨等(2012)论及肯尼斯·特瑞恩的观点"我们从无法看到的事物里能够学到的东西是有限的"(特瑞恩,2009),并提出他们自己的想法:"在什么程度上真正能够识别出真正根本的行为?即使用我们拥有的最辉煌精密的模型,分解可能形成个人选择行为(不论是观察到或是宣称的行为)的各种效应在实践上依然是不可能的"(奥图萨等,2012,357)。

探求为复杂城市系统进行模型设定、估计、集计、测试和验证的恰当方式仍然是一个充满活力的研究领域(6.6节)。问题的解决将依赖于:对数据的需求、需要测试的政策以及需要了解的信息(如是否要求详细的网络流量)。

由于对活动—出行行为模型设定尚未达成一致,有必要继续从不同复杂性和集计层面对这些模型做比较和评估。

我们会在11.6.3节再讨论这一点。

11.3.3 选择的"标准模型"及扩展

我们认为基于理性决策和随机效用最大化（RUM）[5]的标准计量经济学选择模型在解决许多于 20 世纪六七十年代首次遇到的基本问题上已经非常成功（第 4、5 章；11.2 节）。选择理论中的 RUM 方法也是能有许多发展空间的框架（5.7 节）。近年来，争论一直持续集中在研究应该更强调哪些方面，是在效用的系统组成部分上，而不是"盲目尝试从随机误差组成部分中'榨取更多的汁水'"（奥图萨等，2012，357）。

然而，即便在基于 MNL 和 NL 选择模型与补偿决策规则的标准方法中，许多最根本的问题仍然有待解决。其中之一就是用解释变量的何种函数形式来代表效用，此处在实践中广泛使用的线性差异模型已经被质疑了很多年（高缀和威尔斯，1978；高缀，加拉-迪亚兹和奥图萨，1989；高缀和昆特，2011；达利，2010；达利，曾和罗尔，2014）。后者提到：

在过去十年中，建模方法论已经转换至模型估计，这些模型带有在对数时间和对数成本差异标度中定义的误差项，以及在总体中随机分布的 VOT（时间价值）。这些模型看起来对观察到的 SC（陈述性选择）应答给出了更好的解释（达利等，2014，215）。

对于一般性的时间价值（VOT）研究，这些作者补充："虽然自 20 世纪 60 年代 VOT 估计方法已经有了重大进展，但是问题还没有完全得到解决，需要进一步的研究来维持这一重要参数的可信性"（达利等，2014，217）。这一观点得到了肯尼斯·斯摩尔的支持，他在最近一篇回顾文章（2012，2）的开头写到："经过几十年的研究，出行时间的价值仍然没有完全弄清楚，进一步理论和实证研究的时机成熟了。"我们会在 11.5.3 节考虑与此相关的问题。

2008 年金融危机之后经济学行业的一些领域承受着巨大的压力。[6]一些大学经济学系的学生甚至开始反抗盲目地遵从和讲授那些无法把其他学科尤其是心理学的洞见和"现实性"纳入其中的数学模型。从某种程度上看，在 20 世纪 80 年代我们领域就已经预见到了标准效用模型与更"现实"的行为模型之间的冲突（6.2.2 节）。从那时起，出行预测模型研究，尤其是基于微观经济学的方法，已经自由地从其他学科尤其是地理学中汲取养分，而且自 90 年代起还越来越多地借鉴了心理学。对这些课题的研究现在正方兴未艾。

对于支撑 20 世纪八九十年代引入的 RUM 模型的标准决策规则和假设，我们已经讨论了针对它们提出的改进或替代方法（6.3 节和 6.5 节）。在静态和动态分析框架内，人们研究了与有限信息、记忆、习惯、阈值[7]、备选决策规则[8]、学习机制及选择的过程与内容等相关的备选假设（6.2 节和 6.6 节；本-阿基瓦等，1997，1999，2002a，2012；德·帕尔马等，2008）。尽管这些成果在研究上很重要，它们迄今为止少有在应用于日常实践中的出行预测模型中留下痕迹。

用于实践的模型的理论基础与其声称要代表的行为之间通常存在着明显的差异。这一点对考虑较长期决策且基于 RUM 的简单定位模型来说尤为突出（如住房选择与定位、工作地点选择与定位）。此处，可用选项的信息及其特征远不够完美，同时决策包含复杂且相互关联的社会、经济及人口统计学过程（福瑟林罕和魏格纳，2000）。MNL 形式的空间互动模型（基于广义费用且应用于个体和小区层面来估计对政策的反应）仍需进一步研究。

在本书写作之时，备受推崇的英国广播电台的科学节目《地平线》在《追寻上帝粒子》[9]

和《载人登录火星:通向红色星球的旅程》之间探讨了《你如何真正地做决策》(2014年2月24日),肯定了决策研究的科学基础。该节目报道了诺贝尔奖得主丹尼尔·卡耐曼的发现并记录了行为经济学兴起。[10]卡耐曼的研究探索了不确定性和风险是经济、社会及政治进程中的重要决定因素的选择问题,并确认了在这类问题中人类决策中认知偏差和"非理性"的多重来源(卡耐曼,2011)。丹尼尔·麦克法登(1999,79)曾对这一研究做过如下脍炙人口的评价:"这一工作既让经济学家着迷,也让他们失魂落魄;类似欣赏大师级的木匠搭建供你上吊用的绞刑架。"建议放宽有关最优性的标准并探索决策的"黑匣子"是现在离散选择建模方面文献的主要选题(麦克法登,1999;德·帕尔马等,2008;本-阿基瓦等,1999;2012;彻奇,2012)。我们此处只讨论与我们主题相关的一个突出领域。

自卡耐曼和特瓦斯基(1979)最初提出前景理论——后来有过一个扩展版本(特瓦斯基和卡耐曼,1992)——距今已经差不多35年;在过去十年中,在出行相关行为决策中应用前景理论的可行性已经得到了广泛且具有批判性的研究,同时其与标准方法的差异也得到了强调。[11]从根本上说,前景理论的核心基于几个命题,扩展后的前景理论与标准效用理论之间最重要的差异是:

(1)偏好并非固定且总有完善的定义,而是会根据情况不同而改变。
(2)备选方案被"表达"为相对于参照状态的变动。
(3)一旦做出了选择,参照状态也几乎立即被选定。
(4)存在规避损失,即损失的估计价值较同一规模的收益更高(范·德·卡,2010,有完整讨论)。

在考察的106项研究中,针对可做对比的案例,范·德·卡(2010,771)总结道:"扩展前景理论各假设的联合应用有助于更好地理解在所有与出行相关的场景下人类的选择行为。"

安德鲁·德·帕尔马等(2008)更正式地讨论了"带有风险和不确定性的决策研究和随机效用模型之间的互相融合和启发"。这一研究在离散选择框架内审视了标准期望效用模型与非期望效用模型——包括从前景理论衍生出来的模型——之间的差异。

在所有针对出行建模、预测和评估的标准计量经济学方法进行的诸多潜在改进中,围绕一些优先事项达成共识可能会对指导进一步理论与实证研究有帮助。尽管其正式的研究已经有30多年历史,但我们认为应该更优先地关注在许多出行决策中不确定性和可靠性的作用。

虽然大多数考虑不确定性尤其是出行时间随机性的应用已经出现在出行时机和方式选择的场景之下,仍需将它们拓展至大多数选择和联合选择的过程。纳入不确定性和可靠性而不把模型做得过度复杂,这是需要进一步理论研究和实践测试的课题。

在出行选择和需求建模的一般背景下,数据搜集的方式正在发生重大变革(理查德森等,1995;斯托弗和格里福斯,2007)。个人陈述的特征和观察到的特征之间的显著差异虽然自20世纪60年代以来就为人们所熟知,但目前对理解和预测出行相关行为来说依然值得关注。数据收集技术的进步,尤其是通过GPS数据的捕捉,正在影响对这一问题的研究。关于现代技术对出行选择和活动出行调查带来的影响,斯托弗等(2005)和波奈尔等(2009)的文章有比较完整的讨论。"大数据"时代的出现可能会以完全意想不到的方式催生对出行分析与预测的变革。

11.3.4 实证规则性和备选预测假设

对出行、出行环和日程安排的审视引发了如下问题:"应该在出行细节和分组的哪一个层面去寻求实证上的规律性、提出假设、给出解释和应用出行预测?"自从约翰·伍顿和杰瑞·皮克采用居住密度代表出行率类别分析中位置的影响之后,出现了许多实证和方法论框架来探索社会经济、人口统计、定位(密度和邻里特征)及服务水平/可达性对活动和出行的影响。[12]这些研究在诸如"智慧增长"和"城市致密化"等问题上日益对政策产生影响。

我们在此评价一个常用的建模假设—即各种居住密度分组及不同社会经济群体内的出行比率大致稳定—的备选假设。对不同条件下具有相似特征的人群,人们每天花在出行上的时间和金钱可能大致相同这一可能性,自约翰·谭纳(1961)影响深远的论文发表以来,一直是交通研究中关注的问题。这"……提出了可能通过加入对出行支出的估计而改进预测的可能性"(科比,1981,1)。霍华德·科比补充道,"这两个实践上的关键问题可以表述为:基于出行支出比率方法的预测能力与基于出行比率方法的预测能力相比如何?如何在预测中使用出行支出比率?"(科比,1981,1)。

出行预算在群体而非个体层面的大致稳定性,它对预测、评估及政策发展的影响在过去50年中一直备受关注。[13]该问题仍然在引发争论和研究。

雅科夫·扎哈维(1974)研究的模型旨在捕捉家庭每日出行时间与金钱支出的规律性,他是这类模型的早期贡献者之一,并观察到这些规律性"可以跨越时间和空间进行移植"。通过提出统一出行机制模型(UMOT),扎哈维试图避免他认为标准模型校验中存在的循环论证的问题。"UMOT方法生成对诸如每日出行距离、方式分担率、拥车水平及家庭位置类型等出行组成部分的同步估计,这些估计结果与未用于标定模型的观察数据作对比以对模型进行验证"(扎哈维等,1981,摘要)。

帕特西亚·莫克塔利安和辛西亚·陈对出行时间(以及有时在金钱上的)开销的集计与非集计研究做了元分析,她们总结道:

根据之前的研究我们认为出行时间花费除了在集计程度最高的层面并不恒定。然而个体的出行时间花费模式确实可以部分通过可衡量的个体特征(如收入水平、性别、就业情况和拥车水平)、目的地活动特点以及居住地区特征(如密度、空间结构和服务水平)来解释。对于出行时间花费在集计层面一定程度上保持恒定这一现象,我们对解释这一规律性的根本机制并没有很好地理解(莫克塔利安和陈,2004,643)。

很多人仍然认为从宏观而不是个体层面去开发出行预测模型并利用实证的规律性是可能的。古德温(2005,17)表达了这样一个观点:"如果我们能从总平均出行时间是恒定的假设出发,并寻找它在特定情况下偏离这一规律的原因,那么我们可能会得出更准确的预测。"

在大卫·梅茨(2008)看来,时间预算的实证规律性的近稳定性对于评估和政策还有额外的意义。在其引发争论的论文《出行时间节约的神话》中,他思考了通过交通投资获得的出行时间节约的结局,并挑战传统上对这类投资进行评估的方法和旨在提高出行速度的政策(特别是当这类政策只是导致更长的行程的时候)。感兴趣的读者可以参考马基(2008)对这篇论文言辞激烈的回应。

40多年前,阿兰·威尔森曾考虑在斯托兹型框架内建设需求关系的层级结构(3.5.4

节),这一问题至今没能完全解决。基于出行/出行环及每日日程安排的需求关系与在层级框架内以时间和金钱度量的出行开支,对这二者之间的协调统一有必要进行进一步研究。

11.4 寻求内在一致性:均衡模型及其他

11.4.1 有效及更真实的道路网络路段成本

50多年前,公共道路局的工程师们绘制了某一路段上出行时间与流量之间的实证关系作为测试他们关于"容量限制"分配最初想法的基础(美国商务部,1964)。他们假设某一路段的出行时间是路段总流量(可分离)的增函数,忽略了机动车类别的影响以及路段下游交叉口处对向和交汇车流所带来的影响。在随后的几十年中,采用这些简单函数来求解用户均衡流量的方法得到了若干优雅的改进。然而,这一备受推崇的公路局函数仍然是某一路段上时间与总流量之间关系的常用表达方式。

自20世纪80年代以来,随着对变分不等式问题的理解和求解方法的蓬勃发展,对真实且有意义的出行时间—流量函数进行数学上的理解也得以稳步推进(弗洛瑞和合恩,1995;马克特和帕萃克森,2007)。如今,通过GIS软件可以得到各种收集、记录及处理交通流与交叉口特征数据的方式。同样,计算处理速度也已发展到以合理的计算成本即可求解考虑所有路段流量相互作用的真实函数的用户均衡问题。

不过,从业者及研究者们仍旧忽略交叉口分类流量之间的相互作用以及路段内分类流量之间的相互作用。从网络均衡和网络成本的角度来看,这一点恐怕是当前实践和前沿研究中最明显的不足之一。

实施和解决具有层级结构的路段成本函数,对于实践和研究来说是需要优先考虑的事项,这些函数变得越来越细化和复杂,可以代表通过有信号和通行优先权的路口的分类路段流量之间的相互作用,类似高级公路容量模型。对于那些适合求解区域、子区域及局部等不同规模问题的算法,我们应该对它们进行设定、测试及普及。如果从业者有所要求,出行预测软件开发商应该会回应在实施这些增强建模工具中遇到的挑战。

11.4.2 内部一致性和多阶段方法

多阶段方法发展的初期就认识到生成出行预测中的一致性问题,即小区间需求、路段流量及网络服务水平(LOS)变量在模型的各阶段需保持一致。尽管与一致性相关的理论和计算问题已为人所熟知,实践中的常见做法仍不过是对计算出行时间及成本的步骤进行几次"反馈"迭代,稍作姿态而已(8.2.2节和8.3.2.3节)。这一过程中包含的两个不同方面是:①模型设定问题,要求有机制(如嵌套Logit模型中的复合成本形式)来在该步骤的不同部分中表达时间与成本,并且通过这些机制来传导政策影响;②算法问题,涉及迭代值产生的均衡。

贝克曼等(1956)的集计需求网络成本均衡模型日益得到详尽阐述并引入不同需求设定,如嵌套Logit结构以及一体化土地利用—交通模型。如在第7章中讨论的若干细节,该框架提供了：

(1) 优化构造以寻求均衡解。
(2) 均衡解的存在性与唯一性。
(3) 研究求解算法性质与特性的方式。
(4) 通过对交通网络路段的收费将用户均衡状态转换为系统最优状态。

出行需求与网络成本之间的内部一致性是该模型的核心。给定出行需求函数,在集计(小区)层面精确求解这些模型现在已有大量的(学术)经验。但是,当前许多应用模型,无论是通过出行、出行环还是活动来建模,都是在微观层面进行设定和估计;如果想要得到均衡,则依赖为网络制定和分配出行矩阵之后有一个"反馈"序列。

25年前,无法达到服务水平变量、需求及路段流量的内部一致性曾被视为出行建模实践的重要缺陷,也是规划过程被告上法庭的原因之一(加里特和沃克斯,1996)。然而,目前仍然没有人们一致认可的方法来解决实践中的"反馈"问题,对这一过程的收敛性几乎没有测试。TransCAD(规划软件系统)引入了逐次平均法(10.5.1.8节),理由是它可通过数学证明收敛。然而,这一性质对于要在计算上得到精确解几乎没有什么帮助。在用现实规模的网络进行的测试中,该方法的有效性并不令人满意(博伊斯等,2008)。

在大规模、多方式、多用户类别的网络上,用真实成本函数且日益复杂的多阶段需求模型来分析求解均衡是很有吸引力的研究点。这一研究应建立收敛标准以便用于为网络流量、被抑制及被诱导的需求和包括用户收益与环境影响在内的评估措施进行政策测试。这些标准应该有助于分析公路扩容和再分配政策,以及约束出行政策等。

11.4.3　进一步应用的范围

所有形式(基于出行、出行环及日程安排)的用户均衡模型数值解以及出行需求与网络成本(LOS)变量之间的不一致对预测和评估措施的重要性,都值得进行深入研究与测试。鉴于实践上的相关性,我们也提倡对涉及如下问题的一致性和收敛进行深入研究:

(1) 嵌套Logit结构的离散选择微观模型,以出行、出行环及日程安排来表达,包括诸如出行时机在内的一系列需求反应和包含可靠性在内的新增服务水平变量。
(2) 多方式、多类别、多时间维系统,包括公交服务水平依赖于市场份额的情况,允许实际研究陶斯-汤姆森效应(9.4.3节)。
(3) 基于确定性和随机性表示的动态交通分配模型。

在用户均衡与系统最优模型的网络建模框架内,应进一步研究[通过比较"无投资"(即参考)状态和"有(投资)"状态来]评估交通政策尤其公路投资时低效及系统偏差的性质和程度。

11.4.4　均衡的终结

人们广泛认为土地利用—交通系统实际上从未达到过均衡状态,而只是在不同时间尺度上,根据外部因素与交通政策的影响进行动态调整。[14]相对静态经济均衡假设是作为更复杂的动态模型的近似来用的,它假定"从实际应用的目的来看,均衡是对动态现实的合理无偏估计"(古德温,1998)。尽管至少自20世纪70年代以来动态行为和非均衡模型就在本领域中得到了广泛关注(如威尔森,1974;艾彻尼克与德·拉·贝拉 1977),动态表达在各种场景—从方式划分到土地利用—交通的关联—下的缺失仍经常引发争议(古德温,1998;西蒙斯等,2013)。

对于菲尔·古德温(1998)——本节标题来自他书里的一章(不含问号)——以及其伦敦大学学院(UCL)的同事马丁·莫格里奇(莫格里奇,1997;本书 9.4.3 节)而言,不恰当的预测和政策方案直接来自我们对变化过程缺乏理解以及支撑当前数学模型的假设的不完备性。古德温的顾虑并不局限于长短期弹性之间的差异,而是更广义地涉及模型的根基、牺牲行为过程和动态调整,把注意力完全集中在"终结态"(即平衡)的做法。

以均衡作为假设来解读数据、设定(变量间的)关系和估计参数,可能会导致系统性偏差,或者如他所说,可能根本就是错的。他的分析指出:

> 忽视动态因素不仅可能误导行为预测,也会影响解读支撑预测的效用和数值。当然,这类错误未必比预测实践中许多其他已知(和未知)的缺陷导致的错误更大,但是它们之所以重要是因为它们来自系统性偏差,其危险之处在于会使得一些政策看起来比实际更糟,而另一些政策看起来比实际更好(古德温,1998,132)。

自 20 世纪 80 年代以来,古德温及其他人一直主张过程导向的方法,它们可以考虑记忆的作用、习惯、不连续与不可逆的变化,而这些都是时间断面法所不擅长的。领域内一直在辩论的是这些方法能否被恰当地纳入模型中而不会大大增加复杂性。

我们需要仔细思考与静态平衡形式相比动态模型潜在的额外准确度和实践意义,这是为了识别动态模型可能在实践中提供显著优越性的条件以及在什么情况下特定的简化是合理的。这些研究应该包含当前一代的动态微观仿真模型。

11.5 模型性能及支撑预测的假设

11.5.1 城市出行预测的预测准确性

在出行预测初期,在收集数据、标定模型和准备预测上需要如此大量的专业努力和计算处理要求,以至于鲜少考虑错误与不确定性的来源,更不用说为关键输出的点估计计算置信区间了。早期研究通过敏感性分析确实探索了规划变量和模型参数中的错误如何在多步骤用地交通预测模型中传播(如 CONSAD 研究,1968;邦萨尔等,1977)。更近些年,卡拉·科克曼和她的学生大大扩展了这些分析(赵和科克曼,2002;普拉罕和科克曼,2002;克里什纳摩西和科克曼,2003)。

对模型表现的研究必然要用到 20 世纪 50、60 和 70 年代进行的主要交通研究中针对目标年的预测结果,这一点在第 2 章和第 3 章有所涉猎(ITE,1980;麦金德和伊万斯,1981;麦克唐纳德,1988)。现在有越来越多的文献涉及多种来源产生的预测不确定性和错误:对外生因子(用地、收入、人口、就业、拥车水平等)的预测;模型设定;参数及其估计;模型假设;数据错误;人为错误。对外生因子预测引入不确定性和置信区间现在是很标准的要求,但是仅适用于某些建模目的(如德·琼等,2007a;英国交通部,2009c;拉索里和蒂莫曼斯,2012)。

要得出普遍性结论需要在常见场景下针对预测准确度做单个的深入研究和元研究（如随着时间变化的机动车交通量或公交需求远期预测；重轨、轻轨与快速公交方案的影响；收费公路的影响等）。[15]这些回顾、调查和分析证实了通常伴随出行预测的严重错误，它们来自上述来源以及对其产生影响的机构性因素。

保罗·蒂姆斯（2008）曾质疑期望出行预测模型可用于曾经质疑用出行预测模型作准确的中/长期预测这一期望是否合理，即便可以"剔除"不准确外生输入的影响。为回答这一问题，他提出了涉及出行预测模型及预测生成科学问题的若干哲学思考。

其他的观点更为直接且实际。在涉及用模型为公共政策提供信息的批判性文献里，客观且不受价值判定影响的预测一直备受挑战。预测者们的乐观主义并不新鲜；参阅麦金德和伊万斯（1981）以及3.7.4节。然而，用"乐观主义偏差""拥护主义""天真且一厢情愿的想法"这些词来描述预测实践还是近期的事，常用于强调人们利用不确定性来服务政治、规划或商业目的的程度。马丁·沃克斯（1982, 1989, 1990）曾描述了一些专业人士面临的矛盾：

（这些）专业人士面临的许多最有趣且最复杂的道德困境源自预测任务的复杂性及其结果的巨大政治影响。预测呈现给公众的是从无偏见的科学步骤得出的结果，然而在现实中这些预测常常是为宣传服务的高度主观性活动……根据法律以及在公众的眼里，他们预测的目的是提供分析以澄清如何选择合适的行动。但是他们（"这些专业人士"）的顶头上司和客户对他们进行预测的期望则是这些预测会作为支持文件的一部分来证明已经出于政治原因而被选定的某一行动的合理性（沃克斯，1990, 141）。

在出行预测者工作的各种背景之下，这一问题的影响到底有多广不得而知，但是它很可能跟项目规模及其对区域和国家的重要程度有关。近期关于出行预测准确性的文章引用了本特·弗莱武布杰格、麦特·斯坎里斯·霍尔姆和梭伦·布尔（2006）的结果，这些结果来自他们对210个基础设施项目的广泛研究；也可参阅弗莱武布杰格等（2003）。虽然这些研究并不局限于城市，但是总体信息是明确的：

总体来说，预测者们对交通基础设施项目需求的估计很差。结果是大量负面的财政和经济风险。在研究涉及的这30年期间，预测并没有随时间推移变得更准确。如果获得准确需求预测的技术和技能如预测者们常常声称的那样在进步，那么这种进步在数据里是看不出来的。对于轨道项目而言，十之有九其乘客预测是高估的；平均高估106%。在72%的轨道项目中，预测被高估的幅度超过三分之二。在50%的公路项目中，实际交通量与预测交通量之间的差异超过±20%；在25%的公路项目中，这一差异超过±40%。相较于铁路预测，公路预测更为准确和平衡，过高和过低预测频率之间没有显著差异。但不管是轨道还是公路项目，大幅度的需求预测偏差都带来了巨大的风险。轨道和公路预测不准有各自的原因，其中政治原因对轨道项目的影响比公路项目大（弗莱武布杰格等，2006）。

这些风险"常常被规划者和决策者们忽略或轻视，给社会和经济福利带来损失"。弗莱武布杰格及其同事呼吁更多地实行问责制以及参照类预测。[16]罗伯特·贝恩（2009）根据其对公路项目的广泛研究，对预测错误和偏差得出了类似结论。

大卫·哈根指出，美国出行预测实践中最大的知识鸿沟是源自多重原因的"未知的公路交通预测准确度"。

我们已经知道建模上的弱点如何导致这些问题（非行为内容、输入和关键假设不准确、政策不敏感以及过度的复杂性）。此外，我们也审视了鼓励预测中的乐观主义偏见和低风险评估的制度和政治环境。主要的制度因素，尤其是本地融资匹配过低和竞争性拨款，与支持方案选择的建模工作交织在一起，浇灭了仅通过改进建模技术来改善预测准确性的希望。根本性的问题并不在于技术而在制度（哈根，2013，1133）。

为解决这些问题，哈根提倡：

……用几十年的努力，通过监测表现，改善数据、方法和对出行的认识，以及慎重变革导致乐观主义偏见的制度，来显著提高模型预测的准确性，以及……开放地量化和识别出行需求预测的内在不确定性，并慎重减轻其对项目决策的影响……然而要想成功，二者都要求监测和汇报准确度、建模与预测标准、更高的模型透明度、教育方面的新方案、协调研究、强化专业道德以及对削减非本地融资比以增加项目相关地区的投入（哈根，2013，1133）。

我们强烈支持上述观点，并支持在与项目和政策相关的广泛预测背景下对不同误差与不确定性的来源做进一步的深入研究。

11.5.2 用多重时间断面数据改善模型表现

我们在本书中所强调的内容无一例外都是单一时间断面预测模型的应用以及用相应数据对其进行估计。但是，我们想对纵向数据[17]的使用做进一步的评论。这里，纵向数据以基于独立样本的多时间断面数据形式出现，主要用于测试模型参数随时间的可移植性并估计变化，以此提高预测质量。[18]

有两个近期的例子展示了基于多重时间断面数据的模型的优越性。三古展宏（2013）采用1971年、1981年、1991年和2001年关于出行时间和若干虚拟变量的时间断面数据研究了日本名古屋地区轨道、公交或小汽车方式的选择。他的结果确认了：①与仅使用最近期数据的模型相比，带有动态参数的模型框架能提供更好的预测；②选择特定常量随着时间推移有巨大变化，这一点与之前的研究相符；③使用较老的数据可以分析出行行为的历史变化，由此为实际出行行为提供更多洞见。

萨布利纳·阿诺瓦，纳文·意鲁茹和路易斯·米兰达-莫莱诺（2014）用1998年、2003年和2008年的时间断面数据，通过广义顺序Logit构造分析了蒙特利尔地区的小汽车产权状况。尽管这三项调查并未基于相同的家庭集，他们的结论是"它们仍可以帮助研究技术、对公路和公交基础设施观念的改变以及变化中的整体社会文化趋势对小汽车产权的影响。此外，合并数据集让我们得以识别外生变量的影响是如何随时间改变的"（阿诺瓦等，2014，13）。

许多国家已开展了全国出行调查以估计关键指标的演变并支持本地交通规划与政策的发展。这些调查通常可追溯到20世纪70年代。过去50年中，世界上许多主要城市都出现了持续的模型开发，它们基于定期进行的大型家庭调查和较小型的以项目为基础的调查。我们的领域通过50年的发展已经接近这样的规模，即许多大城市地区已经做过若干次起讫点调查。然而，对于大多数美国大城市地区而言，关键出行指标的趋势还是难得一见，例如出行比率、平均出行长度以及按出行目的与方式分组集计的出发时间。

尽管有这些数据资源，基于单一时间断面法的城市出行预测基本上延续至今。当进行新的起讫点调查时,新的模型——通常从前一个模型的基础上改进而来——就会基于新的调查数据进行估计,并且应用在下一个目标年的出行预测中,一般是前一个目标年的十年之后。在美国的研究中,鲜少进行某一新调查与较早调查的详细比较。调查问题与方法之间的差异以及分区系统的变化,使得直接比较困难重重。更重要的是,这类比较一般不被视为优先事项。

我们建议用集计和非集计模型进行的研究应解决以下问题:

(1)在城市和区域层面,多重时间断面数据已经用在了模型开发与预测的哪些方面?

(2)带有动态参数的出行预测模型应如何用多重时间断面数据进行设定以改进预测的置信区间?

(3)通过使用多重时间断面数据而不是将最新调查作为模型预测的基础,能在多大程度上提高预测准确度?

(4)定期搜集的小样本应如何高效利用以测试参数以及预测结果随时间的变化?

对出行相关的关键变量趋势的了解以及对多重时间断面数据的分析不只是为了满足对历史的好奇心。我们应进一步利用这些趋势来监测行为上的变化和评价目标年与中间年份预测的可信度。

11.5.3 对各种方法与假设进行更广泛的推敲

要求进一步提高交通规划过程及其核心技术步骤的透明度这一呼声一直存在,并且仍在持续。在英国,下议院费用委员会于1972年对用地-交通研究中采用的方法进行了详细审查并且建议"交通研究中所作的假设及采用的方法应该让普通人更好理解些"(英国下议院,1972,165)。在向规划专业人士和感兴趣的民众有效介绍支撑预测与方案评估之关键假设的范围和影响这一点上,出行预测界一直做得不成功。

在汇报出行预测结果、评估措施与决策时,应该陈述关于重要变量、参数及假设中不确定性的重要性。对于诸如GDP或人口预测等外生因子来说,这样的陈述也许可以例行提供。然而在许多情况下,这一努力都只是局部的、非常有限或完全缺失。不论是公众、专业规划师还是众多出行预测师都不知道许多关键参数和假设的错误或不确定性有多大。

以我们行业最身份显赫的参数——时间价值为例,它对预测及政策和项目的评估都至关重要。有时候这个参数被赋予的值有着很值得怀疑的精度,某些情况下精确到了小数点后两位。极少有模型参数比时间价值在项目和规划的社会成本效益分析的论证中更重要,或者对备选假设的影响更重大。

有限的文献证据显示,对许多城市项目特别是那些位于成熟密集的城市网络中的项目而言,各种方案甚至是重大项目的总经济收益中的相当比例来自出行时间上的小幅变动,平均可能只有几分钟或更少。可观的总收益数字通常来自巨大的出行基数,虽然平均每次出行节省的时间有限(例如韦尔持和威廉姆斯,1997)。规划专业人士或公众普遍不了解这一情况,因为标准的预测和评估软件一般只报告集计信息(例如集计净当前值、收益成本比、内部回报率),而不报告时间节省的频率分布和按节省的时间量分类集计得到的收益。据我们所知,国际上只有少量案例提供了按时间段集计的时间节省情况;[19]这些时段通常对大量各种类型的项目和政策都不适用。

对在整个预测和评估框架中少量时间节省的衡量、估价及重要性的辩论历史悠久——至少从成本效益分析首次用于交通领域时就开始了。其争论在于，是假设有一个独立于节省时间长度与增减方向的单位时间价值常量[20]，还是考虑另外一种主张，即非常少量的时间节省应该打折扣，尽管不一定要设为零。有关这些关键假设的正反论证关涉哲学、理论、经验和实践等各方面的考量，多年来的学术文献中呈现得淋漓尽致。[21]尽管国际实践情况不一，许多国家在效益计算中都假定单位时间价值为常量；有些国家对少量时间节省做了专门的规定。然而，由于不论哪一种方法的理论和经验主张都没有压倒性的优势，"许多国家出于实用的原因决定采用一个统一值"（达利等，2014，214）。[22]

对于时间价值变化上的争议（关系到旅程长度、时间变化得失的大小，以及预测和评估过程中是否应该有区别）通常在筹划针对时间价值的重大研究或在其结果发布时凸显，而新鲜劲过去之后又被再度埋没。例如，2001年英国进行了一次关于时间价值的重大研究，为使用独立于时间节省之增减与规模的单位价值提供了支持，其后在专业出版物《今日当地交通》上出现了一篇社论，题为《时间之王需要挑战》。它对来自少量时间节省的大量出行累积的争议（让许多市民"直挠脑袋"）有旗帜鲜明的评论和推荐。鉴于在专业人士间缺少共识以及时间价值在实践中的重要性，该社论总结道，"这些事情需要经过更广泛的辩论，而不是仅在少数专业人士扮演的时间之王之间辩论"（《今日当地交通》，LTT，2003，13）。

在多年来的几次类似呼吁之后，我们建议为个人和商业车辆出行定期生成按节省时间的长短和增减方向划分的时间节省分布信息，而时间分布的间隔应匹配手头的项目和政策。在实际多标准成本收益评估框架的背景下，时间节省被货币化，方案收益分布应该按所省下时间的长短和增减方向来记录。应找出标准评估指标对少量时间节省定价的敏感度。这些分析可在集计和非集计层面上进行，后者涉及行程样本在网络变化前后的经历。

11.6　实践和研究的妥协：有哪些备选项？

11.6.1　为什么在采用"先进技术"时进展如此缓慢？

多年来，人们在宏观、中观和微观层面上为公路、公交和行人网络的分析、评估和设计开发出了品类众多并且功能日益强大的软件产品，它们通常有吸引人的可视化界面（第10章）。这些产品满足了用地和交通规划、需求管理及交通运行和控制方面的各种需要。

预测现在常常对照未来某时间的结果做事后评估，这样做无疑是对的。只有这种方式才能审查支持模型设定的假设和对外生变量的预测，并进行改进。然而，在任何特定时间的实际挑战却在于需要"事前"选定一种分析方法（一般这涉及可用的软件），它能在遇到的实践约束下生成所需精度的信息并使得做出不同且不当决策的风险最小。在此，场景决定一切：数据的局限、知识基础、可用的软件，以及从事手头工作可用的时间和其他资源。对此我们的观点是我们对于备选方法，尤其是"先进技术"的优点所知不够充分。

我们领域中最经常提出的两个问题是：为什么陈旧过时的四步法能延续超过50年？为什么除了方式选择研究外，包括基于出行、出行环或日程安排的非集计方法在内的"先进技术"应用如此有限?

概念最终能延续下来出于各种原因:因为它们能继续为某种目的服务;"沉没"在当前实践、软件系统和人力资源中的成本很高,且转向其他选择的成本过高。我们可以假定,改变实践的意愿与新旧方法间的差异呈现负相关(资源决策咨询公司,1995)。此外,文献中有丰富的证据表明我们对备选方法优点的了解有限,11.6.3 节将进一步讨论这一点。

传统预测步骤能延续的另一个理由是美国的都市规划组织仍需按照要求每十年进行非常相似的预测工作,这些工作长期以来用顺序四步法进行。当人们试图在一系列预测中保持连贯性时,改变方法的代价变得相当高昂。例如,萨克拉门托地区政府委员会决定保留两种相互独立的出行预测步骤至少一段时间,以便保证同过往分析的连贯性。[23]

坊间传闻提到的额外原因是:规划机构里的中高级员工和他们的咨询服务商可能不愿更改方法或步骤。软件开发商定期提供新的或改良过的方法,它们能用更少的计算资源得到更精确的解。然而,对这些方法的采用通常很慢,或者干脆被束之高阁。看上去原因是主管不愿尝试新办法,原因是它们的性能不够显而易见,或者超出了他们所知或熟悉的范围。即便有好奇心的员工想对新方法做试验性的评估貌似也是不受鼓励的。

然而最近出现了一些变化的证据,至少在美国如此。

21 世纪初,明显出现了交通建模中范式转移的迹象。越来越多的机构……正在放弃已有的传统建模技术并探索出行预测中的"先进实践"……即那些超越了传统四步出行需求建模方法的实践(多纳利等,2010,1)。

这份报告的主要发现包括:

人们普遍认同,人力资源是限制采用先进模型的关键因素。在几乎所有案例中——尤其在最成功的案例中——有远见的领导者都是采用先进模型背后的支持力量。人们普遍相信,这样的领导者,如果有机构中上层管理层的支持,是获得成功最重要的因素。尽管咨询公司也可以扮演这个角色,但迄今为止的结果差强人意。鉴于本领域缺乏来自联邦政府的引导,这样的机构领头人,无论从管理还是技术角度讲,都将在采用先进模型的过程中举足轻重……一个同样重要的人力资源限制是缺少在建立并使用先进模型方面有创造性的优秀机构员工(多纳利等,2010,65)。

对于机构员工而言,预测实践的改变可以为他们的职业带来满足感以及令人兴奋和鼓舞的经历。人们应该在慎重评估后,去拥抱和接受可以改变实践的机会。同时,变化也带来了风险和开支。人们应该寻找能减少此类风险的方法,这值得进行研究和探索。

最终,采用先进方法的理由关系到政策影响和信息要求,正如之前详细讨论和总结过的那样(多纳利等,2010;表 4),而随着未来生活方式、活动模式和目标交通政策发生深刻的变化,对它们的采用可能水到渠成。

11.6.2 "研究"和"实践"间的差距

给"研究"尤其是学术研究和"实践"间的紧张关系定性多少有些问题。多年来,一些辗转于大学、政府机构和研究型咨询公司之间的最杰出的理论家和研究者一直置身于将新理念和新办法带入实践的前沿。然而,人们普遍认为,研究前沿和实践规划者的活动间存在巨大的差距,虽然这并不关乎高下之分。此外,虽然出行预测的各类工具和支持它们的理念对人民的生活有着深刻的影响,研究者和实践者使用的方法和术语去常常对人民中的绝大多数来说都相距甚远甚至不可理解。我们将在 12.3 节中对后面这一点做更多讨论。在此我们评论前面一点——研究特别是学术研究和实践间的差距。

原因其实既直白又难以抗拒。我们的学科开始于大规模交通研究的时代,带有很多"边干边学"的色彩,而重大创新每两三年就会出现。尽管出行预测变成了一门出类拔萃的跨学科专业,并在全球的交通中心里繁荣发展,后来它的重要性也逐渐在单个学科中凸显,尤其在计量经济学和优化学中,这些学科有它们自己的术语、研究方法和传统。虽然这一情形带来了技术上的稳步进展,但也造成了日益增加的在学科间和学科内针对出行行为及其预测的专业化和分割化。对出行预测之学科和专业方面的有趣评论可参阅北村隆一(1988),马马萨尼(1988),巴特和科普曼(1999a)及朋加里和巴特(2011)。

尽管在出行行为或网络均衡的学术研究者和实践规划者间的差别通常并不尖锐,但二者的动机却很少重叠。二者都认为自己是"实践问题的解决者",但前者通常带着对知识的好奇被拖入无尽头的探索未知领域的征程,其回报则是现代的"学术成果":在著名国际期刊上发表文章,参加重大国家和国际会议,获得研究资助和研究生的追随,也许还能做做咨询服务。此类活动受到学术研究机构的竞争和当代国际学术声誉衡量的鼓励。这些动机不同于在公共或私营部门工作的从业者的要求,他们通常面临严峻的商业压力和/或诸如时间压力和有限预算的资源限制。从业者的意图一样值得赞许,他们通常寻找工具箱里最简单的工具来办事,并珍视共识和稳定性。许多研究型咨询公司介于两者之间,其中一些在把创新技术推向市场方面做得非常成功。

11.6.3 复杂性、简化和模型设计:什么是真正重要的

多年来进行的大批优秀研究带来了从"基于出行"到"基于出行环"再到实际的"活动—出行"模型的进展,它们中的大多数属于微观行为传统的范畴。正如在 6.6 节里讨论的那样,许多问题依然存在。约翰·波曼,活动模型方面的顶级权威之一,用乐观的语气总结回顾了实践应用:

实践模型系统现在可以对整个大都市区的合成人口总体的全天日程做微观仿真,并代表真实世界的约束和更强现实性的影响。我们预计,基于活动的出行决策微观仿真模型的真实性会继续提升,基于活动的需求模型将会与公路和公交微观仿真模型结合,而在未来这些模型会更广泛地用于实践规划和政策分析(波曼,2009,318)。

虽然约翰·波曼关于这一方法的精炼、升华和强化的预见已经在变成现实(多纳利等,2010),笔者却认为,在微观仿真框架内更复杂的连接需求和网络模型的组合活动—出行模型可能用处有限。当前这一代模型的有用副产品之一是识别并检验合适的模型简化措施。

土地利用—交通模型方面的资深研究者和评论家迈克尔·魏格纳(2011b)也对这类模型持保留态度。他对规划实践中的活动-出行系统向微观仿真建模发展的趋势提出了质疑,其顾虑建立在技术、理论和哲学的基础上,考虑到了 21 世纪规划实践所面临的各类问题:

尽管承认这些进展,本书呼吁人们关注非集计模型中的数据要求、计算时间和随机变化方面的问题[24]。它也展示了,鉴于城市面临的新挑战,诸如能源短缺和气候变化,要想让模型

对规划实践更加有用,人们需要的不是更多细节,而是把焦点放在基本的需要和约束上(魏格纳,2011b,161)。

在技术上,他的关切之一是蒙特卡罗变化性——他称其为"随机变化"——的计算成本和含义。这一变化性用于在政策分析中检查各种均衡状态的差异。尽管对这个问题的研究在过去十年里越来越多,采用该方法的一般含义仍然不明。

魏格纳也将这些问题视为识别政策和信息要求的模型设计过程的一部分,在这些过程中可以应用微观仿真、或把微观仿真作为求解方法的模型。作为解决宏观-微观争论的方法,他提倡"多层模型理论,以对每个规划任务都给出适当的概念、空间和时间分辨率"(魏格纳,2011b,161)。

尽管我们认同魏格纳的观点,我们也认可另一个主要由钱德拉·巴特倡导的论点(巴特等,2013;巴特,2014)。在所有上述讨论中,我们可能给读者留下了更多行为现实性一定伤害实用性这一印象。巴特和他的同事认为,概念上更精确的建模方法不一定就意味着更耗时和更"笨拙"的模型。

用理论上更完善的新方法形成计算效率更高甚至更容易理解/应用的模型是可能的。例如,与其考虑一系列为不同活动目的设计的单一离散参与选择,不如用一个理论上更完善的多重离散参与选择模型来进行建模,它既认可活动参与中的满意效果,又能同时预测活动参与选择(巴特,2014)。

如第9章所提到的,单凭其数学或技术复杂性去评判一个模型并未切中要害。我们只要模型详细到让决策失误的风险降低至可接受的水平上即可。不恰当地引用一位著名科学家的话,从业者的任务是"让你的模型尽最大可能的简单,但不能比这更简单"。[25]当然,在做这个决策之前,我们可能并不知道备选方案的相对优点,我们认为正是在这时可以迅速获得较大收益。许多关键事宜都关系到模型设计——开发适用于手头问题的模型,并生成需要的信息。从业者们需要知道声称的模型改进在哪种程度以及什么背景下是合理的。

在我们看来,出行预测建模核心处最紧要的研究之一是落实伊安·海吉和皮特·琼斯(1978)在很久以前提出的任务,即找出不同模型的"有效性范围"(6.1.1节):

(1)在不同集计水平上设定并估计的基于出行、出行环和日程的各类模型中,哪些可被用来解决特定问题并适合在不同背景下生成要求的信息?

(2)应怎样系统地找出并测试模型中的简化(例如那些与个体和家庭各类行为反应的存在和缺失相关的简化),并让它们的实践含义更加清晰?

(3)更复杂的模型能在多大程度上、对何种信息以及哪些决策更准确?如何澄清在准确性和技术成本间的取舍?(第9章)

所有这些方面都在不断取得进展,但却鲜有基于大型网络上计算实验的通用结果(例如沃克,2005;费窦等,2012)。

应通过逐步简化的模型来对比测试复杂模型,以检测关键指标中错误和系统偏差的可能规模。这应是一项持续的工作,和当下及未来在个人出行、货运以及用地交通一体化模型方面的创新都息息相关。当上述信息缺失时,不同实践方法的优点仍相当不准确,并可能陷入互相矛盾的观点的重重迷雾中。

过去,通常执行某一特定任务时只有一种模型或办法可用。未来,可能会有若干模型或方法可用。应该拿模型同"次优"的备选方案进行比较,而传统的四步模型不应再被认为是比较的唯一参照物。

11.7 结论

我们描述了一个演化很不规律的领域,其中为学术研究开发的模型和在实践中应用的模型存在巨大差异。从当今日益专业化的期刊和会议中产生的数量惊人的出版物来看,这个领域的发展是大致健康的。我们是否该就此对出行预测的情况感到乐观呢?尽管我们在识别问题和探索理论方法上颇有建树,但却鲜有证据表明当前被推崇的模型和办法的技术复杂性匹配其对预测准确性的提升。显然,仍有很多工作要做,在本书前面的章节及本章前几节中,我们已对研究者们应该优先解决的问题发表了看法。

在本章,也许贯穿全书,可能会有人指责我们未能描绘出行预测的"全景图",即出行预测对人口、移民、就业变化、发展、小汽车市场、技术创新等未来趋势的依赖。这些方面都非常重要,任何对未来预测中不确定性的考量都必然会涉及它们。要详细考虑这些因素和(不可避免地)讨论跟具体国家相关的情况将会让本书篇幅大增,并使之部分进入深度猜测的地带。我们在本章的焦点始终是支持预测的理论、技术和假设的发展。在本章结束时我们简短探讨另外两个问题,一个是猜测性的,即不断变化中的出行预测的背景,另一个是主题性的,即批评家的贡献。

我们展示了城市出行预测的创新和发展与不断扩展的目标和信息要求相关联,有时以它们为前提,而对信息的要求通常随时间推移而涉及更多时空细节。我们假设这些信息及其准确性举足轻重。我们的讨论也暗示系统思路、科学方法和证据驱动的决策理所当然,且出行预测者可以好整以暇地完成工作。尽管在世界各地,交通规划过程的本质及其中预测模型扮演的角色已经并将继续经历不同的演变,没人能保证上述假设能在未来的技术变革、政治环境及21世纪带给我们的更紧迫的问题下幸存。很可能某种形式的出行预测仍会是规划过程的重要部分,但我们在本章所提问题的重要性肯定会变化,因为哪些事情被认为是重要的,以及技术对它们的影响也会改变。

最后,我们要评论一下批评家们的贡献。出行预测和政策评估领域一直不以观点上的亲密共识见长。相反,它历尽批判,受许多不确定性影响。这一直都是事实。我们必须始终清楚对现在和过去问题的解决与处理在多大程度上能让大部分人满意。最常被人提及的问题包括模型对政策的不敏感性、无法生成达到精度要求的信息、理论局限、模型的过度复杂性以及现在常说起的预测误差。批评既有来自本领域中的专业人士,也有来自外界的观察者们。这些观察者熟悉规划者的决策或者采用的办法,包括政治家、记者或是关心且感兴趣的民众。现在存在着一种危险,即我们的领域尤其是对预测的学术贡献会变得自我封闭,被分散成许多研究圈子,在其中倡导者们可以并确实在给自己的信徒"传教",同时隔离少数派的观点。有些人认为这种情况已经存在多年。

我们认为批评家们在激发研究问题方面扮演了重要的角色。出行预测界该如何处理可能对办法、规划和政策产生不愉快后果的"非主流"事物?有没有可能就当前方法的共识形成共识,更重要的是,可否就分歧形成共识,以让我们识别需要进一步理论和实际研究的问题。需要明确的是,过去 60 年里有许多人将出行预测视为城市交通困局的问题而非它的解决方案。有人指出,就算不直接通过"预测和提供"这种规划理念,而是简单地将个人过去和当前的偏好植入预测模型和评估步骤中,我们仍不能指望把变革小汽车使用文化、限制小汽车机动性及重新设计我们的交通系统与城市作为解决 21 世纪主要问题的一部分。人们主张,其目标不是去"预测",而是去从根本上"改变"行为,且要做到这一点不仅是通过标准的政策工具,还要更直接地着眼于影响态度和喜好。出行预测者们需要理解这些理念意味着什么,并将他们自己的办法和理论关联到其他规划哲学和方法的表述上。

在本章展示部分批判观点的目的不是要砸碎出行预测行业的瓶瓶罐罐,因为它里面有很多内容值得保留。然而,我们敦促同行们去重新思考以前和当下悬而未决的批评与辩论。如果我们对出行领域的基础有信心,那完全可以有信心比过去更开放和积极地面对它的批评者,以便推动研究、发展方法。如果房子本身就建在沙地上,那么最好赶紧让房客搬出来。从辩论的精神出发,我们向出行领域提出挑战,让它更开放、更包容、更直截了当地面对批评者。

尾注

[1] 阿兰·何洛维兹是这样来描述的:"现代出行预测模型是人类最伟大的成就之一。这需要几百或许几千个极其聪明勤勉的人全部朝同一个方向努力,才能达到我们今天所在的位置"(2013 年同大卫·博伊斯的个人通信)。

[2] 对近年来在行为、微观分析和仿真城市货流方面进展的讨论,参阅这些例子亨舍尔和菲格力奥兹(2007),亨特和斯蒂芬(2007),列特克(2009)及周等(2010)。

[3] 利普西(1989)讨论了理论测试的"用证据驳斥"法和"用证据确认"法。在他看来,后一种办法是很糟糕的,因为"世界是足够复杂的,以至于几乎任何理论都能找到一些确认它的证据,无论该理论有多么不可行"(利普西,1989,24)。

[4] www.surveyarchive.org/zahavi.html(访问于 2014 年 4 月 22 日)。

[5] 该模型曾被人向胡·威廉姆斯描述为"用数学撑起来的智力游戏"。

[6] 例如,参阅"在崩溃之后,我们需要在教授经济学的方式上来一场革命"——张夏准和乔纳森·阿尔德莱德,《观点》《卫报》,2014 年 5 月 11 日 36 版。

[7] 对于在离散选择框架内融入惯性和起点的讨论,参阅奥图萨和维朗森(2011)及坎提洛等(2007)。

[8] 对于将备选决策规则植入离散选择模型的近期优质讨论可见于海斯等(2012),梁和亨舍尔(2012)及蒂莫曼斯(2010)的论文。

[9] 希格斯波色子是于 1964 年假设的一种奇特的元素粒子,它的存在于 2012 年在 CERN(欧洲原子研究组织)被验证,home.web.cern.ch/。

[10] www.dailymotion.com/video/x1mp2je_bbc-horizon-2014-how-you-really-make-decisions-720p-hdtv-x264-aac-mvgroup-org_news(访问于 2014 年 5 月 23 日)。

[11] 自 2000 年以来出现了若干篇论文,它们的主题是特别针对出行选择情形的行为经济学之应用及期望理论的可用性:阿维耐里和布拉什科(2003),阿维耐里和克鲁斯(2010),范·德·卡(2010),李和亨舍尔(2011),蒂莫曼斯(2010)及麦卡菲和多兰(2012)。

¹²例如,参阅汉蒂,1996;北村隆一,摩克塔连和雷德特,1997b;赛卫罗和科克曼,1997;汉蒂等2005;马特等,2005;艾温和赛卫罗,2010。

¹³由谭纳(1961,1981),科比(1981),固恩(1981),沙费和维克多(2000),莫克塔利安和陈(2004),范·卫等,(2006)和梅兹(2008)所作的论文调查了该事宜及本主题的意义。

¹⁴对伴随项目和政策的调整时间之建议参阅古德温(1997;表 5.2,119)和西蒙斯等(2013;表1)。

¹⁵例如,参阅卡因,1990;皮克雷尔,1989,1992;马基和爱德华兹,1998;弗莱武布杰格等,2006;德·琼等,2007;贝恩,2009;帕萨萨拉西和列文森,2010;李和亨舍尔,2010;罗斯和亨舍尔,2013;哈根,2013。

¹⁶参照类预测是"通过查看过去的类似情形及其结果来预测未来的办法……它是由丹尼尔·卡耐曼和阿摩斯·特瓦斯基开发的。en. wikipedia. org/wiki/Reference_class_forecasting(访问于 2014 年 5 月 17 日)。

¹⁷实践中使用了多种形式的经度数据设计。对受访小组数据的使用长期以来一直被人宣扬并被广泛用于研究工作中,其中对同一份个体采样中的出行选择的观察是在不同时间点进行的。对各种形式的经度数据设计、它们的相对优劣及重大应用的全面讨论参阅北村隆一(2000),奥图萨和维朗森(2011)及奥图萨等(2011)。

¹⁸存在着一大批 20 世纪 70 年代的关于某些关键指标尤其是出行率的文献(例如唐尼斯和格叶尼斯,1976;科斯蒂纽克和北村隆一,198)。类似的,多组交叉断面数据被用来测试空间互动模型参数的如一性和可转移性(例如艾尔米等,1999)。对时间参数值的空间和时间可转移性的优质讨论参阅固恩(2001)。

¹⁹例如,在改进版的 NATA 中(英国交通部,2009a)要求在下面六个时段中实现时间节省:少于 -5 分钟, -5 到 -2 分钟, -2 到 0 分钟,0 到 2 分钟,2 到 5 分钟,超过 5 分钟。

²⁰对于一个能节省 10 分钟的项目而言,省下的第一分钟的价值等同于第十分钟的价值。

²¹对有关事宜的全面讨论参阅沃特斯(1995),韦尔持和威廉姆斯(1997),马基等(2001),斯摩尔(2012)及达利等(2014)。

²²现实的理由是为了避免:①"缓行拥堵"问题——在哪一阶段上服务水平的变化会变得显著;②所谓的"累加"问题,其中一个允许作常数单位值假设的大型项目可被分割,分割到每个单独的部分都可能适用一个不同的(减少的)时间单位值的程度;③在某些评估指标下潜在的偏见,这些偏见倾向于大型项目。

²³约翰·波曼和大卫·博伊斯的讨论,2013 年。

²⁴魏格纳在此指的是蒙特卡罗变化,这是一种在输出办法中的变化,它源于在模型求解过程中抽取随机数字;参阅魏格纳(2011b)。

²⁵"让你的理论尽可能地简单,但不是更简单"(A·爱因斯坦)。

12 总结

12.1 概述

在第 11 章我们已经讨论了这些年的若干技术进步以及当前的各种挑战,为未来研究要求提供可能的线索。在这一总结章节里,我们想更深入地解决一些更有普遍意义的问题。第一个问题就是探究之前的进步是如何取得的,这可以帮助分辨新思想的创造、传播以及采用的前提条件。其次,我们想思考如何传承这一领域累积的经验,特别是给新一代的城市交通规划者与出行预测者们,乃至感兴趣的民众。我们将就若干问题表达个人看法,希望它们能激发或重启相关的辩论。

12.2 之前的进步是如何取得的

12.2.1 创新与思想的历史

虽然我们并不打算将我们这一领域的演变与过去伟大的科学技术成果进行深入对比,但关于思想演变的某些相似之处值得一提。对科学技术创新与思想历史的研究其实是一个构建完善的领域(科斯特勒,1969;库恩,1962;约翰逊,2010),其中以下问题已经得到了关注:

(1)某一特定领域是平稳发展还是间或有一些"飞跃"?
(2)旧的思想是被推翻了,还是在某些特定条件下继续存在?
(3)突破性的思想从何而来?
(4)创新是"突如其来",还是源自前人努力成果之上的不断累积?
(5)某一创新是出于回应:新要求,新数据,计算技术的提高,在某一时期内冥思苦想的产物,或仅仅来自一个异想天开的绝妙想法?
(6)是天赋好运的结果,还是与其他发展(可能来自相关领域)紧密相连?

（7）这是独立研究者的成果，还是在资源丰富的研究咨询公司或机构、多学科学术中心或某一政府部门中团队合作的成果？

（8）新思想是如何被接受的？

（9）新思想的影响有多长时间？

（10）好的想法必然会出现吗？

（11）这些问题本身非常有意思，我们也已经在之前的章节里讨论了其中若干问题。正如斯蒂文·约翰逊（2010）提到的，研究这些问题的主要价值是识别产生新思想的环境，从而为形成更多新想法奠基。我们希望就其中一些问题以及它们与我们领域的相关性略做评论。

12.2.2　通过一系列范式变化得到的进步？

过去60年里，出行预测模型及其概念框架已经应用于涵盖广泛的政策与项目中，为不断扩展的目标生成相关信息。规划中需要优先考虑的事项与出行预测方法的演变经常以不同范式之间转移的形式来进行讨论，这种转移"对认定问题、对问题进行表达与诊断，用于分析的方法以及随后产生的政策解决方案都有很强的影响"（琼斯，2012，3）。

虽然这些范式的数量与描述存在差异，并且其应用的时期和国家不同，但一般认为不同发展阶段之间的转换受不同规划哲学影响，因而要求有与之适应的方法与模型用于分析、预测和评估。例如从以"预测和供给"来指导交通规划的时期过渡到以"预测和防范"来指导的时期（欧文斯，1995）；或者过渡到交通规划中"新现实主义"出现的时期，即认为"我们无法仅通过增加供给来解决拥堵问题"。

当前，在发达工业化国家的成熟城市中进行大规模公路建设项目的例子几乎凤毛麟角。但是，在国际上许多国家中，城市方面所有规划与政策工具都要求分析：①从主要的土地使用变化到具体的社区规划；②从对重大公共交通与公路项目进行大笔投资到容量再配置与本地交通系统管理；③通过各种政策工具限制需求；④非机动出行模式的规划。此外，在美国及其他一些国家，城市交通与空气质量规划仍然要求有20年、30年的长期预测，这一要求已经持续了50年，而需求管理的作用相对较小（第2章与第8章）。在其他国家，拥堵收费是解决城市交通问题的基石。在前述章节中，我们已经提到引导规划者们多年的目标已经从满足运行要求扩展到了包括效率、公平、环境、发展与再生、资源稀缺在内的全方位目标，并且对数据的要求也在时空两个维度不断细化。哪一种规划方法与优先事项在特定的时间和地点取得优势地位取决于各种本地情况。

皮特·琼斯（2012）对过去50年国际交通研究与政策的总结很有参考价值。他在书中描述了规划实践的五种不同视角及其相应的方法论，包括从最初的基于车的方法到基于出行、基于活动、基于态度乃至最后基于动态的视角。琼斯讨论这些不同的方法时并非依据不同范式的演化，即一组问题取代另一组问题，而是以一种"连续的范式扩展"方式用在不同的规划情况中。

随着多年来出行预测模型在国际上日趋复杂的演变，在出行行为概念化、交通网络及出行预测问题和模型的实施方面也出现了革命性的变化。正如11.2节所述，最初的四步法已在各种创新的哺育下逐渐演变。但是，因为11.6节所述的理由，"旧体制"得以继续存在，并经过相对较小的修正后与各种在理论与实践复杂性上均与其大相径庭的方法共存。因此，我们对各种方法演变的观点与琼斯的观点类似:概念上的飞跃加上各种方法更为广泛地应用于实践。没有出现某一方被击倒的情况,但斗争尚未结束(11.2 节与 11.6 节)。

12.2.3 "好"想法从何而来?

继续讨论这个问题之前,很重要的一点是指出"什么构成了'好想法'"可能是一个非常有争议的问题。一个能够支持或巩固现状的"突破性的想法"可能会被甲看作是真正的进步;或者,它也可能是坚定的理想主义者乙的噩梦(理想主义者通常坚持某个备选方法或政策,例如认为预测只能基于个体行为,或者在城市交通政策中支持资源向"非机动"模式倾斜而非如传统那样优先考虑机动模式)。

有人可能会说——通常是事后之明——某些想法只不过耽误了引入或发展某一更富有成果的备选方法。例如,在熵最大化法、效用最大化法以及将出行与家庭活动割裂开来的模型或方法中,我们无论是在文献中还是国际会议上都见证过这一情形。

使"突破性想法"有别于其他想法的是其解释、综合的能力及其持久的贡献,即使它们对预测的影响相对较小。用理查德·利普西的话来说,这些突破性想法让我们能用不同的方式看待世界(1.3 节)。基于活动的出行框架(第 6 章)所提供的洞见最清晰地诠释了什么是突破性想法。

20 世纪 50 年代早期大型计算机带来的计算方面的机遇可能是我们领域最早的突破。解决路网最短路径问题的能力为交通分配问题首先带来了粗糙的启发式算法,随后带来了严格的收敛算法。出行分布模型,随后得到方式划分模型的补充,继续推动了这一发展,形成了在大型机上解决出行四步规划问题的能力。而迭代解决方案(即在四步法中考虑反馈)对当时的计算资源来说,对算力和人员时间要求太高。

随着 20 世纪 80 年代微型计算机的出现,电脑应用更为广泛。私人软件开发业——其中不乏与学术研究联系紧密的从业者——随之获得发展。最初,他们的目标是支持与扩展根深蒂固的四步范式;基本上,他们的这种运作方式持续至今,为大多数规划机构提供其需要的工具。更近一段时期内计算速度、内存及快速磁盘存储方面的巨大进步使得对整个地区的出行需求与路网性能进行微观仿真成为可能。但是,迄今为止,只有为数不多的咨询公司和学者以及富于开拓精神的实践者利用了这一机遇。

在 20 世纪 50 年代早期计算技术创新的同时,应用数学、数理经济学和以分析为主的社会科学领域的学术领袖们已经创立了新的学术与专业协会,为创新思维提供环境与激励。这些学会里最早之一是 1952 年成立的美国运筹学会(ORSA),紧随其后的是 1954 年成立的稍微偏重管理的美国管理科学研究学会(TIMS)。[2] 与此同时在英国,英国运筹学会于 1953 年成立。无论在英国还是美国,这些机构都根植于第二次世界大战时期为军事目的服务的应用数学。数学规划的起源可以追溯到这些机构及其创始人(7.2.2 节)。

运筹学为曾经的理论物理学家,罗伯特·赫尔曼(1914—1997),提出成立 ORSA 的交通科学分部创造了条件。赫尔曼是该分部于 1967 年开始出版的《交通科学》期刊的创刊编辑。1956 年赫尔曼加入了通用汽车研究实验室,作为其基础科学组——后来改称理论物理部——的负责人。为了将科学引入通用公司的业务中,他开创了交通流科学。凭借其物理学背景,他首先考虑如何在微观上来描述交通流问题,即每个驾驶员如何避免——至少在大多数情况下——与其他驾驶员在时间与空间上发生冲突。[3]

1959年,赫尔曼组织了首次以交通流理论为主题的国际研讨会,时至今日该研讨会依然每两年举办一次。1991年ORSA设立了以他命名的罗伯特·赫尔曼终身成就奖。[4]

考尔斯经济学研究委员会于1932年由科罗拉多商人阿尔弗雷德·考尔斯在科罗拉多泉市成立。该委员会于1939年迁至芝加哥,至1955年一直从属于芝加哥大学经济学系,此后该委员会迁至耶鲁大学并更名为考尔斯基金会(7.3节)。[5]考尔斯委员会许多杰出的成员是计量经济学会的领导者,该学会"创立于1930年,是一个旨在推动与统计学和数学相关的经济学理论发展的国际学会"。[6]

1954年区域科学协会(RSA)在美国成立,这是由一群经济学家、计量地理学家和城市规划师怀着对工业区位论、投入产出模型(工业产业间分析)、数学规划及城市与区域分析方法的兴趣而创立的。这些创始人的领导者是哈佛大学特立独行的经济学家沃尔特·伊萨德(1919—2010)。如今,伊萨德作为区域科学领域的奠基人以及该领域最早的期刊《区域科学论文集》和《区域科学期刊》的创始人而为后人铭记。区域科学协会早期成员中有一些对城市出行预测感兴趣。20世纪60年代期间,伊萨德通过组织国际会议并极力促成RSA成立以语言为基础划分的分部激发了区域科学领域欧洲经济学家和地理学家们的热情。

自20世纪50年代早期以来,这些学术与专业学会为城市出行预测的新领域提供了环境和背景,正如大型机为实施各种新方法提供了途径。城市出行预测在这一时期的主要发展源自若干既巩固现有方法又开拓新视野的论文与研究专著。道格拉斯·卡罗尔对包含反馈的顺序步骤的最初陈述,马丁·贝克曼及其合著者提出的网络均衡理论,阿兰·威尔森主张的熵最大化法,丹尼尔·麦克法登发展的基于随机效用理论的离散选择法,图斯登·哈格斯坦德和斯图亚特·查平提出并随后由皮特·琼斯及其同事采用并扩展的基于活动的出行框架,都是由于其自身的解释力与激发的大量好想法而傲然出众。这些创新的每一项都或早或晚地改变了看待城市出行预测问题的方式以及在实践中解决该问题的方法。

有人可能会说卡罗尔与贝克曼的想法是"突如其来"的。卡罗尔及其(罗杰·克雷顿,约翰·汉堡、艾玫·霍克与摩顿·施耐德)所提出的想法目的是:将复杂的问题分解为容易求解的步骤,认识到各步骤的输入输出变量是相互联系的,并且因此认为需要迭代求解。彼时,施耐德想出了一个巧妙的方法,通过引入这两个模型之间的相互影响来解决出行分布与交通分配问题。贝克曼看到非线性规划作为新颖的优化构造可以将点对点出行需求函数与基于最短路径的网络流结合起来。他推导出了与由内生路径成本确定最短路径流的集计行为所对应的最优(均衡)条件。卡罗尔与贝克曼均参加了1954年及之后举办的区域科学大会。他们可能也在早期的运筹学大会上发表了各自的想法。[7]卡罗尔同时活跃于公路研究委员会,这是与城市交通新领域相关的首要学术专业机构。

虽然熵最大化法和离散选择理论源自其他领域,进行城市出行预测所面临的诸多挑战促使阿兰·威尔森和丹尼尔·麦克法登采用各种新方法来审视基础问题。熵最大化法来自统计力学和信息理论新领域中已建立起来的方法。非集计行为离散选择法源自离散数据分析的各项发展成果以及心理学和经济行为理论。通过思考"我们如何在区域科学中考虑人?"这个问题,图斯登·哈格斯坦德提出了基于城市居民每日生活条件的新方法(哈格斯坦德,1970,11),作为对区域科学研究的早期记录的回应。他的基于活动的出行框架可被视为瑞典地理学派自然发展的结果。

有些创新经过多年才为人们充分理解、提炼并吸收到主流实践中或作为备选方法而被接受。根据概念、方法和软件上与当时实践的差异，这种时间上的延迟也有所不同。有些创新为当前方法提供了事后归因的合理化解释并强化了当前方法——熵最大化和离散选择理论都发挥了这一作用。这些创新非常成功部分应归因于此。正如我们在第3章中提到的，熵最大化法迅速且相对顺利地应用到了英国的实践中，但在美国它却被从业者们及许多学者所忽视。然而此后，基于新方法的各种模型被纳入许多现代软件系统中。

我们领域中最重大的创新之一是在行为分析与预测中引入分析模型而非实证函数。例如，基于线性广义费用（或负效用）的MNL模型为行为提供了新见解，并使得政策表述更为简便。在我们的领域中，"事后归因的合理化解释"行为为强化流行的想法提供了强有力的工具。多年来，隐含在四步法中的需求模型不过是简单"变形"为更令人满意的嵌套Logit类型的需求结构，使得这一框架披上了行为的外衣。这些就是斯蒂文·约翰逊提到的"邻近可能"创新形式的范例：

在人类文化中，我们喜欢将突破性想法视为在时间轴上的突然加速，在这个时间点上一个天才向前跃进五十年并发明了让受制于时下的普通头脑所无法企及的东西。但事实却是，技术（和科学）的进步鲜少偏离于邻近可能；文化进步的历史，几乎无一例外地是从一扇门通往另一扇门，并在每一扇门后探寻宫殿的故事（约翰逊，2010，36）。

我们认为，即便是宣扬甚广的TRANSIMS也可以被视为是在已有微观行为实践基础上的递进。在更广阔的格局中，其创新之处在于以前所未有的细致程度处理出行需求和路网使用，并通过微观仿真进行解决，而这两点业已有传统上的积淀。这些创新是技术性的、与计算相关的，而非理论上的创新。

在某一时期，是否有某种"悬而未决"的东西需要依靠概念上的发展以及在计算能力或新数据上的进步来解决特定的问题？这种观点也有一些例子支持——20世纪70年代早期的嵌套Logit模型发展就清晰地回答了寻找可用模型的问题，尤其是推广MNL模型使它不受无关选项独立性要求的制约，但仍然符合效用最大化。

这个领域的发展可以归功于卓越人物所作出的成果，他们的影响各式各样：为解决紧迫的问题提供咨询意见；开发软件；组织和领导研究项目；编辑期刊；编著综合早期创新成果的教材；指导那些后来成为行业领袖的学生们的论文；组织学术会议；鼓动人心的教学。这些例子我们在本书中已经多次提及。有些人为本领域发展做出某些核心的贡献之后开始把精力转移到其他相关领域。而另一些人则留在本领域内，几十年如一日地做出多个贡献。谈到出行行为的预测，很少有人会对丹尼尔·麦克法登的卓越影响力表示异议。同样，马丁·贝克曼与阿兰·威尔森的早期贡献对许多人来说也是激励人心且影响深远的范例。还有些人在超过三四十年的漫长岁月里持续做出非常有意义的贡献。

为诠释这一观点，人们可以看看出行行为研究国际协会的终身成就奖名单：弗兰克·科普曼（2003），北村隆一（2006），摩沙·本-阿基瓦（2006），大卫·亨舍尔（2009），朱安·德·迪奥斯·奥图萨（2012）和安德鲁·达利（2012）。还有INFORMS交通科学与物流协会罗伯特·赫尔曼终身成就奖名单：马丁·贝克曼（1994），迈克尔·弗洛瑞（1998），大卫·博伊斯

(2003),迈克尔·史密斯(2007)内森·加特纳(2011)和卡洛斯·达甘佐(2013)。

12.2.4 诞生创新的环境

斯蒂文·约翰逊在评价科学与技术的创新时,考虑了他所谓的"创造力模式"。他特别提出的问题是为什么"有些环境会压制新想法";(而)其他环境看起来能够毫不费力地培养出新想法(约翰逊,2010,16,括号中为笔者加入)。我们并不是要谈什么是制造:
与培养创新的最佳环境,也不是要谈是否如约翰逊(2010)所说,"三个臭皮匠赛过诸葛亮"。

无论答案如何,毫不令人意外的是,存在许多极度富有想象力的个人是创新的一般前提。在我们这一领域中,好想法曾在许多不同的环境中涌现,有些来自竞争激烈的大学里,或是与以研究为主的咨询机构协力合作的学者们,而另一些则来自政府机构内部的合作项目。我们领域中许多重要的想法是孤独思考者的成果,另外的则是来自如约翰逊所描述的三个臭皮匠的集体智慧。是把研究资金分配给精英机构中经过挑选、有很强研究文化氛围的几个中心,还是在整个研究网络里做相对均匀的分配,这是一个传统的、也许跟各国国情相关的难题。[8]

政府的角色是要认定、支持并推动"最优实践"。虽然它在将某一方法标准化并减少决策中的偏见甚或偏差方面有值得称道的积极意义,这一角色却不可避免地会对创新产生潜在的抑制作用。此外,在商业环境中,政府机构可能会不愿意承担软件开发的责任或鼓励采用仅有少数几个供应商的新方法。这些顾虑都可能会对创新产生严重的阻碍。一般而言,创新环境需要根据本地情况允许一定灵活度。如果缺少与国际研究机构和从业者团体的强力双向联系的支持,以及在评估问题时保持包容的意愿,则僵化的危险会一直存在。在11.7节里,我们提出批评者常常能激发研究问题,并由此产生创新与发展的创造性力量。

12.2.5 "好"想法是必然的吗?

在回答一位报刊记者的提问时,丹尼尔·麦克法登谦虚地回顾总结了他2000年获得的诺贝尔经济学奖。他被问到是否会有其他人最终也可以做出他所取得的成果。麦克法登说他的创新来源于不断增加的个体离散选择数据;若他未能发明处理这些数据的理论和方法,必然会有其他人取而代之。道格拉斯·卡罗尔与马丁·贝克曼的早期成果也是如此。实际上,在他的成果广为人知之前,贝克曼构造的部分衍生形式已经出现了。

我们无法想象在我们这一领域中创新诞生的模式会与上述情况大相径庭。诚然,这些创新何时何地由谁发明,以及某一领域的历史可能走上另一条截然不同的道路,都具有很大的偶然性。但是,上述评论所隐含的意义是清晰且实用的,即确定有价值的问题并将它们以利于研究的形式提出来。解决方案出现以后,它们将如何影响主流实践又是另外一回事。专门机构,如政府机构、专业学会及学术兴趣团体(例如出行行为研究国际协会大会、交通运输理论国际论坛和交通研究欧洲协会研讨会),汇集了理论学家与从业者们的智慧,应该定期确定并提出关键问题以对本行业提出挑战,这也是现在一些国际会议和论坛有时会做的事情。除了这一前进的举措,我们还得经常审视早些时候提出的挑战是否都得到了令人满意的解决方案。

当关键的疑问或发现的问题被清晰地提出之后，一个或多个解决方案会最终浮现。若有些问题"悬而未决"，则同一时间出现多个相似的解决方案且独立工作的几个人或团体均声称找到了答案也毫不意外。在研究中常常出现的情况是当问题以恰当的形式提出后，相似的解决方案就会产生。出行预测作为杰出的跨学科科目，另一个常见的情形是许多创新都是相关领域互相联系得出的结果，这包括自然科学、数学和统计方面的理论以及社会科学。

12.3 以经验为基础并在过程中学习

可以预见同时也很难避免的是，由于处理的问题、研究方法论和行文语言通常都在明确的学术传统下组织进行，本领域的成果有时会受缚于专业术语且缺乏包装。即使在社会科学中，定量与定性研究方法之间的冲突也造成该领域的割裂。我们倡导急需将研究成果用通俗的语言以受众容易接受的方式进行传播，并尊重文化之间的差异。笔者对过去在这方面没能做好的地方深表遗憾。

研究文化和传播研究材料的方式在过去 20 年间尤其自互联网诞生以来发生了巨大的变化。虽然至少自 20 世纪 70 年代以来传统的讲课方式就被预言会走向衰亡，且相同的命运也预计会发生在书本上，这些仍然是当前传播知识的核心方式。如今，与 50 年前的情况相反，有许多大大改进了的方法和材料可通过远程学习教程和自学教程用于教学及传播复杂思想。通过引人入胜的多媒体手段接入并传播这些教程可以深入浅出地揭秘各种技巧，并消除本领域的传统和语言造成的对出行预测的确定性与准确性的错觉。

关于出行预测方面合适的学习材料可以为从政者、公务员、学者、执业规划者及感兴趣的民众量身定制。当前，有大量适用于教学的材料，如英国的交通分析指南 webTAG 和美国的交通模型改善项目（TMIP），但向真正受众友好的方向发展仍有相当广阔的空间。

通过这些方法，我们也可试图与感兴趣的民众进行沟通，目前这一方向的相关材料非常匮乏（参阅贝姆伯恩，肯尼迪与沙弗，《黑箱之内》）。[9] 讨论是否允许公民在公共质询中或通过司法程序质疑出行预测的结果超出了本书范围；显然在某些社会中公民有这么做的自由，但在许多其他社会中还不行。成立一个包括适当成员的国家顾问小组可以帮助解决有争议的技术问题——它们可能会严重阻碍规划进程——或者避免诉讼中迁延时日的唇枪舌剑。

11.5 节提出，在规划中寻求更多的透明度以及更高程度的问责制扩展到了规划的方法论上。正如在公共政策与规划的诸多领域里，每个感兴趣的公民都有一份见解。假定无论是独立行事还是服务于特殊利益团体的民众均无法获得理解出行预测基础的必要技能和知识是一种既天真又傲慢的想法。公民有权知道规划决策是建立在哪些技术基础之上，无论是住房发展对周边交通的影响、公路的作用、拥堵收费体系还是引入公交车和自行车专用道。为此，需要准备用通俗易懂的语言写就的文档，并与进一步的技术信息关联起来。

本领域的主要发展可能会与亚洲和拉美快速崛起的经济体中政策与项目上的创新紧密相连，在这些经济体中城市和交通系统的发展在不同的文化背景下对创新技术、行为修正以及城市组织的侧重各有不同。接入交通网络的方式可能会在时间、空间、价格及监管上与现在的情况大相径庭。将经验传递给不同的文化以及从不同的文化中汲取经验可能会对交通规划及其依靠的各种方法取得进一步发展至关重要。

12.4 结束语

12.4.1 未来的进步会如何评判？

没有理由认为我们现在所处的时代在出行预测模型与方法发展的漫长过程中独树一帜、卓尔不群。正如过去一样,现在看起来独领风骚的东西可能在10年、20年或是30年后看来不过尔尔或者根本就是南辕北辙。

进步可以通过许多方式来评判。我们建议用如下方式:①过去与当前的问题是如何被认定、划分优先顺序以及得到解决的;②及时满足当前和新的要求,无论是技术还是政策相关的;③是否对当前的批判做出了答复;④实证基础是否得到恰当拓展;⑤是否为各相关方恰当澄清了所用方法;⑥当前存在的学术网络和专业网络是否适于传递知识。

为了进一步激发创新,我们领域应区分什么是已知的、什么是未知的,以及可以对哪些技术、理论及实践事宜持有不同意见。关于研发的资源配置,我们没有答案。以历史为鉴并加上些许先见之明,我们认为对某些貌似灵丹妙药的项目分配巨额资金的做法因为其巨大的机会成本很可能不是最佳的方案。

12.4.2 给那些本领域的新人

我们欢迎新人来到这样一个充满挑战、收获而且对未来城市生活质量有巨大实际意义的职业。你们将进入竞争激烈、在实践和理论上都展现了先进发展水平的领域。在这个领域里,你们将了解关于模型与方法充分性的各种观点,关于预测理念、政策问题、以行为理论为支柱的模型、分析方法以及实践问题的各种争论。

出行预测是大量实际问题的产物。有些问题适合精确数学描述与具体技术分析,从而少有争议。而另一些关于个体、家庭和企业行为的问题则松散得多,尤其当行为随着时间演变并对高度不确定的政治、经济与技术环境做出响应的时候。那些对出行预测,尤其对它的数学内容不感兴趣的读者,我们希望你不要被它的复杂性和过去巨量的研究吓倒。技术语言和表面的复杂性之下其实是相对简单的想法。

从我们领域的历史来看,关键创新和重要的新想法有时来自进入该领域相对较晚,因而不受出行行为与预测陈旧观念羁绊的人。有时,这些人从自然与社会科学领域带来各种想法,一并带来的还有这些领域传统中各种有用的洞见。他们或是继续发展已成型的思想,或是颠覆传统并质疑广泛应用的假设及其基础。

在一头扎进本领域各种技术与应用的细节的同时,我们呼吁新来者也应关注那些对模型的本质与用法、技术与政治挑战以及预测本身理念的批评。读读道格拉斯·李(1973,1994),安德鲁·塞尔(1976),马丁·沃克斯(1982,1990),本特·弗莱武布杰格、麦特·霍尔姆与梭伦·布尔(2006),保罗·蒂姆斯(2008),迈克尔·魏格纳(1994,2011b)与大卫·

哈根(2013)是不错的开端。

出行预测所处的政治与规划背景毫无疑问会在未来产生巨大的变化,但仍会一如既往地影响到应用的方法。正如11.7节提到的那样,未来,一些政府可能出于操作性与费用的考量不再接受以证据为基础的规划和对备选方案进行分离评价。相反,有限且更为公开的政治程序也许更受他们青睐。无论未来是与现在一样,或是会以现在无法想象的技术变革和城市组织的激进政策为基础,预测出行用以判断各种决策方案所产生效果的过程很可能继续存在,并且一如既往的复杂、令人着迷而且充满争议。

方法上的创新可能源自回应各种新问题的需要、对开发更复杂精密模型的向往,抑或是发现新的思路。我们将需要审查所有可用的方法,试图去描述并注意到给定时间点上各种方法与模型的不同之处。质疑传统的解释、模型的可信度及其预测假设、预测所固有的不确定性不可或缺,并且需要了解在何时、何地、为何对某一理论或方法提出的修改是有意义的。在实践领域中,应用场景一如既往的重要。

最终,分析师的工作是作为最后一道防线以抵御政客们一厢情愿的幻想、不负责任的推销和陈词滥调的说教。只要可能,我们都必须找到政策的证据基础,并且牢记安德烈斯·史莱彻的警句:"数据面前人人平等。"[10]

尾注

[1] 胡·威廉姆斯与皮特·琼斯的书信交流,2014年5月。

[2] 这两个学会于1995年合并为运筹学与管理学研究协会(INFORMS),即如今"世界上最大的运筹学、管理学与分析领域专业人才的学会",www.informs.org/(访问于2014年3月23日)。

[3] en.wikipedia.org/wiki/Robert_Herman(访问于2014年3月23日)。

[4] www.informs.org/Community/TSL/Prizes-and-Awards(访问于2014年3月23日)。

[5] cowles.econ.yale.edu/(访问于2014年3月23日)。

[6] en.wikipedia.org/wiki/Econometric_Society(访问于2014年3月25日)。

[7] 这些大会的记录已经查不到。

[8] 关于英国的学术交通研究发展史,参阅杜德里和普莱斯顿(2013)。

[9] www4.uwm.edu/cuts/blackbox/blackbox.pdf(访问于2014年3月24日)。

[10] 该名言来自经济合作与发展组织教育政策特别顾问安德烈斯·史莱彻,教育记者皮特·威尔比报道,《卫报》,2013年11月26日,www.theguardian.com/education/2013/nov/26/pisa-international-student-tests-oecd(访问于2014年3月25日)。

参 考 文 献

Aashtiani, H. Z. and T. L. Magnanti (1981) Equilibria on a congested transportation network, *SIAM Journal of Algebraic and Discrete Methods* 2(3), 213-226.

Abdulaal, M. and L. J. LeBlanc (1979) Methods for combining modal split and equilibrium assignment models, *Transportation Science* 13(4), 292-314.

Abraham, C. (1961) La répartition du trafic entre itinéraires concurrents: réflexions sur le comportement des usagers, application au calcul des péages, *Revue générale des routes et aérodromes* 357, 57-60, 65-72, 75-76.

Abrahamsson, T. and L. Lundqvist (1999) Formulation and estimation of combined network equilibrium models with applications to Stockholm, *Transportation Science* 33(1), 80-100.

Adler, T. and M. E. Ben-Akiva (1975) A joint frequency, destination and mode choice model for shopping trips, *Transportation Research Record* 569, 136-150.

Adler, T. and M. E. Ben-Akiva (1979) A theoretical and empirical model of trip chaining behaviour, *Transportation Research* Part B 13, 243-257.

AECOM (2006) Using Traditional Model Data as Input to TRANSIMS Microsimulation, Federal Highway Administration, US Department of Transportation, Washington, DC.

AECOM (2009) Revisiting the Portland GEN2 Modeling Process with TRANSIMS Version 4.0 Software Methods, Research Summary, Federal Highway Administration, US Department of Transportation, Washington, DC.

AECOM (2011) Interfacing Activity Model Outputs with TRANSIMS Microsimulation, Federal Highway Administration, US Department of Transportation, Washington, DC.

Ahrens, G.-A., F. Liesske, R. Wittwer and S. Hubrich (2009) Endbericht zur Verkehrserhebung, Mobilität in Städten-SrV 2008, und Auswertungen zum SrV-Städtepegel, Im Auftrag von Städten, Verkehrsunternehmen, Verkehrsverbünden und Bundesländern bearbeitet durch die Lehrstuhl Verkehrs-und Infrastrukturplanung, Technische Universität Dresden, Dresden, Germany.

Akamatsu, T. (1996) Cyclic flows, Markov process and stochastic traffic assignment, *Transportation Research Part B* 30(5), 369-386.

Akamatsu, T. (1997) Decomposition of path choice entropy in general transport networks, *Transportation Science* 31(4), 349-362.

Akçelik, R. (1981) Traffic Signals: Capacity and Timing Analysis, Research Report ARR No. 123, Australian Road Research Board, Melbourne. Akçelik, R. (1988) The Highway Capacity Manual delay formula for signalized intersections, *ITE Journal* 58(1), 23-27.

Albright, R. L., S. R. Lerman and C. F. Manski (1977) Report on the Development of an Estimation Program for the Multinomial Probit Model, Federal Highway Administration, Cambridge Systematics, Cambridge, MA.

Alex Anas & Associates (2002) The NYMTC-Land Use Model, Final Report for the New York

Metropolitan Transportation Council, New York, www. nymtc. org/data_services/LUM/files/FR_LUM_020807. pdf(accessed 8 January 2013).

Alex Anas & Associates(2005) Land Use Model, Section 5. 8, Transportation Models and Data Initiative, General Final Report, New York Best Practice Model, Parsons Brinckerhoff Quade & Douglas, for the New York Metropolitan Transportation Council, New York, 5-135-5-152, www. nymtc. org/project/bpm/model/bpm_finalrpt. pdf(accessed 8 January 2013).

Algers, S. , A. J. Daly, P. Kjellman and S. Widlert (1996) Stockholm model system (SIMS): application, in *World Transport Research*, Volume 2, D. Hensher, J. King and T. H. Oum(eds), Pergamon, Amsterdam, 345-361.

Algers, S. and J. Eliasson (2006) Microsimulating the SIMS Model—Model Simplifications, Department of Transport and Economics, Royal Institute of Technology, Stockholm.

Algers, S. , J. Eliasson and L. -G. Mattson (2005) Is it time to use activity-based urban transport models? A discussion of planning needs and modelling possibilities, *Annals of Regional Science* 39, 767-789.

Allaman, P. M. , T. J. Tardiff and F. C. Dunbar(1982) *New Approaches to Understanding Travel Behavior*, Report 250, National Cooperative Highway Research Program, Transportation Research Board, Washington, DC.

Allsop, R. E. (1968) Fourth International Symposium on Theory of Traffic Flow, *Traffic Engineering and Control* 10, 263-264.

Almendinger, V. V. (1961) Topics in the Regional Growth Model: I, PJ Paper No. 4, Penn Jersey Transportation Study, Philadelphia.

Almond, J. (1965) Traffic assignment to a road network, *Traffic Engineering and Control* 6, 616-617, 622.

Almond, J. (1967) Traffic assignment with flow-dependent journey times, in Vehicular *Traffic Science*, L. C. Edie, R. Herman and R. Rothery(eds), American Elsevier, New York, 222-234.

Amemiya, T. (1975) Qualitative response models, *Annals of Economic and Social Measurement* 4, 363-372.

Ampt, E. , J. Swanson and D. Pearmain (1995) Stated preference: too much deference?, Transportation Planning Methods, Summer Annual Meeting, Planning and Transport Research and Computation Co. , Warwick.

Anas, A. (1973) A dynamic disequilibrium model of residential location, *Environment and Planning* 5, 633-647.

Anas, A. (1982) *Residential Location Markets and Urban Transportation*, Academic Press, New York.

Anas, A. (1983) Discrete choice theory, information theory and the multinomial logit and gravity models, *Transportation Research Part B* 17, 13-23.

Anas, A. (1984) Discrete choice theory and the general equilibrium of employment, housing, and travel networks in a Lowry-type model of the urban economy, *Environment and Planning* A 16, 1489-1502.

Anas, A. (1995) Capitalization of urban travel improvements into residential and commercial real estate: simulations with a unified model of housing, travel mode and shopping choices, *Journal of Regional Science* 35(3), 351-375.

Anas, A. and L. S. Duann (1985) Dynamic forecasting of travel demand, residential location and land development: policy simulations with the Chicago Area Transportation/Land Use System, *Papers, Regional Science Association* 56, 38-58.

Anas, A. and C. M. Feng (1988) Invariance of expected utilities in logit models, *Economic Letters* 27, 41-45.

Anas, A. and T. Hiramatsu (2012) The effect of the price of gasoline on the urban economy: from route choice to general equilibrium, *Transportation Research Part A* 46(6), 855-873.

Anas, A. and Y. Liu (2007) A regional economy, land use, and transportation model: formulation, algorithm design, and testing, *Journal of Regional Science* 47(3), 415-455.

Anderson, S. P., A. de Palma and J.-F. Thisse (1992) *Discrete Choice Theory of Product Differentiation*, MIT Press, Cambridge, MA.

Anderstig, C. and L.-G. Mattsson (1991) An integrated model of residential and employment location in a metropolitan region, *Papers in Regional Science* 70(2), 167-184.

Anowar, S., N. Eluru and L. F. Miranda-Moreno (2014) Analysis of vehicle ownership evolution in Montreal, Canada, using pseudo panel analysis, Paper 14-3023 online, Transportation Research Board, Washington, DC.

Antosiewicz, H. A. (ed) (1955) *Proceedings of the Second Symposium in Linear Programming*, Volumes 1 and 2, National Bureau of Standards, US Department of Commerce, and Directorate of Management Analysis, DCS Comptroller, US Air Force, Washington, DC.

Arentze, T. A. and H. J. P. Timmermans (2004) A learning-based transportation oriented simulation system, *Transportation Research Part B* 38, 613-633.

Arentze, T. A. and H. J. P. Timmermans (2007) *Modelling Dynamics of Activity-Travel Behaviour*, Urban Planning Group, Eindhoven University of Technology, Eindhoven.

Arezki, Y. and D. Van Vliet (1990) A full analytic implementation of the PARTAN/Frank-Wolfe algorithm for equilibrium assignment, *Transportation Science* 24, 58-62.

Arnott, R. and K. Small (1994) The economics of traffic congestion, *American Scientist* 82, 446-455.

Asmuth, R., B. C. Eaves and E. L. Peterson (1979) Computing economic equilibria on affine networks with Lemke's algorithm, *Mathematics of Operations Research* 4(3), 209-214.

Association of Metropolitan Planning Organizations (2011) Advanced Travel Modeling Study, Phase 1 Final Report, Washington, DC.

Atherton, T. and M. E. Ben-Akiva (1976) Transferability and updating of disaggregate travel demand models, *Transportation Research Record* 610, 12-18.

Avineri, E. and C. Chorus (2010) Recent developments in prospect theory-based travel behaviour research, *European Journal of Transport and Infrastructure Research* 10, 293-298.

Avineri, E. and J. N. Prashker (2003) Sensitivity to uncertainty: need for a paradigm shift, *Transportation Research Record* 1854, 90-98.

Axhausen, K. W. (ed) (2007) *Moving through* Nets, Elsevier, Oxford.

Axhausen, K. W. and T. Gärling (1992) Activity-based approaches to travel analysis: conceptual frameworks, models and research problems, *Transport Reviews* 12, 323-341.

Axhausen, K. W. and R. Herz (1989) Simulating activity chains: German approach, ASCE *Journal of Transportation Engineering* 115, 316-325.

Bain, R. (2009) Error and optimism bias in toll road traffic forecasts, *Transportation* 36, 469-482.

Balcombe, R., R. Mackett, N. Paulley, J. Preston, J. Shires, H. Titheridge, M. Wardman and P. White (2004) The Demand for Public Transport: A Practical Guide, TRL Report, Transportation Research Laboratory, London.

Balinski, M. L. (1991) Mathematical programming: journal, society and recollections, in *History of Mathematical Programming*, J. K. Lenstra, A. H. G. Rinnooy Kan and A. Schrijver (eds), Elsevier, Amsterdam, 5-18.

Balmer, M., K. Meister, M. Rieser, K. Nagel and K. W. Axhausen (2008) Agent-based simulation of travel demand: structure and computational performance of MATSim-T, *Innovations in Travel Modeling*, Portland, Transportation Research Board, Washington, DC.

Banister, D. J. (1978) Decision making, habit formation and a heuristic modal split model based on these concepts, *Transportation* 7, 5-18.

Bar-Gera, H. (2002) Origin-based algorithm for the traffic assignment problem, *Transportation Science* 36(4), 398-417.

Bar-Gera, H. (2006) Primal method for determining the most likely route flows in large road networks, *Transportation Science* 40(3), 269-286.

Bar-Gera, H. (2010) Traffic assignment by paired alternative segments, *Transportation Research Part B* 44(8-9), 1022-1046.

Bar-Gera, H. and D. Boyce (2003) Origin-based algorithms for combined travel forecasting models, *Transportation Research Part B* 37(5), 403-422.

Bar-Gera, H., D. Boyce and Y. Nie (2012) User-equilibrium route flows and the condition of proportionality, *Transportation Research Part B* 46(3), 440-462.

Bates, J. J. (1988) Econometric issues in stated preference analysis, *Journal of Transport Economics and Policy* 22, 46-59.

Bates, J. J. (1996) Time Period Choice Modelling: A Preliminary Review, Report for the UK Department for Transport, London.

Bates, J. J., D. A. Ashley and G. Hyman (1987) The nested incremental logit model: theory and application to modal choice, Transportation Planning Methods, Annual Summer Meeting, Planning and Transport Research and Computation Co., Bath.

Bates, J. J., M. Brewer, P. Hanson, D. McDonald and D. C. Simmonds (1991) Building a strategic model for Edinburgh, Summer Annual Meeting, Planning and Transport Research and Computation Co., Brighton.

Bates, J. J., D. Coombe, S. Porter and D. Van Vliet (1999) Allowing for variable demand in highway scheme assessment, Transportation Planning Methods, European Transport Conference, Cambridge.

Bates, J. J., P. Mackie, J. Nellthorp and D. Forster (2003) Evaluation of the Multi-Modal Study Process: Modelling and Appraisal, Report for the UK Department for Transport, London.

Bates, J. J., J. Polak, P. Jones and A. Cook (2001) The valuation of reliability for personal travel, *Transportation Research Part E* 37, 191-229.

Bates, J. J. and M. Roberts (1986) Value of time research: summary of methodology and findings, Summer Annual Meeting, Planning and Transport Research and Computation Co., Brighton.

Bates, J. J., I. Williams, D. Coombe and J. Leather (1996) The London congestion charging research programme: 4. the transport models, *Traffic Engineering and Control* 37, 334-339.

Batley, R. (2007) Marginal valuations of travel time and scheduling, and the reliability premium, *Transportation Research Part E* 43, 387-408.

Batley, R. and A. Daly (2006) On the equivalence between elimination-by-aspects and generalised extreme value models of choice behaviour, *Journal of Mathematical Psychology* 50, 456-467.

Batty, M. J. (1972) Recent developments in land use modelling: a review of British research, *Urban Studies* 9, 151-177.

Batty, M. (1994) A chronicle of scientific planning, *Journal of the American Planning Association* 60, 7-16.

Batty, M. J. and S. Mackie (1972) The calibration of gravity, entropy and related models of spatial interaction, *Environment and Planning* 4, 205-233.

Beagan, D., M. Fischer and A. Kuppam (2007) Quick Response Freight Manual II, Federal Highway Administration, Cambridge Systematics, Cambridge, MA.

Beardwood, J. E. and J. Elliott (1989) Roads generate traffic, Highway Appraisal and Design, Planning and Transport Research and Computation Co., Brighton.

Beckman, R. J., K. A. Baggerly and M. D. McKay (1996) Creating synthetic baseline populations, *Transportation Research Part A* 30, 415-429.

Beckmann, M. (1951) Optimum Transportation on Networks, Cowles Commission Discussion Paper: Economics No. 2023, Cowles Commission for Research in Economics, Chicago.

Beckmann, M. (1952) Efficient Transportation in Networks, Cowles Commission Discussion Paper: Economics No. 2049, with the assistance of C. B. McGuire; revised as Efficient Transportation in Networks, Cowles Commission Discussion Paper: Economics No. 2049A, Cowles Commission for Research in Economics, Chicago.

Beckmann, M. (1953) Efficient Transportation in Networks Continued, Cowles Commission Discussion Paper: Economics No. 2049B, Cowles Commission for Research in Economics, Chicago.

Beckmann, M. J. (1967a) On optimal tolls for highways, tunnels and bridges, in *Vehicular Traffic Science*, L. C. Edie, R. Herman and R. Rothery(eds), American Elsevier, New York, 331-341.

Beckmann, M. J. (1967b) On the theory of traffic flow in networks, *Traffic Quarterly* 21(1), 109-117.

Beckmann, M. J. and T. F. Golob(1972) On the metaphysical foundations of traffic theory: entropy revisited, *Traffic Flow and Transportation*, G. F. Newell(ed), American Elsevier, New York.

Beckmann, M. and C. B. McGuire(1953) The Determination of Traffic in a Road Network-An Economic Approach, P-437, RAND Corporation, Santa Monica, CA.

Beckmann, M., C. B. McGuire and C. B. Winsten(1956) *Studies in the Economics of Transportation*, Yale University Press, New Haven, CT; Rand-RM-1488-PR, RAND Corporation, Santa Monica, CA, 1955.

Beesley, M. E. (1965) The value of time spent in travelling: some new evidence, *Economica* 32, 174-185.

Beggs, S., S. Cardell and J. Hausman(1981) Assessing the potential demand for electric cars, *Journal of Econometrics* 17, 1-19.

Beimborn, E., R. Kennedy and W. Schaefer(n. d.) Inside the Blackbox: Making Transportation Models Work for Livable Communities, A Guide to Modeling, University of Wisconsin – Milwaukee, Citizens for a Better Environment and the Environmental Defense Fund, Washington, DC.

Bekhor, S. and J. N. Prashker(2001) Stochastic user equilibrium formulation for generalized nested logit model, *Transportation Research Record* 1752, 84-90.

Bell, M. G. H. (ed)(1998) Transportation *Networks*, Elsevier, Amsterdam.

Bell, M. G. H. and Y. Iida(1997) Transportation *Network Analysis*, Wiley, Chichester, West Sussex.

Ben-Akiva, M. E. (1973) Structure of Passenger Travel Demand Models, Ph. D. thesis, Civil Engineering, Massachusetts Institute of Technology, Cambridge, MA.

Ben-Akiva, M. E. (1974) Structure of passenger travel demand models, *Transportation Research Record* 526, 26-42.

Ben-Akiva, M. E. (1981) Issues in transferring and updating travel-behavior models, Chapter 38 in *New Horizons in Travel Behavior Research*, P. R. Stopher, A. H. Meyburg and W. Brög(eds), Lexington Books, Lexington, MA, 665-686.

Ben-Akiva, M. E. and T. Atherton(1977) Methodology for short – range travel demand predictions, *Journal of Transport Economics and Policy* 11, 224-261.

Ben-Akiva, M. E. and M. Bierlaire(1999) Discrete choice methods and their applications to short term travel decisions, in *Handbook of Transportation Science*, R. W. Hall(ed), Kluwer, Boston, 5-33.

Ben-Akiva, M. E. and D. Bolduc(1996) Multinomial Probit with a Logit Kernel and a General Parametric Specification of the Covariance Structure, working paper, Department d'Économique, Université de Laval, Québec, and Department of Civil and Environmental Engineering,

Massachusetts Institute of Technology, Cambridge, MA.

Ben-Akiva, M. E., D. Bolduc and M. Bradley (1993) Estimation of travel choice models with randomly distributed values of time, *Transportation Research Record* 1413, 88-97.

Ben-Akiva, M. E., D. Bolduc and J. Walker (2001) Specification, Identification and Estimation of the Logit Kernel (or Continuous Mixed Logit) Model, working paper, Department of Civil Engineering, Massachusetts Institute of Technology, Cambridge, MA.

Ben-Akiva, M. E. and J. L. Bowman (1998) Activity based travel demand model systems, Chapter 2 in *Equilibrium and Advanced Transportation Modelling*, P. Marcotte and S. Nguyen (eds), Kluwer, Boston, 27-46.

Ben-Akiva, M. E., J. L. Bowman and D. Gopinath (1996) Travel demand model system for the information era, *Transportation* 25, 241-55.

Ben-Akiva, M., M. Bradley, T. Morikawa, J. Benjamin, T. Novak, H. Oppewal and V. Rao (1994) Combining revealed and stated preferences data, *Marketing Letters* 5, 335-349.

Ben-Akiva, M. E., A. de Palma, D. McFadden, M. Abou-Zeid, P.-A. Chiappori, M. de Lapparent, S. N. Durlauf, M. Fosgerau, D. Fukuda, S. Hess, C. Manski, A. Pakes, N. Picard and J. Walker (2012) Process and context in choice models, *Marketing Letters* 23, 439-456.

Ben-Akiva, M. E. and F. S. Koppelman (1974) Multidimensional choice models: alternative structures of travel demand models, *Behavioral Demand Modeling and Valuation of Travel Time*, Special Report 149, Transportation Research Board, Washington, DC, 129-142.

Ben-Akiva, M. E., B. C. Kullman, L. Sherman and A. J. Daly (1978) Aggregate forecasting with a system of disaggregate travel demand models, Transport Models, Summer Annual Meeting, Planning and Transport Research and Computation Co., Warwick.

Ben-Akiva, M. E. and S. R. Lerman (1979) Disaggregate travel and mobility choice models and measures of accessibility, in Behavioural *Travel Modelling*, D. A. Hensher and P. R. Stopher (eds), Croom Helm, London, 654-679.

Ben-Akiva, M. E. and S. R. Lerman (1985) *Discrete Choice Analysis*, MIT Press, Cambridge, MA.

Ben-Akiva, M., D. McFadden, M. Abe, U. Böckenholt, D. Bolduc, D. Gopinath, T. Morikawa, V. Ramaswamy, V. Rao, D. Revelt and D. Steinberg (1997) Modeling methods for discrete choice analysis, *Marketing Letters* 8(3), 273-286.

Ben-Akiva, M., D. McFadden, T. Gärling, D. Gopinath, J. Walker, D. Bolduc, A. Börsch-Supan, P. Delquié, O. Larichev, T. Morikawa, A. Polydoropoulou and V. Rao (1999) Extended framework for modeling choice behaviour, *Marketing Letters* 10(3), 187-203.

Ben-Akiva, M., D. McFadden, K. Train, J. Walker, C. Bhat, M. Bierlaire, D. Bolduc, A. Börsch-Supan, D. Brownstone, D. Bunch, A. Daly, A. de Palma, D. Gopinath, A. Karlstrom and M. A. Munizaga (2002a) Hybrid choice models: progress and challenges, *Marketing Letters* 13(3), 163-175.

Ben-Akiva, M. E. and T. Morikawa (1990) Estimation of travel demand models from multiple data sources, *Transportation and Traffic Theory*, M. Koshi (ed), Elsevier, New York, 461-476.

Ben-Akiva, M. E. , J. Walker, A. T. Bernardino, D. A. Gopinath, T. Morikawa and A. Polydoropoulou (2002b) Integration of choice and latent variable models, Chapter 21 in In *Perpetual Motion*, H. S. Mahmassani(ed), Elsevier, Oxford, 431-470.

Bennett, J. and R. K. Blamey (eds) (2001) *The Choice Modelling Approach to Environmental Evaluation*, Edward Elgar Publishing, Cheltenham, Gloucestershire.

Berka, S. and D. E. Boyce(1996) Generating highway travel times with a large – scale, asymmetric user equilibrium assignment model, in *Advanced Methods in Transportation Analysis*, L. Bianco and P. Toth(eds), Springer, Berlin, 29-61.

Bertsekas, D. P. and E. M. Gafni (1982) Projection methods for variational inequalities with application to the traffic assignment problem, *Mathematical Programming Study* 17, 139-159.

Bhat, C. R. (1995) A heteroscedastic extreme value model of intercity mode choice, *Transportation Research Part B* 29, 471-483.

Bhat, C. R. (1998) Accommodating variations in responsiveness to level-of-service variables in travel mode choice modeling, *Transportation Research Part A* 32, 495-507.

Bhat, C. R. (2000) Flexible model structures for discrete choice analysis, Chapter 5 in *Handbook of Transport Modelling*, D. A. Hensher and K. J. Button(eds), Pergamon, Amsterdam, 71-90.

Bhat, C. R. (2001) Quasi-random maximum simulated likelihood estimation of the mixed multinomial logit model, *Transportation Research Part B* 35, 677-693.

Bhat, C. R. (2003) Simulation estimation of mixed discrete choice models using randomized and scrambled Halton sequences, *Transportation Research Part B* 37, 837-855.

Bhat, C. R. (2005) A multiple discrete – continuous extreme value model: formulation and application to discretionary time-use decisions, *Transportation Research Part B* 39, 679-707.

Bhat, C. R. (2007) Econometric choice formulations: alternative model structures, estimation techniques and emerging directions, Chapter 3 in *Moving through Nets*, K. Axhausen (ed), Elsevier, Oxford, 45-80.

Bhat, C. R. (2011) The maximum approximate composite marginal likelihood estimation of the normally-mixed multinomial logit model, *Transportation Research Part B* 45, 923-939.

Bhat, C. R. (2014) Remarks at a workshop on 50 years of travel demand forecasting, Annual Meeting, Transportation Research Board, Washington, DC.

Bhat, C. R. and S. Castelar (2002) A unified mixed logit framework for modeling revealed and stated preferences: formulation and application to congestion pricing analysis in the San Francisco Bay Area, *Transportation Research Part B* 36, 593-616.

Bhat, C. R. and S. K. Dubey(2013) A New Estimation Approach to Integrate Latent Psychological Constructs in Choice Modeling, Department of Civil, Architectural and Environmental Engineering, University of Texas at Austin, Austin.

Bhat, C. R. and N. Eluru(2010) The multiple discrete-continuous extreme value(MDCEV) model: formulation and applications, Chapter 4 in *Choice Modelling*, S. Hess and A. Daly (eds),

Emerald, Bingley, West Yorkshire, 71-100.

Bhat, C. R., K. G. Goulias, R. M. Pendyala, R. Paleti, R. Sidharthan, L. Schmitt and H. -H. Hu (2013) A household-level activity pattern generation model with an application for Southern California, *Transportation* 40, 1063-1086.

Bhat, C. R., J. Y. Guo, S. Srinivasa and A. Sivakumar (2004) A comprehensive econometric micro-simulator for daily activity-travel patterns, *Transportation Research Record* 1894, 57-66.

Bhat, C. R. and F. S. Koppelman (1993) A conceptual framework of individual activity program generation, *Transportation Research Part* A 27, 433-446.

Bhat, C. R. and F. S. Koppelman (1999a) Activity-based modeling of travel demand, Chapter 3 in *Handbook of Transportation Science*, R. W. Hall (ed), Kluwer, Boston, 39-65.

Bhat, C. R. and F. S. Koppelman (1999b) A retrospective survey of time-use research, *Transportation* 26, 119-139.

Bhat, C. R. and R. M. Pendyala (2005) Modeling intra – household interactions and group decision making, *Transportation* 32, 443-448.

Bierlaire, M. (2002) The network GEV model, Second Swiss Transportation Research Conference, Ascona, Switzerland.

Bierlaire, M. (2006) A theoretical analysis of the cross-nested logit model, *Annals of Operational Research* 144, 287-300.

Birkin, M. and M. Clarke (1988) SYNTHESIS-a synthetic spatial information system for urban and regional analysis: methods and examples, *Environment and Planning* A 20, 1645-1671.

Black, A. (1990) The Chicago Area Transportation Study: a case study in rational planning, *Journal of Planning Education and Research* 10(1), 27-37.

Blum, J. R. (1954) Multidimensional stochastic approximation methods, Annals of *Mathematical Statistics* 25(4), 737-744.

Bly, P., P. Emmerson, N. Paulley and T. Van Vuren (2002) User-Friendly Multi-Stage Modelling Advice, Phase 3: Multi-Stage Modelling Options, project report, Transport Research Laboratory, Crowthorne, Berkshire.

Bly, P., P. Emmerson, T. Van Vuren, A. Ash and N. Paulley (2001) User-Friendly Multi-Stage Modelling Advice, Phase 2: Modelling Parameters, Calibration and Validation, project report, Transport Research Laboratory, Crowthorne, Berkshire.

Bock, R. D. and L. V. Jones (1968) *The Measurement and Prediction of Judgement and Choice*, Holden-Day, San Francisco.

Bolduc, D. and R. Alvarez – Daziano (2010) On estimation of hybrid choice models, Chapter 11 in *Choice Modelling*, S. Hess and A. Daly (eds), Emerald, Bingley, West Yorkshire, 259-289.

Bonnel, P., M. Lee-Gosselin, J. Zmud and J. -L. Madre (eds) (2009) *Transport Survey Methods*, Emerald, Bingley, West Yorkshire.

Bonsall, P. W. (1980) The simulation of organised car sharing: description of the models and their calibration, *Transportation Research Record* 767, 12-21.

Bonsall, P. W. (1982) Microsimulation: its application to car sharing, *Transportation Research* Part A 15,421-429.

Bonsall, P. W. (1983) Transfer price data-its use and abuse, Summer Annual Meeting, Planning and Transport Research and Computation Co., Brighton.

Bonsall, P. W., A. F. Champernowne, A. C. Mason and A. G. Wilson (1977) Transport modelling: sensitivity analysis and policy testing, *Progress in Planning* 7,153-237.

Bonsall, P. W., P. J. Mackie and S. Pells (1990) Traffic generation, *Surveyor*174,18-19.

Börsch-Supan, A. (1987) *Econometric Analysis of Discrete Choice*, Lecture Notes in Economics and Mathematical Systems, Volume 296, Springer, Berlin.

Bothner, P. and W. Lutter (1982) Ein direktes Verfahren zur Verkehrsumlegung nach demersten Prinzip von Wardrop, Arbeitsbericht Nr. 1, Forschungsbereich Verkehrssysteme, Universitöt Bremen, Bremen, Germany.

Bowman, J. L. (1995) Activity Based Travel Demand Model System with Daily Activity Schedules, M. S. thesis, Civil Engineering, Massachusetts Institute of Technology, Cambridge, MA.

Bowman, J. L. (2009) Historical development of activity-based models: theory and practice, *Traffic Engineering and Control* 50,59-62,314-318.

Bowman, J. L. and M. E. Ben-Akiva (2001) Activity-based disaggregate travel demand model system with activity schedules, *Transportation Research Part A* 35(1),1-28.

Bowman, J. L., M. Bradley, Y. Shiftan, T. K. Lawton and M. E. Ben-Akiva (1999) Demonstration of an activity based model system for Portland, *World Transport Research*, Volume 3, H. Meersman, E. van de Voorde and W. Winkleman (eds), Pergamon, Amsterdam,171-184.

Boyce, D. E. (1978) Equilibrium solutions to combined urban residential location, mode choice and trip assignment models, in *Competition among Small Regions*, W. Buhr and P. Friedrich (eds), Nomos, Baden-Baden, Germany,246-264.

Boyce, D. E. (1980) A framework for constructing network equilibrium models of urban location, *Transportation Science* 14(1),77-96.

Boyce, D. E. (1984) Network models in transportation/land use planning, in *Transportation Planning Models*, M. Florian (ed), North-Holland, Amsterdam,475-498.

Boyce, D. E. (1990) Network equilibrium models of urban location and travel choices: a new research agenda, in *New Frontiers in Regional Science*, M. Chatterji and R. E. Kuenne (eds), New York University Press, New York,238-256.

Boyce, D. (2002) Is the sequential travel forecasting procedure counterproductive?, *ASCE Journal of Urban Planning and Development* 128(4),169-183.

Boyce, D. (2007a) An account of a road network design method: expressway spacing, system configuration and economic evaluation, in *Infrastrukturprobleme bei Bevölkerungsrückgang* [Infrastructure problems under population decline], X. Feng and A. M. Popescu (eds), Berliner Wissenschafts, Berlin,131-159.

Boyce, D. (2007b) Forecasting travel on congested urban transportation networks: review and prospects for network equilibrium models, *Networks and Spatial Economics* 7(2), 99-128.

Boyce, D. (2013) Beckmann's transportation network equilibrium model: its history and relationship to the Kuhn-Tucker conditions, *Economics of Transportation* 2(1), 47-52.

Boyce, D. and H. Bar-Gera (2003) Validation of multiclass urban travel forecasting models combining origin-destination, mode, and route choices, *Journal of Regional Science* 43(3), 517-540.

Boyce, D. and H. Bar-Gera (2012) The role of computing in urban travel forecasting: how transportation planning practice shaped software, and software impacted transportation planning practice, Chapter 12 in *Societies in Motion*, A. Frenkel, P. Nijkamp and P. McCann (eds), Edward Elgar Publishing, Cheltenham, Gloucestershire, 271-295.

Boyce, D. E., K. S. Chon, M. E. Ferris, Y. J. Lee, K. T. Lin and R. W. Eash (1985) Implementation and Evaluation of Combined Models of Urban Travel and Location on a Sketch Planning Network, University of Illinois at Urbana-Champaign, Urbana, and Chicago Area Transportation Study, Chicago.

Boyce, D. E., N. D. Day and C. McDonald (1970) *Metropolitan Plan Making*, Regional Science Research Institute, Philadelphia.

Boyce, D. E., L. J. LeBlanc, K. S. Chon, Y. J. Lee and K. T. Lin (1983) Implementation and computational issues for combined models of location, destination, mode and route choice, *Environment and Planning A* 15(9), 1219-1230.

Boyce, D. E. and L. Lundqvist (1987) Network equilibrium models of urban location and travel choices: alternative formulations for the Stockholm region, *Papers, Regional Science Association* 61, 91-104.

Boyce, D. E., H. S. Mahmassani and A. Nagurney (2005) A retrospective on Beckmann, McGuire and Winsten's *Studies in the Economics of Transportation*, *Papers in Regional Science* 84(1), 85-103.

Boyce, D. and L. -G. Mattsson (1999) Modeling residential location choice in relation to housing location and road tolls on congested urban highway networks, *Transportation Research Part B* 33(8), 581-591.

Boyce, D. and A. Nagurney (2006) In memoriam: C. Bartlett McGuire (1925—2006) and Christopher B. Winsten (1923—2005), *Transportation Science* 40(1), 1-2.

Boyce, D., Y. Nie, H. Bar-Gera, Y. Liu and Y. Hu (2010) Field Test of a Method for Finding Consistent Route Flows and Multiple-Class Link Flows in Road Traffic Assignments, Federal Highway Administration, Washington, DC, www.transportation.northwestern.edu/docs/research/Boyce_FieldTestConsistentRouteFlows.pdf (accessed 5 October 2013).

Boyce, D., C. O'Neill and W. Scherr (2008) Solving the sequential travel forecasting procedure with feedback, *Transportation Research Record* 2077, 129-135.

Boyce, D., B. Ralevic – Dekic and H. Bar-Gera (2004) Convergence of traffic assignments: how much is enough?, *ASCE Journal of Transportation Engineering* 130(1), 49-55.

Boyce, D., M. Tatineni and Y. Zhang (1992) Scenario Analyses for the Chicago Region with a Sketch Planning Model of Origin-Destination, Mode and Route Choice, Report to the Illinois Department of Transportation, University of Illinois at Chicago, Chicago.

Boyce, D. E. and H. C. W. L. Williams (2005) Urban travel forecasting in the USA and UK, Chapter 3 in *Methods and Models in Transport and Telecommunications*, A. Reggiani and L. Schintler(eds), Springer, Berlin, 25-44.

Boyce, D. and Y. Zhang (1998) Parameter estimation for combined travel choice models, Chapter 10 in *Network Infrastructure and the Urban Environment*, L. Lundqvist, L.-G. Mattsson and T. J. Kim(eds), Springer, Berlin, 177-193.

Boyd, J. and J. Mellman (1980) The effect of fuel economy standards on the U. S. automotive market: a hedonic demand analysis, *Transportation Research Part A* 14, 367-378.

Bradley, M. A., J. L. Bowman and B. Griesenbeck (2009) Activity-based model for a medium sized city: Sacramento, *Traffic Engineering and Control* 50, 73-79.

Bradley, M. and A. J. Daly (1991) Estimation of logit choice models using mixed stated preference and revealed preference information, in Les Méthodes d'Analyse des Comportements de Déplacements pour les années 1990- 6e Conférence Internationale sur les Comportements de Deplacements, Château Bon Entente, Québec.

Bradley, M. and A. J. Daly (1993) New analysis issues in stated preference research, Summer Annual Meeting, Planning and Transport Research and Computation Co., Manchester.

Bradley, M., P. M. Jones and E. Ampt (1987) An interactive household interview method to study bus provision policies, Transport Planning Methods, Planning and Transport Research and Computation Co., Bath.

Bradley, M., P. Marks and M. Wardman (1986) A summary of four studies into the value of travel time savings, Transportation Planning Methods, Planning and Transport Research and Computation Co., Brighton.

Braess, D. (1968) Über ein Paradoxon aus der Verkehrsplanung, *Unternehmensforschung* 12, 258-268.

Braess, D. and G. Kohl (1979) On the existence of equilibria in asymmetrical multiclass-user transportation networks, *Transportation Science* 13(1), 56-63.

Braess, D., A. Nagurney and T. Wakolbinger (2005) On a paradox of traffic planning, translated from the original German, *Transportation Science* 39(4), 446-450.

Brand, D. (1973) Travel demand forecasting: some foundations and a review, *Urban Travel Demand Forecasting*, Special Report 143, Highway Research Board, Washington, DC, 239-282.

Brand, D. and M. L. Manheim (eds) (1973) *Urban Travel Demand Forecasting*, Special Report 143, Highway Research Board, Washington, DC.

Breheny, M. J. (ed) (1992) *Sustainable Development and Urban Form*, European Research in Regional Science 2, Pion, London.

Brög, W. and E. Erl (1983) Application of a model of individual behaviour (situational approach) to explain household activity patterns in an urban area and to forecast behavioural changes, in Recent *Advances in Travel Demand Analysis*, S. Carpenter and P. Jones (eds), Gower, Aldershot, Hampshire, 250-270.

Brokke, G. E. (1959) Program for assigning traffic to a highway network, *Highway Research Bulletin* 224, 89-97.

Brokke, G. E. (1969) Urban transportation planning computer system, paper to the American Association of State Highway Officials Conference, May 1967, in Urban Planning System 360, Traffic Assignment and Peripheral Programs, Federal Highway Administration, US Department of Transportation, Washington, DC, 32-68.

Brokke, G. E. and W. L. Mertz (1958) Evaluating trip forecasting methods with an electronic computer, *Highway Research Bulletin* 203, 52-75; also in *Public Roads* 30 (4), 77-87.

Brownstone, D. and K. A. Small (2005) Valuing time and reliability: assessing the evidence from road pricing demonstrations, *Transportation Research Part A* 39, 279-293.

Brownstone, D. and K. E. Train (1998) Forecasting new product penetration with flexible substitution patterns, *Journal of Econometrics* 89, 109-129.

Bruton, M. J. (1975) *Introduction to Transportation Planning*, 2nd edn, Hutchinson, London.

Bruynooghe, M. (1967) Affectation du trafic sur un multi-réseau, Institut de Recherche des Transports, Arcueil, France.

Bruynooghe, M. (1969) Un modèle intégré de distribution et d'affectation du trafic sur un réseau, Institut de Recherche des Transports, Arcueil, France.

Bruynooghe, M., A. Gibert and M. Sakarovitch (1969) Une methoded' affectation du trafic, in *Beiträge zur Theorie des Verkehrsflusses*, W. Leutzbach and P. Baron (eds), Straßenbau und Straßenverkehrstechnik, Heft 86, Herausgegeben von Bundesminister für Verkehr, Abteilung Straßenbau, Bonn, 198-204.

Buchanan, C. (1963) *Traffic in Towns*, Her Majesty's Stationery Office, London; a shortened edition was published by Penguin Books, Harmondsworth, Middlesex, 1964.

Buchanan, C. and G. P. Crow (1963) Towards an amalgam of town and traffic planning, *Traffic Engineering and Control* 5, 36-37.

Buliung, R. N. and P. S. Kanaroglou (2007) Activity-travel behaviour research: conceptual issues, state of the art, and emerging perspectives on behavioural analysis and simulation modelling, *Transport Reviews* 27, 151-87.

Burnett, K. P. and S. Hanson (1979) Rationale for an alternative mathematical approach to movement as complex human behaviour, in *Behavioural Travel Modelling*, D. A. Hensher and P. R. Stopher (eds), Croom Helm, London, 116-34.

Burnett, K. P. and S. Hanson (1982) The analysis of travel as an example of complex human behaviour in spatially-constrained situations: definition and measurement issues, *Transportation Research Part A* 16, 87-102.

Burnett, K. P. and N. J. Thrift (1979) New approaches to understanding traveller behaviour, Chapter

4 in *Behavioural Travel Modelling*, D. A. Hensher and P. R. Stopher (eds), Croom Helm, London, 116-134.

Burrell, J. E. (1969) Multiple route assignment and its application to capacity restraint, *Beiträge zur Theorie des Verkehrsflusses*, W. Leutzbach and P. Baron (eds), Straßenbau und Straßenverkehrstechnik, Heft 86, Herausgegeben von Bundesminister für Verkehr, Abteilung Straßenbau, Bonn, 210-219.

Button, K. J., A. D. Pearman and A. S. Fowkes (1982) *Car Ownership Modelling and Forecasting*, Gower, Aldershot, Hampshire.

Cairns, S., C. Hass-Klau and P. Goodwin (1998) *Traffic Impact of Highway Capacity Reductions*, Landor, London.

Cairns, S., L. Sloman, C. Newson, J. Anable, A. Kirkbride and P. Goodwin (2008) Smarter choices: assessing the potential to achieve traffic reductions using 'soft measures', *Transport Reviews* 28, 593-618.

Cambridge Systematics (1997) *A Guidebook for Forecasting Freight Transportation Demand*, Report 388, National Cooperative Highway Research Program, Transportation Research Board, Washington, DC.

Cambridge Systematics (2010) Travel Model Validation and Reasonableness Checking Manual, 2nd edn, Federal Highway Administration, Cambridge, MA.

Cambridge Systematics, Sacramento Regional Council of Governments, University of Arizona, University of Illinois, Chicago, Sonoma Technology, Fehr and Peers (2014) Dynamic, Integrated Model System: Sacramento-Area Application, Volume 1, Summary Report, SHRP 2 Report S2-C10B-RW-1, Volume 2, Network Report, SHRP 2 Report S2-C10B-RW-2, Transportation Research Board, Washington, DC.

Cambridge Systematics, Vanasse Hangen Brustlin, Gallop Corporation, C. R. Bhat, Shapiro Transportation Consulting and Martin/Alexiou/Bryson (2012) *Travel Demand Forecasting: Parameters and Techniques*, Report 716, National Cooperative Highway Research Program, Transportation Research Board, Washington, DC.

Campbell, M. E. (1952) Foreword, traffic assignment, *Highway Research Bulletin* 61, iii.

Cantillo, V., J. de D. Ortúzar and H. C. W. L. Williams (2007) Modeling discrete choices in the presence of inertia and serial correlation, *Transportation Science* 41, 195-205.

C"ardell, N. S. and F. C. Dunbar (1980) Measuring the societal impact of automobile downsizing, *Transportation Research Part A* 14, 423-434."

Cardell, N. S. and B. Reddy (1977) A Multinomial Logit Model Which Permits Variations in Tastes across Individuals, working paper, Charles River Associates, Boston.

Carlstein, T., D. Parkes and N. Thrift (eds) (1978) *Timing Space and Spacing Time*, Edward Arnold, London.

Carpenter, S. and P. Jones (eds) (1983) *Recent Advances in Travel Demand Analysis*, Gower, Aldershot, Hampshire.

Carrasco, J. A. and J. de D. Ortúzar (2002) Review and assessment of the nested logit model, *Transport Reviews* 22, 197-218.

Carrion, C. and D. M. Levinson (2012) Value of travel time reliability: a review of current evidence, *Transportation Research Part A* 46, 720-741.

Carroll, J. D., Jr. (1949) Some aspects of home work relationships of industrial workers, *Land Economics* 25(4), 414-422.

Carroll, J. D., Jr. (1952) The relation of homes to work places and the spatial pattern of cities, *Social Forces* 30(3), 271-282.

Carroll, J. D., Jr. (1955) Spatial interaction and the urban-metropolitan regional description, *Papers, Regional Science Association* 1, 59-73.

Carroll, J. D., Jr. (1956) General discussion of traffic assignment by mechanical methods, *Highway Research Bulletin* 130, 76-77.

Carroll, J. D., Jr. (1959) A method of traffic assignment to an urban network, *Highway Research Bulletin* 224, 64-71.

Carroll, J. D., Jr. and H. W. Bevis (1957) Predicting local travel in urban regions, *Papers, Regional Science Association* 3, 183-197.

Carroll, J. D., Jr. and R. L. Creighton (1957) Planning and urban area transportation studies, *Proceedings*, Highway Research Board, Washington, DC, 1-7.

Carroll, J. D., Jr. and G. P. Jones (1960) Interpretation of desire line charts made on a Cartographatron, *Highway Research Bulletin* 253, 86-108.

Cascetta, E. (2009) *Transportation Systems Analysis*, 2nd edn, Springer, Berlin.

Cascetta, E., A. Nuzzolo and V. Velardi (1993) A System of Mathematical Models for the Evaluation of Integrated Traffic Planning and Control Policies, unpublished report, Laboratorio Richerche Gestione e Controllo Traffico, Salerno, Italy.

Cepeda, M., R. Cominetti and M. Florian (2006) A frequency-based assignment model for congested transit networks with strict capacity constraints: characterization and computation of equilibria, *Transportation Research Part B* 40(6), 437-459.

Cervero, R. and K. Kockelman (1997) Travel demand and the 3Ds: density, diversity and design, *Transportation Research Part D* 2, 199-219.

Chapin, F. S., Jr. (1974) *Human Activity Patterns in the City*, Wiley, New York.

Chapman, R. G. and R. Staelin (1982) Exploiting rank ordered choice set data within the stochastic utility model, *Journal of Marketing Research* 19, 288-301.

Charles River Associates (1972) A Disaggregate Behavioral Model of Urban Travel Demand, Federal Highway Administration, Boston.

Charles River Associates (1976) The independence of irrelevant alternatives property of the multinomial logit model, in Disaggregate Travel Demand Models, Project 8-13: Phase I Report, National Cooperative Highway Research Program, Transportation Research Board, Washington, DC.

Charnes, A. and W. W. Cooper(1958) Extremal principles for simulating traffic flow in a network, *Proceedings of the National Academy of Sciences* 44(2),201-204.

Charnes, A. and W. W. Cooper(1961) Multicopy traffic networks, in *Theory of Traffic Flow*, R. Herman(ed), Elsevier, Amsterdam,85-96.

Chatterjee, A., G. P. Fisher and R. A. Stanley(eds)(1989) *Goods Transportation in Urban Areas*, Fifth Conference, American Society of Civil Engineers, New York.

Cherchi, E. (2012) Modelling individual preferences, state of the art, recent advances, and future directions, in *Travel Behaviour Research in an Evolving World*, R. M. Pendyala and C. R. Bhat (eds), www. Lulu. com,207-248.

Cherchi, E. and J. de D. Ortúzar(2008) Empirical identification in the mixed logit model: analysing the effect of data richness, *Networks and Spatial Economics* 8,109-124.

Cherchi, E. and J. de D. Ortúzar(2010) Can mixed logit infer the actual data generating process? Some implications for environmental assessment, *Transportation Research Part D* 15,428-442.

Cherchi, E., J. Polak and G. Hyman(2004) The impact of income, tastes and substitution effects on the assessment of user benefits using discrete choice models, European Transport Conference, Strasbourg.

Chicago Area Transportation Study(1959) *Survey Findings*, Volume I, Chicago.

Chicago Area Transportation Study(1960) *Data Projections*, Volume II, Chicago.

Chicago Area Transportation Study(1962) *Transportation Plan*, Volume III, Chicago.

Chiou, L. and J. L. Walker(2007) Masking identification of discrete choice models under simulation methods, *Journal of Econometrics* 141,683-703.

Chiu, Y. -C., J. Bottom, M. Mahut, A. Paz, R. Balakrishna, T. Waller and J. Hicks(2011) *Dynamic Traffic Assignment*, *A Primer*, Transportation Research Circular E-C153, Transportation Research Board, Washington, DC.

Chow, J. Y., C. H. Yang and A. C. Regan(2010) State-of-the-art of freight forecast modeling: lessons learned and the road ahead, *Transportation* 37,1011-1030.

Christ, C. F. (1952) History of the Cowles Commission,1932—1952, in Economic Theory and Measurement, Cowles Commission for Research in Economics, Chicago, cowles. econ. yale. edu/P/reports/1932-52. htm#7(accessed 3 June 2014).

Christfreund, W., G. Förschner and U. Böhme(1969) Schriftliche Verkehrsbefragungen als Grundlage der Generalverkehrsplanung, *Wissenschaft und Technik im Straßenwesen*, Heft 11,Transpress, Berlin.

Clark, C. E. (1961) The greatest of a finite set of random variables, *Operations Research* 9,145-162.

Clarke, M. and E. Holm(1987) Microsimulation methods in spatial analysis and planning, *Geografiska Annaler* 69,145-164.

Clarke, M., P. Keys and H. C. W. L. Williams(1981) Microanalysis and simulation of socio-economic systems: progress and prospects, in *Quantitative Geography in Britain*, N. Wrigley and R. J. Bennett(eds), Routledge, Oxford,248-256.

Clarke, M. I. (1980) The Formation and Initial Development of an Activity Based Model of Household Travel Behaviour, Working Paper116, Transport Studies Unit, University of Oxford, Oxford.

Clarke, P., P. Davidson and R. Culley (2008) Using Truro's activity-based parking model to investigate optimum pricing for workplace parking charging, European Transport Conference, Noordwijkerhout, Netherlands.

Cochrane, R. A. (1975) A possible economic basis for the gravity model, *Journal of Transport Economics and Policy* 9, 34-49.

Coelho, J. D. and H. C. W. L. Williams (1978) On the design of land use plans through locational surplus maximisation, *Papers, Regional Science Association* 40, 71-85.

Cominetti, R. and J. Correa (2001) Common-lines and passenger assignment in congested transit networks, *Transportation Science* 35(3), 250-267.

Comsis Corporation (1990) Evaluation of Travel Demand Management Measures to Relieve Congestion, US Department of Transportation, Washington, DC.

Comsis Corporation (1996) Incorporating Feedback in Travel Forecasting, Travel Model Improvement Program, US Department of Transportation, Washington, DC.

CONSAD Research Corporation (1968) Systematic Sensitivity Analysis of the Urban Travel Forecasting Process, Bureau of Public Roads, US Department of Transportation, Washington, DC.

Control Data Corporation (1965) *Transportation Planning System for the Control Data 3600 Computer*, Users' Manual, Data Centers Division Applications Program No. 7, Minneapolis, MN.

Coombe, D. (1996) Induced traffic: what do transportation models tell us?, *Transportation* 23, 83-101.

Coombe, D. (2009a) Regional and Local Strategic Modelling and Appraisal Capability, Final Report to the UK Department for Transport, Denvil Coombe Practice, London.

Coombe, D. (2009b) DaSTS: are our models and modellers up to it?, Transport Modelling, Fourth Annual Forum, Local Transport Today, London.

Cooper, W. W. (2002) Abraham Charnes and W. W. Cooper (et al.): a brief history of a long collaboration in developing industrial uses of linear programming, *Operations Research* 50(1), 35-41.

Coopers and Lybrand Associates (1973) *Channel Tunnel: Economic Report*, Part 2, Section 2, Freight Studies, Main Report, Chapter 4: Statistical models of mode and route choice, British Channel Tunnel Company and Société Française du Tunnel sous La Manche.

Copley, G., A. Skinner, D. Simmonds and J. Laidler (2000) Development and application of the Greater Manchester strategic planning model, Transport Modelling, European Transport Conference, London.

Cosslett, S. R. (1981) Efficient estimation of discrete choice models, Chapter 2 in *Structural Analysis of Discrete Data with Econometric Applications*, C. F. Manski and D. McFadden (eds), MIT Press, Cambridge, MA, 51-111.

Coventry City Council (1973) *Coventry Transportation Study*, Coventry. Creighton, R. L. (1970)

Urban Transportation Planning, University of Illinois Press, Urbana.

Creighton, R. L., I. Hoch and M. Schneider (1959) The optimum spacing of arterials and of expressways, *Traffic Quarterly* 13(3), 477-494.

Creighton, R. L., I. Hoch, M. Schneider and H. Joseph (1960) Estimating efficient spacing for arterials and expressways, *Highway Research Bulletin* 253, 1-43.

Cullen, I. and V. Godson (1975) Urban networks: the structure of activity patterns, *Progress in Planning*, Volume 4, Part 1, Pergamon, Oxford.

Culp, M., E. Lee and A. M. Steffes (2006) Summary of recommendations from Travel Model Improvement Program's peer review program, *Transportation Research Record* 1981, 50-55.

Dafermos, S. C. (1971) An extended traffic assignment model with applications to two-way traffic, *Transportation Science* 5(4), 366-389.

Dafermos, S. C. (1972) The traffic assignment problem for multiclass-user transportation networks, *Transportation Science* 6(1), 73-87.

Dafermos, S. C. (1973) Toll patterns for multi-class user transportation networks, *Transportation Science* 7(3), 211-223.

Dafermos, S. C. (1976) Integrated equilibrium flow models for transportation planning, in *Traffic Equilibrium Methods*, M. Florian (ed), Springer, Berlin, 106-118.

Dafermos, S. (1980) Traffic equilibrium and variational inequalities, *Transportation Science* 14(1), 42-54.

Dafermos, S. (1982a) The general multimodal network equilibrium problem with elastic demand, *Networks* 12(1), 57-72.

Dafermos, S. (1982b) Relaxation algorithms for the general asymmetric traffic equilibrium problem, *Transportation Science* 16(2), 231-240.

Dafermos, S. (1983a) An iterative scheme for variational inequalities, *Mathematical Programming* 26(1), 40-47.

Dafermos, S. (1983b) Convergence of a network decomposition algorithm for the traffic equilibrium model, in *Transportation and Traffic Theory*, V. F. Hurdle, E. Hauer and G. N. Steuart (eds), University of Toronto Press, Toronto, 143-145.

Dafermos, S. (1988) Sensitivity analysis in variational inequalities, *Mathematics of Operations Research* 13(3), 421-434.

Dafermos, S. C. and A. Nagurney (1984a) Sensitivity analysis for the asymmetric network equilibrium problem, *Mathematical Programming* 28(2), 174-184.

Dafermos, S. C. and A. Nagurney (1984b) Stability and sensitivity analysis for the general network equilibrium-travel choice model, in *Transportation and Traffic Theory*, J. Volmuller and R. Hamerslag (eds), VNU Science, Utrecht, 217-231.

Dafermos, S. C. and F. T. Sparrow (1969) The traffic assignment problem for a general network, *Journal of Research of the National Bureau of Standards* 73B, 91-118.

Dafermos, S. C. and F. T. Sparrow (1971) Optimal resource allocation and toll patterns in user-optimized transportation networks, *Journal of Transport Economics and Policy* 5(2),184-200.

Daganzo, C. F. (1979) *Multinomial Probit*, Academic Press, New York.

Daganzo, C. F. (1982) Unconstrained extremal formulation of some transportation equilibrium problems, *Transportation Science* 16(3),332-360.

Daganzo, C. (1994) The cell transmission model: a dynamic representation of highway traffic consistent with the hydrodynamic theory, *Transportation Research Part B* 28,269-287.

Daganzo, C. F., F. Bouthelier and Y. Sheffi (1977) Multinomial probit and qualitative choice: a computationally efficient algorithm, *Transportation Science* 11,338-358.

Daganzo, C. F. and Y. Sheffi (1977) On stochastic models of traffic assignment, *Transportation Science* 11(3),253-274.

Dale, H. M. (1973) Trip generation and analysis of variance, Urban Traffic Models, Planning and Transport Research and Computation Co., Brighton.

Dale, H. M. (1977) Trip generation: what should we be modelling?, Chapter 3 in Urban *Transportation Planning*, P. Bonsall, M. Q. Dalvi and P. J. Hills (eds), Abacus, Tunbridge Wells, Kent, 23-29.

Dalvi, M. Q. and A. J. Daly (1976) The Valuation of Travelling Time: Theory and Estimation, Report T72, Local Government Operational Research Unit, Reading, Berkshire.

Dalvi, M. Q. and K. Martin (1973) Urban Transport Evaluation Procedures: A Review, Working Paper 23, SRC Transportation Planning Project, Institute for Transport Studies, University of Leeds, Leeds.

Daly, A. J. (1987) Estimating 'tree' logit models, *Transportation Research Part B* 21,251-267.

Daly, A. J. (2001) Recursive Nested Extreme Value Model, Working Paper 559, Institute for Transport Studies, University of Leeds, Leeds.

Daly, A. J. (2010) Cost Damping in Travel Demand Models, for the UK Department for Transport, RAND Europe, Cambridge.

Daly, A. (2013) Forecasting behaviour: with applications to transport, Chapter 2 in *Choice Modelling*, S. Hess and A. Daly (eds), Edward Elgar Publishing, Cheltenham, Gloucestershire, 48-72.

Daly, A. J. and M. Bierlaire (2006) A general and operational representation of GEV models, *Transportation Research Part B* 40,285-305.

Daly, A. J., J. Fox and J. G. Tuinenga (2005) Pivot-point procedures in practical travel demand forecasting, 45th Congress, European Regional Science Association, Amsterdam.

Daly, A. J. and H. F. Gunn (1986) Cost-effective methods for national-level demand forecasting, in *Behavioural Research for Transport Policy*, VNU Science, Utrecht, 193-215.

Daly, A. J. and C. Rohr (1998) Forecasting demand for new travel alternatives, Chapter 19 in *Theoretical Foundations of Travel Choice Modeling*, T. Gärling, T. Laitila and K. Westlin (eds), Elsevier, Amsterdam, 451-471.

Daly, A. J., F. Tsang and C. Rohr (2014) The value of small time savings for non-business travel, *Journal of Transport Economics and Policy* 48,205-218.

Daly, A. J. and H. H. P. van Zwam(1981) Development of travel demand models for the Zuidvleugel Study, Summer Annual Meeting, Planning and Transport Research and Computation Co., Warwick.

Daly, A. J., H. H. P. van Zwam and J. van der Valk(1983) Application of disaggregate models for a regional transport study in the Netherlands, World Conference on Transport Research, Hamburg.

Daly, A. J. and S. Zachary(1975) Commuters' Values of Time, Report T55, Local Government Operational Research Unit, Reading, Berkshire.

Daly, A. J. and S. Zachary(1978) Improved multiple choice models, Chapter 10 in *Identifying and Measuring the Determinants of Modal Choice*, D. A. Hensher and M. Q. Dalvi (eds), Saxon House, London, 335-357.

Damm, D. (1983) Theory and empirical results: a comparison of recent activity-based research, in *Recent Advances in Travel Demand Analysis*, S. Carpenter and P. Jones (eds), Gower, Aldershot, Hampshire, 3-33.

Damm, D. and S. R. Lerman(1981) A theory of activity scheduling behaviour, *Environment and Planning A* 13, 703-718.

Dantzig, G. B. (1949) Programming of inter-dependent activities II, mathematical model, Project SCOOP Report No. 6, Headquarters, US Air Force, Washington, DC; in T. C. Koopmans (ed) (1951) *Activity Analysis of Production and Allocation*, Wiley, New York, 19-32.

Dantzig, G. B. (1982) Reminiscences about the origins of linear programming, *Operations Research Letters* 1(2), 43-48.

Dantzig, G. B. (2002) Linear programming, *Operations Research* 50(1), 42-47.

David Simmonds Consultancy(1998) Review of Land Use/Transport Interaction Models, Report for the Standing Advisory Committee on Trunk Road Assessment (SACTRA), with Marcial Echenique & Partners, Cambridge.

Davidson, J. D. (1973) Forecasting traffic on STOL, *Operational Research Quarterly* 4, 461-469.

Davidson, P., P. Clarke and I. Sverdlov(2006) Modelling congestion from travel derived from activities, Applied Methods, European Transport Conference, Strasbourg.

Davidson, W., R. Donnelly, P. Vovsha, J. Freedman, S. Ruegg, J. Hicks, J. Castiglione and R. Picado(2007) Synthesis of first practices and operational research approaches in activity-based travel demand modeling, *Transportation Research Part A* 41, 464-488.

Davies, A. L. and K. G. Rogers(1973) Modal Choice and the Value of Time, Report C143, Local Government Operational Research Unit, Reading, Berkshire.

Davinroy, T. R., T. M. Ridley and H. J. Wootton(1963) Predicting future travel, *Traffic Engineering and Control* 5, 366-371.

de Cea, J. and J. E. Fernández(1993) Transit assignment for congested public transport systems, *Transportation Science* 27(2), 133-147.

de Cea, J., J. E. Fernández, V. Dekock and A. Soto(2005) Solving network equilibrium on multimodal urban transportation networks with multiple user classes, *Transport Reviews* 25 (3), 293-317.

de Cea, J., J. E. Fernández and A. Soto (2001) ESTRAUS: a simultaneous equilibrium model to analyze and evaluate multimodal urban transportation systems with multiple user classes, World Conference on Transport Research, Seoul.

de Jong, G., A. Daly, M. Pieters, S. Miller, R. Plasmeijer and F. Hofman (2007a) Uncertainty in traffic forecasts: literature review and new results for the Netherlands, *Transportation* 34, 375-395.

de Jong, G., A. Daly, M. Pieters and T. van der Hoorn (2007b) The logsum as an evaluation measure: review of the literature and new results, *Transportation Research Part A* 41, 874-889.

de Jong, G., A. Daly, M. Pieters, C. Vellay, M. Bradley and F. Hofman (2003) A model for time of day and mode choice using error components logit, *Transportation Research Part E* 39, 245-268.

de Jong, G., E. Kroes, R. Plasmeijer, P. Sanders and P. Warffemius (2004) The value of reliability, European Transport Conference, Strasbourg.

de la Barra, T. (1989) *Integrated Land Use and Transport Modelling*, Cambridge University Press, Cambridge.

de la Barra, T. (1994) From theory to practice: the experience in Venezuela, *Environment and Planning B* 21, 611-617.

de Neufville, R. and J. H. Stafford (1971) *Systems Analysis for Engineers and Managers*, McGraw-Hill, New York.

de Palma, A., M. Ben-Akiva, D. Brownstone, C. Holt, T. Magnac, D. McFadden, P. Moffatt, N. Picard, K. Train, P. Wakker and J. Walker (2008) Risk, uncertainty and discrete choice models, *Marketing Letters* 19 (3-4), 269-285.

Deane, G., I. Williams, Y. Zhu, J. Pharoah, D. Kabeizi and B. Khan (2010) FiLM-a model of freight and LGV movements in London, Regional and National Freight Models, European Transport Conference, Glasgow.

Debreu, G. (1960) Review of R. D. Luce, *Individual Choice Behavior*, *American Economic Review* 40, 186-188.

Delaware Valley Regional Planning Commission (1967) 1985 *Regional Projections for the Delaware Valley*, Plan Report No. 1, Philadelphia.

Delaware Valley Regional Planning Commission (1969) 1985 *Regional Transportation Plan*, Plan Report No. 5, Technical Supplement, Philadelphia.

Demetsky, M. J. (1974) Measurement of urban commodity movements, *Transportation Research Record* 496, 57-67.

Deming, W. E. and F. F. Stephan (1940) On a least squares adjustment of a sampled frequency table when the expected marginal tables are known, *Annals of Mathematical Statistics* 11, 427-444.

Desaulniers, G. and M. D. Hickman (2007) Public transit, Chapter 2 in *Transportation*, C. Barnhart and G. Laporte (eds), Handbooks in Operations Research and Management Science, Volume 14,

Elsevier, Oxford, 69-127.

Detroit Metropolitan Area Traffic Study(1955) *Data Summary and Interpretation*, Part I, Detroit.

Detroit Metropolitan Area Traffic Study(1956) *Future Traffic and a Long Range Expressway Plan*, Part II, Detroit.

Dial, R. B. (1967) Transit pathfinder algorithm, *Highway Research Record* 205, 67-85.

Dial, R. B. (1971) A probabilistic multipath traffic assignment model which obviates path enumeration, *Transportation Research* 5, 83-111.

Dial, R. B. (1976) The Urban Transportation Planning System: UTPS philosophy and function, *Transportation Research Record* 619, 43-48.

Dial, R. B. (2006) A path-based user-equilibrium traffic assignment algorithm that obviates path storage and enumeration, *Transportation Research Part B* 40(10), 917-936.

Dial, R. B. and R. E. Bunyan(1968) Public transit planning system, *Socio-Economic Planning Sciences* 1, 345-362.

Dial, R. B., D. Levinsohn and G. S. Rutherford(1980) Integrated transit-network model(INET): a new urban transportation planning system program, *Transportation Research Record*, 761, 33-40.

Dial, R. B. and L. F. Quillian(1980) Introduction to aggregate data analysis by using UTPS: UMATRIX, *Transportation Research Record* 771, 17-22

Domencich, T. A., G. Kraft and J. P. Valette(1968) Estimation of urban passenger travel behaviour: an economic demand model, *Highway Research Record* 238, 65-78.

Domencich, T. A. and D. McFadden(1975) *Urban Travel Demand*, North-Holland, Amsterdam.

Dongarra, J. J. (2013) Performance of Various Computers Using Standard Linear Equations Software, Linpack Benchmark Report, Computer Science Technical Report, CS-89-85, University of Tennessee, Knoxville.

Donnelly, R. (2009) A Hybrid Microsimulation Model of Urban Freight Transport Demand, Ph. D. thesis, Civil Engineering, University of Melbourne, Australia.

Donnelly, R., G. D. Erhardt, R. Moeckel and W. A. Davidson(2010) *Advanced Practices in Travel Forecasting*, Synthesis 406, National Cooperative Highway Research Program, Transportation Research Board, Washington, DC.

Dorfman, R. (1951) *Application of Linear Programming to the Theory of the Firm, Including an Analysis of Monopolistic Firms by Nonlinear Programming*, University of California Press, Berkeley.

Dorfman, R. (1953) Mathematical, or 'linear', programming: a nonmathematical exposition, *American Economic Review* 43(5), 797-825.

Douglas, A. A. (1973) Home based trip end models-a comparison between category analysis and regression analysis procedures, *Transportation* 2, 53-70.

Douglas, A. A. and R. J. Lewis(1970) Trip generation techniques: (1) introduction; (2) zonal least squares regression analysis, *Traffic Engineering and Control* 12, 362-365, 428-431.

Douglas, A. A. and R. J. Lewis(1971) Trip generation techniques: (3) household least squares regression analysis; (4) category analysis and summary of trip generation techniques, *Traffic*

Engineering and Control 12,477-479,532-535.

Downes, J. D. and L. Gyenes (1976) Temporal Stability and Forecasting Ability of Trip Generation Models in Reading, TRRL Report LR726, Transport and Road Research Laboratory, Crowthorne, Berkshire.

Downs, A. (1962) The law of peak hour expressway congestion, *Traffic Quarterly* 16,393-409.

Downs, A. (2004) *Still Stuck in Traffic*, Brookings Institution, Washington, DC.

Drake, G. L. (1963) London Traffic Survey-Phase II, *Traffic Engineering and Control* 5,80-85.

Dudley, G. and J. Preston (2013) Historical narrative and the evolution of academic transport studies in the UK, *Transport Reviews* 33,131-147.

Duffin, R. J. (1947) Nonlinear networks, IIa, *Bulletin of the American Mathematical Society* 53 (10),963-971.

Eash, R. W., B. N. Janson and D. E. Boyce (1979) Equilibrium trip assignment: advantages and implications for practice, *Transportation Research Record* 728,1-8.

Echenique, M. H. (1986) The practice of modelling in developing countries, in *Advances in Urban Systems Modelling*, B. Hutchinson and M. Batty (eds), North – Holland, Amsterdam, 275-297.

Echenique, M. H. (1994) Urban and regional studies at the Martin Centre: its origins, its present, its future, *Environment and Planning B* 21,517-534.

Echenique, M. H. (2004) Econometric models of land use and transportation, Chapter 12 in *Handbook of Transport Geography and Spatial Systems*, D. A. Hensher, K. J. Button, K. E. Haynes and P. R. Stopher (eds), Elsevier, Oxford, 185-202.

Echenique, M. H. (2005) Forecasting the sustainability of alternative plans, the Cambridge Futures experience, Chapter 6 in *Future Forms and Design for Sustainable Cities*, M. Jenks and H. Dempsey (eds), Elsevier, Boston, 113-133.

Echenique, M. and T. de la Barra (1977) Compact land-use/transportation models, *Chapter* 8 in *Urban Transportation Planning*, P. Bonsall, Q. M. Dalvi and P. J. Hills (eds), Abacus, Tunbridge Wells, Kent, 111-125.

Echenique, M. H., A. D. Flowerdew, J. D. Hunt, T. R. Mayo, I. J. Skidmore and D. C. Simmonds (1990) The MEPLAN models of Bilbao, Leeds and Dortmund, *Transport Reviews* 10,309-322.

Elmi, A. M., E. A. Badoe and E. J. Miller (1999) Transferability analysis of work-trip-distribution models, *Transportation Research Record* 1676,169-176.

Erlander, S. (1977) Accessibility, entropy and the distribution and assignment of traffic, *Transportation Research* 11,149-153.

Erlander, S. (1985) On the principle of monotone likelihood and log-linear models, *Mathematical Programming Study* 21,108-123.

Erlander, S. (1990) Efficient population behavior and the simultaneous choices of origins, destinations and routes, *Transportation Research Part B* 24(5),363-373.

Erlander, S. (2005) Welfare, freedom of choice and composite utility in the logit model, *Social Choice and Welfare* 24(3),509-525.

Erlander, S. (2010) *Cost-Minimizing Choice Behavior in Transportation Planning*, Springer, Berlin.

Erlander, S., S. Nguyen and N. F. Stewart (1979) On the calibration of the combined distribution-assignment model, *Transportation Research Part B* 13(3), 259-267.

Erlander, S. and T. E. Smith (1990) General representation theorems for efficient population behavior, *Applied Mathematics and Computation* 36(3), 173-217.

Erlander, S. and N. F. Stewart (1978) Interactivity, accessibility and cost in trip distribution, *Transportation Research* 12(4), 291-293.

Erlander, S. and N. F. Stewart (1990) *The Gravity Model in Transportation Analysis*, VSP, Utrecht.

Ettema, D., A. W. J. Borgers and H. J. P. Timmermans (1993) Simulation model of activity-scheduling behaviour, *Transportation Research Record* 1413, 1-11.

Ettema, D. and H. J. P. Timmermans (1997) Theories and models of activity patterns, in *Activity-Based Approaches to Travel Analysis*, D. Ettema and H. J. P. Timmermans (eds), Pergamon, Oxford, 1-36.

Evans, A. W. (1971) The calibration of trip distribution models with exponential and similar functions, *Transportation Research* 5, 15-38.

Evans, S. P. (1973a) A relationship between the gravity model of trip distribution and the transportation problem in linear programming, *Transportation Research* 7, 39-61.

Evans, S. P. (1973b) *Some Applications of Optimisation Theory in Transport Planning*, Ph. D. thesis, Civil Engineering, University College London, London.

Evans, S. P. (1976a) Derivation and analysis of some models for combining trip distribution and assignment, *Transportation Research* 10(1), 37-57.

Evans, S. P. (1976b) Some models for combining the trip distribution and assignment stages in the transport planning process, in *Traffic Equilibrium Methods*, M. Florian (ed), Springer, Berlin, 201-228.

Ewing, R. and R. Cervero (2010) Travel and the built environment, *Journal of the American Planning Association* 76, 265-294.

Feldman, O., D. Simmonds and A. Dobson (2006) The use of land-use/economic modelling in transport planning: experience with DELTA, David Simmonds Consultancy, Cambridge.

Fellendorf, M., T. Haupt, U. Heidl and W. Scherr (1997) PTV Vision: activity based demand forecasting in daily practice, Chapter 3 in *Activity-Based Approaches to Travel Analysis*, D. Ettema and H. J. P. Timmermans (eds), Pergamon, Oxford, 55-72.

Ferdous, N., L. Vana, J. L. Bowman, R. M. Pendyala, G. Giaimo, C. R. Bhat, D. Schmitt, M. Bradley and R. Anderson (2012) Comparison of four-step versus tour-based models for prediction of travel behavior before and after transportation system changes, *Transportation Research Record* 2303, 46-60.

Ferguson, E. (1990) Transportation demand management planning, development and implementation, *Journal of the American Planning Association* 56(4), 442-456.

Ferguson, E., C. Ross and M. Meyer (1992) PC software for urban transportation planning, *Journal of the American Planning Association* 58(2),238-243.

Fernández,E. ,J. de Cea,M. Florian and E. Cabrera(1994)Network equilibrium models with combined modes,*Transportation Science* 28(3),182-192.

Ferreira,L. J. A. (1981)The role of comprehensive traffic management in energy conservation, Summer Annual Meeting,Planning and Transport Research and Computation Co. ,Warwick.

Fisher,K. M. (2000)TRANSIMS is coming!,*Public Roads* 63(5).

Fisk,C. (1980)Some developments in equilibrium traffic assignment,*Transportation Research Part B* 14(4),243-255.

Fisk,C. (1984)A nonlinear equation framework for solving network equilibrium problems,*Environment and Planning A* 16(1),67-80.

Fisk,C. S. and D. E. Boyce(1983)Alternative variational inequality formulations of the network equilibrium-travel choice problem,*Transportation Science* 17(4),454-463.

Fisk,C. and S. Nguyen(1981)Existence and uniqueness properties of an asymmetric two-mode equilibrium model,*Transportation Science* 15(4),318-328.

Fisk,C. and S. Nguyen(1982)Solution algorithms for network equilibrium models with asymmetric user costs,*Transportation Science* 16(3),361-381.

Fleet,C. R. and S. R. Robertson(1968)Trip generation in the transportation planning process,*Highway Research Record* 240,257-289.

Florian,M. (ed)(1976)*Traffic Equilibrium Methods*,Springer,Berlin.

Florian,M. (1977)A traffic equilibrium model of travel by car and public transit modes,*Transportation Science* 11(2),169-179.

Florian,M. (1978)Rejoinder:a traffic equilibrium model of travel by car and public transit modes,*Transportation Science* 12(2),176.

Florian,M. (ed)(1984a)*Transportation Planning Models*,Elsevier,Amsterdam.

Florian,M. (1984b)An introduction to network models used in transportation planning,in *Transportation Planning Models*,M. Florian(ed),Elsevier,Amsterdam,137-152.

Florian,M. (2008)Models and software for urban and regional transportation planning:contributions of the CRT,*INFOR* 46,29-50.

Florian,M. ,R. Chapleau,S. Nguyen,C. Achim,L. James-Lefebvre,S. Galarneau,J. Lefebvre and C. Fisk(1979)Validation and application of an equilibrium based two-mode urban transportation planning method(EMME),*Transportation Research Record* 728,14-23.

Florian,M. ,I. Constantin and D. Florian(2009)A new look at projected gradient method for equilibrium assignment,*Transportation Research Record* 2090,10-16.

Florian,M. and B. Fox(1976)On the probabilistic origin of Dial's multipath traffic assignment model,*Transportation Research* 10(5),339-341.

Florian,M. and M. Gaudry(eds)(1980)*Transportation Supply Models*,*Transportation Research Part B* 14(1/2).

Florian,M. and D. Hearn(1995)Network equilibrium models and algorithms,Chapter 6 in *Network*

Routing, M. O. Ball, T. L. Magnanti, C. L. Monma and G. L. Nemhauser(eds), Handbooks in Operations Research and Management Science, Volume 8, Elsevier Science, Amsterdam, 485-550.

Florian, M. and D. Hearn(1999) Network equilibrium and pricing, Chapter 11 in *Handbook of Transportation Science*, R. W. Hall(ed), Kluwer, Boston, 361-393.

Florian, M. and S. Nguyen(1974) A method for computing network equilibrium with elastic demands, *Transportation Science* 8(4), 321-332.

Florian, M. and S. Nguyen(1976) An application and validation of equilibrium trip assignment methods, *Transportation Science* 10(4), 374-389.

Florian, M. and S. Nguyen(1978) A combined trip distribution modal split and assignment model, *Transportation Research* 12(4), 241-246.

Florian, M., S. Nguyen and J. Ferland(1975) On the combined distribution-assignment of traffic, *Transportation Science* 9(1), 43-53.

Florian, M. and H. Spiess(1982) The convergence of diagonalization algorithms for asymmetric network equilibrium problems, *Transportation Research Part B* 16(6), 477-483.

Florian, M. and H. Spiess(1983) On binary mode choice/assignment models, *Transportation Science* 17(1), 32-47.

Florian, M., J. H. Wu and S. He(2002) A multi-class multi-mode variable demand network equilibrium model with hierarchical logit structures, Chapter 8 in *Transportation and Network Analysis*, M. Gendreau and P. Marcotte(eds), Kluwer, Dordrecht, 119-133.

Flyvbjerg, B., N. Bruzelius and W. Rothengatter(2003) *Megaprojects and Risk*, Cambridge University Press, Cambridge.

Flyvbjerg, B., M. K. S. Holm and S. L. Buhl(2006) Inaccuracy in traffic forecasts, *Transport Reviews* 26, 1-24.

Fosgerau, M. (2006) Investigating the distribution of the value of travel time savings, *Transportation Research Part B* 40, 688-707.

Fosgerau, M. and M. Bierlaire(2007) A practical test for the choice of mixing distribution in discrete choice models, *Transportation Research Part B* 41, 784-794.

Fosgerau, M. and M. Bierlaire(2009) Discrete choice models with multiplicative error terms, *Transportation Research Part B* 43, 494-505.

Fosgerau, M. and A. Karlstrom(2010) The value of reliability, Transportation Research Part B 44, 38-49.

Fosgerau, M., D. McFadden and M. Bierlaire(2013) Choice probability generating functions, *Journal of Choice Modelling* 8, 1-18.

Foster, C. D. and M. E. Beesley(1963) Estimating the social benefit of constructing an underground railway in London, *Journal of the Royal Statistical Society*, Series A(General) 126, Part 1, 46-92.

Fotheringham, A. S. and M. Wegener(2000) *Spatial Models and GIS*, Taylor & Francis, London.

Fowkes, A. S. (1986) The UK Department of Transport Value of Time project, *International Journal of Transport Economics* 13, 197-207.

Fowkes, A. S. (1998) The Development of Stated Preference Techniques in Transport Planning, Working Paper 479, Institute for Transport Studies, University of Leeds, Leeds.

Fowkes, A. S., C. A. Nash and G. Tweddle (1991) Investigating the market for inter-modal freight technologies, *Transportation Research Part A* 25, 161-172.

Fowkes, A. S. and G. Tweddle (1988) A computer guided stated preference experiment for freight mode choice, Transport Planning Methods, Summer Annual Meeting, Planning and Transport Research and Computation Co., Bath.

Fox, M. (1995) Transport planning and the human activity approach, *Journal of Transport Geography* 3, 105-116.

Frank, C. (1978) A Study of Alternative Approaches to Combined Trip Distribution-Assignment Modeling, Ph. D. thesis, Regional Science, University of Pennsylvania, Philadelphia.

Frank, M. and P. Wolfe (1956) An algorithm for quadratic programming, *Naval Research Logistics Quarterly* 3(1-2), 95-110.

Fratar, T. J. (1954) Vehicular trip distribution by successive approximations, *Traffic Quarterly* 8(1), 53-65.

Freeman, Fox, Wilbur Smith and Associates (1966) London Traffic Survey, Volume II: Future Traffic and Travel Characteristics in Greater London, Greater London Council, London.

Freeman, Fox, Wilbur Smith and Associates (1967) *Transportation Analysis Programs*, London.

French, A. and P. L. Watson (1971) Demand forecasting and development of a framework for analysis of urban commodity flow, conference panel report, Urban Commodity Flow, Special Report 120, Highway Research Board, Washington, DC, 135-141.

Fresko, D., G. Shunk and F. Spielberg (1972) Analysis of need for goods movement forecasts, *ASCE Journal of the Urban Planning and Development Division* 98(UP1), 1-16.

Friedrich, M., I. Hofsaess and S. Wekeck (2001) Timetable-based transit assignment using branch and bound techniques, Transportation Research Record 1752, 100-107.

Friedrich, M., P. Mott and K. Nökel (2000) Keeping passenger surveys up to date, *Transportation Research Record* 1735, 35-42.

Friesz, T. L. (1981) An equivalent optimization problem for combined multi-class distribution, assignment and modal split which obviates symmetry restrictions, *Transportation Research Part B* 15(5), 361-369.

Gabriel, S. A. and D. Bernstein (1997) The traffic equilibrium problem with nonadditive path costs, *Transportation Science* 31(4), 337-348.

Gale, D., H. W. Kuhn and A. W. Tucker (1951) Linear programming and the theory of games, in *Activity Analysis of Production and Allocation*, T. C. Koopmans (ed), Wiley, New York, 317-329.

Gallo, G. and S. Pallottino (1984) Shortest path methods in transportation models, in *Transportation Planning Models*, M. Florian (ed), Elsevier, Amsterdam, 227-287.

Gapper, J. and C. Rolfe (1968) Modal Split: Factors Determining the Choice of Transport for the Journey to Work, Report C32, Local Government Operational Research Unit, Reading, Berkshire.

Gärling, T., T. Kalen, J. Romanus, M. Selart and B. Vilhelmson(1998a)Computer simulation of household activity scheduling, *Environment and Planning* A 30, 665-679.

Gärling, T., M. Kwan and R. Golledge(1994)Computational process modelling of household activity scheduling, *Transportation Research Part B* 28, 355-364.

Gärling, T., T. Laitila and K. Westin(eds)(1998b)*Theoretical Foundations of Travel Choice Modeling*, Elsevier, Amsterdam.

Garrett, M. and M. Wachs(1996)*Transportation Planning on Trial*, Sage, Thousand Oaks, CA.

Garrison, W. L. and D. M. Levinson(2006)*The Transportation Experience*, Oxford University Press, New York.

Garrison, W. L. and D. F. Marble(1958)Analysis of highway networks: a linear programming formulation, *Proceedings*, Highway Research Board, Washington, DC, 1-17.

Gass, S. I. (2002)The first linear-programming shoppe, *Operations Research* 50(1), 61-68.

Gaudry, M. J., S. R. Jara-Diaz and J. de D. Ortúzar(1989)Value of time sensitivity to model specification, *Transportation Research Part B* 23, 151-158.

Gaudry, M. and E. Quinet(2011)Shannon's Measure of Information and the Utility of Multiple Network Path Use in Transport Demand Estimation and Project Appraisal, Working Paper AJD-142, Agora Jules Dupuit, Economics Department, University of Montreal, Canada, and Paris-Jourdan Sciences économiques(PSE), École des Ponts ParisTech(ENPC), Paris.

Gaudry, M. J. I. and M. I. Wills(1978)Estimating the functional form of travel demand models, *Transportation Research* 12, 257-289.

Gendreau, M. and P. Marcotte(2002)*Transportation and Network Analysis*, Kluwer, Dordrecht.

Gentile, G. (2014)Local user cost equilibrium: a bush-based algorithm for traffic assignment, *Transportmetrica*, 10(1), 15-54.

Gibert, A. (1968a)A Method for the Traffic Assignment Problem When Demand Is Elastic, LBS-TNT-85, Transport Network Theory Unit, London Graduate School of Business Studies, London, July.

Gibert, A. (1968b)A Method for the Traffic Assignment Problem, LBS-TNT-95, Transport Network Theory Unit, London Graduate School of Business Studies, London, August.

Giuliano, G., P. Gordon, Q. Pan, J. Park and L. Wang(2010)Estimating freight flows for metropolitan area highway networks using secondary data sources, *Networks and Spatial Economics* 10(1), 73-91.

Goeller, B. F. (1971)Freight transport in urban areas: issues for research and action, *Urban Commodity Flow*, Special Report 120, Highway Research Board, Washington, DC, 149-162.

Goldner, W. (1971)The Lowry model heritage, *Journal of the American Institute of Planners*, 37(2), 100-110.

Goldner, W., S. R. Rosenthal, J. R. Meredith and M. M. Reynolds(1972)Projective Land Use Model-PLUM, three volumes, Institute of Transportation and Traffic Engineering, University of California Berkeley, Berkeley.

Golob, J. M. and T. F. Golob(1983) Classification of approaches to travel behavior analysis, *Travel Analysis Methods for the* 1980s, Special Report 201, Transportation Research Board, Washington, DC, 83-107.

Golob, T. F. (2001) Travelbehavior. com: activity approaches to modeling the effects of information technology on personal travel behaviour, chapter 6 in *Travel Behaviour Research*, D. A. Hensher (ed), Pergamon, Oxford, 145-183.

Golob, T. F. and M. J. Beckmann(1971) A utility model for travel forecasting, *Transportation Science* 5, 79-90.

Golob, T. F. and A. C. Regan(2001) Impact of information technology on personal travel and commercial vehicle operations: research challenges and opportunities, *Transportation Research Part C* 9, 87-121.

Goodwin, P. B. (1983) Some problems in activity approaches to travel demand, Chapter 16 in *Recent Advances in Travel Demand Analysis*, S. Carpenter and P. Jones(eds), Gower, Aldershot, Hampshire, 470-474.

Goodwin, P. B. (1996) Empirical evidence on induced traffic, *Transportation* 23, 35-54.

Goodwin, P. B. (1998) The end of equilibrium, Chapter 5 in *Theoretical Foundations of Travel Choice Modeling*, T. Gärling, T. Laitila and K. Westlin(eds), Elsevier, Amsterdam, 103-132.

Goodwin, P. (2005) The remarkable consistency of travel time: comment, *Local Transport Today* 432, 17.

Goodwin, P. B., J. Dargay and M. Hanly(2004) Elasticities of road traffic and fuel consumption with respect to price and income: a review, *Transport Reviews* 24, 275-292.

Goodwin, P. B., M. C. Dix and A. D. Layzell(1987) The case for heterodoxy in longitudinal analysis, *Transportation Research Part A* 21, 363-376.

Gordon, P., H. W. Richardson and M. -J. Jun(1991) The commuting paradox: evidence from the top twenty, *Journal of the American Planning Association* 57(4), 416-420.

Graham, D. J. and S. Glaister(2004) Road traffic demand elasticity estimates: a review, *Transport Reviews* 24, 261-274.

Green, P. E. and V. R. Rao(1971) Conjoint measurement for quantifying judgmental data, *Journal of Marketing Research* 8, 355-363.

Greene, W. H. and D. A. Hensher(2003) A latent class model for discrete choice analysis: contrasts with mixed logit, *Transportation Research Part B* 37, 681-698.

Gumbel, E. J. (1958) *Statistics of Extremes*, Columbia University Press, New York.

Gunn, H. F. (1981) Travel budgets: a review of evidence and modelling implications, *Transportation Research Part A* 15, 7-23.

Gunn, H. F. (1984) An analysis of transfer price data, Annual Summer Meeting, Planning and Transport Research and Computation Co., Brighton.

Gunn, H. (2001) Spatial and temporal transferability of relationships between travel demand, trip cost and travel time, *Transportation Research Part E* 37, 163-189.

Gunn, H. F., A. I. J. M. van der Hoorn and A. J. Daly (1989) Long range country-wide travel demand forecasts from models of individual choice, *Travel Behaviour* Research, Avebury, Aldershot, Hampshire.

Hägerstrand, T. (1970) What about people in regional science?, *Papers, Regional Science Association* 24, 7-21.

Hague Consulting Group (1985) Developments in Modelling Urban and Regional Travel Demand in the Netherlands since 1977, The Hague.

Hague Consulting Group (1997) A Review of Current World Practice, Report 6090-4, prepared for New South Wales Department of Transport, Australia, The Hague.

Haikalis, G. and H. Joseph (1961) Economic evaluations of traffic networks, *Highway Research Bulletin* 306, 39-63.

Hall, M. A. (1978) Properties of the equilibrium state in transportation networks, *Transportation Science* 12(3), 208-216.

Hall, M. D., T. Fashole-Luke, D. Van Vliet and D. P. Watling (1992) Demand responsive assignment in SATURN, Summer Annual Meeting, Planning and Transport Research and Computation Co., Manchester.

Hall, M. D., D. Van Vliet and L. G. Willumsen (1980) SATURN-a simulation-assignment model for the evaluation of traffic management schemes, *Traffic Engineering and Control* 21, 168-176.

Hall, R. W. (ed) (1999) *Handbook of Transportation Science*, Kluwer, Boston.

Handy, S. L. (1996) Methodologies for exploring the link between urban form and travel behaviour, *Transportation Research Part D* 1, 151-165.

Handy, S. L., X. Cao and P. Mokhtarian (2005) Correlation or causality between the built environment and travel behavior? Evidence from Northern California, *Transportation Research Part D* 10, 427-444.

Hansen, W. G. (1959) How accessibility shapes land use, *Journal of the American Institute of Planners* 25(2), 73-76.

Hansen, W. G. (1962) Evaluation of gravity model trip distribution procedures, *Highway Research Bulletin* 347, 67-76.

Hanson, S. (1979) Urban travel linkages: a review, in *Behavioural Travel Modelling*, D. Hensher and P. Stopher (eds), Croom Helm, London, 81-100.

Harker, P. T. and J.-S. Pang (1990) Finite–dimensional variational inequality and nonlinear complementarity problems: a survey of theory, algorithms and applications, *Mathematical Programming* 48(1-3), 161-220.

Harris, A. J. and J. C. Tanner (1974) Transport Demand Models Based on Personal Characteristics, Supplementary Report 64 UC, UK Transport and Road Research Laboratory, Crowthorne, Berkshire; in *Transportation and Traffic Theory*, D. J. Buckley (ed), Elsevier, New York.

Harris, B. (1961) Some problems in the theory of intra-urban location, *Operations Research* 9, 695-721.

Harris, B. (1963) Linear Programming and the Projection of Land Uses, PJ Paper No. 20, Penn Jersey Transportation Study, Philadelphia.

Harris, B. (1985) Urban simulation models in regional science, *Journal of Regional Science* 25(4), 545-567.

Harris, B. (1994) The real issues concerning Lee's 'requiem', *Journal of the American Planning Association* 60(1), 31-34.

Harrison, A. J. and D. A. Quarmby (1969) The value of time in transport planning: a review, *6th Round Table*, European Conference of Ministers of Transport, Paris; Mathematical Advisory Unit Note 154, UK Department of the Environment, London, 1970.

Hartgen, D. T. (1974) Attitudinal and situational variables influencing urban mode choice: some empirical findings, *Transportation* 3, 377-392.

Hartgen, D. T. (1983) Executive summary, *Travel Analysis Methods for the 1980s*, Special Report 201, Transportation Research Board, Washington, DC, 3-4.

Hartgen, D. T. (2013) Hubris or humility? Accuracy issues for the next 50 years of travel demand modeling, *Transportation* 40, 1133-1157.

Hartgen, D. T. and G. H. Tanner (1971) Investigations of the effects of traveler attitudes in a model of mode choice behavior, *Highway Research Record* 369, 1-14.

Harvey, G. and E. Deakin (1993) *A Manual of Regional Transportation Modeling Practice for Air Quality Analysis*, Deakin Harvey Skabardonis, Berkeley, CA.

Hausman, J. A. and D. A. Wise (1978) A conditional probit model for qualitative choice: discrete decisions recognising interdependence and heterogeneous preferences, *Econometrica* 46, 403-426.

Havers, G. and D. Van Vliet (1974) Greater London Transport Study Models: The State-of-the-Art, GLTS Note 71, Greater London Council, London.

Heanue, K. E. and C. E. Pyers (1966) A comparative evaluation of trip distribution procedures, *Highway Research Record* 114, 20-50.

Hearn, D. W. (1982) The gap function of a convex program, *Operations Research Letters* 1(2), 67-71.

Hearn, D. W., S. Lawphongpanich and S. Nguyen (1984) Convex programming formulations of the asymmetric traffic assignment problem, *Transportation Research Part B* 18(4/5), 357-365.

Hearn, D. W., S. Lawphongpanich and J. A. Ventura (1985) Finiteness in restricted simplicial decomposition, *Operations Research Letters* 4, 125-130.

Hearn, D. W., S. Lawphongpanich and J. A. Ventura (1987) Restricted simplicial decomposition: computation and extensions, *Mathematical Programming Study* 31, 99-118.

Hedges, C. A. (1971) Demand forecasting and development of a framework for analysis of urban commodity flow: statement of the problem, *Urban Commodity Flow*, Special Report 120, Highway Research Board, Washington, DC, 145-148.

Heggie, I. G. (1978a) Behavioural dimensions of travel choice, Chapter 3 in *Determinants of Travel*

Choice, D. A. Hensher and Q. M. Dalvi (eds), Saxon House, Farnborough, Hampshire, 100-125.

Heggie, I. G. (1978b) Putting behaviour into behavioural models of travel choice, *Journal of the Operational Research Society* 29, 541-550.

Heggie, I. G. and P. M. Jones (1978) Defining domains for models of travel demand, *Transportation* 7, 119-135.

Heightchew, R. E., Jr. (1979) TSM: revolution or repetition?, *ITE Journal* 48(9), 22-30.

Helvig, M. (1964) Chicago's External Truck Movements: Spatial Interactions between the Chicago Area and the Hinterland, Research Paper No. 90, Department of Geography, University of Chicago, Chicago.

Hensher, D. A. (1976) The structure of journeys and nature of travel patterns, *Environment and Planning A* 8, 655-672.

Hensher, D. A. (1994) Stated preference analysis of travel choices: the state of practice, *Transportation* 21, 107-133.

Hensher, D. A., P. O. Barnard and T. P. Truong (1988) The role of stated preference methods in studies of travel choice, *Journal of Transport Economics and Policy* 22, 45-58.

Hensher, D. A. and M. A. Figliozzi (2007) Guest editorial: behavioural insights into the modeling of freight transportation and distribution, *Transportation Research* B 41, 921-923.

Hensher, D. A. and W. H. Greene (2003) The mixed logit model: the state of practice, *Transportation* 30, 133-176.

Hensher, D. A. and L. W. Johnson (1981) *Applied Discrete Choice Modelling*, Croom Helm, London.

Hensher, D. A. and J. J. Louviere (1979) Behavioural intentions as predictors of very specific behaviour, *Transportation* 8, 167-182.

Hensher, D. A., P. B. McLeod and J. K. Stanley (1975) Usefulness of attitudinal measures in investigating the choice of travel mode, *International Journal of Transport Economics* 2, 51-75.

Hensher, D. A., J. M. Rose and W. H. Greene (2005) *Applied Choice Analysis*, Cambridge University Press, Cambridge.

Hensher, D. A., J. M. Rose and W. H. Greene (2008) Combining RP and SP data: biases in using the nested logit 'trick'-contrasts with flexible mixed logit incorporating panel and scale effects, *Journal of Transport Geography* 16(2), 126-133.

Hensher, D. A. and P. R. Stopher (eds) (1979) *Behavioural Travel Modelling*, Croom Helm, London.

Herbert, J. D. and B. H. Stevens (1960) A model of the distribution of residential activity in urban areas, *Journal of Regional Science* 2(1), 21-36.

Herman, R. (ed) (1961) *Theory of Traffic Flow*, Elsevier, Amsterdam.

Herriges, J. A. and C. L. Kling (1999) Nonlinear income effects in random utility models, *Review of Economics and Statistics* 81, 62-72.

Hess, S., M. Bierlaire and J. W. Polak (2005) Estimation of value of travel-time savings using mixed logit models, *Transportation Research Part A* 39, 221-236.

Hess, S. and A. Daly (eds) (2013) *Choice Modelling*, Edward Elgar Publishing, Cheltenham, Gloucestershire.

Hess, S., J. W. Polak, A. Daly and G. Hyman (2007) Flexible substitution patterns in models of mode and time of day choice: new evidence from the UK and the Netherlands, *Transportation* 34, 213-238.

Hess, S., A. Stathopoulos and A. Daly (2012) Allowing for heterogeneous decision rules in discrete choice models: an approach and four case studies, *Transportation* 39, 565-591.

Higgins, T. J. (1990) Demand management in suburban settings-effectiveness and policy considerations, *Transportation* 17, 93-116.

Hill, D. M. (1965a) A growth allocation model for the Boston region, *Journal of the American Institute of Planners* 31, 111-120.

Hill, D. M. (1965b) A model for prediction of truck traffic in large metropolitan areas, *Papers, Transportation Research Forum* 6, 167-182.

Hill, D. M., D. Brand and W. B. Hansen (1965) Prototype development of a statistical land use prediction model for the greater Boston region, *Highway Research Record* 114, 51-70.

Hill, D. M. and H. G. von Cube (1963) Development of a model for forecasting travel mode choice in urban areas, *Highway Research Record* 38, 78-96.

Hillman, M., I. Henderson and A. Whalley (1973) Personal Mobility and Transport Policy, Publication 342, Political and Economic Planning, London.

Hillman, M., I. Henderson and A. Whalley (1976) Transport Realities and Planning Policy: Studies of Friction and Freedom in Daily Travel, Publication 42, Political and Economic Planning, London.

Hitchcock, F. L. (1941) The distribution of a product from several sources to numerous localities, *Journal of Mathematics and Physics* 20, 224-230.

Hobeika, A. (2005) TRANSIMS Fundamentals, Chapters 1-7, Virginia Polytechnic, Blacksburg, VA.

Hoch, I. (1959) A comparison of alternative inter-industry forecasts for the Chicago region, *Papers, Regional Science Association* 5, 217-235.

Hoel, L. A. (1971) Summary of conference proceedings, *Urban Commodity Flow*, Special Report 120, Highway Research Board, Washington, DC, 4-10.

Hoinville, G. and E. Johnson (1971) *The Importance and Values Commuters Attach to Time Savings*, Social and Community Planning Research, London.

Holguín-Veras, J., G. F. List, A. H. Meyburg, K. Ozbay, R. E. Paaswell, H. Teng and S. Yahalom (2001) An Assessment of Methodological Alternatives for a Regional Freight Model in the NYMTC Region, New York Metropolitan Transportation Council, New York.

Holguín-Veras, J. and G. R. Patil (2008) A multicommodity integrated freight origin – destination synthesis model, *Networks and Spatial Economics* 8(2-3), 309-326.

Horowitz, A. J. (1989) Convergence properties of some iterative traffic assignment algorithms, *Transportation Research Record* 1220, 21-27.

Horowitz, A. J. (1991) Convergence of certain traffic/land-use equilibrium assignment models, *Environment and Planning A* 23(3),371-383.

Horowitz, A. J. (1992) Implementing travel forecasting with traffic operational strategies, *Transportation Research Record* 1365,54-61.

Horowitz, A. J. (1997) Intersection delay in regionwide traffic assignment: implications of the 1994 update of the Highway Capacity Manual, *Transportation Research Record* 1572,1-8.

Horowitz, J. (1985) Travel and location behaviour: state of the art and research opportunities, *Transportation Research Part A* 19,441-453.

Hotelling, H. (1938) The general welfare in relation to problems of taxation and of railway and utility rates, *Econometrica* 6,242-269.

Hunt, J. D. (1994) Calibrating the Naples land use and transport model, *Environment and Planning B* 21,569-590.

Hunt, J. D., D. S. Kriger and E. J. Miller(2005) Current operational urban land-use-transport modeling frameworks: a review, *Transport Reviews* 25(3),329-376.

Hunt, J. D. and D. C. Simmonds(1993) Theory and application of an integrated land-use and transport modelling framework, *Environment and Planning B* 20,221-244.

Hunt, J. D. and K. J. Stefan(2007) Tour-based microsimulation of urban commercial movements, *Transportation Research Part B* 41,981-1013.

Hutchinson, B. G. (1974) *Principles of Urban Transport Systems Planning*, McGraw-Hill, New York.

Hydas, P. (2005) A functional evaluation of the AIMSUN, PARAMICS and VISSIM microsimulation models, *Road and Transport Research* 14,45-59.

Hyman, G. M. (1969) The calibration of trip distribution models, *Environment and Planning* 1, 105-112.

Hyman, G. M. and A. G. Wilson(1969) The effects of changes in travel costs on trip distribution and modal split, *High Speed Ground Transportation Journal* 3,79-85.

Ingram, G. K., J. F. Kain, J. R. Ginn, H. J. Brown and S. P. Dresch(1972) The Detroit Prototype of the NBER Urban Simulation Model, National Bureau of Economic Research, New York.

Inoue, S. and T. Maruyama(2012) Computational experience on advanced algorithms for user equilibrium traffic assignment problem and its convergence error, *Procedia-Social and Behavioral Sciences* 43,445-456.

Institute of Transportation Engineers(1980) Evaluation of the accuracy of past urban transportation forecasts, Technical Council Committee 6F-13, *ITE Journal* 50(2),24-34.

Institute of Transportation Engineers(1994) Travel Demand Forecasting Processes Used by Ten Large Metropolitan Planning Organizations, Technical Council Committee 6Y-53, An Informational Report, Washington, DC.

Ireland, C. T. and S. Kullback(1968) Contingency tables with given marginals, *Biometrika* 55,

179-188.

Irwin, N. A. (1965) Review of existing land-use forecasting techniques, *Highway Research Record* 88, 182-216.

Irwin, N. A., N. Dodd and H. G. von Cube (1961) Capacity restraint in assignment programs, *Highway Research Bulletin* 297, 109-127.

Irwin, N. A. and H. G. von Cube (1962) Capacity restraint in multi-travel mode assignment programs, *Highway Research Bulletin* 347, 258-289.

Isard, W. (1960) *Methods of Regional Analysis*, Wiley, New York.

Jara-Diaz, S. (2007) *Transport Economic Theory*, Elsevier, Amsterdam.

Jayakrishnan, R., W. K. Tsai, J. N. Prashker and S. Rajadhyaksha (1994) A faster path-based algorithm for traffic assignment, *Transportation Research Record* 1443, 75-83.

Jewell, W. S. (1967) Models for traffic assignment, *Transportation Research* 1 (2), 31-46.

Jin, Y. (1994) The YEZTS transport model: a discussion of the empirical findings on modal split, *Environment and Planning B* 21, 591-602.

Johnson, R. M. (1974) Tradeoff analysis of consumer values, *Journal of Marketing Research* 11, 121-127.

Johnson, S. (2010) *Where Good Ideas Come From*, Penguin, London.

Johnston, R. H. (1988) Some mechanisms of speed similarity in urban areas, *Traffic Engineering and Control* 29, 6-9.

Jones, P. M. (1977) Travel as a manifestation of activity choice: trip generation revisited, Chapter 4 in *Urban Transportation Planning*, P. W. Bonsall, Q. M. Dalvi and P. J. Hills (eds), Abacus, Tunbridge Wells, Kent, 31-49.

Jones, P. M. (1979a) 'HATS': a technique for investigating household decisions, *Environment and Planning A* 11, 59-70.

Jones, P. M. (1979b) New approaches to understanding travel behaviour: the human activity approach, Chapter 2 in *Behavioural Travel Modelling*, D. A. Hensher and P. R. Stopher (eds), Croom Helm, London, 55-80.

Jones, P. M. (1985) Interactive travel survey methods: the-state-of-the-art, in *New Survey Methods in Transport*, E. S. Ampt, A. J. Richardson and W. Brög (eds), VNU Science, Utrecht, 99-127.

Jones, P. M. (2012) The role of an evolving paradigm in shaping international transport research and policy agendas over the past 50 years, Chapter 2 in *Travel Behaviour Research in an Evolving World*, R. M. Pendyala and C. R. Bhat (eds), www.lula.com, 3-34.

Jones, P. M., M. Bradley and E. S. Ampt (1989) Forecasting household response to policy measures using computerised, activity-based stated preference techniques, in *Travel Behaviour Research*, Avebury, Aldershot, 41-63.

Jones, P. M., M. C. Dix, M. I. Clarke and I. G. Heggie (1983) *Understanding Travel Behaviour*, Gower, Aldershot.

Jones, P. M., F. S. Koppelman and J.-P. Orfeuil (1990) Activity analysis: the state of the art and future directions, in *Developments in Dynamic and Activity-Based Approaches to Travel Analysis*, P. M. Jones(ed), Avebury, Aldershot, 34-55.

Jorgensen, N. O. (1963) Some Aspects of the Urban Traffic Assignment Problem, ITTE Graduate Report No. 1963:9, M. S. thesis, Civil Engineering, University of California Berkeley, Berkeley.

Kahneman, D. (2011) *Thinking, Fast and Slow*, Farrar, Straus and Giroux, New York.

Kahneman, D. and A. Tversky (1979) Prospect theory: an analysis of decision under risk, *Econometrica* 47, 263-291.

Kain, J. F. (1990) Deception in Dallas: strategic misrepresentation in rail transit promotion and evaluation, *Journal of the American Planning Association* 56, 184-196.

Kain, J. F. and W. C. Apgar (1985) *Housing and Neighborhood Dynamics*, Harvard University Press, Cambridge, MA.

Kim, T. J. (1978) Effects of subways on urban form and structure, *Transportation Research* 12(1), 231-239.

Kim, T. J. (1989) *Integrated Urban Systems Modeling*, Kluwer, Dordrecht.

Kirby, H. R. (ed) (1981) Personal Travel Budgets, *Transportation Research Part A* 15, 1-106.

Kitamura, R. (1988) An evaluation of activity-based travel analysis, *Transportation* 15, 9-34.

Kitamura, R. (2000) Longitudinal methods, Chapter 7 in *Handbook of Transport Modelling*, D. A. Hensher and K. Button(eds), Pergamon, Amsterdam, 113-129.

Kitamura, R., C. Chen, R. M. Pendyala and R. Narayanan (2000) Micro-simulation of daily activity-travel patterns for travel demand forecasting, *Transportation* 27, 25-51.

Kitamura, R. and S. Fujii (1998) Two computational process models of activity-travel choice, in *Theoretical Foundations of Travel Choice Modeling*, T. Gärling, T. Laitila and K. Westin(eds), Elsevier, Amsterdam, 251-279.

Kitamura, R., S. Fujii and E. I. Pas (1997a) Time-use data, analysis and modeling: towards the next generation of transportation planning methodologies, *Transport Policy* 4, 225-235.

Kitamura, R., P. L. Mokhtarian and L. Laidet (1997b) A microanalysis of land use and travel in five neighborhoods in the San Francisco Bay *Area*, *Transportation* 24, 125-158.

Kitamura, R., E. I. Pas, C. V. Lula, T. K. Lawton and P. E. Benson (1996) The sequenced activity mobility simulator (SAMS): an integrated approach to modeling transportation, land use and air quality, *Transportation* 23, 267-291.

Kitamura, R., T. van der Hoorn and F. van Wijk (1997c) A comparative analysis of daily time use and the development of an activity-based travel-benefit measure, in *Activity-Based Approaches to Travel Analysis*, D. F. Ettema and H. Timmermans(eds), Pergamon, Oxford, 171-187.

Kjeldsen, T. H. (2000) A contextualized analysis of the Kuhn-Tucker theorem in nonlinear programming: the impact of World War II, *Historia Mathematica* 27(4), 331-361.

Klosterman, R. E. (1994) An introduction to the literature on large-scale models, *Journal of the American Planning Association* 60, 41-44.

Knight, F. H. (1924) Some fallacies in the interpretation of social cost, *Quarterly Journal of Eco-

nomics 38(4), 582-606.

Kocur, G., T. Adler, W. Hyman and B. Aunet(1982) Guide to Forecasting Travel Demand and Direct Utility Assessment, Urban Mass Transportation Administration, US Department of Transportation, Washington, DC.

Koenig, J.-G. (1975) A theory of urban accessibility: a new working tool for the urban planner, Urban Traffic Models, Annual Summer Meeting, Planning and Transport Research and Computation Co., Warwick.

Koestler, A. (1964) *The Act of Creation*, Macmillan, New York.

Koh, A. and S. Shepherd(2006) Issues in the Modelling of Road User Charging, Appendix A, Issues in the Modelling of Road User Charging, Distillate Project F, Institute for Transport Studies, University of Leeds, Leeds, www.its.leeds.ac.uk/projects/distillate/outputs/reports.php.

Kohl, J. E. (1841) Der Verkehr und die Ansiedelungen der Menschen in ihrer Abhängigkeit von der Gestaltung der Erdoberfläche [Road traffic and human settlement and their dependence on surface terrain], Dresden Arnoldische Buchhandlung, Dresden, Germany.

Kollo, H. P. and C. L. Purvis(1988) Regional Travel Forecasting System for the San Francisco Bay Area, Metropolitan Transportation Commission, Oakland, CA.

Konduri, K. C., R. M. Pendyala, D. You, Y.-C. Chiu, M. Hickman, H. Noh, P. Waddell, L. Wang and B. Gardner(2014) The application of an integrated behavioral activity-travel simulation model for pricing policy analysis, in *Data Science and Simulation in Transportation Research*, D. Janssens, A.-U.-H. Yasar and L. Knapen(eds), IGI Global, Hershey, PA, 86-102.

Koopmans, T. C. (1949) Optimum utilization of the transportation system, *Econometrica* 17(supplement), 136-146.

Koopmans, T. C. (ed) (1951) *Activity Analysis of Production and Allocation*, Wiley, New York.

Koppelman, F. S. (1975) Travel Prediction with Models of Individual Choice Behavior, Ph.D. thesis, Civil Engineering, Massachusetts Institute of Technology, Cambridge, MA.

Koppelman, F. S. (1976) Guidelines for aggregate travel predictions using disaggregate choice models, *Transportation Research Record* 610, 19-24.

Koppelman, F. S. and M. E. Ben-Akiva(1977) Aggregate forecasting with disaggregate travel demand models using normally available data, World Conference on Transport Research, Rotterdam.

Koppelman, F. S. and C. Bhat(2006) A Self Instructing Course in Mode Choice Modeling: Multinomial and Nested Logit Models, Federal Transit Administration, US Department of Transportation, Washington, DC, www.transportation.northwestern.edu/people/koppelman.

Koppelman, F. and J. Hauser(1979) Destination choice for non-grocery shopping trips, *Transportation Research Record* 673, 157-165.

Koppelman, F. and V. Sethi(2000) Closed-form discrete choice models, Chapter 13 in *Handbook of Transport Modelling*, D. A. Hensher and K. J. Button(eds), Pergamon, Amsterdam, 211-227.

Koppelman, F. S. and C. H. Wen(2000) The paired combinatorial logit model: properties, estimation and application, *Transportation Research Part B* 34(2), 75-89.

Koppelman F. S. and C. G. Wilmot (1982) Transferability analysis of dis-aggregate travel choice models, *Transportation Research Record* 895, 18-24.

Kostyniuk, L. P. and R. Kitamura (1984) Temporal stability of urban travel patterns, *Transport Policy and Decision Making* 4, 481-500.

Kraft, G. (1963) Demand for Intercity Passenger Travel in the Washington-Boston Corridor, Systems Analysis and Research Corporation, Boston.

Kraft, G. and M. Wohl (1967) New directions for passenger demand analysis and forecasting, *Transportation Research* 1, 205-230.

Kreibich, V. (1979) Modelling car availability, modal split and trip distribution by Monte-Carlo simulation: a short way to integrated models, *Transportation* 8, 153-166.

Krishnamurthy, S. and K. M. Kockelman (2003) Propagation of uncertainty in transportation land use models: investigation of DRAM-EMPAL and UTPP predictions in Austin, Texas, *Transportation Research Record* 1831, 219-229.

Kroes, E. P. and R. J. Sheldon (1988) Stated preference methods: an introduction, *Journal of Transport Economics and Policy* 22, 11-24.

Kuhn, H. W. (1976) Nonlinear programming: a historical view, *Nonlinear Programming*, R. Cottle and C. E. Lemke (eds), *SIAM-AMS Proceedings* 9, 1-26.

Kuhn, H. W. (1991) Nonlinear programming: a historical note, in *History of Mathematical Programming*, J. K. Lenstra, A. H. G. Rinnooy Kan and A. Schrijver (eds), North-Holland, Amsterdam, 82-96.

Kuhn, H. W. (2002) Being in the right place at the right time, *Operations Research* 50(1), 132-134.

Kuhn, H. W. and A. W. Tucker (1951) Nonlinear programming, in *Proceedings of the Second Berkeley Symposium on Mathematical Statistics and Probability*, J. Neyman (ed), University of California Press, Berkeley, 481-492.

Kuhn, T. S. (1962) *The Structure of Scientific Revolutions*, University of Chicago Press, Chicago.

Kutter, E. (1973) A model of individual travel behaviour, *Urban Studies* 10, 233-255.

Lagrange, J. L. (1813) *Théorie des Fonctions Analytiques*, M. V. Courcier, Paris.

Lagrange, J. L. (1888) *Mécanique Analytique*, 4th edn, Gauthier-Villars et fils, Paris.

Lakshmanan, T. R. and W. G. Hansen (1965) Market potential model and its application to a regional planning problem, *Highway Research Record* 102, 19-41.

Lam, W. H. K., Z. Y. Gao, K. S. Chan and H. Yang (1999) A stochastic user equilibrium assignment model for congested transit networks, *Transportation Research Part B* 33(5), 351-368.

Lam, W. H. K., J. Zhou and Z.-H. Sheng (2002) A capacity restraint transit assignment with elastic line frequency, *Transportation Research Part B* 36(10), 919-938.

Lancaster, K. J. (1966) A new approach to consumer theory, *Journal of Political Economy* 84, 132-157.

Lane, R. , T. E. Powell and P. Prestwood-Smith (1971) *Analytic Transport Planning*, Gerald Duckworth, London.

Langdon, M. (1976) Modal split models for more than two modes, Urban Traffic Models, Annual Summer Meeting, Planning and Transport Research and Computation Co. , Warwick.

Langdon, M. G. and C. G. B. Mitchell (1978) Personal Travel in Towns: The Development of Models That Reflect the Real World, TRRL Supplementary Report 369, Transport and Road Research Laboratory, Crowthorne, Berkshire.

Larsson, T. , P. O. Lindberg, M. Patriksson and C. Rydergren (2002) On traffic equilibrium models with a nonlinear time/money relation, Chapter 2 in *Transportation Planning*, M. Patriksson and M. Labbé (eds) , Kluwer, Dordrecht, 19-31.

Larsson, T. and M. Patriksson (1992) Simplicial decomposition with disaggregated representation for the traffic assignment problem, *Transportation Science* 26(1) ,4-17.

Larsson, T. and M. Patriksson (1994) Equilibrium characterizations of solutions to side constrained asymmetric traffic assignment models, *Le Matematiche* 49 ,249-280.

Larsson, T. and M. Patriksson (1995) An augmented Lagrangean dual algorithm for link capacity side constrained traffic assignment problems, *Transportation Research Part B* 29(6) ,433-455.

Larsson, T. and M. Patriksson (1999) Side constrained traffic equilibrium models: analysis, computation and applications, *Transportation Research Part B* 33(4) ,233-264.

Lätzsch, L. and D. Lohse (1980) Straßennetzberechnung mit Kapazitätsbes chränkungen, *Die Straße* 20(5) ,148-154.

Lautso, K. and M. Wegener (2007) Integrated strategies for sustainable urban development, Chapter 8 in *Land Use and Transport*, S. Marshall and D. Banister (eds) , Elsevier, Amsterdam, 153-175.

Lave, C. A. (1969) A behavioural approach to modal split forecasting, *Transportation Research* 3, 463-480.

Lawphongpanich, S. and D. W. Hearn (1984) Simplicial decomposition of the asymmetric traffic assignment problem, *Transportation Research Part B* 18(2) ,123-133.

LeBlanc, L. J. (1973) Mathematical Programming Algorithms for Large Scale Network Equilibrium and Network Design Problems, Ph. D. thesis, Industrial Engineering and Management Sciences, Northwestern University, Evanston, IL.

LeBlanc, L. J. and M. Abdulaal (1982) Combined mode split-assignment and distribution-model split-assignment models with multiple groups of travelers, *Transportation Science* 16 (4) , 430-442.

LeBlanc, L. J. and K. Farhangian (1981) Efficient algorithms for solving elastic demand traffic assignment problems and mode-split assignment problems, *Transportation Science* 15(4) ,306-317.

LeBlanc, L. J. , E. K. Morlok and W. P. Pierskalla (1974) An accurate and efficient approach to equilibrium traffic assignment on congested networks, *Transportation Research Record* 491, 12-23.

LeBlanc, L. J. , E. K. Morlok and W. P. Pierskalla (1975) An efficient approach to solving the road network equilibrium traffic assignment problem, *Transportation Research* 9(5) ,309-318.

Lee, B., P. Gordon, H. W. Richardson and J. E. Moore, II (2009) Commuting trends in U. S. cities in the 1990s, *Journal of Planning Education and Research* 29(1), 78-89.

Lee, D. B., Jr. (1973) Requiem for large-scale models, *Journal of the American Institute of Planners* 39, 163-178.

Lee, D. B. (1994) Retrospective on large-scale models, *Journal of the American Planning Association* 60, 35-40.

Lee, N. and M. Q. Dalvi (1969) Variations in the value of travel time, *Manchester School of Economic and Social Studies* 37, 213-236.

Lenntorp, B. (1976) Paths in space-time environments: a time geographic study of movement possibilities of individuals, *Lund Studies in Geography*, Series B 44, Lund University, Lund.

Lenntorp, B. (1978) A time-geographic simulation model of individual activity programmes, Chapter 9 in *Human Activity and Time Geography*, Volume 2, T. Carlstein, D. Parkes and N. Thrift (eds), Edward Arnold, London, 162-180.

Leonard, D. R. and J. Tough (1979) Validation work on CONTRAM-a model for use in the design of traffic management schemes, Summer Annual Meeting, Planning and Transport Research and Computation Co., Warwick.

Leonardi, G. and R. Tadei (1984) Random utility demand models and service location, *Regional Science and Urban Economics* 14, 399-431.

Leong, W. and D. A. Hensher (2012) Embedding decision heuristics in discrete choice models: a review, *Transport Reviews* 32, 313-331.

Leontief, W. W. and A. Strout (1963) Multi-regional input-output analysis, in *Structural Independence and Economic Development*, T. Barna (ed), Macmillan, London.

Lerman, S. R. (1976) Location, housing, automobile ownership, and mode to work: a joint choice model, *Transportation Research Record* 610, 6-11.

Lerman, S. and M. E. Ben-Akiva (1975) Disaggregate behavioural model of automobile ownership, *Transportation Research Record* 569, 43-51.

Lerman, S. R. and J. J. Louviere (1978) On the use of functional measurement to identify the functional form of the utility expression in travel demand models, *Transportation Research Record* 673, 78-86.

Lerman, S. R. and C. F. Manski (1979) Sample design for discrete choice analysis of travel behaviour: the state of the art, *Transportation Research Part A* 13, 29-44.

Lerman, S. R. and C. F. Manski (1981) On the use of simulated frequencies to approximate choice probabilities, in *Structural Analysis of Discrete Data with Econometric Applications*, C. F. Manski and D. McFadden (eds), MIT Press, Cambridge, MA, 305-319.

Leventhal, T., G. L. Nemhauser and L. Trotter, Jr. (1973) A column generation algorithm for optimal traffic assignment, *Transportation Science* 7(2), 168-176.

Levinson, H. S. and K. R. Roberts (1965) System configuration in urban transportation planning, *Highway Research Record* 64, 71-83.

Li, Z. and D. A. Hensher(2010)Toll roads in Australia: an overview of characteristics and accuracy of demand forecasts, *Transport Reviews* 30, 541-569.

Li, Z. and D. A. Hensher(2011)Prospect theoretic contributions in understanding traveller behaviour: a review and some comments, *Transport Reviews* 31, 97-115.

Li, Z., D. A. Hensher and J. M. Rose(2010)Willingness to pay for travel time reliability in passenger transport: a review and some new empirical evidence, *Transportation Research Part E* 46, 384-403.

Liedtke, G. (2009)Principles of micro-behavior commodity transport modeling, *Transportation Research Part E* 45(5), 795-809.

Lindberg, P. O., E. A. Eriksson and L.-G. Mattsson(1995)Invariance of achieved utility in random utility models, *Environment and Planning A* 27(1), 121-142.

Lindsey, R. (2006)Do economists reach a conclusion on road pricing? The intellectual history of an idea, *Econ Journal Watch* 3(2), 292-379.

Liou, P. S. and A. P. Talvitie(1974)Disaggregate access mode and station choice models for rail trips, *Transportation Research Record* 526, 42-65.

Lipsey, R. G. (1989)*An Introduction to Positive Economics*, 6th edn, Oxford University Press, Oxford.

Lisco, T. E. (1967)The Value of Commuters' Travel Time: A Study in Urban Transportation, Ph. D. thesis, Economics, University of Chicago, Chicago.

Lisco, T. E. (1975)Contemporary use of demand models in transportation project evaluation, Workshop on Recent Research Developments in Practical Transportation Planning, Committee on Traveler Behavior and Values, Annual Meeting, Transportation Research Board, Washington, DC.

Litman, T. (2010)Generated Traffic and Induced Travel: Implications for Transport Planning, Victoria Transport Policy Institute, Victoria, British Columbia.

Liu, R., D. Van Vliet and D. Watling(1995)DRACULA: dynamic route assignment combining user learning and microsimulation, Planning and Transport Research and Computation Co., Warwick.

Liu, R., D. Van Vliet and D. Watling(2006)Microsimulation models incorporating both demand and supply dynamics, *Transportation Research Part A* 40, 125-150.

Lo, H., C. W. Yip and K. H. Wan(2003)Modeling transfers and nonlinear fare structure in multimodal network, *Transportation Research Part B* 37(2), 149-170.

Lo, H., C. W. Yip and Q. H. Wan(2004)Modeling competitive multi-modal transit services: a nested logit approach, *Transportation Research Part C* 12(3-4), 251-272.

Local Transport Today(2003)Editorial Comment: Timelords Need Challenging, LTT 366, 13.

Lohse, D. (1977)Berechnung von Personenverkehrsströmen [Calculation of passenger flows], *Wissenschaft und Technik im Straßenwesen*, Heft 17, Transpress, Berlin.

Lohse, D. (1997)*Verkehrsplanung*, Band 2, *Grundlagen der Strassenverkehrstechnik und Strassenverkehrsplanung*(with W. Schnabel), Verlag für Bauwesen, Berlin.

Lohse, D. (2011) *Verkehrsplanung*, Band 2, *Grundlagen der Strassenverkehrstechnik und der Verkehrsplanung* (with W. Schnabel) [Transport planning, Volume 2, Fundamentals of traffic engineering and transportation planning], Beuth, Berlin, www. beuth. de/de/artikel/strassenverkehrstechnik (accessed 11 November 2013).

Lohse, D., H. Teichert, B. Dugge and G. Bachner (1997) *Ermittlung von Verkehrsströmen mit n-linearen Gleichungssystemen unter Beachtung von Nebenbedingungen einschließlich Parameterschätzung* (*Verkehrsnachfragemodellierung: Erzeugung, Verteilung, Aufteilung*), Schriftenreihe des Instituts für Verkehrsplanung und Straßenverkehr, Technische Universität Dresden, Dresden, Germany

Lohse, D., H. Teichert, B. Dugge and G. Bachner (2005) *VISEVA-Simultanes Verkehrsnachfragemodell für den Personen-und Wirtschaftsverkehr Programmsystem*, Institut für Verkehrsplanung und Straßenverkehr, Technical University Dresden, Dresden, Germany.

Los Alamos National Laboratory (1998) The Dallas Case Study, TRANSIMS, DOT-T-99-04, US Department of Transportation, Washington, DC, media. tmiponline. org/clearinghouse/DOT-T- 99-04/DOT-T-99-04. pdf (accessed 8 October 2013).

Los Alamos National Laboratory (2002) TRANSIMS Portland Study Reports, Volumes 0-5, 7, ndssl. vbi. vt. edu/transims-docs. php (accessed 7 October 2013).

Los Alamos National Laboratory (2003) TRANSIMS, Version 3. 1, Volumes 2-7, ndssl. vbi. vt. edu/transims-docs. php (accessed 7 October 2013).

Louviere, J. J. (1979a) Modelling individual residential preferences: a totally disaggregated approach, *Transportation Research Part A* 13, 374-384.

Louviere, J. J. (1979b) Attitudes, attitudinal measurement and the relationship between attitudes and behaviour, Chapter 36 in *Behavioural Travel Modelling*, D. A. Hensher and P. R. Stopher (eds), Croom Helm, London, 782-794.

Louviere, J. J. (1988) Conjoint analysis modelling of stated preferences: a review of theory, methods, recent developments and external validity, *Journal of Transport Economics and Policy* 22, 93-119.

Louviere, J. J., D. H. Henley, G. Woodworth, R. J. Meyer, I. P. Levin, J. W. Stoner, D. Curry and D. A. Anderson (1980) Laboratory simulation versus revealed preference methods for estimating travel demand models, *Transportation Research Record* 794, 42-51.

Louviere, J. J. and D. A. Hensher (1982) On the design and analysis of simulated choice or allocation experiments in travel choice modelling, *Transportation Research Record* 890, 11-17.

Louviere, J. J. and D. A. Hensher (1983) Using discrete choice models with experimental design data to forecast consumer demand for a unique cultural event, *Journal of Consumer Research* 10, 348-361.

Louviere, J. J., D. A. Hensher and J. Swait (2000) Stated *Choice Methods*, Cambridge University Press, Cambridge.

Louviere, J. J., R. Meyer, F. Stetzer and L. L. Beavers (1973) Theory, Methodology and Findings in Mode Choice Behaviour, Working Paper No. 11, Institute of Urban and Regional Research, University of Iowa, Iowa City.

Louviere, J. J. and G. G. Woodworth (1983) Design and analysis of simulated choice or allocation experiments: an approach based on aggregate data, *Journal of Marketing Research* 20, 350-367.

Lowry, I. S. (1964) A Model of Metropolis, RAND Corporation, Santa Monica, CA.

Lowry, I. S. (1965) A short course in model design, *Journal of the American Institute of Planners* 31, 158-166.

Lowry, I. S. (1968) Seven models of urban development: a structural comparison, *Urban Development Models*, Special Report 97, Highway Research Board, 121-146.

Luce, R. D. (1959) *Individual Choice Behavior*, Wiley, New York.

Luce, R. D. and P. Suppes (1965) Preference, utility and subjective probability, in *Handbook of Mathematical Psychology*, Volume III, R. D. Luce, R. Bush and E. Galanter (eds), Wiley, New York.

Luce, R. D. and J. W. Tukey (1964) Simultaneous conjoint measurement: a new type of fundamental measurement, *Journal of Mathematical Psychology* 1, 1-27.

Lundgren, J. T. and M. Patriksson (1998) An algorithm for the combined distribution and assignment model, Chapter 16 in *Transportation Networks*, M. G. H. Bell (ed), Elsevier, Oxford, 239-253.

Maat, K., B. van Wee and D. Stead (2005) Land use and travel behaviour: expected effects from the perspective of utility theory and activity-based theories, *Environment and Planning B* 32, 33-46.

Mackett, R. L. (1983) Leeds Integrated Land-Use Transport Model (LILT), Supplementary Report SR791, Transport and Road Research Laboratory, Crowthorne, Berkshire.

Mackett, R. L. (1985) Micro-analytical simulation of locational and travel behaviour, Transportation Planning Methods, Summer Annual Meeting, Planning and Transport Research and Computation Co., Brighton.

Mackett, R. L. (1990a) The systematic application of the LILT model to Dortmund, Leeds and Tokyo, *Transport Reviews* 10, 323-338.

Mackett, R. L. (1990b) Comparative analysis of modelling land-use transport interaction at the micro and macro levels, *Environment and Planning A* 22, 459-475.

Mackett, R. L. (1990c) MASTER Model (Micro-Analytic Simulation of Transport, Employment and Residence), Report CR 237, Transport and Road Research Laboratory, Crowthorne, Berkshire.

Mackett, R. L. and M. Edwards (1998) The impact of new urban public transport systems: will the expectations be met?, *Transportation Research Part A* 32, 231-245.

Mackie, P. J. (1996) Induced traffic and economic appraisal, *Transportation* 23, 103-119.

Mackie, P. J. (2008) Who knows where the time goes?, A response to David Metz, *Transport Reviews* 28, 692-694.

Mackie, P. J. and P. W. Bonsall (1989) Traveller response to road improvements: implications for user benefits, *Traffic Engineering and Control* 30(9), 411-416.

Mackie, P. J., S. Jara-Diaz and A. S. Fowkes(2001) The value of travel time savings in evaluation, *Transportation Research Part E* 37, 91-106.

Mackie, P. J., M. Wardman, A. S. Fowkes, G. Whelan, J. Nellthorp and J. Bates(2003) Values of Travel Time Savings in the UK, Final Report to UK Department for Transport, Institute for Transport Studies, University of Leeds, Leeds.

Mackinder, I. H. and S. E. Evans(1981) The Predictive Accuracy of British Transport Studies in Urban Areas, TRRL Supplementary Report 699, Transport and Road Research Laboratory, Crowthorne, Berkshire.

MacNicholas, M. J. and F. M. Collins(1971) A Transport Policy Model for Work Trips to a High Density City Centre, Universities Transport Study Group, University of Sheffield, Sheffield.

Magnanti, T. L. (1984) Models and algorithms for predicting urban traffic equilibria, in *Transportation Planning Models*, M. Florian(ed), Elsevier, Amsterdam, 153-185.

Mahmassani, H. S. (1988) Some comments on activity-based approaches to the analysis and prediction of travel behaviour, *Transportation* 15, 35-40.

Manheim, M. L. (1973) Practical implications of some fundamental properties of travel demand models, *Highway Research Record* 422, 21-38.

Manheim, M. L. (1979) *Fundamentals of Transportation Systems Analysis*, MIT Press, Cambridge, MA.

Manheim, M. L. and E. R. Ruiter(1970) DODOTRANS I: a decision-oriented computer language for analysis of multimode transportation systems, *Highway Research Record* 314, 135-163.

Mansfield, E. (1959) Book review of *Studies in the Economics of Transportation*, *Journal of Political Economy* 67(5), 540.

Manski, C. F. (1977) The structure of random utility models, *Theory and Decision* 8, 229-254.

Manski, C. F. and S. R. Lerman(1977) The estimation of choice probabilities from choice based samples, *Econometrica* 45, 1977-1988.

Manski, C. F. and D. McFadden(1981) Alternative estimators and sample designs for discrete choice analysis, in *Structural Analysis of Discrete Data*, C. F. Manski and D. McFadden(eds), MIT Press, Cambridge, MA, 2-50.

Marcotte, P. (1985) A new algorithm for solving variational inequalities with application to the traffic assignment problem, *Mathematical Programming* 33(3), 339-351.

Marcotte, P. and J. Guélat(1988) Adaptation of a modified Newton method for solving the asymmetric traffic equilibrium problem, *Transportation Science* 22(2), 112-124.

Marcotte, P. and M. Patriksson(2007) Traffic equilibrium, Chapter 10 in *Transportation*, Handbooks in Operations Research and Management Science, Volume 14, C. Barnhart and G. Laporte(eds), Elsevier, Oxford, 623-713.

Marcotte, P. and L. Wynter(2004) A new look at the multiclass network equilibrium problem, *Transportation Science* 38(3), 282-292.

Marschak, J. (1960) Binary choice constraints and random utility indicators, in *Mathematical Methods in the Social Sciences*, K. Arrow, S. Karlin and P. Suppes (eds), Stanford University Press, Stanford, CA, 312-329.

Marshall, S. and D. Banister (eds) (2007) *Land Use and Transport*, Elsevier, Amsterdam.

Martin, B. V. and M. Manheim (1965) A research program for comparison of traffic assignment techniques, *Highway Research Record* 88, 69-84.

Martin, B. V., F. W. Memmott, 3rd and A. J. Bone (1961) Principles and Techniques of Predicting Future Demand for Urban Area Transportation, Research Report No. 38, Massachusetts Institute of Technology, Cambridge, MA.

Martin, W. A. and N. A. McGuckin (1998) *Travel Estimation Techniques for Urban Planning*, Report 365, National Cooperative Highway Research Program, Transportation Research Board, Washington, DC.

Martinez, F. J. (1987) La forma incremental del modelo logit: aplicaciones, Actas del III Congreso Chileno de Ingenieria de Transporte, Universidad de Concepcion, Chile, 223-239.

Martinez, F. J. (1992) The bid-choice land use model: an integrated economic framework, *Environment and Planning* A 24, 871-885.

Mattsson, L.-G. (1987) Urban welfare maximisation and housing market equilibrium in a random utility setting, *Environment and Planning A* 19(2), 247-261.

Mattsson, L.-G., J. Weibull and P. O. Lindberg (2014) Extreme values, invariance and choice probabilities, *Transportation Research Part B* 59, 81-95.

Matzoros, A. and D. Van Vliet (1992) A model of air pollution from road traffic, based on the characteristics of interrupted flow and junction control: Part 1-model description; Part 2-model results, *Transportation Research Part A* 26, 315-330, 331-355.

May, A. D. (2013) Balancing prescription and guidance for local transport plans, *Proceedings of the Institution of Civil Engineers-Transport* 166(TR1), 36-48.

May, A. D. and B. Matthews (2007) Improved decision-making for sus-tainable transport, Chapter 15 in *Land Use and Transport*, S. Marshall and D. Banister (eds), Elsevier, Amsterdam, 335-361.

May, A. D. and D. S. Milne (2004) Effects of alternative road pricing schemes on network performance, *Transportation Research Part A* 34, 407-436.

May, A. D., M. Page and A. Hull (2008) Developing a set of policy support tools for sustainable urban transport in the UK, *Transport Policy* 15, 328-340.

May, A. D., S. P. Shepherd, G. Emberger, A. Ash, X. Zhang and N. Paulley (2005) Optimal land use-transport strategies: methodology and application to European cities, *Transportation Research Record* 1924, 129-138.

Mayberry, J. P. (1970) Structural requirements for abstract-mode models of passenger transportation, Chapter 5 in *The Demand for Travel*, R. E. Quandt (ed), Heath Lexington Books, Lexington, MA, 103-125.

McDonald, J. F. (1988) The first Chicago Area Transportation Study projections and plans for metropolitan Chicago in retrospect, *Planning Perspectives* 3, 245-268.

McFadden, D. (1968) The Revealed Preferences of a Government Bureaucracy, Technical Report W-17, Institute of International Studies, University of California Berkeley, Berkeley.

McFadden, D. (1973) Conditional logit analysis of qualitative choice behaviour, in *Frontiers in Econometrics*, P. Zarembka(ed), Academic Press, New York, 105-142.

McFadden, D. (1974) The measurement of urban travel demand, *Journal of Public Economics* 3, 303-328.

McFadden, D. (1976a) Quantal choice analysis: a survey, *Annals of Economic and Social Measurement* 5, 363-390.

McFadden, D. (1976b) The Theory and Practice of Disaggregate Demand Forecasting for Various Modes of Urban Transportation, Working Paper 7623, Urban Travel Demand Forecasting Project, University of California Berkeley, Berkeley; reprinted in T. H. Oum et al(eds)(1997) *Transport Economics*, Harwood, Amsterdam, 51-80.

McFadden, D. (1978) Modeling the choice of residential location, Chapter 3 in *Spatial Interaction Theory and Residential Location*, A. Karlqvist, L. Lundqvist, F. Snickars and J. Weibull(eds), North-Holland, Amsterdam, 75-96.

McFadden, D. (1981) Econometric models of probabilistic choice, in *Structural Analysis of Discrete Data*, C. Manski and D. McFadden(eds), MIT Press, Cambridge, MA, 198-272.

McFadden, D. (1986) The choice theory approach to market research, *Marketing Science* 5, 275-297.

McFadden, D. (1989) A method of simulated moments for estimation of discrete response models without numerical integration, *Econometrica* 57, 995-1026.

McFadden, D. (1997) Measuring willingness-to-pay for transportation improvements, Chapter 15 in *Theoretical Foundations of Travel Choice Modeling*, T. Gärling, T. Laitila and K. Westlin(eds), Pergamon, Oxford, 339-364.

McFadden, D. (1999) Rationality for economists?, *Journal of Risk and Uncertainty* 19(1-3), 73-105.

McFadden, D. (2000a) Daniel L. McFadden-Autobiography, Nobel Prize, Stockholm, http://nobelprize.org/nobel_prizes/economics/laureates/ 2000/mcf adden. html.

McFadden, D. (2000b) Disaggregate Behavioural Travel Demand's RUM Side: A 30-Year Retrospective, Department of Economics, University of California Berkeley, Berkeley; also in *Travel Behaviour Research*, D. Hensher(ed)(2001), Pergamon, Oxford, 17-63.

McFadden, D. (2001) Economic choices, *American Economic Review* 91, 351-378.

McFadden, D. (2002) The path to discrete choice models, *Access*, University of California Transportation Center, Berkeley, 2-7.

McFadden, D., S. Cosslett, G. Duguay and W. Jung(1977a) Demographic Data for Policy Analysis, Urban Travel Demand Forecasting Project, Phase I Final Report Series, Volume 8, Institute of Transportation Studies, University of California Berkeley, Berkeley.

McFadden,D. and F. Reid(1975) Aggregate travel demand forecasting from disaggregate demand models,*Transportation Research Record*534,24-37.

McFadden,D. and P. A. Ruud(1994) Estimation by simulation,*Review of Economics and Statistics* 76(4),591-608.

McFadden,D. and K. Train(1978) The goods/leisure trade-off and disaggregate work trip mode choice models,*Transportation Research* 12,349-353.

McFadden,D. and K. Train(2000) Mixed MNL models for discrete response,*Journal of Applied Econometrics* 15,447-470.

McFadden,D. ,K. Train and W. Tye(1977b) An application of diagnostic tests for the independence from irrelevant alternatives property of the multinomial logit model,*Transportationa Research Record* 637,39-46.

McGillivray,R. G. (1970) Demand and choice models of mode split,*Journal of Transport Economics and Policy* 4,192-207.

McGuire,C. B. (1952) Highway Capacity and Traffic Congestion: A Preliminary Study, Cowles Commission Discussion Paper: Economics No. 2048, Cowles Commission for Research in Economics,Chicago.

McIntosh,P. T. and D. A. Quarmby(1972) Generalised costs and the estimation of movement costs and benefits in transport planning,*Highway Research Record* 383,11-26; first issued as Mathematical Advisory Unit Note 179,UK Department of the Environment,London(1970).

McLachlan,K. A. (1949) Coordinate method of origin and destination *analysis*,*Proceedings*,Highway Research Board,Washington,DC,349-367.

McLynn,J. M. ,A. J. Goldman,P. R. Meyers and R. H. Watkins(1967) Analysis of a Market Split Model, Technical Paper No. 8, Northeast Corridor Transportation Project, US Department of Transportation, Washington, DC.

McNally, M. G. (1997) An activity-based micro-simulation model for travel demand forecasting, in *Activity Based Approaches to Travel Demand Analysis*, D. F. Ettema and H. J. P. Timmermans (eds),Pergamon,London,37-54.

McNally, M. G. (2000a) The four-step model, Chapter 3 in *Handbook of Transport Modelling*, D. A. Hensher and K. J. Button(eds),Pergamon,Amsterdam,35-52.

McNally, M. G. (2000b) The activity-based approach, Chapter 4 in *Handbook of Transport Modelling*, D. A. Hensher and K. J. Button(eds),Pergamon,Amsterdam,53-69.

Meneguzzer,C. (1995) An equilibrium route choice model with explicit treatment of the effect of intersections,*Transportation Research Part B*29(5),329-356.

Meneguzzer,C. (1997) Review of models combining traffic assignment and signal control,*ASCE Journal of Transportation Engineering*,123(2),148-155.

Meng,Q. and Z. Liu(2012) Mathematical models and computational algorithms for probit-based asymmetric stochastic user equilibrium problem with elastic demand,*Transportmetrica* 8(4), 261-290.

Merchant, D. K. and G. L. Nemhauser(1978) A model and an algorithm for the dynamic traffic assignment problems, *Transportation Science* 12(3), 183-199.

Mertz, W. L. (1960a) The use of electronic computers, *Traffic Engineering* 30(8), 23-27, 54-55.

Mertz, W. L. (1960b) Traffic assignment to street and freeway systems, *Traffic Engineering* 30(10), 27-33, 53.

Mertz, W. L. (1961) Review and evaluation of electronic computer traffic assignment programs, *Highway Research Bulletin* 297, 94-105.

Metaxatos, P., D. E. Boyce, M. Florian and I. Constantin(1995) Introducing 'feedback' among the origin-destination, mode and route choice steps of the urban travel forecasting procedure in the EMME/2 system, *Proceedings, Fifth National Transportation Planning Methods Applications Conference*, Volume I, Transportation Research Board, Washington, DC, 11-17.

Metcalfe, R. and P. Dolan(2012) Behavioural economics and its implications for transport, *Journal of Transport Geography* 24, 503-511.

Metz, D. (2008) The myth of travel time saving, *Transport Reviews* 28, 321-336.

Meyburg, A. H. and P. R. Stopher(1974) A framework for the analysis of demand for urban goods movement, *Transportation Research Record* 496, 68-79.

Miller, E. J. (2003) Land use: transportation modeling, Chapter 5 in *Transportation Systems Planning*, K. G. Goulias(ed), CRC Press, Boca Raton, FL.

Miller, E. J., J. D. Hunt, J. E. Abraham and P. A. Savini(2004) Microsimulating urban systems, *Computers, Environment and Urban Systems* 28, 9-44.

Miller, E. J. and M. J. Roorda(2003) Prototype model of household activity-travel scheduling, *Transportation Research Record* 1831, 114-121.

Mills, E. S. (1972) Markets and efficient resource allocation in urban areas, *Swedish Journal of Economics* 74(1), 100-113.

Mirchandani, P. and H. Soroush (1987) Generalized traffic equilibrium with probabilistic travel times and perceptions, *Transportation Science* 21(3), 133-152.

Mitchell, R. B. (1959) Metropolitan Planning for Land Use and Transportation, Office of Public Works Planning, White House, Washington, DC.

Mitchell, R. B. and C. Rapkin(1954) *Urban Traffic*, Columbia University Press, New York.

Mogridge, M. J. H. (1990) *Travel in Towns*, Macmillan, London.

Mogridge, M. J. H. (1997) The self-defeating nature of urban road capacity policy: a review of theories, disputes and available evidence, *Transport Policy* 4, 5-23.

Mokhtarian, P. L. (1990) A typology of relationships between telecommunications and transportation, *Transportation Research Part A* 24, 231-242.

Mokhtarian, P. L. (1991) Telecommunications and travel behaviour, *Transportation* 18, 287-289.

Mokhtarian, P. L. (2002) Telecommunications and travel: the case for complementarity, *Journal of Industrial Ecology* 6, 43-57.

Mokhtarian, P. L. and C. Chen(2004) TTB or not TTB, that is the question: a review and analysis of the empirical literature on travel time (and money) budgets, *Transportation Research Part A* 38, 643-675.

Mokhtarian, P. L. and I. Salomon (2002) Emerging travel patterns: do telecommunications make a difference?, Chapter 7 in *In Perpetual Motion*, H. S. Mahmassani (ed), Elsevier, Oxford, 143-182.

Moore, E. F. (1957) The shortest path through a maze, International Symposium on the Theory of Switching, Harvard University; *Proceedings*, Part II, Annals of the Computation Laboratory of Harvard University, Volumes 29-30, 1959, 285-292.

Morgeson, D. (1994) TRANSIMS presentation, Los Alamos National Laboratory, in *Travel Model Improvement Program Conference Proceedings*, G. A. Shunk and P. L. Bass (eds), Fort Worth, TX, 39-59, ntl. bts. gov/DOCS/443 (accessed 7 October 2013).

Morikawa, T. (1989) Incorporating Stated Preference Data in Travel Demand Analysis, Ph. D. thesis, Civil Engineering, Massachusetts Institute of Technology, Cambridge, MA.

Morikawa, T. and K. Sasaki (1998) Discrete choice models with latent variables using subjective data, in *Travel Behaviour Research*, J. de D. Ortúzar, D. A. Hensher and S. R. Jara-Diaz (eds), Pergamon, Oxford, 435-455.

Morrison, J. and V. Loose (1995) TRANSIMS Model Design Criteria as Derived from Federal Legislation, US Department of Transportation, Washington, DC.

Moser, G. and S. Bamberg (2008) The effectiveness of soft transport policy measures: a critical assessment and meta-analysis of empirical evidence, *Journal of Environmental Psychology* 28, 10-26.

Moses, L. N. and H. F. Williamson (1963) Value of time, choice of mode and the subsidy use in urban transportation, *Journal of Political Economy* 71, 247-264.

Mosher, W. W., Jr. (1963) A capacity-restraint algorithm for assigning flow to a transport network, *Highway Research Record* 6, 41-70.

Munizaga, M. A. and R. Alvarez – Daziano (2005) Testing mixed logit and probit models by simulation, *Transportation Research Record* 1991, 53-62.

Muranyi, T. C. (1963) Trip Distribution and Traffic Assignment, Traffic Assignment Conference, Report 66, 552, Chicago Area Transportation Study, Chicago.

Murchland, J. D. (1966a) An Introductory Lecture on Traffic Assignment by Digital Computer, Transport Network Theory Unit, London Graduate School of Business Studies, London.

Murchland, J. D. (1966b) Some Remarks on the Gravity Model of Traffic Distribution, and an Equivalent Maximization Formulation, Transport Network Theory Unit, London Graduate School of Business Studies, London.

Murchland, J. D. (1967) Two Remarks on Congested Assignment, Transport Network Theory Unit, London Graduate School of Business Studies, London.

Murchland, J. D. (1969) Road network traffic distribution in equilibrium, Conference on Mathematical Models in the Economic Sciences, Mathematisches Forschungsinstitut, Oberwolfach, Germany.

Murchland, J. D. (1970a) Road network traffic distribution in equilibrium, in *Mathematical Models in the Social Sciences*, Volume 8, R. Henn, H. P. Kunzi and H. Schubert (eds), Anton Hain Verlag, Meisenheim am Glan, 145-183 (in German).

Murchland, J. D. (1970b) Braess's paradox of traffic flow, *Transportation Research* 4 (4), 391-394.

Murchland, J. D. (1970c) A Fixed Matrix Method for All Shortest Distances in a Directed Graph and for the Inverse Problem, Doctor of Economic Science thesis, Universität (TH) Fridericiana, Karlsruhe, Germany.

Murchland, J. D. (1977) Congested assignment: test problems with known solutions, *Urban Transportation Planning*, P. Bonsall, Q. Dalvi and P. J. Hills (eds), Abacus, Tunbridge Wells, Kent, 129-146.

MVA (1998) *Traffic Impact of Highway Capacity Reductions*, Landor Publishing, London.

MVA (2005) Multi-Modal Model Data Provision, report for the Denvil Coombe Practice on behalf of the Integrated Transport and Economic Appraisal Division, UK Department for Transport, London.

MVA and John Bates Services (2000) Improved Elasticities and Methods, UK Department of the Environment, Transport and the Regions, London.

MVA Consultancy, Institute for Transport Studies, University of Leeds, and Transport Studies Unit, University of Oxford (1987) *The Value of Travel Time Savings*, Policy Journals, Newbury, Berkshire.

Nagel, K., R. J. Beckman and C. L. Barrett (1999) TRANSIMS for urban planning, presented at the 6th International Conference on Computers in Urban Planning and Urban Management, Venice, Italy.

Nagel, K. and M. Schreckenberg (1992) A cellular automaton model for freeway traffic, *Journal de Physique* 2 (12), 2221-2229.

Nagurney, A. (1986) Computational comparisons of algorithms for general asymmetric traffic equilibrium problems with fixed and elastic demands, *Transportation Research Part B* 20 (1), 78-84.

Nagurney, A. (1991) Equilibrium modeling, analysis and computation: the contributions of Stella Dafermos, *Operations Research* 39 (1), 9-12.

Nagurney, A. (1993) *Network Economics*, 2nd edn 1999, Kluwer, Boston.

Nagurney, A. and D. Boyce (2005) Preface to 'On a paradox of traffic planning', *Transportation Science* 39 (4), 443-445.

Nagurney, A. and D. Zhang (1996) *Projected Dynamical Systems and Variational Inequalities with Applications*, Kluwer, Boston.

Nash, J. (1951) Non-cooperative games, *Annals of Mathematics* 54 (2), 286-298.

Neffendorf, H., M. Wigan, R. Donnelly, I. Williams and M. Collop (2001) The emerging form of freight modelling, European Transport Conference, Cambridge.

Neidercorn, J. A. and B. V. Bechdolt, Jr. (1969) An economic derivation of the gravity law of spatial interaction, *Journal of Regional Science* 9, 273-282.

Nemhauser, G. L. (1991) Mathematical programming at Cornell and CORE: the super seventies, in *History of Mathematical Programming*, J. K. Lenstra, A. H. G. Rinnooy Kan and A. Schrijver (eds), Elsevier, Amsterdam, 114-118.

Netherlands Economic Institute (1997) Relationship between Demand for Freight Transport and Industrial Effects, Rotterdam.

Netter, M. (1972a) Affectations de trafic et tarification au coût marginal social: critique de quelques idées admises, *Transportation Research* 6(4), 411-429.

Netter, M. (1972b) Equilibrium and marginal cost pricing on a road network with several traffic flow types, in *Traffic Flow and Transportation*, G. F. Newell (ed), American Elsevier, New York, 155-163.

Netter, M. and J. G. Sender (1970) Equilibre Offre-Demande et Tarification sur un Réseau de Transport, Institut de Recherche des Transports, Arcueil, France.

Neuberger, H. (1971) User benefit in the evaluation of transport and land use plans, *Journal of Transport Economics and Policy* 5(1), 52-75.

Newell, G. F. (1980) *Traffic Flow on Transportation Networks*, MIT Press, Cambridge, MA.

Nguyen, S. (1974a) Une approche unifiée des méthodes d'équilibre pour l'affectation du trafic, Ph. D. thesis, Recherche Opérationnelle, Université de Montréal, Montréal.

Nguyen, S. (1974b) An algorithm for the traffic assignment problem, *Transportation Science* 8(3), 203-216.

Nguyen, S. (1976) A unified approach to equilibrium methods for traffic assignment, in *Traffic Equilibrium Methods*, M. Florian (ed), Springer, Berlin, 148-182.

Nguyen, S. and C. Dupuis (1984) An efficient method for computing traffic equilibria in networks with asymmetric transportation costs, *Transportation Science* 18(2), 185-202.

Nguyen, S. and S. Pallottino (1988) Equilibrium traffic assignment for large scale transit networks, *European Journal of Operational Research* 37(2), 176-186.

Nie, Y. (2010) A class of bush-based algorithms for the traffic assignment problem, *Transportation Research Part B* 44(1), 73-89.

Nie, Y. (2012) A note on Bar-Gera's algorithm for the origin – based traffic assignment problem, *Transportation Science* 46(1), 27-38.

Nielsen, O. A. (2000) A stochastic transit assignment model considering differences in passengers utility functions, *Transportation Research Part B* 34(5), 377-402.

Nielsen, O. A. (2004) A large scale stochastic multi-class schedule-based transit model with random coefficients, *Schedule-Based Dynamic Transit Modeling*, N. H. M. Wilson and A. Nuzzolo (eds), Kluwer, Boston, 53-77.

Nökel, K. and S. Wekeck (2009) Boarding and alighting in frequency-based transit assignment, *Transportation Research Record* 2111, 60-67.

Noland, R. B. and L. L. Lam (2002) A review of the evidence for induced travel and changes in transportation and environmental policy in the US and the UK, *Transportation Research Part D* 7, 1-26.

Noland, R. B. and J. W. Polak (2002) Travel time variability: a review of theoretical and empirical issues, *Transport Reviews* 22, 39-54.

Noland, R. B. and K. A. Small (1995) Travel-time uncertainty, departure time choice, and the cost of morning commutes, *Transportation Research Record* 1493, 150-158.

Ogden, K. W. (1992) *Urban Goods Movement*, Ashgate, Brookfield, VT.

Oi, W. Y. and P. W. Shuldiner (1962) *An Analysis of Urban Travel Demands*, Northwestern University Press, Evanston, IL.

Oppenheim, N. (1993a) Equilibrium trip distribution/assignment with variable destination costs, *Transportation Research Part B* 27(3), 207-217.

Oppenheim, N. (1993b) A combined, equilibrium model of urban personal travel and goods movements, *Transportation Science* 27(2), 161-173.

Oppenheim, N. (1995) *Urban Travel Demand Modeling*, Wiley, New York.

Orcutt, G. H., S. Caldwell and R. F. Wertheimer (1976) Policy Exploration through Microanalytic Simulation, Urban Institute, Washington, DC.

Orcutt, G. H., M. Greenberger, J. Korbel and A. Rivlin (1961) *Microanalysis of Socioeconomic Systems*, Harper, New York.

Orden, A. and L. Goldstein (1952) Symposium on Linear Inequalities and Programming, Planning Research Division, Director of Management Analysis Service, Comptroller, Headquarters US Air Force, Washington, DC.

Ortúzar, J. de D. (1979) Testing the Theoretical Accuracy of Travel Choice Models with Monte Carlo Simulation, Working Paper 125, Institute for Transport Studies, University of Leeds, Leeds.

Ortúzar, J. de D. (1983) Nested logit models for mixed-mode travel in urban corridors, *Transportation Research Part A* 17(4), 283-299.

Ortúzar, J. de D. (2001) On the development of the nested logit model, *Transportation Research Part B* 35(2), 213-216.

Ortúzar, J. de D., J. Armoogum, J. L. Madre and F. Potier (2011) Continuous mobility surveys: the state of practice, *Transport Reviews* 31, 293-312.

Ortúzar, J. de D., N. Eluru and K. K. Srinivasan (2012) Methodological developments in activity-travel behaviour analysis, Chapter 19 in *Travel Behaviour Research in an Evolving World*, R. M. Pendyala and C. R. Bhat (eds), www.Lulu.com, 357-365.

Ortúzar, J. de D. and L. I. Rizzi (2007) Valuation of transport externalities by stated choice methods, in *Essays on Transport Economics*, P. Coto-Millán and V. Inglada (eds), Physica, Heidelberg, 249-272.

Ortúzar, J. de D. and L. G. Willumsen (2011) *Modelling Transport*, 4th edn, Wiley, Chichester, West Sussex.

Oryani, K. and B. Harris (1997) Review of land use models: theory and application, *Proceedings*,

Sixth Transportation Planning Applications Conference, R. Donnelly and J. Dunbar(eds), Transportation Research Board, Washington, DC, 80-91.

Overgaard, K. R. (1967) Testing a traffic assignment algorithm, in *Vehicular Traffic Science*, L. C. Edie, R. Herman and R. Rothery(eds), American Elsevier, New York, 215-221.

Owens, S. (1995) From 'predict and provide' to 'predict and prevent'? Pricing and planning in transport policy, *Transport Policy* 2, 43-49.

Owers, J. and M. H. Echenique(eds) (1994) Research into practice: the work of the Martin Centre in urban and regional modelling, *Environment and Planning B* 21, 513-650.

Pang, J. S. and D. Chan (1982) Iterative methods for variational and complementarity problems, *Mathematical Programming* 24(1), 284-313.

Parkes, D. N. and N. J. Thrift (1975) Timing space and spacing time, *Environment and Planning A* 7, 551-570.

Parsons Brinckerhoff Quade & Douglas (2005) Transportation Model and Data Initiative, New York Best Practice Model, General Final Report to New York Metropolitan Transportation Council, New York, www.nymtc.org/project/BPM/model/bpm_finalrpt.pdf(accessed 8 October 2013).

Parthasarathi, P. and D. Levinson (2010) Post construction evaluation of traffic forecast accuracy, *Transport Policy* 17, 428-443.

Pas, E. I. (1984) The effect of selected socio-demographic characteristics on daily travel-activity behavior, *Environment and Planning A* 16, 571-581.

Pas, E. I. (1998) Time in travel choice modeling: from relative obscurity to center stage, Chapter 10 in *Theoretical Foundations of Travel Choice Modeling*, T. Gärling, T. Laitila and K. Westin (eds), Elsevier, Amsterdam, 231-250.

Pas, E. I. and A. S. Harvey (1997) Time use research and travel demand analysis and modelling, in *Understanding Travel Behaviour in an Era of Change*, P. Stopher and M. Lee-Gosselin(eds), Elsevier, Oxford, 315-338.

Patriksson, M. (1993) Partial linearization methods in nonlinear programming, *Journal of Optimization Theory and Applications* 78(2), 227-246.

Patriksson, M. (1994) *The Traffic Assignment Problem*, VSP, Utrecht.

Patriksson, M. and M. Labbé(eds) (2002) *Transportation Planning*, Kluwer, Dordrecht.

Paulley, N. (2002) Recent studies on key issues in road pricing, *Transport Policy* 9, 175-177.

Paulley, N. and F. V. Webster (1991) Overview of an international study to compare models and evaluate land-use and transport policies, *Transport Reviews* 11, 197-222.

Pearmain, D. and E. Kroes (1990) Stated Preference Techniques: A Guide to Practice, Steer Davies and Gleave, London, and Hague Consulting Group, The Hague.

Peat, Marwick, Livingston & Co. (1967) Urban Planning System/360, Trip Distribution Programs, Federal Highway Administration, Washington, DC.

Peat, Marwick, Mitchell & Co. (1972) Implementation of the n-Dimensional Logit Model, Final Report to the Comprehensive Planning Organization, San Diego County, California.

Pendyala, R. M., K. G. Goulias and R. Kitamura(1991) Impact of telecommuting on spatial and temporal patterns of household travel, *Transportation* 18, 303-409.

Pendyala, R. M., R. Kitamura and D. V. G. P. Reddy(1998) Application of an activity-based travel demand model incorporating a rule-based algorithm, *Environment and Planning B* 25, 753-772.

Pendyala, R. M., R. Kitamura, A. Kikuchi, T. Yamamoto and S. Fujii(2005) Florida Activity Mobility Simulator: overview and preliminary validation results, *Transportation Research Record* 1921, 123-130.

Pendyala, R. M., K. C. Konduri, Y. -C. Chiu, M. Hickman, N. Noh, P. Waddell, L. Wang, D. You and B. Gardner(2012) An integrated land use-transportation model system with dynamic time dependent activity-travel microsimulation, *Transportation Research Record* 2303, 19-27.

Penn Jersey Transportation Study(1959) Prospectus, Philadelphia.

Pfaffenbichler, P., G. Emberger and S. Shepherd (2007) The integrated dynamic land use and transport model MARS, *Networks and Spatial Economics* 8, 183-200.

Pick, G. W. and J. Gill(1970) New developments in category analysis, Urban Traffic Model Research, Planning and Transport Research and Computation Co., London.

Pickrell, D. (1989) Urban Rail Transit Projects: Forecast versus Actual Ridership and Costs, Transportation Systems Center, US Department of Transportation, Washington, DC.

Pickrell, D. H. (1992) A desire named streetcar, *Journal of the American Planning Association* 58, 158-176.

Pickup, L. and S. W. Town(1983) The role of social science methodologies in transport planning, in *Recent Advances in Travel Demand Analysis*, S. Carpenter and P. Jones(eds), Gower, Aldershot, Hampshire.

Pigou, A. C. (1918) *The Economics of Welfare*, Macmillan, New York.

Pinjari, A. R. and C. R. Bhat(2011) Activity-based travel demand analysis, Chapter 10 in *Handbook of Transport Economics*, A. de Palma, R. Lindsey, E. Quinet and R. Vickerman (eds), Edward Elgar Publishing, Cheltenham, Gloucestershire, 213-248.

Plourde, R. P. (1968) Consumer Preference and the Abstract Mode Model: Boston Metropolitan Area, Research Report R68-51, Massachusetts Institute of Technology, Cambridge, MA.

Popper, K. R. (1959) *The Logic of Scientific Discovery*, Hutchinson, New York.

Potts, R. B. and R. M. Oliver(1972) *Flows in Transportation Networks*, Academic Press, New York.

Powell, W. B. and Y. Sheffi(1982) The convergence of equilibrium algorithms with predetermined step sizes, *Transportation Science* 16(1), 45-55.

Pradhan, A. and K. M. Kockelman(2002) Uncertainty propagation in an integrated land use-transportation modeling framework: output variation via UrbanSim, *Transportation Research Record* 1805, 128-135.

Prager, W. (1954) Problems of traffic and transportation, Proceedings, Symposium on Operations Research in Business and Industry, Midwest Research Institute, Kansas City, MO, 105-113.

Prager, W. (1955) On the role of congestion in transportation problems, *Zeitschrift für Angewandte*

Mathematik und Mechanik 35, 264-268.

Prager, W. (1956-57) Book review of *Studies in the Economics of Transportation*, *Quarterly of Applied Mathematics* 14, 445.

Prais, S. J. and C. B. Winsten(1954) Trend Estimators and Serial Correlation, Cowles Commission Discussion Paper No. 383, Cowles Commission for Research in Economics, Chicago.

Pratt, R. H., K. F. Turnbull, J. E. Evans, IV, B. E. McCollom, F. Spielberg, E. Vaca and J. R. Kuzmyak(2000) *Traveler Response to Transportation System Changes: Interim Handbook*, Transit Cooperative Research Program, Transportation Research Board, Washington, DC.

Prekopa, A. (1980) On the development of optimization theory, *American Mathematical Monthly* 87(7), 527-542.

Prestwood-Smith, P. (1977) The development of transport objectives, Chapter 2 in *Urban Transportation Planning*, P. W. Bonsall, Q. M. Dalvi and P. J. Hills (eds), Abacus, Tunbridge Wells, Kent, 7-20.

Putman, S. H. (1975) Urban land use and transportation models: a state-of-the-art summary, *Transportation Research* 9(2-3), 187-202.

Putman, S. H. (1983) *Integrated Urban Models*, Pion, London.

Putman, S. H. (1991) *Integrated Urban Models* 2, Pion, London.

Putman, S. H. (1998) Results from implementation of integrated transportation and land use models in metropolitan regions, in *Network Infrastructure and the Urban Environment*, L. Lundqvist, L.-G. Mattsson and T. J. Kim(eds), Springer, Berlin, 268-287.

Putman, S. H. (2001) *Integrated Transportation and Land Use Forecasting: Sensitivity Tests of Alternative Model Systems Configuration*, Travel Model Improvement Program, US Department of Transportation and US Environmental Protection Agency, Washington, DC, ntl. bts. gov/lib/18000/18300/18370/PB2001108460. pdf(accessed 7 January 2013).

Pyers, C. E. (1966) Evaluation of intervening opportunities trip distribution model, *Highway Research Record* 114, 71-98.

Quandt, R. E. (1960) Models of transportation and optimal network construction, *Journal of Regional Science* 2(1), 27-45.

Quandt, R. E. (1968) Estimation of modal splits, *Transportation Research* 2, 41-50.

Quandt, R. E. (ed)(1970) *The Demand for Travel*, Heath Lexington Books, Lexington, MA.

Quandt, R. E. and W. J. Baumol(1966) The demand for abstract modes: theory and measurement, *Journal of Regional Science* 6, 13-26.

Quarmby, D. A. (1967) Choice of travel mode for the journey to work, *Journal of Transport Economics and Policy* 1, 273-314.

Quigley, J. M. (1976) Housing demand in the short run: an analysis of polytomous choice, *Explorations in Economic Research* 3(1), National Bureau of Economic Research, New York, 76-102.

Rasouli, S. and H. Timmermans(2012) Uncertainty in travel demand forecasting models: literature review and research agenda, *Transportation Letters* 4, 55-73.

Rassam, P., R. Ellis and J. Bennett (1971) The n-dimensional logit model: development and application, *Highway Research Record* 369, 135-147.

Ratrout, N. T. and S. M. Rahman (2009) A comparative analysis of currently used microscopic and macroscopic traffic simulation software, *Arabian Journal for Science and Engineering* 34, 123-132.

Raveau, S., R. Alvarez-Daziano, M. F. Yáñez, D. Bolduc and J. de D. Ortúzar (2010) Sequential and simultaneous estimation of hybrid discrete choice models: some new findings, *Transportation Research Record* 2156, 131-139.

Recker, W. W. (2001) A bridge between travel demand modeling and activity-based travel analysis, *Transportation Research Part B* 35, 481-506.

Recker, W. W., M. G. McNally and G. S. Root (1986) A model of complex travel behaviour: Part I, theoretical development; Part II, an operational model, *Transportation Research Part A* 20, 307-318, 319-330.

Reichman, S. and P. R. Stopher (1971) Disaggregate stochastic models of travel-mode choice, *Highway Research Record* 369, 91-103.

Resource Decision Consultants (1995) Activity-Based Modeling System for Travel Demand Forecasting, US Department of Transportation, Washington, DC, media.tmiponline.org/clearinghouse/amos/amos.pdf (accessed 8 October 2013).

Revelt, D. and K. Train (1998) Mixed logit with repeated choices: households' choices of appliance efficiency level, *Review of Economics and Statistics* 80, 647-657.

Rho, J. H. and T. J. Kim (1989) Solving a three-dimensional urban activity model of land use intensity and transport congestion, *Journal of Regional Science* 29(4), 595-613.

Richards, M. G. (2006) *Congestion Charging in London*, Palgrave Macmillan, Basingstoke, Hampshire.

Richards, M. G. and M. E. Ben-Akiva (1975) *A Disaggregate Travel Demand Model*, Lexington Books, Lexington, MA.

Richardson, A. J., E. S. Ampt and A. H. Meyburg (1995) *Survey Methods for Transport Planning*, Eucalyptus, Melbourne.

Road Charging Options for London (ROCOL) Working Group (2000) *Road Charging Options for London: A Technical Assessment*, Her Majesty's Stationery Office, London.

Robbins, H. and S. Monroe (1951) A stochastic approximation method, *Annals of Mathematical Statistics* 22(3), 400-407.

Roberts, M. and D. C. Simmonds (1997) A strategic modelling approach for urban transport policy development, *Traffic Engineering and Control* 38, 377-384.

Robertson, C. A. and D. Strauss (1981) A characterization theorem for random utility variables, *Journal of Mathematical Psychology* 23, 184-189.

Robertson, D. I. (1969) TRANSYT: a traffic network study tool, Report LR 253, Transport and Road Research Laboratory, Crowthorne, Berkshire.

Robillard, P. (1974) Calibration of Dial's assignment method, *Transportation Science* 8(2),

117-125.

Rockafellar, R. T. (1967) Convex programming and systems of elementary monotonic relations, *Journal of Mathematical Analysis and Applications* 19(3), 543-564.

Roden, D. (2009) Implementing DTA for the White House Area Transportation Study, Travel Model Improvement Program, Federal Highway Administration, Washington, DC.

Rogers, K. G., G. M. Townsend and A. E. Metcalfe (1970) Planning for the Work Journey-A Generalised Explanation of Modal Choice, Report C67, Local Government Operational Research Unit, Reading, Berkshire.

Rohr, C. (2005) The PRISM Model: Evidence on Model Hierarchy and Parameter Values, Report for the UK Department for Transport, RAND Europe, Cambridge.

Rohr, C., A. Daly, J. Fox, B. Patruni, T. van Vuren and G. Hyman (2012) Manchester Motorway Box: post survey research on induced traffic effects, *Planning Review* 48, 24-39.

Roorda, M. J., E. J. Miller and K. M. N. Habib (2008) Validation of TASHA: a 24-hr activity scheduling microsimulation model, *Transportation Research Part A* 42, 360-375.

Roos, D. (1966) *ICES System Design*, MIT Press, Cambridge, MA.

Rose, J. M. and M. C. J. Bliemer (2008) Stated preference experimental design strategies, Chapter 8 in *Handbook of Transport Modelling*, 2nd edn, D. A. Hensher and K. J. Button (eds), Elsevier, Amsterdam, 151-180.

Rose, J. M. and M. C. J. Bliemer (2009) Constructing efficient stated choice experimental designs, *Transport Reviews* 29, 587-617.

Rose, J. M. and M. C. J. Bliemer (2013) Stated Choice Experimental Design Theory: The Who, the What and the Why, Institute of Transport and Logistics Studies, University of Sydney, Australia.

Rose, J. M. and D. A. Hensher (2014) Toll roads are only part of the overall trip: the error of our ways in past willingness to pay studies, *Transportation* 41(4), 819-837.

Rossi, T. F., S. McNeil and C. Hendrickson (1989) Entropy model for consistent impact fee assessment, *ASCE Journal of Urban Planning and Development*, 115(2), 51-63.

Rossi, T. and Y. Shiftan (1997) Tour based travel demand modeling in the US, *Eighth Symposium on Transportation Systems*, Volume 1, Chania, Greece, 409-414.

Royal Swedish Academy of Sciences (2000) *The Scientific Contributions of James Heckman and Daniel McFadden*, Bank of Sweden Prize in Economic Sciences in Memory of Alfred Nobel, Stockholm.

RSG, AECOM, M. Bradley, J. Bowman, M. Hadi, R. Pendyala, C. Bhat, T. Waller, and North Florida Transportation Planning Organization (2014) Dynamic, Integrated Model System: Jacksonville-Area Application, SHRP 2 Report S2-C10A-RW-1, Transportation Research Board, Washington, DC.

Ruiter, E. R. (1967) Improvements in understanding, calibrating and applying the opportunity model, *Highway Research Record* 165, 1-21.

Ruiter, E. R. (1992) Development of an Urban Truck Travel Model for the Phoenix Metropolitan

Area, Final Report to the Arizona Department of Transportation, Cambridge Systematics, Cambridge, MA.

Ruiter, E. R. and M. E. Ben-Akiva(1978) Disaggregate travel demand models for the San Francisco area: system structure, component models and application procedures, *Transportation Research Record* 673, 121-128.

Sacks, J., W. J. Welch, T. J. Mitchell and H. P. Wynn(1989) Design and analysis of computer experiments, *Statistical Science* 4(4), 409-435.

Safwat, K. N. A. and T. L. Magnanti(1988) A combined trip generation, trip distribution, modal split, and trip assignment model, *Transportation Science* 22(1), 14-30.

Salomon, I. (1986) Telecommunications and travel relationships: a review, *Transportation Research Part A* 20, 223-238.

Salvini, P. A. and E. J. Miller(2005) ILUTE: an operational prototype of a comprehensive microsimulation model of urban systems, *Networks and Spatial Economics* 5, 217-234.

Samuelson, P. A. (1970) *Economics*, 8th edn, McGraw-Hill, New York.

Sanko, N. (2014) Travel demand forecasts improved by using cross-sectional data from multiple time points, *Transportation* 41(4), 673-695.

Sayer, R. A. (1976) A critique of urban modelling: from regional science to urban and regional political economy, *Progress in Planning* 6(3), 187-254.

Schafer, A. and D. G. Victor(2000) The future mobility of the world population, *Transportation Research Part A* 34, 171-205.

Scheff, H. (1977) Fighting the Chicago Crosstown, Appendix B, *The End of the Road, A Citizen's Guide to Transportation Problemsolving*, National Wildlife Federation, Washington, DC.

Schittenhelm, H. (1990) On the integration of an effective assignment algorithm with path and path-flow management in a combined trip distribution and traffic assignment algorithm, Transportation Planning Methods, Summer Annual Meeting, Planning and Transport Research and Computation Co., Brighton.

Schneider, M. (1959) Gravity models and trip distribution theory, *Papers, Regional Science Association* 5, 51-56.

Schneider, M. (1960) Panel discussion on inter-area travel formulas, *Highway Research Bulletin* 253, 134-138.

Schneider, M. (1974) Probability maximization in networks, in *Proceedings, International Conference on Transportation Research*, Transportation Research Forum, Chicago, 738-755.

Schofer, R. E. and F. F. Goodyear(1967) Electronic computer applications in urban transportation planning, *Proceedings of the 22nd National Conference*, Association of Computing Machinery, 247-253.

Schwartz, D. M. (1962) Roads without end, Section Two, *Chicago Sunday Sun-Times*, Chicago, 16 September.

Scott Wilson Kirkpatrick & Partners(1969) Greater Glasgow Transportation Study, Glasgow.

Seidman, D. R. (1964) Report on the Activities Allocation Model, PJ Paper No. 22, Penn Jersey Transportation Study, Philadelphia.

Seidman, D. R. (1969) Construction of an Urban Growth Model, DVRPC Report No. 1, Technical Supplement, Volume A, Delaware Valley Regional Planning Commission, Philadelphia.

SELNEC Transportation Study (1971) The Mathematical Model, Technical Working Paper No. 5, Manchester.

SELNEC Transportation Study (1972) Calibration of the Mathematical Model, Technical Working Paper No. 7, Manchester.

Sen, A. and T. E. Smith (1995) *Gravity Models of Spatial Interaction Behavior*, Springer, Berlin.

Senior, M. L. and H. C. W. L. Williams (1977) Model based transport policy assessment, 1: the use of alternative forecasting models, *Traffic Engineering and Control* 18, 402-406.

Senior, M. L. and A. G. Wilson (1974) Explorations and syntheses of linear programming and spatial interaction models of residential location, *Geographical Analysis* 6, 209-238.

ŠevčíKová H., A. Raftery and P. Waddell (2007) Assessing uncertainty in urban simulations using Bayesian melding, *Transportation Research Part B* 41(6), 652-659.

Shahkarami, M. and N. Raha (2002) Urban freight modelling-the ways ahead, European Transport Conference, Cambridge.

Sheffi, Y. (1985) *Urban Transportation Networks*, Prentice Hall, Englewood Cliffs, NJ.

Sheffi, Y. and C. F. Daganzo (1978) Hypernetworks and supply-demand equilibrium obtained with disaggregate demand models, *Transportation Research Record* 673, 113-121.

Sheffi, Y. and W. Powell (1981) A comparison of stochastic and deter ministic traffic assignment over congested networks, *Transportation Research Part B* 15(1), 53-64.

Sheffi, Y. and W. Powell (1982) An algorithm for the equilibrium assignment problem with random link times, *Networks* 12(2), 191-207.

Sheldon, R. J. and J. K. Steer (1982) The use of conjoint analysis in transport research, Summer Annual Meeting, Planning and Transport Research and Computation Co., Warwick.

Shepherd, S. P., J. Shires, A. Koh, N. Marler and A. Jopson (2006a) Review of Modelling Capabilities: Enhanced Analytical Decision Support Tools, Institute for Transport Studies, University of Leeds, Leeds.

Shepherd, S. P., P. M. Timms and A. D. May (2006b) Modelling requirements for local transport plans: an assessment of English experience, *Transport Policy* 13, 307-317.

Shepherd, S. P., X. Zhang, G. Emberger, M. Hudson, A. D. May and N. Paulley (2006c) Designing optimal urban transport strategies: the role of individual policy instruments and the impact of financial constraints, *Transport Policy* 13, 49-65.

Shrouds, J. M. (1995) Challenges and opportunities for transportation: implementation of the Clean Air Act Amendments of 1990 and the Intermodal Surface Transportation Efficiency Act of 1991, *Transportation* 22, 193-215.

Shuldiner, P. W. (1962) Trip generation and the home, *Highway Research Bulletin* 347, 40-59.

Simmonds, D. C. (1994) The 'Martin Centre Model' in practice: strengths and weaknesses, *Environment and Planning B* 21, 619-628.

Simmonds, D. C. (2001) The objectives and design of a new land-use modelling package: DELTA, Chapter 9 in *Regional Science in Business*, G. Clarke and M. Madden(eds), Springer, Berlin, 159-188.

Simmonds, D. C. and O. Feldman(2011) Alternative approaches to spatial modelling, *Research in Transportation Economics* 31, 2-11.

Simmonds, D. C. and B. G. Still(1998) DELTA/START: adding land use analysis to integrated transport models, World Conference on Transport Research, Antwerp.

Simmonds, D., P. Waddell and M. Wegener(2013) Equilibrium versus dynamics in urban modelling, *Environment and Planning B* 40, 1051-1070.

Simon, H. A. (1957) *Models of Man*, Wiley, New York.

Slavin, H. L. (1976) Demand for urban goods vehicle trips, *Transportation Research Record* 591, 32-37.

Slavin, H. L. (2004) The role of GIS in land use and transport planning, Chapter 19 in *Handbook of Transport Geography and Spatial Systems*, D. A. Hensher, K. J. Button, K. E. Haynes and P. Stopher(eds), Elsevier, Oxford, 329-356.

Slavin, H., Z. Tarem, E. A. Ziering and R. Brickman(1988) RailRider-a comprehensive commuter rail forecasting model, *Transportation Research Record* 1162, 8-15.

Sloman, L., S. Cairns, C. Newson, J. Anable, A. Pridmore and P. Goodwin(2010) The Effects of Smarter Choice Programmes in the Sustainable Travel Towns: Summary Report, UK Department for Transport, London.

Small, K. A. (1982) The scheduling of consumer activities: work trips, *American Economic Review* 72, 467-479.

Small, K. A. (1987) A discrete choice model for ordered alternatives, *Econometrica* 44, 409-424.

Small, K. A. (1992) *Urban Transport Economics*, Harwood, Chur, Switzerland.

Small, K. A. (2012) Valuation of travel time, *Economics of Transportation* 1, 2-14.

Small, K. A. and H. S. Rosen(1981) Applied welfare economics with discrete choice models, *Econometrica* 49, 104-130.

Small, K. A. and E. T. Verhoef(2007) *The Economics of Urban Transportation*, Routledge, Oxford.

Small, K. A., C. Winston and J. Yan(2005) Uncovering the distribution of motorists' preferences for travel time and reliability, *Econometrica* 73, 1367-1382.

Smeed, R. J. (1957) Book review of *Studies in the Economics of Transportation*, *Economic Journal* 67(265), 116-118.

Smith, L., R. Beckman, K. Baggerly, D. Anson and M. Williams(1995) TRANSIMS: TRansportation ANalysis and SIMulation System, Project Summary and Status, report by the Los Alamos National Laboratory to US Department of Transportation and US Environmental Protection Agency, Washington, DC, ntl. bts. gov/DOCS/466. html(accessed 7 October 2013).

Smith, M. J. (1979) The existence, uniqueness and stability of traffic equilibria, *Transportation Research Part B* 13(4), 295-304.

Smith, M. J. (1984) A descent algorithm for solving monotone variational inequalities and monotone complementarity problems, *Journal of Optimization Theory and Applications* 44(3), 485-496.

Smith, T. E. (1978a) A cost – efficiency principle of spatial interaction behavior, *Regional Science and Urban Economics* 8(4), 313-337.

Smith, T. E. (1978b) A general efficiency principle of spatial interaction, Chapter 4 in *Spatial Interaction Theory and Planning Models*, A. Karlqvist, L. Lundqvist, F. Snickars and J. W. Weibull (eds), North-Holland, Amsterdam, 97-118.

Smith, T. E. (1983) A 7cost-efficiency approach to the analysis of congested spatial interaction behavior, *Environment and Planning A* 15(4), 435-464.

Smith, T. E. (1988) A cost-efficiency theory of dispersed network equilibria, *Environment and Planning A* 20(2), 231-266.

Smock, R. B. (1962) An iterative assignment approach to capacity restraint on arterial networks, *Highway Research Bulletin* 347, 60-66.

Smock, R. B. (1963) A comparative description of a capacity-restrained traffic assignment, *Highway Research Record* 6, 12-40.

Snickars, F. and J. W. Weibull (1977) A minimum information principle: theory and practice, *Regional Science and Urban Economics* 7, 137-168.

Sobel, K. L. (1980) Travel demand forecasting by using the nested multinomial logit model, *Transportation Research Record* 775, 48-55.

Sosslau, A. B., A. B. Hassam, M. M. Carter and G. V. Wickstrom (1978) *Quick-Response Urban Travel Estimation Techniques and Transferable Parameters: User's Guide*, Report 187, National Cooperative Highway Research Program, Transportation Research Board, Washington, DC.

Southworth, F. (1982) An urban goods movement model: framework and some results, *Papers, Regional Science Association* 50, 165-184.

Southworth, F. (2003) Freight transportation planning: models and methods, Chapter 4 in *Transportation Systems Planning*, K. G. Goulias(ed), CRC Press, Boca Raton, FL.

Southworth, F. (2011) Modeling freight flows, Chapter 14 in *Intermodal Transportation, Moving Freight in a Global Economy*, L. A. Hoel, G. Giuliano and M. D. Meyer(eds), Eno Transportation Foundation, Washington, DC, 423-463.

Southworth, F., Y. J. Lee and D. Zavattero (1983a) A Motor Freight Planning Model for Chicago, Planning Working Paper No. 83-3, Chicago Area Transportation Study, Chicago.

Southworth, F., Y. J. Lee, C. S. Griffin and D. Zavattero (1983b) Strategic freight planning for Chicago in the year 2000, *Transportation Research Record* 920, 45-48.

Spear, B. D. (1976) Attitudinal modeling: its role in travel-demand forecasting, Chapter 4 in *Behavioral Travel-Demand Models*, P. R. Stopher and A. H. Meyburg(eds), Lexington Books, Lexington, MA, 89-98.

Spear, B. D. (1977) Applications of New Travel Demand Forecasting Techniques to Transportation Planning: A Study of Individual Choice Models, Federal Highway Administration, US Department of Transportation, Washington, DC.

Spear, B. D. (1996) New approaches to transportation forecasting models: a synthesis of four research proposals, *Transportation* 23, 215-240.

Spence, R. (1968) A critical assessment, *Transportation Engineering*, Conference Proceedings, Institution of Civil Engineers, London, 35-44.

Spiess, H. and M. Florian (1989) Optimal strategies: a new assignment model for transit networks, *Transportation Research Part B* 23(2), 83-102.

Standing Advisory Committee on Trunk Road Assessment (1994) *Trunk Roads and the Generation of Traffic*, UK Department of Transport, London.

Standing Advisory Committee on Trunk Road Assessment (1999) *Transport and the Economy*, UK Department of the Environment, Transport and the Regions, London.

Starkie, D. N. M. (1973) Transportation planning and public policy, *Progress in Planning* 4, 313-389.

Steel, M. A. (1965) Capacity restraint – a new technique, *Traffic Engineering and Control* 7, 381-384.

Steenbrink, P. A. (1974a) Transport network optimization in the Dutch Integral Transportation Study, *Transportation Research* 8(1), 11-27.

Steenbrink, P. A. (1974b) *Optimization of Transport Networks*, Wiley, London.

Stopher, P. R. (1969) A probability model of travel mode choice for the work journey, *Highway Research Record* 283, 57-65.

Stopher, P. R. and S. P. Greaves (2007) Household travel surveys: where are we going?, *Transportation Research Part A* 41, 367-381.

Stopher, P. R., Q. Jiang and C. FitzGerald (2005) Processing GPS data from travel surveys, Processus Second International Colloquium on the Behavioural Foundations of Integrated Land-Use and Transportation Models, University of Toronto, Ontario.

Stopher, P. R. and T. E. Lisco (1970) Modelling travel demand: a disaggregate behavioral approach-issues and applications, *Transportation Research Forum Proceedings* 11, 195-214.

Stopher, P. R. and A. H. Meyburg (1975) *Urban Transportation Modeling and Planning*, Lexington Books, Lexington, MA.

Stopher, P. R. and A. H. Meyburg (eds) (1976) *Behavioral Travel-Demand Models*, Lexington Books, Lexington, MA.

Stopher, P. R., A. H. Meyburg and W. Brög (eds) (1981) *New Horizons in Travel-Behaviour Research*, Lexington Books, Lexington, MA.

Stopher, P. R., B. D. Spear and P. O. Sucher (1974) Towards the development of measures of convenience for travel modes, *Transportation Research Record* 527, 16-32.

Stouffer, S. A. (1940) Intervening opportunities: a theory relating mobility and distance, *American*

Sociological Review 5,845-867.

Strauss, D. (1979) Some results for random utility models, *Journal of Mathematical Psychology* 20, 35-52.

Street, D. J. and L. Burgess (2007) *The Construction of Optimal Stated Choice Experiments: Theory and Methods*, Wiley, Hoboken, NJ.

Strohmaier, E., J. J. Dongarra, H. W. Meuer and H. D. Simon (2005) Recent trends in the marketplace of high performance computing, *Parallel Computing* 31(3-4),261-273.

Strotz, R. H. (1957) The empirical implications of a utility tree, *Econometrica* 25,269-280.

Svenson, O. (1998) The perspective from behavioural decision theory on modeling travel choice, Chapter 7 in *Theoretical Foundations of Travel Choice Modeling*, T. Gärling, T. Laitila and K. Westin (eds), Elsevier, Amsterdam, 141-172.

Swait, J. D., J. J. Louviere and M. Williams (1994) A sequential approach to exploiting the combined strengths of SP and RP data: application to freight shipper choice, *Transportation* 21, 135-152.

Takayama, A. (1985) *Mathematical Economics*, 2nd edn, Cambridge University Press, Cambridge.

Talvitie, A. (1973) Aggregate travel demand analysis with disaggregate or aggregate travel demand models, *Transportation Research Forum Proceedings* 14,583-603.

Tanner, J. C. (1961) Factors Affecting the Amount of Travel, Technical Paper No. 51, Road Research Laboratory, Crowthorne, Berkshire.

Tanner, J. C. (1965) Forecasts of future numbers of vehicles and cars in Great Britain, *Roads and Road Construction*, November and December.

Tanner, J. C. (1981) Expenditure of time and money on travel, *Transportation Research Part A* 15, 25-38.

Tatineni, M. R., M. R. Lupa, D. B. Englund and D. E. Boyce (1994) Transportation policy analysis using a combined model of travel choice, *Transportation Research Record* 1452,10-17.

Taylor, N. B. (2003) The CONTRAM dynamic traffic assignment model, *Networks and Spatial Economics* 3,297-322.

Thill, J. C. and I. Thomas (1987) Towards conceptualizing trip chaining behaviour: a review, *Geographical Analysis* 19,1-18.

Thomas, T. C. and G. I. Thompson (1971) Value of time saved by trip purpose, *Highway Research Record* 369,104-115.

Thompson, H. (1996) Akira Takayama: a memoir, *Review of International Economics* 4(3), 371-381.

Thomson, J. M. (1970) Some aspects of evaluating road improvements in congested areas, *Econometrica* 38,298-310.

Thomson, J. M. (1977) *Great Cities and Their Traffic*, Gollancz, London.

Thurstone, L. (1927) A law of comparative judgement, *Psychological Review* 34,273-286.

Timmermans, H. J. P. (ed) (2005) *Progress in Activity-Based Analysis*, Elsevier, Amsterdam.

Timmermans, H. J. P. (2010) On the(ir) relevance of prospect theory in modelling uncertainty in travel decisions, *European Journal of Transport and Infrastructure Research* 10, 368-384.

Timmermans, H. J. P., T. Arentze and C.-H. Joh(2002) Analysing space-time behaviour: new approaches to old problems, *Progress in Human Geography* 26, 175-190.

Timmermans, H. J. P. and J. Zhang (2009) Modeling household activity behaviour: examples of state of the art modeling approaches and research agenda, *Transportation Research Part B* 43, 187-190.

Timms, P. (2008) Transport models, philosophy and language, *Transportation* 35, 395-410.

Tomazinis, A. R. (1962) A new method of trip distribution in an urban area, *Highway Research Bulletin* 347, 77-99.

Tomlin, J. A. (1966) Minimum-cost multicommodity network flows, *Operations Research* 14(1), 45-51.

Tomlin, J. A. (1971) A mathematical programming model for the combined distribution-assignment of traffic, *Transportation Science* 5(2), 122-140.

Traffic Research Corporation(1969a) Merseyside Area Land-Use/Transportation Study, Liverpool.

Traffic Research Corporation(1969b) West Yorkshire Transportation Study, Leeds.

Train, K. (1978) A validation test of a disaggregate mode choice model, *Transportation Research* 12, 167-174.

Train, K. E. (1980) A structured logit model of auto ownership and mode choice, *Review of Economic Studies* 47, 357-370.

Train, K. (1986) *Qualitative Choice Analysis*, MIT Press, Cambridge, MA.

Train, K. E. (1998) Recreation demand models with taste variation over people, *Land Economics* 74, 230-239.

Train, K. E. (2009) *Discrete Choice Methods with Simulation*, 2nd edn, Cambridge University Press, Cambridge.

Transport for London(2003) Micro-Simulation Modelling Guidance Note for TfL, Windsor House, London.

Transport Research Laboratory (2002) Strategic Transport Modelling Seminar, Crowthorne, Berkshire.

Transportation Research Board (1985) *Highway Capacity Manual*, 3rd edn, Special Report 209, Washington, DC.

Transportation Research Board (1995) *Expanding Metropolitan Highways*, Special Report 245, Washington, DC.

Transportation Research Board(2000) *Highway Capacity Manual* 2000, Washington, DC.

Transportation Research Board(2007) *Metropolitan Travel Forecasting*, Special Report 288, Washington, DC.

Transportation Research Board(2008) *Innovations in Travel Demand Modeling*, Volume 1, Session Summaries; Volume 2, Papers, Conference Proceedings 42, Washington, DC.

Travel Model Improvement Program (2005) Fiscal Year 2005 Annual Report, US Department of Transportation, Washington, DC.

Travel Model Improvement Program Online (1999) Early Deployment of TRANSIMS, issue paper, media. tmiponline. org/clearinghouse/issue_paper/issue_paper. pdf (accessed 8 October 2013).

Travel Model Improvement Program Online (2009) Technical Synthesis-Feedback Loops, www. tmiponline. org/Clearinghouse/Items/Technical_Synthesis_ - _Feedback_Loops. aspx (accessed 7 October 2013).

Tressider, J. O., D. A. Meyers, J. E. Burrell and T. J. Powell (1968) The London Transportation Study: methods and techniques, *Proceedings of the Institution of Civil Engineers* 39, 433-464.

Tversky, A. (1967) Additivity, utility and subjective probability, *Journal of Mathematical Psychology* 4, 175-201.

Tversky, A. (1972) Elimination by aspects: a theory of choice, *Psychological Review* 79, 281-299.

Tversky, A. and D. Kahneman (1992) Advances in prospect theory: cumulative representation of uncertainty, *Journal of Risk and Uncertainty* 5, 297-323.

Tversky, A. and S. Sattath (1979) Preference trees, *Psychological Review* 86, 542-573.

UK Department for Transport (2003) Freight Modelling, Transport Analysis Guidance Unit 3. 1. 4, Integrated Transport Economics Appraisal, London (updated 2009).

UK Department for Transport (2004) Full Guidance on Local Transport Plans, 2nd edn, London.

UK Department for Transport (2005a) Introduction to Model Structures for Public Transport Schemes, Transport Analysis Guidance, Transport Analysis Guidance Unit 2. 10. 2, Integrated Transport Economics Appraisal, London (updated April 2009).

UK Department for Transport (2005b) Land-Use/Transport Interaction Models, Transport Analysis Guidance Unit 3. 1. 3, Integrated Transport Economic Appraisal, London (updated April 2009).

UK Department for Transport (2006a) Variable Demand Modelling: Key Processes, Transport Analysis Guidance Unit 3. 10. 3, Integrated Transport Economics Appraisal, London (updated April 2009).

UK Department for Transport (2006b) Road Traffic and Public Transport Assignment Modelling, Transport Analysis Guidance Unit 3. 11. 2, Integrated Transport Economics Appraisal, London (updated April 2009).

UK Department for Transport (2006c) Mode Choice Models: Bespoke and Transferred, Transport Analysis Guidance Unit 3. 11. 3, Integrated Transport Economics Appraisal, London (updated April 2009).

UK Department for Transport (2006d) Specification, Development and the Use of Models for Major Public Transport Schemes, Transport Analysis Guidance Unit 3. 11, Integrated Transport Economics Appraisal, London (updated 2009).

UK Department for Transport (2006e) Expert Guidance on the Mixed Logit Model: Procedures and Documentation, Transport Analysis Guidance Unit 3. 11. 5, Integrated Transport Economics Appraisal, London.

UK Department for Transport (2007a) Model Structures and Traveller Responses for Public Transport Schemes, Transport Analysis Guidance Unit 3.11.1, Integrated Transport Economics Appraisal, London (updated April 2009).

UK Department for Transport (2007b) Modelling Road Pricing, Transport Analysis Guidance Unit 3.12.2, Integrated Transport Economics Appraisal, London.

UK Department for Transport (2009a) NATA Refresh: Appraisal for a Sustainable Transport System, Transport Appraisal and Strategic Modelling, London.

UK Department for Transport (2009b) The Economy Objective: The Reliability Sub-Objective, Transport Analysis Guidance Unit 3.5.7, Transport Appraisal and Strategic Modelling, London.

UK Department for Transport (2009c) The Treatment of Uncertainty in Model Forecasting, Transport Analysis Guidance Unit 3.15.5, Integrated Transport Economics Appraisal, London.

UK Department for Transport (2011a) Transport Analysis Guidance-webTAG, www.dft.gov.uk/webtag (accessed 30 June 2013).

UK Department for Transport (2011b) Parking and Park-and-Ride, Transport Analysis Guidance Unit 3.10.7, Consultation Document, Transport Appraisal and Strategic Modelling, London.

UK Department for Transport (2011c) Modelling Smarter Choices, Transport Analysis Guidance Unit 3.10.6, Consultation Document, Transport Appraisal and Strategic Modelling, London (in draft form).

UK Department for Transport (2011d) Variable Demand Modelling: Convergence, Realism and Sensitivity, Transport Analysis Guidance Unit 3.10.4, Integrated Transport Economics Appraisal, London.

UK Department for Transport (2011e) Variable Demand Modelling: Scope of the Model, Transport Analysis Guidance Unit 3.10.2, Integrated Transport Economics Appraisal, London.

UK Department for Transport (2011f) DIADEM User Manual, Version 5.0 (SATURN), www.gov.uk/government/uploads/system/uploads/attachment_data/file/9136/diadem-user-manual-sat5.0.pdf (accessed 1 June 2014).

UK Department for Transport (2012) Transport Appraisal and Modelling Tools, www.gov.uk/transport-appraisal-and-modelling-tools#introduction (accessed 29 June 2013).

UK Department of the Environment (1971) Speed Flow Relationships to Be Used in Transportation Studies for the Department of the Environment, Advice Note 1A, London.

UK Department of the Environment, Transport and the Regions (2000) Guidance on the Methodology for Multi-Modal Studies, London.

UK Department of Transport (1989) National Road Traffic Forecasts, London.

UK Department of Transport (1997) *Traffic Appraisal of Road Schemes*, *Design Manual for Roads and Bridges*, Volume 12, Section 2, Traffic Appraisal Advice, Her Majesty's Stationery Office, London.

UK House of Commons (1972) *Urban Transport Planning*, Volume I, *Report and Appendix*, House of Commons Expenditure Committee, Her Majesty's Stationery Office, London.

US Department of Commerce(1950) Highway Capacity Manual, Bureau of Public Roads, Washington, DC.

US Department of Commerce(1954) Manual of Procedures for Home Interview Traffic Studies, Bureau of Public Roads, Washington, DC.

US Department of Commerce(1963a) Calibrating and Testing a Gravity Model for Any Size Urban Area, Bureau of Public Roads, Washington, DC.

US Department of Commerce(1963b) Instructional Memorandum 50-2-63, Urban Transportation Planning, Bureau of Public Roads, Washington, DC.

US Department of Commerce(1964) Traffic Assignment Manual, Bureau of Public Roads, Washington, DC.

US Department of Commerce(1966) Modal Split, prepared by M. J. Fertal, E. Weiner, A. J. Balek and A. F. Sevin, Bureau of Public Roads, Washington, DC.

US Department of Housing and Urban Development(1966,1967,1968) Factors Influencing Transit, Technical Report 1; Computer Program Specifications, Technical Report 2; Volume I, IBM 7090/94 Computer Programs Users' Reference Manual, Volume II, Technical Report 3; Modal Split Simulation Model, Technical Report 4; Recommendations for Urban Mass Transportation Research, Technical Report 5; IBM System/360 Computer Programs, General Information Manual, Volume I, Users' Manual, Volume II, Technical Report 6; Urban Mass Transit Planning Project, Alan M. Voorhees and Associates, McLean, VA.

US Department of Transportation(1967) Guidelines for Trip Generation Analysis, Federal Highway Administration, Washington, DC.

US Department of Transportation(1969a) Urban Planning System 360, Trip Distribution and Peripheral Programs, Federal Highway Administration, Washington, DC.

US Department of Transportation(1969b) Urban Planning System 360, Traffic Assignment and Peripheral Programs, Federal Highway Administration, Washington, DC.

US Department of Transportation(1972a) Urban Transportation Planning, General Information, Federal Highway Administration, Washington, DC.

US Department of Transportation(1972b) U. M. T. A. Transportation Planning System, Reference Manual, Urban Mass Transportation Administration, Washington, DC.

US Department of Transportation(1973a) Traffic Assignment, prepared by Comsis Corporation, Federal Highway Administration, Washington, DC.

US Department of Transportation(1973b) Urban Origin-Destination Surveys, Federal Highway Administration, Washington, DC.

US Department of Transportation(1974) Computer Programs for Urban Transportation Planning, Federal Highway Administration, Washington, DC.

US Department of Transportation(1975) Trip Generation Analysis, Federal Highway Administration, Washington, DC.

US Department of Transportation(1976) Urban Transportation Planning System, Urban Mass Transportation Administration, Federal Highway Administration, Washington, DC.

US Department of Transportation (1977a) Computer Programs for Urban Transportation Planning, PLANPAC/BACKPAC General Information Manual, Federal Highway Administration, Washington, DC.

US Department of Transportation (1977b) User-Oriented Materials for UTPS, Federal Highway Administration, Urban Mass Transportation Administration, Washington, DC.

US Department of Transportation (1982) Microcomputers in Transportation, Urban Mass Transportation Administration, Washington, DC; updated annually to 1987.

US Department of Transportation (1995) CTPP Handbook, An Instructional Guide to the 1990 Census Transportation Planning Package, Federal Highway Administration, Washington, DC.

US Department of Transportation (2009) Reporting Instructions for the Section 5309 New Starts Criteria, Federal Transit Administration, Washington, DC.

US Department of Transportation (2010) Transportation Conformity: A Basic Guide for State and Local Officials, Federal Highway Administration, Washington, DC.

US Environmental Protection Agency (2000) Projecting Land-Use Change: A Summary of Models for Assessing the Effects of Community Growth and Change on Land-Use Patterns, Washington, DC.

Van de Kaa, E. J. (2010) Applicability of an extended prospect theory to travel behaviour research: a meta-analysis, *Transport Reviews* 30, 771-804.

Van der Hoorn, T. (1983) Experiments with an activity-based travel model, *Transportation* 12, 61-77.

Van Vliet, D. (1973) Road Assignment: Further Tests on Incremental Loading and Multipath Techniques, Note GLTS-54, Department of Planning and Transportation, Greater London Council, London.

Van Vliet, D. (1976) Road assignment-I, II, III, *Transportation Research* 10, 137-147.

Van Vliet, D. (1977) The application of mathematical programming to network assignment, Chapter 10 in *Urban Transportation Planning*, P. W. Bonsall, Q. M. Dalvi and P. J. Hills (eds), Abacus, Tunbridge Wells, Kent, 147-158.

Van Vliet, D. (1982) SATURN-a modern assignment model, *Traffic Engineering and Control* 23, 578-581.

Van Vliet, D., T. Bergman and W. H. Scheltes (1986) Equilibrium traffic assignment with multiple user classes, Summer Annual Meeting, Planning and Transport Research and Computation Co., Brighton.

Van Vliet, D. and P. D. C. Dow (1979) Capacity restrained road assignment, Parts I, II and III, *Traffic Engineering and Control* 20, 261-273.

Van Vliet, D., T. Van Vuren and M. J. Smith (1987) The interaction between signal setting optimisation and reassignment: background and preliminary results, *Transportation Research Record* 1142, 16-21.

Van Vuren, T. (2010) PRISM: an introductory guide, Mott MacDonald, Birmingham, with RAND Europe, Cambridge.

Van Vuren, T., A. Gordon, A. Daly, J. Fox and C. Rohr (2004) PRISM: modelling 21st century transport policies in the West Midlands region, Methods in Transport Planning, European Transport Conference, Strasbourg.

Van Vuren, T., H. Gunn and A. Daly (1995) Disaggregate travel demand models: their applicability for British transport planning practice, *Traffic Engineering and Control* 36, 336-337, 339-341, 343-344.

Van Wee, B., P. Rietveld and H. Meurs (2006) Is average daily travel time expenditure constant? In search of explanations of an increase in average travel time, *Journal of Transport Geography* 14, 109-122.

Van Zuylen, H. J. and L. G. Willumsen (1980) The most likely trip matrix estimated from traffic counts, *Transportation Research Part B* 14, 281-293.

Venables, A. J. and M. Gasiorek (1998) The Welfare Implications of Transport Improvements in the Presence of Market Failure, Report to the Standing Advisory Committee on Trunk Road Assessment, London.

VHB (2007) Determination of the State of the Practice in Metropolitan Travel Forecasting: Findings of the Surveys of Metropolitan Planning Organizations, Transportation Research Board, Washington, DC onlinepubs. trb. org/onlinepubs/reports/VHB-2007-Final. pdf (accessed 2 October 1013).

Von Falkenhausen, H. (1966) Traffic assignment by a stochastic model, in *Proceedings*, 4th International Conference on Operational Science, 415-421.

Voorhees, A. M. (1955) A general theory of traffic movement, *Proceedings*, Institute of Traffic Engineers, New Haven, CT, 46-56.

Voorhees, A. M. (1958) Forecasting peak hour of travel, *Highway Research Bulletin* 203, 37-46.

Voorhees, A. M. and R. Morris (1959) Estimating and forecasting travel for Baltimore by use of a mathematical model, *Highway Research Bulletin* 224, 105-114.

Vovsha, P. (1997) Cross-nested logit model: an application to mode choice in the Tel-Aviv metropolitan area, *Transportation Research Record* 1607, 6-15.

Vovsha, P. and M. Bradley (2006) Advanced activity-based models in context of planning decisions, *Transportation Research Record* 1981, 34-41, 7.

Vovsha, P., M. Bradley and J. Bowman (2005) Activity-based travel forecasting models in the United States: progress since 1995 and prospects for the future, Chapter 17 in *Progress in Activity-Based Analysis*, H. J. P. Timmermans (ed), Elsevier, Oxford, 389-414.

Wachs, M. (1973) Relating travel demand forecasting to social, economic, and environmental impacts, *Urban Travel Demand Forecasting*, Special Report 143, Highway Research Board, Washington, DC, 96-113.

Wachs, M. (1982) Ethical dilemmas in forecasting for public policy, *Public Administration Review*

42,562-567.

Wachs, M. (1989) When planners lie with numbers, *Journal of the American Planning Association* 55(4),476-479.

Wachs, M. (1990) Ethics and advocacy in forecasting for public policy, *Business and Professional Ethics Journal* 9(1-2),141-157.

Wachs, M. (1996) A new generation of travel demand models, *Transportation* 23,213-214.

Waddell, P. (2000) A behavioral simulation model for metropolitan policy analysis and planning: residential location and housing market components of UrbanSim, *Environment and Planning B* 27(2),247-264.

Waddell, P. (2002) UrbanSim: modeling urban development for land use, transportation and environmental planning, *Journal of the American Planning Association* 68(3),297-314.

Waddell, P. (2011) Integrating land use and transportation planning and modelling: addressing challenges in research and practice, *Transport Reviews* 31(2),209-229.

Waddell, P., A. Borning, M. Noth, N. Freier, M. Becke and G. Ulfarsson (2003) Microsimulation of urban development and location choices: design and implementation of UrbanSim, *Networks and Spatial Economics* 3,43-67.

Waddell, P. and G. Ulfarsson (2004) Introduction to urban simulation: design and development of operational models, Chapter 13 in *Handbook of Transport Geography and Spatial Systems*, K. E. Haynes, P. R. Stopher, K. J. Button and D. A. Hensher(eds), Elsevier, Oxford, 203-236.

Waddell, P., G. Ulfarsson, J. Franklin and J. Lobb (2007) Incorporating land use in metropolitan transportation planning, *Transportation Research Part A* 41(5),382-410.

Walker, J. L. (2001) Extended Discrete Choice Models: Integrated Framework, Flexible Error Structures, and Latent Variables, Ph. D. thesis, Civil Engineering, Massachusetts Institute of Technology, Cambridge, MA.

Walker, J. L. (2002) Mixed logit (or logit kernel) model: dispelling misconceptions of identification, *Transportation Research Record* 1805,86-98.

Walker, J. L. (2005) Making household micro-simulation of travel and activities accessible to planners, *Transportation Research Record* 1931,38-48.

Walker, J. L. and M. E. Ben-Akiva (2002) Generalized random utility model, *Mathematical Social Sciences* 43,303-343.

Walters, A. A. (1961) The theory and measurement of private and social cost of highway congestion, *Econometrica* 29(4),676-699.

Wang, Q. and J. Holguín-Veras (2008) Investigation of attributes determining trip chaining behavior in hybrid microsimulation urban freight models, *Transportation Research Record* 2066,1-8.

Wardman, M. R. (1987) An Evaluation of the Use of Stated Preference and Transfer Price Data in Forecasting: The Demand for Travel, Ph. D. thesis, Transport Studies, University of Leeds, Leeds.

Wardman, M. (1988) A comparison of revealed preference and stated preference models of travel behaviour, *Journal of Transport Economics and Policy* 22, 71-91.

Wardman, M. (1998) The value of travel time: a review of British evidence, *Journal of Transport Economics and Policy* 32, 285-316.

Wardrop, J. G. (1952) Some theoretical aspects of road traffic research, *Proceedings of the Institution of Civil Engineers, Part II* 1(2), 325-378.

Wardrop, J. G. (1961) The distribution of traffic on a road system, in *Theory of Traffic Flow*, R. Herman(ed), Elsevier, Amsterdam, 57-78.

Warner, S. L. (1962) *Stochastic Choice of Mode in Urban Travel*, Northwestern University Press, Evanston, IL.

Watanatada, T. and M. Ben-Akiva(1979) Forecasting urban travel demand for quick policy analysis with disaggregate choice models: a Monte Carlo simulation approach, *Transportation Research Part A* 13, 241-248.

Waters, W. G., II(1995) Values of travel time savings in road transport project evaluation, World Conference on Transport Research, Sydney.

Watson, P. L. (1972) An Annotated Bibliography on Urban Goods Movement, Transportation Center, Northwestern University, Evanston, IL.

Watson, P. L. (1975) *Urban Goods Movement*, Lexington Books, Lexington, MA.

Watson, S. M., J. P. Toner, A. S. Fowkes and M. Wardman(1996) Efficiency properties of orthogonal stated preference designs, European Transport Forum, Planning and Transport Research and Computation Co., London.

Webster, F. V., P. H. Bly and N. J. Paulley(eds)(1988) *Urban Land-Use and Transport Interaction*, Gower, Aldershot, Hampshire.

Webster, F. V. and N. J. Paulley(1990) An international study on land use and transport interaction, *Transport Reviews* 10, 287-308.

Wegener, M. (1985) The Dortmund housing market model: a Monte Carlo simulation of a regional housing market, in *Microeconomic Models of Housing Markets*, K. Stahl(ed), Lecture Notes in Economics and Mathematical Systems, Volume 239, Springer, Berlin.

Wegener, M. (1994) Operational urban models, *Journal of the American Planning Association* 60(1), 17-29.

Wegener, M. (1998) Applied models of urban land use, transport and environment: state of the art and future developments, Chapter 14 in *Network Infrastructure and the Urban Environment*, L. Lundqvist, L.-G. Mattsson and T. J. Kim(eds), Springer, Berlin, 245-267.

Wegener, M. (2004) Overview of land use transport models, Chapter 9 in *Handbook of Transport Geography and Spatial Systems*, D. A. Hensher, K. J. Button, K. E. Haynes and P. R. Stopher(eds), Elsevier, Oxford, 127-146.

Wegener, M. (2011a) The IRPUD Model, Spiekermann & Wegener, Dortmund, Germany.

Wegener, M. (2011b) From macro to micro: how much micro is too much?, *Transport Reviews* 31, 161-177.

Weiner, E. (1969) Modal split revisited, *Traffic Quarterly* 23(1), 5-28.

Weiner, E. (1997) *Urban Transportation Planning in the United States, An Historical Overview*, 5th edn, media. tmiponline. org/clearinghouse/utp/utp. pdf(accessed 22 August 2013).

Weiner, E. (2013) *Urban Transportation Planning in the United States*, 4th edn, Springer, New York.

Weiner, E. and F. Ducca (1996) Upgrading travel demand forecasting capabilities, *TR News*, No. 186, Transportation Research Board, Washington, DC; revised version published in *ITE Journal* 69(7), 58-33.

Welch, M. and H. C. W. L. Williams (1997) The sensitivity of transport investment benefits to the evaluation of small travel-time savings, *Journal of Transport Economics and Policy* 31, 231-254.

Wen, C. H. and F. S. Koppelman (2000) A conceptual and methodological framework for the generation of activity-travel patterns, *Transportation* 27, 5-23.

Wen, C. H. and F. S. Koppelman (2001) The generalized nested logit model, *Transportation Research Part B* 35, 627-641.

Wheaton, W. C. (1974) Linear programming and locational equilibrium: the Herbert-Stevens model revisited, *Journal of Urban Economics* 1, 278-287.

Whelan, G. A. (2007) Modelling car ownership in Great Britain, *Transportation Research Part A* 41, 205-219.

Whiting, P. D. and J. A. Hillier (1960) A method for finding the shortest route through a road network, *Operational Research Quarterly* 11(1/2), 37-40.

Wigan, M. R. (1977) Theory and implementation of demand-supply equilibrium analysis, Chapter 17 in *New Techniques for Transport Systems Analysis*, Special Report No. 10, M. R. Wigan (ed), Australian Road Research Board, Vermont, Victoria, 135-147.

Williams, H. C. W. L. (1976) Travel demand models, duality relations and user benefit analysis, *Journal of Regional Science* 16, 147-166.

Williams, H. C. W. L. (1977a) On the formation of travel demand models and economic evaluation measures of user benefit, *Environment and Planning A* 9, 284-344.

Williams, H. C. W. L. (1977b) The generation of consistent travel demand models and user-benefit measures, Chapter 11 in *Urban Transportation Planning*, P. Bonsall, Q. M. Dalvi and P. J. Hills (eds), Abacus, Tunbridge Wells, Kent, 161-175.

Williams, H. C. W. L. (1981) The use of micro-simulation in travel-activity analysis, International Conference on Travel Demand Analysis, St. Catherine's College, Oxford.

Williams, H. C. W. L. (1998) Congestion, traffic growth and transport investment: the influence of interactions and multiplier effects in related travel markets, *Journal of Transport Economics and Policy* 32, 141-163.

Williams, H. C. W. L., W. M. Lam, J. Austin and K. S. Kim (1991) Transport policy appraisal with equilibrium models, III: investment benefits in multi-modal systems, *Transportation Research Part B* 25, 293-316.

Williams, H. C. W. L. and L. A. Moore (1990) The appraisal of highway investments under fixed and variable demand, *Journal of Transport Economics and Policy* 24, 61-81.

Williams, H. C. W. L. and J. de D. Ortúzar (1982) Behavioural theories of dispersion and the misspecification of travel demand models, *Transportation Research Part B* 16, 167-219.

Williams, H. C. W. L. and M. L. Senior (1977) Model based transport policy assessment, 2: removing fundamental inconsistencies from the models, *Traffic Engineering and Control* 18, 464-469.

Williams, H. C. W. L. and M. L. Senior (1978) Accessibility, spatial interaction and the evaluation of land-use transportation plans, in *Spatial Interaction Theory and Planning Models*, A. Karlqvist, L. Lundqvist, F. Snickars and J. W. Weibull (eds), North – Holland, Amsterdam, 243-287.

Williams, H. C. W. L., D. Van Vliet, C. Parathira and K. S. Kim (2001a) Highway investment benefits under alternative pricing regimes, *Journal of Transport Economics and Policy* 35, 257-284.

Williams, H. C. W. L., D. Van Vliet and K. S. Kim (2001b) The contribution of suppressed and induced traffic in highway appraisal, Part 1: reference states; Part 2: policy tests, *Environment and Planning A* 33, 1057-1082, 1243-1264.

Williams, H. C. W. L. and Y. Yamashita (1992) Travel demand forecasts and the evaluation of highway schemes under congested conditions, *Journal of Transport Economics and Policy* 26, 261-282.

Williams, I. N. (1994) A model of London and the South East, *Environment and Planning B* 21, 535-553.

Williams, I. N. and J. Bates (1993) APRIL-a strategic model for road pricing in London, Summer Annual Meeting, Planning and Transport Research and Computation Co., Manchester.

Williams, I. N., Y. Jin, J. Pharoah, J. Bates and M. Shahkarami (2007) Guidance on Freight Modelling, WSP Policy and Research, Cambridge.

Willumsen, L. G. (1978) Estimation of an O-D Matrix from Traffic Counts: A Review, Working Paper 99, Institute for Transport Studies, University of Leeds, Leeds.

Willumsen, L. G. (1981) Simplified transport demand models based on traffic counts, *Transportation* 10, 257-278.

Willumsen, L. G., J. Bolland, Y. Arezki and M. Hall (1993) Multi-modal modelling in congested networks: SATURN 1 SATCHMO, *Traffic Engineering and Control* 34, 294-301.

Wilson, A. G. (1967) A statistical theory of spatial distribution models, *Transportation Research* 1 (3), 253-269.

Wilson, A. G. (1969) The use of entropy maximising models in the theory of trip distribution, modal split and route split, *Journal of Transport Economics and Policy* 3, 108-126.

Wilson, A. G. (1970) *Entropy in Urban and Regional Modelling*, Pion, London.

Wilson, A. G. (1971) Generalising the Lowry model, in *London Papers in Regional Science*, Volume 2, A. G. Wilson (ed), Pion, London, 121-133.

Wilson, A. G. (1973a) Travel demand forecasting: achievements and problems, *Urban Travel Demand Forecasting*, Special Report 143, Highway Research Board, 283-306.

Wilson, A. G. (1973b) Further developments of entropy maximising transport models, *Transport Planning and Technology* 1, 183-193.

Wilson, A. G. (1974) *Urban and Regional Models in Geography and Planning*, Wiley, London.

Wilson, A. G. (2000) *Complex Spatial Systems*, Pearson Education, Harlow, Essex.

Wilson, A. G. (2010) Entropy in urban and regional modelling: retrospect and prospect, *Geographical Analysis* 42, 364-394.

Wilson, A. G., J. D. Coelho, S. M. Macgill and H. C. W. L. Williams (1981) *Optimization in Locational and Transport Analysis*, Wiley, Chichester, West Sussex.

Wilson, A. G., A. F. Hawkins, G. J. Hill and D. J. Wagon (1969) Calibration and testing of the SELNEC transport model, *Regional Studies* 3, 337-350.

Wilson, A. G. and R. Kirwan (1969) Measures of Benefits in the Evaluation of Urban Transport Improvements, Working Paper 43, Centre for Environmental Studies, London.

Wilson, A. G. and C. E. Pownall (1976) A new representation of the urban system for modelling and for the study of micro-level interdependence, *Area* 8, 246-254.

Wohl, M. (1963) Demand, cost, price and capacity relationships applied to travel forecasting, *Highway Research Record* 38, 40-54.

Wong, S. C., C. Yang and H. K. Lo (2001) A path-based traffic assignment algorithm based on the TRANSYT traffic model, *Transportation Research Part B* 35(2), 163-181.

Wood, R. T. (1967) Tri-State Transportation Commission's freight study program, *Highway Research Record* 165, 89-95.

Wood, R. T. and R. A. Leighton (1969) Truck freight in the Tri-State Region, *Traffic Quarterly* 23, 323-340.

Wootton, H. J. (1967) The analysis of public transport systems, British Computer Society Symposium, Edinburgh.

Wootton, H. J. (2004) Traffic forecasting and the appraisal of road schemes, Chapter 7 in *The Motorway Achievement*, Volume 1: *The British Motorway System: Visualisation, Policy and Administration*, P. Baldwin and R. Baldwin (eds), Thomas Telford, London, 265-303.

Wootton, H. J. and G. W. Pick (1967) A model for trips generated by households, *Journal of Transport Economics and Policy* 1, 137-153.

Worthy, J. C. (1995) Control Data Corporation: the Norris era, *Journal of the History of Computing* 17(1), 47-53.

WSP (2005) EUNET2.0 Freight and Logistics Model, Final Report, Integrated Transport Economics Appraisal, UK Department for Transport, London.

WSP, University of Westminster, ITS, Leeds, RAND Europe, MDS-Transmodal, Katalysis, Oxford Systematics, Parsons Brinckerhoff and Imperial College (2002) Review of Freight Modelling, Final Report for Integrated Transport Economics Appraisal, UK Department for Transport, London.

WSP Development and Transportation (2010) Freight in London Model-FiLM, Final Report, Transport for London, Cambridge.

Wu, J. H. and M. Florian(1993) A simplicial decomposition method for the transit equilibrium assignment problem, *Annals of Operations Research* 44(3),245-260.

Wu, J. H., M. Florian and P. Marcotte(1994) Transit equilibrium assignment: a model and solution algorithms, *Transportation Science* 28(3),193-203.

Xie, J., Y. Nie and X. Yang(2013) Quadratic approximation and convergence of some bush-based algorithms for the traffic assignment problem, *Transportation Research Part B* 56,15-30.

Yang, H. and H.-J. Huang(2005) *Mathematical and Economic Theory of Road Pricing*, Elsevier, Amsterdam.

Zachary, S. (1976) Some Results on Logit Models, Transportation Working Note 10, Local Government Operational Research Unit, Reading, Berkshire.

Zahavi, Y. (1974) Travel Time Budgets and Mobility in Urban Areas, Final Report, Federal Highway Administration, US Department of Transportation, Washington, DC.

Zahavi, Y. (1978) Can transport policy decisions change travel and urban structure?, Summer Annual Meeting, Planning and Transport Research and Computation Co., Warwick.

Zahavi, Y., M. J. Beckmann and T. F. Golob(1981) The UMOT/Urban Interactions, Final Report to the Research and Special Programs Administration, US Department of Transportation, Washington, DC.

Zavattero, D. A. (1974) Urban Goods Movements and Transportation Planning, Paper No. 372.05, Chicago Area Transportation Study, Chicago.

Zhao, Y. and K. M. Kockelman(2002) The propagation of uncertainty through travel demand models: an exploratory analysis, *Annals of Regional Science* 36,145-163.

Zipf, G. K. (1949) *Human Behavior and the Principle of Least Effort*, Addison-Wesley, Cambridge, MA.

附录 中英文姓名对照表

中英文姓名对照表

中文姓名（按汉语拼音排序）	英文姓名	中文姓名（按汉语拼音排序）	英文姓名
阿布杜拉尔	见穆斯塔法·阿布杜拉尔	埃德加	Edgar
阿德勒	Adler	艾尔米	Elmi
阿尔德莱德	Aldred	艾尔文	Irwin
阿格斯	Algers	艾考布	Ecob
阿克赛里克	见拉希姆·阿克赛里克	艾拉·罗伊	Ira Lowry
阿克斯豪森	Axhausen	艾拉森	Eliasson
阿拉曼	Allaman	艾利·加夫尼	Eli Gafni
阿兰·威尔森	Alan Wilson	埃里克·帕斯	Eric Pas
阿雷·吉伯特	Alain Gibert	艾列特	Elliott
阿伦斯	Ahrens	艾鲁鲁	Eluru
阿伦兹	Arentze	艾特马	Ettema
阿梅米亚	Amemiya	艾温	Ewing
阿蒙	Almond	艾玫·霍克	Irving Hoch
阿蒙丁格	Almendinger	安德烈斯·史莱彻	Andreas Schleicher
阿莫尔	Armour	安德森	Anderson
阿莫斯·特瓦斯基	Amos Tversky	安德斯蒂格	Anderstig
阿纳斯	见亚历克斯·阿纳斯	安普特	Ampt
阿尼姆	Arnim	安瑟尼·梅	Anthony May
阿诺特	Arnott	安托施维茨	Antosiewicz
阿诺瓦	见萨布利纳·阿诺瓦	奥本海默	Oppenheim
阿普加	Apgar	奥博特·塔克	Albert Tucker
阿瑞兹齐	Arezki	奥登	Orden
阿瑟·赛西·庇古	Arthur Cecil Pigou	奥尔斯	Owers
阿什提亚尼	Aashtiani	奥尔布赖特	Albright
阿斯慕斯	Asmuth	奥法森	Ulfarsson
阿瓦里兹-达齐亚诺	Alvarez-Daziano	奥格登	Ogden
阿维耐里	Avineri	奥卡特	见居伊·奥卡特
阿希顿	Atherton	奥利弗	Oliver
艾彻尼克	Echenique	奥斯格劳	Osgerau

续上表

中文姓名（按汉语拼音排序）	英 文 姓 名	中文姓名（按汉语拼音排序）	英 文 姓 名
奥索普	Allsop	贝克多	Bechdolt
奥图萨	Ortúzar	贝括尔	Bekhor
奥亚尼	Oryani	贝姆伯恩	Beimborn
巴-格拉	见希莱尔·巴-格拉	本-阿基瓦	Ben-Akiva
巴蒂斯	Bates	本奈特	Bennett
巴顿	Button	本延	Bunyan
巴尔康柏	Balcombe	比根	Beagan
巴尔莫	Balmer	庇古	见阿瑟·赛西·庇古
巴金	Birkin	比斯利	Beesley
巴克	Bach	毕伍德	Beardwood
布莱德雷	Bradley	别莱尔	Bierlaire
巴勒斯	Burroughs	博策卡斯	见德米特里·博策卡斯
巴雷特	Bartlett	波茨	Potts
巴林斯基	Balinski	伯恩斯坦	Bernstein
巴尼斯特	Banister	博尔杜克	Bolduc
巴瑞斯特	Barister	伯格斯	Burgess
巴瑞特	Barrett	博吉特·杜格	Birgit Dugge
巴特	Baht	博卡	Berka
巴特利	Batley	博克	Bock
班堡	Bamberg	波拉克	Polak
拜尔赖尔	Bierlaire	博兰	Bollan
拜格斯	Beggs	波隆	Bone
班德氏	Benders	波曼	Bowman
邦萨尔	Bonsall	波奈尔	Bonnel
鲍利	Paulley	伯奈特	Burnett
保罗·舒帝纳	Paul Shuldiner	勃什-苏潘	Börsch-Supan
鲍摩尔	Baumol	博斯纳	Bothner
鲍纳尔	Pownall	博易德	Boyd
鲍威尔	Powell	博易斯	见大卫·博易斯
北村隆一	Ryuichi Kitamura	布尔	Buhr
贝恩	Bain	布法芬比持勒	Pfaffenbichler
贝尔	Bell	布赫	Buhl

续上表

中文姓名（按汉语拼音排序）	英 文 姓 名	中文姓名（按汉语拼音排序）	英 文 姓 名
布拉梅	Blamey	戴利	Daley
布拉什科	Prashker	戴文罗伊	Davinroy
布拉斯	Braess	戴门	见皮特·戴门
布莱	Bly	戴维	Dalvi
布莱赫尼	Breheny	戴维森	Davidson
布莱克	Black	戴维斯	Davies
布兰·马丁	Brian Martin	丹意斯·曼比	Denys Munby
布兰德	Brand	但泽	Dantzig
布朗斯通	Brownstone	道格拉斯	Douglas
布雷顿	Britton	德·拉·巴拉	De La Barra
布雷尔	Burrell	德·帕尔马	De Palma
布列莫	Bliemer	德·琼	De Jone
布留	Buliung	德布鲁	Debreu
布鲁姆	Blum	德克	Dirck
布鲁努格	Bruynooghe	德梅茨基	Demetsky
布罗格	Brog	德米特里·博策卡斯	Dmitri Bertsekas
布洛克	Brokke	德明	Deming
布特里尔	Boutelier	德纽弗维尔	De Neufville
查尔斯·海执	Charles Hedge	德绍尼尔斯	Desaulniers
查尼斯	见亚伯拉罕·查尼斯	邓巴	Dunbar
查平	Chapin	迪昂	见瑞尼·迪昂
查特基	Chatterjee	狄恩尼	Deane
彻奇	Cherchi	狄恩·英格隆	Dean Englund
陈	Chan	迪金	Deakin
赤松隆	Takashi Akamatsu	迪伦	Dillon
崔西德	Tressider	蒂莫曼斯	Timmermans
达菲莫斯	Dafermos	蒂姆斯	Timms
达甘佐	Daganzo	迪普伊	见克莱蒙特·迪普伊
达利	Daly	迭翠克	Dietrich
达姆	Damm	迭特·洛瑟	Dieter Lohse
大卫·博易斯	David Boyce	杜安恩	Duann
戴尔	Dial	杜安·马保	Duane Marble

续上表

中文姓名 （按汉语拼音排序）	英 文 姓 名	中文姓名 （按汉语拼音排序）	英 文 姓 名
杜贝	Dubey	弗克斯	Fowkes
杜德里	Dudley	福克斯	Fox
杜芬	Duffin	弗莱思科	Fresko
杜格	见博吉特·杜格	弗莱武布杰格	Flyvbjerg
杜卡	Ducca	弗兰持	French
杜门齐克	Domencich	弗兰克	Frank
顿加拉	Dongarra	富兰克林·固特异	Franklin Goodyear
朵夫曼	Dorfman	弗朗科斯	Francois
多兰	Dolan	弗劳尔丢	见托尼·弗劳尔丢
多纳利	Donnelly	弗雷德里克·梅摩特	Frederick Memmott
厄兰德	Erlander	弗里德里克	Friedrich
厄尼斯特·马布斯	Earnest Marples	弗里曼	Freeman
恩瑞克	Enrique	福利特	Fleet
法韩吉恩	Farhangian	弗里兹	Friesz
法肯豪森	Falkenhausen	弗洛瑞	Florian
法塔	Fratar	福南德斯	Fernández
范·德·胡姆	Van der Hoorn	福尼斯	Furness
范·德·卡	Van De Kaa	福瑟林罕	Fotheringham
范弗里特	Van Vliet	福斯格劳	Fosgerau
费德曼	Feldman	盖比斯	Gabites
费窦	Ferdou	盖尔	Gale
菲尔·古德温	Phil Goodwin	盖里森	Garrison
菲尔德豪斯	Fieldhouse	盖尼斯	Gyenes
菲格力奥兹	Figliozzi	甘贝尔	Gumbel
费兰道夫	Fellendorf	高勒	Goeller
费瑞拉	Ferreira	高山明	Akira Takayama
费舍尔	Fisher	高缎	Gaudry
菲斯克	Fisk	戈德森	Godson
芬尼西	Fennessy	戈登	Gordon
冯·库贝	Von Cube	戈登斯坦	Goldstein
佛兰	Ferland	格拉罕	Graham
弗格森	Ferguson	格雷格	Greig

续上表

中文姓名（按汉语拼音排序）	英 文 姓 名	中文姓名（按汉语拼音排序）	英 文 姓 名
格雷斯特	Glaister	汉森	Hanson
格雷伍斯	Graves	豪	见罗伯特·豪
格里福斯	Greaves	豪瑟	Hauser
格林	Green	豪斯曼	Hausman
格林纳	Greene	合恩	Hearn
戈罗布	Golob	荷尔	Hoel
格耐维夫·久利亚诺	Genevieve Giuliano	赫尔维格	见麦格尼·赫尔维格
格叶尼斯	Gyenes	赫尔兹	Herz
根卓	Gendreau	和记	Hutchinson
古达贝尔·恩·科丰	Goudappel En Coffeng	何洛维兹	Horowitz
古达普	见亨克·古达普	赫穆特	Helmut
古德温	见菲尔·古德温	赫瑞支	Herriges
固恩	Gunn	何塞·索鲁什	Hossein Soroush
古特纳	Goldner	亨克·古达普	Henk Goudappel
固特异	见富兰克林·固特异	亨舍尔	Hensher
哈格斯坦德	见图斯登·哈格斯坦德	亨特	Hunt
哈根	Hartgen	胡	Huw
哈克	Harker	华纳	Warner
哈里斯	Harris	怀庭	Whiting
哈里森	Harrison	怀兹	Wise
哈罗德·库恩	Harold Kuhn	黄	Hwang
哈尼·马马萨尼	Hani Mahmassani	霍贝卡	Hobeika
哈维斯	Havers	霍尔曼	Holman
海达斯	Hydas	霍尔姆	Holm
海吉	见伊安·海吉	霍贵因-维拉斯	Holguín-Veras
海卡利斯	Haikalis	霍克	见艾玫·霍克
海曼	Hyman	霍勒里斯	Hollerith
海斯	Hess	霍泰令	Hotelling
海特	Haight	霍伍德	Horwood
海特楚	Heightchew	霍因维尔	Hoinville
海执	见查尔斯·海执	吉伯特	见阿雷·吉伯特
汉蒂	Handy	基多·詹泰尔	Quito Gentile

续上表

中文姓名 （按汉语拼音排序）	英 文 姓 名	中文姓名 （按汉语拼音排序）	英 文 姓 名
吉尔	Gill	卡赛塔	Cascetta
基尔霍夫	Kirchoff	卡斯特拉	Castelar
吉拉特	Guélat	喀特	Kutter
吉田好雄	Yoshio Yoshida	凯	Kay
加布里埃尔	Gabriel	凯恩	Kain
加夫尼	见艾利·加夫尼	凯恩斯	Cairns
加拉-迪亚兹	Jara-Diaz	凯利福	Calipher
加里特	Garrett	凯文·希纽	Kevin Heanue
加林	Gärling	凯伊	Kai
加洛	Gallo	坎贝尔	见易尔·坎贝尔
加普	Gapper	坎提洛	Cantillo
伽斯	见哨尔·伽斯	坎托罗维奇	见里奥尼德·坎托罗维奇
贾斯汀·西格尔	Justin Siegel	康杜里	Konduri
加特纳	见内森·加特纳	康姆希斯	Comsis
加西列克	Gasiorek	康斯坦丁	Constantin
简-加洛德·科尼格	Jean-Gerard Koenig	考尔斯	Cowles
杰克布·马斯查克	Jacob Marschak	考克雷	Cochrane
杰瑞·德拉克	Gerry Drake	考普	Culp
金	Kim	科尔	Kohl
久利亚诺	见格耐维夫·久利亚诺	科尔霍	Coelho
居伊·奥卡特	Guy Orcutt	科丰	见古达贝尔·恩·科丰
卡戴尔	Cardell	克加尔森	Kjeldsen
卡尔斯坦	Carlstein	科克尔	Kocur
卡尔斯托姆	Karlstrom	科克曼	Kockelman
卡夫	Kraft	克拉克	Clarke
卡拉斯科	Carrasco	克莱德·派尔斯	Clyde Pyers
卡利坡	Caliper	克莱蒙特·迪普伊	Clermont Dupuis
卡罗尔	Carroll	克劳迪奥·梅纳古泽	Claudio Meneguzzer
卡洛什	见威廉·卡洛什	克雷	见西摩尔·克雷
卡纳罗格劳	Kanaroglou	克雷比奇	Kreibich
卡耐曼	Kahneman	克雷顿	见罗德·克雷顿
卡朋特	Carpenter	克里斯	Christ
卡瑞恩	Carrion	克里什纳摩西	Krishnamurthy

续上表

中文姓名（按汉语拼音排序）	英文姓名	中文姓名（按汉语拼音排序）	英文姓名
克里斯弗连德	Christfreund	拉贝	Labbé
克列格	Kriger	拉茨施	Latzsch
克林	Kling	拉尔斯-格兰	Lars-Goran
克鲁斯	Chorus	拉尔斯·伦德维斯特	Lars Lundqvist
科洛	Kollo	拉格朗日	Lagrange
克罗	Crow	拉哈	Raha
克罗斯	Kroes	拉克什马南	Lakshmanan
克洛斯特曼	Klosterman	拉里·勒布朗	Larry LeBlanc
科米耐提	Cominetti	拉里夫·库伦克	Raif Kulunk
克纳德·欧沃加德	Knud Overgaard	拉曼	Rahman
科尼格	见简-加洛德·科尼格	拉姆	Lam
科诺戴尔	Knodel	拉姆斯	Ramsey
科普雷	Copley	拉普金	Rapkin
科普曼	Koppelman	拉热比	Larrabee
科瑞亚	Correa	拉萨姆	Rassam
科斯蒂纽克	Kostyniuk	拉森	见托卜琼·拉森
科斯利特	Cosslett	拉索	Larsso
科斯特勒	Koestler	拉索里	Rasouli
克万	Kirwan	拉陶特	Ratrout
肯尼斯·特瑞恩	Kenneth Train	拉维	Lave
库拜克	Kullback	拉沃奥	Raveau
库贝	Coombe	拉希姆·阿克赛里克	RahimAkçelik
库恩	见哈罗德·库恩	莱迪	Reddy
库伦	Cullen	莱恩	Lane
库伦克	见拉里夫·库伦克	莱克	Recker
库珀	Cooper	兰弗雷	Renfrey
库普曼斯	见特加林·库普曼斯	兰开斯特	Lancaster
夸比	Quarmby	兰托普	Lenntorp
匡特	Quandt	朗顿	Langdon
奎格力	Quigley	劳	Rao
奎雷	Queree	劳冯帕尼克	见斯利冯·劳冯帕尼克
奎利安	Quillian	劳叟	Lautso
昆特	Quinet	勒布朗	见拉里·勒布朗

续上表

中文姓名（按汉语拼音排序）	英 文 姓 名	中文姓名（按汉语拼音排序）	英 文 姓 名
勒曼	Lerman	伦德维斯特	见拉尔斯·伦德维斯特
勒文索尔	Leventhal	罗	Rho
雷奥纳迪	Leonardi	罗宾拉德	见皮埃尔·罗宾拉德
雷德	Reid	罗宾斯	Robbins
雷德特	Laidet	罗伯茨	Roberts
雷干	Regan	罗伯森	Robertson
雷蒙德	Raymond	罗伯特·豪	Robert Hall
W.李·梅兹	W. Lee Mertz	罗德·克雷顿	Roger Creighton
里昂铁夫	Leontief	罗登	Roden
里奥	Liou	罗尔	Rohr
里奥尼德·坎托罗维奇	Leonid Kantorovich	罗菲	Rolfe
李驰康	Chi-Kang Le	洛基	见迈尔斯·洛基
利达	Iida	罗杰·马克特	Roger Mackett
里克曼	Reichman	罗杰斯	Rogers
利普西	Lipsey	洛卡菲勒	Rockafellar
里斯科	Lisco	洛瑟	见迭特·洛瑟
里特曼	Litman	罗斯	Rose
李永杰	Yong Jae Lee	罗西	Rossi
列特克	Liedtke	罗伊	见艾拉·罗伊
列文森	Levinson	马保	见杜安·马保
列伊	Ley	马布斯	见厄尼斯特·马布斯
林德堡	Lindberg	马丁	Martin
林德赛	Lindsey	马格南提	Magnanti
刘易斯	Lewis	马格瑞特	Marguerite
路德	Ruud	马基	Mackie
鲁尔达	Roorda	马考特	Marcotte
鲁兰特	Leurent	马科斯·维根	Marcus Wigan
卢特	Lutter	马克特	见罗杰·马克特
卢斯	Luce	马利	Marley
鲁维尔	Louviere	马马萨尼	见哈尼·马马萨尼
卢西	Loose	马绍尔	Marshall
路易斯·米兰达-莫莱诺	Luis Miranda-Moreno	马绶尔	Marcial
伦德根	Lundgren	马斯查克	见杰克布·马斯查克

续上表

中文姓名（按汉语拼音排序）	英文姓名	中文姓名（按汉语拼音排序）	英文姓名
马特	Matt	梅兹	见 W. 李·梅兹
马提耐兹	Martinez	门罗	Monroe
马庭·西尼尔	Martyn Senior	米尔纳	Milne
马文	Marvin	米兰达-莫莱诺	见路易斯·米兰达-莫莱诺
马左罗斯	Matzoros	米勒	Miller
麦茨森	Mattsson	米歇尔	Mitchell
迈尔斯·洛基	Miles Logie	莫查特	Merchant
麦格尼·赫尔维格	Magne Helvig	莫禅达尼	见皮图·莫禅达尼
麦圭尔	McGuire	摩顿·施耐德	Morton Schneider
麦金德	Mackinder	摩尔	Moore
麦卡菲	Metcalfe	莫格里奇	Mogridge
麦克法登	McFadden	摩格森	Morgeson
麦克古金	McGuckin	摩根斯登	Morgenstern
麦克基利弗雷	McGillivray	默克兰	Murchland
麦克拉克兰	McLachlan	莫克塔利安	见帕特西亚·莫克塔利安
麦克林	McLynn	摩克塔连	Mokhtarian
麦克纳里	McNally	莫里卡瓦	Morikawa
麦克尼古拉斯	MacNicholas	莫里森	Morrison
麦克唐纳德	Mcdonald	莫雷尔	Morrell
麦克因托什	McIntosh	莫萨	Moser
麦特	Mette	摩沙·本·阿维拉	Moshe Ben-Avira
曼比	见丹意斯·曼比	摩舍	见小沃尔特·W. 摩舍
曼海姆	Manheim	莫特	Mott
曼斯菲尔德	Mansfield	摩西	Moses
曼斯基	Manski	穆兰易	Muranyi
梅	May	慕尼扎加	Munizaga
梅堡	Meyburg	穆斯塔法·阿布杜拉尔	Mustafa Abdulaal
梅博理	Mayberry	纳格尔	Nagel
梅茨	Metz	纳格尼	Nagurney
梅尔曼	Mellman	纳什	Nash
梅摩特	见弗雷德里克·梅摩特	纳文·意鲁茹	Naveen Eluru
梅纳古泽	见克劳迪奥·梅纳古泽	耐德康	Neidercorn
梅塔萨托斯	Metaxatos	耐芬道夫	见休·耐芬道夫

续上表

中文姓名（按汉语拼音排序）	英文姓名	中文姓名（按汉语拼音排序）	英文姓名
奈特	Knight	皮克	Pick
耐特尔	Netter	皮克雷尔	Pickrell
楠豪瑟	Nemhauser	皮特·戴门	Peter Diamond
内森·加特纳	Nathan Gartner	皮特,马维克,利温斯顿及其他人	Peat, Marwick, Livingston & Co.
尼尔	Neal	皮图·莫禅达尼	Pitu Mirchandani
尼尔森	Nielsen	平松	Hiramatsu
聂余	Yu Nie	颇普	Popper
纽伯格	Neuberger	泼维斯	Purvis
诺兰德	Noland	普拉格	Prager
尼维尔	Newell	普拉罕	Pradhan
诺科尔	Nökel	普莱科帕	Prekopa
欧文斯	Owens	普莱斯	Prais
欧沃加德	见克纳德·欧沃加德	普莱斯顿	Preston
帕萃克森	Patriksson	普莱斯伍德-史密斯	Prestwood-Smith
帕翠斯	Patrice	普鲁德	Plourde
帕克斯	Parkes	普特曼	Putman
帕罗提诺	见斯泰法诺·帕罗提诺	齐尔·提斯特	Gier Kiste
帕萨萨拉西	Parthasarathi	齐托森	Kittleson
帕森斯	Parsons	琼斯	Jones
帕斯	见埃里克·帕斯	乔安	Joan
帕特西亚·莫克塔利安	Patricia Mohktarian	乔菲·斯威特	Joffre Swait
帕提尔	Patil	乔格	见约翰·乔格
派翠克	Patrick	乔根森	Jorgensen
派尔斯	见克莱德·派尔斯	邱	Chiu
潘	Penn	茹斯	Roos
潘德勒伯瑞	Pendlebury	阮桑	Sang Nguyen
潘德亚拉	Pendyala	瑞尼·迪昂	Renée Dionne
庞琼施	Jon-Shi Pang	瑞特	Ruiter
朋加里	Pinjari	瑞瓦特	Revelt
皮埃尔·罗宾拉德	Pierre Robillard	瑞兹	Rizzi
皮尔门	Pearmain	萨布利纳·阿诺瓦	Sabreena Anowar
皮卡普	Pickup	萨夫瓦	Safwat

续上表

中文姓名 （按汉语拼音排序）	英 文 姓 名	中文姓名 （按汉语拼音排序）	英 文 姓 名
萨卡罗维奇	Sakarovitch	施腾海姆	Schittenhelm
萨克斯	Sacks	施瓦茨	Schwartz
萨罗门	Salomon	施韦德费格	见托马斯·施韦德费格
萨缪尔森	Samuelson	寿弗	Schofer
萨皮斯	Suppes	舒帝纳	见保罗·舒帝纳
萨萨奇	Sasaki	斯巴曼	见乌韦·斯巴曼
萨斯沃斯	Southworth	斯宾塞	Spence
萨塔斯	Sattath	斯催特	Street
萨维尼	Salvini	斯丢尔	Still
赛博	Cyber	斯蒂尔	Steel
赛德曼	Seidman	斯蒂芬	Stefan
赛德斯	Seiders	斯蒂文斯	Stevens
塞尔	Sayer	斯丁宾克	Steenbrink
赛佩达	Cepeda	斯坎里斯	Skamris
赛卫罗	Cervero	斯拉温	Slavin
赛维奇科娃	Sevcikova	斯利冯·劳冯帕尼克	Siriphong Lawphongpanich
赛西	Sethi	斯洛曼	Sloman
散德	Sender	斯密德	Smeed
三古展宏	Nobuhiro Sanko	斯摩尔	Small
瑟斯通	Thurstone	斯莫克	Smock
森	Sen	斯尼卡斯	Snickars
沙尔	Shull	斯帕罗	Sparrow
沙费	Schafer	斯派斯	Spiess
沙弗	Shaefer	斯皮尔	Spear
沙卡拉米	Shahkarami	斯特劳斯	Strauss
山下	Yamashita	斯塔佛	Stafford
哨尔·伽斯	Saul Gass	斯塔基	Starkie
施夫坦	Shiftan	斯泰法诺·帕罗提诺	Stefano Pallottino
史莱彻	见安德烈斯·史莱彻	斯泰林	Staelin
史来肯堡	Schreckenberg	斯坦利	Stanley
施劳斯	Shrouds	斯陶特	Strout
史密斯	Smith	斯托兹	Strotz
施耐德	见摩顿·施耐德	斯托弗	Stopher

续上表

中文姓名（按汉语拼音排序）	英 文 姓 名	中文姓名（按汉语拼音排序）	英 文 姓 名
斯托迈尔	Strohmaier	托卜琼·拉森	Torbjorn Larsson
斯图尔特	Stewart	托吉尔·亚伯拉罕森	Torgil Abrahamsson
斯威特	见乔菲·斯威特	托马斯·施韦德费格	Thomas Schwerdtfeger
斯文森	Svenson	托马兹尼斯	Tomazinis
苏赞	Suzanne	托尼·弗劳尔丢	Tony Flowerdew
索贝尔	Sobel	瓦德尔	Waddell
索鲁什	见何塞·索鲁什	瓦科宾格	Wakolbinger
梭伦	Soren	瓦罗蒂	Waloddi
索斯劳	Sosslau	瓦塔纳塔达	Watanatada
索托	Soto	丸山町	Maruyama
塔代	Tadei	卫	Wee
塔夫	Tough	韦伯	Weibull
塔克	见奥博特·塔克	韦伯尔·史密斯	Wilbur Smith
塔提耐尼	Tatineni	韦伯斯特	Webster
塔维提	Talvitie	韦顿	Wheaton
泰艾	Tye	威尔比	Wilby
泰多	Tweddle	韦尔持	Welch
泰勒	Taylor	威尔莫	Wilmot
谭纳	Tanner	威尔森	见阿兰·威尔森
唐恩	Town	威尔斯	Wills
汤姆林	Tomlin	魏格纳	Wegener
汤姆森	Thomson	维根	见马科斯·维根
唐尼斯	Downes	维凯克	Wekeck
陶斯	Downs	韦兰	Whelan
陶特	Trotter	维朗森	Willumsen
特尔	Dale	威廉·卡洛什	William Karush
特加林·库普曼斯	Tjalling Koopmans	威廉姆斯	Williams
特瑞恩	见肯尼斯·特瑞恩	维克雷	Vickrey
特瓦斯基	见阿莫斯·特瓦斯基	魏纳	Weiner
藤井	Fujii	维纳保斯	Venables
提斯特	见齐尔·提斯特	韦尼	Wayne
图奇	Tukey	温斯顿	Winsten
图斯登·哈格斯坦德	TorstenHägerstrand	温特	Wynter

续上表

中文姓名 （按汉语拼音排序）	英 文 姓 名	中文姓名 （按汉语拼音排序）	英 文 姓 名
沃德曼	Wardman	希纽	见凯文·希纽
沃德普	Wardrop	夏普曼	Chapman
沃尔	Wohl	希区考克	Hitchcock
沃尔夫	Wolfe	小沃尔特·W.摩舍	Walter W. Mosher, Jr.
沃尔普	Volpe	谢尔多	Sheldo
沃尔特斯	Walters	谢尔顿	Sheldon
沃霍夫	Verhoef	谢菲	Sheffi
沃克	Walker	谢夫	Scheff
沃克斯	Wachs	谢军	Jun Xie
沃森	Watson	谢泼德	Sheperd
沃特斯	Waters	辛西亚	Cynthia
沃沃沙	Vovsha	休·耐芬道夫	Hugh Neffendorf
沃西	Worthy	亚伯拉罕·查尼斯	Abraham Charnes
伍德	Wood	亚伯拉罕森	见托吉尔·亚伯拉罕森
伍顿	Wooton	雅科夫·扎哈维	Jacov Zahavi
伍尔西斯	Voorhees	亚历克斯·阿纳斯	Alex Anas
伍壬	Vuren	伊安·海吉	Ian Heggie
伍沃斯	Woodworth	易尔·坎贝尔	Earl Campbell
乌韦·斯巴曼	Uwe Sparmann	意鲁茹	见纳文·意鲁茹
希	见扎昆·德·希	伊诺	Inoue
席尔	Thill	伊萨德	Isard
希尔	Hill	意什	Eash
希尔曼	Hillman	伊万斯	Evans
西夫特	Thrift	因格兰	Ingram
西格尔	见贾斯汀·西格尔	英格隆	见狄恩·英格隆
希金斯	Higgins	犹希	Yossi
西克曼	Hickman	约翰·乔格	Johann Georg
西克斯	Hicksian	约翰逊	Johnson
希莱尔·巴-格拉	Hillel Bar-Gera	泽林	Ziering
希利尔	Hillier	扎哈维	见雅科夫·扎哈维
西蒙斯	Simmonds	扎卡里	Zachary
西摩尔·克雷	Seymour Cray	扎昆·德·希	Joaquín de Cea
西尼尔	Senior	扎瓦特罗	Zavattero

续上表

中文姓名 （按汉语拼音排序）	英 文 姓 名	中文姓名 （按汉语拼音排序）	英 文 姓 名
扎亚奎什南	Jayakrishnan	朱威尔	Jewell
詹泰尔	见基多·詹泰尔	兹普	Zipf
中村英雄	Hideo Nakamura	祖兰	Zuylen
朱安·德·迪奥斯·奥图萨	Juan De Dios Ortúzar	—	—